KB186525

TSC® 중국어 말하기 시험
Test of Spoken Chinese

출제기관 독점제공

TSC® 기출 공식기본서

YBM

TSC 기출 공식기본서

저자 YBM중국어연구소

발행인 허문호
발행처 YBM

편집 한채윤, 유세진
마케팅 고영노, 박천산, 박찬경, 김동진, 김윤하

초판발행 2019년 03월 08일
7쇄 발행 2023년 09월 15일

신고일자 1964년 3월 28일
신고번호 제 300-1964-3호
주소 서울특별시 종로구 종로 104
전화 (02)2000-0515 [구입 문의] / (02)2000-0313 [내용 문의]
팩스 (02)2285-1523
홈페이지 www.ybmbooks.com

ISBN 978-89-17-23054-3

머리말

중국어 회화는 글로벌 기업뿐만 아니라 중국과 교류하는 기업 및 단체에서 필수적으로 요구하는 능력이 되었습니다. 이에 따라 국내 최대 어학전문 그룹 YBM에서 중국어 말하기 능력 시험 TSC 시험을 개발 운영함으로써, 본질적인 중국어 말하기 능력 향상 및 평가를 받을 수 있습니다. 수험생들이 최대한 빨리 최신 유형을 이해하고, 단시간 내에 성적을 향상시킬 수 있도록 TSC 출제기관에서 문제를 제공받아 〈TSC 공식기본서〉를 출간하게 되었습니다.

1 기출이 답이다! TSC 출제기관의 기출문제 100% 공개

TSC 출제기관의 기출문제를 국내 최초 공개함으로써, 학습자들은 기출문제를 통한 충분한 연습으로 실제 시험에 완벽 대비할 수 있습니다.

2 빈출이다! 출제기관의 기출유형 분석 데이터 반영!

출제기관으로부터 최신 문제 빈출 데이터를 제공 받아, 타 교재와는 달리 가장 정확한 빈출순으로 정리했습니다. 학습자들은 시험에 자주 나오는 빈출 순서로 공부할 수 있어 효율적으로 시험에 대비할 수 있고, 단시간 내에 성적을 향상 시키는 데 도움을 주어 목표한 레벨을 쉽게 얻을 수 있습니다.

3 쉽다! 전 영역 한어병음 표기

국내 최초 전 영역, 답안에도 발음 표기를 실었고, MP3에도 느린 속도 음성을 별도로 제공하였습니다. 더 이상 사전으로 발음 찾는 데 시간을 낭비하지 않아도 되며, TSC 시험을 처음 준비하는 왕초보 독자들도 쉽게 읽고 말할 수 있습니다. 또한 말하기 모범답안만 제공하는 것이 아니라 3단계(STEP1 > STEP2 > STEP3)로 나누는 스토리 틀 짜기 연습부터 개인 과외를 받는 듯한 첨삭 해석을 덧붙여 놓았습니다.

이 책이 수험생들에게 도움이 되어, TSC 시험에서 우수한 성적을 거둘 수 있기를 바랍니다.

YBM 중국어연구소

이 책의 특징

1 출제기관의 최신 문제를 분석하여 빈출 순서로 정리

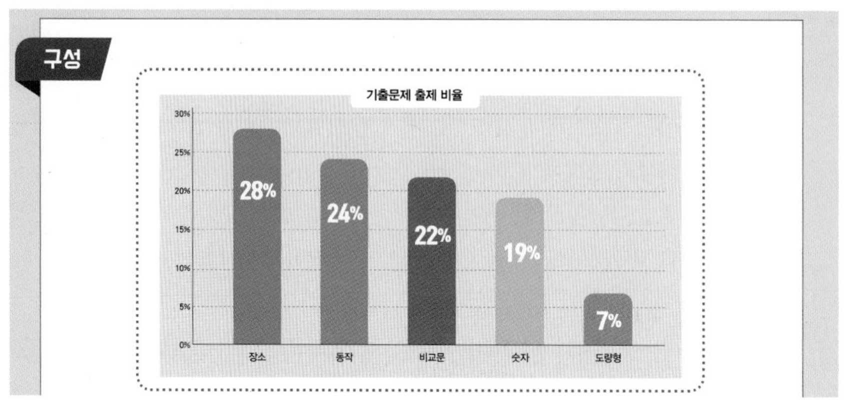

2 TSC 출제기관의 기출문제 100% 공개

기출문제 표기 → TSC® 기출문제 / 기출문제 변형 표기 → TSC® 문제

TSC® 기출문제

你最尊敬的人是谁？请简单说说。
Nǐ zuì zūnjìng de rén shì shéi? Qǐng jiǎndān shuōshuo.
당신이 가장 존경하는 사람은 누구인가요? 간단히 말해 보세요.

3 실력 또는 의견에 따라 선택할 수 있는 답변

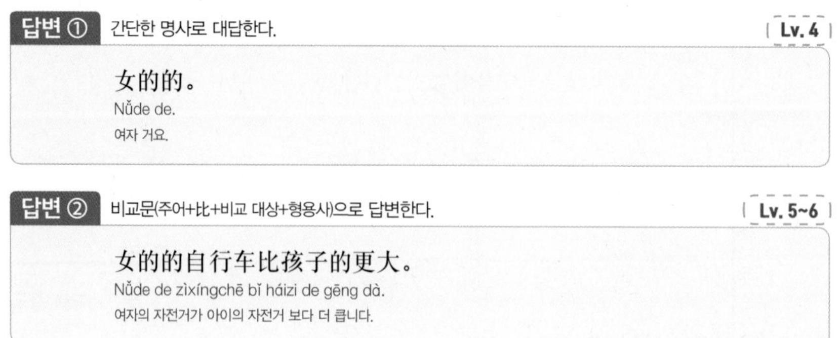

답변 ① 간단한 명사로 대답한다. **Lv. 4**

女的的。
Nǚde de.
여자 거요.

답변 ② 비교문(주어+比+비교 대상+형용사)으로 답변한다. **Lv. 5~6**

女的的自行车比孩子的更大。
Nǚde de zìxíngchē bǐ háizi de gēng dà.
여자의 자전거가 아이의 자전거 보다 더 큽니다.

4 1:1 과외 같은 친절한 첨삭해설 및 전 영역 발음표기 수록

我同意这样的说法。很多人一说到减肥首先想到的就是运动，其实我觉得跟运动比起来，调整饮食更重要。因为减肥期间，如果每天还保持着原来的饮食习惯，比如吃得多、常吃热量高的食物的话，即使运动量再大也减不下去。所以为了减肥，首先要少吃，其次要尽量不吃油腻的食物。

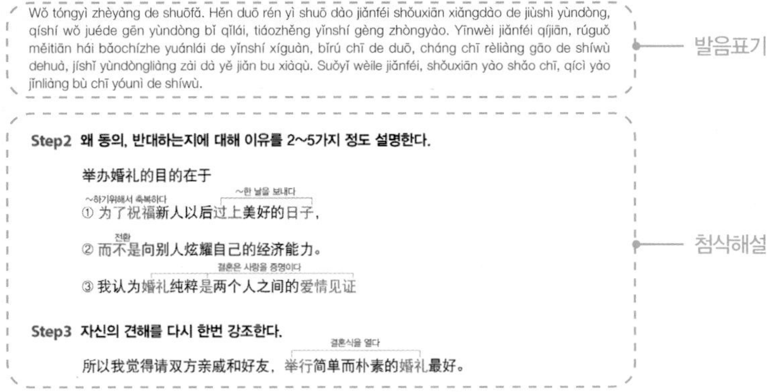
Wǒ tóngyì zhèyàng de shuōfǎ. Hěn duō rén yì shuō dào jiǎnféi shǒuxiān xiǎngdào de jiùshì yùndòng, qíshí wǒ juéde gēn yùndòng bǐ qǐlái, tiáozhěng yǐnshí gèng zhòngyào. Yīnwèi jiǎnféi qījiān, rúguǒ měitiān hái bǎochízhe yuánlái de yǐnshí xíguàn, bǐrú chī de duō, cháng chī rèliàng gāo de shíwù dehuà, jíshǐ yùndòngliàng zài dà yě jiǎn bu xiàqù. Suǒyǐ wèile jiǎnféi, shǒuxiān yào shǎo chī, qícì yào jǐnliàng bù chī yóunì de shíwù.

발음표기

Step2 왜 동의, 반대하는지에 대해 이유를 2~5가지 정도 설명한다.

举办婚礼的目的在于

~하기위해서 축복하다 / ~한 날을 보내다

① 为了祝福新人以后过上美好的日子，

전환

② 而不是向别人炫耀自己的经济能力。

결혼은 사랑을 증명이다

③ 我认为婚礼纯粹是两个人之间的爱情见证

첨삭해설

Step3 자신의 견해를 다시 한번 강조한다.

결혼식을 열다

所以我觉得请双方亲戚和好友，举行简单而朴素的婚礼最好。

5 최종을 위한 기출 모의고사 1set 제공

6 기출 Q&A 패턴을 정리한 핸드북 제공

TSC® 시험 소개

Test of Spoken Chinese

TSC란?

TSC(Test Spoken Chinese)는 국내 최초의 CBT 방식의 중국어 Speaking Test로, 중국어 학습자의 말하기 능력을 직접적으로 평가할 수 있는 실용적인 시험입니다.

TSC의 장점

TSC는 인터뷰 형식을 도입하여 응시자의 중국어 말하기 능력을 측정하는 시험입니다.

TSC 각 파트의 문제들은 응시자의 중국어 말하기 능력을 다각도로 측정할 수 있도록 다양한 형식과 내용으로 구성되어 있습니다.

또한 TSC는 전문적인 어학평가 교육을 이수한 원어민들이 객관적인 기준에 근거하여 개발 및 채점을 하는 중국어 말하기 능력 평가 시험입니다.

시험 진행 방식

국내 최초의 CBT(Computer Based Test)와 MBT(Mobile Based Test) 방식의 평가형태로, 컴퓨터가 설치된 자리에 앉아 마이크가 장착된 헤드셋을 끼고 진행됩니다. 응시자는 각자의 헤드셋을 통해 문제를 듣고 헤드셋 마이크를 통해 답변을 녹음하게 됩니다. 특히 MBT는 소형 Laptop컴퓨터를 통해 컴퓨터 시설이 없는 단체나 학교 등에서 시험을 치를 때 사용합니다.

시험 접수 방법

1 TSC 중국어 말하기시험은 반드시 인터넷 홈페이지www.ybmtsc.co.kr를 통해 온라인 접수를 하셔야 하며 방문접수는 받지 않습니다.

2 정기시험은 월 1회 이상 실시하고 있으므로, 인터넷 홈페이지www.ybmtsc.co.kr를 참조하세요.
※ 특별시험은 단체의 필요에 의해 수시로 진행합니다.

3 응시료는 72,600원(부가세10%포함)이며, 인터넷 접수 시 비용 결제는 신용카드 또는 실시간 계좌이체를 통해 가능합니다. 접수가 끝나면 수험표를 출력하여 시험 일자, 시간 등이 정확하게 입력 되었는지 확인하시기 바랍니다.

준비물(규정신분증 안내)

주민등록증, 운전면허증, 기간 만료 전의 여권, 공무원증, 장애인 복지카드 등 유효신분증 지참

※ 기타규정 신분증 및 주의사항은 홈페이지 안내 참고

시험 구성 및 시간

구분	구성	생각할 시간(초)	답변시간(초)	문항 수
제1부분	自我介绍 자기소개	0	10	4
제2부분	看图回答 그림 보고 답하기	3	6	4
제3부분	快速回答 빠르게 답하기	2	15	5
제4부분	简短回答 간단하게 답하기	15	25	5
제5부분	拓展回答 논리적으로 답하기	30	50	4
제6부분	情景应对 상황에 맞게 답하기	30	40	3
제7부분	看图说话 그림 보고 이야기 만들기	30	90	1

※ TSC는 모두 7개의 파트, 총 26문항으로 구성되어 있으며, 평가 시간은 총 50분(오리엔테이션: 20분, 시험: 30분)정도 소요됩니다.

※ 오리엔테이션 시작 후에는 입실이 불가능하며, 오리엔테이션과 본시험 사이에는 휴식시간이 없습니다.

등급

TSC는 시험 성적에 따라 아래의 총 10개 등급으로 나뉘어 평가됩니다.

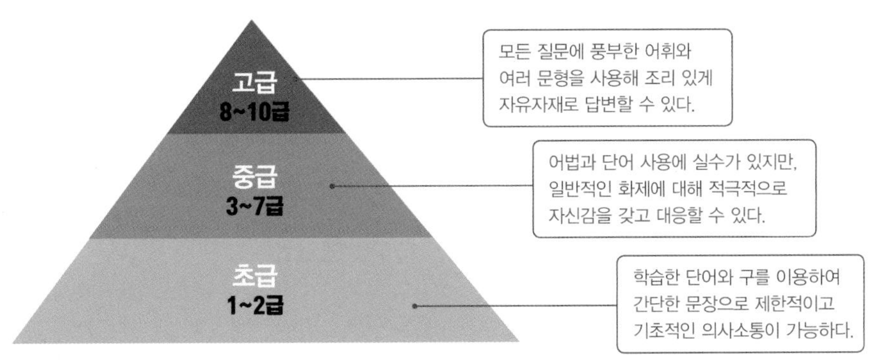

※ 홈페이지 참조 www.ybmtsc.co.kr

TSC® 시험 화면 구성

Test of Spoken Chinese

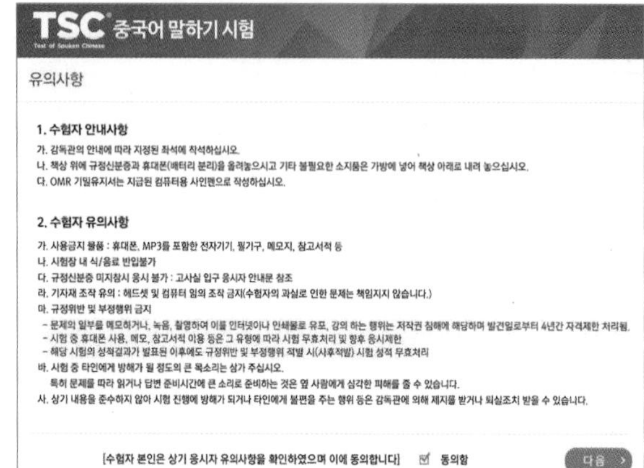

유의사항

수험자 안내 및 유의사항을 읽었으면 동의함에 체크 한 후, 다음 버튼을 누른다.

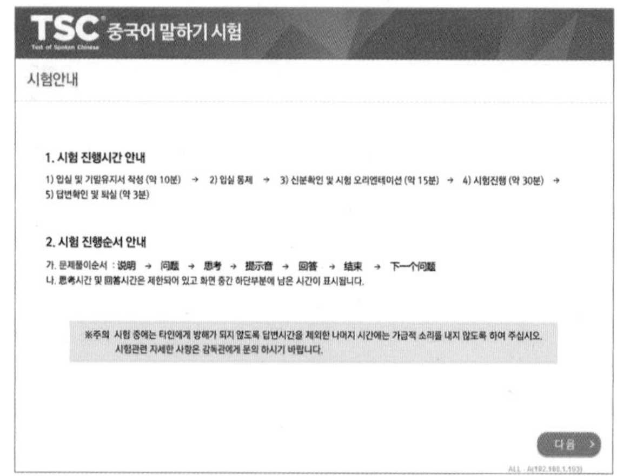

시험 안내

시험 진행 시간 및 순서를 읽은 후, 다음 버튼을 누른다.

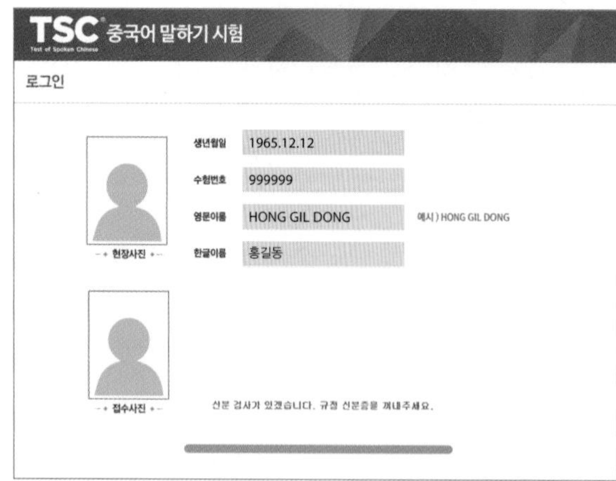

로그인

① 생년월일, 수험번호, 영문이름, 한글 이름을 입력한다.
② 사진을 찍는다.
③ 2번까지 다 하고 나면 현장사진과 접수사진, 그리고 1번에서 이미 입력했던 수험정보 화면이 마지막으로 보여진다.

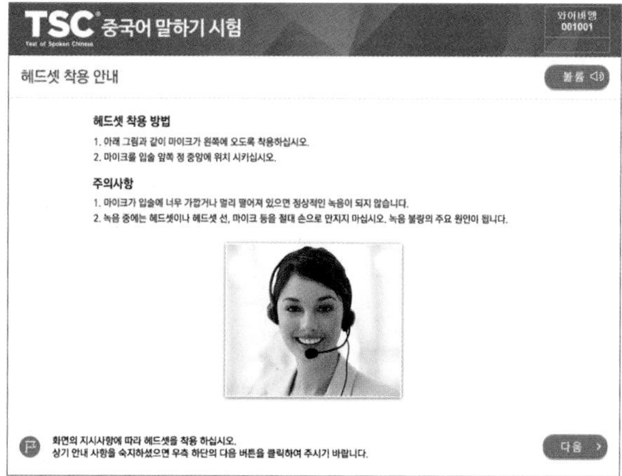

헤드셋 착용 안내

헤드셋을 자신에게 맞게 착용한 후, 다음 버튼을 누른다.

TSC 중국어 말하기 시험
Test of Spoken Chinese
와이비엠
001001
듣기 음량 조절
볼륨
음량 조절 방법
1. 아래 재생 버튼을 클릭하면 샘플 음성이 들립니다.
2. 음성을 들으시면서 우측상단의 볼륨 버튼을 클릭하여 적절한 음량으로 조절하십시오.
주의사항
1. 듣기 볼륨은 시험 중에도 상시 조절 가능합니다.
2. 음성이 들리지 않거나 비정상적인 경우 감독관에게 문의 하십시오.
재생 중
화면의 지시사항에 따라 듣기 음량 조절을 하십시오.
듣기 음량 조절을 마치셨으면 우측 하단의 다음 버튼을 클릭하여 주시기 바랍니다.
다음

듣기 음량 조절

재생 버튼을 누르면 음성이 들리는데 이때 음성이 작게 들린다면 우측상단의 볼륨 버튼을 클릭하여 음량을 조절하면 된다.

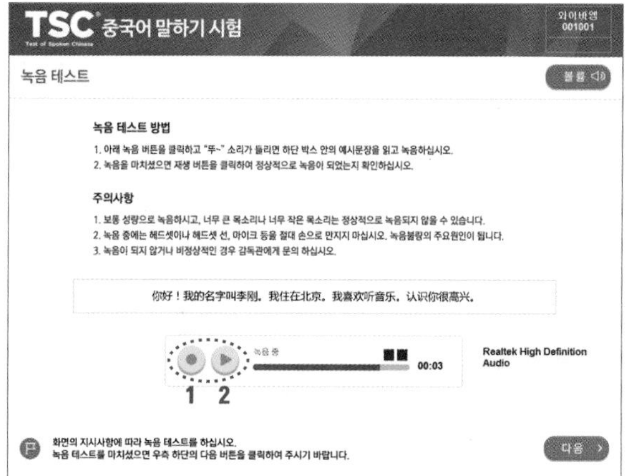

녹음 테스트

헤드셋에 이상이 없는지 1번 녹음 버튼을 누른 후 테스트를 한다. 녹음이 끝나면 2번 재생 버튼을 눌러 녹음 불량이 없는지 반드시 확인 후, 다음 버튼을 누른다.

TSC® 시험 화면 구성

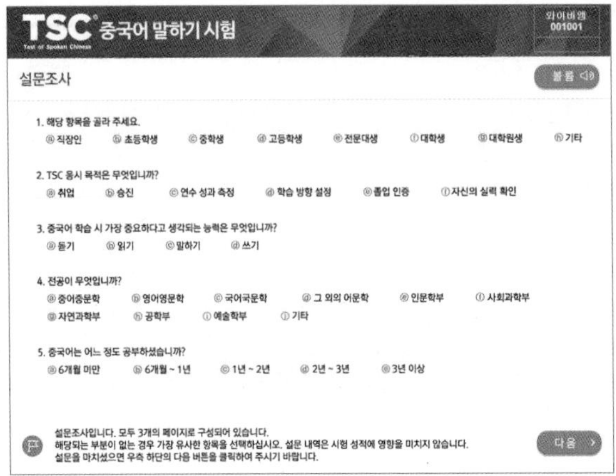

설문조사

설문조사는 3페이지로 구성되어있으며, 시험 성적에는 영향을 미치지 않으니 설문을 끝냈으면 다음 버튼을 누른다.

구분	구성	내용	준비시간(초)	답변시간(초)	문항 수
제 1 부	自我介绍 자기 소개	응시자의 이름, 생일 등을 묻는 문제	0	10	4
제 2 부	看图回答 그림 보고 답하기	제시된 그림을 보고 질문에 간단하게 답하는 문제	3	6	4
제 3 부	快速回答 대화 완성	일상생활과 관련된 화제에 대해 주어진 상황을 가정하여 대화를 완성하는 문제	2	15	5
제 4 부	简短回答 일상 화제에 대해 설명하기	개인적인 질문에 간단하게 답하는 문제	15	25	5
제 5 부	拓展回答 의견 제시	주관적인 견해나 주장을 펼쳐 말하는 문제	30	50	4
제 6 부	情景应对 상황 대응	가상으로 설정된 상황에 알맞게 대응하여 말하는 문제	30	40	3
제 7 부	看图说话 스토리 구성	4개의 연속된 그림을 보고 하나의 완전한 이야기를 만들어 말하는 문제	30	90	1

오리엔테이션

2페이지로 구성된 오리엔테이션을 읽은 후 다음 버튼을 누른다.

시험 대기

다른 응시자와 동시 진행을 해야 하기 때문에 빨리 끝냈어도 잠시 기다려야 한다.

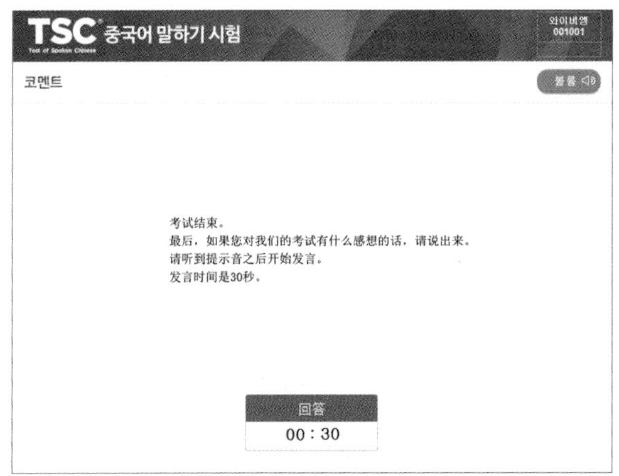

시험 종료 코멘트

시험 종료 후 하고 싶은 말이 있다면 2초 동안 생각한 후 30초 안에 답변을 완료하면 된다.

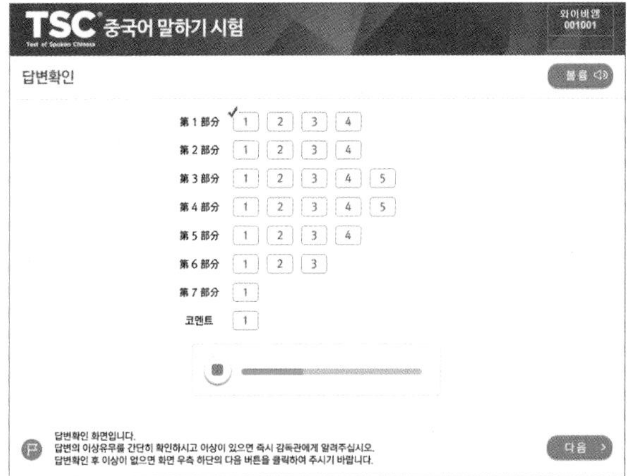

답변 확인

문제를 클릭 후 답변 이상유무를 간단히 확인하고 다음 버튼을 누른다.

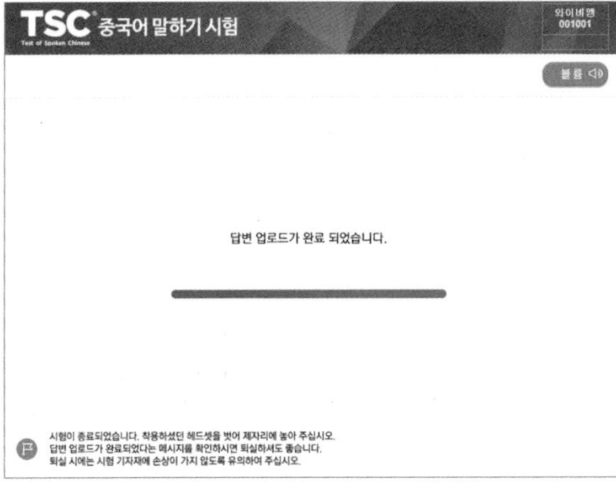

답변 업로드

답변 업로드는 '업로드 중입니다'에서 '완료 되었습니다'로 바뀌어야 모든 시험이 종료 된 것이니, 최종 확인 후 착용했던 헤드셋은 제자리에 놓고 퇴실하면 된다.

학습 플랜

20일 완성 학습 계획표 "4주"

	1일	2일	3일	4일	5일
1주	**제1부분** 자기소개	**제2부분** 그림 보고 답하기	**제2부분** 그림 보고 답하기	**제3부분** 빠르게 답하기	**제3부분** 빠르게 답하기
2주	**제4부분** 간단하게 답하기	**제4부분** 간단하게 답하기	**제4부분** 간단하게 답하기	**제5부분** 논리적으로 답하기	**제5부분** 논리적으로 답하기
3주	**제5부분** 논리적으로 답하기	**제6부분** 상황에 맞게 답하기	**제6부분** 상황에 맞게 답하기	**제6부분** 상황에 맞게 답하기	**제7부분** 그림 보고 이야기 만들기
4주	**제7부분** 그림 보고 이야기 만들기	**제7부분** 그림 보고 이야기 만들기	**기출 모의고사 1회**	**비법 노트** 기출 Q&A 유형 정리	**TSC 말하기시험 당일**

30일 완성 학습 계획표 "6주"

	1일	2일	3일	4일	5일
1주	**제1부분** 빈출 어휘 익히기	**제1부분** 자기소개	**제1부분** 자기소개	**제2부분** 빈출 어휘 익히기	**제2부분** 그림 보고 답하기
2주	**제2부분** 그림 보고 답하기	**제2부분** 기출문제 풀이	**제3부분** 빈출 어휘 익히기	**제3부분** 빠르게 답하기	**제3부분** 빠르게 답하기
3주	**제3부분** 기출문제 풀이	**제4부분** 빈출 어휘 익히기	**제4부분** 간단하게 답하기	**제4부분** 간단하게 답하기	**제4부분** 기출문제 풀이
4주	**제5부분** 빈출 어휘 익히기	**제5부분** 논리적으로 답하기	**제5부분** 논리적으로 답하기	**제5부분** 기출문제 풀이	**제6부분** 빈출 어휘 익히기
5주	**제6부분** 상황에 맞게 답하기	**제6부분** 상황에 맞게 답하기	**제6부분** 기출문제 풀이	**제7부분** 빈출 어휘 익히기	**제7부분** 그림 보고 이야기 만들기
6주	**제7부분** 그림 보고 이야기 만들기	**제7부분** 그림 보고 이야기 만들기	**기출 모의고사 1회**	**비법 노트** 기출 Q&A 유형 정리	**TSC 말하기시험 당일**

40일 완성 학습 계획표 "8주"

	1일	2일	3일	4일	5일
1주	**제1부분** 빈출 어휘 익히기	**제1부분** 자기소개	**제1부분** 자기소개	**제2부분** 빈출 어휘 익히기	**제2부분** 그림 보고 답하기
2주	**제2부분** 그림 보고 답하기	**제2부분** 기출문제 풀이	**제3부분** 빈출 어휘 익히기	**제3부분** 빠르게 답하기	**제3부분** 빠르게 답하기
3주	**제3부분** 기출문제 풀이	**제4부분** 빈출 어휘 익히기	**제4부분** 간단하게 답하기	**제4부분** 간단하게 답하기	**제4부분** 간단하게 답하기
4주	**제4부분** 간단하게 답하기	**제4부분** 기출문제 풀이	**제5부분** 빈출 어휘 익히기	**제5부분** 논리적으로 답하기	**제5부분** 논리적으로 답하기
5주	**제5부분** 논리적으로 답하기	**제5부분** 논리적으로 답하기	**제5부분** 기출문제 풀이	**제6부분** 빈출 어휘 익히기	**제6부분** 상황에 맞게 답하기
6주	**제6부분** 상황에 맞게 답하기	**제6부분** 상황에 맞게 답하기	**제6부분** 상황에 맞게 답하기	**제6부분** 기출문제 풀이	**제7부분** 빈출 어휘 익히기
7주	**제7부분** 그림 보고 이야기 만들기	**제7부분** 그림 보고 이야기 만들기	**제7부분** 그림 보고 이야기 만들기	**제7부분** 그림 보고 이야기 만들기	**제7부분** 기출문제 풀이
8주	**기출 모의고사 1회**	**비법 노트** 기출 Q&A 유형 정리	**비법 노트** 기출 Q&A 유형 정리	**비법 노트** 기출 Q&A 유형 정리	**TSC 말하기시험 당일**

목차

第一部分 自我介绍

제1부분

자기 소개

이름

생년월일

가족

소속

제1부분 | 자기소개

구성

유형	간단한 자기소개 문제로, 수험자의 이름, 생년월일, 가족, 소속을 묻는다. 항상 같은 문제가 출제되므로 미리 답변을 준비해 두도록 하자.
문항 수	4문항
답변 준비 시간	없음
답변 시간	문제당 10초

전략포인트

1 간단하게 이야기하자!

1부분은 본격적인 시험에 앞서 간단하게 응시자의 이름, 생년월일, 가족, 소속 등을 묻는 문제이므로 너무 길게 대답할 필요 없이 간단하게 답변하면 된다.

2 긴장하지 말자!

1부분은 시험 성적에 영향을 미치지 않으니, 긴장하지 말고 본인이 준비해 간 대답만 간단하게 말하자.

3 최소한 자신의 이름 성조는 정확하게 이야기하자!

1부분이 아무리 시험 성적에 반영이 되지 않더라도, 자신의 이름 성조조차 틀리는 사람은 뒷부분 답변 내용 들어봐도 뻔할 것이다. 답변에서 군데군데 성조를 틀리게 이야기할 수도 있지만 최소한 자신의 이름 성조만큼은 제대로 이야기하도록 하자.

시험 맛보기

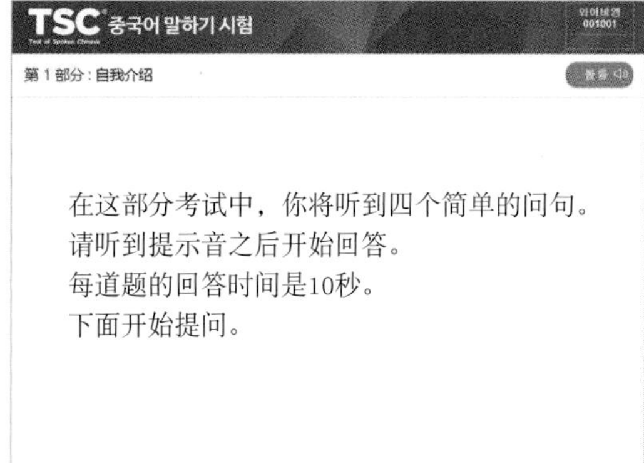

1

첫 화면에 1부분 유형의 지시문과 음성이 같이 나온다.

2

두 번째 화면에 문제 텍스트와 함께 음성이 나오고 답변 준비 시간이 없이, [回答]라고 표시되며 답변 시간 10초가 카운트된다. 답변 시간이 모두 끝나면 "现在结束。"멘트가 나온다.

回答 〉 "现在结束。"

자기소개 문제

第1题 你叫什么名字? 당신의 이름은 무엇입니까?

第2题 请说出你的出生年月日。 당신의 생년월일을 말해 보세요.

第3题 你家有几口人? 당신의 가족은 몇 명입니까?

第4题 你在什么地方工作? 或者你在哪个学校上学?
당신은 어디에서 근무합니까? 또는 어느 학교에 다니나요?

자기소개

1부분은 질문이 정해져 있으므로 응시자의 상황에 맞춰서 답변을 준비하면 된다. 1부분의 질문은 바뀌지 않으니 자신에게 알맞은 답변을 미리 정리해 두자.

이름

叫 jiào 동 부르다, 불리다	姓 xìng 명 성, 성씨
是 shì 동 ~이다	名字 míngzi 명 이름

생년월일

出生 chūshēng 동 태어나다	年 nián 명 해, 년
于 yú 전 ~에, ~에서	月 yuè 명 월
生日 shēngrì 명 생일	号 hào 명 일 (=日 rì)
岁 suì 양 나이, 세 [나이를 세는 양사]	

가족

几 jǐ 수 몇	孩子 háizi 명 아이
口 kǒu 양 명, 식구 [식구 수를 세는 양사]	独生子女 dúshēng zǐnǚ 외동 자녀
个 ge 양 명, 개 [사람 또는 사물을 세는 양사]	爷爷 yéye 명 할아버지
和 hé 접 ~와, ~과	奶奶 nǎinai 명 할머니
爱人 àiren 명 배우자 (아내, 남편)	爸爸 bàba 명 아빠
老公 lǎogōng 남편	妈妈 māma 명 엄마
* 老婆 lǎopo 아내 → 시험 용어로는 적합하지 않음.	弟弟 dìdi 명 남동생
丈夫 zhàngfu 명 남편 (=先生 xiānsheng)	哥哥 gēge 명 형, 오빠
妻子 qīzi 명 아내 (=太太 tàitai)	姐姐 jiějie 명 누나, 언니
儿子 érzi 명 아들	妹妹 mèimei 명 여동생
女儿 nǚ'ér 명 딸	家人 jiārén 명 가족, 한 집안 식구

직업

在 zài 전 ~에서	大学 dàxué 명 대학교
地方 dìfang 명 장소	年级 niánjí 명 학년
工作 gōngzuò 명 일 동 일하다	学生 xuésheng 명 학생
公司 gōngsī 명 회사	研究生 yánjiūshēng 명 대학원생
上班族 shàngbānzú 명 직장인	毕业 bìyè 명 졸업

유형1 이름

01. Mp3

이름은 간단히 답변하는 것이 좋다. 자신의 이름을 풀이할 필요 없이 10초 동안 깔끔하게 본인 이름만 대답하자.

TSC® 기출문제

你叫什么名字?
Nǐ jiào shénme míngzi?
당신의 이름은 무엇입니까?

답변 ①

我叫姜荷娜。
Wǒ jiào Jiāng Hénà.
제 이름은 강하나입니다.

답변 ②

我的名字叫姜荷娜。
Wǒ de míngzì jiào Jiāng Hénà.
제 이름은 강하나입니다.

단 어　叫 jiào 통 (이름을) ~라고 하다[부르다], ~이다　什么 shénm 명 무엇　名字 míngzi 명 이름

tip 이름 표현
我姓+성, 叫+전체 이름
- 我姓韩，叫韩秀真。 제 성은 한 씨이고, 이름은 한수진입니다.

유형2 생년월일

02. Mp3

생년월일은 '是+생년월일+出生的'을 사용해서 답변하거나 "(出)生于+날짜(언제 태어나다)"를 사용해서 답변한다.

TSC® 기출문제

请说出你的出生年月日。

Qǐng shuōchū nǐ de chūshēng nián yuè rì.

당신의 생년월일을 말해 보세요.

답변 ①

我是1980年3月14号出生的。

Wǒ shì yī jǐu bā líng nián sān yuè shísì hào chūshēng de.

저는 1980년 3월 14일에 태어났습니다.

답변 ②

我(出)生于1975年10月22号。

Wǒ (chū)shēngyú yī jǐu qī wǔ nián shí yuè èrshí'èr hào.

저는 1975년 10월 22일에 태어났습니다.

단 어 说出 shuōchū 말하다 出生 chūshēng 동 태어나다 出生年月日 chūshēng nián yuè rì 생년월일 年 nián 명 해, 년
月 yuè 명 달, 월 日 rì 명 일, 날 号 hào 명 일 生于 shēngyú ~에 태어나다

tip 나이 표현

(我)今年+나이+岁

- (我)今年40岁。(저는) 올해 40살입니다.

03. Mp3

질문이 몇 식구인지에 대해서 물었으므로 답변 ①처럼 간단히 몇 식구가 있는지만 이야기하거나, 혹은 가족 구성원을 보충 설명으로 넣어 답변하면 된다. 반드시 몇 식구가 있는지 먼저 이야기하도록 하자.

TSC® 기출문제

你家有几口人?
Nǐ jiā yǒu jǐ kǒu rén?
당신의 가족은 몇 명입니까?

답변 ①

我家有五口人。
Wǒ jiā yǒu wǔ kǒu rén.
저희 집은 다섯 식구 입니다.

답변 ②

我家有四口人，我和我爱人，还有一个儿子、一个女儿。
Wǒ jiā yǒu sì kǒu rén, wǒ hé wǒ àiren, háiyǒu yí ge érzi、yí ge nǚ'ér.
저희 집은 네 식구로, 저와 배우자, 그리고 아들 한 명과 딸 한 명이 있습니다.

단어 家 jiā 명 집, 가정 有 yǒu 있다 几 jǐ 수 몇 口 kǒu 양 식구 수를 세는 양사 和 hé 전 ~와(과) 爱人 àiren 명 배우자(아내, 남편) 还有 háiyǒu 접 그리고, 또한 儿子 érzi 명 아들 女儿 nǚ'ér 명 딸

tip 식구 표현 다양하게 말하기

我家有+숫자+口人，가족 구성원+和我
- 我家有四口人，爸爸、妈妈、弟弟和我。
  우리 집은 네 식구로, 아빠, 엄마, 남동생 그리고 저입니다.

我家有+숫자+口人，我和+가족구성원，还有+가족구성원
- 我家有三口人，我和太太，还有一个儿子。
  우리 집은 세 식구로 저와 아내, 그리고 아들 한 명이 있습니다.

유형4 소속

04. Mp3

질문의 핵심은 '무슨', '어디'이므로 어떤 학교와 어떤 회사를 다니는지 간단하게 답변하자.
직장인일 경우 부서, 직장 명까지 답변할 필요는 없다.

TSC® 기출문제

你在什么地方工作？或者你在哪个学校上学？
Nǐ zài shénme dìfang gōngzuò? Huòzhě nǐ zài nǎge xuéxiào shàngxué?
당신은 어디에서 근무합니까? 또는 어느 학교에 다니나요?

직장인

我在YBM公司工作。我的公司位于光化门。
Wǒ zài YBM gōngsī gōngzùo. Wǒ de gōngsī wèiyú Guānghuàmén.
저는 YBM에서 근무합니다. 저희 회사는 광화문에 있습니다.

tip '位于+장소' 또는 '在+회사 명/장소'를 넣어서 답변하자.
- 我的公司在钟路。저희 회사는 종로에 있습니다.

학생

我是韩国大学四年级的学生。
Wǒ shì Hánguó dàxué sì niánjí de xuésheng.
저는 한국대학교 4학년 학생입니다.

tip 학생일 경우에는 '대학교 명+학년' 정도만 언급해서 답변하면 된다.

취준생

我现在不工作。
Wǒ xiànzài bù gōngzuò.
저는 현재 일을 하지 않습니다.

단어 在 zài 전 ~에서　地方 dìfang 명 장소　工作 gōngzuò 명 일 동 일하다　或者 huòzhě 접 또는, 혹은
学校 xuéxiào 명 학교　上学 shàngxué 동 등교하다　位于 wèiyú 동 ~에 위치하다　光化门 Guānghuàmén 명 광화문
韩国 Hánguó 명 한국　大学 dàxué 명 대학교　年级 niánjí 명 학년　现在 xiànzài 명 현재

기출로 말하기 연습

본인의 상황에 맞게 말해 보세요. 05. Mp3

1 我姓+성, 叫+전체 이름

예 我姓姜，叫姜荷娜。제 성은 강 씨이고, 이름은 강하나입니다.

________________________________。

2 주어+동사+于+시간/장소

① 生于+시간: ~에 태어나다

예 我生于1975年10月22号。저는 1975년 10월 22일에 태어났습니다.

________________________________。

② 毕业于+장소

예 我毕业于韩国大学。저는 한국대학교를 졸업했습니다.

________________________________。

③ 位于+장소

예 我的公司位于光化门。저희 회사는 광화문에 있습니다.

________________________________。

3 我有+수사+个+孩子

예 我有两个孩子。저는 아이가 2명 있습니다.

________________________________。

4 我是+대학명+학년+的学生

예 我是韩国大学四年级的学生。저는 한국대학교 4학년 학생입니다.

________________________________。

5 我现在不+동작

예 我现在不工作。저는 현재 일을 하지 않습니다.

________________________________。

第二部分 看图回答

제2부분

그림 보고 답하기

point 1 장소

사물의 위치 | 장소에 있는 사물(1~2)
인물이 있는 장소(1~2)

point 2 동작

동작(1~3)

point 3 비교문

크기 비교 | 가격 비교 | 나이 비교 | 무게 비교

point 4 숫자

전화번호 묻기 | 시간 묻기 | 가격 묻기(1~2)

point 5 도량형

길이 | 키 | 무게 | 온도

제2부분 | 그림 보고 답하기

구성

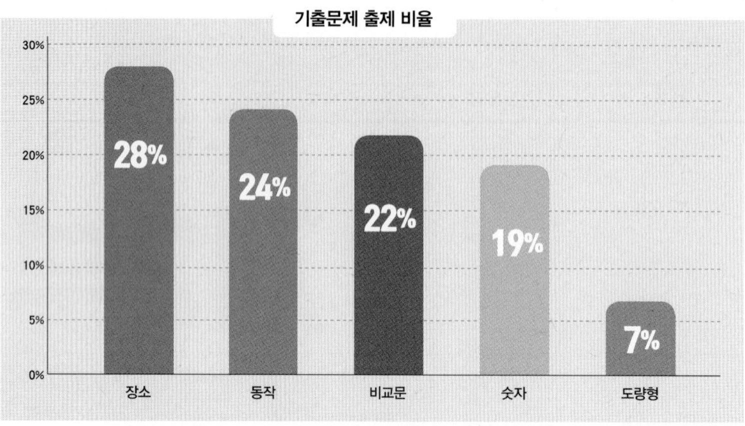

유형	그림과 함께 장소, 동작, 비교, 사물의 위치, 나이와 같은 숫자 읽기, 도량형, 형용사와 동사의 간단한 활용 등을 묻는 문제가 출제된다.
문항 수	4문항
답변 준비 시간	3초
답변 시간	문제당 6초

전략포인트

1 문제를 정확하게 듣자!

2부분은 그림만 제시되고 질문은 화면에 나오지 않으므로 문제를 정확하게 들어야 한다. 문제의 핵심이 무엇인지 그림을 보면서 빠르게 파악하자.

2 한 문장으로 대답하자!

2부분의 답변 시간은 6초로 생각보다 짧다. 따라서 숫자 질문이면 핵심 숫자를, 방향을 묻는 문제이면 방향을, 동작을 묻는 문제이면 핵심 동작을 넣어 간단한 문장으로 대답하자.

3 숫자, 방위사, 동작, 비교문을 파악하자!

2부분은 방향을 나타내는 방위사, 동작 관련 동사, 숫자(시간, 가격, 도량형), 그리고 비교문이 자주 등장한다. 따라서 관련 단어 및 문형, 구문 등을 숙지하도록 하자.

시험 맛보기

2부분은 답변 시간이 비교적 짧으므로 답변을 질문에 크게 벗어나지 않게 대답해야 좋은 점수를 받을 수 있다.

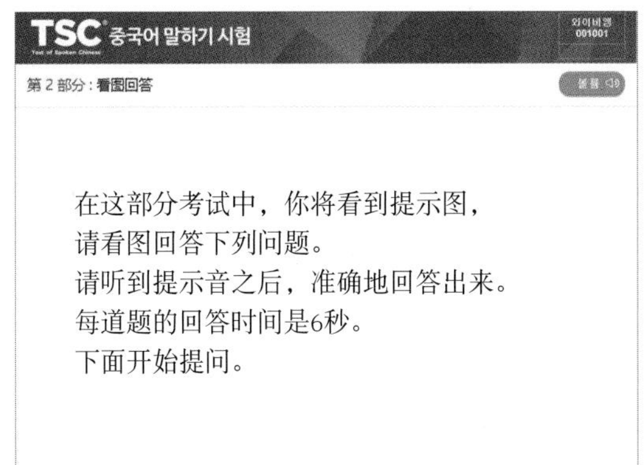

1

첫 화면에 2부분 유형의 지시문과 음성이 같이 나온다.

2

두 번째 화면에 그림과 함께 문제가 음성으로 나오고 하단에 [思考]라는 표시와 함께 3초의 준비 시간이 주어진다. 준비 시간이 끝나면 '삐' 소리가 난다.

思考 〉 #Beep

3

화면 하단에 [回答]라고 표시되며 답변 시간 6초가 카운트된다. 답변 시간이 모두 끝나면 "现在结束。" 멘트가 나온다.

回答 〉 "现在结束。"

Point

01 장소

장소는 사물 혹은 사람이 어디 있는지 묻는 문제로 방위사를 사용해서 답변해야 하는 문제들이 출제된다. 인물이 있는 장소는 대부분 우리가 일상생활에서 흔히 볼 수 있는 은행, 운동장, 슈퍼, 우체국, 영화관 등이며 사물의 위치를 묻는 문제는 '명사+방위사'로 답변할 수 있는 문제들이 출제된다.

장소	
商店 shāngdiàn 명 상점	医院 yīyuàn 명 병원
百货(商)店 bǎihuò(shāng)diàn 명 백화점	药店 yàodiàn 명 약국
咖啡厅 kāfēitīng 명 커피숍, 카페(= 咖啡店 kāfēidiàn)	健身房 jiànshēnfáng 명 헬스클럽
快餐店 kuàicāndiàn 명 패스트푸드점	游泳池 yóuyǒngchí 명 수영장
麦当劳 Màidāngláo 명 맥도날드	宾馆 bīnguǎn 명 호텔
肯德基 Kěndéjī 명 KFC	书店 shūdiàn 명 서점
便利店 biànlìdiàn 명 편의점	教室 jiàoshì 명 교실
电影院 diànyǐngyuàn 명 영화관	图书馆 túshūguǎn 명 도서관
邮局 yóujú 명 우체국	花店 huādiàn 명 꽃집, 꽃 가게
超市 chāoshì 명 슈퍼마켓	学校 xuéxiào 명 학교
饭馆 fànguǎn 명 식당	操场 cāochǎng 명 운동장
餐厅 cāntīng 명 레스토랑	宿舍 sùshè 명 기숙사
公园 gōngyuán 명 공원	房间 fángjiān 명 방
动物园 dòngwùyuán 명 동물원	办公室 bàngōngshì 명 사무실
银行 yínháng 명 은행	网吧 wǎngbā 명 PC방
公司 gōngsī 명 회사	

방위사 *边 대신 面으로 바꿔 사용할 수 있다.	
上边 shàngbian 명 위쪽	旁边 pángbiān 명 옆쪽
下边 xiàbian 명 아래쪽	对面 duìmiàn 명 맞은편
右边 yòubian 명 오른쪽	中间 zhōngjiān 명 가운데
左边 zuǒbian 명 왼쪽	东边 dōngbiān 동쪽
前边 qiánbian 명 앞쪽	西边 xībiān 서쪽
后边 hòubian 명 뒤쪽	南边 nánbiān 남쪽
里边 lǐbian 명 안쪽	北边 běibiān 북쪽
外边 wàibian 명 바깥쪽	

단위사(양사)	
个 ge 사람, 물건 (주로 특정 양사가 없는 명사에 쓰임) 一个人 yí ge rén 한 사람	瓶 píng 병 一瓶可乐 yì píng kělè 콜라 한 병
杯 bēi 잔 一杯酒 yì bēi jiǔ 술 한 잔	双 shuāng 켤레 一双鞋子 yì shuāng xiézi 신발 한 켤레
本 běn 권 一本书 yì běn shū 책 한 권	条 tiáo 하의 (바지, 치마 등) 一条裤子 yì tiáo kùzi 바지 한 벌
件 jiàn 벌 (옷을 세는 양사) 一件衣服 yí jiàn yīfu 옷 한 벌	台 tái 대, 기계 등을 세는 단위 一台电视 yì tái diànshì 텔레비전 한 대
辆 liàng 대 (차량을 셀 때 쓰임) 一辆自行车 yí liàng zìxíngchē 자전거 한 대	只 zhī 마리 (동물을 세는 단위) 一只狗 yì zhī gǒu 강아지 한 마리

장소 관련 자주 등장하는 사물	
牛奶 niúnǎi 명 우유	猫 māo 명 고양이
面包 miànbāo 명 빵	小狗 xiǎogǒu 명 강아지
花瓶 huāpíng 명 꽃병	手表 shǒubiǎo 명 손목시계
桌子 zhuōzi 명 탁자, 책상	眼镜 yǎnjìng 명 안경
椅子 yǐzi 명 의자	手机 shǒujī 명 휴대전화
沙发 shāfā 명 소파	打电话 dǎ diànhuà 전화를 걸다
报纸 bàozhǐ 명 신문	电视 diànshì 명 텔레비전, TV

장소 관련 문법

1 존현문

존현문이란 사람이나 사물의 존재, 출현, 소실을 나타내는 문장으로 '장소/시간에 ~(명사)이/가 있다'라는 뜻을 나타낸다.

① 기본 형식: 장소/시간 + 동사(有) + 목적어

桌子上有一杯咖啡。 Zhuōzi shang yǒu yì bēi kāfēi. 탁자 위에 커피 한 잔이 있다.

② 존현문의 목적어: 반드시 불확실한 사람이나 사물인 목적어

桌子上放着一些东西。 Zhuōzi shang fàngzhe yìxiē dōngxi. 책상 위에 물건들이 놓여 있다.

2 동사 在

① 在는 '~에 있다'라는 뜻으로 '주어+在+장소' 형식으로 주어가 어떠한 장소에 있음을 나타낸다.

我在学校。 Wǒ zài xuéxiào. 나는 학교에 있다.

부정은 在 앞에 不를 붙이면 된다.

我不在学校。 Wǒ bú zài xuéxiào. 나는 학교에 있지 않다.

② '주어+在+장소' 형식에서 장소는 장소 명사 외에도 '명사+방위사'역시 장소를 나타낼 수 있다.

书在椅子下边。 Shū zài yǐzi xiàbian. 책은 의자 밑에 있다.

기출유형1 사물의 위치

06. Mp3

'사물+在哪儿?'문제는 응시자에게 명사와 더불어 방위사를 대답하도록 만드는 문제이다.
그림 속에는 사물이 2개가 등장하므로 어떤 사물의 위치를 묻는 것인지 주의해서 들어야 한다.

TSC® 기출문제

手机在哪儿?

Shǒujī zài nǎr?

휴대전화는 어디에 있나요?

답변 ① '명사+방위사'로 이야기하자. **Lv. 4**

桌子上面。

Zhuōzi shàngmian.

책상 위요.

답변 ② 주어+在+명사+방위사'로 이야기하자. **Lv. 5~6**

手机在书包旁边。/手机在书包右边。

Shǒujī zài shūbāo pángbiān. / Shǒujī zài shūbāo yòubian.

휴대전화는 책가방 옆에 있습니다. / 휴대전화는 책 가방 오른쪽에 있습니다.

단어 手机 shǒujī 명 휴대전화 桌子 zhuōzi 명 탁자 上面 shàngmian 명 위, 위쪽 书包 shūbāo 명 책가방 旁边 pángbiān 명 옆, 옆쪽 右边 yòubian 명 오른쪽

기출유형2 장소에 있는 사물(1)

07. Mp3

'장소+有+什么'질문 유형을 통해 장소에 무엇이 있는지를 묻는 문제이다.
사진 속에 등장하는 사물이 무엇인지 파악하고 그 사물에 해당하는 양사를 떠올리면 된다.

TSC® 기출문제

沙发上面有什么?

Shāfā shàngmian yǒu shénme?

소파 위에는 무엇이 있나요?

답변 ① 간단한 명사로 이야기한다. **Lv. 4**

小猫。

Xiǎo māo.

고양이요.

답변 ② 수량사+명사로 답변한다. **Lv. 5~6**

沙发上面有一只猫。

Shāfā shàngmian yǒu yì zhī māo.

쇼파 위에는 고양이 한 마리가 있습니다.

단 어 沙发 shāfā 명 소파 有 yǒu 동 있다 什么 shénme 명 무엇, 어떤 小猫 xiǎo māo 명 고양이 只 zhī 양 마리(동물을 세는 단위)

tip 양사 只

只는 주로 날짐승이나 길짐승, 물에 떠있는 배, 쌍으로 이루어진 것 중 한 쪽을 셀 때 사용하는 양사이다.

一只鸟 새 한 마리 一只狗 강아지 한 마리
一只船 배 한 척 一只手 한쪽 손

기출유형3 장소에 있는 사물(2)

08. Mp3

'사물+방위사'를 통해 질문에서 제시한 사물이 아닌 그림 속 다른 사물을 대답하게 만드는 문제이다.
다른 사물의 명사를 대답하게 만드는 이 문제는 질문에 방위사가 등장한다.

TSC® 기출문제

牛奶旁边有什么?

Niúnǎi pángbiān yǒu shénme?

우유 옆에는 무엇이 있나요?

답변 ① 간단한 명사로 이야기한다. Lv. 4

面包。

Miànbāo.

빵이요.

답변 ② 존현문(사물+방위사+有+명사)을 이용해서 답변한다. Lv. 5~6

牛奶旁边有一个面包。

Niúnǎi pángbiān yǒu yí ge miànbāo.

우유 옆에는 빵이 하나 있습니다.

단어 **牛奶** niúnǎi 명 우유 **旁边** pángbiān 명 옆, 옆쪽 **面包** miànbāo 명 빵 **一** yī 수 1, 하나 **个** ge 양 개

tip 다양한 양사의 활용

반대로 식빵 옆에 무엇이 있는지 물었을 경우 우유가 병에 있다면 양사 瓶을 쓰고, 잔에 있다면 양사 杯를 사용하자.

一瓶牛奶 우유 한 병　　一杯牛奶 우유 한 잔

기출유형4 인물이 있는 장소(1)

09. Mp3

장소에 관련된 문제는 동사 '在(~에 있다)'를 사용하여 사람이 어떤 장소에 있는지를 간단히 물어보는 문제가 등장한다. 의문대명사 '哪儿(어디)'에 핵심이 있으니 그림 속 인물이 어디에 있는지 그 장소를 파악하도록 하자.

TSC® 기출문제

男的在哪儿?

Nánde zài nǎr?

남자는 어디에 있나요?

답변 ① 장소 명사 하나로 이야기한다. **Lv. 4**

咖啡店。

Kāfēidiàn.

커피숍이요.

답변 ② (주어+在+장소명사+동작)형식으로 이야기한다. **Lv. 5~6**

他在咖啡店喝咖啡(呢)。

Tā zài kāfēidiàn hē kāfēi (ne).

그는 커피숍에서 커피를 마시는 중입니다.

단 어 **男的** nánde 남자 **在** zài 동 ~에 있다 **哪儿** nǎr 대 어디 **咖啡店** kāfēidiàn 커피숍, 카페

tip 사람+在+장소 명사+동작+(呢): 사람이 ~에서 ~를 하고 있는 중이다.

在는 '~에서', '~하고 있는 중이다'라는 의미를 모두 나타내기에 장소 명사 앞에 한번 만 사용하면 되며, 呢는 생략 가능하다.

女的在商店买东西(呢)。 여자는 상점에서 물건을 사고 있는 중입니다.

孩子在房间里学习(呢)。 아이는 방에서 공부하고 있는 중입니다.

* '房间'은 장소 명사가 아닌 명사이기에, 뒤에 방위사 里를 붙여 장소로 만들어 줘야 한다.

기출유형5 인물이 있는 장소(2)

10. Mp3

의문대명사 '哪儿(어디)'를 사용해서 묻는 것이 아닌 구체적인 장소를 언급한 뒤 응시생이 이 장소를 알아들을 수 있는지를 파악하고 더불어 장소 명사를 얼마나 많이 알고 있는지를 파악하기 위한 문제이다.

TSC® 기출문제

他们在教室吗?

Tāmen zài jiàoshì ma?

그들은 교실에 있나요?

답변 ① 부정문으로 이야기한다. **Lv. 4**

他们不在教室里。

Tāmen bú zài jiàoshì lǐ.

그들은 교실에 있지 않습니다.

답변 ② (주어+在+장소명사)형식으로 이야기한다. **Lv. 5~6**

不是，他们在图书馆。

Búshì, tāmen zài túshūguǎn.

아니요, 그들은 도서관에 있습니다.

단 어　**在** zài 통 ~에 있다　**教室** jiàoshì 명 교실　**图书馆** túshūguǎn 명 도서관

tip 不在와 没在의 차이

不在: 현재 또는 미래 시제에 사용

我现在不在公司。나는 지금 회사에 없다.　　我明天不在公司。나는 내일 회사에 없다.

没在: 과거 시제에 사용 (사실을 강조)

我昨天没在公司。나는 어제 회사에 없었다.

기출로 말하기 연습

다음의 문장 형식에 맞춰 말해 보세요. **11. Mp3**

주어(사람, 사물)+在+목적어(장소 명사, 장소+명사)

1 꽃 가게는 학교 맞은편에 있다.

______________________________。

2 그는 서점에 있다.

______________________________。

3 영화관은 병원 옆에 있다.

______________________________。

주어(장소+명사)+有+목적어

4 소파 위에 책가방이 있다.

______________________________。

5 가방 안에 책 한 권이 있다.

______________________________。

6 탁자 위에 휴대전화가 있다.

______________________________。

모범답안 ① 花店在学校对面。② 他在书店。③ 电影院在医院旁边。④ 沙发上面有书包。
⑤ 书包里(面/边)有一本书。⑥ 桌子上面有手机。

Point 02 동작

동작 문제는 그림 속 인물이 하고 있는 동작이 무엇인지, 질문 속의 동작과 그림 속의 동작이 일치하는지에 대해서 묻는 문제로 출제된다. 2부분에서 배운 장소와 동작을 알고 있다는 전제로 3부분에서는 '~에서 ~하자'라는 형태로 종종 출제되므로 특정 장소와 연관성 있는 동작 단어와 표현 등을 숙지하도록 하자.

동작

买 mǎi 동 사다
卖 mài 동 팔다
穿 chuān 동 (옷 등을) 입다
脱 tuō 동 (옷 등을) 벗다
关 guān 동 (전원을) 끄다, 닫다
开 kāi 동 (전원을) 켜다, 열다
做 zuò 동 하다 (= 干 gàn)
学习 xuéxí 동 공부하다, 학습하다
工作 gōngzuò 동 일하다
旅游 lǚyóu 동 여행하다
点菜 diǎn cài 음식을 주문하다
喝咖啡 hē kāfēi 커피를 마시다
喝茶 hē chá 차를 마시다
喝酒 hē jiǔ 술을 마시다
喝水 hē shuǐ 물을 마시다
喝牛奶 hē niúnǎi 우유를 마시다
聊天儿 liáotiānr 동 이야기를 나누다
爬山 páshān 동 등산하다
游泳 yóuyǒng 동 수영하다
滑雪 huáxuě 동 스키를 타다
跑步 pǎobù 동 달리다
散步 sànbù 동 산책하다
运动 yùndòng 동 운동하다
玩电脑 wán diànnǎo 컴퓨터를 하다
打电话 dǎ diànhuà 동 전화를 걸다, 전화하다
唱歌 chànggē 동 노래를 부르다
跳舞 tiàowǔ 동 춤을 추다
听音乐 ting yīnyuè 음악을 듣다
画画儿 huàhuàr 그림을 그리다
玩儿游戏 wánr yóuxì 게임을 하다
看书 kànshū 동 책을 보다
看电影 kàn diànyǐng 영화를 보다
看电视 kàn diànshì TV를 보다
看报纸 kàn bàozhǐ 신문을 보다
看杂志 kàn zázhì 잡지를 보다
看小说 kàn xiǎoshuō 소설을 읽다
打篮球 dǎ lánqiú 농구를 하다
打羽毛球 dǎ yǔmáoqiú 배드민턴을 치다
打网球 dǎ wǎngqiú 테니스를 치다
打棒球 dǎ bàngqiú 야구를 하다
踢足球 tī zúqiú 동 축구를 하다
坐公共汽车 zuò gōnggòngqìchē 버스를 타다
坐出租车 zuò chūzūchē 택시를 타다
坐地铁 zuò dìtiě 전철을 타다
骑马 qí mǎ 동 말을 타다
骑自行车 qí zìxíngchē 자전거를 타다
骑摩托车 qí mótuōchē 오토바이를 타다
上车 shàngchē 동 승차하다
下车 xiàchē 동 하차하다
开车 kāichē 동 운전하다

起床 qǐchuáng 동 기상하다	上课 shàngkè 동 수업을 듣다
睡觉 shuìjiào 동 (잠을) 자다	下课 xiàkè 동 수업을 마치다
做菜 zuòcài 동 요리를 하다	上班 shàngbān 동 출근하다
做饭 zuòfàn 동 밥을 하다	下班 xiàbān 동 퇴근하다
吃饭 chīfàn 동 밥을 먹다	上学 shàngxué 동 입학하다
洗手 xǐshǒu 동 손을 씻다	毕业 bìyè 동 졸업하다
洗脸 xǐliǎn 동 세수하다	买菜 mǎicài 장을 보다
洗碗 xǐwǎn 동 설거지하다	买礼物 mǎi lǐwù 선물을 사다
洗澡 xǐzǎo 동 목욕하다	买东西 mǎi dōngxi 물건을 사다
刷牙 shuāyá 동 양치하다	关门 guān mén 동 문을 닫다
戴帽子 dài màozi 동 모자를 쓰다	开门 kāi mén 동 문을 열다
	结束 jiéshù 동 마치다

동작의 진행 어법 정리

1 주어+在/正/正在+술어+목적어+(呢)

술어 앞에 '~하고 있는 중이다'라는 부사 '在/正/正在'를 두어 동작이 현재 진행되고 있음을 나타낸다.

你在干/做什么(呢)? 뭐 하고 있어요?
Nǐ zài gàn / zuò shénme (ne)?

他正上班(呢)。 그는 출근하고 있는 중이에요.
Tā zhèng shàngbān (ne).

我正在喝茶(呢)。 저는 차를 마시고 있는 중이에요.
Wǒ zhèng zài hē chá (ne).

2 주어+没有+在+동작(동사+명사)+(呢)

爸爸没有在睡觉(呢)。 아빠는 잠을 자고 있지 않다.
Bàba méiyǒu zài shuìjiào (ne).

他没有在吃饭(呢)。 그는 밥을 먹고 있지 않다.
Tā méiyǒu zài chīfàn (ne).

기출유형1 동작(1)

12. Mp3

'在+동작?' 은 그림 속 인물이 어떤 동작을 하고 있는지, 그 동작이 질문과 일치하는지를 묻는 문제이다.
따라서 질문 속 동작이 그림 속 동작과 일치하는지 파악하는 것이 중요하다.

TSC® 기출문제

他们在吃西瓜吗?
Tāmen zài chī xīguā ma?
그들은 수박을 먹고 있나요?

답변 ① 부정문으로 이야기한다. **Lv. 4**

不是，他们没在吃西瓜。
Búshì, tāmen méi zài chī xīguā.
아니요. 그들은 수박을 먹고 있지 않습니다.

tip 동작이 이미 발생했으므로 부정형 不在는 쓸 수 없다.

답변 ② 주어+在+동작'으로 이야기한다. **Lv. 5~6**

不是，他们在吃苹果(呢)。
Búshì, tāmen zài chī píngguǒ (ne).
아니요. 그들은 사과를 먹고 있습니다.

단어 在 zài 부 ~하고 있는 중이다 吃 chī 동 먹다 西瓜 xīguā 명 수박 苹果 píngguǒ 명 사과

tip 동작의 진행형
일반적으로 동작의 진행을 표현할 때 동사 앞에 正在, 在, 正이 온다.
我正在准备。나는 준비하고 있는 중이야.
他在上课。그는 수업 중이야.
她正等男朋友。그녀는 남자친구를 기다리는 중이야.

기출유형2 동작(2)

13. Mp3

남자 혹은 여자가 각각 어떤 동작을 하는지 재빨리 파악하자. 동작에 관한 질문은 단순하게 위의 문제처럼 '做什么?'를 사용해서 자주 출제된다. 이때 질문이 남자의 동작을 묻는지 여자의 동작을 묻는지에 주의하자.

TSC® 기출문제

女的在做什么?

Nǚde zài zuò shénme?

여자는 무엇을 하고 있나요?

답변 ① 핵심 단어만 이야기하자. **Lv. 4**

唱歌。

Chànggē.

노래를 부릅니다.

답변 ② '주어+在+동작'으로 이야기하자. **Lv. 5~6**

女的在唱歌(呢)。

Nǚde zài chànggē (ne).

여자는 노래를 부르고 있습니다.

단 어　做 zuò 동 하다　唱歌 chànggē 동 노래 부르다

기출유형3 동작(3)

14. Mp3

시간에 따라 다른 동작을 하는 문제가 출제되니, 그림 속 인물이 구체적인 시간에 어떤 동작을 하는지를 잘 살펴보고 답변해야 한다.

TSC® 기출문제

两点的时候女的在做什么?

Liǎng diǎn de shíhou nǚde zài zuò shénme?

두 시에 여자는 무엇을 하고 있나요?

답변 ① 핵심 단어만 이야기하자. **Lv. 4**

画画儿。

Huàhuàr.

그림을 그립니다.

답변 ② '시간+주어+在+동작'으로 이야기하자. **Lv. 5~6**

两点的时候女的在画画儿(呢)。

Liǎng diǎn de shíhou nǚde zài huàhuàr (ne).

두 시에 여자는 그림을 그리고 있습니다.

단 어 **的时候** de shíhou ~할 때 **画画儿** huàhuàr 그림을 그리다

tip 二과 两의 비교

1) 二(èr)을 쓰는 경우

- 十 shí 십 앞에서만 쓸 수 있다. 예 二十(èr shí) 이십
- 서수, 분수, 소수, 기수 앞뒤에는 모두 二(èr)을 쓴다. 예 第二个(dì èr ge) 두 번째

2) 两(liǎng)을 쓰는 경우

- 양사 앞에 쓴다.
- 百(bǎi), 千(qiān), 万(wàn), 亿(yì) 앞에는 습관처럼 两(liǎng)을 주로 쓴다.

기출로 말하기 연습

다음의 문장 형식에 맞게 말해 보세요. 15. Mp3

주어+在/正/正在+동작(동사+명사)+(呢)。

1 그녀는 춤을 추고 있는 중이다.

________________。(在)

2 그는 수영을 하고 있는 중이다.

________________。(正在)

3 그들은 수박을 먹고 있는 중이다.

________________。(正)

4 누가 전화를 하고 있나요?

________________? (在)

5 그녀는 무엇을 하고 있나요?

________________? (正在)

모범답안 ① 她在跳舞(呢)。② 他正在游泳(呢)。③ 他们正吃西瓜(呢)。④ 谁在打电话(呢)?
⑤ 她正在[做/干]什么(呢)?

주어+没(有)+在+동작(동사+명사)。

6 그는 신문을 보고 있지 않다.

______________________________。

7 그녀는 노래를 부르고 있지 않다.

______________________________。

8 그들은 축구를 하고 있지 않다.

______________________________。

9 나는 TV를 보고 있지 않다.

______________________________。

10 나는 커피를 마시고 있지 않다.

______________________________。

모범답안 ⑥ 他没有在看报纸。⑦ 她没有在唱歌。⑧ 他们没有在踢足球。⑨ 我没有在看电视。
⑩ 我没有在喝咖啡。

Point

03 비교문

비교문이란 두 가지 사물 혹은 사람을 비교하는 것으로 매 회마다 출제되는 문제이다. 주로 두 가지 사물 혹은 두 사람의 특징을 응시생에게 비교하게 만든 다음 간단한 명사, 비교구문을 사용하여 답변을 유도하는 문제들이 출제된다.

명사

谁 shéi, shuí 대 누구
哪 nǎ 대 어느
自行车 zìxíngchē 명 자전거
出租车 chūzūchē 명 택시
公共汽车 gōnggòngqìchē 명 버스
公交车 gōngjiāochē 명 버스
飞机 fēijī 명 비행기
火车 huǒchē 명 기차
地铁 dìtiě 명 지하철
大衣 dàyī 명 외투
东西 dōngxi 명 물건, 음식
毛衣 máoyī 명 스웨터
衬衫 chènshān 명 셔츠
帽子 màozi 명 모자
裙子 qúnzi 명 치마
裤子 kùzi 명 바지
袜子 wàzi 명 양말
运动鞋 yùndòngxié 명 운동화
皮鞋 píxié 명 구두
雨伞 yǔsǎn 명 우산
手表 shǒubiǎo 명 손목시계
钱包 qiánbāo 명 지갑
领带 lǐngdài 명 넥타이
围巾 wéijīn 명 목도리, 스카프
耳环 ěrhuán 명 귀걸이
矿泉水 kuàngquánshuǐ 명 물, 광천수
咖啡 kāfēi 명 커피
可乐 kělè 명 콜라
雪碧 xuěbì 명 스프라이트, 사이다
果汁 guǒzhī 명 과일 주스
牛奶 niúnǎi 명 우유
茶 chá 명 차
水果 shuǐguǒ 명 과일
苹果 píngguǒ 명 사과
橘子 júzi 명 귤
梨 lí 명 배
西瓜 xīguā 명 수박
葡萄 pútao 명 포도
香蕉 xiāngjiāo 명 바나나
橙子 chéngzi 명 오렌지
甜瓜 tiánguā 명 참외
草莓 cǎoméi 명 딸기
书包 shūbāo 명 책가방
本子 běnzi 명 공책
圆珠笔 yuánzhūbǐ 명 볼펜
铅笔 qiānbǐ 명 연필
橡皮 xiàngpí 명 지우개
尺子 chǐzi 명 자
桌子 zhuōzi 명 책상, 탁자
椅子 yǐzi 명 의자

项链 xiàngliàn 명 목걸이
戒指 jièzhi 명 반지
手提包 shǒutíbāo 명 핸드백
礼物 lǐwù 명 선물
手机 shǒujī 명 휴대전화
笔记本电脑 bǐjìběn diànnǎo 명 노트북
个子 gèzi 명 키, 체격
书 shū 명 책
词典 cídiǎn 명 사전
雨伞 yǔsǎn 명 우산
篮球 lánqiú 명 농구, 농구공
棒球 bàngqiú 명 야구, 야구공
足球 zúqiú 명 축구, 축구공
年龄 niánlíng 명 나이

형용사

大 dà 형 크다, 나이가 많다
小 xiǎo 형 작다
多 duō 형 많다
少 shǎo 형 적다
长 cháng 형 길다
短 duǎn 형 짧다
宽 kuān 형 넓다
窄 zhǎi 형 좁다
年轻 niánqīng 형 젊다
老 lǎo 형 늙다
贵 guì 형 비싸다
便宜 piányi 형 싸다
重 zhòng 형 무겁다
轻 qīng 형 가볍다
冷 lěng 형 춥다, 차다
热 rè 형 덥다, 뜨겁다
高 gāo 형 높다, (키가) 크다
矮 ǎi 형 (키가) 작다
低 dī 형 낮다
胖 pàng 형 뚱뚱하다
瘦 shòu 형 마르다
快 kuài 형 빠르다
慢 màn 형 느리다
早 zǎo 형 일찍
晚 wǎn 형 늦다
旧 jiù 형 낡다, 오래되다
新 xīn 형 새롭다, 새것
累 lèi 형 힘들다, 피곤하다
困 kùn 형 졸리다

비교문 어법 정리

1 A+比+B+(정도부사)+형용사 A가 B보다 ~하다

정도의 차이를 나타낼 때는 절대적 정도를 나타내는 부사 '很', '太', '非常'은 사용할 수 없고, 상대적 의미를 나타내는 '更', '还'만 사용할 수 있다.

他比我大两岁。 그는 나보다 두 살 많다.
Tā bǐ wǒ dà liǎng suì.

今天比昨天(更)冷。 오늘은 어제보다 (더) 춥다.
Jīntiān bǐ zuótiān (gèng) lěng.

今年比去年(还)忙。 올해는 작년보다 (더) 바쁘다.
Jīnnián bǐ qùnián (hái) máng.

2 A+比+B+술어+보어 A가 B보다 더/훨씬 ~하다

술어 뒤에 보어(一点, 一些, 多了, 得多)를 사용해서 정도의 표현을 나타낼 수 있다. 비교한 결과의 차이가 조금일 때는 一点이나 一些를 쓰고, 차이가 클 때는 多了 혹은 得多를 사용한다.

苹果比香蕉贵一些。 사과가 바나나보다 조금 더 비싸다.
Píngguǒ bǐ xiāngjiāo guì yìxiē.

中国的人口比韩国多得多。 중국의 인구는 한국보다 훨씬 많다.
Zhōngguó de rénkǒu bǐ Hánguó duō de duō.

3 A+没有/不比+B+술어 A가 B보다 못하다

전치사 '比'를 쓰는 비교문의 부정문은 'A 没有 B + 술어' 또는 'A 不比 B + 술어' 형식을 사용한다. 'A 不比 B + 술어' 형식은 같거나 못한 정도를 의미해서 부정적인 느낌일 때 주로 쓰며, 일반적으로 비교문의 부정이라 하면 'A 没有 B + 술어' 형식을 더 많이 사용한다.

他的汉语没有我好。 그는 중국어를 저만큼 잘하지 못해요. (그의 중국어 실력이 나보다 좋지 않다)
Tā de Hànyǔ méiyǒu wǒ hǎo.

他的汉语不比我好。 그의 중국어는 저보다 못해요. (나와 비슷하거나 못하다)
Tā de Hànyǔ bùbǐ wǒ hǎo.

기출유형1 크기 비교

16. Mp3

사진 속 어떤 자전거가 더 큰지 응시생에게 비교하게 만든 뒤 간단한 대명사로 답변을 유도하는 문제이다.
질문 속 주어와 술어(형용사)에 주의해서 문제를 듣도록 하자.

TSC® 기출문제

谁的自行车比较大?
Shéi de zìxíngchē bǐjiào dà?
누구의 자전거가 비교적 큰가요?

답변 ① 간단한 명사로 대답한다. **Lv. 4**

女的的。
Nǚde de.
여자 거요.

답변 ② 비교문(주어+比+비교 대상+형용사)으로 답변한다. **Lv. 5~6**

女的的自行车比孩子的更大。
Nǚde de zìxíngchē bǐ háizi de gēng dà.
여자의 자전거가 아이의 자전거 보다 더 큽니다.

단 어 谁 shéi, shuí 대 누구 自行车 zìxíngchē 명 자전거 比较 bǐjiào 부 비교적 大 dà 형 크다 女的 nǚde 명 여자 比 bǐ 전 ~보다 孩子 háizi 명 아이 更 gèng 부 더욱

tip 更 과 还
정도부사 '更', '还'는 비교문에서 형용사를 수식할 수 있는 유일한 정도부사이다.

기출유형2 가격 비교

17. Mp3

사진 속 두 물체의 가격을 근거로, 어떤 물건이 비싸고 싼지를 묻는 유형의 문제이다. 술어, 즉 형용사가 가격과 관련된 '便宜(싸다)', '贵(비싸다)'로만 나오기 때문에 형용사를 잘 듣고 답변하도록 하자. 또한 가격 비교 문제의 관건은 그림 속 명사들을 중국어로 어떻게 말하는지 알고 있어야 하므로 2부분에 자주 출제되는 명사들을 숙지하도록 하자.

TSC® 기출문제

哪种水果比较贵?

Nǎ zhǒng shuǐguǒ bǐjiào guì?

어떤 과일이 비교적 비쌉니까?

답변 ① 간단한 명사로 대답한다. **Lv. 4**

苹果。

Píngguǒ.

사과요.

답변 ② 비교문(주어+比+비교 대상+정도부사+형용사)으로 답변한다. **Lv. 5~6**

苹果比橘子更贵。

Píngguǒ bǐ júzi gèng guì.

사과가 귤보다 더 비쌉니다.

단 어 **哪** nǎ 대 어느 것 **种** zhǒng 양 종류 **贵** guì 형 (값이) 비싸다 **苹果** píngguǒ 명 사과 **橘子** júzi 명 귤 **更** gèng 부 더욱

tip 무게 단위 근(斤)

중국에서는 대부분의 식료품(과일, 야채, 고기 등)을 근으로 팔기 때문에 계량 단위 斤 jīn도 알아두자.
중국에서 1근은 500g이다.

기출유형3 나이 비교

18. Mp3

나이 비교 문제에서는 구체적인 나이를 언급하는 것이 아닌 누가 더 나이가 많은지에 대해서 묻는다. 사진 속에는 두 사람이 등장하는데 이때 인칭대명사 'Tā'로 대답하면 채점관이 누구를 언급하는 것인지 모를 수 있으므로 정확한 명사로 답변하는 것이 중요하다.

TSC® 기출문제

谁比较年轻?

Shéi bǐjiào niánqīng?

누가 비교적 젊습니까?

답변 ① 간단한 명사로 대답한다. **Lv. 4**

孩子。

Háizi.

아이요.

답변 ② 비교문(주어+比+비교 대상+형용사+정도 표현)으로 답변한다. **Lv. 5~6**

女孩子比爷爷年轻得多。

Nǚháizi bǐ yéye niánqīng de duō.

여자아이가 할아버지보다 훨씬 더 젊습니다.

단 어 **年轻** niánqīng 형 젊다 **孩子** háizi 명 아이 **女孩子** nǚháizi 명 여자아이 **爷爷** yéye 명 할아버지 **得** de 조 정도가 ~하다 **多** duō 형 많다

tip A는 B보다 ~하다

술어 뒤에 보어 得多 말고도 (一点, 一些, 多了, 得多)를 사용해서 정도의 표현을 나타낼 수 있다.

그는 나보다 조금 크다.	그는 나보다 훨씬 크다.
他比我高一点。 他比我高一些。	他比我高多了。 他比我高得多。

기출유형4 무게 비교

19. Mp3

무게 비교 역시 사진 속 두 개의 사물을 보고 무게를 비교한 뒤 답변하는 문제이다. 단순한 명사로 답변을 해도 좋고 비교문을 사용해서 답변하는 것도 좋다.

TSC® 기출문제

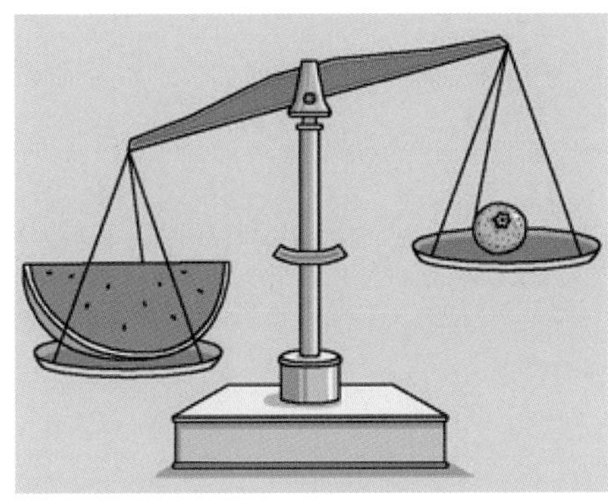

哪种水果比较重?

Nǎ zhǒng shuǐguǒ bǐjiào zhòng?

어떤 과일이 비교적 무거운가요?

답변 ① 간단한 명사로 대답한다. **Lv. 4**

西瓜。

Xīguā.

수박이요.

답변 ② 비교문(주어+比+비교 대상+형용사+정도 표현)으로 답변한다. **Lv. 5~6**

西瓜比橘子更重。

Xīguā bǐ júzi gèng zhòng.

수박이 귤보다 더 무겁습니다.

단 어 种 zhǒng 양 종류 水果 shuǐguǒ 명 과일 重 zhòng 형 무겁다 西瓜 xīguā 명 수박 橘子 júzi 명 귤

기출로 말하기 연습

다음 제시된 힌트를 사용해서 중국어로 말해 보세요. **20. Mp3**

1 책이 비교적 크다.

______________________________。

〈힌트〉 书, 大

2 어떤 물건이 가장 비싼가요?

______________________________?

〈힌트〉 东西, 贵

3 수박이 귤보다 훨씬 더 무겁다.

______________________________。

〈힌트〉 西瓜, 橘子, 更

4 오늘이 어제보다 조금 더 덥다.

______________________________。

〈힌트〉 热, 一些

5 모자가 운동화보다 더 저렴하다.

______________________________。

〈힌트〉 帽子, 运动鞋, 还

모범답안 ① 书比较大。② 哪种东西最贵? ③ 西瓜比橘子更重。④ 今天比昨天热一些。
⑤ 帽子比运动鞋还便宜。

6 그는 나보다 훨씬 (키가) 크다.

____。

〈힌트〉 个子, 得多

7 내가 그녀보다 나이가 조금 많다.

____。

〈힌트〉 大, 一点

8 그녀는 나보다 빠르지 않다.

____。

〈힌트〉 没有, 快

9 우산이 바나나보다 길다.

____。

〈힌트〉 雨伞, 香蕉, 长

10 형은 남동생보다 뚱뚱하다.

____。

〈힌트〉 哥哥, 弟弟, 胖

모범답안 ⑥ 他个子比我高得多。⑦ 我比她大一点。⑧ 她没有我快。⑨ 雨伞比香蕉长。⑩ 哥哥比弟弟胖。

Point

04 숫자

숫자와 관련된 문제는 크게 전화번호, 시간, 화폐 단위를 묻는 문제가 출제된다. 전화번호와 시간은 비록 많은 비중을 차지하지는 않지만 꾸준히 등장하는 문제이며 화폐는 거의 매 회 빠지지 않고 출제되고 있는 문제이다.

숫자	
零 líng 0, 영	七 qī 7, 일곱
一 yī 1, 하나	八 bā 8, 여덟
二 èr 2, 둘	九 jiǔ 9, 아홉
三 sān 3, 셋	十 shí 10, 열
四 sì 4, 넷	一百 yìbǎi 100, 일백
五 wǔ 5, 다섯	一千 yìqiān 1000, 일천
六 liù 6, 여섯	一万 yíwàn 10000, 일만

번호/층/방번호	
号 hào 명 번호	楼 lóu 명 층
号码 hàomǎ 번호	层 céng 양 층 명 다층 건물
电话号码 diànhuà hàomǎ 전화번호	栋 dòng 양 동, 채 (집채를 세는 말)
手机号码 shǒujī hàomǎ 휴대전화번호	路 lù 버스 번호를 셀 때 쓰임
多少 duōshao 대 얼마, 몇	22路公交车 22번 버스

시간	
现在 xiànzài 명 지금, 현재	刻 kè 양 15분
几 jǐ 수 몇	十二点一刻 shí'èr diǎn yí kè 12시 15분
点 diǎn 명 시	差 chà 동 모자라다
分 fēn 명 분	差五分三点 chà wǔ fēn sān diǎn 5분 전 3시
分钟 fēnzhōng 명 분	早上 zǎoshang 명 아침
四点(零)五分 sì diǎn (líng) wǔ fēn 4시 5분	晚上 wǎnshang 명 저녁
两点 liǎng diǎn 2시	上午 shàngwǔ 명 오전
半 bàn 수 반, 30분	中午 zhōngwǔ 명 정오, 점심
十点半 shí diǎn bàn 10시 반	下午 xiàwǔ 명 오후

시간 관련 동사	
开始 kāishǐ 동 시작하다	开门 kāi mén 동 문을 열다, 영업을 시작하다
结束 jiéshù 동 끝나다	关门 guān mén 동 문을 닫다, 영업을 끝내다

시간 관련 명사	
比赛 bǐsài 명 경기, 시합	表演 biǎoyǎn 명 공연, 연극
音乐会 yīnyuèhuì 명 음악회	考试 kǎoshì 명 시험
演唱会 yǎnchànghuì 명 콘서트	电影 diànyǐng 명 영화

화폐	
块(= 元) kuài(= yuán) 양 위안	分 fēn 양 펀, 분, 전
毛(= 角) máo(= jiǎo) 양 마오, 지아오, 각	예 5.83元 = 五块八毛三分
예 5.8元 = 五块八毛	

가격 묻고 답하기 관련 표현	
一块 yí kuài 1위안	两百块 liǎngbǎi kuài 200위안
五块 wǔ kuài 5위안	多少钱 duōshao qián 얼마예요
十块 shí kuài 10위안	价格 jiàgé 명 가격
二十块 èrshí kuài 20위안	价钱 jiàqian 명 가격
一百块 yìbǎi kuài 100위안	人民币 Rénmínbì 명 인민폐, 런민삐

가격 묻기에 자주 등장하는 명사	
运动鞋 yùndòngxié 명 운동화	电脑 diànnǎo 명 컴퓨터
帽子 màozi 명 모자	圆珠笔 yuánzhūbǐ 명 볼펜
眼镜 yǎnjìng 명 안경	皮包 píbāo 명 가죽가방, 가방
手表 shǒubiǎo 명 손목시계	书包 shūbāo 명 책가방
手机 shǒujī 명 휴대전화	牛奶 niúnǎi 명 우유
电影票 diànyǐngpiào 명 영화표	咖啡 kāfēi 명 커피
笔记本电脑 bǐjìběn diànnǎo 명 노트북	果汁 guǒzhī 명 과일 주스

기출유형1 전화번호 묻기

21. Mp3

그림에 나온 전화번호를 응시자가 읽을 수 있는지를 파악하는 문제이다. '号码是多少(번호가 몇 번인가요?)라는 질문이 들린다면 그림 속의 번호를 파악하도록 하자.

TSC® 기출문제

这家餐厅的电话号码是多少?

Zhè jiā cāntīng de diànhuà hàomǎ shì duōshao?

이 식당의 전화번호는 몇 번인가요?

답변 ① 간단하게 시간만 이야기한다. **Lv. 4**

六八三零二幺零。

Liù bā sān líng èr yāo líng.

6830210이요.

답변 ② 주어+시간+동작 형식으로 답변한다. **Lv. 5~6**

这家餐厅的电话号码是六八三零二幺零。

Zhè jiā cāntīng de diànhuà hàomǎ shì liù bā sān líng èr yāo líng.

이 식당의 전화번호는 6830210입니다.

단 어 **家** jiā 양 가게, 기업 등을 셀 때 쓰임 **餐厅** cāntīng 명 레스토랑, 식당 **电话号码** diànhuà hàomǎ 명 전화번호 **多少** duōshao 대 얼마, 몇 **幺** yāo 명 숫자 1 대신에 쓰이는 글자

tip 숫자를 말할 때 주의할 점

1) 전화번호나 방 번호를 읽을 때는 숫자를 하나씩 읽는다.

- 701호: 701号 qī líng yāo hào

2) 숫자 0, 1, 2는 아래와 같이 읽는다.

- 0 líng 1 yāo 2 èr

기출유형2 시간 묻기

22. Mp3

그림에 시간 관련 정보를 보여주고 응시자가 시간을 보고 중국어로 답할 수 있는지를 파악하는 문제이다.
질문에 '几点(몇 시)'라는 질문이 들린다면 재빨리 그림 속 시간을 파악하도록 하자.

TSC® 기출문제

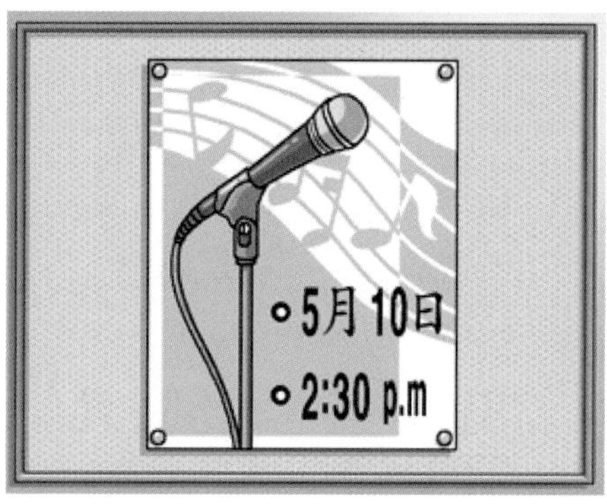

唱歌比赛几点开始?
Chànggē bǐsài jǐ diǎn kāishǐ?
노래 경연은 몇 시에 시작하나요?

답변 ① 간단하게 시간만 이야기한다. **Lv. 4**

两点半。/ 两点三十分。
Liǎng diǎn bàn. / Liǎng diǎn sānshí fēn.
2시 반이요. / 2시 30분이요.

답변 ② 주어+시간+동작 형식으로 답변한다. **Lv. 5~6**

唱歌比赛下午两点半开始。
Chànggē bǐsài xiàwǔ liǎng diǎn bàn kāishǐ.
노래 경연은 오후 2시 반에 시작합니다.

단어 **唱歌** chànggē 동 노래 부르다 **比赛** bǐsài 명 경연, 시합 **几** jǐ 수 몇 **点** diǎn 양 시 **开始** kāishǐ 동 시작하다 **两** liǎng 수 둘, 2 **半** bàn 수 절반, 2분의 1

기출유형3 가격 묻기(1)

23 Mp3

가격을 묻는 문제는 매회 출제되고 있으며 块단위만 묻는 문제 혹은 毛단위까지 묻는 문제로 구별할 수 있다.
块는 元이라는 표현도 있지만 회화체에서는 块만을 사용한다는 것을 기억하자.

TSC® 기출문제

眼镜多少钱?
Yǎnjìng duōshao qián?
안경은 얼마인가요?

답변 ① 간단하게 가격만 이야기한다. **Lv. 4**

三百八十九块。
Sānbǎi bāshíjiǔ kuài.
389 위안이요.

답변 ② '가격'이라는 단어를 덧붙여 답변한다. **Lv. 5~6**

眼镜的价格是三百八十九块。
Yǎnjìng de jiàgé shì sānbǎi bāshíjiǔ kuài.
안경의 가격은 389위안입니다.

단 어 **眼镜** yǎnjìng 명 안경 **多少钱** duōshao qián 얼마에요 **块** kuài 양 위안 **价格** jiàgé 명 가격

tip 중국 화폐 단위

	회화체	문어체
콰이/위안	块 kuài	元 yuan
마오/각	毛 máo	角 jiǎo
분/전	分 fēn	分 fēn

기출유형4 가격 묻기(2)

24. Mp3

块 이하 단위는 毛와 角 중 毛로 답변해야 한다는 것을 기억하자. 또한 그림에 2개 이상의 사물이 제시되어 있는 경우 사물의 명사도 같이 답변해주는 것이 중요하다.

TSC® 기출문제

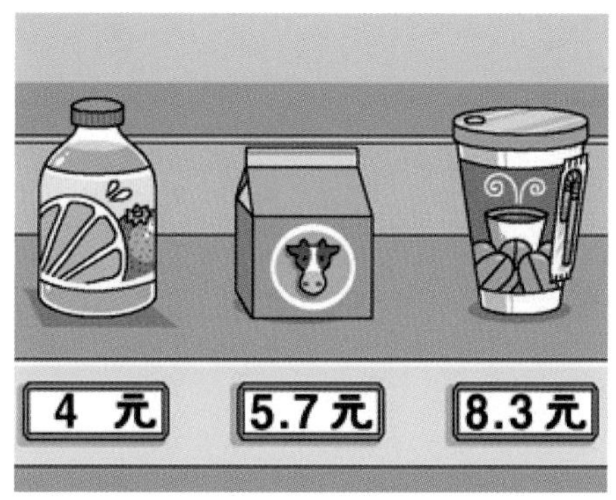

最贵的饮料多少钱?

Zuì guì de yǐnliào duōshao qián?

가장 비싼 음료는 얼마인가요?

답변 ① 간단하게 가격만 이야기한다. **Lv. 4**

八块三毛。

Bā kuài sān máo.

8.3위안이요.

답변 ② '가격'이라는 단어를 덧붙여 답변한다. **Lv. 5~6**

最贵的饮料是八块三毛。

Zuì guì de yǐnliào shì bā kuài sān máo.

가장 비싼 음료는 8.3위안입니다.

단어 最 zuì 副 가장 贵 guì 형 (값이) 비싸다 饮料 yǐnliào 명 음료 毛 máo 양 마오

기출로 말하기 연습

다음 문제에 답해 보세요. 25. Mp3

1

5시 30분

____________________。

2

2시 15분

____________________。

3

7시 50분

____________________。

4

12시 45분

____________________。

모범답안 ① 五点三十分。/ 五点半。② 两点十五分。/ 两点一刻。③ 七点五十分。/ 差十分八点。
④ 十二点四十五分。/ 十二点三刻。

5 ☎ 229 – 3101

🎙 ______________________。

6 ☎ 843 – 1987

🎙 ______________________。

7 14.3위안

🎙 ______________________。

8 985위안

🎙 ______________________。

9 모자의 가격은 465위안입니다.

🎙 ______________________。

10 운동화는 235.8위안입니다.

🎙 ______________________。

11 꽃집은 3시 30분에 문을 엽니다.

🎙 ______________________。

12 은행은 6시에 문을 닫습니다.

🎙 ______________________。

13 그는 301호에 삽니다.

🎙 ______________________。

14 그녀는 721번 버스를 타고 출근합니다.

🎙 ______________________。

모범답안 ⑤ 二二九三幺零幺。⑥ 八四三幺九八七。⑦ 十四块三毛。⑧ 九百八十五块。
⑨ 帽子的价格是四百六十五块。⑩ 运动鞋[两百/二百]三十五块八毛。⑪ 花店[三点半/三十分]开门。
⑫ 银行六点关门。⑬ 他住在三零幺号。⑭ 她坐七二幺路[公交车/公共汽车]上班。

Point 05 도량형

도량형은 응시자가 각종 도량형을 알고 있는지를 파악하기 위해 출제되는 문제이다. 따라서 평소에 자주 쓰이는 도량형의 중국어 표현법을 익히도록 하자.

길이 도량형

有 yǒu 동 ~만큼 되다, ~만하다	楼 lóu 명 건물
多 duō 부 얼마나	大厦 dàshà 명 빌딩
离 lí 전 ~에서 ~로부터	高 gāo 형 (높이가) 높다, 크다
个子 gèzi 명 키	低 dī 형 (높이가) 낮다
身高 shēngāo 명 신장, 키	长 cháng 형 길다
米 mǐ 양 미터(m)	短 duǎn 형 짧다
厘米 límǐ 양 센티미터(cm)	远 yuǎn 형 (거리상) 멀다
公分 gōngfēn 양 센티미터(cm)	近 jìn 형 가깝다
公里 gōnglǐ 양 킬로미터(km)	距离 jùlí 명 거리

무게 도량형

体重 tǐzhòng 명 체중, 몸무게	轻 qīng 형 가볍다
公斤 gōngjīn 양 킬로그램(kg)	重 zhòng 형 무겁다
斤 jīn 양 근	行李 xíngli 명 짐, 캐리어
克 kè 양 그램(g)	超重 chāozhòng 기준적재량을 초과하다
吨 dūn 양 톤(ton)	不够 búgòu 형 부족하다, 모자라다

온도

温度 wēndù 명 온도	摄氏度 shèshìdù 명 온도
度 dù 양 도 [온도를 세는 단위]	体温 tǐwēn 명 체온
气温 qìwēn 명 기온	高 gāo 형 (정도가) 높다
冷 lěng 형 춥다, 차다	低 dī (정도가) 낮다
热 rè 형 덥다, 뜨겁다	温暖 wēnnuǎn 형 따뜻하다

기출유형1 길이

26. Mp3

응시자가 길이와 관련된 도량형을 알고 있는지 파악하기 위한 문제로 건물과 건물 사이의 거리가 얼마인지에 대한 문제가 출제된다.

TSC® 기출문제

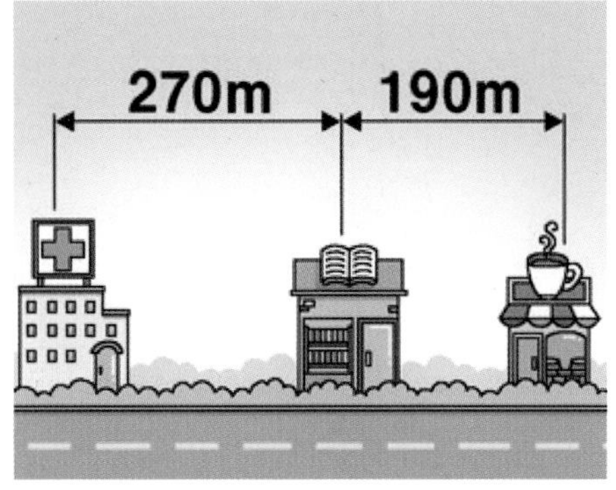

从书店到医院有多远?
Cóng shūdiàn dào yīyuàn yǒu duō yuǎn?
서점에서 병원까지는 얼마나 먼가요?

답변 ① 길이만 이야기해 준다. **Lv. 4**

二百七十米。/ 两百七十米。
Èrbǎi qīshí mǐ. / Liǎngbǎi qīshí mǐ.
270미터요.

답변 ② 문제를 활용하여 답변한다. **Lv. 5~6**

从书店到医院有二百七十米。
Cóng shūdiàn dào yīyuàn yǒu èrbǎi qīshí mǐ.
서점에서 병원까지는 270미터 됩니다.

단어 从 cóng 전 ~부터 书店 shūdiàn 명 서점 到 dào 전 ~까지 医院 yīyuàn 명 병원 有 yǒu 동 ~만큼 이다 多 duō 부 얼마나 远 yuǎn 형 멀다 米 mǐ 양 미터

tip 의문부사 多

1. 형용사 앞에 多를 써서 정도를 묻는다.
   - 你多大? 당신은 몇 살입니까?
2. 多 앞의 有는 추측을 의미해 더하거나 생략 가능.
   - 从书店到医院(有)多远? 서점에서 병원까지는 얼마나 먼가요?
3. 숫자 뒤에 多를 붙이면 초과를 나타낸다.
   - 二百七十多米。270미터가 넘는다.

기출유형2 키

27. Mp3

키에 관한 문제는 자주 출제되지는 않지만 나타내는 각기 다른 도량형으로 표현할 수 있으므로 그 표현 방법에 대해 공부해 보도록 하자.

TSC® 문제

男的的个子多高?

Nánde de gèzi duō gāo?

남자의 키는 몇인가요?

답변 ① 핵심 답변만 이야기한다. **Lv. 4**

一米七八。

Yì mǐ qī bā.

1미터 78cm입니다.

답변 ② 문제를 활용하여 답변한다. **Lv. 5~6**

他的身高是一百七十八厘米(公分)。

Tā de shēngāo shì yìbǎi qīshíbā límǐ(gōngfēn).

그의 키는 178cm입니다.

단 어 **个子** gèzi 명 키 **多** duō 부 얼마나 **高** gāo 형 높다, 키가 크다 **米** mǐ 양 미터 **身高** shēngāo 명 키, 신장 **厘米** límǐ 명 센티미터(cm) **公分** gōngfēn 양 센티미터(cm)

tip 다양한 키를 나타내는 표현

- 他个子一米八六。그의 키는 1미터 86cm입니다.
  (86은 '八十六'가 아닌 '八六'라고 따로따로 읽어야 한다.)
- 我个子一米七。저는 1미터 70cm입니다.
  (마지막 숫자 0은 생략 가능하다.)
- 孩子个子一米零五。아이의 키는 105cm입니다.
  (가운데 숫자 0은 꼭 읽어야 한다.)
- 他有一米七八。그는 178cm 정도 됩니다.
  (有는 키, 길이, 무게 등을 나타내는 숫자 앞에 쓰여 '~정도'라는 어림수를 나타낸다.)

기출유형3 무게

28. Mp3

무게와 관련된 도량형은 킬로그램을 뜻하는 公斤과 근을 나타내는 단위 斤을 기억하면 된다. 답변은 숫자+무게 단위로 답하면 되고, 소수점은 点으로 읽는다.

TSC® 문제

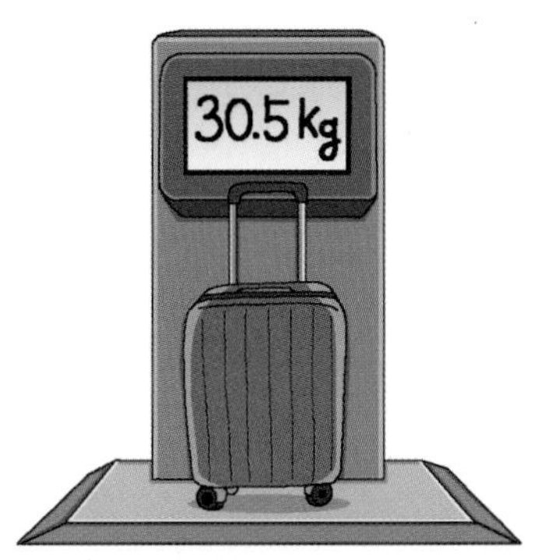

这个行李有多重?

Zhège xíngli yǒu duō zhòng?

이 짐은 무게가 얼마나 되나요?

답변 ① 핵심 답변만 이야기한다. **Lv. 4**

三十点五公斤。

Sānshí diǎn wǔ gōngjīn.

30.5kg요.

답변 ② 문제를 활용하여 답변한다. **Lv. 5~6**

这个行李有三十点五公斤。

Zhège xíngli yǒu sānshí diǎn wǔ gōngjīn.

이 짐은 30.5kg 정도 됩니다.

단 어 行李 xíngli 명 짐, 캐리어 有 yǒu 동 얼마만큼 되다 多 duō 부 얼마나 重 zhòng 형 무겁다 点 diǎn 명 소수점 公斤 gōngjīn 양 킬로그램(kg)

tip 단위 斤

우리나라에서는 몸무게를 말할 때 公斤(킬로그램 kg)이라는 단위를 사용하지만, 중국에서는 사람의 몸무게도 斤(근 g)으로 표현합니다.

그는 70kg입니다.	
한국: 他70公斤。	중국: 他140斤。

기출유형4 온도

29. Mp3

온도 관련 문제는 숫자와 온도를 나타내는 도량형 '度'만 기억하면 된다. 온도를 나타내는 도량형은 한국어와 발음이 비슷하므로 금방 익힐 수 있을 것이다.

TSC® 기출문제

教室里的温度是多少度?

Jiàoshì lǐ de wēndù shì duōshao dù?

교실 안의 온도는 몇 도인 가요?

답변 ① 핵심 답변만 이야기한다. **Lv. 4**

二十四度。

Èrshísì dù.

24도요.

답변 ② 문제를 활용하여 답변한다. **Lv. 5~6**

教室里的温度是二十四度。

Jiàoshì lǐ de wēndù shì èrshísì dù.

교실 안의 온도는 24도입니다.

단 어 **教室** jiàoshì 명 교실 **温度** wēndù 명 온도 **多少** duōshao 대 얼마, 몇 **度** dù 양 도

tip 온도 단위 度와 摄氏度

24℃ : 二十四度 èrshísì dù 二十四摄氏度 èrshísì shèshìdù

온도 소수점 읽는 방법

24.5℃ : 二十四点五度 èrshísì diǎn wǔ dù 二十四度五 èrshísì dù wǔ

기출로 말하기 연습

다음 문제에 답해 보세요. 30. Mp3

1 현재 온도는 32도입니다.

_______________________________。

2 도서관에서 커피숍까지는 185m입니다.

_______________________________。

3 이 컴퓨터는 13.5kg입니다.

_______________________________。

4 볼펜은 7.8cm입니다.

_______________________________。

5 저의 키는 160cm입니다.

_______________________________。

모범답안 ① 现在的温度是三十二[度/摄氏度]。② 从图书馆到咖啡厅有一百八十五米。
③ 这台电脑是十三点五公斤。④ 圆珠笔是七点八厘米。⑤ 我个子一米六。

모범답안 p 386

TSC® 기출문제

Test of Spoken Chinese

第2部分：看图回答

다음 문제를 듣고 대답해 보세요. 31. Mp3

第 1 题

(3秒) 提示音 ___(6秒)___ 结束。

第 2 题

(3秒) 提示音 ___(6秒)___ 结束。

第 3 题

(3秒) 提示音 ___(6秒)___ 结束。

第 4 题

(3秒) 提示音 ___(6秒)___ 结束。

第 5 题

(3秒) 提示音 ___(6秒)___ 结束。

思考	回答
00 : 03	00 : 06

第 6 题

(3秒) 提示音 ______(6秒)______ 结束。

第 7 题

(3秒) 提示音 ______(6秒)______ 结束。

第 8 题

(3秒) 提示音 ______(6秒)______ 结束。

第 9 题

(3秒) 提示音 ______(6秒)______ 结束。

第 10 题

(3秒) 提示音 ______(6秒)______ 结束。

第 11 题

(3秒) 提示音 ___(6秒)___ 结束。

第 12 题

(3秒) 提示音 ___(6秒)___ 结束。

第 13 题

(3秒) 提示音 ___(6秒)___ 结束。

第 14 题

(3秒) 提示音 ___(6秒)___ 结束。

第 15 题

(3秒) 提示音 ___(6秒)___ 结束。

이 름
수험번호

思考	回答
00 : 03	00 : 06

第 16 题

(3秒) 提示音 (6秒) 结束。

第 17 题

(3秒) 提示音 (6秒) 结束。

第 18 题

(3秒) 提示音 (6秒) 结束。

第 19 题

(3秒) 提示音 (6秒) 结束。

第 20 题

(3秒) 提示音 (6秒) 结束。

第三部分 快速回答

제3부분

빠르게 답하기

point 1 일상생활 관련

동작의 기호 묻기 | 대상의 기호 묻기
자주 하는 동작 묻기(1~2) | 시량(시간의 양) 묻기
수량 묻기 | 정도 묻기 | 횟수 묻기

point 2 제안과 요청

스포츠 활동 제안 | 장소 제안 | 음료 제안 | 식사 제안 | 요청(1~2)

point 3 경험과 계획

경험(1~2) | 구체적인 계획
시간 · 날짜 계획 | 계획의 대상 | 계획 전달

point 4 ROLE PLAY

길 묻기 | 제품 추천 | 구매 불가 | 세부 상황 선택 | 사과

제3부분 | 빠르게 답하기

구성

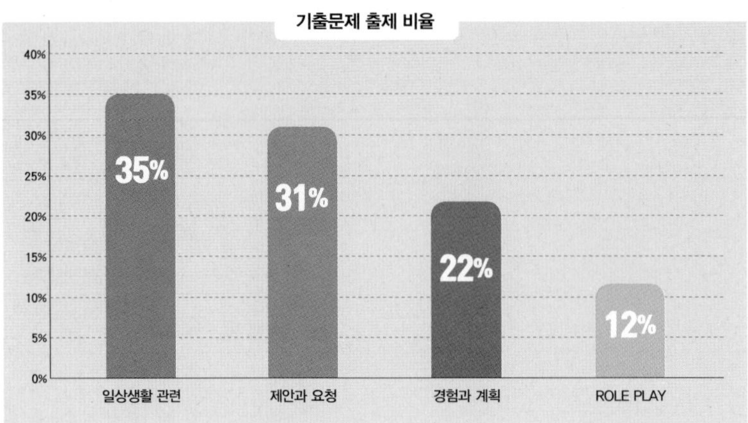

유형	간단한 대화를 완성하는 유형이다. 일상생활에서 이루어지는 대화로 먼저 그림이 제시된다. 최대한 완전한 문장으로 대답하자.
문항 수	5문항
답변 준비 시간	2초
답변 시간	문제당 15초

전략포인트

1 최소한 두 마디는 말하자!

2부분에서 한 문장으로 말했었다면, 3부분에서는 최소한 두 마디는 이야기해야 한다. 문제의 화제가 대부분 일상생활에 관련된 것이므로 실제 일상생활을 생각하고 답변하면 된다.

2 다양한 부사와 전치사를 사용하자!

단답형의 문장보다는 다양한 부사와 전치사를 사용한 문장이 조금 더 높은 점수를 받을 수 있다. 따라서 평소에 상용 부사와 전치사를 익히도록 하자.

3 3부분은 6부분의 기초단계이다!

3부분과 6부분의 공통점은 ROLE PLAY이다. 따라서 실제로 질문한 상황에 처해있다고 생각하고 자연스럽게 답변하는 게 관건이다. 또한 3부분이 6부분의 선행학습이라고 생각하고 문장을 자연스럽게 구사하는 방법을 익히도록 하자.

시험 맛보기

그림을 보고 그림의 내용을 설명하는 것이 아니라 질문을 듣고 질문에 맞게 정확하게 답변을 하는 형식이므로, 제3자의 입장이 아닌 자신의 입장에서 말을 해야 한다. 또한 자신이 질문의 의도를 이해했다는 것을 듣는 사람이 알 수 있도록 분명하게 답변해야 한다.

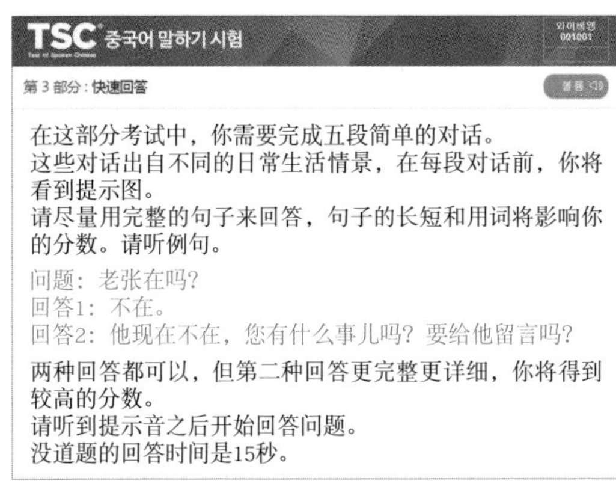

TSC 중국어 말하기 시험

第 3 部分：快速回答

在这部分考试中，你需要完成五段简单的对话。
这些对话出自不同的日常生活情景，在每段对话前，你将看到提示图。
请尽量用完整的句子来回答，句子的长短和用词将影响你的分数。请听例句。

问题：老张在吗？
回答1：不在。
回答2：他现在不在，您有什么事儿吗？要给他留言吗？

两种回答都可以，但第二种回答更完整更详细，你将得到较高的分数。
请听到提示音之后开始回答问题。
没道题的回答时间是15秒。

1

첫 화면에 3부분 유형의 지시문과 음성이 같이 나온다.

2

두 번째 화면에 그림과 함께 문제가 음성으로 나오고 하단에 [思考]라는 표시와 함께 2초의 준비 시간이 주어진다. 준비 시간이 끝나면 '삐' 소리가 난다.

思考 〉#Beep

3

화면 하단에 [回答]라고 표시되며 답변 시간 15초가 카운트된다. 답변 시간이 모두 끝나면 "现在结束。" 멘트가 나온다.

回答 〉"现在结束。"

Point

01 일상생활 관련

응시자의 상황이나 환경과 관련된 문제를 물어본다. 주로 좋아하는 동작과 대상, 자주 하는 동작, 그리고 세부적인 내용 등을 질문하는데 4부분에서도 비슷한 문제가 출제되고 있으니 4부분을 염두해 답변을 같이 준비하는 것이 좋다.

기호 관련 표현	
喜欢 xǐhuan 동 좋아하다 **爱** ài 동 ~하기를 좋아하다	**讨厌** tǎoyàn 동 싫어하다 **不怎么** bù zěnme 그다지, 별로
일상생활 관련 표현	
一般 yìbān 부 일반적으로 **你一般跟谁** Nǐ yìbān gēn shéi+동작 당신을 일반적으로 누구와 ~을 하나요?	**多长时间** duōcháng shíjiān 얼마 만에, 얼마 동안 **你多长时间** Nǐ duōcháng shíjiān+동작? 당신은 얼마 만에 ~을 하나요?
일상생활 관련 동작	
买衣服 mǎi yīfu 옷을 사다 **整理房间** zhěnglǐ fángjiān 방을 정리하다 **打扫房间** dǎsǎo fángjiān 방을 청소하다 **运动** yùndòng 동 운동하다 **洗衣服** xǐ yīfu 옷을 세탁하다 **做菜** zuòcài 동 요리를 하다 **做家务** zuò jiāwù 집안일을 하다 **洗脸** xǐliǎn 동 세수하다 **刷牙** shuāyá 동 이를 닦다	**洗澡** xǐzǎo 동 샤워하다 **做作业** zuò zuòyè 숙제를 하다 **学习** xuéxí 동 공부하다 **复习** fùxí 동 복습하다 **预习** yùxí 동 예습하다 **睡觉** shuìjiào 동 자다 **送礼物** sòng lǐwù 선물을 주다 **过生日** guò shēngrì 생일을 보내다 **旅行** lǚxíng 동 여행하다

일상생활 관련 장소

咖啡厅 kāfēitīng 명 커피숍, 카페	公司 gōngsī 명 회사
书店 shūdiàn 명 서점	公园 gōngyuán 명 공원
邮局 yóujú 명 우체국	博物馆 bówùguǎn 명 박물관
银行 yínháng 명 은행	游乐园 yóulèyuán 명 유원지, 놀이동산
健身房 jiànshēnfáng 명 헬스장	游泳池 yóuyǒngchí 명 수영장
便利店 biànlìdiàn 명 편의점	体育馆 tǐyùguǎn 명 체육관
超市 chāoshì 명 슈퍼마켓	物业 wùyè 명 관리사무소
大型超市 dàxíng chāoshì 명 대형마트(슈퍼)	社区服务中心 shèqū fúwù zhōngxīn 명 주민센터
电影院 diànyǐngyuàn 명 영화관	培训班 péixùnbān 명 학원
动物园 dòngwùyuán 명 동물원	补习班 bǔxíbān 명 학원
植物园 zhíwùyuán 명 식물원	网吧 wǎngbā 명 PC방
百货(商)店 bǎihuò(shāng)diàn 명 백화점	快餐店 kuàicāndiàn 명 패스트푸드점
购物中心 gòuwù zhōngxīn 명 쇼핑몰	图书馆 túshūguǎn 명 도서관
学校 xuéxiào 명 학교	自习室 zìxíshì 명 스터디 룸, 자습실

계절 / 날씨

春天 chūntiān 명 봄	晴 qíng 형 맑다
夏天 xiàtiān 명 여름	阴 yīn 형 흐리다
秋天 qiūtiān 명 가을	下雨 xiàyǔ 동 비가 오다
冬天 dōngtiān 명 겨울	下雪 xiàxuě 동 눈이 오다
热 rè 형 덥다	刮风 guāfēng 동 바람이 불다
冷 lěng 형 춥다	干燥 gānzào 형 건조하다
暖和 nuǎnhuo 형 따뜻하다	潮湿 cháoshī 형 습하다, 축축하다
凉快 liángkuai 형 선선하다, 시원하다	打雷 dǎléi 동 천둥치다

기출유형1 동작의 기호 묻기

32. Mp3

'喜欢+동작' 유형으로 응시자의 기호를 묻는 문제이다. 4부분에서도 이런 유형의 문제가 자주 출제되고 있으므로 평소 자신이 좋아하는 동작과 관련된 어휘를 숙지하고 좋아하는 이유를 같이 말할 수 있게 미리 준비해두자.

TSC® 기출문제

你喜欢去书店吗?

Nǐ xǐhuan qù shūdiàn ma?

서점에 가는 걸 좋아하나요?

답변 ① 얼마나 자주 가는지 덧붙여 이야기한다. **Lv. 4**

是的，我很喜欢去书店，差不多每个周末都去。

Shìde, wǒ hěn xǐhuan qù shūdiàn, chàbuduō měi ge zhōumò dōu qù.

네. 저는 서점에 가는 걸 좋아해요. 거의 주말마다 가요.

답변 ② 싫어하는 이유도 같이 답변한다. **Lv. 5~6**

我最近不怎么去书店，因为我常常在网上买书。

Wǒ zuìjìn bù zěnme qù shūdiàn, yīnwèi wǒ chángcháng zài wǎngshàng mǎi shū.

저는 최근에는 서점에 그다지 가지 않아요. 왜냐하면 늘 인터넷 서점에서 책을 사거든요.

단 어 喜欢 xǐhuan 동 좋아하다　差不多 chàbuduō 부 거의　每 měi 대 매, ~마다　周末 zhōumò 명 주말　最近 zuìjìn 명 최근　不怎么 bù zěnme 별로 ~하지 않다　因为 yīnwèi 접 왜냐하면　常常 chángcháng 부 늘, 종종　网上 wǎngshàng 명 인터넷　买 mǎi 동 사다

tip 不怎么+동사/형용사: 별로, 그다지

- 我不怎么喜欢西餐。나는 양식을 별로 좋아하지 않는다.
- 这道菜的味道不怎么好。이 음식은 맛이 별로 좋지 않다.

기출유형2 대상의 기호 묻기

33. Mp3

대상은 어떤 물건이 될 수도 있지만 날씨처럼 추상적인 것도 등장한다. 답변은 좋아하는 이유와 싫어하는 이유를 같이 말하여 마무리하도록 한다.

TSC® 기출문제

你喜欢下雨的天气吗?

Nǐ xǐhuan xiàyǔ de tiānqì ma?

비 오는 날을 좋아하나요?

답변 ① 좋아하지 않는 이유를 이야기한다. **Lv. 4**

不喜欢，因为我觉得下雨天外出很不方便。

Bù xǐhuan, yīnwèi wǒ juéde xià yǔtiān wàichū hěn bù fāngbiàn.

안 좋아해요. 왜냐하면 비 오는 날에는 외출하기가 불편하기 때문이에요.

답변 ② 비오는 날 어떤 동작하는 것을 좋아하는지 구체적으로 이야기한다. **Lv. 5~6**

喜欢，我喜欢下雨天在咖啡厅里一边听雨声，一边喝咖啡，感觉很浪漫。

Xǐhuan, wǒ xǐhuan xiàyǔ tiān zài kāfēitīng lǐ yìbiān tīng yǔ shēng, yìbiān hē kāfēi, gǎnjué hěn làngmàn.

좋아해요. 저는 비가 오는 날에 커피숍에서 빗소리를 들으며 커피 마시는 걸 좋아해요. 낭만적이에요.

단어 下雨 xiàyǔ 동 비가 오다 天气 tiānqì 명 날씨 觉得 juéde 동 ~라고 생각하다(여기다) 天 tiān 명 날, 하루 外出 wàichū 동 외출하다 方便 fāngbiàn 형 편리하다 咖啡厅 kāfēitīng 명 커피숍, 카페 一边…一边 yìbiān…yìbiān ~하면서 ~하다 听 tīng 동 듣다 声 shēng 명 소리 喝 hē 동 마시다 咖啡 kāfēi 명 커피 感觉 gǎnjué 동 느끼다, 여기다 浪漫 làngmàn 형 낭만적이다, 로맨틱하다

tip 一边+동사+一边+동사: ~하면서 ~하다 (두 가지 동작이 동시 진행되고 있음을 나타냄.)

- 我喜欢一边喝咖啡一边看书。 나는 커피 마시면서 책 보는 것을 좋아한다.
- 不要一边看手机一边开车。 휴대전화를 보면서 운전하지 말아요.

기출유형3 자주 하는 동작 묻기(1)

34. Mp3

'经常+동작'이나 '常常+동작'형식으로 질문한다. 질문의 핵심은 '동작'에 있으므로 동작을 주의 깊게 듣도록 하자.

TSC® 기출문제

你经常乘坐公共交通工具吗?

Nǐ jīngcháng chéngzuò gōnggòng jiāotōng gōngjù ma?

대중교통을 자주 타나요?

답변 ① 매일 대중교통 수단을 이용하는 이유를 간단히 언급한다. **Lv. 4**

是的，我每天都乘坐公共交通工具，因为很方便！

Shìde, wǒ měitiān dōu chéngzuò gōnggòng jiāotōng gōngjù, yīnwèi hěn fāngbiàn!

네. 저는 매일 대중교통을 탑니다. 왜냐하면 정말 편리하기 때문이에요!

답변 ② 자주 이용하는 다른 대중교통 수단을 이야기한다. **Lv. 5~6**

我不怎么乘坐公共交通工具，平时出门都是自己开车，很方便。

Wǒ bù zěnme chéngzuò gōnggòng jiāotōng gōngjù, píngshí chūmén dōu shì zìjǐ kāichē, hěn fāngbiàn.

저는 대중교통을 별로 안 탑니다. 평상시에 외출할 때는 직접 운전을 하는 게 편리합니다.

단어 **经常** jīngcháng 부 늘, 항상 **乘坐** chéngzuò 동 (교통수단을) 타다 **公共交通工具** gōnggòng jiāotōng gōngjù 대중교통 **每天** měitiān 매일 **因为** yīnwèi 접 왜냐하면 **平时** píngshí 명 평소, 평상시 **出门** chūmén 동 외출하다 **自己** zìjǐ 대 자신, 스스로 **开车** kāichē 동 (차를) 운전하다

tip 자주 이용하는 교통수단

① 坐+교통수단

飞机 fēijī 비행기, 公共汽车 gōnggòngqìchē 버스, 地铁 dìtiě 지하철, 出租车 chūzūchē 택시, 班车 bānchē 통근버스

② 骑+교통수단

+自行车 zìxíngchē 자전거, 摩托车 mótuōchē 오토바이, 电动车 diàndòngchē 전동차, 스쿠터

기출유형4 자주 하는 동작 묻기(2)

35. Mp3

일상생활에서 자주 하는 동작을 누구와 함께 하는지 묻는 질문이다. 답변은 구체적인 인물을 언급해서 같이 한다고 해도 좋고, 혼자서 한다고 답변해도 상관없다.

TSC® 기출문제

你一般跟谁一起去买衣服?

Nǐ yìbān gēn shéi yìqǐ qù mǎi yīfu?

너는 보통 누구와 함께 옷을 사러 가니?

답변 ① 동작을 누구와 함께 하는지 간단히 대답한다. **Lv. 4**

我一般都是自己一个人去买衣服。

Wǒ yìbān dōu shì zìjǐ yí ge rén qù mǎi yīfu.

보통 나 혼자 가서 옷을 사.

답변 ② 이유를 같이 언급하여 답변한다. **Lv. 5~6**

我一般都跟最好的朋友一起去买衣服，她很有眼光。

Wǒ yìbān dōu gēn zuìhǎo de péngyou yìqǐ qù mǎi yīfu, tā hěn yǒu yǎnguāng.

보통 가장 친한 친구와 함께 가서 옷을 사. 그녀는 안목이 좋거든.

단 어 **一般** yìbān 형 보통이다 **谁** shéi 대 누구 **一起** yìqǐ 부 같이, 함께 **买** mǎi 동 사다 **衣服** yīfu 명 옷 **眼光** yǎnguāng 명 안목, 관찰력

tip 眼光: 보는 눈, 안목
- 很有眼光 안목이 좋다
- 眼光很高 보는 눈이 높다
- 眼光很差 보는 눈이 낮다

기출유형5 시량(시간의 양) 묻기

36. Mp3

응시자가 시간과 다르게 표현되는 시량의 표현법을 알고 있는지를 확인하기 위한 문제이다. 중국어의 시량 표현을 정확하게 숙지하여 답변하도록 하자.

TSC® 기출문제

从你家到学校需要多长时间?

Cóng nǐ jiā dào xuéxiào xūyào duōcháng shíjiān?

집에서 학교까지 얼마나 걸려?

답변 ① '수사+시량'구조로 답한다. Lv. 4

很近，走路大概不到十分钟就能到。

Hěn jìn, zǒulù dàgài búdào shí fēnzhōng jiù néng dào.

가까워. 걸어서 대략 10분이 채 안 돼서 도착할 거야.

답변 ② 수량이나 시량의 정도를 나타내는 '左右'를 사용하여 답한다. Lv. 5~6

我家离学校有点儿远，坐车来回差不多需要两个小时左右。

Wǒ jiā lí xuéxiào yǒudiǎnr yuǎn, zuò chē láihuí chàbuduō xūyào liǎng ge xiǎoshí zuǒyòu.

우리 집에서 학교까지는 좀 멀어. 차 타고 왕복으로 거의 2시간쯤 돼.

단어 从…到… cóng…dào… ~로부터 ~까지 学校 xuéxiào 명 학교 需要 xūyào 동 필요로 하다 近 jìn 형 가깝다 走路 zǒulù 동 걸어가다 大概 dàgài 부 대략 不到 búdào 미치지 못하다 分钟 fēnzhōng 분 能 néng 조동 ~할 수 있다, ~일 것이다 离 lí 전 ~로부터 远 yuǎn 형 멀다 坐 zuò 동 ~을 타다 来回 láihuí 명동 왕복(하다) 差不多 chàbuduō 부 거의 小时 xiǎoshí 명 시간 左右 zuǒyòu 명 가량, 쯤

tip 어림수 左右

左右는 수량사 뒤에 위치하며, 쯤, 가량, 안팎(시간, 나이, 무게, 길이 등)의 뜻으로 사용된다.

1点左右: 1시쯤

50岁左右: 50세쯤

기출유형6 수량 묻기

37. Mp3

2부분에서 배운 수사와 양사를 함께 사용하여 올바르게 답변할 수 있는지 파악하기 위한 문제로 난이도 下에 해당하는 문제이다.

TSC® 기출문제

这个学期你选了几门课?

Zhège xuéqī nǐ xuǎnle jǐ mén kè?

이번 학기는 몇 과목 선택했어?

답변 ① 문제를 활용하여 '수사+양사+명사'구조로 답한다. **Lv. 4**

这学期我比较忙，只选了两门课。

Zhè xuéqī wǒ bǐjiào máng, zhǐ xuǎnle liǎng mén kè.

이번 학기에는 비교적 바빠서 두 과목밖에 선택 안 했어.

답변 ② 과목수와 더불어 과목을 신청한 이유도 같이 이야기한다. **Lv. 5~6**

所有的课我都选了，这学期我打算全身心地投入到学习中。

Suǒyǒu de kè wǒ dōu xuǎnle, zhè xuéqī wǒ dǎsuan quánshēnxīn de tóurù dào xuéxí zhōng.

모든 과목을 다 선택했어. 나는 이번 학기에 몸과 마음을 다해 학업에 전념하려고 해.

단어 **学期** xuéqī 명 학기 **选** xuǎn 동 선택하다 **几** jǐ 수 몇 **门** mén 양 과목 **课** kè 명 수업, 과목 **比较** bǐjiào 부 비교적 **忙** máng 형 바쁘다 **只** zhǐ 부 단지, 오직 **所有** suǒyǒu 형 모든 **全身心** quánshēnxīn 부 몸과 마음을 다해 **投入** tóurù 동 몰입하다, 전념하다 **学习** xuéxí 동 공부하다

tip **형용사/부사+형용사+地+술어(동사, 형용사): ~하게 ~하다(1음절 형용사 중첩, 2음절 형용사 혹은 '정도부사+형용사' 뒤에 붙어 동사 혹은 형용사를 수식한다.)**

- 天气慢慢地暖和起来了。 날씨가 천천히 따뜻해지기 시작했다. (1음절 형용사 중첩)
- 他高兴地回家了。 그는 신나서 집에 갔다. (2음절 형용사)
- 他非常热情地接待了我们。 그는 매우 친절하게 우리를 맞이했다. (정도부사+형용사)

기출유형7 정도 묻기

38. Mp3

어떤 동작을 잘하는지 못하는지 묻는 유형으로 '동사+목적어+동사+得+好吗'문형으로 질문한다. 답변 시 질문에 나온 문형을 이용하여 답변하도록 하자.

TSC® 기출문제

你唱歌唱得好吗?

Nǐ chànggē chàng de hǎo ma?

너는 노래를 잘 부르니?

답변 ① 자신이 노래를 얼만큼 잘하는지 이야기한다. **Lv. 4**

我唱得不错。朋友们都喜欢听我唱歌。

Wǒ chàng de búcuò. Péngyoumen dōu xǐhuan tīng wǒ chànggē.

나는 노래를 잘 불러. 친구들 모두 내가 노래 부르는 걸 듣길 좋아해.

답변 ② 왜 좋아하지 않는지 부가 설명을 덧붙여서 이야기한다. **Lv. 5~6**

我唱得不太好。因为我五音不全，所以我不喜欢唱歌。

Wǒ chàng de bú tài hǎo. Yīnwèi wǒ wǔyīn bù quán, suǒyǐ wǒ bù xǐhuan chànggē.

나는 노래를 잘 못해. 왜냐하면 음치라서, 노래 부르는 걸 싫어해.

단어 **唱歌** chànggē 노래를 부르다 **唱** chàng 동 노래하다 **不错** búcuò 형 좋다, 괜찮다
五音不全 wǔyīn bù quán 오음이 맞지 않다, 음치이다 **因为…所以…** yīnwèi…suǒyǐ… ~때문에 ~하다

tip 주어+동사+得+보어: 동사 서술어나 형용사 서술어 뒤에 쓰여 발생한 혹은 발생 중인 동작, 상태를 평가하거나 묘사한다.

- 你来得真早！당신 정말 일찍 왔네요!
- 我(写)汉字写得不太好。저는 한자를 잘 못써요.

기출유형8 횟수 묻기

39. Mp3

일상생활에서 어떠한 동작을 몇 번이나 자주 하는지를 묻는 문제로 답변은 '수사+次(번, 차례)'형태로 답변하면 된다. 간단하게 횟수만 이야기해도 좋고 그 동작을 어디서 어떻게 하는지 부수적인 내용을 같이 이야기하여 답변을 마무리해도 좋다.

TSC® 기출문제

你多长时间去买一次衣服?

Nǐ duōcháng shíjiān qù mǎi yí cì yīfu?

너는 얼마나 자주 옷을 사러 가?

답변 ① 간단하게 횟수만 이야기한다. **Lv. 4**

我差不多一个月一次去家附近的百货(商)店买衣服。

Wǒ chàbudō yí ge yuè yí cì qù jiā fùjìn de bǎihuò(shāng)diàn mǎi yīfu.

거의 한 달에 한 번 집 근처 백화점에 가서 옷을 사.

답변 ② 횟수와 더불어 어떤 종류의 옷을 사는지 이야기한다. **Lv. 5~6**

一个星期一次吧，每个周末我都去逛街买最新款的衣服。

Yí ge xīngqī yí cì ba, měi ge zhōumò wǒ dōu qù guàngjiē mǎi zuìxīn kuǎn de yīfu.

일주일에 한 번. 주말마다 쇼핑을 가서 신상품 옷을 사.

단어 去 qù 동 가다 买 mǎi 동 사다 衣服 yīfu 명 옷 差不多 chàbuduō 부 거의 家 jiā 명 집 附近 fùjìn 명 부근, 근처 百货(商)店 bǎihuò(shāng)diàn 명 백화점 星期 xīngqī 명 주, 요일 每 měi 대 매, ~마다 周末 zhōumò 명 주말 逛街 guàngjiē 거리를 구경하다, 쇼핑하다 最新 zuìxīn 최신의 款 kuǎn 명 스타일, 디자인

tip 동량사 次: 번, 차례라는 뜻으로 동사 뒤에 쓰여 동작의 횟수를 나타낸다.

- 我吃过几次中国菜。저는 중국음식을 몇 번 먹어 본 적이 있어요.
- 我去过三次济州岛。저는 제주도에 세 번 가본 적이 있어요.

기출로 말하기 연습

아래의 단어를 올바르게 배열한 후, 중국어로 말해 보세요. 40. Mp3

1 天气　我　刮风　不喜欢　的

____。

나는 바람 부는 날씨를 좋아하지 않는다.

2 从我家　地铁站　需要　到　20分钟

____。

우리 집에서부터 전철역까지 20분이면 도착한다.

3 看书　我　图书馆　在　一般

____。

나는 보통 도서관에서 책을 본다.

4 很　凉快　秋天　的　韩国

____。

한국의 가을은 시원하다.

5 非常　喜欢　我　画画儿

____。

나는 그림 그리는 것을 매우 좋아한다.

6 多长时间　你　去　一次　买　衣服

______________________________?

너는 얼마 만에 한 번 옷을 사러 가?

7 我　喜欢　做菜　不太

______________________________。

나는 요리하는 것을 그다지 좋아하지 않는다.

8 买　你　什么　打算　礼物

______________________________?

너는 어떤 선물을 살 계획이니?

9 最近　不怎么　打扫　我　房间

______________________________。

나는 요즘에 방 청소를 별로 안 한다.

10 画画儿　不太　我　得　画　好

______________________________。

나는 그림을 그다지 잘 그리지 못한다.

모범답안 ① 我不喜欢刮风的天气。② 从我家到地铁站需要20分钟。③ 我一般在图书馆看书。
④ 韩国的秋天很凉快。⑤ 我非常喜欢画画儿。⑥ 你多长时间去买一次衣服? ⑦ 我不太喜欢做菜。
⑧ 你打算买什么礼物? ⑨ 我最近不怎么打扫房间。⑩ 我画画儿画得不太好。

Point 02 제안과 요청

이 문제는 응시자로 하여금 수락과 거절, 다른 의견 제시를 자연스럽게 할 수 있는지를 파악하고, 어법적으로는 조동사의 쓰임을 잘 알고 있는지 파악하기 위한 문제라고 보면 된다. 따라서 실제 제안과 요청을 받았다는 가정하에 답변하도록 하자.

제안 관련 질문 유형

우리 같이 ~하는 게 어때?

我们一起 Wǒmen yìqǐ+동작+怎么样 zěnmeyàng?

我们一起 Wǒmen yìqǐ+동작+好不好 hǎo bu hǎo?

제안 질문에 자주 등장하는 단어

一起 yìqǐ 부 함께, 같이	能 néng 조동 ~할 수 있다
怎么样 zěnmeyàng 대 어떠하다	可以 kěyǐ 조동 ~할 수 있다, ~해도 괜찮다
吧 ba 조 ~합시다 (제안)	要 yào 조동 동 ~하려고 하다, 원하다

스포츠 활동

观看 guānkàn 동 보다, 관람하다	做运动 zuò yùndòng 운동을 하다
比赛 bǐsài 명 경기, 시합	钓鱼 diàoyú 동 낚시를 하다
踢足球 tī zúqiú 축구를 하다	游泳 yóuyǒng 동 수영하다
打篮球 dǎ lánqiú 농구를 하다	爬山 páshān 동 등산하다
打棒球 dǎ bàngqiú 야구를 하다	跑马拉松 pǎo mǎlāsōng 마라톤을 뛰다
打网球 dǎ wǎngqiú 테니스를 치다	跳拉丁舞 tiào lādīngwǔ 라틴댄스를 추다
打台球 dǎ táiqiú 당구를 치다	滑冰 huábīng 동 스케이트를 타다
打羽毛球 dǎ yǔmáoqiú 배드민턴을 치다	滑雪 huáxuě 동 스키를 타다
打乒乓球 dǎ pīngpāngqiú 탁구를 치다	玩单板滑雪 wán dānbǎn huáxuě 스노우보드를 타다
打高尔夫球 dǎ gāo'ěrfūqiú 골프를 치다	健身 jiànshēn 동 헬스하다
打保龄球 dǎ bǎolíngqiú 볼링을 치다	练瑜伽 liàn yújiā 요가를 하다
打排球 dǎ páiqiú 배구를 하다	锻炼 duànliàn 동 (몸을) 단련하다

제안 문제에 자주 등장하는 장소

图书馆 túshūguǎn 명 도서관
电影院 diànyǐngyuàn 명 영화관
操场 cāochǎng 명 운동장
餐厅 cāntīng 명 식당
饭馆 fànguǎn 명 식당
商店 shāngdiàn 명 상점
美术馆 měishùguǎn 명 미술관
博物馆 bówùguǎn 명 박물관
展览会 zhǎnlǎnhuì 명 전람회
学校 xuéxiào 명 학교
教室 jiàoshì 명 교실
宿舍 sùshè 명 기숙사

健身房 jiànshēnfáng 명 헬스장
食堂 shítáng 명 구내 식당
快餐店 kuàicāndiàn 명 패스트푸드점
动物园 dòngwùyuán 명 동물원
书店 shūdiàn 명 서점
百货(商)店 bǎihuò(shāng)diàn 명 백화점
超市 chāoshì 명 슈퍼마켓
咖啡厅 kāfēitīng 명 커피숍, 카페 (=咖啡店 kāfēidiàn)
机场 jīchǎng 명 공항
邮局 yóujú 명 우체국
网吧 wǎngbā 명 PC방
公园 gōngyuán 명 공원

식사 및 음료 제안

汉堡(包) hànbǎo(bāo) 명 햄버거
尝 cháng 동 맛보다, 시식하다
东西 dōngxi 명 먹을 것, 음식
比萨 bǐsà 명 피자 (=披萨 pīsà)
蛋糕 dàngāo 명 케이크
小吃 xiǎochī 명 스넥, 간식
快餐 kuàicān 명 패스트푸드
垃圾食品 lājī shípǐn 명 정크푸드
意大利面 Yìdàlìmiàn 명 파스타, 스파게티
方便面 fāngbiànmiàn 명 라면
点心 diǎnxin 명 딤섬, 간식
甜点 tiándiǎn 명 단 빵이나 과자류, 디저트
饼干 bǐnggān 명 비스킷, 과자
冰淇淋 bīngqílín 명 아이스크림 (=冰激淋 bīngjīlín)
香肠 xiāngcháng 명 소시지
糖果 tángguǒ 명 사탕, 캔디
巧克力 qiǎokèlì 명 초콜릿
面包 miànbāo 명 빵

水果 shuǐguǒ 명 과일
橘子 júzi 명 귤
梨 lí 명 배
苹果 píngguǒ 명 사과
西瓜 xīguā 명 수박
葡萄 pútao 명 포도
草莓 cǎoméi 명 딸기
香蕉 xiāngjiāo 명 바나나
果汁 guǒzhī 명 주스
可乐 kělè 명 콜라
雪碧 xuěbì 명 스프라이트, 사이다
橙汁 chéngzhī 명 주스
牛奶 niúnǎi 명 우유
矿泉水 kuàngquánshuǐ 명 광천수, 물
茶 chá 명 차
咖啡 kāfēi 명 커피
拿铁 nátiě 명 라떼
美式咖啡 Měishì kāfēi 명 아메리카노

기타

约 yuē 동 약속하다
有空 yǒukòng 시간이 나다, 틈이 나다
见面 jiànmiàn 동 만나다
门票 ménpiào 명 입장권
电影票 diànyǐngpiào 명 영화표
欣赏 xīnshǎng 동 감상하다
医院 yīyuàn 명 병원
不舒服 bùshūfu 형 몸이 아프다
看病 kànbìng 동 (병원에서) 진찰하다
打针 dǎzhēn 동 주사를 맞다
吃药 chīyào 동 약을 먹다
休息 xiūxi 동 휴식하다
逛街 guàngjiē 동 구경하다, 아이쇼핑하다
购物 gòuwù 동 구매하다
打折 dǎzhé 동 가격을 깎다, 세일하다
旅游 lǚyóu 동 여행하다
复印 fùyìn 동 (복사기로) 복사하다
下班 xiàbān 동 퇴근하다
加班 jiābān 동 야근하다
考试 kǎoshì 명동 시험, 시험을 치다
准备 zhǔnbèi 동 준비하다
打工 dǎgōng 동 아르바이트하다

요청 관련 표현

可以 kěyǐ 조동 ~할 수 있다, ~해도 괜찮다 (허락, 허가)
我可以 Wǒ kěyǐ+동작+一下吗 yíxià ma? 제가 좀 ~해도 될까요?
你能帮我 Nǐ néng bāng wǒ+동작+吗 ma? 저를 도와서 ~하실 수 있나요?

요청관련 문제에 자주 등장하는 단어

借 jiè 동 빌리다
用 yòng 동 사용하다
帮 bāng 동 돕다
搬 bān 동 옮기다
放 fàng 동 놓다
找 zhǎo 동 찾다
还 huán 동 돌려주다
拿 ná 동 (손으로) 쥐다, 잡다, 들다
行 xíng 동 된다, 되다
一下 yíxià 양 좀 ~하다
笔记本电脑 bǐjìběn diànnǎo 명 노트북
词典 cídiǎn 명 사전
电子词典 diànzǐ cídiǎn 전자사전
随时 suíshí 부 언제든지
随便 suíbiàn 부 마음대로
正好 zhènghǎo 부 마침, 딱
正要 zhèngyào 바로 ~하려고 하다, 마침 ~하려던 참이다
别的 biéde 대 다른 것

기출유형1 스포츠 활동 제안

41. Mp3

제안과 관련된 문제에서는 스포츠 활동이 빠지지 않고 출제된다. 그림에서 관련 스포츠 동작이 나오지 않으니 대화에서 어떤 동작을 같이 하자고 이야기하는지를 잘 파악해야 한다.

TSC® 기출문제

我们一起做运动好不好?

Wǒmen yìqǐ zuò yùndòng hǎo bu hǎo?

우리 함께 운동할래?

답변 ① 2부분에서 배운 간단한 시간사를 활용하여 제안을 수락한다. **Lv. 4**

好啊，你想什么时候去运动?

Hǎo a, nǐ xiǎng shénme shíhou qù yùndòng?

좋아. 언제 운동하러 가고 싶은데?

답변 ② 개인적인 상황을 이야기하며 거절한다. **Lv. 5~6**

不好意思，我今天懒得去运动，还是你一个人去吧。

Bù hǎoyìsi, wǒ jīntiān lǎn de qù yùndòng, háishi nǐ yí ge rén qù ba.

미안해. 오늘은 운동하러 가기 귀찮아. 그냥 너 혼자 가는 게 낫겠어.

단어 **一起** yìqǐ 부 함께, 같이 **运动** yùndòng 명동 운동(하다) **想** xiǎng 조동 ~하려고 하다, ~하고 싶다 **什么时候** shénme shíhou 언제 **去** qù 동 가다 **不好意思** bù hǎoyìsi 미안하다 **今天** jīntiān 명 오늘 **懒** lǎn 형 게으르다 **还是** háishi 부 ~하는 편이 낫다

tip 懒得+동작: 동작하기 귀찮다

- 我最近懒得锻炼。나는 요즘 운동하기 귀찮다.
- 因为你懒得联系，你和朋友的关系变远了。네가 연락하기 귀찮아해서 친구와의 관계가 멀어진 것이다.

기출유형2 장소 제안

42. Mp3

상대방에게 어떤 장소를 같이 가자고 제안하는 문제도 출제된다. 그림에는 질문에서 제시되는 장소가 나오지 않으며 이 장소는 주된 것이 아닌 하나의 부가적인 요소라는 것을 기억하고 제안하는 문장을 주의해서 듣도록 하자.

TSC® 기출문제

学校附近新开了一家餐厅，今天一起去怎么样?

Xuéxiào fùjìn xīn kāile yì jiā cāntīng, jīntiān yìqǐ qù zěnmeyàng?

학교 근처에 식당이 하나 새로 개업했던데, 오늘 같이 가보는 게 어때?

답변 ① 질문 속 장소를 활용한다. **Lv. 4**

好啊，我也正想去那家餐厅(呢)。

Hǎo a, wǒ yě zhèng xiǎng qù nà jiā cāntīng (ne).

그래. 나도 마침 그 식당에 가고 싶었어.

답변 ② 跟+사람+约好+동작구조를 사용하여 답변한다. **Lv. 5~6**

不好意思，今天我已经跟朋友约好一起吃饭了，明天去怎么样?

Bù hǎoyìsi, jīntiān wǒ yǐjing gēn péngyou yuēhǎo yìqǐ chīfàn le, míngtiān qù zěnmeyàng?

미안해. 오늘은 이미 친구와 함께 밥 먹기로 약속이 되어 있어. 내일 가는 건 어때?

단 어 **新** xīn 형 새로운 **开** kāi 동 열다, 개업하다 **家** jiā 양 가게, 기업 등을 셀 때 쓰임 **餐厅** cāntīng 명 식당
怎么样 zěnmeyàng 대 어떠한가 **也** yě 부 ~도, 역시 **正** zhèng 부 바로, 마침 **已经…了** yǐjing…le 벌써(이미) ~했다
约 yuē 동 약속하다 **好** hǎo 형 동사 뒤에 쓰여 동작이 완성되었음을 나타냄 **吃饭** chīfàn 동 식사를 하다

tip 跟+사람+约好+동작: ~와 ~하기로 약속하다.

- 我已经跟家人约好一起去旅游了。나는 이미 식구들과 같이 여행을 가기로 약속했다.
- 你跟她约好一起看电影吗? 그녀와 같이 영화 보기로 약속했어?

기출유형3 음료 제안

43. Mp3

상대방에게 음료를 마셔보라고 제안하는 유형이다. 질문 속에 어떤 음료가 나오는지 주의해서 듣도록 하자.
제안하는 음료는 그림 속에 제시될 수도 있고 그렇지 않을 수도 있다.

TSC® 기출문제

这是我自己做的果汁儿，尝一尝吧！
Zhè shì wǒ zìjǐ zuò de guǒzhīr, cháng yi cháng ba!
이건 내가 직접 만든 과일 주스야. 마셔 봐!

답변 ① 감사 인사와 더불어 맛 또는 만드는 방법을 언급하여 답변한다. **Lv. 4**

哇！谢谢，很好喝！怎么做的？
Wà! Xièxie, hěn hǎohē! Zěnme zuò de?
와, 고마워. 정말 맛있다! 어떻게 만든 거야?

답변 ② 제안에 거절하는 이유를 언급하여 답변한다. **Lv. 5~6**

不好意思，我刚喝完了一杯咖啡，现在不想喝。
Bù hǎoyìsi, wǒ gāng hēwán le yì bēi kāfēi, xiànzài bùxiǎng hē.
미안. 나 방금 커피 한 잔을 다 마셔서. 지금은 마시고 싶지 않아.

단어 **自己** zìjǐ 대 자신, 스스로 **做** zuò 동 만들다 **果汁儿** guǒzhīr 명 과일 주스 **尝** cháng 동 맛보다 **好喝** hǎohē (음료) 맛이 좋다 **怎么** zěnme 대 어떻게 **喝** hē 동 마시다 **杯** bēi 양 잔, 컵 **咖啡** kāfēi 명 커피

tip 부사 怎么: 어떻게
- 你怎么上下班？ 당신은 어떻게 출퇴근하나요?
- 这个怎么吃？ 이것은 어떻게 먹나요?

뒤에 부정부사不 혹은 没와 같이 쓰일 경우에는 '어째서', '왜'라는 뜻을 나타낸다.
- 你怎么不说话呀？ 너 왜 말을 안 해?
- 你昨天怎么没来？ 너 어제 왜 안 왔어?

기출유형4 식사 제안

44. Mp3

상대방에게 식사를 제안하는 유형으로 어떤 음식을 언급하며 같이 먹자고 할 수도 있고, 구체적인 음식이 아닌 추상적인 말로 같이 밥을 먹자고 제안할 수도 있다. 그림은 식사 제안과 관련된 내용이 아닌 어떤 장소에서 남녀가 대화하는 그림이 등장한다.

TSC® 기출문제

我现在不太饿，我们简单吃点儿怎么样?

Wǒ xiànzài bú tài è, wǒmen jiǎndān chī diǎnr zěnmeyàng?

나는 지금 별로 배가 안 고픈데. 우리 간단하게 먹는 건 어때?

답변 ① 구체적인 장소와 먹고자 하는 음식을 제안한다. **Lv. 4**

好啊，附近有快餐店，去吃汉堡(包)吧。

Hǎo a, fùjìn yǒu kuàicāndiàn, qù chī hànbǎo(bāo) ba.

좋아. 근처에 패스트푸드점이 있으니, 가서 햄버거 먹자.

답변 ② 자신의 상황을 이야기하며 제안을 거절한다. **Lv. 5~6**

可是我现在很饿，我想好好儿吃一顿。怎么办?

Kěshì wǒ xiànzài hěn è, wǒ xiǎng hǎohāor chī yí dùn. Zěnme bàn?

그런데 나는 지금 배고픈 걸. 한끼 잘 먹고 싶은데, 어떡하지?

단 어 **现在** xiànzài 명 지금, 현재 **不太** bú tài 그다지 ~하지 않다 **饿** è 형 배고프다 **简单** jiǎndān 형 간단하다 **吃** chī 동 먹다 **附近** fùjìn 명 근처 **快餐店** kuàicāndiàn 패스트푸드점 **汉堡(包)** hànbǎo(bāo) 명 햄버거 **顿** dùn 양 끼니(식사를 셀 때 쓰임)

tip 양사 '顿': 번, 차례, 끼니(식사), 질책, 권고 따위에 쓰임

- 我想要的是一顿简单的饭。 내가 원하는 것은 간단한 밥 한끼다.
- 老师批评了我一顿。 선생님께서는 나를 한차례 혼내셨다.

기출유형5 요청(1)

45. Mp3

요청과 관련된 문제는 주로 상대방에게 무엇을 빌려달라고 부탁하는 문제가 출제된다. 자주 출제되는 문제는 아니지만 요청문제를 통해 상대방에게 부탁할 때 사용하는 조동사의 쓰임을 익혀두면 실력 향상에 도움이 될 것이다.

TSC® 기출문제

我可以用一下你的电子词典吗?

Wǒ kěyǐ yòng yíxià nǐ de diànzǐ cídiǎn ma?

네 전자사전 좀 써도 될까?

답변 ① 요청을 흔쾌히 승낙한다. **Lv. 4**

可以，你需要的话随时可以用。

Kěyǐ, nǐ xūyào dehuà suíshí kěyǐ yòng.

돼, 필요하면 언제든지 써도 돼.

답변 ② 자신의 상황을 먼저 이야기 한 후 요청을 허락한다. **Lv. 5~6**

等十分钟好吗? 我马上用完，我用完了你随便用。

Děng shí fēnzhōng hǎo ma? Wǒ mǎshàng yòngwán, wǒ yòngwán le nǐ suíbiàn yòng.

10분 후에 괜찮을까? 나 금방 다 쓰니까, 다 쓰면 너 마음대로 써.

단 어 **可以** kěyǐ 조동 ~해도 좋다 **用** yòng 동 사용하다 **电子词典** diànzǐ cídiǎn 전자사전 **需要** xūyào 동 필요로 하다 **…的话** …dehuà 조 ~한다면 **随时** suíshí 부 언제든지 **等** děng 동 ~할 때까지 기다리다 **分钟** fēnzhōng 분 **马上** mǎshàng 부 곧, 즉시 **完** wán 동 끝나다, 다하다 **随便** suíbiàn 형 마음대로

tip 동사+完: 동작을 다 하다.

- 我已经做完了。나는 이미 다 했어.
- 你的作业写完了吗? 너 숙제 다 했어?

기출유형6 요청(2)

46. Mp3

요청 관련 문제 두 번째 유형은 상대방에게 도움을 청하는 문제이다. 답변은 상대방의 도움 요청에 승낙했다면 어떻게 도움을 줄 것인지 대답하고 거절한다면 거절하는 이유를 같이 이야기하면 된다.

TSC® 문제

我周末要搬家，你能帮我吗？

Wǒ zhōumò yào bānjiā, nǐ néng bāng wǒ ma?

나 주말에 이사 하는데 네가 좀 도와줄 수 있어?

답변 ① 요청을 승낙하고, 간단한 질문과 함께 답변한다. Lv. 4

当然可以，东西多不多？几点开始搬家？

Dāngrán kěyǐ, dōngxi duō bu duō? Jǐ diǎn kāishǐ bānjiā?

당연히 되지. 물건이 많아? 몇 시에 이사 시작해?

답변 ② 도와줄 수 없는 이유를 이야기한다. Lv. 5~6

真不好意思，我周末要回老家，帮不了你的忙。

Zhēn bù hǎoyìsi, wǒ zhōumò yào huí lǎojiā, bāngbuliǎo nǐ de máng.

정말 미안해. 내가 주말에 본가를 가야 해서 못 도와줄 거 같아.

단어 **周末** zhōumò 명 주말 **要** yào 동 ~할 것이다 **搬家** bānjiā 동 이사하다 **能** néng 조동 ~할 수 있다 **帮** bāng 동 돕다 **当然** dāngrán 형 당연하다 **东西** dōngxi 명 물건 **开始** kāishǐ 동 시작하다 **回** huí 동 돌아가다 **老家** lǎojiā 명 고향 집, 본가 **帮忙** bāngmáng 동 돕다 **不了** buliǎo ~할수 없다(동사, 형용사 뒤에 쓰여 할 수 없음을 나타냄)

tip 帮 VS 帮忙

① 帮 도와주다 → 帮+사람+동사: ~를 도와 ~하다
- 你帮我拿行李吧。 짐을 드는 것 좀 도와줘.
- 你可以帮我写报告吗？ 보고서 쓰는 것 좀 도와줄 수 있어?

② 帮忙 도와주다(이합사) → 帮+사람+的+忙: ~의 바쁜 일을 도와주다
- 需要帮忙吗？ 도움이 필요하신가요?
- 我可以帮你的忙。 제가 당신을 도와줄 수 있어요.

기출로 말하기 연습

다음의 문장 형식에 맞게 말해 보세요. 47. Mp3

주어+一起+동작+怎么样?

1 우리 같이 축구하는 거 어때?

________________________________。

2 우리 같이 도서관 가는 거 어때?

________________________________。

3 우리 같이 햄버거 먹는 거 어때?

________________________________。

시간+주어+동작+吧。

4 내일 우리 볼링 치자.

________________________________。

5 오늘 우리 미술관 가자.

________________________________。

6 주말에 우리 같이 차 한 잔 마시자.

________________________________。

모범답안 ① 我们一起踢足球怎么样? ② 我们一起去图书馆怎么样? ③ 我们一起吃汉堡(包)怎么样?
④ 明天我们打保龄球吧。⑤ 今天我们去美术馆吧。⑥ 周末我们一起喝(一)杯茶吧。

주어+可以+동작+吗?

7 내가 너의 사전을 좀 빌려도 될까?

____?

8 내가 너와 같이 가도 될까?

____?

9 내가 너의 노트북을 좀 빌려 써도 될까?

____?

10 내가 너와 같이 아이쇼핑을 해도 될까?

____?

11 내가 음식을 먹어도 될까?

____?

모범답안 ⑦ 我可以借一下你的词典吗? ⑧ 我可以跟你一起去吗?
⑨ 我可以借用一下你的笔记本电脑吗? ⑩ 我可以跟你一起逛街吗? ⑪ 我可以吃东西吗?

Point

03 경험과 계획

3부분에서는 일상생활과 관련된 경험과 계획을 묻는 문제가 출제된다. 그림에는 두 사람이 대화하는 장면이 가장 많이 나오는데, 이 그림은 답변 시 참고로 사용할 수 없다. 따라서 본인의 상황에 맞게 답변하도록 한다.

경험 관련 표현 1

동사+了: ~을 했다. (동작의 완료 또는 실현)

我买了一双运动鞋。 Wǒ mǎile yì shuāng yùndòngxié. 나는 운동화 한 켤레를 샀다.

我昨天看了一部电影。 Wǒ zuótiān kànle yí bù diànyǐng. 나는 어제 영화 한 편을 봤다.

→ 목적어 앞에는 반드시 수식 성분이 있어야 한다.

※문장 끝에 오는 了는 완료를 나타내지만 사건이나 상황의 변화 또는 발생을 중점적으로 나타낸다.

我买运动鞋了。 Wǒ mǎi yùndòngxié le. 나는 운동화를 샀다.

→ 목적어 앞에 수식 성분을 쓰지 않는다.

没+동사: ~를 하지 않았다.

我没买运动鞋。 Wǒ méi mǎi yùndòngxié. 나는 운동화를 사지 않았다.

我没吃早饭。 Wǒ méi chī zǎofàn. 나는 아침밥을 먹지 않았다.

경험 관련 표현 2

동사+过: ~한 적이 있다.

我去过中国。 Wǒ qùguo Zhōngguó. 나는 중국에 가본 적이 있다.

你吃过中国菜吗? Nǐ chīguo Zhōngguócài ma? 당신은 중국음식을 먹어본 적이 있나요?

동사+过+수사+次(+목적어): ~을 몇 번 한 적이 있다.

我去过一次中国。 Wǒ qùguo yícì Zhōngguó. 나는 중국에 한 번 가본 적이 있다.

我们看过两次那部电影。 Wǒmen kànguo liǎngcì nà bù diànyǐng. 우리는 그 영화를 두 번 본 적이 있다.

没+동사+过: ~한 적이 없다.

我没去过上海。 Wǒ méi qùguo Shànghǎi. 나는 상하이에 가본 적이 없다.

我没看过这本小说。 Wǒ méi kànguo zhè běn xiǎoshuō. 나는 이 소설을 본 적이 없다.

경험 관련 표현 3

주어+是+강조하려는 내용+的: 과거에 어떤 동작이 행해진 '시간 · 장소 · 목적 · 방식 · 대상' 등을 강조할 때 사용한다.

你是怎么来学校的? Nǐ shì zěnme lái xuéxiào de? 너 어떻게 학교에 왔어? (방식 강조)

我是昨天来的。 Wǒ shì zuótiān lái de. 나는 어제 왔어. (시간 강조)

부정형식: 주어+不是+강조하려는 내용(시간, 장소, 대상, 방식 등등)+的

我不是昨天到的。 Wǒ búshì zuótiān dào de. 어제 도착한 게 아니다.

我不是从上海来的。 Wǒ búshì cóng Shànghǎi lái de. 나는 상하이에서 온 게 아니다.

这不是在商店里买的。 Zhè búshì zài shāngdiàn lǐ mǎi de. 이것은 상점에서 산 것이 아니다.

계획 질문 및 답변 관련 단어

打算 dǎsuan 동 ~할 계획이다, 생각이다

计划 jìhuà 동 계획하다, ~할 계획이다

准备 zhǔnbèi 동 준비하다, ~하려고 하다

从 cóng 전 ~부터

开始 kāishǐ 동 시작하다

要 yào 조동 ~하려고 하다

想 xiǎng 조동 ~하고 싶다

계획 말하기 관련 표현

你打算 Nǐ dǎsuan+동작?
당신은 ~을 할 계획인가요?

我计划 Wǒ jìhuà+동작
나는 ~을 할 계획이다

你准备 Nǐ zhǔnbèi+동작?
당신은 ~을 하려고 하나요?

我从 Wǒ cóng+시간+开始 kāishǐ+동작
나는 ~부터 ~을 시작한다

我要 Wǒ yào+동작
나는 ~을 하려고 한다

我想 Wǒ xiǎng+동작
나는 ~을 할 생각이다

날짜

月 yuè 명 달, 월

号 hào 명 일, 날

前天 qiántiān 명 그저께

昨天 zuótiān 명 어제

今天 jīntiān 명 오늘

明天 míngtiān 명 내일

星期一(周一) xīngqīyī (zhōuyī) 월요일

星期二(周二) xīngqī'èr (zhōuèr) 화요일

星期三(周三) xīngqīsān (zhōusān) 수요일

星期四(周四) xīngqīsì (zhōusì) 목요일

星期五(周五) xīngqīwǔ (zhōuwǔ) 금요일

星期六(周六) xīngqīliù (zhōuliù) 토요일

星期天 xīngqītiān 일요일

星期日(周日) xīngqīrì (zhōurì) 일요일

假日 jiàrì 휴일

周末 zhōumò 주말

公休日 gōngxiūrì 공휴일

纪念日 jìniànrì 기념일

结婚纪念日 jiéhūn jìniànrì 결혼 기념일

春节 Chūnjié 명 춘절, 설

中秋节 Zhōngqiūjié 명 중추설, 추석

劳动节 Láodòngjié 명 노동절

圣诞节 Shèngdànjié 명 크리스마스

儿童节 Értóngjié 명 어린이날

上(个)星期/上周
Shàng(ge)xīngqī/shàngzhōu 지난주

这(个)星期/这周
zhè(ge)xīngqī/zhèzhōu 이번 주

下(个星期)/下周
xià(ge)xīngqī/xiàzhōu 다음주

上个月 shàng ge yuè 지난달

这个月 zhè ge yuè 이번 달

下个月 xià ge yuè 다음달

前年 qiánnián 재작년

去年 qùnián 작년

今年 jīnnián 명 올해

明年 míngnián 명 내년

后年 hòunián 명 후년

生日 shēngrì 명 생일	大后年 dàhòunián 명 내후년
节日 jiérì 명 명절	暑假 shǔjià 여름방학, 여름 휴가
父母节 Fùmǔjié 명 어버이날	寒假 hánjià 겨울방학, 겨울 휴가
教师节 Jiàoshījié 명 스승의 날	放假 fàngjià 동 방학하다, 휴가로 쉬다

동작

看电视 kàn diànshì TV를 보다	德国语 Déguóyǔ 명 독일어
看电影 kàn diànyǐng 영화를 보다	汉语 Hànyǔ 명 중국어
看电视剧 kàn diànshìjù 드라마를 보다	日语 Rìyǔ 명 일본어
听音乐 tīng yīnyuè 음악을 듣다	运动 yùndòng 명 운동
去旅游 qù lǚyóu 여행을 떠나다	滑雪 huáxuě 동 스키를 타다
玩儿游戏 wánr yóuxì 게임을 하다	游泳 yóuyǒng 동 수영하다
做菜 zuòcài 동 요리를 하다	打篮球 dǎ lánqiú 농구를 하다
做饭 zuòfàn 동 밥을 하다, 식사 준비를 하다	打棒球 dǎ bàngqiú 야구를 하다
买东西 mǎi dōngxi 물건을 사다	踢足球 tī zúqiú 축구를 하다
回老家 huí lǎojiā 고향에 돌아가다	瑜伽 yújiā 명 요가
中国 Zhōngguó 명 중국	减肥 jiǎnféi 동 다이어트하다
美国 Měiguó 명 미국	出差 chūchāi 동 출장하다
英国 Yīngguó 명 영국	上班 shàngbān 동 출근하다
法国 Fǎguó 명 프랑스	下班 xiàbān 동 퇴근하다
德国 Déguó 명 독일	加班 jiābān 동 야근하다
日本 Rìběn 명 일본	会议 huìyì 명 회의
学习 xuéxí 동 공부하다	聚餐 jùcān 동 회식하다 명 회식
提高 tígāo 동 향상시키다	面试 miànshì 동 면접을 보다 명 면접
水平 shuǐpíng 명 실력, 수준	打扫 dǎsǎo 동 청소하다
英语 Yīngyǔ 명 영어	睡觉 shuìjiào 동 잠을 자다
法语 Fǎyǔ 명 프랑스어	休息 xiūxi 동 휴식하다 명 휴식

기출유형1 경험(1)

48. Mp3

경험과 관련된 문제에서는 최근에 어떤 활동을 했는지를 물어보는 문제가 출제된다. 그림은 참고만 하고 본인의 상황에 맞춰서 답변하면 된다. 질문한 동작을 했다면 누구와 했는지, 언제 했는지 구체적으로 답변하고 하지 않았다면 최근 어떤 상황으로 인해 그 동작을 하지 못했는지 답변하면 된다.

TSC® 기출문제

你最近看过电影吗?

Nǐ zuìjìn kànguo diànyǐng ma?

너 요즘에 영화 본 적 있어?

답변 ① 누구와 언제 어디에서 봤는지 구체적으로 답변한다. **Lv. 4**

昨天跟朋友去看了一部中国电影，很有意思。

Zuótiān gēn péngyou qù kànle yí bù Zhōngguó diànyǐng, hěn yǒuyìsi.

어제 친구와 중국 영화를 한 편 보러 갔었는데, 정말 재미있었어.

답변 ② 단순한 부정이 아닌 영화를 볼 수 없는 상황에 대해 설명한다. **Lv. 5~6**

没有，最近我忙得连吃饭的时间都没有，哪儿有时间看电影啊！

Méiyǒu, zuìjìn wǒ máng de lián chīfàn de shíjiān dōu méiyǒu, nǎr yǒu shíjiān kàn diànyǐng a!

아니. 요즘 나는 밥 먹을 시간도 없이 바쁜데, 어디 영화 볼 시간이 있겠어!

단 어 **最近** zuìjìn 명 요즘 **过** guo 조 ~한 적이 있다 **电影** diànyǐng 명 영화 **朋友** péngyou 명 친구 **去** qù 동 가다 **部** bù 양 영화, 서적 등을 셀 때 쓰임 **有意思** yǒuyìsi 재미있다 **忙** máng 형 바쁘다 **连…都** lián…dōu ~조차도 ~하다 **哪儿** nǎr 대 어디 **时间** shíjiān 명 시간

tip 连+동작 혹은 대상+都/也+술어: ~조차도 ~하다, 심지어 ~하다.

- 我最近很忙，连睡觉时间都没有。나는 요즘 너무 바빠서 잠을 잘 시간도 없다.
- 他特别喜欢小狗，连睡觉时也抱着。그는 강아지를 매우 좋아해서 잠잘 때도 안고 있다.

기출유형2 경험(2)

49. Mp3

어떤 동작을 언제부터 시작했는지 묻는 문제로 간단하게 시점만 답변해도 좋고, 과거의 한 동작이 지금까지도 이어지고 있다는 형식으로 답변해도 좋다.

TSC® 문제

你是从什么时候开始学英语的?

Nǐ shì cóng shénme shíhou kāishǐ xué Yīngyǔ de?

너는 언제부터 영어를 배웠어?

답변 ① 문장을 활용하여 간단히 시점만 이야기한다. **Lv. 4**

我是从去年开始学的。

Wǒ shì cóng qùnián kāishǐ xué de.

작년부터 배웠어.

답변 ② 과거의 경험이 현재까지 이어지고 있고, 그 기간이 얼마나 되는지 이야기한다. **Lv. 5~6**

我是从去年开始学的，到现在还在学习，快两年了。

Wǒ shì cóng qùnián kāishǐ xué de, dào xiànzài hái zài xuéxí, kuài liǎng nián le.

작년부터 배우기 시작했고 지금까지도 배우고 있어. 곧 2년 돼가.

단 어 **是…的** shì…de ~한 것이다(강조) **从…开始** cóng…kāishǐ ~로부터 시작하다 **什么时候** shénme shíhou 대 언제 **学** xué 동 배우다 **英语** Yīngyǔ 명 영어 **去年** qùnián 명 작년 **到** dào 전 ~까지 **现在** xiànzài 명 지금 **还** hái 부 아직도, 여전히 **在** zài 부 ~하고 있는 중이다 **学习** xuéxí 동 공부하다 **快…了** kuài…le 부 곧 ~하다

tip 还在+동작: 여전히 ~하고 있는 중이다.

- 他还在睡觉。그는 여전히 자고 있는 중이다.
- 你还在看电视啊！아직도 TV를 보고 있다니!

기출유형3 구체적인 계획

50. Mp3

구체적인 시점에 무엇을 할 계획인지를 물어보는 문제로 '打算+做什么'문형으로 질문한다. 답변은 자신의 상황을 참고하여 이야기하면 된다.

TSC® 기출문제

这次过节你打算做什么?

Zhè cì guòjié nǐ dǎsuan zuò shénme?

이번 명절에 너는 무엇을 할 계획이야?

답변 ① '打算+동작'으로 구체적인 계획을 이야기한다. **Lv. 4**

这次过节我打算回老家跟家人们聚聚，你呢?

Zhè cì guòjié wǒ dǎsuan huí lǎojiā gēn jiārénmen jùju, nǐ ne?

이번에는 명절을 보낼 때 고향에 돌아가서 가족들과 모일 계획이야. 너는?

답변 ② 구체적인 계획이 아닌 대략의 상황을 이야기한다. **Lv. 5~6**

还没有什么计划，估计跟去年一样，在家和家人一起过。

Hái méiyǒu shénme jìhuà, gūjì gēn qùnián yíyàng, zài jiā hé jiārén yìqǐ guò.

아직 별다른 계획은 없어. 아마 작년처럼 집에서 가족들과 함께 보낼 것 같아.

단어 这次 zhè cì 이번 过节 guòjié 동 명절을 쇠다 打算 dǎsuan 동 ~하려고 하다 做 zuò 동 하다 什么 shénme 대 무엇, 무슨 回 huí 동 되돌아가다, 되돌아오다 老家 lǎojiā 명 고향, 본가 家人 jiārén 명 한 집안 식구 聚 jù 동 모이다 计划 jìhuà 명동 계획(하다) 估计 gūjì 동 예측하다 跟…一样 gēn…yíyàng ~과 같다 去年 qùnián 명 작년 过 guò 동 보내다

tip 주어+'打算 +동작: ~을 할 계획이다.

- 我打算明天跟朋友们看电影。 나는 내일 친구들과 영화를 볼 계획이다.
- 这个周末你打算做什么? 이번 주 주말에 뭐 할 계획이야?

기출유형4 시간 · 날짜 계획

51. Mp3

계획과 관련된 세부 상황을 묻는 문제로 시간과 날짜를 물어본다. 시간이나 날짜를 말하는 표현은 미리 알아 두었다가 질문에 맞게 일어날 수 있는 시간이나 날짜로 상황을 만들어 대답하면 된다.

TSC® 기출문제

我们明天晚上几点见面?

Wǒmen míngtiān wǎnshang jǐ diǎn jiànmiàn?

우리 내일 저녁 몇 시에 만날까?

답변 ① '시간+在+장소' 문형으로 질문에서 요구하는 핵심만 이야기한다. **Lv. 4**

明天晚上七点在学校门口见，怎么样?

Míngtiān wǎnshang qī diǎn zài xuéxiào ménkǒu jiàn, zěnmeyàng?

내일 저녁 7시에 학교 입구에서 만나면 어때?

답변 ② 상대방에게 역으로 만날 시간을 정하라고 한다. **Lv. 5~6**

我明天不忙，什么时间都可以。你几点方便? 你定吧。

Wǒ míngtiān bù máng, shénme shíjiān dōu kěyǐ. Nǐ jǐ diǎn fāngbiàn? Nǐ dìng ba.

내일은 안 바빠서, 언제든지 가능해. 너는 언제가 좋아? 네가 정해.

단어 **明天** míngtiān 명 내일 **晚上** wǎnshang 명 저녁, 밤 **几** jǐ 수 몇 **点** diǎn 명 시 **见面** jiànmiàn 동 만나다 **门口** ménkǒu 명 입구 **见** jiàn 동 만나다, 보다 **忙** máng 형 바쁘다 **都** dōu 부 모두, 다 **可以** kěyǐ 조동 ~할 수 있다, ~해도 좋다 **方便** fāngbiàn 형 적당하다, 알맞다 **定** dìng 동 결정하다

tip 在+장소+见: ~에서 만나다

- 我们在楼下见吧。우리 건물 아래에서 만나자.
- 我们在公司对面的咖啡厅见吧。우리 회사 맞은편 커피숍에서 보자.

기출유형5 계획의 대상

52. Mp3

계획과 관련된 동작의 대상을 묻는 문제이다. 단순한 명사 나열이 아닌 문제를 활용하여 하나의 완성된 문장으로 답변하자.

TSC® 기출문제

快到教师节了，送老师什么礼物好呢?

Kuài dào Jiàoshījié le, sòng lǎoshī shénme lǐwù hǎo ne?

곧 스승의 날인데, 선생님께 어떤 선물을 드리면 좋을까?

답변 ① 관련 명사를 이야기하지 말고 상대방에게 질문하는 형식으로 답변한다. **Lv. 4**

我还没想好，你有没有什么好主意?

Wǒ hái méi xiǎnghǎo, nǐ yǒu mei yǒu shénme hǎo zhǔyi?

아직 생각 못 했어. 너는 무슨 좋은 생각 있어?

답변 ② 선물한 대상을 '수사+양사+명사'형식으로 답변한다. **Lv. 5~6**

我们班准备送给老师一束花和一份小礼物，你们班呢?

Wǒmen bān zhǔnbèi sòng gěi lǎoshī yí shù huā hé yí fèn xiǎo lǐwù, nǐmen bān ne?

우리 반은 선생님께 꽃다발과 작은 선물을 드릴 예정이야. 너희 반은?

단어 **快…了** kuài…le 곧 ~하다 **到** dào 동 ~에 이르다 **教师节** Jiàoshījié 명 스승의 날 **送** sòng 동 선물하다 **老师** lǎoshī 명 선생님 **礼物** lǐwù 명 선물 **还** hái 부 아직 **想** xiǎng 동 생각하다 **好** hǎo 형 동사 뒤에 쓰여 동작이 완성되었음을 나타냄 **主意** zhǔyi 명 생각 **班** bān 명 반 **准备** zhǔnbèi 동 ~하려고 하다 **束** shù 양 다발, 묶음 **花** huā 명 꽃 **和** hé 접 ~과(와) **份** fèn 양 세트

tip 동사+好: 동작의 완료를 나타낸다.

- 大家都准备好了吗? 모두들 다 준비됐나요?
- 我们应该做好每件事。우리는 모든 일을 다 잘 해야 한다.

기출유형6 계획 전달

53. Mp3

계획을 묻거나 계획의 세부사항을 묻는 것이 아닌 하나의 계획을 평서문으로 전달하는 유형으로, 이 대화를 이어갈 수 있는 말을 답변하는 것이 핵심이다.

TSC® 기출문제

我从明天开始要早点儿起床。

Wǒ cóng míngtiān kāishǐ yào zǎodiǎnr qǐchuáng.

나는 내일부터 좀 일찍 일어날 거야.

답변 ① 상대방의 계획에 관한 구체적인 계획을 질문한다. **Lv. 4**

是吗？你早起打算做什么？

Shì ma? Nǐ zǎoqǐ dǎsuan zuò shénme?

그래? 일찍 일어나서 무엇을 하려고?

답변 ② 상대방의 계획을 지지해주는 말로 답변한다. **Lv. 5~6**

加油，希望你这次不要三天打鱼两天晒网。

Jiāyóu, xīwàng nǐ zhè cì búyào sāntiān dǎyú liǎngtiān shàiwǎng.

파이팅, 이번에는 작심삼일이 되지 않길 바랄게.

단 어 从…开始 cóng…kāishǐ ~로부터 시작하다 早 zǎo 형 이르다 起床 qǐchuáng 동 (잠에서) 일어나다 打算 dǎsuan 동 ~하려고 하다
加油 jiāyóu 동 힘내다, 응원하다 希望 xīwàng 동 희망하다, 바라다 这次 zhè cì 이번 不要 búyào 부 ~하지 마라
三天打鱼两天晒网 sāntiān dǎyú liǎngtiān shàiwǎng 사흘간 고기를 잡고, 이틀간 그물을 말리다, 꾸준히 하지 못하다

tip 不要+동사구: ~하지 말아라

- 你不要大声说话。큰소리로 이야기 하지 마세요.
- 你千万不要中途放弃！절대로 중간에서 포기하면 안돼요!

기출로 말하기 연습

다음 제시된 힌트를 사용해서 중국어로 말해 보세요. 54. Mp3

1 나는 여행을 갈 계획이다.

______________________________。

〈힌트〉 打算, 旅游

2 나는 중국에 가 본 적이 없다.

______________________________。

〈힌트〉 没, 过

3 나는 햄버거 하나를 먹었다.

______________________________。

〈힌트〉 吃, 了, 汉堡

4 그는 주말에 PC방에 갈 계획이다.

______________________________。

〈힌트〉 周末, 网吧

5 우리 내일 저녁 7시에 영화관 입구에서 만나자.

______________________________。

〈힌트〉 晚上, 电影院, 门口

6 나는 이 영화를 본 적이 없다.

____。

〈힌트〉 看, 部, 电影

7 그녀는 어디에서 운동을 하나요?

____?

〈힌트〉 做, 运动

8 나는 내일부터 중국어 공부를 할 계획이다.

____。

〈힌트〉 打算, 从, 开始

9 나는 요즘 잠 잘 시간도 없다.

____。

〈힌트〉 连, 睡觉

10 나는 무엇을 살지 아직 생각하지 못했다.

____。

〈힌트〉 还没, 想, 买

모범답안 ① 我打算去旅游。② 我没去过中国。③ 我吃了一个汉堡。④ 他周末打算去网吧。⑤ 我们明天晚上七点在电影院门口见吧。⑥ 我没看过这部电影。⑦ 她在哪儿做运动? ⑧ 我打算从明天开始学汉语。⑨ 我最近连睡觉的时间[都/也]没有。⑩ 我还没想好买什么。

Point

04 ROLE PLAY

이러한 문제의 유형은 6부분과 비슷한 내용으로 응시자로 하여금 어떤 상황에 처해있다는 가정을 만들어, 상황과 관련된 질문을 하는데 응시자가 제시된 상황을 정확하게 파악했는지, 그리고 그 처한 상황에 맞게 대답하는지를 파악하기 위한 유형이다.

길 묻기와 길안내

请问 qǐngwèn 말씀 좀 여쭐게요, 실례합니다
问路 wènlù 길을 묻다
附近 fùjìn 명 부근, 근처
地铁站 dìtiězhàn 지하철역
公交车 gōngjiāochē 명 버스
公交车站 gōngjiāochēzhàn 버스정류장
公共汽车站 gōnggòngqìchēzhàn 명 버스정류장
怎么走 zěnme zǒu 어떻게 가나요
怎么去 zěnme qù 어떻게 가나요
一直 yìzhí 명 줄곧, 계속해서
往 wǎng 전 ~를 향하여
走 zǒu 동 걸어가다
往前走 wǎng qián zǒu 앞으로 직진하다
坐 zuò 동 (교통 수단을) 타다

走路 zǒulù 동 걷다, 길을 가다
拐 guǎi 동 꺾다, 돌다
左拐 zuǒ guǎi 좌회전하다
右拐 yòu guǎi 우회전하다
得 děi 조동 ~해야 한다
丁字路口 dīngzì lùkǒu 명 삼거리
十字路口 shízì lùkǒu 명 사거리
过马路 guò mǎlù 길을 건너다
红绿灯 hónglǜdēng 명 신호등
掉头 diàotóu 동 유턴하다
走天桥 zǒu tiānqiáo 육교로 건너다
换车 huàn chē 환승하다
号线 hàoxiàn (지하철) 호선
出口 chūkǒu 명 출구

전자제품

电子产品 diànzǐ chǎnpǐn 전자제품
电脑 diànnǎo 명 컴퓨터
电视 diànshì 명 텔레비전, TV
笔记本电脑 bǐjìběn diànnǎo 명 노트북
复印机 fùyìnjī 명 복사기
打印机 dǎyìnjī 명 프린트기
洗衣机 xǐyījī 명 세탁기
空气净化器 kōngqì jìnghuàqì 명 공기청정기
加湿器 jiāshīqì 명 가습기
除湿器 chúshīqì 명 제습기
耳机 ěrjī 명 이어폰
照相机 zhàoxiàngjī 명 카메라

平板电脑 píngbǎn diànnǎo 명 테블릿PC
电饭锅 diànfànguō 명 전기밥솥
微波炉 wēibōlú 명 전자레인지
原汁机 yuánzhījī 명 원액기, 착즙기
饮水机 yǐnshuǐjī 명 정수기
空调 kōngtiáo 명 에어컨
衣物烘干机 yīwù hōnggānjī 명 의류건조기
冰箱 bīngxiāng 명 냉장고
榨汁机 zhàzhījī 명 믹서기
智能手机 zhìnéng shǒujī 명 스마트폰
充电宝 chōngdiànbǎo 명 보조배터리
咖啡壶 kāfēihú 명 커피메이커

의류

衣服 yīfu 명 옷	运动服 yùndòngfú 명 운동복
裤子 kùzi 명 바지	鞋子 xiézi 명 신발
裙子 qúnzi 명 치마	皮鞋 píxié 명 구두
大衣 dàyī 명 외투	运动鞋 yùndòngxié 명 운동화
内衣 nèiyī 명 내의	高跟鞋 gāogēnxié 명 하이힐
连衣裙 liányīqún 명 원피스	耳环 ěrhuán 명 귀걸이
牛仔裤 niúzǎikù 명 청바지	项链 xiàngliàn 명 목걸이
西装 xīzhuāng 명 양복	戒指 jièzhi 명 반지
衬衫 chènshān 명 셔츠	手提包 shǒutíbāo 명 핸드백
领带 lǐngdài 명 넥타이	墨镜 mòjìng 명 선글라스
帽子 màozi 명 모자	眼镜 yǎnjìng 명 안경
手套 shǒutào 명 장갑	名牌 míngpái 명 명품
围巾 wéijīn 명 목도리, 스카프	试穿 shìchuān 동 입어보다

식재료

牛肉 niúròu 명 소고기	啤酒 píjiǔ 명 맥주
鸡肉 jīròu 명 닭고기	葡萄酒 pútáojiǔ 명 와인
羊肉 yángròu 명 양고기	白酒 báijiǔ 명 배갈, 고량주
猪肉 zhūròu 명 돼지고기	可乐 kělè 명 콜라
蔬菜 shūcài 명 채소	雪碧 xuěbì 명 스프라이트, 사이다
鱼 yú 명 물고기, 생선	奶茶 nǎichá 명 밀크티
矿泉水 kuàngquánshuǐ 명 광천수	红茶 hóngchá 명 홍차
果汁 guǒzhī 명 과일 주스	绿茶 lǜchá 명 녹차
牛奶 niúnǎi 명 우유	乌龙茶 wūlóngchá 명 우롱차

기타제품

自行车 zìxíngchē 명 자전거	日用品 rìyòngpǐn 명 일용품
玩具 wánjù 명 장난감	化妆品 huàzhuāngpǐn 명 화장품

제품구매 관련 어휘

号 hào 명 사이즈	打折 dǎzhé 동 할인하다, 가격을 깎다
均码 jūn mǎ 프리사이즈	优惠 yōuhuì 형 우대, 특혜
颜色 yánsè 명 색깔	退钱 tuìqián 동 환불하다
样子 yàngzi 명 모양, 디자인	退货 tuìhuò 동 반품하다
款式 kuǎnshì 명 디자인	退还 tuìhuán 동 반환하다, 돌려주다
性价比 xìngjiàbǐ 명 가성비	换 huàn 동 교환하다, 바꾸다
其他 qítā 대 기타	发票 fāpiào 명 영수증

火的 huǒde 인기 있는 것	小票 xiǎopiào 명 영수증
别的 biéde 대 다른 것	结账 jiézhàng 동 결재하다, 결산하다
新的 xīnde 새것	结算 jiésuàn 동 결재하다, 결산하다
推荐 tuījiàn 동 추천하다	付钱 fùqián 동 돈을 지불하다
选 xuǎn 동 고르다	刷卡 shuākǎ 동 카드로 결제하다
购物 gòuwù 명 쇼핑	价格 jiàgé 명 가격
适合 shìhé 동 알맞다, 적합하다	促销价 cùxiāojià 명 할인가

제품구매 관련 표현

卖光了 màiguāng le 다 팔렸다	送货上门 sònghuò shàngmén 집까지 배송해 주다
卖完了 màiwán le 다 팔렸다	打几折? dǎ jǐ zhé? 몇 프로 할인하나요?
只有 zhǐ yǒu 단지 ~만 있다	打八折 dǎ bā zhé 20% 할인하다
算了 suàn le 그만두다, 됐다	多少钱? duōshao qián? 얼마에요?
怎么卖 zěnme mài 얼마인가요?	便宜点吧 piányi diǎn ba 깎아주세요.

티켓 구매

电影票 diànyǐngpiào 명 영화표	门票 ménpiào 명 입장권
机票 jīpiào 명 비행기표	座位 zuòwèi 명 자리, 좌석
火车票 huǒchēpiào 명 기차표	预订 yùdìng 동 예약하다

사과

对不起 duìbuqǐ 죄송합니다	没关系 méi guānxi 괜찮습니다
不好意思 bù hǎoyìsi 죄송합니다	没事 méishì 괜찮습니다
抱歉 bàoqiàn 형 죄송하다	不要紧 búyàojǐn 괜찮습니다
道歉 dàoqiàn 동 사과하다, 사죄하다	

기출유형1 길 묻기

55. Mp3

길 묻기 문제는 근처에 어떤 장소 혹은 대상이 있는지를 응시자에게 묻는 유형으로 출제된다. 모른다고 답변하기보다는 구체적인 위치를 알려주는 길 안내 표현으로 답변하는 것이 좋다.

TSC® 기출문제

请问，这儿附近哪儿有地铁站?

Qǐngwèn, zhèr fùjìn nǎr yǒu dìtiězhàn?

말씀 좀 여쭐게요. 이 근처에 지하철역이 어디에 있나요?

답변 ① 간단한 길 안내로 답변한다. **Lv. 4**

一直往前走，走到路口就能看到地铁站。

Yìzhí wǎng qián zǒu, zǒudào lùkǒu jiù néng kàn dào dìtiězhàn.

앞쪽으로 쭉 갈림길까지 걸어가시면 지하철역이 보일 거예요.

답변 ② 교통수단을 사용해서 답변한다. **Lv. 5~6**

这儿附近没有地铁站，你得坐两站公交车才能到地铁站。

Zhèr fùjìn méiyǒu dìtiězhàn, nǐ děi zuò liǎng zhàn gōngjiāochē cái néng dào dìtiězhàn.

이 근처에는 지하철역이 없어요. 버스를 타고 두 정거장을 가셔야 지하철역에 가실 수 있어요.

단 어 **请问** qǐngwèn 동 실례합니다, 말씀 좀 여쭙겠습니다 **这儿** zhèr 대 여기, 이곳 **附近** fùjìn 명 근처 **哪儿** nǎr 대 어디, 어느 곳 **地铁站** dìtiězhàn 지하철역 **一直** yìzhí 부 줄곧 **往** wǎng 전 ~쪽으로 **走** zǒu 동 걷다, 가다 **路口** lùkǒu 명 갈림길 **能** néng 조동 ~할 수 있다, ~일 것이다 **得** děi 조동 ~해야 한다 **坐** zuò 동 ~을 타다

tip 동사+到: 동작 행위의 수확을 나타낸다.

- 他听到这个消息后非常高兴。그는 이 소식을 듣고 매우 기뻐했다.
- 我终于买到了那本书。나는 마침내 그 책을 샀다.

기출유형2 제품 추천

56. Mp3

청유형 혹은 제안형으로 어떠한 제품을 홍보, 추천하는 문제 유형이다. 대답은 수락 혹은 거절로 하거나 다른 구체적인 조건을 제시하면서 다른 제품을 추천해달라고 이야기해도 좋다.

TSC® 기출문제

您觉得这辆自行车怎么样?

Nín juéde zhè liàng zìxíngchē zěnmeyàng?

이 자전거는 어떠세요?

답변 ① 제품 추천을 수락한다. **Lv. 4**

很好，颜色、样子都不错，我就买这辆吧。

Hěn hǎo, yánsè、yàngzi dōu búcuò, wǒ jiù mǎi zhè liàng ba.

좋네요. 색깔, 모양 다 괜찮아요. 저 이걸로 살게요.

답변 ② 다른 조건을 제시하는 내용으로 답변한다. **Lv. 5~6**

再给我推荐一下别的好吗？性价比高一点儿的。

Zài gěi wǒ tuījiàn yíxià biéde hǎo ma? Xìngjiàbǐ gāo yìdiǎnr de.

제게 다른 걸 더 추천해 주시겠어요? 가성비가 좀 좋은 걸로요.

단어 **辆** liàng 양 대(차량을 셀 때 쓰임) **自行车** zìxíngchē 명 자전거 **怎么样** zěnmeyàng 대 어떠한가 **颜色** yánsè 명 색, 색깔 **样子** yàngzi 명 모양 **不错** búcuò 형 좋다, 괜찮다 **再** zài 부 더 **推荐** tuījiàn 동 추천하다 **性价比** xìngjiàbǐ 가격 대비 성능(가성비)

tip 동사+一下: ~을 한 번 시도해 보다, ~해 주세요 라는 의미를 나타낸다.

- 你帮我把桌子擦一下。 저를 도와서 탁자 좀 한 번 닦아주세요.
- 你稍等一下。 잠시만 기다려 주세요.

기출유형3 구매 불가

57. Mp3

구매 불가 안내 문제는 TSC 시험이 실행된 이래로 계속 출제되고 있는 유형이다. 문제에는 '卖完了(다 팔렸다)', 혹은 '没有了(없다)'라고 제시되며 뒤에 다른 대상을 추천하는 말이 나올 수도 있고 나오지 않을 수도 있다.

TSC® 기출문제

牛肉都卖完了，鸡肉怎么样?

Niúròu dōu màiwán le, jīròu zěnmeyàng?

소고기는 다 팔렸습니다. 닭고기는 어떠세요?

답변 ① 추천한 다른 제품을 구매한다. **Lv. 4**

那好吧，这鸡肉新鲜吗? 怎么卖?

Nà hǎo ba, zhè jīròu xīnxiān ma? Zěnme mài?

알겠어요. 이 닭고기는 신선한가요? 얼마예요?

답변 ② 추천한 다른 제품을 거부한다. **Lv. 5~6**

是吗? 那算了吧，我不想吃鸡肉，我下次再来。

Shì ma? Nà suànle ba, wǒ bùxiǎng chī jīròu, wǒ xiàcì zài lái.

그래요? 그럼 됐어요. 저는 닭고기는 먹고 싶지 않아서요. 다음에 다시 올게요.

단어 牛肉 niúròu 명 소고기 都 dōu 부 모두, 다 卖 mài 동 팔다 完 wán 동 다 떨어지다 鸡肉 jīròu 명 닭고기 新鲜 xīnxiān 형 신선하다 算了 suànle 동 됐다, 그만두다 下次 xià cì 다음 번 来 lái 동 오다

tip 新鲜: 신선하다(제품이 신선하다는 것 외에 생각, 표현, 문화 등이 신선하다고 할 때도 사용된다.)

- 那里不但空气新鲜，街道也很干净。그곳은 공기가 좋을 뿐만 아니라 거리도 깨끗하다.
- 用手机看新闻能了解社会上的新鲜事。휴대 전화로 뉴스를 보면 사회의 새로운 일을 알 수 있다.

기출유형4 세부 상황 선택

58. Mp3

응시자로 하여금 어떤 상황을 제시한 뒤 세부 상황을 선택하게 만드는 문제 유형으로 상황과 관련된 명사 혹은 관련 표현을 얼마나 알고 있는지 파악하기 위한 문제이다.

TSC® 기출문제

您要喝点儿什么?

Nín yào hē diǎnr shénme?

무엇을 드시겠습니까?

답변 ① 마시고 싶은 음료를 이야기한다. **Lv. 4**

请问有没有葡萄酒? 给我一杯红葡萄酒好吗?

Qǐngwèn yǒu mei yǒu pútáojiǔ? Gěi wǒ yì bēi hóng pútáojiǔ hǎo ma?

실례지만, 와인 있나요? 레드와인으로 한 잔 주시겠어요?

답변 ② 마시고 싶은 음료와 더불어 구체적인 요구 사항도 제시한다. **Lv. 5~6**

请给我一杯可乐，不加冰，谢谢。

Qǐng gěi wǒ yì bēi kělè, bù jiā bīng, xièxie.

콜라 한 잔 주세요. 얼음은 빼고요. 고맙습니다.

단어 喝 hē 동 마시다 请问 qǐngwèn 동 실례합니다 葡萄酒 pútáojiǔ 명 포도주, 와인 红葡萄酒 hóng pútáojiǔ 레드 와인
请 qǐng ~해 주세요 给 gěi 전 ~에게 杯 bēi 양 잔, 컵 可乐 kělè 명 콜라 加 jiā 동 넣다, 더하다 冰 bīng 명 얼음

tip 양사 (一)点儿: 동사 혹은 형용사 뒤에 놓여 소량을 나타낸다.
- 我买了(一)点儿水果。나는 과일을 좀 샀다.
- 这里是图书馆，请安静(一)点儿好吗? 이곳은 도서관입니다. 조용히 좀 해주시겠어요?

기출유형5 사과

59. Mp3

어떤 상황에 대해 사과하는 내용으로 주로 지각 혹은 도착 안내에 관한 내용이 등장한다. 답변은 사과를 받아들이거나 사과를 받아들이지 않는 내용으로 나눠서 이야기할 수 있다.

TSC® 기출문제

不好意思，我可能会晚点儿到！

Bù hǎoyìsi, wǒ kěnéng huì wǎndiǎnr dào!

미안, 아마 조금 늦을 거 같아!

답변 ① 천천히 오라고 이야기한다. **Lv. 4**

好的，不着急，你慢慢儿来，我在门口等你。

Hǎode, bù zháojí, nǐ mànmānr lái, wǒ zài ménkǒu děng nǐ.

응. 서두르지 말고, 천천히 와. 입구에서 기다릴게.

답변 ② 상대방에게 화가 났음을 표현한다. **Lv. 5~6**

你怎么每次都迟到？算了，我不等你了。

Nǐ zěnme měi cì dōu chídào? Suànle, wǒ bù děng nǐ le.

너는 어떻게 매번 늦니? 됐어, 너 안 기다릴 거야.

단어 **可能** kěnéng 부 아마 **会** huì 조동 ~할 가능성이 있다 **晚** wǎn 형 늦다 **到** dào 동 도착하다 **着急** zháojí 형 조급해하다 **慢** màn 형 느리다 **来** lái 동 오다 **门口** ménkǒu 명 입구 **等** děng 동 기다리다 **每次** měi cì 매번 **都** dōu 부 모두, 다 **迟到** chídào 동 지각하다

tip 부사 可能: 아마도(추측을 나타낸다)

- 可能还在等你。아마 아직도 당신을 기다리고 있을 거예요.
- 他可能羡慕你技术好。그는 아마도 당신의 기술이 좋다고 부러워할 거예요.

기출로 말하기 연습

아래의 단어를 올바르게 배열한 후, 중국어로 말해 보세요. 60. Mp3

1 请　其他的　给我　颜色　推荐　一下

____。

저에게 다른 색을 좀 추천해 주세요.

2 没有　附近　超市　可能　这儿

____。

이 근처에는 아마 슈퍼가 없을 거예요.

3 在　往　拐　丁字路口　吧　右

____。

삼거리에서 오른쪽으로 꺾으세요.

4 给　一杯　乌龙茶　热的　请　我

____。

저에게 따듯한 우롱차 한 잔 주세요.

5 高　有没有　一点儿　的　性价比

____？

가성비가 조금 좋은게(높은게) 있나요?

6 牛肉　吗　这　新鲜

________________________。

이 소고기 신선해요?

7 款式　这种　卖光了　现在

________________________。

이런 스타일은 지금 매진됐어요.

8 怎么　每次　你　迟到　都

________________________?

너는 어떻게 매번 지각하니?

9 得　坐　公交车　你　两站

________________________。

버스 타고 두 정거장 가야 해요.

10 觉得　这　怎么样　裤子　你　条

________________________。

이 바지 어때?

모범답안 ① 请给我推荐一下其他的颜色。② 这儿附近可能没有超市。③ 在丁字路口往右拐吧。
④ 请给我一杯热的乌龙茶。⑤ 有没有性价比高一点儿的? ⑥ 这牛肉新鲜吗?
⑦ 这种款式现在卖光了。⑧ 你怎么每次都迟到? ⑨ 你得坐两站公交车。⑩ 你觉得这条裤子怎么样?

모범답안 p 389

TSC® 기출문제
Test of Spoken Chinese

第3部分：快速回答

다음 문제를 듣고 대답해 보세요.

61. Mp3

第 1 题

(2秒) 提示音 ___(15秒)___ 结束。

第 2 题

(2秒) 提示音 ___(15秒)___ 结束。

第 3 题

(2秒) 提示音 ___(15秒)___ 结束。

第 4 题

(2秒) 提示音 ___(15秒)___ 结束。

第 5 题

(2秒) 提示音 ___(15秒)___ 结束。

思考	回答
00 : 02	00 : 15

第 6 题

(2秒) 提示音 ___(15秒)___ 结束。

第 7 题

(2秒) 提示音 ___(15秒)___ 结束。

第 8 题

(2秒) 提示音 ___(15秒)___ 结束。

第 9 题

(2秒) 提示音 ___(15秒)___ 结束。

第 10 题

(2秒) 提示音 ___(15秒)___ 结束。

第 11 题

(2秒) 提示音 ____(15秒)____ 结束。

第 12 题

(2秒) 提示音 ____(15秒)____ 结束。

第 13 题

(2秒) 提示音 ____(15秒)____ 结束。

第 14 题

(2秒) 提示音 ____(15秒)____ 结束。

第 15 题

(2秒) 提示音 ____(15秒)____ 结束。

思考	回答
00 : 02	00 : 15

第 16 题

(2秒) 提示音 ____(15秒)____ 结束。

第 17 题

(2秒) 提示音 ____(15秒)____ 结束。

第 18 题

(2秒) 提示音 ____(15秒)____ 结束。

第 19 题

(2秒) 提示音 ____(15秒)____ 结束。

第 20 题

(2秒) 提示音 ____(15秒)____ 结束。

第四部分 简短回答

제4부분

간단하게 답하기

point 1 소개

인물 소개 | 성격의 장단점 소개(1~3)
장소 소개(1~2) | 방법 소개(1~2)
기호와 취미 소개 | 자신과 관련된 상황 소개

point 2 습관

식습관(1~2) | 운동습관 | 생활습관(1~3)

point 3 경험

경험(1~2) | 의견

point 4 간단한 견해

가치관(1~2) | 가정(상황)

point 5 쇼핑과 구매

쇼핑 습관(1~2) | 쇼핑 장소 | 쇼핑 물품

point 6 여행

여행 경험 | 여행 관련 세부 사항

제4부분 | 간단하게 답하기

구성

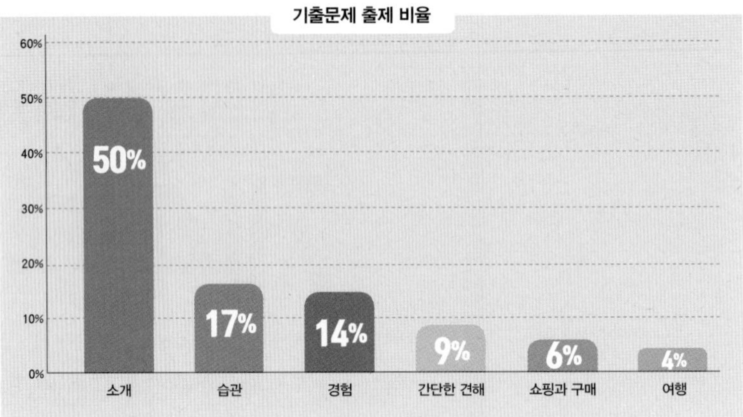

유형	일상화제 관련 질문에 간단하게 대답하는 문제이며, 그림은 제시되지 않고 질문은 텍스트로 주어진다.
문항 수	5문항
답변 준비 시간	15초
답변 시간	문제당 25초

전략포인트

1 자신의 이야기를 하자!

4부분은 응시자의 평소 생활과 관련된 내용을 물어보거나 어떤 사회 이슈에 대한 견해를 물어본다. 따라서 자신과 상관없는 모범답안을 외워서 이야기하기 보다는 자신의 경험을 바탕으로 답변하는 것이 좋다.

2 준비 시간 15초를 활용하자!

준비 시간 15초를 그냥 흘려 보내지 말고 제시된 문제에 어떻게 대답할 것인지를 머릿속으로 미리 정리하자.

3 이유를 곁들여서 이야기하자!

답변 시간 25초를 최대한 다 활용하는 것이 좋다. 제시된 질문에 자신의 견해나 생각을 뒷받침할 수 있는 문장을 논리적으로 짜임새 있게 이야기하도록 하자.

시험 맛보기

답변은 간단하지만 질문의 주제를 정확히 파악해서 답변하는 것이 가장 중요합니다. 답변할 때 특히 접속사를 사용하면 의미전달이 명확해질 뿐 아니라 2개 이상을 말할 경우 높은 점수를 받을 수 있습니다.

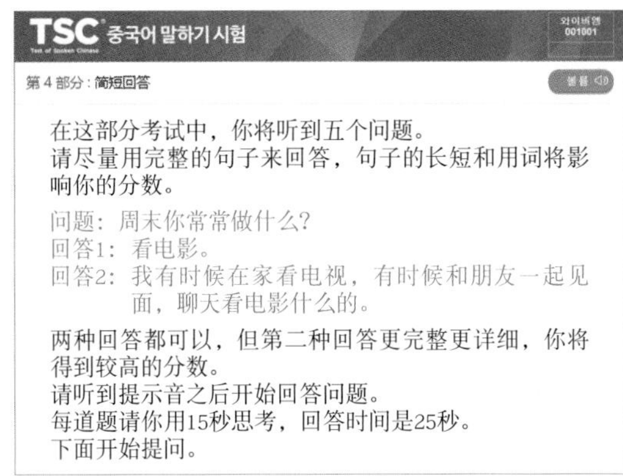

1

첫 화면에 4부분 유형의 지시문과 음성이 같이 나온다.

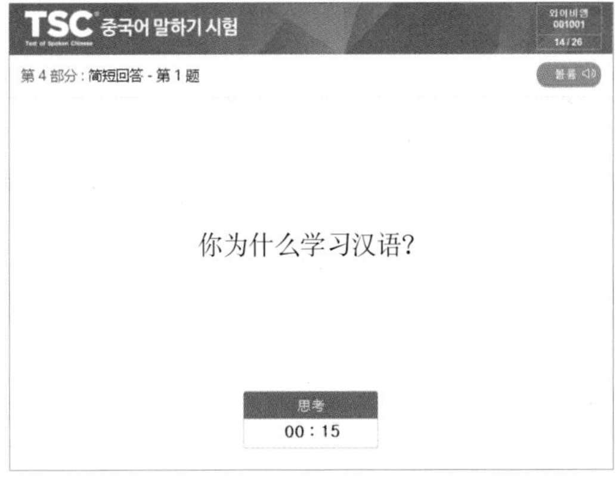

2

두 번째 화면에 문제와 음성이 나오고 하단에 [思考]라는 표시와 함께 15초의 준비 시간이 주어진다. 준비 시간이 끝나면 '삐' 소리가 난다.

思考 〉#Beep

TSC 중국어 말하기 시험

14 / 26

第 4 部分 : 简短回答 - 第 1 题

你为什么学习汉语？

回答

00 : 25

3

화면 하단에 [回答]라고 표시되며 답변 시간 25초가 카운트된다. 답변 시간이 모두 끝나면 "现在结束。" 멘트가 나온다.

回答 〉"现在结束。"

Point 01 소개

4부분에서 가장 많이 출제되는 유형으로 주로 인물(외모, 성격), 장소, 방법, 취미, 자신의 경험을 소개하라는 내용이 출제된다. 모범답변을 외우기보다는 모범답변을 참고해 자신의 상황에 맞게 답변을 준비해서 답변하는 것이 더 효과적일 것이다.

인물 소개 관련 표현

长得 zhǎng de + 형용사: ~하게 생겼다

性格 xìnggé + 好/不好 hǎo / bù hǎo: 성격이 좋다 / 좋지 않다

他是一个(一位) tā shì yí ge(yí wèi) + 성격 관련 형용사 + 的人 de rén: 그는 ~한 사람이다

看起来 kàn qǐlái + 성격 관련 형용사: 보기에 ~하다

我属于比较 wǒ shǔyú bǐjiào + 성격 관련 형용사 + 的人 de rén: 나는 비교적 ~한 사람이다

她的性格过于 tā de xìnggé guòyú + 성격 관련 형용사: 그녀의 성격은 지나치게 ~하다

인물 및 외모

上司 shàngsi 명 상사	尊敬 zūnjìng 형 존경하다
下属 xiàshǔ 명 부하 직원	优点 yōudiǎn 명 장점
朋友 péngyou 명 친구	缺点 quēdiǎn 명 단점
家人 jiārén 명 가족	好看 hǎokàn 형 예쁘다
同学 tóngxué 명 학우, 동창	漂亮 piàoliang 형 예쁘다
同屋 tóngwū 명 룸메이트	帅 shuài 형 잘생기다
同桌 tóngzhuō 명 짝꿍	可爱 kě'ài 형 귀엽다
同事 tóngshì 명 직장 동료	难看 nánkàn 형 못생기다
配偶 pèi'ǒu 명 배우자	一般 yìbān 형 보통이다
恋人 liànrén 명 애인, 연인	性感 xìnggǎn 형 섹시하다
丈夫 zhàngfu 명 남편	身体健壮 shēntǐ jiànzhuàng 건장하다
太太 tàitai 명 아내, 처	身材苗条 shēncái miáotiáo 몸매가 날씬하다

성격

外向 wàixiàng 형 외향적이다	内向 nèixiàng 형 내성적이다
温和 wēnhé 형 온화하다	自私 zìsī 형 이기적이다
开朗 kāilǎng 형 명랑하다, 유쾌하다	严厉 yánlì 형 엄격하다

大方 dàfāng 형 시원시원하다, 대범하다
活泼 huópo 형 활발하다
热情 rèqíng 형 친절하다, 열정적이다
热心 rèxīn 형 열심이다, 열성적이다
亲切 qīnqiè 형 친절하다
幽默 yōumò 형 유머러스하다
自信 zìxìn 형 자신감있다
细心 xìxīn 형 세심하다
文静 wénjìng 형 침착하다, 얌전하다
勤奋 qínfèn 형 부지런하다
灵活 línghuó 형 민첩하다, 영민하다
好动 hàodòng 형 활발하다
坦率 tǎnshuài 형 솔직하다
诚实 chéngshí 형 성실하다
认真 rènzhēn 형 성실하다
谦虚 qiānxū 형 겸손하다
孝顺 xiàoshùn 형 효성스럽다
乐观 lèguān 형 낙관적이다
积极 jījí 형 적극적이다
善良 shànliáng 형 착하다
爱笑 ài xiào 잘 웃는다
会说话 huìshuōhuà 남을 기쁘게 하는 말을 잘한다
有眼力见儿 yǒu yǎnlì jiànr 눈치가 빠르다
在学问上很出色 zài xuéwèn shàng hěn chūsè 학문적으로 뛰어나다
思想开放 sīxiǎng kāifàng 생각이 개방적이다
骄傲 jiāo'ào 형 거만하다, 교만하다

小气 xiǎoqi 형 인색하다, 옹졸하다
马虎 mǎhu 형 덤벙대다
单纯 dānchún 형 단순하다
固执 gùzhí 형 고집스럽다
懒惰 lǎnduò 형 게으르다
撒谎 sāhuǎng 동 거짓말을 하다
死板 sǐbǎn 형 융통성이 없다
嘴快 zuǐkuài 형 입이 싸다, 입이 가볍다
任性 rènxìng 동 제멋대로 하다, 마음 내키는 대로 하다
悲观 bēiguān 형 비관적이다
挑剔 tiāotī 형 까다롭다
害羞 hàixiū 형 수줍어하다
急躁 jízào 형 성미가 급하다
粗暴 cūbào 형 거칠다, 난폭하다
不礼貌 bù lǐmào 예의가 없다
小心眼儿 xiǎoxīnyǎnr 형 마음이 좁다, 옹졸하다
挑毛病 tiāo máobìng 흠을 잡다
耳根子软 ěr gēnzi ruǎn 귀가 얇다
粗心大意 cūxīndàyì 덤벙대다
丢三落四 diūsānlàsì 이것저것 잘 잊어버리다
不爱说话 bú ài shuōhuà 말하기를 좋아하지 않는다
不听别人的话 bù tīng biéren de huà 남의 말을 듣지 않는다
感情起伏大 gǎnqíng qǐfú dà 감정 기복이 심하다
情绪多变 qíngxù duōbiàn 감정 기복이 심하다
动不动发脾气 dòngbudòng fā píqì 걸핏하면 화를 내다

장소

健身房 jiànshēnfáng 명 헬스장
体育馆 tǐyùguǎn 명 체육관
游泳池 yóuyǒngchí 명 수영장, 풀
游泳馆 yóuyǒngguǎn 명 수영장
操场 cāochǎng 명 운동장
公园 gōngyuán 명 공원

美术馆 měishùguǎn 명 미술관
博物馆 bówùguǎn 명 박물관
办公室 bàngōngshì 명 사무실
公司 gōngsī 명 회사
百货(商)店 bǎihuò(shāng)diàn 명 백화점
购物中心 gòuwù zhōngxīn 명 쇼핑몰

咖啡厅 kāfēitīng 명 커피숍, 카페
面包店 miànbāodiàn 빵 가게
餐厅 cāntīng 명 레스토랑, 식당
饭馆 fànguǎn 명 식당
学校 xuéxiào 명 학교
教室 jiàoshì 명 교실
邮局 yóujú 명 우체국
银行 yínháng 명 은행
图书馆 túshūguǎn 명 도서관
自习室 zìxíshì 명 스터디 룸, 스터디 카페
商场 shāngchǎng 명 상점 (규모가 비교적 큼)
商店 shāngdiàn 명 상점
超市 chāoshì 명 슈퍼마켓
便利店 biànlìdiàn 명 편의점
医院 yīyuàn 명 병원
市场 shìchǎng 명 시장
歌厅 gētīng 명 노래방
酒吧 jiǔbā 명 술집
美发店 měifàdiàn 명 미용실
电影院 diànyǐngyuàn 명 영화관

방법

既…又… jì…yòu… 접 ~하고 (또) ~하다
从…得到 cóng…dé dào ~에서 얻다
有助于 yǒu zhùyú ~에 도움이 되다
怎么 zěnme 대 어떻게
如何 rúhé 대 어떻게
处理 chǔlǐ 동 처리하다
缓解 huǎnjiě 동 호전되다, 완화하다
解决 jiějué 동 해결하다
得到 dédào 동 얻다
平常 píngcháng 명 평소, 평상시
一般 yìbān 부 일반적으로
改变 gǎibiàn 동 바뀌다, 변하다
整理 zhěnglǐ 동 정리하다
方法 fāngfǎ 명 방법 (= 办法 bànfǎ)
选择 xuǎnzé 동 선택하다
考虑 kǎolǜ 동 고려하다
方便 fāngbiàn 형 편리하다
省钱 shěngqián 동 돈을 아끼다
省时 shěngshí 시간을 아끼다
信息 xìnxī 명 소식, 정보
广告 guǎnggào 명 광고
博客 bókè 명 블로그
受影响 shòu yǐngxiǎng 영향을 받다
一举两得 yìjǔliǎngdé 성 일거양득이다

기호와 취미

爱好 àihào 명 취미
喜欢 xǐhuan 동 좋아하다
看书 kàn shū 책을 보다
读书 dúshū 동 책을 읽다
小说 xiǎoshuō 명 소설
连续剧 liánxùjù 명 드라마
看电视 kàn diànshì TV를 보다
看电影 kàn diànyǐng 영화를 보다
看音乐剧 kàn yīnyuèjù 뮤지컬을 보다
听音乐 tīng yīnyuè 음악을 듣다
古典音乐 gǔdiǎnyīnyuè 클래식 음악
玩游戏 wán yóuxì 게임하다
电子游戏 diànzǐyóuxì 명 전자게임
跳舞 tiàowǔ 동 춤을 추다
室内运动 shìnèi yùndòng 실내 스포츠
户外运动 hùwài yùndòng 야외 스포츠
踢足球 tī zúqiú 축구를 하다
打篮球 dǎ lánqiú 농구를 하다
打棒球 dǎ bàngqiú 야구를 하다
打网球 dǎ wǎngqiú 테니스를 치다
打台球 dǎ táiqiú 당구를 치다
打羽毛球 dǎ yǔmáoqiú 배드민턴을 치다

流行音乐 iúxíngyīnyuè 팝
说唱音乐 shuōchàngyīnyuè 랩
抒情歌曲 shūqíng gēqǔ 발라드
舞曲 wǔqǔ 명 댄스 뮤직
拍摄 pāishè 동 사진을 찍다
收集公仔 shōují gōngzǎi 피규어를 수집하다
拼图 pīntú 명 퍼즐
弹钢琴 tán gāngqín 피아노를 치다
弹吉他 tán jítā 기타를 치다
做菜 zuòcài 동 요리를 하다
插花 chāhuā 명 꽃꽂이
钓鱼 diàoyú 명 낚시 동 낚시하다
书法 shūfǎ 명 서예
下围棋 xià wéiqí 바둑을 두다
上网 shàngwǎng 동 인터넷을 하다
逛街 guàngjiē 동 쇼핑하다
画画儿 huàhuàr 동 그림을 그리다
唱卡拉OK chàng kǎlā OK 노래방에 가서 노래를 부르다
打乒乓球 dǎ pīngpāngqiú 탁구를 치다
打高尔夫球 dǎ gāo'ěrfūqiú 골프를 치다
打保龄球 dǎ bǎolíngqiú 볼링을 치다
打排球 dǎ páiqiú 배구를 하다
游泳 yóuyǒng 동 수영하다
爬山 páshān 동 등산하다
散步 sànbù 동 산책하다
滑冰 huábīng 동 스케이트 타다
滑雪 huáxuě 동 스키 타다
唱歌 chànggē 동 노래하다
学外语 xué wàiyǔ 외국어 공부를 하다
演唱会 yǎnchànghuì 명 콘서트
拍照 pāizhào 동 사진을 찍다
健身 jiànshēn 동 헬스하다
交友 jiāoyǒu 동 친구를 사귀다
做瑜伽 zuò yújiā 요가를 하다
泡吧 pàobā 카페나 바와 같은 장소에서 시간을 보내다
收集 shōují 동 수집하다

영화 · 드라마 장르

短片 duǎnpiàn 명 단편 영화
动画片 dònghuàpiàn 명 애니메이션
喜剧片 xǐjùpiàn 명 코미디
犯罪片 fànzuìpiàn 명 범죄
恐怖片 kǒngbùpiàn 명 호러
幻想片 huànxiǎngpiàn 명 판타지
悬念片 xuánniànpiàn 명 미스테리
西部片 xībùpiàn 명 서부 영화
战争片 zhànzhēngpiàn 명 전쟁
爱情片 àiqíngpiàn 명 로맨스
科幻片 kēhuànpiàn 명 SF
武打片 wǔdǎpiàn 명 무협
惊悚片 jīngsǒngpiàn 명 스릴러
纪录片 jìlùpiàn 명 다큐멘터리
动作片 dòngzuòpiàn 명 액션
歌舞片 gēwǔpiàn 명 뮤지컬 영화

기출유형1 인물 소개

62. Mp3

자신이 존경하는 사람 혹은 가장 좋아하는 사람이 누구인지를 물어보는 문제가 자주 출제된다. 답변은 두괄식으로 먼저 누구인지 답변한 다음, 그 이유를 언급한 뒤 마지막으로 다시 한 번 누구인지를 말하여 답변을 마무리하도록 한다.

TSC® 기출문제

你最尊敬的人是谁？请简单说说。

Nǐ zuì zūnjìng de rén shì shéi? Qǐng jiǎndān shuōshuo.

당신이 가장 존경하는 사람은 누구인가요? 간단히 말해 보세요.

답변 ①

Lv. 4

我最尊敬的人是我的爸爸。虽然工作很辛苦，但他每天都特别努力。而且他性格开朗，很阳光，不管遇到什么困难，都积极地去面对，从不放弃。爸爸是我的榜样，是我最尊敬的人。

Wǒ zuì zūnjìng de rén shì wǒ de bàba. Suīrán gōngzuò hěn xīnkǔ, dàn tā měitiān dōu tèbié nǔlì. Érqiě tā xìnggé kāilǎng, hěn yángguāng, bùguǎn yùdào shénme kùnnan, dōu jījí de qù miànduì, cóng bú fàngqì. Bàba shì wǒ de bǎngyàng, shì wǒ zuì zūnjìng de rén.

Step1 존경하는 사람이 누구인지 대답한다.

我最尊敬的人是我的爸爸。

★ 尊敬 : 존경하다
- 尊敬老师 선생님을 존경하다 - 尊敬父母 부모를 존경하다

Step2 이유를 언급한다.

비록 ~하지만, 그러나 ~하다

虽然工作很辛苦，但他每天都特别努力。

★ 辛苦 : 고생스럽다, 고되다(주관적인 느낌 강조)
- 这份工作很辛苦。이 일은 매우 고생스럽다.

~에 상관없이, 모두 ~하다(= 无论…, 也…) / = 从来不

而且他性格开朗，很阳光，不管遇到什么困难，都积极地去面对，从不放弃。

Step3 다시 한 번 자신이 존경하는 사람이 누구인지 언급한다.

爸爸是我的榜样，是我最尊敬的人。

★ 榜样 : 본보기, 모범
- 好榜样 좋은 본보기 - 作出榜样 모범을 보이다

제가 가장 존경하는 사람은 저희 아빠입니다. 비록 일하느라 힘드시지만, 아빠는 날마다 열심히 노력합니다. 게다가 유쾌하고 밝은 성격이셔서, 어떤 어려움이 닥쳐도 적극적으로 맞서며 결코 포기하지 않으십니다. 아버지는 저의 롤모델이며 제가 가장 존경하는 사람입니다.

답변 ② Lv. 5~6

我最尊敬的人是我的上司。他是一个特别细心、善良的人。像家长一样照顾大家，鼓励大家。而且他的工作能力和责任心也很强，会根据我们的能力和性格合理地分配工作。我也想成为像他那样受人尊敬的上司。

Wǒ zuì zūnjìng de rén shì wǒ de shàngsi. Tā shì yí ge tèbié xìxīn、shànliáng de rén. Xiàng jiāzhǎng yíyàng zhàogù dàjiā, gǔlì dàjiā. Érqiě tā de gōngzuò nénglì hé zérènxīn yě hěn qiáng, huì gēnjù wǒmen de nénglì hé xìnggé hélǐ de fēnpèi gōngzuò. Wǒ yě xiǎng chéngwéi xiàng tā nàyàng shòu rén zūnjìng de shàngsi.

Step1 존경하는 사람이 누구인지 대답한다.

我最尊敬的人是我的上司。

★ 上司: 상사
- 顶头上司 직속 상사 - 职场上司 직장 상사

Step2 이유를 언급한다.

他是一个特别细心、善良的人。像家长一样照顾大家，鼓励大家。

(像…一样: 마치 ~처럼, 마치 ~와 같다 / cf) 心地善良 마음이 착하다)

★ 细心: 세심하다
- 细心照顾 세심하게 돌보다 - 细心观察 세심하게 관찰하다

★ 照顾: 보살피다
- 照顾老人 노인을 돌보다 - 照顾儿童 아이를 돌보다

而且他的工作能力和责任心也很强，会根据我们的能力和性格合理地分配工作。

(责任心…强: 책임감이 강하다 / 工作能力…强: 업무 능력이 뛰어나다 / 分配工作: 일을 배치하다)

★ 分配: 분배하다
- 分配合理 분배가 합리적이다 - 分配不均 분배가 불균형하다

Step3 다시 한 번 자신이 존경하는 사람이 누구인지 언급한다.

我也想成为像他那样受人尊敬的上司。

(成为: ~이 되다 / 受人尊敬: 존경을 받다)

제가 가장 존경하는 사람은 제 상사입니다. 그분은 매우 세심하고 선량한 사람입니다. 가장처럼 모두를 보살피고 격려해줍니다. 게다가 그분은 업무 능력과 책임감도 강하셔서 저희의 능력과 성격에 맞게 합리적으로 업무를 나눠줍니다. 저도 그분처럼 존경받는 상사가 되고 싶습니다.

단어1 **最** zuì 부 가장, 제일 **尊敬** zūnjìng 동 존경하다 **虽然…但…** suīrán…dàn… 비록 ~하지만~, 그러나 **辛苦** xīnkǔ 형 고생스럽다 **努力** nǔlì 형 노력하다 **而且** érqiě 접 게다가 **性格** xìnggé 명 성격 **开朗** kāilǎng 형 낙관적이다, 유쾌하다 **阳光** yángguāng 형 활력이 넘치다 **不管…都…** bùguǎn…dōu… ~와 상관없이, 모두 ~하다 **遇** yù 동 만나다 **困难** kùnnan 명 어려움 **积极** jījí 형 적극적이다 **面对** miànduì 동 마주 보다 **从不** cóngbù 지금까지 ~하지 않다 **放弃** fàngqì 동 포기하다 **榜样** bǎngyàng 명 본보기, 롤 모델

단어2 **上司** shàngsi 명 상사, 상관 **细心** xìxīn 형 세심하다 **善良** shànliáng 형 착하다, 선량하다 **像…一样** xiàng…yíyàng 마치 ~와 같다 **家长** jiāzhǎng 명 가장 **照顾** zhàogù 동 보살피다 **鼓励** gǔlì 동 격려하다 **能力** nénglì 명 능력 **责任心** zérènxīn 책임감 **强** qiáng 형 강하다 **根据** gēnjù 전 ~에 근거하여 **合理** hélǐ 형 합리적이다 **分配** fēnpèi 동 분배하다, 배분하다 **成为** chéngwéi 동 ~이 되다

기출유형2 성격의 장단점 소개(1)

63. Mp3

자신의 성격 장단점을 소개하는 문제는 성격을 나타내는 형용사들을 알고 있어야만 답변이 가능하다. 또한 이 장단점을 가지고 타인을 소개하는 문장을 만들 수 있으므로 평소 관련 단어들을 익혀두는 것이 관건이다.

TSC® 기출문제

你觉得你性格中最大的优点是什么？请简单谈谈。

Nǐ juéde nǐ xìnggé zhōng zuìdà de yōudiǎn shì shénme? Qǐng jiǎndān tántan.

당신 성격에서 가장 큰 장점은 무엇이라고 생각하나요? 간단히 말해 보세요.

답변 ①

Lv. 4

我觉得我性格中最大的优点就是外向。我喜欢跟别人打交道，即使是跟第一次见面的陌生人我也会主动地去交流。这种性格对我的人际关系很有帮助，我喜欢我的性格。

Wǒ juéde wǒ xìnggé zhōng zuì dà de yōudiǎn jiùshì wàixiàng. Wǒ xǐhuan gēn biéren dǎjiāodao, jíshǐ shì gēn dì-yī cì jiànmiàn de mòshēng rén wǒ yě huì zhǔdòng de qù jiāoliú. Zhè zhǒng xìnggé duì wǒ de rénjì guānxi hěn yǒu bāngzhù, wǒ xǐhuan wǒ de xìnggé.

Step1 질문의 핵심을 먼저 말한다.

我觉得我性格中最大的优点就是外向。

Step2 이유를 언급한다.

= 交流 / 설령 ~일지라도, ~하다 / 낯선 사람

我喜欢跟别人打交道，即使是跟第一次见面的陌生人我也会主动地去交流。

★ 陌生: 생소하다
- 陌生的路 생소한 길
- 陌生地方 생소한 장소

★ 主动: 능동적이다
- 主动报名 능동적으로 신청하다
- 主动参加 능동적으로 참가하다

~에 대해 매우 도움이 되다

这种性格对我的人际关系很有帮助，

Step3 예시에 대한 자신의 견해를 밝힌다.

我喜欢我的性格。

저는 저의 성격에서 가장 큰 장점은 외향적인 것이라고 생각합니다. 저는 사람들을 사귀는 것을 좋아하고, 설령 처음 만나는 낯선 사람이라고 하더라도 제가 먼저 적극적으로 다가갑니다. 이러한 성격은 인간관계에도 도움이 돼서, 저는 제 성격을 좋아합니다.

답변 ②

我觉得认真、仔细是我性格中最大的优点。不管在工作还是生活中，我做什么事都很认真、仔细。正因为如此，同事们都喜欢和我合作，朋友们有什么重要的事也愿意交给我处理。他们都觉得我是一个可靠、值得信任的人。我对我的性格很满意。

Wǒ juéde rènzhēn、zǐxì shì wǒ xìnggé zhōng zuì dà de yōudiǎn. Bùguǎn zài gōngzuò háishi shēnghuó zhōng, wǒ zuò shénme shì dōu hěn rènzhēn、zǐxì. Zhèng yīnwèi rúcǐ, tóngshìmen dōu xǐhuan hé wǒ hézuò, péngyoumen yǒu shénme zhòngyào de shì yě yuànyì jiāo gěi wǒ chǔlǐ. Tāmen dōu juéde wǒ shì yí ge kěkào、zhíde xìnrèn de rén. Wǒ duì wǒ de xìnggé hěn mǎnyì.

Step1 질문의 핵심을 먼저 말한다.

我觉得认真、仔细是我性格中最大的优点。

★ 仔细: 자세하다
- 仔细观察 자세히 관찰하다 - 仔细研究 자세하게 연구하다

Step2 이유를 언급한다.

(不管…都: ~에 상관없이, 모두 ~하다)
不管在工作还是生活中，我做什么事都很认真、仔细。

★ 认真: 성실하다
- 认真学习 성실하게 공부하다 - 做事认真 일을 성실하게 하다

(如此 = 这样) (和…合作: ~와 협력하다) (交给…处理: ~에게 맡겨 처리하다)
正因为如此，同事们都喜欢和我合作，朋友们有什么重要的事也愿意交给我处理。
他们都觉得我是一个可靠、值得信任的人。

★ 可靠: 믿을만하다
- 可靠的消息 믿을만한 소식 - 可靠的性能 믿을만한 성능

★ 值得: ~할 만한 가치가 있다
- 值得考虑 고려할만한 가치가 있다 - 值得商量 상의할만한 가치가 있다

Step3 다시 한 번 자신의 성격이 어떠한지 설명한다.

(对…满意: ~에 대해 만족하다)
我对我的性格很满意。

★ 满意: 만족하다(자신의 마음에 부합된다는 의미로 구체적인 사람, 일, 상황에 대한 자신의 느낌을 나타낸다.)
- 我对工作很满意。나는 일에 대해 매우 만족한다.

저는 성실하고 꼼꼼한 것이 제 성격에서 가장 큰 장점이라고 생각합니다. 일에서건 일상에서건 저는 무슨 일이든지 성실하고 꼼꼼하게 합니다. 이 때문에 동료들은 저와 함께 일하는 것을 좋아하고, 친구들 역시 중요한 일이 있으면 저에게 맡기고 싶어 합니다. 그들은 저를 믿음직스럽고 신뢰할 만한 사람이라고 생각합니다. 저는 제 성격에 만족합니다.

단어1 性格 xìnggé 명 성격 优点 yōudiǎn 명 장점 外向 wàixiàng 형 외향적이다 喜欢 xǐhuan 동 좋아하다 别人 biéren 다른 사람 打交道 dǎjiāodao 사귀다 即使…也… jíshǐ…yě… 설사 ~하더라도, ~하다 第一次 dì-yī cì 처음 陌生人 mòshēngrén 낯선 사람 主动 zhǔdòng 형 능동적이다 交流 jiāoliú 동 교류하다 对 duì 전 ~에 대해 人际关系 rénjì guānxi 인간관계

단어2 认真 rènzhēn 형 성실하다 在…中 zài…zhōng ~중에 如此 rúcǐ 대 이러하다 同事 tóngshì 명 동료 合作 hézuò 동 함께 일하다 重要 zhòngyào 형 중요하다 愿意 yuànyì 동 ~하기를 바라다 交 jiāo 동 맡기다 处理 chǔlǐ 동 처리하다 可靠 kěkào 형 믿을 만하다 值得 zhíde ~할 만한 가치가 있다 信任 xìnrèn 동 신임하다 满意 mǎnyì 동 만족하다

기출유형3 성격의 장단점 소개(2)

64. Mp3

응시자가 어떠한 성격을 가지고 있는지 구체적으로 물어보는 문제이며, 이러한 문제의 답변은 반드시 자신의 성격을 예로 들어 마무리해야 한다.

TSC® 기출문제

你是个爱笑的人吗？请简单谈一谈。

Nǐ shì ge ài xiào de rén ma? Qǐng jiǎndān tán yi tán.

당신은 잘 웃는 사람인가요? 간단히 말해 보세요.

답변 ①

Lv. 4

我是个爱笑的人。我的性格比较开朗，不管遇到什么事，我都很乐观。俗话说："笑一笑十年少"。我觉得经常笑，不但能缓解压力，还能给周围的人也带来好心情。

Wǒ shì ge ài xiào de rén. Wǒ de xìnggé bǐjiào kāilǎng, bùguǎn yùdào shénme shì, wǒ dōu hěn lèguān. Súhuà shuō: "xiào yi xiào shí nián shào". Wǒ juéde jīngcháng xiào, búdàn néng huǎnjiě yālì, hái néng gěi zhōuwéi de rén yě dàilái hǎo xīnqíng.

↓

Step1 질문의 핵심을 먼저 말한다.

~하기를 좋아하다

我是个爱笑的人。

Step2 구체적인 예시를 언급하다.

유쾌하다

我的性格比较开朗，不管遇到什么事，我都很乐观。俗话说："笑一笑十年少"。

★ 遇到: 만나다
- 遇到朋友 친구를 (우연히) 만나다 - 遇到困难 어려움에 부딪히다

★ 乐观: 낙관적이다
- 性格乐观 성격이 낙관적이다 - 态度乐观 태도가 긍정적이다

Step3 예시에 대한 자신의 견해를 밝힌다.

~일 뿐만 아니라, 게다가~하다 / 가져다 주다

我觉得经常笑，不但能缓解压力，还能给周围的人也带来好心情。

★ 缓解: 완화시키다
- 缓解疲劳 피로를 풀어주다 - 缓解病情 병세를 완화시키다

저는 잘 웃는 사람입니다. 성격이 낙관적이어서, 어떤 일에 맞닥뜨려도 긍정적입니다. 속담에 '웃으면 십 년은 젊어진다'라는 말이 있습니다. 저는 자주 웃는 것이 스트레스를 완화해 줄 뿐만 아니라, 주변 사람들에게 기쁨을 가져다 준다고 생각합니다.

답변 ② Lv. 5~6

我不是一个爱笑的人。因为我的性格比较内向，一般不会表露出自己的感情。遇到事情我也比较小心、谨慎，考虑得比较多，所以很难放松下来，让自己笑一笑。虽然我的性格不是什么坏的性格，但我很羡慕那些性格开朗，经常笑的人。

Wǒ búshì yí ge ài xiào de rén. Yīnwèi wǒ de xìnggé bǐjiào nèixiàng, yìbān búhuì biǎolù chū zìjǐ de gǎnqíng. Yùdào shìqíng wǒ yě bǐjiào xiǎoxīn、jǐnshèn, kǎolǜ de bǐjiào duō, suǒyǐ hěn nán fàngsōng xiàlái, ràng zìjǐ xiào yi xiào. Suīrán wǒ de xìnggé búshì shénme huài de xìnggé, dàn wǒ hěn xiànmù nàxiē xìnggé kāilǎng, jīngcháng xiào de rén.

Step1 질문의 핵심을 먼저 말한다.

我不是一个爱笑的人。

Step2 이유를 언급한다.

因为我的性格比较内向，一般不会表露出自己的感情。
(性格比较内向: 성격이 내성적이다 / 表露出自己的感情: 감정을 드러내다)

★ 表露出: 드러내다, 나타내다
- 表露出牙齿 이를 드러내다 - 表露出笑容 웃는 얼굴을 드러내다

遇到事情我也比较小心、谨慎，考虑得比较多，所以很难放松下来，让自己笑一笑。
(遇到事情: 일에 직면하다 / 得: ~하는 정도가 / 放松: 느슨하게 하다)

★ 정도보어 得
동사서술어나 형용사서술어 뒤에 쓰여, 발생한 혹은 발생 중인 동작 · 상태에 대해 평가하거나 묘사하는 성분을 말함.
- 说得很流利 말하는 정도가 유창하다 → 유창하게 말한다
- 风刮得挺大 바람이 부는 정도가 세다 → 바람이 세게 분다

Step3 다시 한 번 자신의 성격이 어떠한지 설명한다.

虽然我的性格不是什么坏的性格，但我很羡慕那些性格开朗，经常笑的人。
(虽然…但…: 비록 ~하지만, 그러나 ~하다)

저는 잘 웃지 않는 사람입니다. 성격이 내성적인 편이라, 보통 자신의 감정을 밖으로 잘 드러내지 않습니다. 어떤 일에 직면했을 때도 비교적 조심스럽고 신중하게 여러 번 생각하기 때문에, 긴장을 늦추거나 잘 웃지 못합니다. 비록 제 성격이 나쁜 것은 아니지만, 유쾌하고 잘 웃는 성격인 사람이 부럽습니다.

단어1 **爱** ài 동 ~하기를 좋아하다 **笑** xiào 동 웃다 **比较** bǐjiào 부 비교적 **开朗** kāilǎng 형 낙관적이다, 유쾌하다 **遇到** yùdào 동 만나다 **乐观** lèguān 형 낙관적이다 **俗话** súhuà 명 속담 **笑一笑十年少** xiào yi xiào shí nián shào 웃으면 십 년이 젊어진다 **经常** jīngcháng 부 항상 **不但…还…** búdàn…hái… ~일 뿐만 아니라, 또 ~하다 **缓解** huǎnjiě 동 완화하다, 완화시키다 **压力** yālì 명 스트레스 **周围** zhōuwéi 명 주변 **带来** dàilái 동 가져다 주다 **心情** xīnqíng 명 마음, 기분

단어2 **因为** yīnwèi 접 왜냐하면 **内向** nèixiàng 형 내성적이다 **一般** yìbān 부 일반적으로 **表露** biǎolù 동 나타내다 **感情** gǎnqíng 명 감정 **小心** xiǎoxīn 동 조심하다 **谨慎** jǐnshèn 형 신중하다 **考虑** kǎolǜ 동 생각하다 **难** nán 형 어렵다 **放松** fàngsōng 동 느슨하게 하다, 늦추다

기출유형 4 성격의 장단점 소개(3)

65. Mp3

자신의 성격이 어떤 상황에 부합하는지를 묻는 문제로 역시나 답변은 자신의 성격이 어떠한지를 예로 들면서 구체적인 설명을 더해 답변을 마무리해야 한다.

TSC® 기출문제

你跟第一次见面的人也能相处得很好吗？请简单谈谈。

Nǐ gēn dì-yī cì jiànmiàn de rén yě néng xiāngchǔ de hěn hǎo ma? Qǐng jiǎndān tántan.

당신은 처음 만나는 사람과 잘 지내나요? 간단히 말해 보세요.

답변 ①

Lv. 4

我跟第一次见面的人相处得不太好，因为我的性格比较害羞、内向。跟别人第一次见面时我都很紧张，不敢说话，所以别人常常误会我。我希望改变我的性格。

Wǒ gēn dì-yī cì jiànmiàn de rén xiāngchǔ dé bú tài hǎo, yīnwèi wǒ de xìnggé bǐjiào hàixiū、nèixiàng. Gēn biéren dì-yī cì jiànmiàn shí wǒ dōu hěn jǐnzhāng, bùgǎn shuōhuà, suǒyǐ biéren chángcháng wùhuì wǒ. Wǒ xīwàng gǎibiàn wǒ de xìnggé.

Step1 핵심을 먼저 이야기한다.

我跟第一次见面的人相处得不太好，因为我的性格比较害羞、内向。
↔ 外向

Step2 이유를 언급한다.

跟别人第一次见面时我都很紧张，不敢说话，所以别人常常误会我。

★ 紧张：긴장해 있다
- 心里紧张 마음이 긴장되다 - 精神紧张 상태가 긴장되다

★ 敢：대담하게 ~하다
- 敢作敢为 대담하게 시도하다 - 敢想敢干 대담하게 생각하고 거리낌 없이 행동하다

★ 误会：오해하다
- 误会好意 호의를 오해하다 - 产生误会 오해를 낳다

Step3 자신의 성격에 대한 바람을 나타낸다.

성격을 바꾸다

我希望改变我的性格。

★ 改变：바꾸다
- 改变习惯 습관을 바꾸다 - 改变方式 방식을 바꾸다

저는 부끄러움이 많고 내성적인 성격이라, 처음 만나는 사람과 잘 지내지 못합니다. 타인과 처음 만날 때 긴장을 하고 말을 제대로 못해서, 종종 다른 사람의 오해를 삽니다. 저는 저의 이러한 성격을 고치고 싶습니다.

是的，我跟第一次见面的人也能相处得很好。因为我是一个性格外向、开朗、热情的人，我喜欢和别人打交道。即使是第一次见面的人，我也会很热情、主动地跟他打招呼和他交流。我觉得这样的性格对我的工作和生活都有好处。我喜欢我的性格。

Shìde, wǒ gēn dì-yī cì jiànmiàn de rén yě néng xiāngchǔ de hěn hǎo. Yīnwèi wǒ shì yí ge xìnggé wàixiàng、kāilǎng、rèqíng de rén, wǒ xǐhuan hé biéren dǎjiāodao. Jíshǐ shì dì-yī cì jiànmiàn de rén, wǒ yě huì hěn rèqíng、zhǔdòng de gēn tā dǎ zhāohu hé tā jiāoliú. Wǒ juéde zhèyàng de xìnggé duì wǒ de gōngzuò hé shēnghuó dōu yǒu hǎochù. Wǒ xǐhuan wǒ de xìnggé.

Step1 답변의 핵심을 먼저 이야기한다.

是的，我跟第一次见面的人也能相处得很好。

Step2 이유를 언급한다.

~와 교류하다, 왕래하다 (和…打交道)

因为我是一个性格外向、开朗、热情的人，我喜欢和别人打交道。

★ 热情: 열정적이다, 친절하다
- 态度热情 태도가 친절하다 - 对工作的热情 일에 대한 열정

설령 ~할지라도, 역시 ~하다 (即使…也) / ~와 인사하다 (跟…打招呼) / 교류하다 (交流)

即使是第一次见面的人，我也会很热情、主动地跟他打招呼和他交流。

~에 대해 좋은 점이 있다 (对…有好处)

我觉得这样的性格对我的工作和生活都有好处。

Step3 다시 한 번 자신이 존경하는 사람이 누구인지 언급한다.

我喜欢我的性格。

네. 저는 처음 만나는 사람과도 잘 지냅니다. 성격이 외향적이고 유쾌하며 열정적인 사람이라서 다른 사람과 사귀는 것을 좋아합니다. 설사 처음 만나는 사람이라고 해도 친절하고 적극적으로 먼저 인사하고 교류합니다. 저는 이러한 성격이 제 업무와 생활에 좋은 점이 있다고 생각합니다. 저는 제 성격이 마음에 듭니다.

단어1 **相处** xiāngchǔ 동 함께 지내다 **害羞** hàixiū 형 부끄러워하다 **内向** nèixiàng 형 내성적이다 **紧张** jǐnzhāng 형 긴장해 있다 **不敢** bùgǎn 동 ~할 용기가 없다 **说话** shuōhuà 동 말하다 **别人** biéren 다른 사람 **误会** wùhuì 동 오해하다 **希望** xīwàng 동 희망하다, 바라다 **改变** gǎibiàn 동 바꾸다

단어2 **因为** yīnwèi 접 왜냐하면 **外向** wàixiàng 형 외향적이다 **热情** rèqíng 형 열정적이다 **打交道** dǎ jiāodao 왕래하다 **主动** zhǔdòng 형 능동적이다 **打招呼** dǎ zhāohu 인사하다 **交流** jiāoliú 동 교류하다 **好处** hǎochù 명 장점

기출유형5 장소 소개(1)

66. Mp3

응시자에게 평소 자주 가는 장소를 묻는 문제 유형으로 그 장소를 자주 가는 이유를 구체적으로 이야기하여 답변을 마무리 해야 한다.

TSC® 기출문제

你通常跟朋友在什么地方见面？请简单说一说。

Nǐ tōngcháng gēn péngyou zài shénme dìfang jiànmiàn? Qǐng jiǎndān shuō yi shuō.

당신은 평상시에 친구를 어디에서 만나나요? 간단히 말해 보세요.

답변 ①

Lv. 4

我通常和朋友在餐厅见面。在餐厅见面不但可以跟朋友一边吃美食一边聊天，还可以饭后再吃些甜点、喝杯咖啡什么的，坐很长时间也不需要换地方，很方便。

Wǒ tōngcháng hé péngyou zài cāntīng jiànmiàn. Zài cāntīng jiànmiàn búdàn kěyǐ gēn péngyou yìbiān chī měishí yìbiān liáotiān, hái kěyǐ fàn hòu zài chī xiē tiándiǎn、hē bēi kāfēi shénme de, zuò hěn cháng shíjiān yě bù xūyào huàn dìfang, hěn fāngbiàn.

Step1 구체적인 장소를 먼저 이야기한다.

我通常和朋友在餐厅见面。

★ 通常: 보통

동작이 규칙적임을 강조하고 형용사여서 명사를 수식하기도 한다.

- 他通常在附近的超市购物。그는 보통 근처의 슈퍼에서 물건을 산다.

Step2 이유를 언급한다.

在餐厅见面不但可以跟朋友一边吃美食一边聊天，还可以饭后再吃些甜点、

(一边…一边: ~하면서 ~하다 / 吃美食: 맛있는 것을 먹다)

★ 不但…还…(不仅…而且…): ~일 뿐만 아니라, 게다가 ~하다

- 西北不但寒冷，还缺水，所以冬季少雨。북서쪽은 추울 뿐만 아니라, 물이 부족하여 겨울에 비가 적게 내린다.

喝杯咖啡什么的，

(什么的: 기타 등등)

Step3 또 다른 이유를 들어 답변을 마무리한다.

坐很长时间也不需要换地方，很方便。

저는 보통 친구와 레스토랑에서 만납니다. 레스토랑에서 만나면 친구와 맛있는 것을 먹으면서 이야기를 할 수 있을 뿐만 아니라, 밥을 먹고 나서 디저트, 음료 같은 것을 더 먹을 수도 있고, 오래 앉아 있어도 장소를 옮길 필요가 없어서 편리합니다.

我通常在咖啡厅跟朋友见面。我很喜欢咖啡厅轻松的氛围和浓郁的咖啡香味，和朋友一边品尝美味的咖啡一边聊天，让我觉得很舒服。现在很多咖啡厅还提供独立的空间，便于人们交流。所以我觉得和朋友见面的话，咖啡厅是最好的场所。

Wǒ tōngcháng zài kāfēitīng gēn péngyou jiànmiàn. Wǒ hěn xǐhuan kāfēitīng qīngsōng de fēnwéi hé nóngyù de kāfēi xiāngwèi, hé péngyou yìbiān pǐncháng měiwèi de kāfēi yìbiān liáotiān, ràng wǒ juéde hěn shūfu. Xiànzài hěn duō kāfēitīng hái tígōng dúlì de kōngjiān, biànyú rénmen jiāoliú. Suǒyǐ wǒ juéde hé péngyou jiànmiàn dehuà, kāfēitīng shì zuìhǎo de chǎngsuǒ.

Step1 구체적인 장소를 먼저 이야기한다.

~에서 만나다 (전치사구+동사)

我通常在咖啡厅跟朋友见面。

Step2 이유를 언급한다.

진한 향기

我很喜欢咖啡厅轻松的氛围和浓郁的咖啡香味，

★ 轻松：홀가분하다, 수월하다
- 轻松的工作 수월한 업무 - 轻松的心情 홀가분한 마음

커피를 맛보다

和朋友一边品尝美味的咖啡一边聊天，让我觉得很舒服。

★ 舒服：편안하다
심리, 신체의 느낌이 좋다는 의미를 제외하고도, 외부의 사물이 사람에게 주는 느낌이 좋다는 뜻도 나타낸다.
- 这个沙发躺着很舒服。이 소파는 누웠을 때 편안하다.

공간을 제공하다 ~에 편리하다

现在很多咖啡厅还提供独立的空间，便于人们交流。

★ 동사+于+시간, 장소, 대상
- 爬山有助于减肥。등산은 다이어트에 도움이 된다. - 我非常乐于帮助别人。나는 다른 사람을 잘 도와준다.

Step3 다시 한 번 장소를 강조한다.

所以我觉得和朋友见面的话，咖啡厅是最好的场所。

★ 场所：장소(활동하는 공간을 말한다)
- 请不要在公共场所大声通电话。공공장소에서 큰 소리로 통화하지 마세요.

저는 보통 커피숍에서 친구를 만납니다. 커피숍의 여유로운 분위기와 진한 커피향을 좋아하고, 친구와 맛있는 커피를 음미하며 이야기할 수 있어 마음이 편안해집니다. 현재 많은 커피숍이 독립된 공간을 제공하여 사람들과 교류하기에 편리합니다. 따라서 저는 친구와 만난다면 커피숍이 가장 좋은 장소라고 생각합니다.

단어1 **通常** tōngcháng 부 보통 **地方** dìfang 명 장소 **餐厅** cāntīng 명 레스토랑, 식당 **美食** měishí 명 맛있는 음식 **聊天** liáotiān 동 이야기하다 **甜点** tiándiǎn 명 디저트 **喝** hē 동 마시다 **杯** bēi 양 잔, 컵 **咖啡** kāfēi 명 커피 **什么的** shénmede 조 등등의 **坐** zuò 동 앉다 **需要** xūyào 동 필요로 하다 **换** huàn 동 바꾸다, 교환하다 **方便** fāngbiàn 형 편리하다

단어2 **咖啡厅** kāfēitīng 명 커피숍 **轻松** qīngsōng 형 홀가분하다 **氛围** fēnwéi 명 분위기 **浓郁** nóngyù 형 짙다, 그윽하다 **香味** xiāngwèi 명 향기 **品尝** pǐncháng 동 맛보다 **美味** měiwèi 명 맛있는 음식 **舒服** shūfu 형 편안하다 **现在** xiànzài 명 현재 **提供** tígōng 동 제공하다 **独立** dúlì 형 독립된 **空间** kōngjiān 명 공간 **便于** biànyú ~하기에 편리하다 **场所** chǎngsuǒ 명 장소

기출유형6 장소 소개(2)

67. Mp3

구체적인 장소를 문제에 제시하여 이 장소의 용도와 쓰임에 대해 응시자가 얼마큼 중국어로 표현할 수 있는지를 파악하기 위한 문제이다.

TSC® 기출문제

你家附近有体育中心、健身房等可以做运动的地方吗？请简单谈一谈。

Nǐ jiā fùjìn yǒu tǐyù zhōngxīn、jiànshēnfáng děng kěyǐ zuò yùndòng de dìfang ma? Qǐng jiǎndān tán yi tán.

집 근처에 스포츠센터나 헬스클럽 같이 운동을 할 수 있는 장소가 있나요? 간단히 말해 보세요.

답변 ①

Lv. 4

是的。我家附近有好几个体育中心、健身房，可以运动的地方很多。只不过我没有去过，因为我不喜欢运动。我知道为了健康应该多做运动，但我总是懒得去。

Shìde. Wǒ jiā fùjìn yǒu hǎojǐ ge tǐyù zhōngxīn、jiànshēnfáng, kěyǐ yùndòng de dìfang hěn duō. Zhǐ búguò wǒ méiyǒu qùguo, yīnwèi wǒ bù xǐhuan yùndòng. Wǒ zhīdao wèile jiànkāng yīnggāi duō zuò yùndòng, dàn wǒ zǒngshì lǎn de qù.

Step1 장소의 존재 여부에 대해 먼저 이야기한다.

是的。我家附近有好几个体育中心、健身房，可以运动的地方很多。

(可以……地方: ~할 수 있는 공간)

★ 中心: 센터
- 购物中心 쇼핑 센터 - 留学中心 유학 센터

Step2 장소에 대한 보충 설명을 한다.

只不过我没有去过，因为我不喜欢运动。

(只不过 = 只是 / 没有……过: ~한 적이 없다)

Step3 자신의 상황을 예로 들어 답변을 마무리한다.

我知道为了健康应该多做运动，但我总是懒得去。

(为了: ~을 위하여 / 应该: 마땅히 ~해야 한다 / 做运动 = 锻炼身体 / 总是懒得: 늘 ~하기 귀찮다)

★ 懒: 게으르다
- 懒得起来 일어나기 귀찮다 - 懒得说话 말하기 귀찮다

네. 저희 집 근처에는 스포츠센터나 헬스클럽이 여러 군데 있어서, 운동을 할 수 있는 장소가 많습니다. 단지 제가 운동을 좋아하지 않아서 가 보지 않았을 뿐입니다. 건강 하려면 운동을 많이 해야 한다는 것을 알고는 있지만, 늘 가기 귀찮습니다.

我家附近没有可以运动的地方。健身房和体育中心都挺远的，而且设施也很落后。所以我一般想去运动的话，就去家附近的公园跑步、骑自行车。去公园运动不用花钱，而且空气还好。我觉得只要想锻炼，什么地方都可以，不用专门去那些地方。

Wǒ jiā fùjìn méiyǒu kěyǐ yùndòng de dìfang. Jiànshēnfáng hé tǐyù zhōngxīn dōu tǐng yuǎn de, érqiě shèshī yě hěn luòhòu. Suǒyǐ wǒ yìbān xiǎng qù yùndòng dehuà, jiù qù jiā fùjìn de gōngyuán pǎobù、qí zìxíngchē. Qù gōngyuán yùndòng búyòng huā qián, érqiě kōngqì hái hǎo. Wǒ juéde zhǐyào xiǎng duànliàn, shénme dìfang dōu kěyǐ, búyòng zhuānmén qù nàxiē dìfang.

Step1 장소의 존재 여부에 대해 먼저 이야기한다.

我家附近没有可以运动的地方。

Step2 장소에 대한 보충 설명을 한다.

健身房和体育中心都挺远的，而且设施也很落后。(设施也很落后: 시설이 낙후되다)

★ 设施: 시설
- 公共设施 공공시설 - 交通设施 교통 시설

★ 落后: 낙후되다
- 文化落后 문화가 뒤쳐지다 - 技术落后 기술이 낙후되다

所以我一般想去运动的话，就去家附近的公园跑步、骑自行车。(一般……的话: 보통 ~한다면)
去公园运动不用花钱，而且空气还好。(空气还好: 공기가 좋다)

★ 空气: 공기
- 空气新鲜 공기가 신선하다 - 空气污染 공기가 오염되다

Step3 자신의 견해를 예로 들어 답변을 마무리한다.

我觉得只要想锻炼，什么地方都可以，不用专门去那些地方。(只要……都: 단지 ~하기만 하면, 모두 ~하다)

★ 专门: 일부러, 특별히
- 专门看望 일부러 찾아 뵙다 - 专门请教 특별히 가르침을 청하다

저희 집 근처에는 운동을 할 만한 장소가 없습니다. 헬스클럽과 스포츠센터 모두 너무 멀고, 게다가 시설도 낙후됐습니다. 그래서 저는 보통 운동을 하러 가고 싶으면, 집 근처의 공원에 가서 조깅을 하거나 자전거를 탑니다. 공원에 가서 운동을 하면 돈을 쓸 필요도 없고 공기도 좋습니다. 저는 운동을 할 마음만 있다면 어느 곳이나 다 괜찮고 생각하고, 일부러 그런 장소를 찾아 갈 필요는 없다고 생각합니다.

단어1 **附近** fùjìn 명 근처 **体育中心** tǐyù zhōngxīn 스포츠센터 **健身房** jiànshēnfáng 명 헬스클럽 **等** děng 조 등, 따위 **地方** dìfang 명 장소 **只不过** zhǐ búguò 다만 ~에 지나지 않다 **为了** wèile 전 ~을 위하여 **健康** jiànkāng 명 건강 **应该** yīnggāi 조동 당연히 ~해야 한다 **运动** yùndòng 명 운동 **总是** zǒngshì 부 늘, 항상 **懒** lǎn 형 게으르다

단어2 **挺** tǐng 부 아주, 매우 **远** yuǎn 형 멀다 **而且** érqiě 접 게다가 **设施** shèshī 명 시설 **落后** luòhòu 형 낙후되다 **公园** gōngyuán 명 공원 **跑步** pǎobù 동 달리기를 하다 **骑** qí 동 (다리를 벌리고) 타다 **自行车** zìxíngchē 명 자전거 **不用** búyòng 동 ~할 필요가 없다 **花钱** huā qián 돈을 쓰다 **空气** kōngqì 명 공기 **只要** zhǐyào 접 ~하기만 하면 **锻炼** duànliàn 동 단련하다 **专门** zhuānmén 부 일부러

기출유형7 방법 소개(1)

68. Mp3

일상생활에 관련된 문제를 어떻게 처리하는지 응시자로 하여금 자신의 방법을 소개하게 하는 문제이다.
평소 자신의 경험을 한 두 가지 예를 들어 답변하도록 하자.

TSC® 기출문제

你一般怎么处理不穿的衣服？请简单谈谈看。

Nǐ yìbān zěnme chǔlǐ bù chuān de yīfu? Qǐng jiǎndān tántan kàn.

당신은 보통 안 입는 옷을 어떻게 처리하나요? 간단히 말해 보세요.

답변 ①

Lv. 4

每到换季的时候，我会处理不穿的衣服。如果衣服还比较新，我会洗干净整理好送给周围需要的人。如果衣服太旧了不能穿的话，我一般会直接扔掉。

Měi dào huànjì de shíhou, wǒ huì chǔlǐ bù chuān de yīfu. Rúguǒ yīfu hái bǐjiào xīn, wǒ huì xǐ gānjìng zhěnglǐ hǎo sòng gěi zhōuwéi xūyào de rén. Rúguǒ yīfu tài jiùle bùnéng chuān dehuà, wǒ yìbān huì zhíjiē rēngdiào.

Step1 장소의 존재 여부에 대해 먼저 이야기한다.

(每到……的时候: 매번 ~때가 되면 / 处理……衣服: 옷을 처리하다)

每到换季的时候，我会处理不穿的衣服。

★ 处理: 처리하다
- 处理事故 사고를 처리하다　- 处理文件 문서를 처리하다

Step2 방법1을 소개한다.

(如果……，我会……: 만약 ~라면, ~한다 / 洗干净: 깨끗하다)

如果衣服还比较新，我会洗干净整理好送给周围需要的人。

★ 동사+干净: 깨끗이 ~하다
- 擦干净 깨끗이 닦다　- 吃干净 깨끗이 먹다

★ 周围: 주변
- 周围环境 주변 환경　- 周围地区 주변 지역

Step3 방법2를 소개한다.

(如果……的话: 만약 ~라고 한다면 / 直接: 직접 / 扔掉: ~해 버리다)

如果衣服太旧了不能穿的话，我一般会直接扔掉。

★ 동사+掉: ~해 버리다
- 卖掉 팔아 버리다　- 忘掉 다 잊어버리다

계절이 바뀔 때마다 저는 안 입는 옷을 처리합니다. 만약 옷이 비교적 새 것이라면, 깨끗이 빨아 정리해서 주변에 필요한 사람에게 줍니다. 만약 옷이 너무 낡아 입을 수 없다면, 보통은 바로 버립니다.

답변 ② Lv. 5~6

每到换季的时候，我会处理不穿的衣服。我会先分类整理好，然后放到小区的旧衣物回收箱或者捐给公益机构。这样可以旧物利用，节约资源，保护环境，还可以帮助别人。但是如果衣服实在太旧了不能穿的话，我一般会直接扔掉。

Měi dào huànjì de shíhou, wǒ huì chǔlǐ bù chuān de yīfu. Wǒ huì xiān fēnlèi zhěnglǐ hǎo, ránhòu fàngdào xiǎoqū de jiù yīwù huíshōuxiāng huòzhě juān gěi gōngyì jīgòu. Zhèyàng kěyǐ jiùwù lìyòng, jiéyuē zīyuán, bǎohù huánjìng, hái kěyǐ bāngzhù biéren. Dànshì rúguǒ yīfu shízài tài jiùle bùnéng chuān dehuà, wǒ yìbān huì zhíjiē rēngdiào.

Step1 장소의 존재 여부에 대해 먼저 이야기한다.

每到换季的时候，我会处理不穿的衣服。

Step2 방법1을 소개한다.

먼저 ~한 다음, 그 다음에 ~하다 / 혹은 ~에게 기부하다

我会先分类整理好，然后放到小区的旧衣物回收箱或者捐给公益机构。

★ 整理: 정리하다, 치우다
어떤 규율에 따라 난잡한 물건이나 방 등을 규모 있게 정리한다는 뜻을 강조한다.
- 一天的时间怎么可能整理完呢? 하루 만에 어떻게 정리를 끝낼 수 있겠어요?

★ 机构: 기관, 단체
- 国家机构 국가기관 - 行政机构 행정기관

这样可以旧物利用，节约资源，保护环境，还可以帮助别人。

★ 利用: 활용하다
- 利用业余时间 여가시간을 활용하다 - 利用时间 시간을 활용하다

★ 节约: 절약하다
- 节约用水 물을 절약하다 - 节约用电 전기를 절약하다

Step3 방법2를 소개한다.

但是如果衣服实在太旧了不能穿的话，我一般会直接扔掉。

★ 实在(= 确实, 的确): 정말로, 진짜로
- 实在受不了 정말로 참을 수 없다 - 实在难受 정말로 견디기 힘들다

계절이 바뀔 때마다 저는 안 입는 옷을 처리합니다. 먼저 종류 별로 정리한 후, 동네의 의류 수거함에 넣거나 공익 단체에 기부합니다. 이렇게 하면 낡은 물품을 활용하면, 자원을 절약하고, 환경을 보호할 수 있는데다 다른 사람을 도울 수 있으니 일거양득입니다. 그렇지만 만약 옷이 정말 너무 낡아서 입을 수 없다면, 보통은 바로 버립니다.

단어1 **处理** chǔlǐ 동 처리하다 **每** měi 대 ~마다 **换季** huànjì 동 계절이 바뀌다 **如果** rúguǒ 접 만약 **还** hái 부 여전히 **洗** xǐ 동 깨끗하게 하다 **干净** gānjìng 형 깨끗하다 **整理** zhěnglǐ 동 정리하다 **好** hǎo 형 동사 뒤에 쓰여 동작이 완성되었음을 나타냄 **送** sòng 동 보내다 **需要** xūyào 동 필요로 하다 **旧** jiù 형 낡다 **直接** zhíjiē 형 직접적인 **扔** rēng 동 버리다 **掉** diào 동 ~해 버리다(동사 뒤에서 동작의 완성을 나타냄)

단어2 **分类** fēnlèi 동 분류하다 **然后** ránhòu 접 그런 다음에 **放** fàng 동 두다, 놓다 **小区** xiǎoqū 명 주거 단지 **衣物回收箱** yīwù huíshōuxiāng 의류수거함 **或者** huòzhě 접 또는 **捐** juān 동 기부하다 **公益机构** gōngyì jīgòu 공익 단체 **利用** lìyòng 동 활용하다 **节约** jiéyuē 동 절약하다 **资源** zīyuán 명 자원 **保护** bǎohù 동 보호하다 **环境** huánjìng 명 환경 **帮助** bāngzhù 동 돕다 **实在** shízài 부 정말로

기출유형 8 방법 소개(2)

69. Mp3

문제에 방법이 2개가 제시가 되고 그중 어느 것을 더 자주 선호하고 이용하는지를 묻는 문제이다.
답변은 두괄식으로 답하고 그 방법을 더 선호하는 이유를 반드시 소개해야 한다.

TSC® 기출문제

打电话和发短信，你更经常使用哪种联系方式？请简单说一说。

Dǎ diànhuà hé fā duǎnxìn, nǐ gèng jīngcháng shǐyòng nǎ zhǒng liánxì fāngshì? Qǐng jiǎndān shuō yi shuō.

당신은 전화와 문자 메시지 중, 어떤 연락 방식을 더 자주 사용하나요? 간단히 말해 보세요.

답변 ①

Lv. 4

我更喜欢打电话。因为我觉得发短信太浪费时间，而且有的人根本不看短信，等半天也不回复。所以我一般有事的话，直接打电话说重点，又快又方便。

Wǒ gèng xǐhuan dǎ diànhuà. Yīnwèi wǒ juéde fā duǎnxìn tài làngfèi shíjiān, érqiě yǒu de rén gēnběn bú kàn duǎnxìn, děng bàntiān yě bù huífù. Suǒyǐ wǒ yìbān yǒu shì dehuà, zhíjiē dǎ diànhuà shuō zhòngdiǎn, yòu kuài yòu fāngbiàn.

Step1 자주 사용하는 방식이 무엇인지 먼저 이야기한다.

我更喜欢打电话。

Step2 구체적인 이유를 제시한다.

因为我觉得发短信太浪费时间，而且有的人根本不看短信，等半天也不回复。

(等半天: 한참을 기다리다)

★ 浪费: 낭비하다
- 浪费钱财 재산을 낭비하다 - 浪费人力 인력을 낭비하다

★ 根本不: 아예 ~하지 않는다
- 根本不联系 아예 연락하지 않는다 - 根本不能理解 아예 이해를 할 수 없다

Step3 자주 사용하는 방식이 무엇인지 다시 한 번 언급한다.

所以我一般有事的话，直接打电话说重点，又快又方便。

(一般…的话: 보통 ~한다면 / 又…又…: ~하기도 하고, ~하다)

★ 重点: 중점
- 重点内容 중요한 내용 - 重点项目 중점 프로젝트

저는 전화하는 걸 더 좋아합니다. 왜냐하면 문자 메시지를 보내는 건 시간을 굉장히 낭비하는 것이라고 생각하고, 또한 어떤 사람은 아예 메시지를 보지 않아 온종일 기다려도 회답을 하지 않습니다. 그래서 저는 보통 일이 있으면, 바로 전화를 걸어 요점만 얘기하는데 빠르고 편리합니다.

답변 ② Lv. 5~6

我常用的联系方式是发短信。因为我怕给对方打电话会妨碍他工作或学习，而且发短信还有一个好处，就是可以把想说的话整理好以后再发出去，这样可以减少说错话的概率。所以我更喜欢发短信。

Wǒ chángyòng de liánxì fāngshì shì fā duǎnxìn. Yīnwèi wǒ pà gěi duìfāng dǎ diànhuà huì fáng'ài tā gōngzuò huò xuéxí, érqiě fā duǎnxìn háiyǒu yí ge hǎochù, jiùshì kěyǐ bǎ xiǎng shuō de huà zhěnglǐ hǎo yǐhòu zài fā chūqù, zhèyàng kěyǐ jiǎnshǎo shuōcuò huà de gàilǜ. Suǒyǐ wǒ gèng xǐhuan fā duǎnxìn.

Step1 자주 사용하는 방식이 무엇인지 먼저 이야기한다.

我常用的联系方式是发短信。

→ (发) 메일이나 문자 등을 발송할 때 쓴다.

Step2 구체적인 이유를 제시한다.

因为我怕给对方打电话会妨碍他工作或学习，而且发短信还有一个好处，

(妨碍他工作或学习: 업무, 공부를 방해하다 / 好处 = 优点)

★ 妨碍: 방해하다

- 妨碍发展 발전을 방해하다　- 妨碍走路 걷는 것을 방해하다

就是可以把想说的话整理好以后再发出去，这样可以减少说错话的概率。

(减少说错话的概率: 확률이 줄다)

★ 把: ~을, ~를(전치사)

'把구문'에서 '把' 뒤에 오는 명사는 반드시 확정적, 특정한 것이어야 하며 동사는 단독으로 쓸 수 없고, 뒤에 반드시 기타성분(결과, 방향보어, 중첩, 了, 着 등) 이 붙어야 한다.

- 我不小心把钱包忘在出租车上了。나는 실수로 지갑을 택시에 두고 내렸다.
- 他把房子卖了。그는 집을 팔았다.

★ 减少: 줄이다

- 减少污染 오염을 줄이다　- 减少麻烦 번거로움을 줄이다

Step3 자주 사용하는 방식이 무엇인지 다시 한 번 언급한다.

所以我更喜欢发短信。

제가 자주 사용하는 연락 방식은 문제 메시지를 보내는 것입니다. 왜냐하면 상대방에게 전화를 걸었을 때 상대방의 업무나 공부를 방해할까 걱정이 되기 때문입니다. 게다가 문자 메시지는 장점이 하나 있는데, 하고 싶은 말을 정리한 다음 보낼 수 있다는 것입니다. 이렇게 하면 말실수를 줄일 수 있습니다. 그래서 저는 문자 메시지 보내는 것을 더 좋아합니다.

단어1 **打电话** dǎ diànhuà 전화를 걸다 **发短信** fā duǎnxìn 문자 메시지를 보내다 **更** gèng 부 더욱 **使用** shǐyòng 동 사용하다 **联系** liánxì 동 연락하다 **方式** fāngshì 명 방식 **浪费** làngfèi 동 낭비하다 **根本** gēnběn 부 아예 **半天** bàntiān 수 한참 동안 **回复** huífù 동 회답하다 **直接** zhíjiē 형 직접적인 **重点** zhòngdiǎn 명 중점 **又…又…** yòu…yòu… ~하기도 하고, ~하다 **方便** fāngbiàn 형 편리하다

단어2 **怕** pà 동 걱정이 되다 **给** gěi 전 ~에게 **对方** duìfāng 명 상대방 **妨碍** fáng'ài 동 방해하다 **好处** hǎochù 명 장점 **整理** zhěnglǐ 동 정리하다 **以后** yǐhòu 명 이후 **减少** jiǎnshǎo 동 줄이다 **说话** shuōhuà 동 말하다 **错** cuò 형 틀리다 **概率** gàilǜ 명 확률

기출유형9 기호와 취미 소개

70. Mp3

취미와 관련된 어떤 활동을 좋아하는지 묻는 문제이다. 단순히 좋아한다, 싫어한다의 내용만이 아닌 좋다면 왜 좋고 얼마나 자주 하는지, 싫다면 이 활동을 싫어하는 이유가 무엇인지 자세하게 대답해야 한다.

TSC® 기출문제

你喜欢看小说吗？请简单说一说。

Nǐ xǐhuan kàn xiǎoshuō ma? Qǐng jiǎndān shuō yi shuō.

소설을 즐겨 보나요? 간단히 말해 보세요.

답변 ①

Lv. 4

我喜欢看小说。我从上高中的时候养成了每天睡觉之前看三十分钟小说的习惯。我最喜欢看历史和武侠小说。我觉得通过看小说不但能增长见识，还能缓解压力，一举两得。

Wǒ xǐhuan kàn xiǎoshuō. Wǒ cóng shàng gāozhōng de shíhou yǎngchéngle měitiān shuìjiào zhīqián kàn sānshí fēnzhōng xiǎoshuō de xíguàn. Wǒ zuì xǐhuan kàn lìshǐ hé wǔxiá xiǎoshuō. Wǒ juéde tōngguò kàn xiǎoshuō búdàn néng zēngzhǎng jiànshi, hái néng huǎnjiě yālì, yìjǔliǎngdé.

Step1 좋아하는지 싫어하는지 먼저 이야기한다.

我喜欢看小说。

Step2 구체적인 이유1

~때 부터 / 동사+시량사

我从上高中的时候养成了每天睡觉之前看三十分钟小说的习惯。我最喜欢看历史和武侠小说。

습관을 기르다

★ 习惯: 습관
- 成为习惯 습관이 되다 - 形成习惯 습관이 생기다

Step3 구체적인 이유2

~을 통해서 / ~일 뿐만 아니라, 게다가 ~하다 / 스트레스를 완화하다

我觉得通过看小说不但能增长见识，还能缓解压力，一举两得。

식견을 넓히다

★ 增长: 늘어나다+추상적인 사물
- 增长才能 재능을 향상시키다 - 增长知识 지식을 향상시키다

저는 소설을 즐겨 읽습니다. 고등학교 시절부터 매일 자기 전에 30분씩 소설 읽는 습관을 들였습니다. 저는 역사 소설과 무협 소설 읽는 것을 가장 좋아합니다. 소설 읽는 것을 통해 견문을 넓힐 수 있을 뿐만 아니라 스트레스도 해소할 수 있어 일거양득이라고 생각합니다.

답변 ② Lv. 5~6

我不太喜欢看小说。因为我觉得看小说很浪费时间，有的小说一看就是好几天，看小说的这个时间还不如去学外语、去运动。还有小说里的内容大部分都不真实，都是作者编造的故事，我觉得看这样的书对我的生活和工作没什么帮助。

Wǒ bú tài xǐhuan kàn xiǎoshuō. Yīnwèi wǒ juéde kàn xiǎoshuō hěn làngfèi shíjiān, yǒu de xiǎoshuō yí kàn jiùshì hǎo jǐ tiān, kàn xiǎoshuō de zhège shíjiān hái bùrú qù xué wàiyǔ、qù yùndòng. Háiyǒu xiǎoshuō lǐ de nèiróng dàbùfen dōu bù zhēnshí, dōu shì zuòzhě biānzào de gùshi, wǒ juéde kàn zhèyàng de shū duì wǒ de shēnghuó hé gōngzuò méi shénme bāngzhù.

Step1 좋아하는지 싫어하는지 먼저 이야기한다.

= 不怎么

我不太喜欢看小说。

Step2 구체적인 이유1

시간을 낭비하다 / 여러 날, 몇일 동안

因为我觉得看小说很浪费时间，有的小说一看就是好几天，

★ 一…就: ~하자마자 바로 ~하다
- 一来就哭 오자마자 운다 - 一看就笑 보자마자 웃는다

看小说的这个时间还不如去学外语、去运动。

★ 不如: ~만 못하다, ~하는 편이 낫다
- 味道不如以前了。맛이 예전만 못하다. - 走路不如坐车快。걷는 것이 차를 타고 가는 것만큼 빠르지 않다.

还有小说里的内容大部分都不真实，都是作者编造的故事，

만들어낸 이야기

★ 内容: 내용
- 内容丰富 내용이 풍부하다
- 内容精彩 내용이 훌륭하다

Step3 구체적인 이유2

~에 대해 도움이 되지 않는다

我觉得看这样的书对我的生活和工作没什么帮助。

저는 소설을 보는 걸 그다지 좋아하지 않습니다. 소설을 읽는 것은 시간 낭비이며 어떤 소설은 읽기 시작하면 며칠이나 걸리기 때문에, 소설을 볼 시간이 있으면 외국어를 배우러 가거나 운동을 하러 가는 게 낫다고 생각합니다. 또한 소설 속의 내용은 대부분 허구이고 작가가 지어낸 이야기인데, 저는 이러한 책을 읽는 것이 제 생활과 일에 어떠한 도움도 안 된다고 생각합니다.

단어1 **小说** xiǎoshuō 명 소설 **高中** gāozhōng 명 고등학교 **养成** yǎngchéng 기르다, 양성하다 **睡觉** shuìjiào 동 잠자다 **习惯** xíguàn 명 습관 **历史** lìshǐ 명 역사 **武侠** wǔxiá 명 무협 **不但…还…** búdàn…hái… ~일 뿐만 아니라, 게다가 ~하다 **增长** zēngzhǎng 동 늘어나다 **见识** jiànshi 명 식견, 견문 **一举两得** yìjǔliǎngdé 성 일거양득이다

단어2 **浪费** làngfèi 동 낭비하다 **一…就…** yī…jiù… ~하자마자 바로 ~하다 **不如** bùrú 동 ~만 못하다 **外语** wàiyǔ 명 외국어 **运动** yùndòng 동 운동하다 **内容** nèiróng 명 내용 **大部分** dàbùfen 대부분 **真实** zhēnshí 형 진실하다 **作者** zuòzhě 명 작가 **编造** biānzào 동 이야기를 만들다 **故事** gùshi 명 이야기 **这样** zhèyàng 대 이렇다, 이러하다 **帮助** bāngzhù 동 돕다

기출유형 10 자신과 관련된 상황 소개

71. Mp3

응시자와 관련된 상황을 물어보는 문제로 주제가 매우 광범위하다. 모범답변을 외우기보다는 자신의 상황을 상대방에게 복문 위주로 이야기를 할 수 있는 실력을 키우도록 한다.

TSC® 기출문제

每个月你花的交通费多不多？请简单说说。

Měi ge yuè nǐ huā de jiāotōngfèi duō bu duō? Qǐng jiǎndān shuōshuo.

매달 교통비를 많이 쓰나요? 간단히 말해 보세요.

답변 ① Lv. 4

我每天都坐公司的班车上下班，所以每个月花的交通费不多。除了周末开车去郊外玩儿时需要点儿加油费以外，我平时几乎不花什么交通费。

Wǒ měitiān dōu zuò gōngsī de bānchē shàng-xiàbān, suǒyǐ měi ge yuè huā de jiāotōngfèi bù duō. Chúle zhōumò kāichē qù jiāowài wánr shí xūyào diǎnr jiāyóufèi yǐwài, wǒ píngshí jīhū bù huā shénme jiāotōngfèi.

Step1 핵심을 먼저 이야기한다.

셔틀버스를 타다 / 교통비

我每天都坐公司的班车上下班，所以每个月花的交通费不多。

★ 费: 비용
- 生活费 생활비 - 路费 여비

Step2 자신의 상황 설명1

~을 제외하고

除了周末开车去郊外玩儿时需要点儿加油费以外，

주유비

★ 郊外: 교외
- 郊区 교외 지역 - 郊游 교외로 소풍가다

Step3 자신의 상황 설명2

= 差不多

我平时几乎不花什么交通费。

★ 花费: (돈, 시간 등을) 쓰다
- 大量花费 돈을 많이 쓰다 - 不值得花费 돈을 쓸만한 가치가 없다

저는 매일 회사 셔틀버스를 타고 출퇴근을 해서 매달 나가는 교통비가 많지 않습니다. 주말에 운전을 해서 교외로 놀러 나갈 때 주유비가 필요한 것 외에는 평소에는 거의 교통비를 쓰지 않습니다.

답변 ② Lv. 5~6

我每天上下班都要乘坐公交车或者地铁，有时候遇上天气不好的情况还会坐出租车，所以我每个月花的交通费不少，每个月大概十到十五万韩币左右。每个月拿到工资的时候，我都会先把交通费、通讯费和住宿费扣掉之后，再安排生活费。

Wǒ měitiān shàng-xiàbān dōu yào chéngzuò gōngjiāochē huòzhě dìtiě, yǒu shíhou yùshàng tiānqì bù hǎo de qíngkuàng hái huì zuò chūzūchē, suǒyǐ wǒ měi ge yuè huā de jiāotōngfèi bù shǎo, měi ge yuè dàgài shí dào shíwǔ wàn Hánbì zuǒyòu. Měi ge yuè nádào gōngzī de shíhou, wǒ dōu huì xiān bǎ jiāotōngfèi、tōngxùnfèi hé zhùsùfèi kòudiào zhīhòu, zài ānpái shēnghuófèi.

Step1 자신의 상황을 예로 든다.

(교통수단을) 탑승하다 / 혹은 / 가끔은 ~한 상황에 부닥치다 / = 打的, 打车

我每天上下班都要乘坐公交车或者地铁，有时候遇上天气不好的情况还会坐出租车，

Step2 질문에 대한 핵심을 말한다.

쓰다 / 대략

所以我每个月花的交通费不少，每个月大概十到十五万韩币左右。

Step3 자신의 상황을 이야기한다.

월급을 받다 = 领工资, 领薪水 / 먼저 ~하고, 그 다음 ~하다

每个月拿到工资的时候，我都会先把交通费、通讯费和住宿费扣掉之后，再安排生活费。

~을 공제하다

★ 扣: 공제하다, 빼다
- 扣工资 감봉하다 - 扣房租 집세를 빼다

★ 安排: 배정하다, 안배하다
- 安排人员 인원을 배정하다 - 安排房间 방을 배정하다

저는 출퇴근할 때마다 버스나 지하철을 타고 때때로 날씨가 안 좋을 때는 택시도 타기 때문에, 매달 교통비로 적지 않은 돈이 나가는데 매달 한국 돈으로 대략 10~15만 원 정도입니다. 매달 월급을 받으면, 우선 교통비, 통신 요금, 집세를 뺀 후, 생활비를 배분합니다.

단어1 **花** huā 동 (돈 · 시간을) 쓰다 **交通费** jiāotōngfèi 교통비 **公司** gōngsī 명 회사 **班车** bānchē 명 셔틀버스 **上下班** shàng-xiàbān 출퇴근(하다) **除了…以外…** chúle…yǐwài… ~외에 **周末** zhōumò 명 주말 **开车** kāichē 동 (차를) 운전하다 **郊外** jiāowài 명 교외 **需要** xūyào 동 필요로 하다 **加油费** jiāyóufèi 주유비 **平时** píngshí 명 평소 **几乎** jīhū 부 거의

단어2 **乘坐** chéngzuò 동 (교통수단을) 타다 **公交车** gōngjiāochē 명 버스 **地铁** dìtiě 명 지하철 **有时候** yǒushíhou 가끔씩 **遇** yù 동 만나다 **天气** tiānqì 명 날씨 **情况** qíngkuàng 명 상황 **出租车** chūzūchē 명 택시 **韩币** Hánbì 한국 돈 **拿** ná 동 받다 **工资** gōngzī 명 임금 **通讯费** tōngxùnfèi 통신 요금 **住宿费** zhùsùfèi 집세 **扣** kòu 동 빼다, 공제하다 **安排** ānpái 동 안배하다 **生活费** shēnghuófèi 생활비

기출로 말하기 연습

다음의 한국어에 맞춰 답변을 완성해 보세요. 72. Mp3

1

我最尊敬的人是我的 ① 상사 / 룸메이트 / 직장 동료 。
Wǒ zuì zūnjìng de rén shì wǒ de
제가 가장 존경하는 사람은 ____________ 입니다.

他(她)长得很 ② 예쁘다 / 잘생겼다 / 보통이다 ， 属于 ③ 활발하다 / 자신감 있다 / 세심하다 的人。
Tā(Tā)zhǎng de hěn shǔyú de rén
그(그녀는) ____________ 하게 생겼고, ____________ 한 사람입니다.

虽然有时候 ④ 고집스럽다 / 거만하다 / 무섭다 ， 但 ⑤ 업무 능력이 강하다 / 책임감이 강하다 。
Suīrán yǒushíhou dàn
비록 가끔 ____________ 하지만, 그러나 ____________ 합니다.

我也想成为像他(她)那样 ⑥ 존경을 받다 / 겸손하다 / 부지런하다 的人。
Wǒ yě xiǎng chéngwéi xiàng tā(tā) nàyàng de rén
저도 그(그녀)처럼 ____________ 한 사람이 되고 싶습니다.

2

我的爱好是 ① 사진 찍기 / 수영하기 / 퍼즐 맞추기 。
Wǒ de àihào shì
저의 취미는 ____________ 입니다.

我从小就养成了每天 ② 한 장씩 찍다 / 30분씩 연습하다 / 2시간씩 단련하다 的习惯。
Wǒ cóng xiǎo jiù yǎngchéng le měitiān de xíguàn
저는 어렸을 때부터 매일 ____________ 하는 습관을 길렀습니다.

我觉得通过 ③ 취미 / 이러한 방법 ， 不但增长见识，还能缓解压力。
Wǒ juéde tōngguò búdàn zēngzhǎng jiànshi, hái néng huǎnjiě yālì
저는 ____________ 을/를 통해 식견을 넓힐 뿐만 아니라, 스트레스를 해소할 수 있다고 생각합니다.

觉得真是 ④ 일거양득 이다 / 건강에 도움이 되다 / 괜찮은 선택 。
Juéde zhēnshì
정말이지 ____________ 라고 생각합니다.

모범답안 **1** ① 上司，同屋，同事 ② 好看/漂亮，帅，一般 ③ 活泼，有自信，细心 ④ 固执，骄傲，严厉 ⑤ 工作能力强，责任心强 ⑥ 受尊敬，谦虚，勤奋
2 ① 拍照，游泳，拼图 ② 拍一张，练习三十分钟，锻炼两个小时 ③ 爱好，这样的方法(这种方式) ④ 一举两得，有助于健康，不错的选择。

Point

02 습관

습관은 식습관, 운동습관, 생활습관으로 나누어 문제를 출제한다. 식습관은 관련 단어를 알아야만 답변을 할 수 있기 때문에 관련 단어를 숙지해야 하고, 운동습관과 생활습관은 자신의 습관을 예로 들어 답변해야 한다. 특히 생활습관은 관련 동작만 물어보는 것이 아닌, 얼마나 자주 하는지 또한 물어보기 때문에 동량사의 쓰임을 알아두는 것이 좋다.

습관 관련 표현	
养成习惯 yǎngchéng xíguàn 습관을 기르다	有助于 yǒu zhùyú+대상 ~에 도움이 된다
改变习惯 gǎibiàn xíguàn 습관을 바꾸다	有利于 yǒu lìyú+대상 ~에 유리하다
保持习惯 bǎochí xíguàn 습관을 유지하다	有益于 yǒu yìyú+대상 ~에 도움이 된다
	不利于 bú lìyú+대상 ~에 도움이 되지 않는다

식습관	
饮食习惯 yǐnshí xíguàn 식습관	热量 rèliàng 명 열량
偏食 piānshí 명 편식 동 편식하다	脂肪 zhīfáng 명 지방
爱吃 àichī 즐겨먹다, 잘 먹는다	按时 ànshí 부 제때에
食品 shípǐn 명 식품	准时 zhǔnshí 부 제시간에
西餐 xīcān 명 양식	口味 kǒuwèi 명 맛, 입맛
快餐 kuàicān 명 패스트푸드	可口 kěkǒu 형 입에 맞다, 맛있다
加工食品 jiāgōng shípǐn 명 가공식품	好吃 hǎochī 형 맛있다
方便食品 fāngbiàn shípǐn 명 인스턴트식품	酸 suān 형 시다
垃圾食品 lājī shípǐn 명 정크푸드	甜 tián 형 달다
健康 jiànkāng 명 건강	苦 kǔ 형 쓰다
营养 yíngyǎng 명 영양	辣 là 형 맵다
摄入 shèrù 명 섭취	咸 xián 형 짜다
吃素 chīsù 동 채식하다	水果 shuǐguǒ 명 과일
引发 yǐnfā 동 일으키다, 야기하다	甜点 tiándiǎn 명 디저트
有规律 yǒu guīlǜ 규칙적이다	零食 língshí 명 간식
营养不良 yíngyǎng bùliáng 영양이 좋지 않다	肉类 ròulèi 명 육류
维生素 wéishēngsù 명 비타민	蔬菜 shūcài 명 채소
膳食纤维 shànshíxiānwéi 명 식이섬유	鱼类 yúlèi 명 어류
蛋白质 dànbáizhì 명 단백질	豆类 dòulèi 명 콩류
碳水化物 tànshuǐhuàwù 명 탄수화물	吃饱 chī bǎo 배불리 먹다
矿物质 kuàngwùzhì 명 미네랄	暴食 bàoshí 동 폭식하다
爱吃 ài chī 즐겨 먹다	消化 xiāohuà 동 소화되다

한식

辛奇 xīnqí 명 김치
辛奇煎饼 xīnqí jiānbǐng 명 김치전
烤肉 kǎoròu 명 불고기
拌饭 bànfàn 명 비빔밥
冷面 lěngmiàn 명 냉면
生菜包肉 shēngcài bāoròu 명 보쌈
猪排 zhūpái 명 돼지갈비
五花肉 wǔhuāròu 명 삼겹살
拌杂菜 bànzácài 명 잡채
海鲜葱饼 hǎixiān cōngbǐng 명 해물파전
炒鱿鱼 chǎoyóuyú 명 오징어볶음
参鸡汤 shēnjītāng 명 삼계탕
辛奇汤 xīnqítāng 명 김치찌개
大酱汤 dàjiàngtāng 명 된장찌개
辣牛肉汤 làniúròutāng 명 육계장
年糕汤 niángāotāng 명 떡국
紫菜包饭 zǐcài bāofàn 명 김밥
炒年糕 chǎoniángāo 명 떡볶이

양식 / 일식 / 중식

披萨 pīsà 명 피자 (= 比萨)
咖喱 gālí 명 카레
牛排 niúpái 명 스테이크
意大利面 Yìdàlìmiàn 명 스파게티, 파스타
汉堡 hànbǎo 명 햄버거
三明治 sānmíngzhì 명 샌드위치
薯条 shǔtiáo 명 감자튀김
薯片 shǔpiàn 명 감자칩
寿司 shòusī 명 스시
炸猪排 zházhūpái 명 돈까스
包子 bāozi 명 바오즈, 만두
饺子 jiǎozi 명 자오즈, 교자
火锅 huǒguō 명 훠궈, 샤브샤브
烤鸭 kǎoyā 명 카오야, 오리구이
点心 diǎnxīn 명 디엔신 딤섬
锅包肉 guōbāoròu 명 꿔바오러우, 찹쌀탕수육
糖醋肉 tángcùròu 명 탕추러우, 탕수육
东坡肉 dōngpōròu 명 똥포러우, 동파육
麻辣烫 málàtàng 명 마라탕
西红柿鸡蛋汤 xīhóngshìjīdàntāng
시홍스지단탕, 토마토 계란탕
羊肉串 yángròuchuàn 명 양러우촨, 양꼬치
担担面 dàndànmiàn 명 딴딴멘
刀削面 dāoxiāomiàn 명 따오샤오멘, 도삭면
炸酱面 zhájiàngmiàn 명 자장면
牛肉面 niúròumiàn 명 니우러우멘, 우육면
水煮鱼 shuǐzhǔyú 명 쉐이주위, 생선 요리
红烧肉 hóngshāoròu 명 홍사오러우
麻婆豆腐 mápódòufu 명 마포또우푸, 마파두부
宫保鸡丁 gōngbǎojīdīng 명 꿍바오지딩, 공보기정
鱼香肉丝 yúxiāngròusī 명 위샹러우쓰, 어향육사
扬州炒饭 Yángzhōuchǎofàn 명 양저우차오판, 양주볶음밥

운동습관

健身 jiànshēn 동 헬스하다
保养 bǎoyǎng 동 보양하다
定时 dìngshí 명 정해진 시간
定期 dìngqī 동 기일, 기한을 정하다
保持 bǎochí 동 유지하다
坚持 jiānchí 동 견지하다, 고수하다
效果 xiàoguǒ 명 효과
减肥 jiǎnféi 동 다이어트하다
强度 qiángdù 명 강도
激烈 jīliè 형 치열하다, 격렬하다
间断 jiànduàn 동 중간에 그만두다
放弃 fàngqì 동 포기하다
抽时间 chōu shíjiān 시간을 내다
意志力 yìzhìlì 명 의지력
增强体力 zēngqiáng tǐlì 체력을 증가시키다
团体运动 tuántǐ yùndòng 함께 운동하다
个人运动 gèrén yùndòng 혼자 운동하다
促进血液循环 cùjìn xuèyè xúnhuán 혈액순환을 촉진시키다
伸展运动 shēnzhǎn yùndòng 스트레칭
有氧运动 yǒuyǎng yùndòng 유산소 운동
肌肉运动 jīròu yùndòng 근육운동
生活节奏 shēnghuó jiézòu 생활 리듬
适当的运动 shìdàng de yùndòng 적당한 운동
加大运动量 jiādà yùndòngliàng 운동량을 늘리다
生命在于运动 shēngmìng zàiyú yùndòng 생명은 운동에 있다
身体是革命的本钱 shēntǐ shì gémìng de běnqián 건강은 혁명의 밑천이다
健康是财富 jiànkāng shì cáifù 건강은 재산이다

생활습관

早睡早起 zǎoshuìzǎoqǐ 일찍 자고 일찍 일어나다
晚睡晚起 wǎnshuìwǎnqǐ 늦게 자고 늦게 일어나다
生活习惯 shēnghuó xíguàn 생활습관
好习惯 hǎo xíguàn 좋은 습관
良好的习惯 liánghǎo de xíguàn 좋은 습관
坏习惯 huài xíguàn 나쁜 습관
不良习惯 bùliáng xíguàn 나쁜 습관
睡眠充足 shuìmián chōngzú 잠이 충분하다
不易改变 búyì gǎibiàn 쉽게 변하지 않는다
逐渐 zhújiàn 부 점차, 점점
形成 xíngchéng 동 형성하다
恶习 èxí 명 나쁜 습관
控制 kòngzhì 동 제어하다, 통제하다
培养 péiyǎng 동 기르다, 양성하다
丢三落四 diūsānlàsì 성 이것저것 빠뜨리다
起床 qǐchuáng 동 일어나다
睡觉 shuìjiào 동 잠 자다
吃饭 chīfàn 동 밥을 먹다
上班 shàngbān 동 출근하다
下班 xiàbān 동 퇴근하다
休息 xiūxi 동 쉬다
洗澡 xǐzǎo 동 샤워하다
聊天儿 liáotiānr 동 이야기하다
学习 xuéxí 동 공부하다 명 공부
上补习班 shàng bǔxíbān 학원을 다니다
工作 gōngzuò 동 일하다
做家务 zuò jiāwù 집안일을 하다
见朋友 jiàn péngyou 친구를 만나다
锻炼身体 duànliàn shēntǐ 운동하다, 몸을 단련하다
习惯的力量是巨大的 xíguàn de lìliàng shì jùdà de 습관의 힘은 크다

기출유형1 식습관(1)

73. Mp3

식습관과 관련된 문제가 자주 출제되기 때문에 평소 즐겨 먹는 음식이나 좋아하는 음식, 싫어하는 음식, 그리고 식습관에 관한 어휘들을 미리 정리해두도록 하자.

TSC® 기출문제

你一般吃完饭后还吃别的东西吗？请简单谈谈看。

Nǐ yìbān chīwán fàn hòu hái chī biéde dōngxi ma? Qǐng jiǎndān tántan kàn.

당신은 보통 식사를 마친 후 다른 음식을 더 먹나요? 간단히 말해 보세요.

답변 ①

Lv. 4

我一般吃完饭后会吃一些水果或甜点。因为每次吃完饭总觉得好像没吃饱，还想再吃点儿别的东西。虽然我知道这种习惯不太好，但还是忍不住会再吃一些。

Wǒ yìbān chīwán fàn hòu huì chī yìxiē shuǐguǒ huò tiándiǎn. Yīnwèi měi cì chīwán fàn zǒng juéde hǎoxiàng méi chībǎo, hái xiǎng zài chī diǎnr biéde dōngxi. Suīrán wǒ zhīdao zhè zhǒng xíguàn bú tài hǎo, dàn háishi rěn bu zhù huì zài chī yìxiē.

Step1 질문의 핵심답변을 먼저 이야기한다.

我一般吃完饭后会吃一些水果或甜点。
(完饭后: ~한 이후에 / 或: 혹은)

★ 동사+完: ~을 마치다
- 看完 다 보다 - 写完 다 쓰다

Step2 구체적인 이유를 제시한다.

因为每次吃完饭总觉得好像没吃饱，还想再吃点儿别的东西。
(总: 항상 / 好像: 마치 ~과 같다 / 再: 다시, 또(미래에 반복될 동작) / 别的东西: 다른 먹을 것)

★ 别的: 다른
- 别的人 다른 사람 - 别的看法 다른 견해

Step3 자신의 생각을 이야기한다.

虽然我知道这种习惯不太好，但还是忍不住会再吃一些。
(习惯不太好: 습관이 좋지 않다)

★ 虽然…但: 비록 ~이지만, 그러나 ~하다(선행절이 어떤 한 사실을 나타내고, 후행절은 그와 상반된 사실을 나타냄)
- 虽然有的人很优秀，但世界上总有比他更优秀的人。
비록 어떤 사람이 훌륭하다 해도 세상에는 항상 그보다 더 우수한 사람이 있다.

★ 忍不住: 참지 못하다
- 忍不住大笑 참지 못하고 크게 웃다 - 实在忍不住了 정말로 못 참겠다

저는 보통 식사를 마친 후, 과일이나 디저트를 먹습니다. 매번 밥을 다 먹고 나서도 항상 배가 부르지 않은 것 같아 다른 것이 더 먹고 싶습니다. 이런 습관이 그다지 좋지 않다는 것을 알고 있지만, 더 먹는 것을 참기가 어렵습니다.

답변 ② Lv. 5~6

我一般吃完饭后不吃别的东西。有的人喜欢饭后吃些水果或甜点，可我不喜欢。因为我觉得吃完饭，肚子已经饱了，没有必要再吃别的东西，否则身体会发胖，对健康没有好处。不过为了解腻，饭后我会喝一杯咖啡。

Wǒ yìbān chīwán fàn hòu bù chī biéde dōngxi. Yǒude rén xǐhuan fàn hòu chī xiē shuǐguǒ huò tiándiǎn, kě wǒ bù xǐhuan. Yīnwèi wǒ juéde chīwán fàn, dùzi yǐjing bǎo le, méiyǒu bìyào zài chī biéde dōngxi, fǒuzé shēntǐ huì fāpàng, duì jiànkāng méiyǒu hǎochù. Búguò wèile jiěnì, fàn hòu wǒ huì hē yì bēi kāfēi.

Step1 질문의 핵심답변을 먼저 이야기한다.

我一般吃完饭后不吃别的东西，

Step2 구체적인 이유를 제시한다.

有的人喜欢饭后吃些水果或甜点，可我不喜欢。
有的人: 어떤 사람 / 可: 그러나

★ 有的: 어떤
- 有的东西 어떤 물건 - 有的习惯 어떤 습관

因为我觉得吃完饭，肚子已经饱了，没有必要再吃别的东西，
因为: 왜냐하면(원인) / 肚子已经饱了: 배가 이미 부르다

★ 必要: 필요하다
- 必要的时候 필요할 때 - 不必要的 불필요한 것

否则身体会发胖，对健康没有好处。
否则: 그렇지 않으면 (접속사) = 要不然 / 对…没有好处: ~에 좋은점이 없다

Step3 자신의 경험을 이야기한다.

不过为了解腻，饭后我会喝一杯咖啡。
不过为了: 그러나 ~을 위해서 / 会: ~할 것이다(미래의 추측)

★ 解+형용사: ~을 없애다
- 解渴 갈증을 없애다 - 解闷 답답함을 없애다

★ 一杯咖啡: 커피 한 잔 [수사+양사(관형어)+명사]
- 一瓶啤酒 맥주 한 병 - 一辆汽车 자동차 한 대

저는 보통 식사를 마친 후 다른 것은 먹지 않습니다. 어떤 사람은 식사 후 과일이나 디저트 먹는 것을 좋아하지만 저는 좋아하지 않습니다. 왜냐하면, 식사 후에는 이미 배가 불러 다른 음식을 더 먹을 필요가 없기 때문이고, 그렇지 않으면 살이 찌고 건강에 좋지 않기 때문입니다. 그러나 느끼함을 해소하기 위해 식사 후에 커피를 한 잔 마십니다.

단어1 完 wán 동 마치다 东西 dōngxi 명 음식 甜点 tiándiǎn 명 디저트 总 zǒng 부 늘 好像 hǎoxiàng 부 마치 ~과 같다 饱 bǎo 형 배부르다 种 zhǒng 양 종류, 가지 习惯 xíguàn 명 습관 还是 háishi 부 여전히, 아직도 忍不住 rěn bu zhù 참지 못하다

단어2 肚子 dùzi 명 배 必要 bìyào 형 필요하다 否则 fǒuzé 접 그렇지 않으면 身体 shēntǐ 명 몸, 신체 发胖 fāpàng 동 살찌다 对 duì 전 ~에 好处 hǎochù 명 장점 为了 wèile 전 ~을 위하여 解 jiě 동 없애다 腻 nì 형 느끼하다 杯 bēi 양 잔, 컵

기출유형2 식습관(2)

74. Mp3

하나의 음식 종류를 예로 들어 그 음식을 좋아하는지 묻는 문제가 출제된다. 좋아하는지 싫어하는지를 먼저 이야기하고 그 뒤에 구체적인 이유를 제시하여 답변을 마무리하자.

TSC® 기출문제

你喜欢吃意大利面、比萨之类的西餐吗？请简单谈谈。

Nǐ xǐhuan chī Yìdàlìmiàn、bǐsà zhīlèi de xīcān ma? Qǐng jiǎndān tántan.

당신은 파스타나 피자 같은 서양 음식을 좋아하나요? 간단히 말해 보세요.

답변 ①

Lv. 4

我不太喜欢吃意大利面、比萨之类的西餐。因为这些东西都比较甜，而我不喜欢吃甜的。但我周围的朋友喜欢吃西餐的比较多，所以跟朋友见面时偶尔也会吃西餐。

Wǒ bú tài xǐhuan chī Yìdàlìmiàn、bǐsà zhī lèi de xīcān. Yīnwèi zhèxiē dōngxi dōu bǐjiào tián, ér wǒ bù xǐhuan chī tián de. Dàn wǒ zhōuwéi de péngyou xǐhuan chī xīcān de bǐjiào duō, suǒyǐ gēn péngyou jiànmiàn shí ǒu'ěr yě huì chī xīcān.

Step1 질문의 핵심답변을 먼저 이야기한다.

我不太喜欢吃意大利面、比萨之类的西餐。

(之类: 등등, 따위 / 、: 명사 나열은 '、'로 표기)

Step2 구체적인 이유를 제시한다.

因为这些东西都比较甜，而我不喜欢吃甜的。

(因为: 왜냐하면 / 而: 그러나(전환) / 的: 형용사, 동사, 대명사+的 = ~한 것)

Step3 자신의 상황을 이야기한다.

但我周围的朋友喜欢吃西餐的比较多，所以跟朋友见面时偶尔也会吃西餐。

(所以: 그래서 / 时偶尔: ~할 때 가끔, 간혹)

★ 偶尔: 가끔, 간혹

횟수가 적은 것을 강조하며, '经常(자주)'와 상대되는 개념이다.

- 我偶尔来这里喝咖啡。나는 가끔 여기에 와서 커피를 마신다.

저는 파스타나 피자 같은 서양음식을 그다지 좋아하지 않습니다. 이런 음식들은 비교적 단데, 저는 단 것을 싫어하기 때문입니다. 그렇지만 저의 주변 친구들은 서양음식을 좋아하는 편이라, 친구와 만날 때는 가끔 서양 음식을 먹습니다.

我喜欢吃西餐，特别是意大利面、比萨什么的，很合我的口味，让我每天吃都可以。除了在家自己做西餐以外，特别的日子，我还会跟家人去高档的西餐厅去吃正宗的西餐。我觉得在浪漫的氛围下吃西餐是一种享受。

Wǒ xǐhuan chī xīcān, tèbié shì Yìdàlìmiàn、bǐsà shénme de, hěn hé wǒ de kǒuwèi, ràng wǒ měitiān chī dōu kěyǐ. Chúle zài jiā zìjǐ zuò xīcān yǐwài, tèbié de rìzi, wǒ hái huì gēn jiārén qù gāodàng de xīcāntīng qù chī zhèngzōng de xīcān. Wǒ juéde zài làngmàn de fēnwéi xià chī xīcān shì yì zhǒng xiǎngshòu.

Step1 질문의 핵심답변을 먼저 이야기한다.

입맛에 맞다

我喜欢吃西餐，特别是意大利面、比萨什么的，很合我的口味，让我每天吃都可以。

기타 등등 = 等等，之类的 ~하게 만들다

★ 口味: 입맛
- 口味不同 입맛이 다르다 - 不合口味 입에 맞지 않다

Step2 자신의 경험에 맞게 좋아하는 정도를 이야기한다.

~을 제외하고도, 또 ~하다

除了在家自己做西餐以外，特别的日子，我还会跟家人去高档的西餐厅去吃正宗的西餐。

양식을 만들다 정통의

★ 特别的: 특별한
- 特别的意见 특별한 의견 - 特别的事情 특별한 일

★ 高档: 고급의, 고가의
- 高档商品 고가의 상품 - 高档鞋 고가의 신발

Step3 자신의 생각을 이야기한다.

낭만적인 분위기

我觉得在浪漫的氛围下吃西餐是一种享受。

★ 氛围: 분위기
사람들이 만들어 내는 환경을 말하는 것으로 어떤 시간, 혹은 비교적 장 시간 동안 안정된 상태의 분위기를 말한다.
- 家庭般的氛围 가정적인 분위기

★ 享受: 즐기다, 누리다 (물질적 혹은 정신적으로 만족을 얻는 것)
- 尽情享受 마음껏 즐기다 - 享受欢乐 즐거움을 누리다

저는 서양음식을 좋아하는데 특히 파스타나 피자 같은 것은 제 입맛에 잘 맞아서, 매일 먹으라고 해도 먹을 수 있습니다. 집에서 직접 서양음식을 만드는 것 외에 특별한 날에도 가족들과 고급 레스토랑에 가서 정통 서양음식을 먹습니다. 저는 낭만적인 분위기에서 서양음식을 먹는 것은 하나의 즐거움이라고 생각합니다.

단어1 意大利面 Yìdàlìmiàn 파스타 比萨 bǐsà 명 피자 之类 zhīlèi 기타 등등 西餐 xīcān 명 양식 甜 tián 형 달다 周围 zhōuwéi 명 주위, 주변 偶尔 ǒu'ěr 부 간혹

단어2 什么的 shénmede 조 등등의 合 hé 동 맞다 口味 kǒuwèi 명 입맛 日子 rìzi 명 날, 날짜 高档 gāodàng 형 고급의 西餐厅 xīcāntīng 레스토랑 正宗 zhèngzōng 형 정통의 浪漫 làngmàn 형 낭만적이다, 로맨틱하다 氛围 fēnwéi 명 분위기 享受 xiǎngshòu 동 즐기다

기출유형3 운동습관

75. Mp3

운동습관에 대해서는 자주 운동하는지를 묻기보다는 어떤 운동습관을 가지고 있는지를 묻는 문제가 출제된다.
답변은 어떤 운동습관을 지녔는지 대답하고, 그 운동이 자신에게 어떤 장점을 가져다 주었는지를 대답하며 마무리하면 된다.

TSC® 기출문제

个人运动和团体运动中，你更喜欢哪种？请简单谈一谈。

Gèrén yùndòng hé tuántǐ yùndòng zhōng, nǐ gèng xǐhuan nǎ zhǒng? Qǐng jiǎndān tán yi tán.

혼자 운동하는 것과 함께 운동하는 것 중, 어떤 것을 더 좋아하나요?

답변 ①

Lv. 4

我更喜欢个人运动。对我来说运动的目的是缓解压力，我常常一边运动一边整理自己的想法。我希望这段时间是完全属于我自己的，不想受到别人的打扰。所以我更喜欢一个人运动。

Wǒ gèng xǐhuan gèrén yùndòng. Duì wǒ láishuō yùndòng de mùdì shì huǎnjiě yālì, wǒ chángcháng yìbiān yùndòng yìbiān zhěnglǐ zìjǐ de xiǎngfǎ. Wǒ xīwàng zhè duàn shíjiān shì wánquán shǔyú wǒ zìjǐ de, bùxiǎng shòudào biéren de dǎrǎo. Suǒyǐ wǒ gèng xǐhuan yí ge rén yùndòng.

Step1 질문의 핵심답변을 먼저 이야기한다.

我更喜欢个人运动。

Step2 이유를 이야기한다.

对我来说运动的目的是缓解压力，我常常一边运动一边整理自己的想法。
(对我来说: ~에 대해 말하자면 / 缓解压力: 스트레스를 완화시키다 / 一边…一边: ~하면서 ~하다 / 整理想法: 생각을 정리하다)

我希望这段时间是完全属于我自己的，不想受到别人的打扰。
(段: 시간을 세는 양사 / 属于: ~에 속하다 / 受到打扰: 방해를 받다)

★ 受: 받다
- 受压力 스트레스를 받다　- 受打击 충격을 받다

Step3 자신의 견해를 다시 한 번 이야기한다.

所以我更喜欢一个人运动。
(一个人: 혼자서)

저는 혼자 운동하는 것을 더 좋아합니다. 저에게 있어서 운동을 하는 목적은 스트레스를 해소하는 것이기에, 종종 운동을 하면서 자신의 생각을 정리합니다. 저는 이 시간은 온전히 제 것이기를 바라며, 다른 사람의 방해를 받고 싶지 않습니다. 그래서 저는 혼자 운동하는 것을 더 좋아합니다.

我更喜欢团体运动。因为通过团体运动不但可以锻炼身体、消除压力，还可以利用这个机会接触到很多人，锻炼自己的社交能力，扩大朋友圈。而且跟别人一起运动时，大家有说有笑的，很快乐，不孤单。所以我更喜欢团体运动。

Wǒ gèng xǐhuan tuántǐ yùndòng. Yīnwèi tōngguò tuántǐ yùndòng búdàn kěyǐ duànliàn shēntǐ、xiāochú yālì, hái kěyǐ lìyòng zhège jīhuì jiēchù dào hěn duō rén, duànliàn zìjǐ de shèjiāo nénglì, kuòdà péngyou quān. Érqiě gēn biéren yìqǐ yùndòng shí, dàjiā yǒu shuō yǒu xiào de, hěn kuàilè, bù gūdān. Suǒyǐ wǒ gèng xǐhuan tuántǐ yùndòng.

Step1 질문의 핵심답변을 먼저 이야기한다.

我更喜欢团体运动。

★ 团体: 단체
- 团体活动 단체 행사 - 团体旅行 단체 여행

Step2 이유를 이야기한다.

~을 통해서 / ~일 뿐만 아니라, 또 ~하다 / 기회를 이용하다 / 사귀다(교류, 교제의 의미)

因为通过团体运动不但可以锻炼身体、消除压力，还可以利用这个机会接触到很多人，

★ 消除: 해소하다, 제거하다
- 消除障碍 장애를 없애다 - 消除误会 오해를 풀다

锻炼自己的社交能力，扩大朋友圈。

능력을 단련시키다

★ 锻炼: 단련하다
- 锻炼身体 몸을 단련하다 - 锻炼体力 체력을 단련하다

★ 扩大: 넓히다
- 扩大影响 역향을 넓히다 - 扩大眼界 시야를 넓히다

而且跟别人一起运动时，大家有说有笑的，很快乐，不孤单。

말하다가 웃다가 하다

Step3 자신의 생각을 이야기한다.

所以我更喜欢团体运动。

저는 같이 운동하는 것을 더 좋아합니다. 왜냐하면 단체 운동을 통해 신체를 단련하고 스트레스를 해소할 수 있을 뿐만 아니라, 이 기회를 이용해 여러 사람과 만나고 자신의 사교 능력을 키우며 친구 관계를 넓힐 수 있기 때문입니다. 게다가 다른 사람과 함께 운동을 할 때 모두 웃고 떠들며 즐겁고 외롭지 않습니다. 그래서 저는 같이 운동하는 것을 좋아합니다.

단어1 **个人** gèrén 명 개인 **运动** yùndòng 동 운동하다 **团体** tuántǐ 명 단체 **对…来说** duì…láishuō ~에게 있어서 **目的** mùdì 명 목적 **整理** zhěnglǐ 동 정리하다 **想法** xiǎngfǎ 명 생각, 의견 **段** duàn 양 일정한 시간의 양을 나타냄 **完全** wánquán 부 전부 **属于** shǔyú 동 ~에 속하다 **受** shòu 동 받다 **打扰** dǎrǎo 동 방해하다

단어2 **不但…还…** búdàn…hái… ~일 뿐만 아니라, 또 ~하다 **消除** xiāochú 동 해소하다 **利用** lìyòng 동 이용하다 **接触** jiēchù 동 사귀다 **社交** shèjiāo 명 사교 **能力** nénglì 명 능력 **扩大** kuòdà 동 넓히다 **圈** quān 명 범위 **笑** xiào 동 웃다 **孤单** gūdān 형 외롭다

기출유형4 생활습관(1)

76. Mp3

일상생활에 관한 내용을 물어보는 문제로 주로 '시간+동작' 문제 형식으로 출제된다. 자신의 일상생활습관에 맞춰 답변하면 되는 문제로 난이도 下에 속하는 문제다.

TSC® 기출문제

你平时晚上几点睡觉？请简单说说。

Nǐ píngshí wǎnshang jǐ diǎn shuìjiào? Qǐng jiǎndān shuōshuo.

당신은 평소 저녁 몇 시에 잠을 자나요? 간단히 말해 보세요.

답변 ①

Lv. 4

我平时晚上十一点左右睡觉，我从来不熬夜。因为熬夜的话，不但对身体不好，而且第二天干什么都不能集中，影响工作。所以我一般十一点睡觉，早上七点起床，尽量保持八个小时的睡眠。

Wǒ píngshí wǎnshang shíyī diǎn zuǒyòu shuìjiào, wǒ cónglái bù áoyè. Yīnwèi áoyè dehuà, búdàn duì shēntǐ bù hǎo, érqiě dì-èr tiān gàn shénme dōu bùnéng jízhōng, yǐngxiǎng gōngzuò. Suǒyǐ wǒ yìbān shíyī diǎn shuìjiào, zǎoshang qī diǎn qǐchuáng, jǐnliàng bǎochí bā ge xiǎoshí de shuìmián.

Step1 질문의 핵심답변을 먼저 이야기한다.

여태껏 ~하지 않아 왔다

我平时晚上十一点左右睡觉，我从来不熬夜。

★ 左右: 가량, 안팎(시간, 나이, 도량, 시간 등)
- 三十块左右 30위안쯤 - 二十米左右 20미터쯤

Step2 이유를 이야기한다.

왜냐하면 ~한다면 ~일 뿐만 아니라, 게다가 ~하다

因为熬夜的话，不但对身体不好，而且第二天干什么都不能集中，影响工作。

★ 集中: 집중하다
- 集中思想 생각을 집중하다 - 集中注意力 주의력을 집중하다

★ 影响: 영향을 주다
- 影响休息 휴식에 영향을 주다 - 影响学习 학습에 영향을 주다

Step3 자신의 견해를 다시 한 번 이야기한다.

최대한 유지하다

所以我一般十一点睡觉，早上七点起床，尽量保持八个小时的睡眠。

★ 保持: 유지하다(원래 좋은 상태가 변하지 않도록 유지시키는 것을 말한다.)
- 保持关系 관계를 유지하다 - 保持水平 실력을 유지하다

저는 평상시에 밤 열한 시쯤 잠을 자며, 여태껏 밤을 새워 본 적이 없습니다. 왜냐하면 밤을 새우면 건강에 좋지 않을 뿐만 아니라, 다음 날 어떤 일을 하든 집중하기 어려워 업무에 영향을 주기 때문입니다. 그래서 저는 보통 열한 시에 잠을 자고 아침 일곱 시에 일어나 되도록 여덟 시간의 수면을 유지하려고 합니다.

답변 ② Lv. 5~6

我是个"夜猫子"，平时睡得都比较晚，有时候凌晨一、两点才睡，有时候熬夜到天亮。我喜欢利用晚上这段时间看书、上网、做点儿什么。不过因为我睡得晚，所以起得也晚。虽然我知道为了健康应该早睡早起，但是我怎么也改不掉这个坏习惯。

Wǒ shì ge "yèmāozi", píngshí shuì de dōu bǐjiào wǎn, yǒu shíhou língchén yī、liǎng diǎn cái shuì, yǒu shíhou áoyè dào tiānliàng. Wǒ xǐhuan lìyòng wǎnshang zhè duàn shíjiān kàn shū、shàngwǎng、zuò diǎnr shénme. Búguò yīnwèi wǒ shuì de wǎn, suǒyǐ qǐ de yě wǎn. Suīrán wǒ zhīdao wèile jiànkāng yīnggāi zǎo shuì zǎo qǐ, dànshì wǒ zěnme yě gǎi bu diào zhège huài xíguàn.

Step1 질문의 핵심답변을 먼저 이야기한다.

我是个"夜猫子"，平时睡得都比较晚，有时候凌晨一、两点才睡，有时候熬夜到天亮。

(夜猫子: 올빼미, 저녁형 인간 ↔ 百灵鸟 아침형 인간)

Step2 이유를 이야기한다.

我喜欢利用晚上这段时间看书、上网、做点儿什么。不过因为我睡得晚，所以起得也晚。

(利用…时间: 시간을 이용해서 / 做点儿什么: 무언가를 하다 / 不过: 그러나 / 睡得晚: 늦게 자다)

Step3 자신의 생각을 이야기한다.

虽然我知道为了健康应该早睡早起，但是我怎么也改不掉这个坏习惯。

(虽然…但是: 비록 ~하지만, ~하다 / 为了: ~을 위하여 / 怎么也改不掉: 어떻게 해도 고칠 수가 없다)

★ 早睡早起: 일찍 자고 일찍 일어나다 ↔ 晚睡晚起

★ 改不掉: 가능보어

동사 서술어가 어떤 결과를 만들어 낼 수 있는지 가능 여부를 설명하는 성분이다.
기본 형식은 주어+동사+得/不+보어 형식이다.

- 听不懂 못 알아 듣는다 ↔ 听得懂 알아 듣는다
- 做不完 다 할 수 없다 ↔ 做得完 다 할 수 있다
- 看不清楚 잘 안 보인다 ↔ 看得清楚 잘 보인다

저는 '저녁형 인간'이라서 평소 늦게 자는 편입니다. 어떤 때는 새벽 한두 시에나 잠들고, 어떤 때는 날이 밝을 때까지 밤을 새우고는 합니다. 저는 저녁 시간을 활용해 책을 읽고, 인터넷을 하고, 무언가를 하는 걸 좋아합니다. 그러나 늦게 잠을 자기 때문에 일어나는 것 또한 늦습니다. 건강하려면 일찍 자고 일찍 일어나야 하는 것을 알고 있지만, 이 나쁜 습관을 어떻게 해도 고치지 못합니다.

단어1 **平时** píngshí 명 평소 **睡觉** shuìjiào 동 잠자다 **从来** cónglái 부 여태껏 **熬夜** áoyè 동 밤새우다 **第二天** dì-èr tiān 이튿날, 다음 날 **干** gàn 동 하다 **集中** jízhōng 동 집중하다 **影响** yǐngxiǎng 동 영향을 주다 **一般** yìbān 형 보통이다 **早上** zǎoshang 명 아침 **起床** qǐchuáng 동 (잠에서) 일어나다 **尽量** jǐnliàng 부 되도록 **保持** bǎochí 동 유지하다 **睡眠** shuìmián 명 수면, 잠

단어2 **夜猫子** yèmāozi 저녁형 인간, 올빼미 **有时候** yǒushíhou 가끔씩, 때때로 **凌晨** língchén 명 새벽녘, 동틀 무렵 **天亮** tiānliàng 동 날이 밝다 **利用** lìyòng 동 활용하다 **段** duàn 양 일정한 시간의 양을 나타냄 **上网** shàngwǎng 동 인터넷을 하다 **应该** yīnggāi 조동 당연히 ~해야 한다 **早睡早起** zǎoshuìzǎoqǐ 일찍 일어나고 일찍 자다 **掉** diào 동 ~해 버리다(동사 뒤에서 동작의 완성을 나타냄)

기출유형5 생활습관(2)

77. Mp3

특정한 시간 때 하는 동작을 묻는 것으로 답변하기에 어렵지 않은 문제이다. 2, 3부분에서 배웠던 동작 관련 어휘와 구문을 활용하여 답변하면 된다.

TSC® 기출문제

考试前一天你一般做什么？请简单谈一谈。

Kǎoshì qián yìtiān nǐ yìbān zuò shénme? Qǐng jiǎndān tán yi tán.

시험 전날 당신은 보통 무엇을 하나요? 간단히 말해 보세요.

답변 ①

Lv. 4

考试前一天我一般会复习一下要考试的内容。再看看我不太懂的地方，确认一下有没有我没复习好的部分。我觉得大部分人在考试前一天都会认真复习的。

Kǎoshì qián yìtiān wǒ yìbān huì fùxí yíxià yào kǎoshì de nèiróng. Zài kànkan wǒ bú tài dǒng de dìfang, quèrèn yíxià yǒu mei yǒu wǒ méi fùxí hǎo de bùfen. Wǒ juéde dàbùfen rén zài kǎoshì qián yìtiān dōu huì rènzhēn fùxí de.

Step1 질문의 핵심답변을 먼저 이야기한다.

내용을 복습하다 ↔ 预习

考试前一天我一般会复习一下要考试的内容。

★ 复习: 복습하다

- 复习课文 본문을 복습하다 - 没有复习 복습하지 않았다

Step2 구체적인 동작을 이야기한다.

~부분 확인하다 복습을 다 하다

再看看我不太懂的地方，确认一下有没有我没复习好的部分。

★ 동사+好: ~을 완료하다

- 准备好了 다 준비했다 - 做好了 다 했다

Step3 자신의 견해를 이야기한다.

我觉得大部分人在考试前一天都会认真复习的。

★ 大部分: 대부분

- 大部分内容 대부분의 내용 - 大部分事情 대부분의 일

★ 认真: 성실하다

- 认真回答 성실하게 대답하다 - 认真讨论 성실하게 토론하다

시험 전날 저는 보통 시험 볼 내용을 복습합니다. 이해가 잘 되지 않는 부분을 다시 한 번 보고, 복습하지 않은 부분이 있나 확인합니다. 저는 대부분의 사람들이 시험 전날에 성실하게 복습할 거라고 생각합니다.

考试前一天我一般会简单地复习一下，把重点部分再看看。然后我会听听音乐或者洗个热水澡，放松一下。不熬夜，早点儿睡觉。我觉得考试前一天再学习没什么用，复习得太累了反而会影响第二天的考试。

Kǎoshì qián yìtiān wǒ yìbān huì jiǎndān de fùxí yíxià, bǎ zhòngdiǎn bùfen zài kànkan. Ránhòu wǒ huì tīngting yīnyuè huòzhě xǐ ge rèshuǐ zǎo, fàngsōng yíxià. Bù áoyè, zǎodiǎnr shuìjiào. Wǒ juéde kǎoshì qián yìtiān zài xuéxí méi shénme yòng, fùxí de tài lèi le fǎn'ér huì yǐngxiǎng dì-èr tiān de kǎoshì.

Step1 질문의 핵심답변을 먼저 이야기한다.

간단하게 / 중요한 부분을 다시 보다

考试前一天我一般会简单地复习一下，把重点部分再看看。

형용사+ 地 = ~하게(부사) / 把구문 把+명사(전치사구)+술어+기타성분(동사중첩)

Step2 구체적인 동작을 이야기한다.

→ 还是와 같은 뜻이지만, 或者는 의문문에서는 사용하지 않는다.

然后我会听听音乐或者洗个热水澡，放松一下。不熬夜，早点儿睡觉。

~한 후에 / 혹은 / 긴장을 풀다, 쉬다

Step3 자신의 생각을 이야기한다.

→ ~일 것이다(가능성이 낮은 추측)

我觉得考试前一天再学习没什么用，复习得太累了反而会影响第二天的考试。

별다른 쓸모가 없다

★ 反而: 오히려

- 他没有生我的气，反而还表扬我了。그는 나에게 화를 내지 않고 오히려 나를 칭찬했다.

시험 전날 저는 보통 간단히 복습을 하고, 중요한 부분을 다시 한 번 살펴봅니다. 그런 다음 음악을 듣거나 따뜻한 물에 목욕을 하며 긴장을 풉니다. 밤을 새우지 않고 일찍 잠을 잡니다. 저는 시험 전날 공부를 더 하는 건 그다지 쓸모가 없으며, 너무 피곤하게 복습을 하면 오히려 다음 날 시험에 영향을 준다고 생각합니다.

단어1 **考试** kǎoshì 동 시험을 보다 **复习** fùxí 동 복습하다 **内容** nèiróng 명 내용 **懂** dǒng 동 알다, 이해하다 **地方** dìfang 명 부분 **确认** quèrèn 동 확인하다 **部分** bùfen 명 부분 **觉得** juéde 동 ~라고 생각하다(여기다) **大部分** dàbùfen 대부분 **认真** rènzhēn 형 성실하다

단어2 **简单** jiǎndān 형 간단하다 **重点** zhòngdiǎn 명 중점 **然后** ránhòu 접 그런 다음에 **音乐** yīnyuè 명 음악 **洗澡** xǐzǎo 동 목욕하다 **热水** rèshuǐ 명 따뜻한 물 **放松** fàngsōng 동 (근육 또는 정신을) 이완하다 **累** lèi 형 피곤하다 **反而** fǎn'ér 부 오히려

기출유형6 생활습관(3)

78. Mp3

자주 하는 동작의 횟수를 물어보는 문제로 질문에 '동사+동량사' 가 등장하므로 이 구문을 활용하여 답변하면 된다.

TSC® 기출문제

你一个月通常看几次电影？请简单说说看。

Nǐ yí ge yuè tōngcháng kàn jǐ cì diànyǐng? Qǐng jiǎndān shuōshuo kàn.

당신은 보통 한 달에 영화를 몇 번 보나요? 간단히 말해 보세요.

답변 ①

Lv. 4

我一个月大概看一、两次电影。周末的时候我会跟家人一起去看电影。我们都喜欢看喜剧片和爱情片。一边吃爆米花，一边看电影很有意思。

Wǒ yí ge yuè dàgài kàn yī、liǎng cì diànyǐng. Zhōumò de shíhou wǒ huì gēn jiārén yìqǐ qù kàn diànyǐng. Wǒmen dōu xǐhuan kàn xǐjùpiàn hé àiqíngpiàn. Yìbiān chī bàomǐhuā, yìbiān kàn diànyǐng hěn yǒuyìsi.

Step1 질문의 핵심답변을 먼저 이야기한다.

我一个月大概看一、两次电影。

한 두 번 보다(동사+동작의 양(동량사))

- 次 차례, 번 (동작의 횟수): 去过一次 한 번 가본 적이 있다

Step2 구체적인 동작을 이야기한다.

~할 때 / ~와 함께 영화를 보러 가다

周末的时候我会跟家人一起去看电影。我们都喜欢看喜剧片和爱情片。

Step3 자신의 견해를 이야기한다.

一边吃爆米花，一边看电影很有意思。

★ 一边…一边…: ~하면서, ~하다(두 가지 동작이 동시에 진행됨)

- 一边喝茶，一边听音乐 차를 마시면서 음악을 듣다

저는 한 달에 한 두 번 정도 영화를 봅니다. 주말에 가족과 함께 영화를 보러 갑니다. 저희는 코미디 영화나 로맨스 영화를 즐겨 봅니다. 팝콘을 먹으며 영화를 보는 것은 재미있습니다.

답변 ②

Lv. 5~6

我是个电影迷，新上映的电影我差不多都看过，所以一个月大概去电影院七、八次吧。我觉得通过看电影不但能缓解压力，增长见识，丰富我的业余生活，还能让我积极地思考人生。所以我喜欢看电影。

Wǒ shì ge diànyǐngmí, xīn shàngyìng de diànyǐng wǒ chàbuduō dōu kànguo, suǒyǐ yí ge yuè dàgài qù diànyǐngyuàn qī、bā cì ba. Wǒ juéde tōngguò kàn diànyǐng búdàn néng huǎnjiě yālì, zēngzhǎng jiànshi, fēngfù wǒ de yèyú shēnghuó, hái néng ràng wǒ jījí de sīkǎo rénshēng. Suǒyǐ wǒ xǐhuan kàn diànyǐng.

Step1 질문의 핵심답변을 먼저 이야기한다.

(上映: 영화를 상영하다 / 差不多: = 几乎 / 大概: 대략, 대충)

我是个电影迷，新上映的电影我差不多都看过，所以一个月大概去电影院七、八次吧。

★ 迷: 애호가, 광
- 影迷 영화 팬　- 歌迷 노래 팬

Step2 구체적인 동작을 이야기한다.

(通过: ~을 통해서 / 增长见识: 식견을 넓히다 / 丰富我的业余生活: 생활을 풍부하게 하다)

我觉得通过看电影不但能缓解压力，增长见识，丰富我的业余生活，还能让我积极地思考人生。

★ 丰富: 풍부하게 하다
- 丰富经验 경험을 풍부하게 하다　- 丰富知识 지식을 풍부하게 하다

★ 积极地思考人生: 인생을 긍정적으로 생각하다
- 형용사+地 = 부사 (이음절 형용사 뒤에는 일반적으로 地사용)

Step3 자신의 견해를 이야기한다.

所以我喜欢看电影。

저는 영화광입니다. 새로 상영하는 영화는 거의 대부분 봤기 때문에, 한 달에 대략 7, 8번 정도 영화관에 갑니다. 저는 영화 관람을 하는 것이 스트레스를 해소하고 식견을 넓히며 여가 생활을 풍부하게 해 줄 뿐만 아니라 인생을 긍정적으로 생각하게 만들어 준다고 생각합니다. 그래서 저는 영화 보는 걸 좋아합니다.

단어1 **通常** tōngcháng 부 보통 **次** cì 양 번, 회 **电影** diànyǐng 명 영화 **大概** dàgài 부 대략 **周末** zhōumò 명 주말 **时候** shíhou 명 때, 시간 **喜剧片** xǐjùpiàn 코미디 영화 **爱情片** àiqíngpiàn 로맨스 영화 **爆米花** bàomǐhuā 팝콘 **有意思** yǒuyìsi 재미있다

단어2 **电影迷** diànyǐngmí 영화 팬 **上映** shàngyìng 동 상영하다 **差不多** chàbuduō 부 거의 **不但…还…** búdàn…hái… ~일 뿐만 아니라, 또~ **压力** yālì 명 스트레스 **增长** zēngzhǎng 동 늘어나다, 높아지다 **见识** jiànshi 명 식견, 견문 **丰富** fēngfù 동 풍부하게 하다 **业余** yèyú 형 여가의 **积极** jījí 형 적극적이다, 의욕적이다 **思考** sīkǎo 동 사고하다

기출로 말하기 연습

다음 한국어에 맞게 답변을 완성해 보세요. 79. Mp3

1

我的 ① 생활습관 / 식습관 / 운동습관 ② 매우 규칙적이다 / 불규칙적이다 / 그다지 규칙적이지 않다 。
Wǒ de

저의 ____________ 은 매우 ____________ 입니다.

我平时不但 ③ 일찍 자고 일찍 일어나다 / 매일 꾸준히 몸을 단련하다 / 정크푸드를 먹지 않는다 ， 而且
Wǒ píngshí búdàn érqiě

④ 제때에 밥을 먹다 / 건강하고 영양가 있는 음식을 먹다 / 최대한 8시간의 수면시간을 유지하다 。

저는 평소에 ____________ 일 뿐만 아니라, 게다가 ____________ 합니다.

所以我觉得这种习惯 ⑤ 건강에 도움이 된다 / 바꿀 필요가 없다 。
Suǒyǐ wǒ juéde zhèzhǒng xíguàn

그래서 저는 저의 이러한 습관이 ____________ 하다고 생각됩니다.

2

我常常 ① 영화를 보다 / 집안일을 하다 / 운동하다 ， 大概 ② 한 달에 7-8번 / 일주일에 2번 / 삼일에 한 번 。
Wǒ chángcháng dàgài

저는 자주 ____________ 을 하는데, 대략 ____________ 합니다.

我觉得这不但 ③ 스트레를 해소하다 / 하나의 즐거움이다 / 친구 관계를 넓힐 수 있다 ， 而且
Wǒ juéde zhè búdàn érqiě

④ 시야를 넓힐 수 있다 / 외롭지 않다 / 여가 시간을 풍부하게 해 줄 수 있다 。

제 생각에는 이것은 ____________ 일 뿐만 아니라,

게다가 ____________ 하다고 생각합니다.

真是 ⑤ 일거양득 。
Zhēnshì

정말이지 ____________ 입니다.

모범답안 **1** ① 生活习惯，饮食习惯，运动习惯 ② 很有规律，不规律，不怎么规律 ③ 早睡早起，每天坚持锻炼身体，不吃垃圾食品 ④ 按时吃饭，吃健康的、有营养的食品，尽量保持八个小时的睡眠时间 ⑤ 有助于健康，不用改变

2 ① 看电影，做家务，运动 ② 一个月七八次，一个星期两次，三天一次 ③ 消除压力，是一种享受，可以扩大朋友圈 ④ 可以增长见识，不孤单，可以丰富业余时间 ⑤ 一举两得

Point

03 경험

3부분에 이어서 4부분에서도 경험과 관련된 문제들이 종종 출제된다. 3부분에서 경험 여부에 대해 간단히 이야기했다면, 4부분에서는 경험을 해보았는지 또는 생각을 해본 적이 있는지 그 이유는 무엇인지에 대해 답변하는 문제들이 출제된다.

경험

移民 yímín 동 이민하다
旅游 lǚyóu 동 여행하다
留学 liúxué 동 유학하다
早期留学 zǎoqī liúxué 조기 유학
辞职 cízhí 동 사직하다
调动工作 diàodòng gōngzuò 전근하다, 직장을 옮기다
做生意 zuò shēngyi 장사를 하다
创业 chuàngyè 동 창업하다
想 xiǎng 동 생각하다
考虑 kǎolǜ 동 고려하다
从来 cónglái 부 지금까지, 여태껏
经常 jīngcháng 부 항상
几乎 jīhū 부 거의
请假 qǐngjià 동 휴가를 내다
不得不 bùdébù 부 어쩔 수 없이
只好 zhǐhǎo 부 어쩔 수 없이
想法 xiǎngfǎ 명 생각
了解 liǎojiě 동 알다, 이해하다
提高 tígāo 동 향상시키다
总结 zǒngjié 동 정리하다, 총괄하다
收获 shōuhuò 명 수확, 성과
成功 chénggōng 동 성공하다 명 성공
失败 shībài 동 실패하다 명 실패
可能 kěnéng 부 아마도
为了 wèile 전 ~을 위해서
拼搏 pīnbó 동 필사적으로 싸우다
满意 mǎnyì 형 만족하다
梦想 mèngxiǎng 명 꿈
经验 jīngyàn 명 경험
经历 jīnglì 동 겪다 명 경험
积累 jīlěi 동 쌓다
放弃 fàngqì 동 포기하다
牺牲 xīshēng 동 희생하다
养 yǎng 동 기르다, 키우다
宠物 chǒngwù 명 반려 동물
安排 ānpái 동 준비하다, 계획하다
打算 dǎsuan 동 ~할 계획이다, 생각이다
适应 shìyìng 동 적응하다
参加 cānjiā 동 참가하다
献血 xiànxuè 동 헌혈하다
已经 yǐjing 부 이미, 벌써
上个月 shàng ge yuè 지난달
重新 chóngxīn 부 다시, 새로
亲身 qīnshēn 부 친히, 직접
体验 tǐyàn 동 체험하다
价值 jiàzhí 명 가치

기출유형1 경험(1)

80. Mp3

일상생활과 관련된 경험을 묻는 문제로 어떤 상황에서 그 동작을 한 적이 있는지 답변하면 된다. 만약 질문에서 묻는 동작을 한 경험이 없다면 그 이유에 대해 이야기하면 된다.

TSC® 기출문제

你跟外国人聊过天吗？请简单说说。

Nǐ gēn wàiguórén liáoguo tiān ma? Qǐng jiǎndān shuōshuo.

당신은 외국인과 이야기해본 적이 있나요? 간단히 말해 보세요.

답변 ①

Lv. 4

我经常跟外国人聊天。我们公司里有外国职员，我也有很多外国朋友。跟外国人聊天，不但能提高我的外语水平，还能了解外国文化，一举两得。

Wǒ jīngcháng gēn wàiguórén liáotiān. Wǒmen gōngsī lǐ yǒu wàiguó zhíyuán, wǒ yě yǒu hěn duō wàiguó péngyou. Gēn wàiguórén liáotiān, búdàn néng tígāo wǒ de wàiyǔ shuǐpíng, hái néng liǎojiě wàiguó wénhuà, yìjǔliǎngdé.

Step1 질문의 핵심답변을 먼저 이야기한다.

我经常跟外国人聊天。

(经常: 자주 / 跟…聊天: ~와 이야기하다, ~와 수다를 떨다)

Step2 이유를 이야기한다.

我们公司里有外国职员，我也有很多外国朋友。

Step3 견해를 이야기한다.

跟外国人聊天，不但能提高我的外语水平，还能了解外国文化，一举两得。

(不但…，还…: ~뿐만 아니라, 또 ~하다 / 提高…水平: 실력을 향상시키다 / 了解…文化: 문화를 이해하다)

★ 提高: 향상시키다
- 提高效率 능률을 올리다 - 提高能力 능력을 향상시키다

★ 了解: (자세하게 잘) 알다
- 了解情况 상황을 알다 - 了解要求 요구를 알다

저는 자주 외국인과 이야기를 합니다. 저희 회사에는 외국인 직원이 있고, 저 또한 외국 친구가 많습니다. 외국인과 이야기를 하면, 외국어 실력을 높일 수 있을 뿐만 아니라 외국 문화까지 이해할 수 있어 일거양득입니다.

답변 ② Lv. 5~6

我除了在路上碰到问路的外国人用简单的英语给他们指过路以外，几乎没有跟外国人聊过天。因为我的外语水平很差，不敢跟外国人聊天。我很羡慕能用流利的外语跟外国人聊天的人，有时间的话我也想学习外语。

Wǒ chúle zài lùshang pèngdào wèn lù de wàiguórén yòng jiǎndān de Yīngyǔ gěi tāmen zhǐguo lù yǐwài, jīhū méiyǒu gēn wàiguórén liáoguo tiān. Yīnwèi wǒ de wàiyǔ shuǐpíng hěn chà, bùgǎn gēn wàiguórén liáotiān. Wǒ hěn xiànmù néng yòng liúlì de wàiyǔ gēn wàiguórén liáotiān de rén, yǒu shíjiān dehuà wǒ yě xiǎng xuéxí wàiyǔ.

Step1 질문의 핵심답변을 먼저 이야기한다.

几乎没有跟外国人聊过天。

Step2 이유를 이야기한다.

因为我的外语水平很差，不敢跟外国人聊天。

감히 ~하다, 대담하게

★ 水平: 수준
- 知识水平 지식 수준
- 经济水平 경제 수준

Step3 견해를 이야기한다.

유창한 외국어 / ~이 있다면

我很羡慕能用流利的外语跟外国人聊天的人，有时间的话我也想学习外语。

저는 길에서 길을 묻는 외국인을 만나 간단한 영어로 그들에게 길을 알려준 것 외에, 거의 외국인과 이야기를 나눠 본 적이 없습니다. 왜냐하면 외국어 실력이 좋지 않아, 외국인과 이야기를 할 엄두가 나지 않기 때문입니다. 저는 유창한 외국어로 외국인과 이야기를 나누는 사람이 부럽습니다. 시간이 있다면 저도 외국어를 배워 보고 싶습니다.

단어1 **外国人** wàiguórén 외국인 **聊天** liáotiān 통 이야기하다 **公司** gōngsī 명 회사 **职员** zhíyuán 명 직원 **提高** tígāo 통 향상시키다 **外语** wàiyǔ 명 외국어 **水平** shuǐpíng 명 수준 **了解** liǎojiě 통 알다, 이해하다 **文化** wénhuà 명 문화 **一举两得** yìjǔliǎngdé 성 일거양득

단어2 **路上** lùshang 명 길 위, 도중 **碰到** pèngdào 맞닥뜨리다 **简单** jiǎndān 형 간단하다 **指** zhǐ 통 가리키다 **几乎** jīhū 부 거의 **差** chà 형 나쁘다 **不敢** bùgǎn 통 감히 ~하지 못하다 **羡慕** xiànmù 통 부러워하다 **流利** liúlì 형 유창하다

기출유형2 경험(2)

81. Mp3

학교생활이나 직장생활과 관련된 경험을 묻는 문제로 답변은 자신의 경험을 예를 들어 조리 있게 답변하면 된다.

TSC® 기출문제

你在学校或者公司请过假吗？请简单谈谈看。

Nǐ zài xuéxiào huòzhě gōngsī qǐngguo jià ma? Qǐng jiǎndān tántan kàn.

학교를 빠지거나 회사에 휴가를 내 본 적이 있나요? 간단히 말해 보세요.

답변 ①

Lv. 4

是的，我在公司请过假。上个月我的孩子生病住院了，我爱人一个人忙不过来，所以我请了两天假，去医院照顾孩子。不过没有特殊情况的话，我一般不请假。

Shìde, wǒ zài gōngsī qǐngguo jià. Shàng ge yuè wǒ de háizi shēngbìng zhùyuàn le, wǒ àiren yí ge rén máng bu guòlái, suǒyǐ wǒ qǐngle liǎng tiān jià, qù yīyuàn zhàogù háizi. Búguò méiyǒu tèshū qíngkuàng dehuà, wǒ yìbān bù qǐngjià.

Step1 질문의 핵심답변을 먼저 이야기한다.

是的，我在公司请过假。(请过假: 휴가를 신청하다)

★ 이합사('동사+목적어'형태의 동사) = 뒤에 다른 목적어가 오지 않는다
- 洗澡(샤워하다), 见面(만나다), 结婚(결혼하다), 毕业(졸업하다).

Step2 이유를 이야기한다.

上个月我的孩子生病住院了，我爱人一个人忙不过来，(忙不过来: 바빠서 정신이 없다)

★ 동사/형용사+过来: 원래의 정상적인 상태로 되돌아옴
- 醒过来 깨어나다 - 恢复过来 회복하다

所以我请了两天假，去医院照顾孩子。(请了两天假: 이틀 휴가를 내다, 동사+동량사+명사 / 去医院照顾: ~에 가서 돌보다, 연동문 : 동작이 발생한 순서대로 나열)

Step3 견해를 이야기한다.

不过没有特殊情况的话，我一般不请假。(不过: 그러나 / 特殊情况: 특수한 (일반적인 것과는 다른) 상황)

★ 特殊: 특수하다
- 特殊现象 특수한 현상 - 特殊关系 특수한 관계

네. 저는 회사에 휴가를 낸 적이 있습니다. 지난달에 아이가 아파서 병원에 입원을 했었는데, 배우자가 혼자서는 다 돌볼 수가 없어, 제가 이틀 휴가를 내고 병원에 가서 아이를 돌보았습니다. 그러나 특별한 상황이 없다면 보통 휴가를 내지 않습니다.

답변 ② Lv. 5~6

我在公司请过很多次假。因为我身体比较虚弱，常常生病。特别是换季的时候，一不小心就会感冒发烧。生病的时候，一方面我很难受，另一方面我怕传染给同事，所以我不得不请假在家休息。

Wǒ zài gōngsī qǐngguo hěn duō cì jià. Yīnwèi wǒ shēntǐ bǐjiào xūruò, chángcháng shēngbìng. Tèbié shì huànjì de shíhou, yí bù xiǎoxīn jiù huì gǎnmào fāshāo. Shēngbìng de shíhou, yì fāngmiàn wǒ hěn nánshòu, lìng yì fāngmiàn wǒ pà chuánrǎn gěi tóngshì, suǒyǐ wǒ bùdébù qǐngjià zài jiā xiūxi.

Step1 질문의 핵심답변을 먼저 이야기한다.

我在公司请过很多次假。

Step2 이유를 이야기한다.

몸이 허약하다 / 병이나다 = 生大病(크게 병이 나다)

因为我身体比较虚弱，常常生病。

★ 虚弱: 허약하다
- 虚弱无力 허약하고 힘이 없다 - 病体虚弱 병든 몸이 허약하다

특히 ~이다 / ~할 때 / ~하자마자, 바로 ~하다

特别是换季的时候，一不小心就会感冒发烧。

★ 感冒: 감기(에 걸리다)
- 感冒严重 감기가 심각하다 - 小心感冒 감기를 조심하다

Step3 구체적인 상황을 이야기한다.

한편으로는 ~하고, 다른 한편으로는 ~하다 / = 只好

生病的时候，一方面我很难受，另一方面我怕传染给同事，所以我不得不请假在家休息。

★ 传染: 전염하다, 옮다
- 传染感冒 감기에 전염되다 - 传染病毒 바이러스에 전염되다

저는 회사에 휴가를 신청한 적이 여러 번 있습니다. 몸이 허약한 편이라 자주 아프기 때문입니다. 특히 환절기에는 자칫 조심하지 않으면 감기에 걸려 열이 납니다. 병이 나면 괴롭기도 하고, 동료에게 옮길까 걱정이 되어서 어쩔 수 없이 휴가를 내고 집에서 쉽니다.

단어1 **请假** qǐngjià 동 휴가를 신청하다 **上个月** shàng ge yuè 지난달 **孩子** háizi 명 아이 **生病** shēngbìng 동 병이 나다 **住院** zhùyuàn 동 입원하다 **爱人** àiren 명 배우자(아내, 남편) **医院** yīyuàn 명 병원 **不过** búguò 접 그러나 **特殊** tèshū 형 특수하다, 특별하다 **情况** qíngkuàng 명 상황, 형편

단어2 **虚弱** xūruò 형 허약하다 **换季** huànjì 동 계절이 바뀌다 **小心** xiǎoxīn 동 조심하다 **感冒** gǎnmào 명동 감기(에 걸리다) **发烧** fāshāo 동 열이 나다 **难受** nánshòu 형 괴롭다 **怕** pà 동 걱정되다 **传染** chuánrǎn 동 감염하다, 전염하다 **同事** tóngshì 명 동료 **不得不** bùdébù 부 어쩔 수 없이 **休息** xiūxi 동 쉬다

기출유형3 의견

82. Mp3

유학, 장사, 이직, 창업 등 한국 사람이라면 모두 한 번 생각해 봤을 법한 주제가 질문으로 출제된다. 여러 의견이 있을 수 있으니 관련 내용들을 미리 준비하자.

TSC® 기출문제

你有没有想过移民去国外生活？请简单谈谈看。

Nǐ yǒu mei yǒu xiǎngguo yímín qù guówài shēnghuó? Qǐng jiǎndān tántan kàn.

당신은 이민을 가서 다른 나라에서 생활하는 것을 생각해본 적 있나요? 간단히 말해보세요.

답변 ①

Lv. 4

我想过。因为我周围有几个朋友已经移民去国外生活了。听他们说国外的教育环境更适合孩子，而且工作压力也不像这里这么大，生活条件也比这儿好。所以有机会的话，我也想移民去国外生活。

Wǒ xiǎngguo. Yīnwèi wǒ zhōuwéi yǒu jǐ ge péngyou yǐjing yímín qù guówài shēnghuó le. Tīng tāmen shuō guówài de jiàoyù huánjìng gèng shìhé háizi, érqiě gōngzuò yālì yě bú xiàng zhèli zhème dà, shēnghuó tiáojiàn yě bǐ zhèr hǎo. Suǒyǐ yǒu jīhuì dehuà, wǒ yě xiǎng yímín qù guówài shēnghuó.

Step1 질문의 핵심답변을 먼저 이야기한다.

我想过。

Step2 이유를 이야기한다.

因为我周围有几个朋友已经移民去国外生活了。

(已经～了: 이미 ~했다 / 移民去国外生活: 연동문(외국으로 이민을 가서+생활하다))

听他们说国外的教育环境更适合孩子，而且工作压力也不像这里这么大，

(听…说: 듣자 하니 / 教育环境: 교육환경 / 压力…大: 스트레스가 크다)

★ 适合: 적합하다
- 适合情况 상황에 적합하다
- 适合条件 조건에 적합하다

生活条件也比这儿好。

★ 条件: 조건
- 唯一条件 유일한 조건
- 基本条件 기본 조건

Step3 다시 한 번 자신의 견해를 강조한다.

所以有机会的话，我也想移民去国外生活。

(所以: 그래서 / 的话: ~라고 한다면)

생각해 본 적이 있습니다. 제 주변의 몇몇 친구들이 이미 외국으로 이민을 가서 살고 있기 때문입니다. 들어보니 그들은 외국의 교육 환경이 아이에게 더 잘 맞는 데다 업무상의 스트레스 또한 이곳처럼 그렇게 크지 않으며, 생활 환경도 여기보다 좋다고 합니다. 그래서 기회가 된다면 저도 외국으로 이민을 가서 생활하고 싶습니다.

답변 ② Lv. 5~6

我没想过移民去国外生活。因为我对现在的生活和工作都很满意。每天做着我自己喜欢的工作，领着一份不错的薪水，生活很稳定也很幸福。如果移民去别的国家，一切都得重新开始，适应新的环境，压力会很大。所以我没想过移民。

Wǒ méi xiǎngguo yímín qù guówài shēnghuó. Yīnwèi wǒ duì xiànzài de shēnghuó hé gōngzuò dōu hěn mǎnyì. Měitiān zuòzhe wǒ zìjǐ xǐhuan de gōngzuò, lǐngzhe yí fèn búcuò de xīnshui, shēnghuó hěn wěndìng yě hěn xìngfú. Rúguǒ yímín qù biéde guójiā, yíqiè dōu děi chóngxīn kāishǐ, shìyìng xīn de huánjìng, yālì huì hěn dà. Suǒyǐ wǒ méi xiǎngguo yímín.

Step1 질문의 핵심답변을 먼저 이야기한다.

我没想过移民去国外生活。

Step2 이유를 이야기한다.

~에 대해 만족하다

因为我对现在的生活和工作都很满意。

~을 하고 있다 / 월급을 받다 / 생활이 안정적이다

每天做着我自己喜欢的工作，领着一份不错的薪水，生活很稳定也很幸福。

동사+着=지속 / 월급을 세는 양사

★ 稳定: 안정적이다
- 情绪稳定 정서가 안정적이다 - 物价稳定 물가가 안정적이다

如果移民去别的国家，一切都得重新开始，适应新的环境，压力会很大。

만약 / 처음부터 다시 해야만 한다

★ 重新: 새롭게, 다시
- 重新安排 다시 안배하다 - 重新设计 다시 설계하다

Step3 다시 한 번 자신의 견해를 강조한다.

所以我没想过移民。

저는 외국으로 이민을 가서 살 생각을 해본 적이 없습니다. 왜냐하면 현재의 생활과 업무에 만족하기 때문입니다. 매일 좋아하는 일을 하고, 괜찮은 월급을 받으며, 안정적인 생활을 하고 행복합니다. 만약 다른 나라로 이민을 가면 모든 것을 새로이 시작해야 하고 새로운 환경에 적응하느라 스트레스가 클 것입니다. 그래서 저는 이민을 생각해본 적이 없습니다.

단어1 **移民** yímín 동 이민하다 **国外** guówài 명 외국 **周围** zhōuwéi 명 주위, 주변 **已经…了** yǐjing…le 벌써(이미) ~했다 **教育** jiàoyù 명 교육 **环境** huánjìng 명 환경 **更** gèng 부 더욱 **而且** érqiě 접 게다가, ~뿐만 아니라 **工作** gōngzuò 명 업무 **像** xiàng 동 ~과 같다 **条件** tiáojiàn 명 조건

단어2 **满意** mǎnyì 동 만족하다 **着** zhe 조 ~하고 있다 **领** lǐng 동 받다 **份** fèn 월급을 세는 양사 **薪水** xīnshui 명 임금 **稳定** wěndìng 형 안정하다 **幸福** xìngfú 형 행복하다 **一切** yíqiè 대 모든, 전부 **得** děi 조동 ~해야 한다 **重新** chóngxīn 부 새롭게, 다시 **开始** kāishǐ 동 시작하다 **适应** shìyìng 동 적응하다

기출로 말하기 연습

다음 한국어에 맞게 답변을 완성해 보세요. 83. Mp3

1

我 ① 외국인과 이야기를 해본 적이 있다 / 휴가를 신청한 적이 있다 / 남을 도와 준 적이 있다 。
Wǒ

저는 ____________________ 해본 적이 있습니다.

这是我 ② 어쩔 수 없이 하다 / 반드시 해야 한다 的。
Zhè shì wǒ de

이것은 제가 ____________________ 한 것입니다. / ____________________ 해야 하는 것이었습니다.

我觉得 ③ 이 경험 很有意思。
Wǒ juéde hěn yǒuyìsi.

저는 ____________________ 이 매우 재미있다고 생각합니다.

2

我想过 ① 이민 / 사직하다 / 전근하다 / 장사를 하다 。
Wǒ xiǎngguo

저는 ____________________ 을 생각한 적이 있습니다.

因为这样 ② 생활이 더욱 안정적이다 / 능력을 향상 시킬 수 있다 / 외국 문화를 이해할 수 있다 。
Yīnwèi zhèyàng

왜냐하면 이렇게 하면 ____________________ 하기 때문입니다.

所以如果 ③ 기회가 있다 / 조건이 괜찮다 / 환경이 좋으면 的话，
Suǒyǐ rúguǒ dehuà

我想这么做。
Wǒ xiǎng zhème zuò.

그래서 만약 ____________________ 한다면, 저는 이렇게 하고 싶습니다.

모범답안 **1** ① 跟外国人聊过天，请过假，帮过别人(的忙) ② 不得不做，必须得做 ③ 这段经历
2 ① 移民，辞职，调动工作，做生意 ② 生活更加稳定，可以提高能力，能了解外国文化
③ 有机会，条件不错，环境好

Point

04 간단한 견해

5부분의 선행단계로 응시자가 자신의 견해를 간단히 구사할 수 있는지 알아보기 위한 문제이다. 주로 가정하는 상황을 제시하고 응시자라면 어떻게 할 것인지, 혹은 응시자가 보편적인 상황에 대해 어떤 인식을 가지고 있는지를 물어보는 문제가 출제된다.

가정문

如果 rúguǒ 접 만약	实现 shíxiàn 동 실현하다
要是 yàoshi 접 만약	梦想 mèngxiǎng 명 꿈
万一 wànyī 접 만일, 만약	希望 xīwàng 명 희망 동 희망하다
想要 xiǎng yào ~하려고 하다, 원하다	期望 qīwàng 동 희망하다, 기대하다
愿意 yuànyì 조동 ~하길 원하다	成为 chéngwéi 동 ~으로 되다
可能 kěnéng 부 아마도	选择 xuǎnzé 동 선택하다
也许 yěxǔ 부 어쩌면	会…的 huì…de 조동 ~일 것이다
机会 jīhuì 명 기회	一定 yídìng 부 꼭, 반드시
作为 zuòwéi 동 ~의 (신분/자격) 으로서	不一定 bùyídìng 부 반드시 ~한 것은 아니다
什么样 shénmeyàng 대 어떠한	肯定 kěndìng 부 분명히
立场 lìchǎng 명 입장	达成 dáchéng 동 달성하다
角度 jiǎodù 명 각도	目标 mùbiāo 명 목표
条件 tiáojiàn 명 조건	将会 jiānghuì ~일 것이다
允许 yǔnxǔ 동 허락하다, 허가하다	要不 yàobù 접 아니면

간단한 견해

观点 guāndiǎn 명 관점	因此 yīncǐ 접 그래서, 이 때문에
观念 guānniàn 명 관념	无论 wúlùn 접 ~을 막론하고
看法 kànfǎ 명 견해, 생각	方面 fāngmiàn 명 방면, 부분
想法 xiǎngfǎ 명 생각	另 lìng 대 다른, 그 밖의
看来 kànlá 부 보아하니 ~하다	首先 shǒuxiān 명 가장 먼저
认为 rènwéi 동 여기다, ~라고 생각하다	其次 qícì 명 그 다음, 두 번째로
觉得 juéde 동 느끼다, 생각하다	最后 zuìhòu 명 마지막, 결국
以为 yǐwéi 동 여기다, 생각하다	支持 zhīchí 동 지지하다
如何 rúhé 대 어떻게	同意 tóngyì 동 동의하다
怎么 zěnme 대 어떻게	反对 fǎnduì 동 반대하다
因为 yīnwèi 접 왜냐하면	担心 dānxīn 동 걱정하다
由于 yóuyú 접 ~때문에	现象 명 현상
之所以 zhīsuǒyǐ 접 ~의 이유	理由 lǐyóu 명 이유
肯定 kěndìng 부 확실히	其实 qíshí 부 사실은

기출유형1 가치관(1)

84. Mp3

이 문제 유형은 5부분에서 자신의 견해를 이야기하는 데 있어 가장 기초가 되는 부분으로, 5부분처럼 사회적 이슈에 관련된 문제가 아닌 응시자의 가치관 혹은 목표와 같은 어렵지 않게 대답할 수 있는 문제들이 출제된다.

TSC® 기출문제

你现在最想达成的目标是什么？请简单谈谈。

Nǐ xiànzài zuì xiǎng dáchéng de mùbiāo shì shénme? Qǐng jiǎndān tántan.

당신이 현재 가장 이루고 싶은 목표는 무엇인가요? 간단히 말해 보세요.

답변 ①

Lv. 4

我正在读博士，所以现在最想达成的目标就是毕业。虽然我一边上班，一边上学，压力很大，不过我的指导教授人很好，经常鼓励我，给我很大的信心。所以我现在想尽我最大的努力，早点儿毕业。

Wǒ zhèngzài dú bóshì, suǒyǐ xiànzài zuì xiǎng dáchéng de mùbiāo jiùshì bìyè. Suīrán wǒ yìbiān shàngbān, yìbiān shàngxué, yālì hěn dà, búguò wǒ de zhǐdǎo jiàoshòu rén hěn hǎo, jīngcháng gǔlì wǒ, gěi wǒ hěn dà de xìnxīn. Suǒyǐ wǒ xiànzài xiǎng jìn wǒ zuìdà de nǔlì, zǎodiǎnr bìyè.

Step1 질문의 핵심답변을 먼저 이야기한다.

我正在读博士，所以现在最想达成的目标就是毕业。

(正在: ~하고 있는 중이다 / 读博士: 박사 공부를 하다 / 达成的目标: = 达标)

★ 读: 공부하다
- 读研究生 석사 공부를 하다　- 读大学 대학에 다니다

★ 达成: 달성하다(+추상적 목적어)
- 达成目的 목적에 달성하다　- 达成协议 협의를 달성하다

Step2 이유를 이야기한다.

虽然我一边上班，一边上学，压力很大，不过我的指导教授人很好，

(虽然……不过: 비록 ~하지만, 그러나 ~하다 / 一边……一边: ~하면서 ~하다)

经常鼓励我，给我很大的信心。

★ 信心: 자신감
- 充满信心 자신감이 충만하다　- 失去信心 자신감을 잃다

Step3 자신의 생각을 이야기한다.

所以我现在想尽我最大的努力，早点儿毕业。

(尽……努力: 노력을 다 하다)

저는 박사 과정 중이라서, 현재 가장 이루고 싶은 목표는 졸업하는 것입니다. 비록 출근을 하면서 학교에 다니고 있어 스트레스가 크지만, 지도 교수님께서 좋은 분이시라 저를 늘 격려해 주며 큰 믿음을 줍니다. 그래서 현재 최선을 다해 일찍 졸업하고 싶습니다.

답변 ②

我现在最想达成的目标就是减肥。参加工作以后，因为压力大和缺乏运动，我一下子胖了八公斤。人胖了之后不但体质变差、身材走样，而且还越来越懒，不想动。我真不喜欢现在的自己，所以我制定了这个目标，希望能快点儿达成。

Wǒ xiànzài zuì xiǎng dáchéng de mùbiāo jiùshì jiǎnféi. Cānjiā gōngzuò yǐhòu, yīnwèi yālì dà hé quēfá yùndòng, wǒ yíxiàzi pàngle bā gōngjīn. Rén pàngle zhīhòu búdàn tǐzhí biàn chà、shēncái zǒuyàng, érqiě hái yuè lái yuè lǎn, bùxiǎng dòng. Wǒ zhēn bù xǐhuan xiànzài de zìjǐ, suǒyǐ wǒ zhìdìngle zhège mùbiāo, xīwàng néng kuài diǎnr dáchéng.

Step1 질문의 핵심답변을 먼저 이야기한다.

我现在最想达成的目标就是减肥。
(减肥: 다이어트하다)

Step2 자신의 구체적인 상황을 이야기한다.

参加工作以后，因为压力大和缺乏运动，我一下子胖了八公斤。
(参加工作: 일을 시작하다 / 一下子: 갑자기, 순식간에)

★ 缺乏: 모자라다, 부족하다
- 缺乏了解 이해가 부족하다
- 缺乏自信 자신감이 부족하다

人胖了之后不但体质变差、身材走样，而且还越来越懒，不想动。
(不但…而且: ~일 뿐만 아니라, 게다가 ~하다 / 越来越: 갈수록 / 走样: 원래의 모습을 잃다)

★ 体质: 체질
- 增强体质 체질을 증진하다
- 改善体质 체질을 개선하다

★ 身材: 체격
- 身材矮胖 체격이 작고 똥똥하다
- 身材高大 체격이 크다

Step3 자신의 생각을 이야기한다.

我真不喜欢现在的自己，所以我制定了这个目标，希望能快点儿达成。
(制定…目标: 목표를 세우다)

★ 制定: 세우다
- 制定计划 계획을 세우다
- 制定法律 법을 제정하다

현재 제가 가장 이루고 싶은 목표는 다이어트입니다. 일을 시작한 후, 스트레스도 많이 받고 운동도 부족해 갑자기 8kg이나 살이 쪘습니다. 살이 찐 다음에는 체력이 나빠지고 몸매가 바뀌었을 뿐만 아니라, 점점 게을러지고 움직이기가 싫어졌습니다. 저는 현재의 자신이 너무 싫어서 이 목표를 세웠습니다. 빨리 달성할 수 있었으면 좋겠습니다.

단어1 **达成** dáchéng [동] 달성하다 **目标** mùbiāo [명] 목표 **读** dú [동] 공부하다 **博士** bóshì [명] 박사 **毕业** bìyè [명] 졸업 **虽然…不过…** suīrán…búguò… 비록 ~일지라도, 하지만 **上班** shàngbān [동] 출근하다 **指导** zhǐdǎo [동] 지도하다 **教授** jiàoshòu [명] 교수 **经常** jīngcháng [부] 늘 **鼓励** gǔlì [동] 격려하다 **信心** xìnxīn [명] 자신, 확신 **尽** jǐn [동] 될 수 있는 대로 ~하다 **努力** nǔlì [명] 노력

단어2 **参加** cānjiā [동] 참가하다 **以后** yǐhòu [명] 이후 **缺乏** quēfá [동] 모자라다 **运动** yùndòng [명] 운동 **一下子** yíxiàzi [부] 일시에 **胖** pàng [형] 살찌다 **公斤** gōngjīn [양] 킬로그램 **体质** tǐzhí [명] 체력 **身材** shēncái [명] 체격, 몸매 **走样** zǒuyàng [동] 원래 모습을 잃다 **越来越** yuè lái yuè [부] 갈수록, 점점 **懒** lǎn [형] 게으르다 **动** dòng [동] 움직이다 **制定** zhìdìng [동] 세우다 **希望** xīwàng [명] 희망, 바람

기출유형2 가치관(2)

85. Mp3

중요하게 생각하는 것이 무엇인지 묻는 문제로 두괄식으로 자신이 중요하게 생각하는 것이 무언인지, 그 이유는 무엇인지 그리고 마지막으로 다시 한 번 자신의 견해를 강조하는 말로 답변을 마무리하면 된다.

TSC® 기출문제

对你来说除了健康以外，人生中还有什么是很重要的？请简单谈谈看。

Duì nǐ láishuō chúle jiànkāng yǐwài, rénshēng zhōng háiyǒu shénme shì hěn zhòngyào de? Qǐng jiǎndān tántan kàn.

당신은 건강 외에 삶에서 어떤 것이 중요하다고 생각하나요? 간단히 말해 보세요.

답변 ①

Lv. 4

对我来说有一份适合自己的工作也很重要。因为除了睡觉、吃饭，一天的大部分时间人们都在工作。如果工作不适合自己的话，那么每天的生活肯定很难受，很无聊。所以一定要努力找到一份适合自己的工作。

Duì wǒ láishuō yǒu yí fèn shìhé zìjǐ de gōngzuò yě hěn zhòngyào. Yīnwèi chúle shuìjiào、chīfàn, yìtiān de dàbùfen shíjiān rénmen dōu zài gōngzuò. Rúguǒ gōngzuò bú shìhé zìjǐ dehuà, nàme měitiān de shēnghuó kěndìng hěn nánshòu, hěn wúliáo. Suǒyǐ yídìng yào nǔlì zhǎodào yí fèn shìhé zìjǐ de gōngzuò.

Step1 질문의 핵심답변을 먼저 이야기한다.

~에게 있어 말하자면 / 일을 세는 양사

对我来说有一份适合自己的工作也很重要。

★ 适合+명사: 적합하다

- 适合生活 삶에 적합하다 - 适合条件 조건에 적합하다

Step2 이유를 이야기한다.

~을 제외하고, 모두 ~하다

因为除了睡觉、吃饭，一天的大部分时间人们都在工作。

如果工作不适合自己的话，那么每天的生活肯定很难受、很无聊。

만약 ~하면, 그러면 ~하다 / 분명히

Step3 다시 한 번 자신의 생각을 이야기한다.

일을 찾다

所以一定要努力找到一份适合自己的工作。

저는 자신에게 잘 맞는 일 역시 중요하다고 생각합니다. 잠을 자고 밥을 먹는 것 외에 하루 대부분의 시간을 사람들은 모두 일을 하며 보내기 때문입니다. 만약 일이 자신에게 맞지 않는다면, 하루하루의 삶은 분명 힘들고 재미없을 것입니다. 그래서 꼭 자신에게 맞는 일을 열심히 찾아야 합니다.

답변 ②

Lv. 5~6

我觉得除了健康以外，拥有一个幸福的家庭也是很重要的。家庭幸福的话，无论每天的工作多么忙多么累，只要一回到家就什么烦恼都没有了，心情愉快。我觉得每天和家人一起分享生活中的喜怒哀乐、互相帮助、互相关心、一起成长才是人生中最幸福的事。

Wǒ juéde chúle jiànkāng yǐwài, yōngyǒu yí ge xìngfú de jiātíng yě shì hěn zhòngyào de. Jiātíng xìngfú dehuà, wúlùn měitiān de gōngzuò duōme máng duōme lèi, zhǐyào yì huí dào jiā jiù shénme fánnǎo dōu méiyǒu le, xīnqíng yúkuài. Wǒ juéde měitiān hé jiārén yìqǐ fēnxiǎng shēnghuó zhōng de xǐnùāilè、hùxiāng bāngzhù、hùxiāng guānxīn、yìqǐ chéngzhǎng cái shì rénshēng zhōng zuì xìngfú de shì.

Step1 질문의 핵심답변을 먼저 이야기한다.

~을 제외하고

我觉得除了健康以外，拥有一个幸福的家庭也是很重要的。

★ 拥有: 가지다, 보유하다

일반적으로 비교적 중대한 사물을 가지고 있는 것을 나타낸다.

- 拥有财富 재산을 보유하다 - 拥有权力 권력을 가지다

Step2 이유를 이야기한다.

~한다면 / ~ 에 상관없이, 모두 ~하다

家庭幸福的话，无论每天的工作多么忙多么累，只要一回到家就什么烦恼都没有了，心情愉快。

~하기만 하면, 바로 ~하다

★ 烦恼: 걱정

- 消除烦恼 걱정을 해소하다 - 摆脱烦恼 걱정에서 벗어나다

Step3 다시한 번 자시의 생각을 이야기한다.

我觉得每天和家人一起分享生活中的喜怒哀乐、

★ 分享: 함께 나누다

- 分享快乐 즐거움을 나누다 - 分享友情 우정을 나누다

互相帮助、互相关心、一起成长才是人生中最幸福的事。

저는 건강 외에 행복한 가정을 꾸리는 것도 중요하다고 생각합니다. 가정이 행복하면, 매일 일이 아무리 바쁘거나 피곤해도 집에 돌아오기만 하면 어떤 근심도 사라지고 기분이 좋아질 것입니다. 저는 하루하루 가족과 함께 생활 속의 희로애락을 나누거나 서로 돕고, 서로 관심을 갖고, 함께 발전하는 것이야말로 인생에서 가장 행복한 일이라고 생각합니다.

단어1 **对…来说** duì…láishuō ~에게 있어서 **健康** jiànkāng 명 건강 **重要** zhòngyào 형 중요하다 **自己** zìjǐ 대 자신 **睡觉** shuìjiào 동 잠자다 **大部分** dàbùfen 대부분 **如果** rúguǒ 접 만약 **那么** nàme 접 그렇다면 **肯定** kěndìng 부 분명히 **难受** nánshòu 형 괴롭다 **无聊** wúliáo 형 심심하다 **一定** yídìng 부 반드시 **找** zhǎo 동 찾다

단어2 **拥有** yōngyǒu 동 가지다, 보유하다 **幸福** xìngfú 형 행복하다 **家庭** jiātíng 명 가정 **无论** wúlùn 접 ~에 관계없이 **多么** duōme 부 얼마나 **一…就…** yī…jiù ~하자마자, ~하다 **烦恼** fánnǎo 명 걱정 **心情** xīnqíng 명 기분 **愉快** yúkuài 형 기쁘다 **分享** fēnxiǎng 동 함께 나누다 **喜怒哀乐** xǐnùāilè 성 희로애락 **互相** hùxiāng 부 서로 **帮助** bāngzhù 동 돕다 **关心** guānxīn 명 관심 **成长** chéngzhǎng 동 성장하다

기출유형3 가정(상황)

86. Mp3

가정문의 두 번째 유형은 어떤 상황을 제시하고 그 상황에 따른 동작을 하고 싶은지를 묻는 문제이다. 자신의 견해를 나타낼 때는 반드시 왜 그렇게 생각하는지 구체적인 이유를 2가지 정도는 제시하도록 하자.

TSC® 기출문제

如果有机会的话，你想养小动物吗？请简单谈谈。

Rúguǒ yǒu jīhuì dehuà, nǐ xiǎng yǎng xiǎo dòngwù ma? Qǐng jiǎndān tántan.

만약 기회가 된다면, 동물을 키우고 싶나요? 간단히 말해 보세요.

답변 ①

Lv. 4

我特别想养小动物。我每次在别人的社交网站上看到小狗、小猫的照片，就觉得它们特别可爱。听说养小动物有助于缓解压力还可以培养爱心。所以有机会，我也想养小动物。

Wǒ tèbié xiǎng yǎng xiǎo dòngwù. Wǒ měi cì zài biéren de shèjiāo wǎngzhàn shàng kàndào xiǎogǒu、xiǎomāo de zhàopiàn, jiù juéde tāmen tèbié kě'ài. Tīngshuō yǎng xiǎo dòngwù yǒu zhùyú huǎnjiě yālì hái kěyǐ péiyǎng àixīn. Suǒyǐ yǒu jīhuì, wǒ yě xiǎng yǎng xiǎo dòngwù.

Step1 질문의 핵심답변을 먼저 이야기한다.

我特别想养小动物。

★ 养 : 기르다, 키우다
- 养孩子 아이를 기르다
- 养植物 식물을 키우다

Step2 이유를 이야기한다.

★ 照片 : 사진
- 风景照片 풍경사진
- 放大照片 사진을 확대하다

我每次在别人的社交网站上看到小狗、小猫的照片，就觉得它们特别可爱。 (在…上: ~에서)

听说养小动物有助于缓解压力还可以培养爱心。 (还可以: 또 ~할 수 있다)

★ 有助于 : ~에 도움이 되다
- 有助于健康 건강에 도움이 된다
- 有助于理解 이해하는데 도움이 된다

Step3 자신의 생각을 이야기한다.

所以有机会，我也想养小动物。

저는 동물을 정말 기르고 싶습니다. 매번 다른 사람의 SNS에서 아기 강아지, 고양이 사진을 볼 때마다 매우 귀엽다고 생각합니다. 듣자 하니 동물을 기르는 것은 스트레스 해소에 도움이 되고 애정도 키울 수 있다고 합니다. 그래서 기회가 된다면 저도 동물을 기르고 싶습니다.

답변 ② Lv. 5~6

我不想养小动物，一方面是因为我对动物身上的毛过敏。每次摸小动物以后就会流鼻涕、咳嗽、眼睛又红又肿的。另一方面我住在公寓，活动空间小，不适合养小动物，而且小动物的叫声会影响邻居。所以我从来没想过养小动物。

Wǒ bùxiǎng yǎng xiǎo dòngwù, yì fāngmiàn shì yīnwèi wǒ duì dòngwù shēn shàng de máo guòmǐn. Měi cì mō xiǎo dòngwù yǐhòu jiù huì liú bítì、késòu、yǎnjing yòu hóng yòu zhǒng de. Lìng yì fāngmiàn wǒ zhù zài gōngyù, huódòng kōngjiān xiǎo, bú shìhé yǎng xiǎo dòngwù, érqiě xiǎo dòngwù de jiào shēng huì yǐngxiǎng línjū. Suǒyǐ wǒ cónglái méi xiǎngguo yǎng xiǎo dòngwù.

Step1 질문의 핵심답변을 먼저 이야기한다.

我不想养小动物，

Step2 이유를 이야기한다.

~에 알레르기가 있다

一方面是因为我对动物身上的毛过敏。

★ 过敏: 알레르기
- 动物过敏症状 동물 알레르기 증상 - 皮肤过敏 피부 알레르기

~하기도 하고, ~하기도 하다

每次摸小动物以后就会流鼻涕、咳嗽、眼睛又红又肿的。

★ 摸: 어루만지다
- 摸脸 얼굴을 만지다 - 摸伤口 상처를 만지다

另一方面我住在公寓，活动空间小，不适合养小动物，

~하기에 적합하지 않다

而且小动物的叫声会影响邻居。

★ 影响: 영향을 주다
- 影响睡眠 수면에 영향을 주다 - 影响休息 휴식에 영향을 주다

Step3 자신의 생각을 이야기한다.

여태껏 ~해본 적이 없다

所以我从来没想过养小动物。

저는 동물을 기르고 싶지 않습니다. 하나는 동물 털 알레르기가 있기 때문입니다. 매번 동물을 만지고 나면 콧물과 기침이 나고 눈이 붉게 부어 오르기 때문입니다. 다른 하나는 제가 사는 아파트는 활동 공간이 좁아서 동물을 기르기에 맞지 않을 뿐만 아니라 동물이 짖는 소리는 이웃에게 폐를 끼칠 수 있습니다. 그래서 저는 동물을 기를 생각을 지금까지 해본 적이 없습니다.

단어1 机会 jīhuì 명 기회 养 yǎng 동 기르다 小动物 xiǎo dòngwù 작은 동물 特别 tèbié 부 매우 社交网站 shèjiāo wǎngzhàn SNS(소셜 네트워크 서비스) 小狗 xiǎogǒu 강아지 小猫 xiǎo māo 고양이 照片 zhàopiàn 명 사진 觉得 juéde 동 ~라고 생각하다(여기다) 听说 tīngshuō 동 듣자니 ~라고 한다 有助于 yǒu zhùyú ~에 도움이 되다 爱心 àixīn 명 사랑하는 마음

단어2 一方面…另一方面… yì fāngmiàn…lìng yì fāngmiàn… 한편으로는 ~하고, 다른 한편으로는 ~하다 摸 mō 동 어루만지다 流鼻涕 liú bítì 콧물이 나다 咳嗽 késou 동 기침이 나다 眼睛 yǎnjing 명 눈 红肿 hóngzhǒng 빨갛게 붓다 住 zhù 동 거주하다 公寓 gōngyù 명 아파트 活动 huódòng 동 활동하다 空间 kōngjiān 명 공간 适合 shìhé 동 알맞다 叫声 jiàoshēng 울음 소리 影响 yǐngxiǎng 동 영향을 주다 邻居 línjū 명 이웃 从来 cónglái 부 지금까지

기출로 말하기 연습

다음 한국어에 맞게 답변을 완성해 보세요. 87. Mp3

1

我认为对我来说最重要的是 ① 자신에게 적합한 직업을 찾다 / 가족 / 기회를 잡는 것 。
Wǒ rènwéi duì wǒ láishuō zuì zhòngyào de shì
저는 저에게 있어 가장 중요한 것은 ____________이라고 생각합니다.

因为 ② 하루 대부분의 시간을 모두 일하다 / 가족들은 나에게 즐거움을 가져다 주다 / 행복한 가정은 나에게 안정감을 가져다 준다 。
Yīnwèi
왜냐하면 ____________하기 때문입니다.

所以我觉得这对我来说最重要。
Suǒyǐ wǒ juéde zhè duì wǒ láishuō zuì zhòngyào
그래서 저는 이것이 저에게 있어 가장 중요합니다.

2

我最近特别想 ① 동물을 키우다 / 다이어트하다 / 선생님이 되다 。
Wǒ zuìjìn tèbié xiǎng
저는 요즘 매우 ____________하고 싶습니다.

因为我 ② 여태껏 동물을 키워 본 적이 없다 / 순식간에 살이 많이 쪘다 / 진심으로 학생을 사랑하다 。
Yīnwèi wǒ
이유는 제가 ____________하기 때문입니다.

希望我的愿望能快点儿实现。
Xīwàng wǒ de yuànwàng néng kuài diǎnr shíxiàn
저의 바램이 빨리 실현되길 희망합니다.

모범답안 **1** ① 找到一个适合自己的工作, 家人, 抓住机会
② 一天大部分的时间都在工作, 家人给我带来快乐, 幸福的家庭给我带来一种安全感
2 ① 养小动物, 减肥, 成为一名老师 ② 从来没养过小动物, 一下胖了很多, 真心爱学生

Point

05 쇼핑과 구매

쇼핑과 구매는 4부분과 5부분에서 번갈아가며 출제되는 유형으로 4부분에서는 주로 응시자의 쇼핑 스타일(습관, 품목)과 관련된 질문이 나온다.

쇼핑 장소

批发市场 pīfā shìchǎng 도매시장
百货(商)店 bǎihuò(shāng)diàn 명 백화점
购物中心 gòuwùzhōngxīn 명 쇼핑센터, 쇼핑몰
超市 chāoshì 명 슈퍼마켓, 마트
大型超市 dàxíng chāoshì 명 대형 마트
免税店 miǎnshuìdiàn 명 면세점
传统市场 chuántǒng shìchǎng 명 재래시장, 전통시장
网络购物 wǎngluò gòuwù 명 인터넷 쇼핑 (= 网购)
网上购物 wǎngshàng gòuwù 명 인터넷 쇼핑
电视购物 diànshì gòuwù 명 홈 쇼핑

의류 / 액세서리

衣服 yīfu 명 옷
衬衫 chènshān 명 셔츠
T恤 Txù 명 티셔츠
毛衣 máoyī 명 스웨터
马甲 mǎjiǎ 명 조끼
裤子 kùzi 명 바지
短裤 duǎnkù 명 반바지
牛仔裤 niúzǎikù 명 청바지
打底裤 dǎdǐkù 명 레깅스
裙子 qúnzi 명 치마
连衣裙 liányīqún 명 원피스
大衣 dàyī 명 코트
外套 wàitào 명 외투
夹克 jiākè 명 재킷
羽绒服 yǔróngfú 명 다운 재킷
风衣 fēngyī 명 윈드 재킷
内衣 nèiyī 명 속옷
晚礼服 wǎnlǐfú 명 연회복, 이브닝 드레스
运动服 yùndòngfú 명 운동복
领带 lǐngdài 명 넥타이
手套 shǒutào 명 장갑
手表 shǒubiǎo 명 손목시계
饰品 shìpǐn 명 액세서리
耳环 ěrhuán 명 귀걸이
项链 xiàngliàn 명 목걸이
戒指 jièzhǐ 명 반지
手链 shǒuliàn 명 팔찌
发卡 fàqiǎ 명 머리 핀
皮包 píbāo 명 가방
手提包 shǒutíbāo 명 핸드백
书包 shūbāo 명 책가방
行李箱 xínglǐxiāng 명 캐리어
太阳镜 tàiyángjìng 명 선글라스
腰带 yāodài 명 벨트
化妆品 huàzhuāngpǐn 명 화장품
香水 xiāngshuǐ 명 향수
标签 biāoqiān 명 상표
式样 shìyàng 명 스타일, 디자인

游泳衣 yóuyǒngyī 명 수영복
西装 xīzhuāng 명 양복
休闲服 xiūxiánfú 명 캐주얼룩
皮鞋 píxié 명 구두
运动鞋 yùndòngxié 명 운동화
帽子 màozi 명 모자
围巾 wéijīn 명 스카프, 목도리

鲜艳 xiānyàn 형 산뜻하다, 화려하다
尺寸 chǐcun 명 사이즈
品质 pǐnzhì 명 품질
功能 gōngnéng 명 기능
废品 fèipǐn 명 불량품
二手 èrshǒu 명 중고
试穿 shìchuān 동 입어 보다

생활 / 기타용품

坐垫 zuòdiàn 명 방석
打火机 dǎhuǒjī 명 라이터
纪念品 jìniànpǐn 명 기념품
明信片 míngxìnpiàn 명 엽서
工艺品 gōngyìpǐn 명 공예품
茶杯 chábēi 명 찻잔
茶壶 cháhú 명 차 주전자
磁铁 cítiě 명 자석, 마그넷

钥匙扣 yàoshikòu 명 열쇠고리
雨伞 yǔsǎn 명 우산
水晶球 shuǐjīngqiú 명 스노우볼
邮票 yóupiào 명 우표
日历 rìlì 명 달력
扇子 shànzi 명 부채
红参 hóngshēn 명 홍삼
礼物 lǐwù 명 선물

구매 관련

购物 gòuwù 동 구매하다
购买 gòumǎi 동 사다, 구매하다
收购 shōugòu 동 사들이다, 매입하다
团购 tuángòu 동 공동구매
订购 dìnggòu 명 예약 주문
买卖 mǎimài 명 매매 동 매매하다
卖完 màiwán 매진
直购 zhígòu 명 직구
逛街 guàngjiē 동 쇼핑하다
冲动购买 chōngdòng gòumǎi 충동구매
优惠 yōuhuì 동 할인하다
讲价 jiǎng jià 값을 흥정하다
减价 jiǎnjià 동 할인하다 명 가격 할인
打折 dǎzhé 동 세일하다
选 xuǎn 동 고르다

退货 tuìhuò 동 반품하다
换货 huànhuò 동 교환하다
到付 dàofù 착불(= 运费到付)
免费保修 miǎnfèibǎoxiū 무료 AS
残次品 cáncìpǐn 명 불량품
保质期 bǎozhìqī 명 품질 보증 기간, 유통기한
分开包装 fēnkāi bāozhuāng 따로 포장하다
物美价廉 wùměijiàlián 성 물건이 좋고 가격이 싸다
买一送一 mǎi yī sòng yī 원 플러스 원
赠送 zèngsòng 동 증정하다
一分钱一分货 yìfēn qián yìfēn huò 싼게 비지떡이다
货比三家 huòbǐsānjiā 가격을 비교하다
送货上门 sònghuòshàngmén 집까지 배송해 주다
售货员 shòuhuòyuán 명 판매원
库存 kùcún 명 재고(품)

抽奖活动 chōujiǎng huódòng 추첨행사	销售 xiāoshòu 동 판매하다
采购 cǎigòu 동 구매하다	畅销 chàngxiāo 잘 팔리다
购买力 gòumǎilì 명 구매력	热销 rèxiāo 잘 팔리다, 빨리 팔리다
买卖 mǎimài 동 매매하다, 사고 팔다	商品 shāngpǐn 명 상품
买价 mǎijià 명 매입 가격	营销活动 yíngxiāo huódòng 마케팅
推荐 tuījiàn 동 추천하다	性价比 xìngjiàbǐ 명 가성비

지불

价格 jiàgé 명 가격	贵 guì 형 (가격이) 비싸다
价钱 jiàqián 명 가격	便宜 piányi 형 (가격이) 저렴하다
现金 xiànjīn 명 현금	信用卡 xìnyòngkǎ 명 신용카드
支票 zhīpiào 명 수표	借记卡 jièjìkǎ 명 체크카드
另付 lìngfù 동 별도로 결제하다	分期付款 fēnqīfùkuǎn 명 할부
刷卡 shuākǎ 동 카드로 결제하다	visa卡 visakǎ 명 비자카드
退钱 tuìqián 환불하다	万事达卡 wànshìdákǎ 명 마스터카드
价位 jiàwèi 명 가격 수준, 가격대	支付宝 zhīfùbǎo 명 알리페이
买单 mǎidān 동 계산하다, 지불하다 명 계산서	微信支付 wēixìn zhīfù 명 위챗 페이
结账 jiézhàng 동 계산하다	积分 jīfēn 명 포인트 적립
支付 zhīfù 동 지불하다	商品券 shāngpǐnquàn 명 상품권
付钱 fùqián 동 지불하다	扫码 sǎomǎ 명 바코드를 스캔하다, QR코드를 식별하다
找钱 zhǎoqián 동 거스름돈을 주다	二维码 èrwéimǎ 명 QR코드
代付 dàifù 동 대신 지불하다, 대납하다	条形码 tiáoxíngmǎ 명 바코드
讨价还价 tǎojiàhuánjià 성 가격흥정을 하다	开发票 kāi fāpiào 영수증을 발행하다

기출유형1 쇼핑 습관(1)

88. Mp3

응시자의 쇼핑 습관에 관련된 문제를 물어보는 유형이다. 자신의 상황에 맞춰 답변하되 답변은 두괄식으로 핵심 답변, 이유를 설명해야 하고, 마지막에 다시 한 번 자신의 견해 혹은 상황을 이야기하여 마무리하면 된다.

TSC® 기출문제

你常常会冲动购物吗？请简单谈谈。

Nǐ chángcháng huì chōngdòng gòuwù ma? Qǐng jiǎndān tántan.

당신은 충동구매를 자주 하나요? 간단히 말해 보세요.

답변 ① Lv. 4

是的，我逛街时看到漂亮的、自己喜欢的东西时，就会毫不犹豫地购买，也不管价格是多少。我觉得冲动消费是特别不好的习惯，但每次都控制不住购买的欲望。

Shìde, wǒ guàngjiē shí kàndào piàoliang de、zìjǐ xǐhuan de dōngxi shí, jiù huì háobùyóuyù de gòumǎi, yě bùguǎn jiàgé shì duōshao. Wǒ juéde chōngdòng xiāofèi shì tèbié bù hǎo de xíguàn, dàn měi cì dōu kòngzhì búzhù gòumǎi de yùwàng.

Step1 질문의 핵심답변을 먼저 이야기한다.

是的，

Step2 자신의 경험을 이야기한다.

(동사+到 = 동작, 행위의 수확 / 전혀 주저하지 않다 / 신경 쓰지 않다)

我逛街时看到漂亮的、自己喜欢的东西时，就会毫不犹豫地购买，也不管价格是多少。

★ 毫不: 조금도 ~하지 않다

- 毫不在意 조금도 개의치 않다 - 毫不留情 조금도 사정을 봐주지 않다

Step3 자신의 견해를 강조한다.

(욕구를 참지 못하다 / 동사+住 = 고정)

我觉得冲动消费是特别不好的习惯，但每次都控制不住购买的欲望。

★ 消费: 소비(하다)

- 消费水平 소비 수준 - 个人消费 개인 소비

★ 控制: 제어하다

- 控制范围 제어범위 - 控制感情 감정을 제어하다

네. 저는 쇼핑할 때 예쁜 것이나 마음에 드는 물건을 발견하면 가격과는 상관없이 주저 않고 구입합니다. 저는 충동적인 소비가 나쁜 습관이라고 생각하지만, 매번 구매 욕구를 참을 수가 없습니다.

답변 ②

Lv. 5~6

我不会冲动购买。我是一个很节约、花钱很有计划的人，一般买东西时我都会再三考虑。我觉得一时冲动购买的东西大部分都是没用的东西，买完就会后悔。冲动消费既浪费钱又浪费资源，我们应该改掉这种坏习惯。

Wǒ búhuì chōngdòng gòumǎi. Wǒ shì yí ge hěn jiéyuē、huā qián hěn yǒu jìhuà de rén, yìbān mǎi dōngxi shí wǒ dōu huì zàisān kǎolǜ. Wǒ juéde yìshí chōngdòng gòumǎi de dōngxi dàbùfen dōu shì méi yòng de dōngxi, mǎiwán jiù huì hòuhuǐ. Chōngdòng xiāofèi jì làngfèi qián yòu làngfèi zīyuán, wǒmen yīnggāi gǎidiào zhè zhǒng huài xíguàn.

Step1 질문의 핵심답변을 먼저 이야기한다.

我不会冲动购买。

~일리 없다(미래의 추측)

Step2 자신의 경험을 이야기한다.

나는 ~한 사람이다 / 매우 계획적인 사람이다

我是一个很节约、花钱很有计划的人，一般买东西时我都会再三考虑。

★ 计划: 계획

- 有计划地工作 계획적으로 일하다 - 有计划地进行 계획적으로 진행하다

★ 再三: 여러 번

- 再三犹豫 여러 번 망설이다 - 再三解释 여러 번 설명하다

我觉得一时冲动购买的东西大部分都是没用的东西，买完就会后悔。

★ 一时: 일시적으로, 순간적으로

- 一时反应不过来 순간적으로 반응하지 못하다 - 一时还用不着 한동안은 쓸모 없다

Step3 다시 한 번 자신의 견해를 강조한다.

~하면서, ~하다 / 나쁜 습관을 고치다

冲动消费既浪费钱又浪费资源，我们应该改掉这种坏习惯。

★ 浪费: 낭비하다

- 浪费时间 시간을 낭비하다 - 浪费水 물을 낭비하다

저는 충동구매를 하지 않습니다. 저는 매우 검소하고 계획적으로 돈을 쓰는 사람으로, 보통 물건을 살 때 여러 번 따져 봅니다. 일시적인 충동으로 산 물건은 대부분 필요 없는 것으로, 사고 나면 후회합니다. 충동적인 소비는 돈도 낭비하고 자원도 낭비하는 것으로, 우리는 이런 나쁜 습관을 버려야 합니다.

단어1 **冲动购物** chōngdòng gòuwù 충동구매하다 **逛街** guàngjiē 거리를 구경하다, 쇼핑하다 **毫不犹豫** háobùyóuyù 전혀 ~하지 않다 **犹豫** yóuyù 형 망설이다, 주저하다 **购买** gòumǎi 동 사다, 구입하다 **消费** xiāofèi 동 소비하다 **特别** tèbié 부 특히 **控制** kòngzhì 동 제어하다, 억제하다 **不住** búzhù 동 ~하지 못하다 **欲望** yùwàng 명 욕망

단어2 **节约** jiéyuē 동 절약하다 **花钱** huā qián 돈을 쓰다 **计划** jìhuà 명 계획 **再三** zàisān 부 여러 번 **考虑** kǎolǜ 동 고려하다 **一时** yìshí 부 일시적으로 **后悔** hòuhuǐ 동 후회하다 **浪费** làngfèi 동 낭비하다 **资源** zīyuán 명 자원 **掉** diào 동 ~해 버리다(동사 뒤에서 동작의 완성을 나타냄)

기출유형2 쇼핑 습관(2)

89. Mp3

친구나 주변 사람들에게 선물을 줄 때 고려하는 점이 무엇인지를 묻는 문제로 자주 출제되는 문제 유형이다.
성의, 가격, 상대방의 취향 등 어떤 점을 고려해서 상대방에게 선물을 주는지 자신의 경험에 비추어 답변하도록 하자.

TSC® 기출문제

你为朋友准备礼物时，一般会考虑哪些方面？请简单谈谈。

Nǐ wèi péngyou zhǔnbèi lǐwù shí, yìbān huì kǎolǜ nǎxiē fāngmiàn? Qǐng jiǎndān tántan.

당신은 친구를 위해 선물을 준비할 때, 보통 어떤 부분을 고려하나요? 간단히 말해 보세요.

답변 ①

Lv. 4

我为朋友准备礼物时，一般会考虑朋友的兴趣爱好。因为给别人送礼物，应该送给对方需要的或是喜欢的东西。比如朋友平时对化妆品感兴趣，那么我就准备最近新出的化妆品送给她。

Wǒ wèi péngyou zhǔnbèi lǐwù shí, yìbān huì kǎolǜ péngyou de xìngqù àihǎo. Yīnwèi gěi biéren sòng lǐwù, yīnggāi sònggěi duìfāng xūyào de huòshì xǐhuan de dōngxi. Bǐrú péngyou píngshí duì huàzhuāngpǐn gǎn xìngqù, nàme wǒ jiù zhǔnbèi zuìjìn xīn chū de huàzhuāngpǐn sònggěi tā.

Step1 질문의 핵심답변을 먼저 이야기한다.

~을 위해 선물을 준비하다 / 흥미와 취미를 고려하다

我为朋友准备礼物时，一般会考虑朋友的兴趣爱好。

★ 礼物: 선물
- 送礼物 선물을 주다
- 收到礼物 선물을 받다

★ 兴趣: 흥미
- 有兴趣 흥미가 있다
- 产生兴趣 흥미가 생기다

Step2 이유를 이야기한다.

~에게 선물을 주다

因为给别人送礼物，应该送给对方需要的或是喜欢的东西。

★ 对方: 상대방
- 尊重对方 상대방을 존중하다
- 要求对方 상대방에게 요구하다

Step3 구체적인 예를 든다.

~에 대해 흥미를 느끼다, 관심이 있다

比如朋友平时对化妆品感兴趣，那么我就准备最近新出的化妆品送给她。

比如: 예를 들면 / 那么: 그렇다면 / 新出: 새로 나온

저는 친구를 위해 선물을 준비할 때, 보통 친구의 관심사를 고려합니다. 왜냐하면 다른 사람에게 선물을 줄 때는 상대방이 필요하거나 좋아하는 물건을 주어야 하기 때문입니다. 예를 들어 친구가 평소에 화장품에 관심이 있다면, 저는 최근에 새로 나온 화장품을 준비해 그녀에게 선물합니다.

답변 ②

Lv. 5~6

我为朋友准备礼物时，首先考虑的是朋友的兴趣爱好。应该送朋友需要的或是喜欢的东西，投其所好。其次我会考虑礼物的价格。如果价格过高的话，不但自己有负担，收到礼物的人也会有负担。送礼物讲究的是心意，而不是价格。

Wǒ wèi péngyou zhǔnbèi lǐwù shí, shǒuxiān kǎolǜ de shì péngyou de xìngqù àihào. Yīnggāi sòng péngyou xūyào de huòshì xǐhuan de dōngxi, tóuqísuǒhào. Qícì wǒ huì kǎolǜ lǐwù de jiàgé. Rúguǒ jiàgéguò gāo dehuà, búdàn zìjǐ yǒu fùdān, shōudào lǐwù de rén yě huì yǒu fùdān. Sòng lǐwù jiǎngjiu de shì xīnyì, ér búshì jiàgé.

Step1 질문의 핵심답변을 먼저 이야기한다.

我为朋友准备礼物时，首先考虑的是朋友的兴趣爱好。
(首先: 먼저, 제일 처음으로 = 第一)

Step2 구체적인 견해를 제시한다.

应该送朋友需要的或是喜欢的东西，投其所好。其次我会考虑礼物的价格。
(送…东西: 물건을 주다 / 或是: 혹은 / 投其所好: 남의 취향에 잘 맞추다 / 其次: 두 번째로)

如果价格过高的话，不但自己有负担，收到礼物的人也会有负担。
(如果…的话: 만약 ~한다면 / 不但…也: ~일 뿐만 아니라, 게다가 ~하다)

★ 负担: 부담
- 负担过重 부담이 너무 크다 - 减轻负担 부담을 줄이다

Step3 구체적인 견해를 제시한다.

送礼物讲究的是心意，而不是价格。
(是…而不是: ~이지, ~가 아니다)

★ 讲究: 신경을 쓰다, 주의하다
- 讲究卫生 위생에 신경을 쓰다 - 讲究方法 방법에 주의하다

저는 친구를 위해 선물을 준비할 때, 우선 고려하는 것은 친구의 관심사입니다. 친구가 필요한 물건이나 좋아하는 물건을 선물해야 상대의 기분을 좋게 할 수 있습니다. 다음으로 저는 선물의 가격을 생각합니다. 만약 지나치게 가격이 높으면, 자신에게 부담이 될 뿐만 아니라 선물 받는 사람 역시 부담스럽습니다. 선물을 줄 때 염두에 두어야 할 것은 성의이지 가격이 아닙니다.

단어1 **准备** zhǔnbèi 동 준비하다 **礼物** lǐwù 명 선물 **时** shí ~할 때 **兴趣** xìngqù 명 흥미, 재미 **爱好** àihào 명 기호, 취미 **应该** yīnggāi 조동 당연히 ~해야 한다 **对方** duìfāng 명 상대방 **比如** bǐrú 동 예를 들다 **对…感兴趣** duì…gǎn xìngqù ~에 관심이 있다 **化妆品** huàzhuāngpǐn 명 화장품 **那么** nàme 접 그렇다면

단어2 **首先** shǒuxiān 대 첫째 **投其所好** tóuqísuǒhào 성 상대방의 비위를 맞추다 **其次** qícì 대 다음, 두 번째 **价格** jiàgé 명 가격 **过** guò 동 초과하다 **不但…也…** búdàn…yě… ~일 뿐만 아니라, 또 **自己** zìjǐ 대 자신 **负担** fùdān 명 부담 **收** shōu 동 받다 **讲究** jiǎngjiu 동 염두에 두다, 신경 쓰다 **心意** xīnyì 명 마음, 성의

기출유형3 쇼핑 장소

90. Mp3

구체적인 쇼핑 장소를 언급하여 이 쇼핑 장소를 가본 적이 있는지 물어보는 문제이다. 전통시장, 백화점, 쇼핑몰 등의 장점과 단점을 미리 정리해 두고 자신이 자주 이용하는 쇼핑 장소는 어디인지 왜 자주 이용하는지 등도 미리 정리해 두자.

TSC® 기출문제

你去过传统市场吗？请简单谈一谈。

Nǐ qùguo chuántǒng shìchǎng ma? Qǐng jiǎndān tán yi tán.

전통 시장에 가 본 적이 있나요? 간단히 말해 보세요.

답변 ①

Lv. 4

去过。我家附近就有一个很有名的传统市场，那里的蔬菜水果不但新鲜，种类多，而且价格也便宜。每个店主对待客人又亲切又热情，所以没事的时候，我常去那儿逛逛。

Qùguo. Wǒ jiā fùjìn jiù yǒu yí ge hěn yǒumíng de chuántǒng shìchǎng, nàli de shūcài shuǐguǒ búdàn xīnxiān, zhǒnglèi duō, érqiě jiàgé yě piányi. Měi ge diànzhǔ duìdài kèrén yòu qīnqiè yòu rèqíng, suǒyǐ méi shì de shíhou, wǒ cháng qù nàr guàngguang.

Step1 질문의 핵심답변을 먼저 이야기한다.

去过。

Step2 자신의 경험을 이야기한다.

我家附近就有一个很有名的传统市场，

★ 有名: 유명하다(명사를 수식할 때 반드시 的를 사용함.)
- 有名的地方 유명한 장소
- 有名的明星 유명한 스타

~일 뿐만 아니라, 게다가 ~하다

那里的蔬菜水果不但新鲜，种类多，而且价格也便宜。

★ 新鲜: 신선하다
- 鸡蛋新鲜 계란이 신선하다　- 空气新鲜 공기가 신선하다

~하기도 하고, ~하기도 하다

每个店主对待客人都又亲切又热情，

★ 对待: 대하다
- 对待朋友 친구를 대하다　- 对待问题 문제를 대하다

Step3 자신의 경험으로 마무리 한다.

所以没事的时候，我常去那儿逛逛。

가 본 적이 있습니다. 저희 집 근처에는 유명한 전통 시장이 있는데, 그곳의 채소와 과일은 신선하고 종류가 많을 뿐만 아니라 가격도 저렴합니다. 모든 가게 주인들이 친근하고 손님에게 친절해서, 저는 일이 없을 때면 자주 그곳을 구경하러 갑니다.

답변 ② Lv. 5~6

去过，但次数不多。因为我家离传统市场很远，去那儿很不方便。而且我也不喜欢传统市场的购物环境，人多拥挤，还有奇怪的味道，感觉不太干净。再加上市场附近很难停车，所以买东西的时候，我还是喜欢去大型超市。

Qùguo, dàn cìshù bù duō. Yīnwèi wǒ jiā lí chuántǒng shìchǎng hěn yuǎn, qù nàr hěn bù fāngbiàn. Érqiě wǒ yě bù xǐhuan chuántǒng shìchǎng de gòuwù huánjìng, rén duō yōngjǐ, háiyǒu qíguài de wèidao, gǎnjué bú tài gānjìng. Zàijiā shàng shìchǎng fùjìn hěn nán tíngchē, suǒyǐ mǎi dōngxi de shíhou, wǒ háishi xǐhuan qù dàxíng chāoshì.

Step1 질문의 핵심답변을 먼저 이야기한다.

去过，但次数不多。
(次数: 횟수)

Step2 자신의 경험을 이야기한다.

(A离B+远/近 : A는 B로부터 멀다/가깝다)
因为我家离传统市场很远，去那儿很不方便。

★ 方便: 편하다
- 生活方便 생활이 편리하다 - 交通方便 교통이 편리하다

而且我也不喜欢传统市场的购物环境，人多拥挤，还有奇怪的味道，
(而且: 게다가) (味道 = 味儿)

★ 拥挤: 붐비다
- 会场拥挤 회의장이 붐비다 - 拥挤得人山人海 인산인해로 붐비다

感觉不太干净。再加上市场附近很难停车，
(再加: 게다가) (很难+动사 = ~하기 매우 어렵다)

Step3 자신의 경험으로 마무리 한다.

所以买东西的时候，我还是喜欢去大型超市。
(还是: ~하는 편이 (더) 좋다)

가 본 적은 있지만, 많지는 않습니다. 왜냐하면 저희 집에서 전통 시장은 멀리 떨어져 있어 가기 불편하기 때문입니다. 그리고 저는 전통 시장의 쇼핑 환경과 사람이 붐비는 점을 싫어하고, 이상한 냄새도 나서 깨끗하지 않은 것 같습니다. 게다가 시장 근처에는 주차하기가 어려워서, 물건을 살 때 대형 마트에 가는 것을 좋아합니다.

단어1 **传统市场** chuántǒng shìchǎng 명 전통시장, 재래시장 **附近** fùjìn 명 근처 **有名** yǒumíng 형 유명하다 **蔬菜** shūcài 명 채소 **新鲜** xīnxiān 형 신선하다 **种类** zhǒnglèi 명 종류 **店主** diànzhǔ 명 가게 주인 **对待** duìdài 동 접대하다 **客人** kèrén 명 손님 **亲切** qīnqiè 형 친근하다 **热情** rèqíng 형 친절하다 **逛** guàng 동 나가서 거닐다

단어2 **次数** cìshù 명 횟수 **离** lí 전 ~로부터 **方便** fāngbiàn 형 편리하다 **购物** gòuwù 동 물건을 구입하다 **环境** huánjìng 명 환경 **拥挤** yōngjǐ 형 붐비다 **奇怪** qíguài 형 이상하다 **味道** wèidao 명 냄새 **感觉** gǎnjué 동 여기다 **干净** gānjìng 형 깨끗하다 **难** nán 형 어렵다 **停车** tíngchē 동 주차하다 **大型超市** dàxíng chāoshì 명 대형 마트

기출유형4 쇼핑 물품

91. Mp3

평소 자주 사는 물건이 있거나 친구에게 선물을 할 때 선택하는 물품이 무엇인지를 묻는 문제이다. 구매 물품 관련 명사를 알지 못하면 답변에 영향을 주기 때문에 관련 어휘들은 미리 익혀두도록 하자.

TSC® 기출문제

如果送礼物给第一次来你们国家的外国朋友，你想准备什么？请简单说一说。

Rúguǒ sòng lǐwù gěi dì-yī cì lái nǐmen guójiā de wàiguó péngyou, nǐ xiǎng zhǔnbèi shénme? Qǐng jiǎndān shuō yi shuō.

만약 처음 당신의 나라를 방문한 외국 친구에게 선물을 준다면, 당신은 무엇을 준비할 것인가요? 간단히 말해 보세요.

답변 ①

Lv. 4

我会给外国朋友准备一些能代表我们国家的传统特色的礼物，比如韩服、手工艺品等。因为送这样的东西可以让外国朋友进一步地了解我们国家的文化，这样的礼物更有意义。

Wǒ huì gěi wàiguó péngyou zhǔnbèi yìxiē néng dàibiǎo wǒmen guójiā de chuántǒng tèsè de lǐwù, bǐrú Hánfú、shǒugōngyìpǐn děng. Yīnwèi sòng zhèyàng de dōngxi kěyǐ ràng wàiguó péngyou jìn yí bù de liǎojiě wǒmen guójiā de wénhuà, zhèyàng de lǐwù gèng yǒu yìyì.

Step1 질문의 핵심답변을 먼저 이야기한다.

我会给外国朋友准备一些能代表我们国家的传统特色的礼物，
(代表: 대표하다)

★ 特色: 특색(문학, 예술, 민족, 지역 스타일을 나타내는 것)
- 民族特色 민족 특색 - 体现特色 특색을 살리다

比如韩服、手工艺品等。
(比如: 예를 들면 / 等: 등등 = 什么的，之类的)

Step2 이유를 이야기한다.

因为送这样的东西可以让外国朋友进一步地了解我们国家的文化，
(因为: 왜냐하면 / 让: ~하게 만들다)

★ 进一步: 한층 더
- 进一步努力 한층 더 노력하다 - 进一步加速 한층 더 속도를 내다

Step3 자신의 견해를 이야기한다.

这样的礼物更有意义。
(意义: 의미)

저는 외국 친구에게 우리나라의 전통을 대표할 수 있는, 예를 들어 한복, 수공예품 등과 같은 특색 있는 선물을 준비해 줄 것입니다. 이런 물건은 외국 친구로 하여금 한층 우리나라의 문화를 이해할 수 있게 해 주고, 이런 선물이 훨씬 의미가 있기 때문입니다.

답변 ② Lv. 5~6

我会给外国朋友准备一些韩国的化妆品、红参、香水等礼物。我觉得这样的礼物更实用。因为外国人对韩国文化不是很了解，如果送给他们传统礼物，他们可能根本不知道这些礼物代表什么，收到后就随便放在什么地方了，没有意义。所以我会准备一些比较实用的礼物。

Wǒ huì gěi wàiguó péngyou zhǔnbèi yìxiē Hánguó de huàzhuāngpǐn、hóngshēn、xiāngshuǐ děng lǐwù. Wǒ juéde zhèyàng de lǐwù gèng shíyòng. Yīnwèi wàiguórén duì Hánguó wénhuà búshì hěn liǎojiě, rúguǒ sòng gěi tāmen chuántǒng lǐwù, tāmen kěnéng gēnběn bù zhīdào zhèxiē lǐwù dàibiǎo shénme, shōudào hòu jiù suíbiàn fàng zài shénme dìfang le, méiyǒu yìyì. Suǒyǐ wǒ huì zhǔnbèi yìxiē bǐjiào shíyòng de lǐwù.

Step1 질문의 핵심답변을 먼저 이야기한다.

我会给外国朋友准备一些韩国的化妆品、红参、香水等礼物。
~일 것이다

Step2 구체적인 견해를 제시한다.

~에 대해 잘 이해하는 것은 아니다

我觉得这样的礼物更实用。因为外国人对韩国文化不是很了解，

★ 实用: 실용적이다
- 不太实用 그다지 실용적이지 않다 - 适合实用 사용하기에 적합하다

如果送给他们传统礼物，他们可能根本不知道这些礼物代表什么，
만약 아마도(추측) 아예 모를 것이다

收到后就随便放在什么地方了，没有意义。

★ 随便: 마음대로, 멋대로
- 随便开玩笑 아무렇게나 농담하다 - 随便提意见 마음대로 의견을 제시하다

Step3 자신의 견해를 강조한다.

所以我会准备一些比较实用的礼物。

저는 외국 친구에게 한국의 화장품, 홍삼, 향수 등의 선물을 준비해 줄 것입니다. 저는 이런 선물이 훨씬 실용적이라 생각합니다. 왜냐하면 외국인은 한국 문화를 잘 모르기 때문에, 만약 그들에게 전통적인 선물을 준다면 그들은 그 선물이 나타내는 게 무엇인지 전혀 모르고, 선물을 받은 다음 아무 곳에나 놓아 두어 의미가 없어지기 때문입니다. 따라서 저는 비교적 실용적인 선물을 준비할 것입니다.

단 어1 送 sòng 동 선물하다 第一次 dì-yī cì 처음 外国 wàiguó 명 외국 代表 dàibiǎo 동 대표하다 传统 chuántǒng 형 전통의 特色 tèsè 명 특색 韩服 Hánfú 명 한복 手工艺品 shǒugōngyìpǐn 명 수공예품 进一步 jìnyíbù 부 더 나아가 文化 wénhuà 명 문화 意义 yìyì 명 의미, 가치

단 어2 化妆品 huàzhuāngpǐn 명 화장품 红参 hóngshēn 홍삼 香水 xiāngshuǐ 명 향수 实用 shíyòng 형 실용적이다 根本 gēnběn 부 아예 收 shōu 동 받다 随便 suíbiàn 부 마음대로 放 fàng 동 두다, 놓다

기출로 말하기 연습

다음 한국어에 맞게 답변을 완성해 보세요. 92. Mp3

1

我一般去 ① 재래시장 / 대형 마트 / 근처 슈퍼 买 ② 생활용품 / 옷 / 과일 。
Wǒ yìbān qù mǎi
저는 일반적으로 ____________에 가서 ____________을 삽니다.

因为那里不但 ③ 값을 흥정할 수 있다 / 물건이 좋고 가격이 싸다 / 가격이 저렴하다 ，而且
Yīnwèi nàli búdàn érqiě
④ 친절하다 / 예약 주문을 할 수 있다 / 집까지 배송해 주다 。
왜냐하면 그곳은 ____________할 뿐만 아니라, ____________하기 때문입니다.

所以我常去那儿购买东西。
Suǒyǐ wǒ cháng qù nàr gòumǎi dōngxi
그래서 저는 자주 그 곳에 가서 물건을 구매합니다.

2

我觉得送礼物要考虑 ① 상대방의 관심과 취미 / 가격 / 실용성 。
Wǒ juéde song lǐwù yào kǎolǜ
저는 선물을 줄 때 ____________을 고려해야 한다고 생각합니다.

比如对方平时对 ② 건강 / 여행 / 예쁜 것 感兴趣，
Bǐrú duìfāng píngshí duì gǎn xìngqù
예를 들어 상대방이 평소에 ____________에 대해 관심이 있다면,

那么我就准备 ③ 홍삼 / 와인 / 운동복 送给对方。
nàme wǒ jiù zhǔnbèi sòng gěi duìfāng
저는 바로 ____________을 준비합니다.

我觉得这样的礼物更有 ④ 실용성 / 가치 / 정성 。
Wǒ juéde zhèyàng de lǐwù gèng yǒu
저는 이러한 선물이 더욱 ____________하다고 생각합니다.

모범답안 **1** ① 传统市场，大型超市，附近的超市 ② 生活用品，衣服，水果
③ 可以讨价还价，物美价廉，价钱便宜 ④ 很[热情/亲切]，可以订购，可以送货上门
2 ① 对方的兴趣爱好，价格，实用性 ② 健康，旅行，漂亮的东西 ③ 红参，葡萄酒，运动服
④ 实用性，价值，心意

Point

06 여행

패키지여행과 자유여행을 경험해본 적이 있는지를 묻는 문제와 여행 관련 세부적인 내용을 물어보는 문제들이 출제된다. 특히 패키지여행과 자유여행의 장단점은 미리 준비해두면 답변 시 당황하지 않고 바로 대응할 수 있다.

여행

旅游 lǚyóu 동 여행하다(= 旅行 lǚxíng)
飞机 fēijī 명 비행기
导游 dǎoyóu 명 가이드
背包(旅)游 bèibāo(lǚ)yóu 명 배낭여행
跟团(旅)游 gēntuán(lǚ)yóu 명 패키지여행
自助(旅)游 zìzhù(lǚ)yóu 명 자유여행
个人(旅)游 gèrén(lǚ)yóu 명 개인여행
国内旅游 guónèi lǚyóu 국내여행
国外旅游 guówài lǚyóu 해외여행, 국외여행
旅程 lǚchéng 명 여정
护照 hùzhào 명 여권
计划 jìhuà 동 계획하다
打算 dǎsuan 동 ~할 계획이다
预约 yùyuē 동 예약하다
机票 jīpiào 명 비행기표

签证 qiānzhèng 명 비자
手机漫游 shǒujī mànyóu 휴대폰 로밍
经费 jīngfèi 명 경비
行李 xíngli 명 여행짐, 수화물
出国 chūguó 동 출국하다
气候 qìhòu 명 기후
旺季 wàngjì 명 성수기
淡季 dànjì 비수기
假期 jiàqī 명 휴가, 방학 기간
短期 duǎnqī 명 단기
长期 chángqī 명 장기
观光 guānguāng 동 관광하다, 참관하다
休闲 xiūxián 명 휴식, 레저활동
一日游 yírìyóu 당일치기 여행
三天两夜 sāntiān liǎngyè 2박 3일

관광지

夜景 yèjǐng 명 야경
历史 lìshǐ 명 역사
地区 dìqū 명 지역
城市 chéngshì 명 도시
景点 jǐngdiǎn 명 명승지, 명소
夜景 yèjǐng 명 야경

名胜古迹 míngshènggǔjì 명 명승고적
自然风景 zìrán fēngjǐng 자연 풍경
开阔眼界 kāikuò yǎnjiè 시야를 넓히다
入乡随俗 rùxiāngsuísú
그 고장에 가면 그 고장의 풍속을 따라야 한다
人生地不熟 rénshēng dì bù shú
사람도 생소하고 땅도 익숙하지 않다

감정

感受 gǎnshòu 동 느끼다
欣赏 xīnshǎng 동 감상하다
印象 yìnxiàng 명 인상
深刻 shēnkè 형 (인상, 정도가) 깊이가 있다
亲眼 qīnyǎn 부 제 눈으로, 직접
见闻 jiànwén 명 견문, 보고 들은 것
心情 xīnqíng 명 마음, 기분
气氛 qìfēn 명 분위기
回忆 huíyì 동 회상하다, 추억하다

眼界 yǎnjiè 명 안목, 식견
自由 zìyóu 형 자유롭다
放松 fàngsōng 동 늦추다, 긴장 풀다
消除 xiāochú 동 없애다, 해소하다
遭罪 zāozuì 동 고생하다
压力 yālì 명 스트레스
平静 píngjìng 형 (마음, 환경이) 조용하다
缓解 huǎnjiě 동 (정도를) 해소하다
散心 sànxīn 기분전환

기출유형1 여행 경험

93. Mp3

응시자의 여행 경험을 묻는 문제로 특히 여행을 어떤 방식을 통해 갔었는지에 대해서 묻는 질문이 자주 출제된다. 패키지여행, 배낭여행과 같은 여행 방식을 나타내는 어휘는 물론 각각 방식의 장단점도 파악해 두어야 한다.

TSC® 기출문제

你跟团旅游过吗？请简单说说看。

Nǐ gēntuán lǚyóuguo ma? Qǐng jiǎndān shuōshuo kàn.

패키지여행을 해본 적이 있나요? 간단히 말해 보세요.

답변 ①

Lv. 4

我没跟团旅游过，每次旅行都是自助旅游。因为我觉得自助游比跟团游更自由、方便，想去哪儿就去哪儿。不过这个暑假我打算跟团去旅游一次，比较一下自助游和跟团游的差别。

Wǒ méi gēntuán lǚyóuguo, měi cì lǚxíng dōu shì zìzhù lǚyóu. Yīnwèi wǒ juéde zìzhùyóu bǐ gēntuányóu gèng zìyóu、fāngbiàn, xiǎng qù nǎr jiù qù nǎr. Búguò zhège shǔjià wǒ dǎsuan gēntuán qù lǚyóu yí cì, bǐjiào yíxià zìzhùyóu hé gēntuányóu de chābié.

Step1 질문의 핵심답변을 먼저 이야기한다.

~해본 적이 없다

我没跟团旅游过，每次旅行都是自助旅游。

Step2 이유를 이야기한다.

~보다 / ~하고 싶으면, ~하다

因为我觉得自助游比跟团游更自由、方便，想去哪儿就去哪儿。

★ 想+동사+의문대명사+就+동사+의문대명사
- 想吃什么就吃什么 먹고 싶은 것이 있으면 그것을 먹는다
- 想干什么就干什么 하고 싶은 것이 있으면 그것을 한다

Step3 자신의 생각을 이야기한다.

그러나 / = 准备 / 차이를 비교하다

不过这个暑假我打算跟团去旅游一次，比较一下自助游和跟团游的差别。

★ 比较: 비교하다
- 互相比较 서로 비교하다
- 仔细比较 자세하게 비교하다

★ 差别: 차이
- 差别很大 차이가 크다
- 差别不大 차이가 크지 않다

저는 패키지여행을 해본 적이 없고, 매번 여행을 자유여행으로 갑니다. 왜냐하면 자유여행이 패키지여행보다 자유롭고 편리하며, 가고 싶은 곳이라면 어디든 갈 수 있기 때문입니다. 그러나 이번 여름휴가 때는 자유여행과 패키지여행의 차이점을 비교해 보기 위해 패키지여행을 한 번 가 볼 계획입니다.

답변 ②

Lv. 5~6

是的，我跟团旅游过。去年跟爸妈一起去西安的时候，选择了一个旅行社的跟团游。因为西安有很多名胜古迹，各个景点都需要导游的讲解，所以我们特意选了跟团旅游，结果很令人满意。导游讲解得很好，酒店、行程安排得也很周到。我以后去旅行还会选择跟团旅游。

Shìde, wǒ gēntuán lǚyóuguo. Qùnián gēn bàmā yìqǐ qù Xī'ān de shíhou, xuǎnzéle yí ge lǚxíngshè de gēntuán lǚyóu. Yīnwèi Xī'ān yǒu hěn duō míngshènggǔjì, gège jǐngdiǎn dōu xūyào dǎoyóu de jiǎngjiě, suǒyǐ wǒmen tèyì xuǎnle gēntuán lǚyóu, jiéguǒ hěn lìng rén mǎnyì. Dǎoyóu jiǎngjiě de hěn hǎo, jiǔdiàn、xíngchéng ānpái de yě hěn zhōudào. Wǒ yǐhòu qù lǚxíng hái huì xuǎnzé gēntuán lǚyóu.

Step1 질문의 핵심답변을 먼저 이야기한다.

是的，我跟团旅游过。

Step2 자신의 경험을 이야기한다.

패키지여행을 선택하다

去年跟爸妈一起去西安的时候，选择了一个旅行社的跟旅团游。
因为西安有很多名胜古迹，各个景点都需要导游的讲解，

★ 名胜古迹: 명승고적
- 游览名胜古迹 명승고적을 관람하다

★ 景点: 명소, 관광지
- 旅游景点 관광 명소 - 开发景点 관광지를 개발하다

특별히 / 그 결과 / ~하게 만들다

所以我们特意选了跟团旅游，结果很令人满意。导游讲解得很好，酒店、行程安排得也很周到。

★ 周到: 빈틈없다, 완벽하다
- 服务周到 서비스가 완벽하다 - 计划周到 계획이 완벽하다

Step3 자신의 생각을 이야기한다.

또 ~할 것이다

我以后去旅行还会选择跟团旅游。

네, 패키지여행을 해본 적이 있습니다. 작년에 부모님과 함께 시안에 갔을 때, 한 여행사의 패키지여행을 선택했습니다. 왜냐하면 시안에는 명승고적이 많이 있고 각각의 명소는 가이드의 설명이 필요하기 때문에, 우리는 특별히 패키지여행을 골랐는데, 결과는 매우 만족스러웠습니다. 가이드의 설명도 아주 좋았고, 호텔, 여행 일정 역시 완벽했습니다. 저는 다음 여행 때도 패키지여행을 선택할 것입니다.

단어1 **跟团(旅)游** gēntuán(lǚ)yóu 패키지여행 **自助(旅)游** zìzhù(lǚ)yóu 자유여행 **比** bǐ 전 ~보다 **自由** zìyóu 형 자유롭다 **暑假** shǔjià 명 여름 방학, 여름휴가 **差别** chābié 명 차이

단어2 **西安** Xī'ān 명 시안(중국의 도시) **选择** xuǎnzé 동 선택하다 **旅行社** lǚxíngshè 여행사 **名胜古迹** míngshèng gǔjì 명승고적 **景点** jǐngdiǎn 명 명소 **需要** xūyào 동 필요로 하다 **导游** dǎoyóu 명 가이드 **讲解** jiǎngjiě 동 해설하다, 설명하다 **特意** tèyì 부 특별히, 일부러 **令** lìng 동 ~하게 하다 **满意** mǎnyì 동 만족하다 **酒店** jiǔdiàn 명 호텔 **行程** xíngchéng 명 노정, 여정 **安排** ānpái 동 안배하다 **周到** zhōudào 형 빈틈없다, 꼼꼼하다

기출유형2 여행 관련 세부 사항

94. Mp3

여행 관련 세부 사항을 묻는 문제는 여행 때 무엇을 준비하는지 혹은 누구와 함께 가는지 등을 묻는 문제들이 출제된다. 자신의 경험을 예로 들어 설명하도록 하자.

TSC® 기출문제

休假的时候，你一般跟家人去旅行还是跟朋友去？请简单说一说。

Xiūjià de shíhou, nǐ yìbān gēn jiārén qù lǚxíng háishi gēn péngyou qù? Qǐng jiǎndān shuō yi shuō.

당신은 휴가 때 보통 가족과 함께 여행을 가나요, 아니면 친구와 가나요? 간단히 말해 보세요.

답변 ①

Lv. 4

休假的时候，我一般跟家人一起去旅行。因为我平时工作很忙，跟家人在一起的时间不多，所以每次休假，我都利用这个机会好好儿陪我的家人。我觉得跟家人一起度假是最幸福的事。

Xiūjià de shíhou, wǒ yìbān gēn jiārén yìqǐ qù lǚxíng. Yīnwèi wǒ píngshí gōngzuò hěn máng, gēn jiārén zài yìqǐ de shíjiān bù duō, suǒyǐ měi cì xiūjià, wǒ dōu lìyòng zhège jīhuì hǎohāor péi wǒ de jiārén. Wǒ juéde gēn jiārén yìqǐ dùjià shì zuì xìngfú de shì.

Step1 질문의 핵심답변을 먼저 이야기한다.

休假的时候，我一般跟家人一起去旅行。 (跟家人一起去旅行: ~와 함께 여행가다)

Step2 이유를 이야기한다.

因为我平时工作很忙，跟家人在一起的时间不多， (在一起: 함께하다, 같이 있다)

★ 工作: 일, 일하다
- 工作勤奋 일을 부지런히 하다 - 赶工作 시간에 쫓겨 일을 마무리하다

所以每次休假，我都利用这个机会好好儿陪我的家人。 (利用这个机会: 기회를 이용하다)

★ 机会: 기회
- 把握机会 기회를 잡다 - 错过机会 기회를 놓치다

Step3 자신의 생각을 이야기한다.

我觉得 跟家人一起度假是最幸福的事。 (度假: 휴가를 보내다)

휴가 때, 저는 보통 가족과 함께 여행을 갑니다. 평소에는 일이 바빠서 가족과 함께 하는 시간이 많지 않기 때문에, 매번 휴가 때 이 기회를 이용해 가족과 함께 합니다. 저는 가족과 함께 휴가를 보내는 것이 제일 행복한 일이라고 생각합니다.

답변 ②

休假的时候我会选择跟朋友一起去旅行。因为我和朋友的年龄、兴趣爱好都差不多，想去的地方、想吃的东西都一样，所以每次跟朋友一起去旅行都玩得很痛快。最近我和朋友们正在攒钱，等攒够了钱，休假的时候，我们打算一起去更多的地方玩。

Xiūjià de shíhou wǒ huì xuǎnzé gēn péngyou yìqǐ qù lǚxíng. Yīnwèi wǒ hé péngyou de niánlíng、xìngqù àihào dōu chàbuduō, xiǎng qù de dìfang、xiǎng chī de dōngxi dōu yíyàng, suǒyǐ měi cì gēn péngyou yìqǐ qù lǚxíng dōu wán de hěn tòngkuai. Zuìjìn wǒ hé péngyoumen zhèngzài zǎnqián, děng zǎn gòule qián, xiūjià de shíhou, wǒmen dǎsuan yìqǐ qù gèng duō de dìfang wán.

Step1 질문의 핵심답변을 먼저 이야기한다.

休假的时候我会选择跟朋友一起去旅行。

Step2 구체적인 견해를 제시한다.

~와 비슷하다

因为我和朋友的年龄、兴趣爱好都差不多，

★ 差不多: 비슷하다
- 学问差不多 학문이 비슷하다 - 程度差不多 정도가 비슷하다

想去的地方、想吃的东西都一样，所以每次跟朋友一起去旅行都玩得很痛快。

★ 痛快: 즐겁다, 통쾌하다
- 心里痛快 마음이 통쾌하다 - 感到痛快 통쾌하다고 느끼다

Step3 자신의 계획을 이야기한다.

돈을 모으다 / ~한 후에 / 충분하다

最近我和朋友们正在攒钱，等攒够了钱，休假的时候，我们打算一起去更多的地方玩。

★ 攒钱: 돈을 모으다
- 赚钱 돈을 벌다 - 借钱 돈을 빌리다

휴가 때, 저는 친구와 함께 여행을 갑니다. 왜냐하면 친구와는 나이, 취미가 비슷하고, 가고 싶은 곳, 먹고 싶은 음식이 같기 때문에, 매번 친구와 함께 여행을 가면 매우 즐겁습니다. 요즘 저와 친구는 돈을 모으고 있는데, 돈이 넉넉하게 모아지면 휴가 때 함께 더 많은 곳을 놀러 가려고 합니다.

단어1 休假 xiūjià 동 휴가를 내다 时候 shíhou 명 때, 시간 机会 jīhuì 명 기회 陪 péi 동 동반하다 度假 dùjià 동 휴가를 보내다 幸福 xìngfú 형 행복하다

단어2 年龄 niánlíng 명 나이 差不多 chàbuduō 형 비슷하다 地方 dìfang 명 장소, 곳 一样 yíyàng 형 같다, 동일하다 痛快 tòngkuai 형 즐겁다 最近 zuìjìn 명 최근, 요즘 攒钱 zǎnqián 동 돈을 모으다 够 gòu 형 충분하다 打算 dǎsuan 동 ~하려고 하다

기출로 말하기 연습

다음 한국어에 맞게 답변을 완성해 보세요.

95. Mp3

1

如果我想去旅游，我一般会选择 ① 자유여행 / 패키지여행 / 해외여행 。
Rúguǒ wǒ xiǎng qù lǚyóu, wǒ yìbān huì xuǎnzé
저는 만약 여행을 가고 싶다면, 일반적으로 ____________을 선택합니다.

因为这样 ② 자유롭다 / 편리하다 / 시간을 낭비하지 않아도 된다 / 하고 싶은 것을 할 수 있다 。
Yīnwèi zhèyàng
이렇게 하면 ____________하기 때문입니다.

然后我就准备 ③ 여권 / 비자 / 사진기 。
Ránhòu wǒ jiù zhǔnbèi
그런 다음 저는 ____________을 준비합니다.

我觉得旅游是一件 ④ 행복하다 的事。
Wǒ juéde lǚyóu shì yí jiàn de shì
저는 여행은 ____________한 일이라고 생각합니다.

2

我想去 ① 중국 / 미국 / 일본 旅游。
Wǒ xiǎng qù lǚyóu
저는 ____________로 여행을 가고 싶습니다.

因为听说那里不但 ② 명승고적이 많이 있다 / 자연 풍경이 예쁘다 / 기후가 괜찮다 ，
Yīnwèi tīngshuō nàli búdàn
왜냐하면 그곳은 듣자 하니 ____________일 뿐만 아니라

而且 ③ 야경이 예쁘다 / 현지인들이 친절하다 / 맛있는 음식이 많다 。
érqiě
____________하기 때문입니다.

所以我有机会一定要去那儿看看。
Suǒyǐ wǒ yǒu jīhuì yídìng yào qù nàr kànkan.
그래서 기회가 있다면 반드시 그곳에 가서 구경하고 싶습니다.

모범답안 **1** ① 自助(旅)游，跟团(旅)游，国外旅游 ② 很自由，很方便，不用浪费时间，可以想做什么就做什么 ③ 护照，签证，照相机 ④ 幸福
2 ① 中国，美国，日本 ② 有很多名胜古迹，自然风景很美，气候不错 ③ 夜景漂亮，当地人很[热情/亲切]，有很多美食

모범답안 p 393

TSC® 기출문제
Test of Spoken Chinese

이 름
수험번호

第4部分 : 短简回答

思考	回答
00 : 15	00 : 25

다음 문제를 듣고 대답해 보세요. 96. Mp3

第 1 题　学生时期给你留下印象最深刻的人是谁？请简单说说看。

(15秒) 提示音 ＿＿＿＿ (25秒) ＿＿＿＿ 结束。

第 2 题　你想过自己做生意吗？请简单说说。

(15秒) 提示音 ＿＿＿＿ (25秒) ＿＿＿＿ 结束。

第 3 题　你喜欢吃快餐吗？请简单谈谈。

(15秒) 提示音 ＿＿＿＿ (25秒) ＿＿＿＿ 结束。

第 4 题　你参加过别人的毕业典礼吗？请简单谈一谈。

(15秒) 提示音 ＿＿＿＿ (25秒) ＿＿＿＿ 结束。

第 5 题　做公休日计划时，你一般会参考天气预报吗？请简单说说看。

(15秒) 提示音 ________(25秒)________ 结束。

第 6 题　你周围去国外留过学的人多吗？请简单说一说。

(15秒) 提示音 ________(25秒)________ 结束。

第 7 题　你一般用什么方法来消除或缓解压力？请简单说一说。

(15秒) 提示音 ________(25秒)________ 结束。

第 8 题　你买手机、电脑等电子产品后，一般会用很长时间吗？
请简单说一说。

(15秒) 提示音 ________(25 秒)________ 结束。

이 름
수험번호

第 9 题　你喜欢追求流行，把自己打扮得很时尚吗？请简单谈谈看。

(15秒) 提示音 ________ (25 秒) ________ 结束。

第 10 题　你常去咖啡店吗？请简单说说看。

(15秒) 提示音 ________ (25秒) ________ 结束。

第 11 题　每个月你花的电话费多不多？请简单说说。

(15秒) 提示音 ________ (25秒) ________ 结束。

第 12 题　旅游时，你一般提前做好计划吗？请简单谈谈。

(15秒) 提示音 ________ (25秒) ________ 结束。

第五部分 拓展回答

제5부분 논리적으로 답하기

point 1 **교육과 직업**

고등 교육(1~3) | 학교 교육 | 학교 제도
시험 | 사교육 | 유학 | 직업 유형 | 직업 소개

point 2 **생활**

대중교통 | 교통수단 장단점 | 주거
휴식과 오락 | 다이어트 | 이웃관계 | 소통

point 3 **사회 이슈**

금전과 행복 | 외모 | 반려동물
결혼 | 개인 정보 | 환경

point 4 **인터넷과 과학**

휴대전화 중독 | 전자기기 영향 | 생명 연장 | 인터넷 발전

제5부분 | 논리적으로 답하기

구성

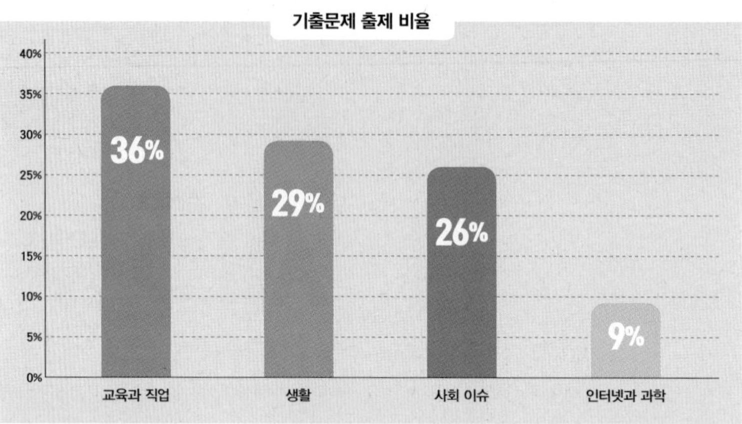

유형	자신의 견해와 관점을 대답하는 문제이다. 최대한 완전한 문장으로 대답해야 하며 질문이 화면에 제시된다.
문항 수	4문항
답변 준비 시간	30초
답변 시간	문제당 50초

전략포인트

1 답변 안에 기승전결이 있어야 한다.

5부분은 문제에 대한 자신의 주장을 피력하는 문제가 대다수이다. 따라서 답변 안에는 자신의 주장 → 그 주장을 뒷받침해 줄 수 있는 의견 혹은 부연 설명 → 마무리가 있는 답변이어야 한다. 또한 자신의 주장과 부연 설명의 흐름이 반드시 일치해야 한다는 것에 주의하자.

2 어순이 중요하고, 단문보다는 복문이 좋다.

문장은 어순에 맞춰서 답변해야 하며, 주장을 뒷받침하는 의견은 단문보다는 접속사를 사용한 복문이 좋다. 따라서 평소에 문장을 단문으로 하나씩 끊어서 이야기하는 습관이 있다면 접속사를 사용해서 문장을 조금 더 길게 말할 수 있는 연습을 하자.

3 문제의 핵심을 정확하게 파악한다.

장단점을 모두 요구하는 문제일 경우 답변 역시 장점과 단점을 모두 이야기해야 하며, 실제 예를 들어서 설명하라고 할 경우에도 예시가 반드시 있어야 한다. 질문에서 요구하는 내용을 둘 중 하나만 이야기하거나 문제의 핵심을 정확하게 파악하지 못한다면 감점의 요인이 되므로 주의하도록 하자.

시험 맛보기

자신의 주장을 서론 → 본론 → 결론의 확실한 흐름과 논리적인 전개로 대답하는 것에 우선적으로 초점을 맞추고, 관용어나 성어를 사용한 고급 표현의 구사도 좋지만, 자신의 입장에서 말하기 쉬운 방식으로 알고 있는 표현 위주로 실수 없이 답변하는 것이 더 중요합니다.

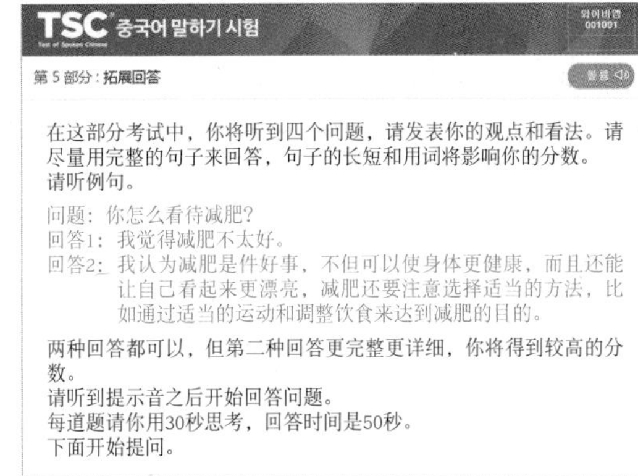

1

첫 화면에 5부분 유형의 지시문과 음성이 같이 나온다.

TSC 중국어 말하기 시험

第 5 部分：拓展回答 - 第 1 题

对于上班族来说，你认为有哪些因素会影响身体健康?

思考

00 : 30

2

두 번째 화면에 문제와 음성이 나오고 하단에 [思考]라는 표시와 함께 30초의 준비 시간이 주어진다. 준비 시간이 끝나면 '삐' 소리가 난다.

思考 〉#Beep

TSC 중국어 말하기 시험

第 5 部分：拓展回答 - 第 1 题

对于上班族来说，你认为有哪些因素会影响身体健康?

回答

00 : 50

3

화면 하단에 [回答]라고 표시되며 답변 시간 50초가 카운트된다. 답변 시간이 모두 끝나면 "现在结束。" 멘트가 나온다.

回答 〉 "现在结束。"

Point

01 교육과 직업

5부분에서 가장 많이 출제되는 내용이 바로 교육과 직업이다. 교육 관련해서는 교육제도와 대학교육의 필요성에 대해서 반드시 물어보니 미리 관련 어휘나 구문을 익혀두는 것이 좋다. 직업은 프리랜서, 고정적인 직업, 장래에 인기 있을 직업 등과 같은 직업 특성을 소개하는 문제들이 출제된다.

견해 말하기 표현

我同意 wǒ tóngyì + 견해: 나는 ~에 동의합니다	我不同意 wǒ bù tóngyì + 견해: 나는 ~에 반대합니다
我反对 wǒ fǎnduì + 견해: 나는 ~에 반대합니다	我认为 wǒ rènwéi + 견해: 나는 ~라고 생각합니다
我支持 wǒ zhīchí + 견해: 나는 ~에 지지합니다	我觉得 wǒ juéde + 견해: 나는 ~라고 생각합니다

교육

教育 jiàoyù 동 교육하다 명 교육	懂得 dǒngde 동 알다, 이해하다
培养 péiyǎng 동 기르다, 양성하다	优秀 yōuxiù 형 우수하다
考虑 kǎolǜ 동 고려하다	传授 chuánshòu 동 전수하다, 가르치다
留学 liúxué 동 유학가다	树立 shùlì 동 수립하다
机会 jīhuì 명 기회	引导 yǐndǎo 동 인도하다, 이끌다
专业 zhuānyè 명 전공	成长 chéngzhǎng 동 성장하다. 자라다.
就业 jiùyè 동 취업하다	必须 bìxū 부 반드시
学历 xuélì 명 학력	重视 zhòngshì 동 중시하다
压力 yālì 명 스트레스	重要 zhòngyào 형 중요하다
标准 biāozhǔn 명 기준	发型 fàxíng 명 헤어스타일
增加 zēngjiā 동 증가하다	限制 xiànzhì 동 제한하다
知识 zhīshi 명 지식	成绩 chéngjì 명 성적
竞争 jìngzhēng 명 경쟁	掌握 zhǎngwò 동 파악하다, 습득하다
激烈 jīliè 형 치열하다, 격렬하다	补习班 bǔxíbān 명 학원
奋斗 fèndòu 동 분투하다	成就感 chéngjiùgǎn 명 성취감
实现 shíxiàn 동 실현하다	敲门砖 qiāoménzhuān 명 출세 수단, 입신양명의 수단
理想 lǐxiǎng 명 이상, 꿈	社会成员 shèhuì chéngyuán 사회 구성원
淘汰 táotài 동 도태하다	道德观念 dàodé guānniàn 도덕관념
亲身 qīnshēn 부 친히, 직접	知识教育 zhīshi jiàoyù 지식교육
体验 tǐyàn 동 체험하다	品德教育 pǐndé jiàoyù 인성 교육
付出 fùchū 동 들이다, 바치다	独立思考 dúlì sīkǎo 독립적으로 사고하다
努力 nǔlì 형 노력하다	私人教育 sīrén jiàoyù 사교육
优势 yōushì 명 우세, 장점	早期留学 zǎoqī liúxué 조기유학

品德 pǐndé 명 인품과 덕성
求职 qiúzhí 동 구직하다
校服 xiàofú 명 교복
步入 bùrù 동 들어가다, 진전하다
社会 shèhuì 명 사회
成人 chéngrén 명 성인
考试 kǎoshì 명 시험
施加 shījiā 동 (압력, 영향 따위를) 주다, 가하다
主动 zhǔdòng 형 능동적이다, 자발적이다

开阔眼界 kāikuò yǎnjiè 시야를 넓히다
竭尽全力 jiéjìnquánlì 동 온 힘을 다하다
大学牌子 dàxué páizi 대학간판
事半功倍 shìbàngōngbèi 성 적은 노력으로 많은 성과를 올리다
心甘情愿 xīngānqíngyuàn 달갑게 바라다, 기꺼이 원하다
忐忑不安 tǎntèbùān 성 매우 불안하다
名列前茅 mínglièqiánmáo 서열(석차)가 앞에 있다
培养人才 péiyǎng réncái 인재를 양성하다

직업

职业 zhíyè 명 직업
工作 gōngzuò 명 직업, 일
经历 jīnglì 명 경험 동 겪다, 경험하다
求职 qiúzhí 동 구직하다
固定 gùdìng 형 고정되다
收入 shōurù 명 수입
获得 huòdé 동 얻다, 획득하다
成功 chénggōng 명 성공
才能 cáinéng 명 재능
提升 tíshēng 동 진급하다, 끌어올리다
素质 sùzhì 명 소양
价值 jiàzhí 명 가치
培养 péiyǎng 동 기르다, 양성하다
能力 nénglì 명 능력
发挥 fāhuī 동 발휘하다
突出 tūchū 형 돌출하다, 돋보이다
待遇 dàiyù 명 대우
升职 shēngzhí 동 승진하다
创业 chuàngyè 동 창업하다
企业 qǐyè 명 기업
工人 gōngrén 명 노동자
人力 rénlì 명 인력
职员 zhíyuán 명 직원
应聘者 yìngpìnzhě 지원자
不景气 bùjǐngqì 형 불경기이다
条件 tiáojiàn 명 조건
情况 qíngkuàng 명 상황

技术 jìshù 명 기술
业务 yèwù 명 업무
加班 jiābān 동 초과 근무하다, 특근하다
下岗 xiàgǎng 동 실직하다, 퇴출되다
跳槽 tiàocáo 다른 부서로 옮기다, 직업을 바꾸다
退休 tuìxiū 동 퇴직하다
换工作 huàn gōngzuò 직업을 바꾸다
上班族 shàngbānzú 직장인
受欢迎 shòu huānyíng 환영 받다
密不可分 mìbùkěfēn 뗄 수 없다, 밀접하다
实际能力 shíjìnénglì 실질적인 능력
自由职业 zìyóu zhíyè 자유직업
自由职业者 zìyóu zhíyèzhě 명 프리랜서
会说话 huìshuōhuà 남을 기쁘게 하는 말을 잘한다
有眼力见儿 yǒu yǎnlì jiànr 눈치가 빠르다
在学问上很出色 zài xuéwèn shàng hěn chūsè 학문적으로 뛰어나다
思想开放 sīxiǎng kāifàng 생각이 개방적이다
看重 kànzhòng 동 중시하다
品质 pǐnzhì 명 성품, 인품
失业 shīyè 동 직업을 잃다, 실직하다
为人 wéirén 동 처세하다
表达 biǎodá 동 나타내다, 표현하다
关键 guānjiàn 명 관건, 키 포인트
热门 rèmén 명 인기 있는 것
顺利 shùnlì 형 순조롭다
自由职业 zìyóu zhíyè 프리랜서

기출유형1 고등 교육(1)

97. Mp3

대학교 교육이 반드시 필요한 지를 묻는 문제로 매년 자주 출제되고 있는 문제 중 하나이다. 답변은 두괄식으로 말하고 자신의 의견을 뒷받침할 수 있는 이유, 견해, 근거를 반드시 논리적으로 제시하도록 하자.

TSC® 기출문제

你认为上大学是必须的吗？请谈谈你的意见。

Nǐ rènwéi shàng dàxué shì bìxū de ma? Qǐng tántan nǐ de yìjiàn.

당신은 대학에 가는 것이 꼭 필요하다고 생각하나요? 당신의 생각을 말해 보세요.

답변 ① Lv. 4~6

我认为不一定要上大学，因为学历并不一定代表一个人的素质和能力。有的人学历很高，却并不具备很高的能力。虽然获得较高学历的人取得成功的可能性更大，但成功的路并不止一条。所以我觉得只要选择好适合自己走的人生道路，即使不上大学，也同样会取得成功的。

Wǒ rènwéi bù yídìng yào shàng dàxué, yīnwèi xuélì bìng bù yídìng dàibiǎo yí ge rén de sùzhì hé nénglì. Yǒu de rén xuélì hěn gāo, què bìng bù jùbèi hěn gāo de nénglì. Suīrán huòdé jiào gāo xuélì de rén qǔdé chénggōng de kěnéngxìng gèng dà, dàn chénggōng de lù bìng bù zhǐ yì tiáo. Suǒyǐ wǒ juéde zhǐyào xuǎnzé hǎo shìhé zìjǐ zǒu de rénshēng dàolù, jíshǐ bú shàng dàxué, yě tóngyàng huì qǔdé chénggōng de.

Step1 자신의 견해를 먼저 이야기한다.

반드시 ~한 것은 아니다 / 나타내다

我认为不一定要上大学，因为学历并不一定代表一个人的素质和能力。

★ 素质: 자질, 소양
- 素质很高 자질이 뛰어나다 - 素质很低 자질이 높지 못하다

Step2 견해를 뒷받침할 근거를 제시한다.

학벌이 좋다, 학력이 높다

有的人学历很高，却并不具备很高的能力。

★ 具备: 갖추다
- 具备条件 조건을 갖추다 - 具备资格 자격을 갖추다

성공을 얻다 / 결코 ~가 아니다

虽然获得较高学历的人取得成功的可能性更大，但成功的路并不止一条。

비록 ~하지만, 그러나 ~하다

★ 取得: 얻다
- 取得成就 성취를 거두다 - 取得同意 동의를 얻다

Step3 다시 한 번 자신의 견해를 강조한다.

인생의 길을 선택하다 / 설령 ~일지라도, 역시 ~하다

所以我觉得只要选择好适合自己走的人生道路，即使不上大学，也同样会取得成功的。

저는 꼭 대학에 갈 필요는 없다고 생각합니다. 왜냐하면 학력이 결코 한 사람의 자질과 능력을 나타내지는 않기 때문입니다. 어떤 사람은 학력은 매우 높은데 뛰어난 능력은 갖추지 못하기도 합니다. 비록 학력이 높은 사람이 성공할 확률이 더 높기는 하지만, 성공의 길은 비단 하나가 아닙니다. 그래서 저는 자신에게 맞는 인생 노선을 선택하면 설령 대학에 가지 않는다 하더라도 성공할 수 있다고 생각합니다.

답변 ②

我认为上大学是必须的，因为上大学不但可以系统地学习专业知识，提高个人的文化水平和修养，增长见识，开阔眼界；还可以让自己的人生经历变得更丰富，培养独立思考和人际交往能力，结交更多的朋友。而且最近找工作时学历是首要条件，现在很多企业招聘员工时很看重学历，有大学学历的话有助于就业。总而言之，我觉得上大学是必须的。

Wǒ rènwéi shàng dàxué shì bìxū de, yīnwèi shàng dàxué búdàn kěyǐ xìtǒng de xuéxí zhuānyè zhīshi, tígāo gèrén de wénhuà shuǐpíng hé xiūyǎng, zēngzhǎng jiànshi, kāikuò yǎnjiè; hái kěyǐ ràng zìjǐ de rénshēng jīnglì biàn de gèng fēngfù, péiyǎng dúlì sīkǎo hé rénjì jiāowǎng nénglì, jiéjiāo gèng duō de péngyou. Érqiě zuìjìn zhǎo gōngzuò shí xuélì shì shǒuyào tiáojiàn, xiànzài hěn duō qǐyè zhāopìn yuángōng shí hěn kànzhòng xuélì, yǒu dàxué xuélì dehuà yǒu zhùyú jiùyè. Zǒng'éryánzhī, wǒ juéde shàng dàxué shì bìxū de.

Step1 자신의 견해를 먼저 이야기한다.

我认为上大学是必须的，
认为: ~라고 생각하다 / 必须: 필수이다

Step2 견해를 뒷받침할 근거를 제시한다.

因为上大学不但可以系统地学习专业知识，提高个人的文化水平和修养，

★ 提高: 향상시키다
- 提高工资 급여를 올리다 - 提高能力 능력을 향상시키다

增长见识，开阔眼界；还可以让自己的人生经历变得更丰富，
增长: 늘어나다, 높아지다 / 经历: 경험

★ 开阔: 넓다, 크다
- 开阔视野 시야를 넓히다 - 开阔的空间 확 트인 공간

培养独立思考和人际交往能力，结交更多的朋友。
培养……能力: 능력을 기르다 / 结交……朋友: 친구를 사귀다

★ 独立: 독립적이다
- 独立生活 독립적으로 생활하다 - 独立自学 혼자서 자습하다

而且最近找工作时学历是首要条件，现在很多企业招聘员工时很看重学历，有大学学历的话有助于就业。
首要 = 最重要的 / 招聘员工: 직원을 채용하다 / 有助于: ~에 도움이 되다

Step3 다시 한 번 자신의 견해를 강조한다.

总而言之，我觉得上大学是必须的。
总而言之: 요컨대, 정리해서 말하자면

저는 꼭 대학에 가야 한다고 생각합니다. 왜냐하면 대학에 가면 체계적으로 전문 지식을 배울 수 있고, 개인의 문화 수준과 교양을 높이고 견문을 넓히며 시야를 넓일 수 있기 때문입니다. 또한 자신의 인생 경험을 더욱 풍부하게 할 수 있으며, 독립적인 사고와 사회성을 길러 더 많은 친구를 사귈 수 있습니다. 게다가 요즘은 일자리를 구할 때 학력은 가장 중요한 조건입니다. 현재 많은 기업이 직원을 채용할 때 학력을 중요시하며 대학 학력이 있으면 취업에 도움이 됩니다. 한마디로 말해 저는 대학에 꼭 가야 한다고 생각합니다.

단어1 **上** shàng 동 가다, 다니다 **必须** bìxū 부 반드시 ~해야 한다 **学历** xuélì 명 학력 **并不** bìng bù 결코 ~하지 않다 **素质** sùzhì 명 소양, 자질 **却** què 오히려 **具备** jùbèi 동 갖추다 **获得** huòdé 동 얻다 **取得** qǔdé 동 얻다 **可能性** kěnéngxìng 가능성 **止** zhǐ 부 다만 **只要** zhǐyào 접 ~하기만 하면 **选择** xuǎnzé 동 선택하다 **道路** dàolù 명 노선

단어2 **系统** xìtǒng 형 체계적이다 **专业** zhuānyè 명 전문 **修养** xiūyǎng 명 교양 **增长** zēngzhǎng 동 늘어나다 **见识** jiànshi 명 견문 **开阔** kāikuò 동 넓히다 **眼界** yǎnjiè 명 시야 **经历** jīnglì 명 경험 **变** biàn 동 변하다 **丰富** fēngfù 형 풍부하다 **独立** dúlì 형 독립적이다 **思考** sīkǎo 명 사고하다 **人际** rénjì 명 사람과 사람 사이 **交往** jiāowǎng 동 사귀다 **结交** jiéjiāo 동 사귀다 **首要** shǒuyào 형 가장 중요하다 **招聘** zhāopìn 명 모집하다 **有助于** yǒu zhùyú ~에 도움이 되다

기출유형2 고등 교육(2)

98. Mp3

대학 전공과 관련된 질문으로 전공이 취업에 영향을 주는지 혹은 전공대로 직업을 선택해야 하는지를 묻는 문제 등이 출제된다. 자신의 경험에 예를 들어 전공이 영향을 끼쳤는지 아니면 영향을 끼치지 않았는지 나눠서 답변하도록 하자.

TSC® 기출문제

你认为大学专业对找工作有影响吗？请说说你的想法。

Nǐ rènwéi dàxué zhuānyè duì zhǎo gōngzuò yǒu yǐngxiǎng ma? Qǐng shuōshuo nǐ de xiǎngfǎ.

당신은 대학 전공이 취업하는 데 영향을 준다고 생각하나요? 당신의 생각을 말해 보세요.

답변 ①

Lv. 4~6

我认为大学专业对找工作有很大的影响。因为一般人找工作时，首先就是看自己的专业和这个工作是否相符，然后才看工资、福利等其他条件。而且企业招聘职员时最看重的也是应聘者的专业。如果大学专业和工作相符或者是热门专业的话肯定可以顺利地找到工作。

Wǒ rènwéi dàxué zhuānyè duì zhǎo gōngzuò yǒu hěn dà de yǐngxiǎng. Yīnwèi yìbān rén zhǎo gōngzuò shí, shǒuxiān jiùshì kàn zìjǐ de zhuānyè hé zhège gōngzuò shìfǒu xiāngfú, ránhòu cái kàn gōngzī、fúlì děng qítā tiáojiàn. Érqiě qǐyè zhāopìn zhíyuán shí zuì kànzhòng de yě shì yìngpìnzhě de zhuānyè. Rúguǒ dàxué zhuānyè hé gōngzuò xiāngfú huòzhě shì rèmén zhuānyè dehuà kěndìng kěyǐ shùnlì de zhǎodào gōngzuò.

Step1 자신의 견해를 먼저 이야기한다.

~에 영향을 준다

我认为大学专业对找工作有很大的影响。

★ 专业: 전공, 전문
- 专业知识 전공 지식
- 专业教育 전문 교육

Step2 견해를 뒷받침할 근거1을 제시한다.

먼저 ~하고, 그 다음 ~하다

因为一般人找工作时，首先就是看自己的专业和这个工作是否相符，然后才看工资、

~과 서로 부합하다

福利等其他条件。而且企业招聘职员时最看重的也是应聘者的专业。

= 重视

Step3 견해를 뒷받침할 근거2를 제시한다.

혹은

如果大学专业和工作相符或者是热门专业的话肯定可以顺利地找到工作。

★ 热门: 인기있는 것, 유행하는 것
- 热门商品 대인기 상품
- 热门话题 핫이슈

저는 대학 전공이 취업하는 데 큰 영향을 준다고 생각합니다. 왜냐하면 일반적으로 사람이 일자리를 구할 때는 우선 자신의 전공과 이 일이 맞는지 살펴 본 다음, 임금이나 복지 등 다른 조건을 보기 때문입니다. 또한 기업이 직원을 채용할 때 가장 중요하게 생각하는 것 역시 지원자의 전공입니다. 만약 대학 전공과 직장이 서로 일치하거나 인기 있는 전공이라면 분명 어렵지 않게 직장을 구할 수 있을 것입니다.

단어 **影响** yǐngxiǎng 명 영향 동 영향을 주다 **是否** shìfǒu 부 ~인지 아닌지 **相符** xiāngfú 형 서로 일치하다 **工资** gōngzī 명 임금 **福利** fúlì 명 복지 **条件** tiáojiàn 명 조건 **看重** kànzhòng 동 중시하다 **应聘者** yìngpìnzhě 지원자 **肯定** kěndìng 부 분명히 **顺利** shùnlì 형 순조롭다

답변 ② Lv. 4~6

我认为大学专业对找工作影响不大。现在很多人从事的工作都和大学专业没什么关系，他们选择的是自己喜欢的工作。就拿我来说吧，我大学读的专业是贸易，但后来才发现我对跟计算机有关的工作更有兴趣，因此我毫不犹豫地放弃了我大学时学的专业，选择了自己喜欢的工作。所以可以说专业对找工作没什么影响，还是兴趣更重要。

Wǒ rènwéi dàxué zhuānyè duì zhǎo gōngzuò yǐngxiǎng bú dà. Xiànzài hěn duō rén cóngshì de gōngzuò dōu hé dàxué zhuānyè méi shénme guānxi, tāmen xuǎnzé de shì zìjǐ xǐhuan de gōngzuò. Jiù ná wǒ láishuō ba, wǒ dàxué dú de zhuānyè shì màoyì, dàn hòulái cái fāxiàn wǒ duì gēn jìsuànjī yǒuguān de gōngzuò gèng yǒu xìngqù, yīncǐ wǒ háobù yóuyù de fàngqìle wǒ dàxué shí xué de zhuānyè, xuǎnzéle zìjǐ xǐhuan de gōngzuò. Suǒyǐ kěyǐ shuō zhuānyè duì zhǎo gōngzuò méi shénme yǐngxiǎng, háishi xìngqù gèng zhòngyào.

Step1 자신의 견해를 먼저 이야기한다.

我认为大学专业对找工作影响不大。

★ 影响: 영향
- 影响不小 영향이 작지 않다 - 影响严重 영향이 심각하다

Step2 견해를 뒷받침할 근거를 제시한다.

(和……没什么关系: ~와 별다른 관계가 없다)

现在很多人从事的工作都和大学专业没什么关系，他们选择的是自己喜欢的工作。

★ 选择: 선택하다
- 选择对象 결혼할 상대를 선택하다 - 选择职业 직업을 선택하다

(就拿……来说: ~를 예로 들어 설명하다 / 读……专业: 전공을 공부하다 / 跟……有关: ~과 관련이 있다 / 有兴趣: ~에 관심이 있다)

就拿我来说吧，我大学读的专业是贸易，但后来才发现我对跟计算机有关的工作更有兴趣，

(因此: 그리하여 / 毫不犹豫地放弃: 조금도 망설임 없이 포기하다)

因此我毫不犹豫地放弃了我大学时学的专业，选择了自己喜欢的工作。

★ 放弃: 포기하다
- 放弃机会 기회를 포기하다 - 放弃意见 의견을 포기하다

Step3 다시 한 번 자신의 견해를 강조한다.

(可以说: ~라 말할 수 있다 / 还是……更: 그래도 더욱 ~하다)

所以可以说专业对找工作没什么影响，还是兴趣更重要。

저는 대학 전공이 취업하는 데 그다지 영향을 주지 않는다고 생각합니다. 오늘날 많은 사람이 하고 있는 일들은 대학 전공과 별로 관계가 없으며, 그들이 선택한 것은 자신이 좋아하는 일입니다. 저만 해도, 대학 전공은 무역이었지만 나중에 컴퓨터 관련 업무에 더 관심이 많다는 것을 알게 되어, 주저하지 않고 대학 때 공부했던 전공을 버리고 제가 좋아하는 일을 선택했습니다. 그래서 전공은 일자리를 찾는 데 별로 영향을 주지 않으며 흥미가 더 중요하다고 말할 수 있습니다.

단어 **从事** cóngshì 동 종사하다 **选择** xuǎnzé 동 선택하다 **读** dú 동 공부하다 **贸易** màoyì 명 무역 **发现** fāxiàn 동 발견하다 **计算机** jìsuànjī 명 컴퓨터 **有关** yǒuguān 동 관계가 있다 **兴趣** xìngqù 명 흥미, 관심 **毫不** háo bù 조금도 ~하지 않다 **犹豫** yóuyù 형 망설이다 **放弃** fàngqì 동 포기하다

기출유형3 고등 교육(3)

99. Mp3

교육정도와 수입의 상관성을 묻는 문제이다. 교육정도와 수입이 서로 관련이 있다면 고등교육을 받은 사람이 월급이 더 높다는 측면에서, 만약 관계가 없다면 교육정도가 업무 능력에 영향을 미치지 않는다는 측면에서 답변하면 된다.

TSC® 기출문제

你认为一个人的学历和收入有关系吗？请谈谈你的想法。

Nǐ rènwéi yí ge rén de xuélì hé shōurù yǒu guānxi ma? Qǐng tántan nǐ de xiǎngfǎ.

당신은 한 사람의 학력과 소득이 관련이 있다고 생각하나요? 당신의 의견을 말해 보세요.

답변 ① Lv. 4~6

我认为一个人的学历和收入当然有关系。一般受过良好教育的人比受过一般教育的人收入要高很多，而且学历越高收入就越高，这已经成为一种很普遍的现象。我们常常可以在招聘广告里看到硕士和博士的工资一般要高于本科生。正因为如此，很多人工作以后还不断地学习，想通过提高学历来提高收入。

Wǒ rènwéi yí ge rén de xuélì hé shōurù dāngrán yǒu guānxi. Yìbān shòuguò liánghǎo jiàoyù de rén bǐ shòuguò yìbān jiàoyù de rén shōurù yào gāo hěn duō, érqiě xuélì yuè gāo shōurù jiù yuè gāo, zhè yǐjing chéngwéi yì zhǒng hěn pǔbiàn de xiànxiàng. Wǒmen chángcháng kěyǐ zài zhāopìn guǎnggào lǐ kàndào shuòshì hé bóshì de gōngzī yìbān yào gāo yú běnkēshēng. Zhèng yīnwèi rúcǐ, hěn duō rén gōngzuò yǐhòu hái búduàn de xuéxí, xiǎng tōngguò tígāo xuélì lái tígāo shōurù.

Step1 자신의 견해를 먼저 이야기한다.

~와 관계가 있다

我认为一个人的学历和收入当然有关系。

Step2 견해를 뒷받침할 근거를 제시한다.

교육을 잘 받다

一般受过良好教育的人比受过一般教育的人收入要高很多，

~할수록 ~하다 / ~이 되다

而且学历越高收入就越高，这已经成为一种很普遍的现象。

★ 普遍: 보편적이다
- 普遍的反应 보편적 반응　- 普遍的认识 보편적 인식

我们常常可以在招聘广告里看到硕士和博士的工资一般要高于本科生。

~보다 높다

Step3 다시 한 번 자신의 견해를 강조한다.

正因为如此，很多人工作以后还不断地学习，想通过提高学历来提高收入。

저는 한 사람의 학력과 수입은 당연히 관련이 있다고 생각합니다. 보통 교육을 잘 받은 사람이 일반 교육을 받은 사람보다 소득이 훨씬 높고, 학력이 높을수록 소득이 높아지는 것은 일반적인 현상이 되었습니다. 우리는 석사와 박사의 급여가 학부 졸업생보다 더 높은 편임을 채용 공고에서 볼 수 있습니다. 바로 이와 같은 점 때문에, 많은 사람이 취업 후에도 꾸준히 공부하여 학력을 높여 소득을 늘리려고 하는 것입니다.

단어 学历 xuélì 명 학력 收入 shōurù 명 수입 受 shòu 동 받다 良好 liánghǎo 형 좋다 成为 chéngwéi 동 ~으로 되다 普遍 pǔbiàn 형 보편적이다 现象 xiànxiàng 명 현상 招聘 zhāopìn 명 모집하다 硕士 shuòshì 명 석사 博士 bóshì 명 박사 本科生 běnkēshēng 대학생 不断 búduàn 부 끊임없이 提高 tígāo 동 향상시키다

답변 ② Lv. 4~6

我认为一个人的学历和收入没什么关系。因为决定收入高低的是一个人的能力，而不是学历。学历高但不具备很强的能力的话，工作业绩一般，收入自然不会很高。相反，学历虽然不高，但却具备很强的能力的话，工作业绩好，收入自然会很高，所以我认为学历和收入没关系。无论学历高低，只要努力提高自己的能力，就可以得到理想的收入。

Wǒ rènwéi yí ge rén de xuélì hé shōurù méi shénme guānxi. Yīnwèi juédìng shōurù gāodī de shì yí ge rén de nénglì, ér búshì xuélì. Xuélì gāo dàn bú jùbèi hěn qiáng de nénglì dehuà, gōngzuò yèjì yìbān, shōurù zìrán búhuì hěn gāo. Xiāngfǎn, xuélì suīrán bù gāo, dàn què jùbèi hěn qiáng de nénglì dehuà, gōngzuò yèjì hǎo, shōurù zìrán huì hěn gāo, suǒyǐ wǒ rènwéi xuélì hé shōurù méi guānxi. Wúlùn xuélì gāodī, zhǐyào nǔlì tígāo zìjǐ de nénglì, jiù kěyǐ dédào lǐxiǎng de shōurù.

Step1 자신의 견해를 먼저 이야기한다.

我认为一个人的学历和收入没什么关系。

Step2 견해를 뒷받침할 근거를 제시한다.

~이지, ~이 아니다

因为决定收入高低的是一个人的能力，而不是学历。
学历高但不具备很强的能力的话，工作业绩一般，收入自然不会很高。

★ 能力: 능력
- 能力差 능력이 떨어지다 - 能力不够 능력이 모자라다

相反，学历虽然不高，但却具备很强的能力的话，工作业绩好，收入自然会很高，

비록 ~하지만, 그러나 오히려 ~하다

Step3 다시 한 번 자신의 견해를 강조한다.

~에 상관없이 / 단지 ~하기만 하면, 바로 ~하다

所以我认为学历和收入没关系。无论学历高低，只要努力提高自己的能力，就可以得到理想的收入。

★ 理想: 이상적이다
- 理想的工作人员 이상적인 직원 - 理想的成绩 이상적인 성적

저는 한 사람의 학력과 소득은 아무런 관련이 없다고 생각합니다. 소득의 높고 낮음을 결정하는 것은 한 사람의 능력이지 학력이 아니기 때문입니다. 학력은 높지만 별로 능력이 없다면, 업무실적이 평범하여 소득은 자연히 높을 수 없습니다. 반대로 학력은 비록 높지 않지만 능력이 대단하다면 업무 실적이 좋아 소득도 자연히 높을 것입니다. 그래서 저는 학력과 소득은 관계가 없다고 생각합니다. 학력의 높고 낮음과 관계없이 자신의 능력을 높이고자 노력한다면 원하는 소득을 얻을 수 있습니다.

단어 决定 juédìng 동 결정하다 高低 gāodī 높고 낮음 能力 nénglì 명 능력 具备 jùbèi 동 갖추다 强 qiáng 형 강하다 业绩 yèjì 명 실적 自然 zìrán 부 자연히 相反 xiāngfǎn 동 반대되다 无论 wúlùn 접 ~에 관계없이 得到 dédào 동 얻다 理想 lǐxiǎng 형 이상적이다

기출유형4 학교 교육

100. Mp3

학교 교육이 지식 교육에 치중되어야 하는지 아니면 인성 교육에 치중되어야 하는지를 묻는 문제로 각자의 교육 특성을 예로 들어 학교 교육이 어떤 방면을 더욱 중요시해야 하는지 답변해보도록 하자.

TSC® 기출문제

有人说学校教育中，知识教育要比品德教育更重要，你是否同意这样的说法?

Yǒurén shuō xuéxiào jiàoyù zhōng, zhīshi jiàoyù yào bǐ pǐndé jiàoyù gèng zhòngyào, nǐ shìfǒu tóngyì zhèyàng de shuōfǎ?

학교 교육에서 지식 교육이 인성 교육보다 더 중요하다고 말하는 사람들이 있습니다. 당신은 이 말에 동의하나요?

답변 ①

Lv. 4~6

我不同意这样的说法。我觉得学校教育中，品德教育比知识教育更重要。因为学校应该是培养全方位人才的地方，而优秀的品德是一个人才应该具备的最基本的品质。具有优秀品德的学生成人后才会成为对社会、对家庭有用的人。所以我觉得教会学生如何做人比教授知识更重要。

Wǒ bù tóngyì zhèyàng de shuōfǎ. Wǒ juéde xuéxiào jiàoyù zhōng, pǐndé jiàoyù bǐ zhīshi jiàoyù gèng zhòngyào. Yīnwèi xuéxiào yīnggāi shì péiyǎng quánfāngwèi réncái de dìfang, ér yōuxiù de pǐndé shì yí ge réncái yīnggāi jùbèi de zuì jīběn de pǐnzhì. Jùyǒu yōuxiù pǐndé de xuésheng chéngrén hòu cái huì chéngwéi duì shèhuì、duì jiātíng yǒuyòng de rén. Suǒyǐ wǒ juéde jiāohuì xuésheng rúhé zuòrén bǐ jiāoshòu zhīshi gèng zhòngyào.

Step1 자신의 견해를 먼저 이야기한다.

我不同意这样的说法。

= 反对, 不支持

Step2 견해를 뒷받침할 근거를 제시한다.

~보다 더욱 ~하다

我觉得学校教育中，品德教育比知识教育更重要。

因为学校应该是培养全方位人才的地方，

전방위로 인재를 길러내다

인품 = 人的本质

而优秀的品德是一个人才应该具备的最基本的品质。

그러나 인품과 덕성

~에 도움이 되는 사람

具有优秀品德的学生成人后才会成为对社会、对家庭有用的人。

Step3 다시 한 번 자신의 견해를 강조한다.

所以我觉得教会学生如何做人比教授知识更重要。

어떻게 올바른 사람이 되다

저는 이러한 견해에 동의하지 않습니다. 저는 학교 교육에서 인성 교육이 지식 교육보다 더 중요하다고 생각합니다. 왜냐하면 학교는 전방위로 인재를 길러내는 곳이며, 훌륭한 인성은 인재라면 마땅히 지녀야 할 가장 기본적인 자질이기 때문입니다. 훌륭한 인성을 갖춘 학생이 성인이 되어야 비로서 사회와 가정에 유용한 사람이 됩니다. 그래서 저는 학생에게 사람이 되는 법을 가르치는 것이 지식을 가르치는 것보다 훨씬 중요하다고 생각합니다.

답변 ② Lv. 4~6

我同意这样的说法。因为学校主要是教授知识的地方，学生只有在学校才能学到全面的知识，所以在学校教育中，知识教育是最重要的。而品德教育，我觉得更多应该依靠家庭。“言传身教”是父母对孩子进行品德教育最好的方法。我觉得学生应该在学校学知识，在家学做人。所以学校教育中，知识教育比品德教育重要。

Wǒ tóngyì zhèyàng de shuōfǎ. Yīnwèi xuéxiào zhǔyào shì jiāoshòu zhīshi de dìfang, xuésheng zhǐyǒu zài xuéxiào cái néng xuédào quánmiàn de zhīshi, suǒyǐ zài xuéxiào jiàoyù zhōng, zhīshi jiàoyù shì zuì zhòngyào de. Ér pǐndé jiàoyù, wǒ juéde gèng duō yīnggāi yīkào jiātíng. “yánchuánshēnjiào” shì fùmǔ duì háizi jìnxíng pǐndé jiàoyù zuìhǎo de fāngfǎ. Wǒ juéde xuésheng yīnggāi zài xuéxiào xué zhīshi, zài jiā xué zuòrén. Suǒyǐ xuéxiào jiàoyù zhōng, zhīshi jiàoyù bǐ pǐndé jiàoyù zhòngyào.

Step1 자신의 견해를 먼저 이야기한다.

我同意这样的说法。

Step2 견해를 뒷받침할 근거를 제시한다.

~해야만 비로소 ~하다

因为学校主要是教授知识的地方，学生只有在学校才能学到全面的知识，

★ 全面: 전면, 전면적이다
- 全面考虑 전면적으로 고려하다 - 全面情况 전반적인 상황

所以在学校教育中，知识教育是最重要的。而品德教育，我觉得更多应该依靠家庭。

그러나

★ 依靠: 기대다, 의지하다
- 依靠父母 부모에게 기대다 - 依靠自己 자신에게 의지하다

“言传身教”是父母对孩子进行品德教育最好的方法。

我觉得学生应该在学校学知识，在家学做人。

Step3 다시 한 번 자신의 견해를 강조한다.

所以学校教育中，知识教育比品德教育重要。

저는 이 견해에 동의합니다. 왜냐하면 학교는 주로 지식을 가르치는 곳이며 학생은 학교에서만 전반적인 지식을 배울 수 있기 때문에 학교 교육에서 지식 교육이 가장 중요합니다. 그러나 인성 교육은 가정에 더 많이 달려있다고 생각합니다. '말과 행동으로 모범을 보이다'는 부모가 아이에게 인성 교육을 하는 데 있어 가장 좋은 방법입니다. 저는 학생이라면 마땅히 학교에서 지식을 습득하고 집에서는 사람이 되는 법을 배워야 한다고 생각합니다. 그래서 학교 교육 중에 지식 교육이 인성 교육보다 중요합니다.

단어1 **知识** zhīshi 명 지식 **全方位** quánfāngwèi 명 모든 방면 **培养** péiyǎng 동 양성하다 **优秀** yōuxiù 형 뛰어나다 **具备** jùbèi 동 갖추다 **品质** pǐnzhì 명 인품 **成为** chéngwéi 동 ~으로 되다 **有用** yǒuyòng 동 쓸모가 있다 **如何** rúhé 대 어떻게

단어2 **教授** jiāoshòu 동 가르치다 **只有…才…** zhǐyǒu…cái… ~해야만 비로소 ~하다 **全面** quánmiàn 형 전반적이다 **依靠** yīkào 동 의지하다 **言传身教** yánchuánshēnjiào 말과 행동으로 모범을 보이다 **父母** fùmǔ 명 부모 **进行** jìnxíng 동 진행하다

기출유형5 학교 제도

101. Mp3

사교육 제도와 더불어 두발과 복장의 자유화에 대한 찬반 의견을 묻는 문제도 자주 출제되고 있으니 모범답변을 미리 외워두어 실전에서 사용해보도록 하자.

TSC® 기출문제

你认为对学生的服装和发型加以限制带来的好处多还是坏处多?
请说说你的看法。

Nǐ rènwéi duì xuésheng de fúzhuāng hé fàxíng jiāyǐ xiànzhì dàilái de hǎochù duō háishi huàichù duō? Qǐng shuōshuo nǐ de kànfǎ.

당신은 학생의 복장과 두발 규제가 좋은 점을 가져다주었다고 생각하나요 아니면 나쁜 점을 가져다주었다고 생각하나요? 당신의 의견을 말해 보세요.

답변 ①

Lv. 4~6

我认为对学生的服装和发型加以限制带来的好处多。因为学生时期应该把主要的精力放在学习上。学校让学生穿校服、限制发型都是为了避免学生分散注意力。虽说“爱美之心，人皆有之”，但学生如果把很多时间花在打扮上，学习成绩会下降。所以我认为应该对学生的服装和发型加以限制。

Wǒ rènwéi duì xuésheng de fúzhuāng hé fàxíng jiāyǐ xiànzhì dàilái de hǎochù duō. Yīnwèi xuésheng shíqī yīnggāi bǎ zhǔyào de jīnglì fàng zài xuéxí shàng. Xuéxiào ràng xuésheng chuān xiàofú、xiànzhì fàxíng dōu shì wèile bìmiǎn xuésheng fēnsàn zhùyìlì. Suīshuō “ài měi zhī xīn, rén jiē yǒu zhī”, dàn xuésheng rúguǒ bǎ hěn duō shíjiān huā zài dǎban shàng, xuéxí chéngjì huì xiàjiàng. Suǒyǐ wǒ rènwéi yīnggāi duì xuésheng de fúzhuāng hé fàxíng jiāyǐ xiànzhì.

Step1 자신의 견해를 먼저 이야기한다.

(~을 가하다: 加以 / 장점을 가져다주다: 带来的好处)

我认为对学生的服装和发型加以限制带来的好处多。

Step2 견해를 뒷받침할 근거를 제시한다.

(시기(특정한 때): 时期 / ~을 ~에 놓다, 쏟다: 把…放在)

因为学生时期应该把主要的精力放在学习上。

(~하게 만들다: 让 / 제한하다: 限制 / ~을 모면하기 위해서: 为了避免)

学校让学生穿校服、限制发型都是为了避免学生分散注意力。

(비록 ~하지만, 그러나 ~하다: 虽说…但 / 만약에 시간을 ~에 쏟는다면: 如果把时间花在 / 성적이 떨어지다: 成绩下降)

虽说“爱美之心，人皆有之”，但学生如果把很多时间花在打扮上，学习成绩会下降。

Step3 다시 한 번 자신의 견해를 강조한다.

所以我认为应该对学生的服装和发型加以限制。

저는 학생의 복장과 두발 규제가 좋은 점을 가져다 주었다고 생각합니다. 왜냐하면 학창 시절에는 공부에 주력해야 하기 때문입니다. 학교가 학생에게 교복을 입게 하고 두발을 규제하는 것은 학생의 주의력을 분산시키는 것을 막기 위함입니다. 비록 '예뻐지려는 마음은, 누구나 갖고 있다'라고 하지만, 학생이 많은 시간을 꾸미는 데 할애한다면 학업 성적은 떨어질 것입니다. 그래서 저는 학생의 복장과 두발을 제한해야 한다고 생각합니다.

단어 **服装** fúzhuāng 명 옷 **发型** fàxíng 명 헤어스타일 **加以** jiāyǐ 동 ~을 가하다 **好处** hǎochù 명 장점 **坏处** huàichù 명 단점 **校服** xiàofú 명 교복 **避免** bìmiǎn 동 피하다 **分散** fēnsàn 동 분산시키다 **虽说** suīshuō 접 비록 ~이지만 **皆** jiē 부 모두 **花** huā 동 (돈·시간을) 쓰다 **打扮** dǎban 동 꾸미다

답변 ② Lv. 4~6

我认为坏处多。现在的学校教育主要是培养学生具备独立的人格，教学生们如何独立学习、独立生活以及独立思考。只有这样才称得上是国际化人才。既然学生们都生活在这种教育环境里了，那么限制服装和发型这些要求，难道不是很奇怪的吗？试问连自己的衣服和头发都说了不算的话，何来独立？这种不尊重人的个性的要求与个性化教育是互相矛盾的。

Wǒ rènwéi huàichù duō. Xiànzài de xuéxiào jiàoyù zhǔyào shì péiyǎng xuésheng jùbèi dúlì de réngé, jiāo xuéshengmen rúhé dúlì xuéxí、dúlì shēnghuó yǐjí dúlì sīkǎo. Zhǐyǒu zhèyàng cái chēngdeshàng shì guójìhuà réncái. Jìrán xuéshengmen dōu shēnghuó zài zhè zhǒng jiàoyù huánjìng lǐ le, nàme xiànzhì fúzhuāng hé fàxíng zhè xiē yāoqiú, nándào búshì hěn qíguài de ma? Shìwèn lián zìjǐ de yīfu hé tóufà dōu shuō le búsuàn de huà, hé lái dúlì? Zhè zhǒng bù zūnzhòng rén de gèxìng de yāoqiú yǔ gèxìnghuà jiàoyù shì hùxiāng máodùn de.

Step1 자신의 견해를 먼저 이야기한다.

我认为坏处多。

Step2 견해를 뒷받침할 근거를 제시한다.

现在的学校教育主要是培养学生具备独立的人格，教学生们如何独立学习、独立生活以及独立思考。
양성하다 구비하다 어떻게
그리고

~라고 할 만 하다 ~한 환경에서 살다
只有这样才称得上是国际化人才。既然学生们都生活在这种教育环境里了，那么限制服装和发型这些要求，
~된 이상, ~하다

설마 ~하겠는가? 심지어 ~조차도, 모두 ~하다 어디, 무엇(의문을 나타냄)
难道不是很奇怪的吗？试问连自己的衣服和头发都说了不算的话，何来独立？
결정권이 없다

Step3 다시 한 번 자신의 견해를 강조한다.

这种不尊重人的个性的要求与个性化教育是互相矛盾的。
서로 모순이다

저는 단점이 많다고 생각합니다. 현재 학교교육은 주로 학생이 독립적인 인격을 가질 수 있도록 양성하고 학생들이 어떻게 독립적으로 공부하고 독립적으로 생활하며 독립적으로 사고 할 수 있는 것을 가르칩니다. 이렇게 해야지만 국제화 시대의 인재라 할 수 있기 때문이죠. 학생들 모두 이런 교육환경에서 생활하고 있는데 복장과 두발을 제한하는 이러한 요구가 이상하지 않을까요? 자신의 옷과 머리모양조차도 결정권이 없다면 독립은 어디에서 오는 건가요? 이러한 사람들의 개성에 대한 요구를 존중하지 않는 것과 개성화 교육은 서로 모순된다고 생각합니다.

단 어 **具备** jùbèi 동 갖추다 **独立** dúlì 동 독립하다 **人格** réngé 명 인격 **如何** rúhé 대 어떻게 **以及** yǐjí 접 그리고
称得上 chēngdeshàng ~라고 할 만하다 **国际** guójì 명 국제 **既然** jìrán 접 ~한 이상 **难道** nándào 부 설마 ~이겠는가
奇怪 qíguài 동 이상하다 **试问** shìwèn 동 시험 삼아 묻다 **说了不算** shuō le búsuàn 결정권이 없다 **何** hé 대 의문을 나타냄, 무엇, 어떤
尊重 zūnzhòng 동 존중하다 **互相** hùxiāng 부 서로 **矛盾** máodùn 동 모순되다

기출유형6 시험

102. Mp3

시험이 학생들에게 과연 필요한 것인지를 묻는 문제이다. 찬성한다면 시험이 어떤 부분에서 도움이 되는지, 반대한다면 시험의 단점을 예를 들어 자신의 의견을 이야기하면 된다.

TSC® 기출문제

你认为考试对学生的学习有帮助吗？请谈谈你的想法。

Nǐ rènwéi kǎoshì duì xuésheng de xuéxí yǒu bāngzhù ma? Qǐng tántan nǐ de xiǎngfǎ.

당신은 시험이 학생의 공부에 도움이 된다고 생각하나요? 당신의 생각을 말해 보세요.

답변 ①

Lv. 4~6

我认为考试对学生的学习有帮助。一方面，考试是对前一阶段学习的总结。通过考试学生能知道自己哪些知识掌握得不好，能看到自己的不足。另一方面，因为考试学生会有压力，适当地给学生一些压力，他们会更认真、努力地学习。所以我觉得考试对学生的学习有帮助。

Wǒ rènwéi kǎoshì duì xuésheng de xuéxí yǒu bāngzhù. Yì fāngmiàn, kǎoshì shì duì qián yī jiēduàn xuéxí de zǒngjié. Tōngguò kǎoshì xuésheng néng zhīdao zìjǐ nǎxiē zhīshi zhǎngwò de bù hǎo, néng kàndào zìjǐ de bùzú. Lìng yì fāngmiàn, yīnwèi kǎoshì xuésheng huì yǒu yālì, shìdàng de gěi xuésheng yìxiē yālì, tāmen huì gèng rènzhēn、nǔlì de xuéxí. Suǒyǐ wǒ juéde kǎoshì duì xuésheng de xuéxí yǒu bāngzhù.

Step1 자신의 견해를 먼저 이야기한다.

~에 도움이 된다 = 我认为考试有助于学生的学习

我认为考试对学生的学习有帮助。

Step2 견해를 뒷받침할 근거를 제시한다.

한편으로는 / ~에 대한 마무리, 정리

一方面，考试是对前一阶段学习的总结。

通过考试学生能知道自己哪些知识掌握得不好，能看到自己的不足。

~을 통해서 / 파악하다 / 부족하다

다른 한편으로는 / 스트레스를 주다

另一方面，因为考试学生会有压力，适当地给学生一些压力，

他们会更认真、努力地学习。

Step3 다시 한 번 자신의 견해를 강조한다.

所以我觉得考试对学生的学习有帮助。

저는 시험이 학생의 공부에 도움이 된다고 생각합니다. 한편으로 시험은 전 단계 학습의 마무리입니다. 시험을 통해 학생은 자신이 어떤 지식을 제대로 파악하지 못했는지 알 수 있고 자신의 부족함을 알 수 있습니다. 다른 한편으로 시험은 학생에게 스트레스를 주는데, 적당한 스트레스를 학생에게 준다면 그들은 더 성실하고 열심히 공부할 것입니다. 그래서 저는 시험이 학생의 공부에 도움이 된다고 생각합니다.

단어 **帮助** bāngzhù 동 돕다 **一方面…另一方面…** yì fāngmiàn…lìng yì fāngmiàn… 한편으로는 ~하고, 다른 한편으로는 ~하다 **阶段** jiēduàn 명 단계 **总结** zǒngjié 동 총결산하다 **通过** tōngguò 동 ~을 통하다 **知识** zhīshi 명 지식 **掌握** zhǎngwò 동 파악하다, 습득하다 **压力** yālì 명 스트레스 **适当** shìdàng 형 적당하다 **认真** rènzhēn 형 성실하다

답변 ② Lv. 4~6

我认为考试对学生的学习没有帮助，只能带来压力。学习是为了丰富自己的知识，开阔眼界，提升自身的素质，而不是为了考试。如果对学习有兴趣，没有考试他们也会主动、努力地去学习。而如果因为考试不得不学习的话，他们体会不到学习的乐趣，只能感受到压力，有的学生甚至因为考试而厌恶学习。所以我认为考试对学生的学习没有帮助。

Wǒ rènwéi kǎoshì duì xuésheng de xuéxí méiyǒu bāngzhù, zhǐ néng dàilái yālì. Xuéxí shì wèile fēngfù zìjǐ de zhīshi, kāikuò yǎnjiè, tíshēng zìshēn de sùzhì, ér búshì wèile kǎoshì. Rúguǒ duì xuéxí yǒu xìngqù, méiyǒu kǎoshì tāmen yě huì zhǔdòng、nǔlì de qù xuéxí. Ér rúguǒ yīnwèi kǎoshì bùdébù xuéxí dehuà, tāmen tǐhuì bú dào xuéxí de lèqù, zhǐ néng gǎnshòu dào yālì, yǒu de xuésheng shènzhì yīnwèi kǎoshì ér yànwù xuéxí. Suǒyǐ wǒ rènwéi kǎoshì duì xuésheng de xuéxí méiyǒu bāngzhù.

Step1 자신의 견해를 먼저 이야기한다.

~에 도움이 되지 않는다 = 我认为考试不利于学生的学习

我认为考试对学生的学习没有帮助，只能带来压力。

스트레스를 가져오다

Step2 견해를 뒷받침할 근거를 제시한다.

~을 위해서 ~지식을 풍부히하다 시야를 넓히다 소양을 높이다

学习是为了丰富自己的知识，开阔眼界，提升自身的素质，而不是为了考试。

~이지, ~이 아니다

★ 丰富: 풍부하다
- 丰富经验 경험을 풍부히 하다 - 丰富文化生活 문화생활을 풍부하게 만들다

~에 대해 흥미가 있다

如果对学习有兴趣，没有考试他们也会主动、努力地去学习。

그리고, 또한 어쩔 수 없이 즐거움을 체득하다, 느끼다 스트레스를 느끼다

而如果因为考试不得不学习的话，他们体会不到学习的乐趣，只能感受到压力，有的学生甚至因为考试而厌恶学习。

심지어 ~때문에 싫어하다

Step3 다시 한 번 자신의 견해를 강조한다.

所以我认为考试对学生的学习没有帮助。

저는 시험이 학생의 공부에 도움이 되지 않고 스트레스만 준다고 생각합니다. 공부는 자신의 지식을 풍부하게 하고 시야를 넓히며 소양을 쌓으려고 하는 것이지 시험을 위한 게 아닙니다. 만약 공부에 흥미가 있다면 시험을 치지 않아도 스스로 열심히 공부할 것입니다. 시험 때문에 어쩔 수 없이 공부한다면 그들은 공부에 재미를 느끼지 못하고 스트레스밖에 받을 수 없을 것이며, 어떤 학생은 심지어 시험 때문에 공부를 싫어하게 될 것입니다. 그래서 저는 시험이 학생의 공부에 도움이 되지 않는다고 생각합니다.

단어 **只** zhǐ 부 단지 **丰富** fēngfù 동 풍부하다 **开阔** kāikuò 동 넓히다 **眼界** yǎnjiè 명 견문 **提升** tíshēng 동 진급하다 **自身** zìshēn 동 자신 **素质** sùzhì 명 자질 **兴趣** xìngqù 명 흥미 **主动** zhǔdòng 형 능동적이다 **体会** tǐhuì 동 체험하여 터득하다 **乐趣** lèqù 명 즐거움 **感受** gǎnshòu 동 느끼다 **甚至** shènzhì 접 심지어 ~조차도 **厌恶** yànwù 동 싫어하다

기출유형 7 사교육

103. Mp3

사교육에 대한 지출이 많은지를 묻는 문제로 학교 정규과정 외에 어떤 방면으로 사교육이 진행되는지 그러한 사교육의 지출이 어떠한 영향을 낳고 있는지를 설명하면 된다.

TSC® 기출문제

在你们国家，你认为人们在补习班、家教等私人教育方面的支出多吗？请谈谈你的想法。

Zài nǐmen guójiā, nǐ rènwéi rénmen zài bǔxíbān、jiājiào děng sīrén jiàoyù fāngmiàn de zhīchū duō ma? Qǐng tántan nǐ de xiǎngfǎ.

당신의 나라에서는 학원과 과외 등 사교육에 지출을 많이 하나요? 당신의 생각을 말해 보세요.

답변

Lv. 4~6

我认为在我们国家，人们在补习班、家教等私人教育方面的支出很多。从上幼儿园开始，很多孩子就去音乐、美术等补习班。然后从小学开始又去数学、英语等补习班或者请家教老师，所以在这方面的支出非常多，几乎占了一个家庭收入的三分之一左右。这么多的教育支出给很多家庭造成了很大的经济负担。

Wǒ rènwéi zài wǒmen guójiā, rénmen zài bǔxíbān、jiājiào děng sīrén jiàoyù fāngmiàn de zhīchū hěn duō. Cóng shàng yòu'éryuán kāishǐ, hěn duō háizi jiù qù yīnyuè、měishù děng bǔxíbān. Ránhòu cóng xiǎoxué kāishǐ yòu qù shùxué、Yīngyǔ děng bǔxíbān huòzhě qǐng jiājiào lǎoshī, suǒyǐ zài zhè fāngmiàn de zhīchū fēicháng duō, jīhū zhànle yí ge jiātíng shōurù de sān fēn zhī yī zuǒyòu. Zhème duō de jiàoyù zhīchū gěi hěn duō jiātíng zàochéngle hěn dà de jīngjì fùdān.

Step1 자신의 견해를 먼저 이야기한다.

~의 방면에 / 지출

我觉得在我们国家，人们在补习班、家教等私人教育方面的支出很多。

Step2 견해를 뒷받침할 근거1을 제시한다.

~서부터 시작하다 / 上补习班(학원에 다니다)

从上幼儿园开始，很多孩子就去音乐、美术等补习班。

= 辅导老师 과외 선생님

然后从小学开始又去数学、英语等补习班或者请家教老师，

所以在这方面的支出非常多，几乎占了一个家庭收入的三分之一左右。

차지하다

Step3 견해를 뒷받침할 근거2를 제시한다.

~에 부담을 야기하다

这么多的教育支出给很多家庭造成了很大的经济负担。

★ 负担: 부담
- 家庭负担 가정에 대한 부담 - 减轻负担 부담을 줄이다

우리나라는 학원, 과외 등 사교육에 대한 지출이 많다고 생각합니다. 유치원에 들어가서부터 많은 아이가 음악이나 미술 등의 학원에 다닙니다. 그런 다음 초등학교 때부터 수학이나 영어 등의 학원을 다니거나 과외를 합니다. 그래서 이 부분의 지출이 많은데, 거의 가계의 3분의 1가량을 차지합니다. 이렇게 많은 교육 지출은 여러 가정에 경제적으로 큰 부담을 야기했습니다.

단어 补习班 bǔxíbān 학원 家教 jiājiào 가정 교사 私人 sīrén 명 개인 幼儿园 yòu'éryuán 명 유치원 音乐 yīnyuè 명 음악 美术 měishù 명 미술 小学 xiǎoxué 명 초등학교 数学 shùxué 명 수학 分之 fēn zhī ~분의 造成 zàochéng 동 야기하다 经济 jīngjì 명 경제

기출유형 8 유학

104. Mp3

사람들이 유학을 떠나는 이유를 묻는 문제로 4부분에서 배운 외국어 습득, 시야 넓히기, 지식 넓히기 등의 구문을 활용하여 답변하거나 현재의 교육제도나 상황에 근거하여 답변하도록 하자.

TSC® 기출문제

你认为人们去国外留学的原因是什么？请说说你的看法。

Nǐ rènwéi rénmen qù guówài liúxué de yuányīn shì shénme? Qǐng shuōshuo nǐ de kànfǎ.

당신은 사람들이 외국으로 유학을 가는 이유가 무엇이라고 생각하나요? 당신의 생각을 말해 보세요.

답변

Lv. 4~6

我觉得人们去国外留学的原因首先是为了学习外语。众所周知，学习外语最好的方法就是要到当地去学习，这样能说一口地道的、流利的外语。其次去国外留学还可以开阔眼界、增长见识，对将来找工作帮助很大。正是因为这些原因，想去国外留学的人越来越多。

Wǒ juéde rénmen qù guówài liúxué de yuányīn shǒuxiān shì wèile xuéxí wàiyǔ. Zhòngsuǒzhōuzhī, xuéxí wàiyǔ zuìhǎo de fāngfǎ jiùshì yào dào dāngdì qù xuéxí, zhèyàng néng shuō yìkǒu dìdào de、liúlì de wàiyǔ. Qícì qù guówài liúxué hái kěyǐ kāikuò yǎnjiè、zēngzhǎng jiànshi, duì jiānglái zhǎo gōngzuò bāngzhù hěn dà. Zhèng shì yīnwèi zhèxiē yuányīn, xiǎng qù guówài liúxué de rén yuè lái yuè duō.

Step1 첫 번째 이유를 이야기한다.

~을 위해서 / 모두가 다 알고 있다

我觉得人们去国外留学的原因首先是为了学习外语。众所周知，学习外语最好的方法就是要到当地去学习，

★ 方法: 방법
- 工作方法 업무방법 - 学习方法 공부 방법

= 真正

这样能说一口地道的、流利的外语。

외국어를 세는 양사

Step2 두 번째 이유를 이야기를 한다.

其次去国外留学还可以开阔眼界、增长见识，对将来找工作帮助很大。

시야를 넓히다 / 식견을 넓히다

Step3 다시 한 번 자신의 견해를 강조한다.

正是因为这些原因，想去国外留学的人越来越多。

저는 사람들이 외국으로 유학을 가는 이유는 첫째, 외국어를 배우기 위해서라고 생각합니다. 모든 사람들이 다 알고 있듯이, 외국어를 배우는 가장 좋은 방법은 바로 현지에 가서 공부하는 것입니다. 이렇게 하면 네이티브 같고 유창한 외국어를 구사할 수 있습니다. 둘째, 외국으로 유학을 가면 시야를 넓히고 견문을 쌓을 수 있어 미래에 취업하는 데 큰 도움이 됩니다. 바로 이러한 이유 때문에, 외국으로 유학을 가고 싶어하는 사람이 점점 많아지고 있습니다.

단어 **留学** liúxué 명 유학 **原因** yuányīn 명 원인 **首先** shǒuxiān 대 첫째 **众所周知** zhòngsuǒzhōuzhī 모두가 다 알고 있다 **当地** dāngdì 명 현지 **地道** dìdao 형 정통의 **流利** liúlì 형 유창하다 **其次** qícì 명 다음 **开阔** kāikuò 동 넓히다 **增长** zēngzhǎng 동 늘어나다 **将来** jiānglái 명 미래 **帮助** bāngzhù 동 돕다 **越来越** yuè lái yuè 점점 더 ~하다

기출유형9 직업 유형

105. Mp3

프리랜서 직업에 대한 장점과 단점을 묻는 문제로 답변에는 반드시 장점과 단점을 모두 이야기해야 한다.
근무시간, 수입, 생활 방면 등 구체적인 예를 들어 답변하도록 하자.

TSC® 기출문제

你认为没有固定工作时间的自由职业有哪些好处和坏处？请说说你的看法。

Nǐ rènwéi méiyǒu gùdìng gōngzuò shíjiān de zìyóu zhíyè yǒu nǎxiē hǎochù hé huàichù? Qǐng shuōshuo nǐ de kànfǎ.

당신은 정해진 근무 시간이 없는 프리랜서는 어떤 장점과 단점이 있다고 생각하나요? 당신의 의견을 말해 보세요.

답변

Lv. 4~6

我认为没有固定工作时间的自由职业的好处是：第一、可以自己安排工作时间，很自由。第二、不用每天面对上司和同事，人际关系比较简单。坏处是：第一、收入不稳定。第二、如果工作中遇到难题只能靠自己解决，压力很大。所以，我认为自由职业有利有弊。

Wǒ rènwéi méiyǒu gùdìng gōngzuò shíjiān de zìyóu zhíyè de hǎochù shì: Dì-yī、kěyǐ zìjǐ ānpái gōngzuò shíjiān, hěn zìyóu. Dì-èr、búyòng měitiān miànduì shàngsi hé tóngshì, rénjì guānxi bǐjiào jiǎndān. Huàichù shì: Dì-yī、shōurù bù wěndìng. Dì-èr、rúguǒ gōngzuò zhōng yùdào nántí zhǐnéng kào zìjǐ jiějué, yālì hěn dà. Suǒyǐ, wǒ rènwéi zìyóu zhíyè yǒulì yǒubì.

Step1 장점과 그 이유를 먼저 이야기한다.

첫 번째로 = 首先 / 시간을 배정하다

我认为没有固定工作时间的自由职业的好处是：第一、可以自己安排工作时间，很自由。

★ 固定: 고정된 = 不变动
- 固定职业 고정적인 직업 - 固定工资 고정적인 월급

두 번째로 = 其次 / 직면하다 / 인간관계가 간단하다

第二、不用每天面对上司和同事，人际关系比较简单。

↔ 人际关系复杂 인간관계가 복잡하다

Step2 단점과 그 이유를 제시한다.

수입이 안정적이다 / 어려운 문제에 부딪히다 / 의지하다, 기대다

坏处是：第一、收入不稳定。第二、如果工作中遇到难题只能靠自己解决，压力很大。

★ 稳定: 안정적이다
- 秩序稳定 질서가 안정적이다 - 物价稳定 물가가 안정적이다

Step3 다시 한 번 자신의 견해를 강조한다.

所以，我认为自由职业有利有弊。

장점도 있고, 단점도 있다

저는 정해진 근무 시간이 없는 프리랜서의 장점은 다음과 같다고 생각합니다. 첫째, 스스로 근무 시간을 배정할 수 있어 자유롭습니다. 둘째, 매일 상사나 동료를 상대할 필요가 없어 인간관계가 단순한 편입니다. 단점은 첫째, 수입이 불안정합니다. 둘째, 만약 업무 중 어려운 일을 만나면 스스로 해결할 수밖에 없어 스트레스가 심합니다. 그래서 저는 프리랜서는 장점도 있고 단점도 있다고 생각합니다.

단 어 **自由职业** zìyóu zhíyè 프리랜서 **面对** miànduì 동 직접 대면하다 **人际关系** rénjì guānxi 인간관계 **遇** yù 동 만나다 **靠** kào 동 의지하다 **有利有弊** yǒulì yǒubì 장점과 단점이 있다

기출유형 10 직업 소개

106. Mp3

장래에 인기 있을만한 직업이 무엇인지 응시자의 생각을 묻는 문제이다. 현재의 사회구조 발전에 연관 지어 답변하되 반드시 그 이유를 구체적으로 설명하도록 하자.

TSC® 기출문제

你认为将来哪种职业会比较受欢迎？请说说你的想法。

Nǐ rènwéi jiānglái nǎ zhǒng zhíyè huì bǐjiào shòu huānyíng? Qǐng shuōshuo nǐ de xiǎngfǎ.

당신은 앞으로 어떤 직업이 인기가 있을 것이라고 생각하나요? 당신의 생각을 말해 보세요.

답변

Lv. 4~6

我觉得将来和医疗有关的职业会比较受欢迎。因为现在人的寿命越来越长，活到一百岁已经不是什么梦想。人的寿命越长，得病的可能就越多，对医疗方面的需求就会增多。因此治疗各种疾病的医疗技术会越来越发达，相关的职业也会越来越受欢迎。

Wǒ juéde jiānglái hé yīliáo yǒuguān de zhíyè huì bǐjiào shòu huānyíng. Yīnwèi xiànzài rén de shòumìng yuè lái yuè cháng, huódào yìbǎi suì yǐjing búshì shénme mèngxiǎng. Rén de shòumìng yuè cháng, débìng de kěnéng jiù yuè duō, duì yīliáo fāngmiàn de xūqiú jiù huì zēngduō. Yīncǐ zhìliáo gè zhǒng jíbìng de yīliáo jìshù huì yuè lái yuè fādá, xiāngguān de zhíyè yě huì yuè lái yuè shòu huānyíng.

Step1 자신의 핵심 견해를 먼저 이야기한다.

미래, 장래 / ~와 관련이 있다 / 환영을 받다

我觉得将来和医疗有关的职业会比较受欢迎。

★ 将来: 장래, 미래(현재 이후의 시간을 말하며, 현재와 구분되는 개념이다. 앞으로의 시간을 강조한다.)
- 我打算将来做一名医生。나는 장래에 의사가 되고 싶다.

Step2 구체적인 예를 얘기한다.

수명이 길다

因为现在人的寿命越来越长，活到一百岁已经不是什么梦想。

★ 寿命: 수명
- 延长寿命 수명을 연장하다 - 缩短寿命 수명을 단축하다

~할수록 ~하다 / 수요가 증가하다

人的寿命越长，得病的可能就越多，对医疗方面的需求就会增多。

Step3 다시 한 번 자신의 견해를 강조한다.

因此治疗各种疾病的医疗技术会越来越发达，相关的职业也会越来越受欢迎。

★ 发达: 발달하다
- 肌肉发达 근육이 발달하다 - 交通发达 교통이 발달하다

저는 앞으로 의료와 관련된 직업이 비교적 인기 있을 거라 생각합니다. 왜냐하면 오늘날 사람의 수명이 갈수록 길어져서, 백 살까지 사는 것은 더 이상 꿈이 아니기 때문입니다. 사람의 수명이 길어질수록 병에 걸릴 가능성도 많아지니, 의료 부분의 수요도 증가할 것입니다. 따라서 여러 질병을 치료하는 의료 기술이 나날이 발달하고, 이와 관련된 직업 역시 각광받게 될 것입니다.

단어 职业 zhíyè 명 직업 医疗 yīliáo 명 의료 寿命 shòumìng 명 수명 活 huó 동 살다 梦想 mèngxiǎng 명 꿈 得病 débìng 동 병에 걸리다 需求 xūqiú 명 수요, 필요 增多 zēngduō 동 증가하다 因此 yīncǐ 접 그리하여 治疗 zhìliáo 동 치료하다 疾病 jíbìng 명 질병 技术 jìshù 명 기술

기출로 말하기 연습

다음 한국어에 맞게 답변을 완성해 보세요. 107. Mp3

1

Step1	我同意 ① 시험이 공부에 도움이 된다 / 대학 전공은 직업을 찾는데 영향을 준다 。 Wǒ tóngyì 저는 ____________________에 동의합니다.
Step2	这是为了 ② 자신의 부족한 점을 알다 / 지식을 파악하다 ， Zhè shì wèile 对 ③ 성공을 얻다 / 취업하다 有帮助。 duì yǒu bāngzhù 이것은 ____________________을 위해서이자, ____________________에 도움이 되기 때문입니다.
Step3	所以我还是支持 ④ 학생들은 시험을 봐야 한다 / 인기 있는 전공이라면 순조롭게 직업을 구하다 。 Suǒyǐ wǒ háishi zhīchí 그래서 저는 그래도 ____________________하는 것에 지지합니다.

2

Step1	我认为将来 ① 프리랜서 / 인공지능 관련 직업 / 학력이 높은 직업 比较受欢迎。 Wǒ rènwéi jiānglái bǐjiào shòu huānyíng 저는 장래에 ____________________이 비교적 인기 있을 것이라고 생각합니다.
Step2	这是因为 ② 시간을 자유롭게 배분할 수 있다 / 수입이 높다 / 학력과 업무 능력은 관련이 있다 。 Zhè shì yīnwèi 이것은 ____________________하기 때문입니다.
Step3	所以，我认为这样的职业有很多好处。 Suǒyǐ, wǒ rènwéi zhèyàng de zhíyè yǒu hěn duō hǎochù 그래서 저는 이러한 직업이 많은 장점이 있다고 생각합니다.

모범답안 **1** ① 考试有助于学习，大学专业会影响找工作
② 了解自己的不足，掌握知识 ③ [取得/获得]成功，就业
④ 学生应该参加考试，热门专业的话顺利地找到工作
2 ① 自由职业，有关人工智能的职业，学历高的职业
② 可以自由地安排时间，收入高，学历和工作能力有关系

Point

02 생활

교통, 주거, 건강, 인간관계 등 생활의 전반적인 부분에 존재하는 현상과 문제에 대해 응시자의 견해를 묻는다. 5부분에서 가장 수월하게 답변할 수 있는 주제로 자신의 생활을 예로 들어 답변하면 된다.

교통

交通 jiāotōng 명 교통
交通工具 jiāotōng gōngjù 명 교통수단
汽车 qìchē 명 자동차
方便 fāngbiàn 형 편리하다
乘坐 chéngzuò 동 (자동차 · 배 · 비행기 등을) 타다
公共交通 gōnggòng jiāotōng 명 대중교통
大众交通 dàzhòng jiāotōng 대중교통
开车 kāichē 동 운전하다
出租车 chūzūchē 명 택시
公共汽车 gōnggòngqìchē 명 버스
公交车 gōngjiāochē 명 버스
公交专用车道 gōngjiāo zhuānyòngchē dào 버스 전용도로
地铁 dìtiě 명 지하철
火车 huǒchē 명 기차
飞机 fēijī 명 비행기
骑 qí 동 타다
自行车 zìxíngchē 명 자전거
摩托车 mótuōchē 명 오토바이
电动车 diàndòngchē 명 전동차, 스쿠터
到达 dàodá 동 도달하다, 도착하다
目的地 mùdìdì 명 목적지

出行 chūxíng 동 외출하다
输送 shūsòng 동 수송하다
拥挤 yōngjǐ 형 붐비다, 혼잡하다
堵车 dǔchē 동 차가 막히다
拥堵 yōngdǔ 동 길이 막히다
交通堵塞 jiāotōng dǔsè 교통체증
高峰时间 gāofēng shíjiān 러시아워
车辆 chēliàng 명 차량
私家车 sījiāchē 명 자가용
车祸 chēhuò 명 교통사고
撞车 zhuàngchē 동 차가 서로 충돌하다
汽车导航仪 qìchē dǎohángyí 명 내비게이션
汽油费 qìyóufèi 명 기름값
车费 chēfèi 명 차비
挤车 jǐ chē 밀치며 차에 타다
有车族 yǒuchēzú 마이카족
乘客 chéngkè 명 승객
发达 fādá 동 발달하다, 발전하다
高铁 gāotiě 명 고속철도
高速公路 gāosùgōnglù 명 고속도로
快捷 kuàijié 형 빠르다
四通发达 sìtōngfādá 교통이 발달하다

주거

居住 jūzhù 동 거주하다

生活 shēnghuó 명 생활

城市 chéngshì 명 도시

一线城市 yíxiàn chéngshì 중국에서 경제적, 문화적으로 가장 발달된 도시 (베이징, 상하이, 광저우, 선전을 말함)

农村 nóngcūn 명 농촌

环境 huánjìng 명 환경

享受 xiǎngshòu 동 누리다, 즐기다

现代文明 xiàndài wénmíng 현대문명

生活设施 shēnghuó shèshī 생활시설

齐全 qíquán 형 다 갖춰져 있다

生活成本 shēnghuó chéngběn 생활비

治安 zhì'ān 명 치안

保安 bǎo'ān 동 보안하다, 안전을 유지하다 명 경비원

公寓 gōngyù 명 아파트

住宅 zhùzhái 명 주택

民宅 mínzhái 명 민가

楼盘 lóupán 명 (부동산의)매물

房屋 fángwū 명 집, 주택

楼房 lóufáng 명 층집

写字楼 xiězìlóu 명 사무소, 오피스텔

平房 píngfáng 명 단층집

租房 zūfáng 동 임대하다

书房 shūfáng 명 서재

户型 hùxíng 집 구조, 형태

平方米 píngfāngmǐ 제곱미터(㎡)

客厅 kètīng 명 거실

卧室 wòshì 명 침실

厨房 chúfáng 명 주방

阳台 yángtái 명 베란다

卫生间 wèishēngjiān 명 화장실

物业 wùyè 명 관리실

私人住宅 sīrén zhùzhái 개인주택

同住 tóngzhù 동 같이 살다

房租 fángzū 명 집세, 임대료

房子 fángzi 명 집

间 jiān 양 칸(방을 세는 양사)

套 tào 양 칸(집을 세는 양사)

隔壁 gébì 명 이웃집

邻居 línjū 명 이웃

住房 zhùfáng 명 주택

紧张 jǐnzhāng 형 (물자가) 부족하다, 타이트하다

房东 fángdōng 명 집주인

小区 xiǎoqū 명 단지, 마을

건강

健康 jiànkāng 명 건강

调整 tiáozhěng 동 조절하다

饮食 yǐnshí 명 음식

减肥 jiǎnféi 동 다이어트하다

疾病 jíbìng 명 질병

生病 shēngbìng 동 병이 나다

毛病 máobìng 명 고질병

压力 yālì 명 스트레스

保持 bǎochí 동 유지하다

充分 chōngfèn 형 충분하다

坚持 jiānchí 동 견지하다, 고수하다

心态 xīntài 명 심리상태

心情 xīnqíng 명 심정, 기분

热量 rèliàng 명 열량

卡路里 kǎlùlǐ 명 칼로리

胖 pàng 형 뚱뚱하다

瘦 shòu 형 마르다

体重 tǐzhòng 명 체중, 몸무게

生活习惯 shēnghuóxíguàn 생활습관

休闲 xiūxián 명 휴식활동

摄入 shèrù 동 섭취하다
肥胖 féipàng 형 뚱뚱하다
高血压 gāoxuèyā 명 고혈압
糖尿病 tángniàobìng 명 당뇨병
病弱 bìngruò 형 병약하다
娱乐 yúlè 명 오락, 놀이
断食 duànshí 단식하다
失去 shīqù 동 잃다
珍惜 zhēnxī 동 아끼다, 소중히 여기다
业余时间 yèyú shíjiān 여가 시간

인간관계

人际关系 rénjì guānxi 명 인간관계
沟通 gōutōng 동 소통하다
缩短 suōduǎn 동 단축하다
疏远 shūyuǎn 형 소원하다
关系 guānxi 명 관계
距离 jùlí 명 거리
名副其实 míngfùqíshí 성 명실상부하다
扩展 kuòzhǎn 동 넓히다, 확대하다
孤独 gūdú 형 외롭다
社交网站 shèjiāo wǎngzhàn 명 SNS
社交媒体 shèjiāo méitǐ 소셜미디어
接触 jiēchù 동 접촉하다, 교제하다
不如 bùrú ~만 못하다
相聚 xiāngjù 동 모이다
团聚 tuánjù 동 한자리에 모이다, 한데 모이다
愿意 yuànyì 조동 ~하길 원하다
隐私生活 yǐnsī shēnghuó 명 사생활, 프라이버시
重视 zhòngshì 동 중시하다
戒备 jièbèi 명 경계 동 경계하다
地域文化 dìyù wénhuà 지역문화
处理 chǔlǐ 동 처리하다
建立 jiànlì 동 세우다, 건립하다
友好 yǒuhǎo 형 우호적이다
对待 duìdài 동 다루다. 대응하다. 대처하다.
差别 chābié 명 차별, 차이
打交道 dǎjiāodao 동 왕래하다, 교제하다
发生 fāshēng 동 생기다, 발생하다
矛盾 máodùn 명 모순, 갈등
误解 wùjiě 명 오해
错误 cuòwù 명 잘못
冲突 chōngtū 동 충돌하다
谅解 liàngjiě 동 양해하다, 이해하다
理解 lǐjiě 동 이해하다
感情 gǎnqíng 명 감정
密切 mìqiè 형 밀접하다, 친밀하다
态度 tàidù 명 태도
真诚 zhēnchéng 형 진실하다, 성실하다
配合 pèihé 동 조화되다, 협동하다
倾听 qīngtīng 동 경청하다
聆听 língtīng 동 공손히 듣다
耐心 nàixīn 명 인내심,
立场 lìchǎng 명 입장
交友 jiāoyǒu 동 친구를 사귀다
交流 jiāoliú 동 교류하다
远亲不如近邻 yuǎnqīn bùrú jìnlín
성 먼 친척 보다 가까운 이웃이 더 낫다
搞好 gǎohǎo 동 잘 해내다, 잘 처리하다
回报 huíbào 동 보답하다
分歧 fēnqí 명 불일치, 차이

기출유형1 대중교통

108. Mp3

자신이 살고 있는 곳, 우리나라의 대중교통 혹은 교통 시설이 어떠한지를 묻거나 구체적인 교통수단의 장단점을 묻는 문제가 자주 출제된다. 버스, 지하철, 택시 등 각각의 교통수단의 편리성을 가지고 답변해보도록 하자.

TSC® 기출문제

你觉得你们国家的公共交通便利吗？请谈谈你的想法。

Nǐ juéde nǐmen guójiā de gōnggòng jiāotōng biànlì ma? Qǐng tántan nǐ de xiǎngfǎ.

당신 나라의 대중교통이 편리하다고 생각하나요? 당신의 의견을 말해 보세요.

답변

Lv. 4~6

我们国家的公共交通非常发达。地铁、公交、高速大巴等各种交通工具应有尽有，不管你想去什么地方都能很快到达。而且出行无需现金，只要一张交通卡就可以乘坐所有公共交通工具。此外城市主要道路还有公交车专用车道，避免道路拥堵。我为我们国家有如此便利的公共交通设施而感到自豪。

Wǒmen guójiā de gōnggòng jiāotōng fēicháng fādá. Dìtiě、gōngjiāo、gāosù dàbā děng gè zhǒng jiāotōng gōngjù yīngyǒujìnyǒu, bùguǎn nǐ xiǎng qù shénme dìfang dōu néng hěn kuài dàodá. Érqiě chūxíng wúxū xiànjīn, zhǐyào yì zhāng jiāotōngkǎ jiù kěyǐ chéngzuò suǒyǒu gōnggòng jiāotōng gōngjù. Cǐwài chéngshì zhǔyào dàolù háiyǒu gōngjiāochē zhuānyòng chēdào, bìmiǎn dàolù yōngdǔ. Wǒ wèi wǒmen guójiā yǒu rúcǐ biànlì de gōnggòng jiāotōng shèshī ér gǎndào zìháo.

Step1 자신의 견해를 먼저 이야기한다.

교통이 발달하다

我们国家的公共交通非常发达。

Step2 견해를 뒷받침할 근거를 제시한다.

모두 갖춰져 있다 / ~에 상관없이, 모두 ~하다

地铁、公交、高速大巴等各种交通工具应有尽有，不管你想去什么地方都能很快到达。

~하기만 하면, 바로 ~하다 / 모든

而且出行无需现金，只要一张交通卡就可以乘坐所有公共交通工具。

此外城市主要道路还有公交车专用车道，避免道路拥堵。

이 밖에 / 도로 / 피하다, 모면하다(+나쁜 상황)

Step3 다시 한 번 자신의 견해를 강조한다.

~때문에 자부심을 느끼다

我为我们国家有如此便利的公共交通设施而感到自豪。

시설

우리나라의 대중교통이 매우 발달되어 있다고 생각합니다. 지하철, 버스, 고속버스 등 교통수단이 모두 갖춰져 있으며, 당신이 어디를 가고 싶어 하든 빠르게 도착할 수 있습니다. 게다가 차를 탈 때 현금을 준비할 필요 없이 교통카드 한 장이면 모든 대중교통 수단을 이용할 수 있습니다. 그 밖에 도시의 주요 도로에는 버스 전용 차로가 있어서 교통 체증을 방지하고 있습니다. 저는 우리나라가 이와 같은 편리한 대중교통 시설을 갖고 있음에 자부심을 느낍니다.

단 어 **发达** fādá 동 발달하다 **高速大巴** gāosù dàbā 고속버스 **应有尽有** yīngyǒujìnyǒu 있어야 할 것은 다 있다 **只要** zhǐyào 접 ~하기만 하면 **交通卡** jiāotōngkǎ 교통카드 **城市** chéngshì 명 도시 **公交车专用道** gōngjiāochē zhuānyòngdào 버스 전용 차로 **避免** bìmiǎn 동 피하다 **堵车** dǔchē 동 차가 막히다 **如此** rúcǐ 대 이러하다 **自豪** zìháo 형 자랑스럽다

기출유형2 교통수단 장단점

109. Mp3

대중교통수단과 비교했을 때 택시의 장단점이 무엇인지를 묻는 문제이다. 택시의 장점은 빠르고 편안하다는 것을, 단점은 가격이 비싸고 환경 보호 측면에서 좋지 않다는 것을 이야기하면 된다.

TSC® 기출문제

跟公共汽车相比，你认为坐出租车有哪些好处和坏处？请谈谈你的想法。

Gēn gōnggòngqìchē xiāngbǐ, nǐ rènwéi zuò chūzūchē yǒu nǎxiē hǎochù hé huàichù? Qǐng tántan nǐ de xiǎngfǎ.

버스와 비교해 볼 때, 택시를 타는 것에는 어떤 장점과 단점이 있다고 생각하나요? 당신의 생각을 말해 보세요.

답변

Lv. 4~6

我觉得跟公共汽车相比，坐出租车的好处是想去哪儿就可以直接去哪儿，不用换乘。而且可以一直坐着，不需要走路，既方便又舒服。当然坏处也有。首先是贵，同样的距离车费是公交车的好几倍。其次如果大家都坐出租车出行，会加重空气污染，不利于环保。所以建议大家尽量利用公共交通工具。

Wǒ juéde gēn gōnggòngqìchē xiāngbǐ, zuò chūzūchē de hǎochù shì xiǎng qù nǎr jiù kěyǐ zhíjiē qù nǎr, búyòng huànchéng. Érqiě kěyǐ yìzhí zuòzhe, bùxūyào zǒulù, jì fāngbiàn yòu shūfu. Dāngrán huàichù yě yǒu. shǒuxiān shì guì, tóngyàng de jùlí chēfèi shì gōngjiāochē de hǎo jǐ bèi. Qícì rúguǒ dàjiā dōu zuò chūzūchē chūxíng, huì jiāzhòng kōngqì wūrǎn, bú lìyú huánbǎo. Suǒyǐ jiànyì dàjiā jǐnliàng lìyòng gōnggòng jiāotōng gōngjù.

Step1 자신의 견해를 먼저 이야기한다.

我觉得跟公共汽车相比，坐出租车的好处是想去哪就可以直接去哪儿，不用换乘。

而且(게다가)可以一直坐着，不需要走路，既方便又(~하기도 하고, ~하기도 하다)舒服。

Step2 견해를 뒷받침할 근거를 제시한다.

当然(당연히)坏处也有。首先是贵，同样(똑같은)的距离车费是公交车的好几(꽤, 여러)倍。

其次(게다가)如果大家都坐出租车出行，会加重空气污染(오염이 심해지다)，不利于(~에 좋지 않다)环保。

Step3 다시 한 번 자신의 견해를 강조한다.

所以建议大家尽量(가능한 한, 되도록)利用公共交通工具。

저는 버스와 비교해 볼 때, 택시를 타면 가고 싶은 곳을 어디든 갈 수 있고, 환승할 필요가 없어서 장점이 많다고 생각합니다. 게다가 계속 앉아 있을 수 있고, 걸을 필요가 없어서, 편리하고 편안합니다. 당연히 단점도 있습니다. 우선, 비용이 비싸서 같은 거리를 가는 데 택시를 타면 드는 비용이 버스의 몇 배입니다. 다음으로 모두 택시를 탄다면 공기 오염이 심해져 환경 보호에 좋지 않습니다. 그래서 가급적 사람들이 대중교통수단을 이용하기를 권장합니다.

단어 **出租车** chūzūchē 명 택시 **直接** zhíjiē 형 직접적인 **换乘** huànchéng 동 환승하다 **一直** yìzhí 부 줄곧 **舒服** shūfu 형 편안하다 **同样** tóngyàng 형 같다 **距离** jùlí 명 거리 **倍** bèi 양 배 **其次** qícì 대 다음, 두 번째 **空气** kōngqì 명 공기 **污染** wūrǎn 명 오염 **尽量** jǐnliàng 부 최대한 **利用** lìyòng 동 활용하다 **工具** gōngjù 명 수단 **不利于** bù lìyú ~에 이롭지 않다

기출유형3 주거

110. Mp3

주거는 자주 출제되는 유형은 아니지만 아파트에 사는 것의 장단점 혹은 도시와 농촌에 거주하는 장단점, 더 나아가 혼자 사는 것과 다른 사람이랑 같이 사는 것을 비교하여 견해를 묻는 문제들이 출제된다.

TSC® 기출문제

你觉得住公寓有哪些好处和坏处？请谈谈你的想法。

Nǐ juéde zhù gōngyù yǒu nǎxiē hǎochù hé huàichù? Qǐng tántan nǐ de xiǎngfǎ.

당신은 아파트에 사는 것에 어떤 장점과 단점이 있다고 생각하나요? 간단히 말해 보세요.

답변

Lv. 4~6

我觉得住公寓的好处是小区环境好、设施齐全、有专人管理等，在这样的地方生活方便、安全、舒适。不过住公寓也有坏处。坏处是公寓的管理费、取暖费等各种费用比较高，而且楼层之间隔音不好的话，噪音很大。所以我觉得住公寓有利有弊。

Wǒ juéde zhù gōngyù de hǎochù shì xiǎoqū huánjìng hǎo、shèshī qíquán、yǒu zhuānrén guǎnlǐ děng, zài zhèyàng de dìfang shēnghuó fāngbiàn、ānquán、shūshì. Búguò zhù gōngyù yě yǒu huàichù. Huàichù shì gōngyù de guǎnlǐfèi、qǔnuǎnfèi děng gè zhǒng fèiyòng bǐjiào gāo, érqiě lóucéng zhījiān géyīn bù hǎo dehuà, zàoyīn hěn dà. Suǒyǐ wǒ juéde zhù gōngyù yǒulì yǒubì.

Step1 장점을 이야기한다.

我觉得住公寓的好处是小区环境好、设施齐全(다 갖춰져 있다)、有专人管理等，
在这样的地方生活方便、安全、舒适。

★ 舒适: (환경이나 사물이) 편안하다
- 生活舒适 생활이 편안하다 - 环境舒适 환경이 편안하다

Step2 단점을 이야기한다.

不过(그러나)住公寓也有坏处。坏处是公寓的管理费、取暖费等各种费用比较高(비용이 높다)，
而且(게다가)楼层之间隔音(방음)不好的话，噪音(소음)很大。

Step3 자신의 견해를 이야기한다.

所以我觉得住公寓有利有弊(장점도 있고 단점도 있다)。

저는 아파트에 사는 장점은 단지 환경이 좋고, 시설이 잘 갖춰져 있으며, 전문가가 관리하는 것이라고 생각합니다. 이런 곳에서는 생활이 편리하고 안전하며, 쾌적합니다. 그러나 아파트에 사는 것도 단점이 있습니다. 단점은 아파트는 관리비, 난방비 등 각종 비용이 많이 드는 편인데다, 층간 방음이 잘되어 있지 않으면 소음이 심하다는 것입니다. 그래서 저는 아파트에 사는 게 이로운 점도 있고 나쁜 점도 있다고 생각합니다.

단어 公寓 gōngyù 명 아파트 小区 xiǎoqū 명 주거 단지 设施 shèshī 명 시설 齐全 qíquán 형 모두 갖춰져 있다 专人 zhuānrén 명 전담자 管理 guǎnlǐ 동 관리하다 舒适 shūshì 형 편안하다 管理费 guǎnlǐfèi 관리비 取暖费 qǔnuǎnfèi 난방비 楼层 lóucéng 명 층수 隔音 géyīn 명 방음 噪音 zàoyīn 명 소음

기출유형4 휴식과 오락

111. Mp3

휴식과 오락이 건강과 스트레스, 삶의 질에 영향주고, 중요한지를 묻는 문제로 휴식과 오락의 긍정적인 부분을 생각해서 답변해보도록 하자.

TSC® 기출문제

你觉得休闲和娱乐对人们很重要吗? 请谈谈你的看法。
Nǐ juéde xiūxián hé yúlè duì rénmen hěn zhòngyào ma? Qǐng tántan nǐ de kànfǎ.
당신은 휴식과 오락이 사람에게 중요하다고 생각하나요? 당신의 의견을 말해 보세요.

답변

Lv. 4~6

我认为休闲和娱乐对人们非常重要。因为休闲和娱乐是人们缓解压力的好办法。人们通过休闲和娱乐来缓解工作和生活中的压力，放松紧张的神经，从休闲和娱乐中获得快乐和健康。适当的休闲和娱乐能让人们的生活变得更轻松更愉快。所以我认为休闲和娱乐很重要。

Wǒ rènwéi xiūxián hé yúlè duì rénmen fēicháng zhòngyào. Yīnwèi xiūxián hé yúlè shì rénmen huǎnjiě yālì de hǎo bànfǎ. Rénmen tōngguò xiūxián hé yúlè lái huǎnjiě gōngzuò hé shēnghuó zhōng de yālì, fàngsōng jǐnzhāng de shénjīng, cóng xiūxián hé yúlè zhōng huòdé kuàilè hé jiànkāng. Shìdàng de xiūxián hé yúlè néng ràng rénmen de shēnghuó biàn de gèng qīngsōng gèng yúkuài. Suǒyǐ wǒ rènwéi xiūxián hé yúlè hěn zhòngyào.

Step1 자신의 견해를 이야기한다.

我认为休闲和娱乐对人们非常重要。

Step2 견해의 근거를 이야기한다.

因为休闲(휴식, 레저)和娱乐是人们缓解压力的好办法。

人们通过休闲和娱乐来缓解工作和生活中的压力，放松紧张的神经(신경을 이완시키다)，

从休闲和娱乐中获得(~중에서 얻다)快乐和健康。

适当(적당하다)的休闲和娱乐能让人们的生活变得更轻松(홀가분하다)更愉快。

Step3 자신의 견해를 이야기한다.

所以我认为休闲和娱乐很重要。

저는 휴식과 오락이 사람들에게 매우 중요하다고 생각합니다. 왜냐하면 휴식과 오락은 사람들이 스트레스를 푸는 좋은 방법이기 때문입니다. 사람들은 휴식과 오락을 통해 업무와 일상의 스트레스를 풀고 긴장된 신경을 느슨하게 하며, 휴식과 오락으로부터 즐거움과 건강함을 얻습니다. 적당한 휴식과 오락은 사람들의 생활을 더욱 편안하고 즐겁게 해 줍니다. 그래서 저는 휴식과 오락이 중요하다고 생각합니다.

단어 **休闲** xiūxián 명 휴식 **娱乐** yúlè 명 오락 **缓解** huǎnjiě 동 완화시키다 **压力** yālì 명 스트레스 **放松** fàngsōng 동 (근육 또는 정신을) 이완하다 **紧张** jǐnzhāng 형 긴장하다 **神经** shénjīng 명 신경 **获得** huòdé 동 얻다 **适当** shìdàng 형 적당하다 **轻松** qīngsōng 형 홀가분하다

기출유형5 다이어트

112. Mp3

다이어트 방법에 관한 견해를 자신의 경험에 빗대서 이야기해도 좋고 과학적인 근거를 제시하여 답변해도 좋다.

TSC® 기출문제

有人说为了减肥，调整饮食比运动更重要，对此你有什么看法？请说说你的意见。

Yǒu rén shuō wèile jiǎnféi, tiáozhěng yǐnshí bǐ yùndòng gèng zhòngyào, duì cǐ nǐ yǒu shénme kànfǎ? Qǐng shuōshuo nǐ de yìjiàn.

어떤 사람들은 다이어트를 위해 식이조절이 운동을 하는 것보다 중요하다고 하는데, 이것에 대해 어떻게 생각하나요? 당신의 의견을 말해 보세요.

답변 ① Lv. 4~6

我同意这样的说法。很多人一说到减肥首先想到的就是运动，其实我觉得跟运动比起来，调整饮食更重要。因为减肥期间，如果每天还保持着原来的饮食习惯，比如吃得多、常吃热量高的食物的话，即使运动量再大也减不下去。所以为了减肥，首先要少吃，其次要尽量不吃油腻的食物。

Wǒ tóngyì zhèyàng de shuōfǎ. Hěn duō rén yì shuō dào jiǎnféi shǒuxiān xiǎngdào de jiùshì yùndòng, qíshí wǒ juéde gēn yùndòng bǐ qǐlái, tiáozhěng yǐnshí gèng zhòngyào. Yīnwèi jiǎnféi qíjiān, rúguǒ měitiān hái bǎochízhe yuánlái de yǐnshí xíguàn, bǐrú chī de duō、cháng chī rèliàng gāo de shíwù dehuà, jíshǐ yùndòngliàng zài dà yě jiǎn bu xiàqù. Suǒyǐ wèile jiǎnféi, shǒuxiān yào shǎo chī, qícì yào jǐnliàng bù chī yóunì de shíwù.

Step1 자신의 견해를 이야기한다.

我同意这样的说法。

Step2 견해의 근거를 이야기한다.

很多人一说到减肥首先想到的就是运动，其实我觉得跟运动比起来，
(一…就: ~하기만 하면 바로 ~하다 / 其实: = 说实话 / 跟…比起来: ~와 비교하면)

调整饮食更重要。因为减肥期间，如果每天还保持着原来的饮食习惯，
(调整饮食: 식습관을 조절하다 / 保持…习惯: 습관을 유지하다)

比如吃得多、常吃热量高的食物的话，即使运动量再大也减不下去。
(多: 꽤, 여러 / 即使…也: 설령 ~할지라도 ~하다 / 下去: 지속을 나타냄)

Step3 자신의 견해를 이야기한다.

所以为了减肥，首先要少吃，其次要尽量不吃油腻的食物。
(尽量: 최대한 / 油腻的食物: 기름진 음식)

저는 이 말에 동의합니다. 다이어트 하면 먼저 운동을 생각하는 사람이 많은데, 사실 저는 운동보다는 식이조절이 더 중요하다고 생각합니다. 왜냐하면 다이어트를 하는 동안 예를 들어 많이 먹고 칼로리가 높은 음식을 자주 먹는 원래의 식습관을 여전히 유지한다면, 설령 운동량이 많다고 하더라도 살을 뺄 수 없기 때문입니다. 그래서 살을 빼기 위해서는 우선 적게 먹고 다음으로는 되도록 기름진 음식을 먹지 말아야 합니다.

단어 **减肥** jiǎnféi 동 다이어트하다 **调整** tiáozhěng 동 조절하다 **其实** qíshí 부 사실은 **保持** bǎochí 동 유지하다 **原来** yuánlái 형 원래의 **习惯** xíguàn 명 습관 **热量** rèliàng 명 칼로리 **尽量** jǐnliàng 부 최대한 **油腻** yóunì 형 기름지다

답변 ② Lv. 4~6

我不这么想。我觉得为了减肥，运动比调整饮食更重要。因为运动量比饮食摄入量高的话，不用调整饮食也可以达到减肥的目的。肥胖的原因在于摄入高于体内需要的热量。如果通过运动，消除这些多余的卡路里，达到体内热量平衡，就不会肥胖。所以我认为只要充分地运动，不调整饮食也可以减肥。

Wǒ bú zhème xiǎng. Wǒ juéde wèile jiǎnféi, yùndòng bǐ tiáozhěng yǐnshí gèng zhòngyào. Yīnwèi yùndòngliàng bǐ yǐnshí shèrùliàng gāo dehuà, búyòng tiáozhěng yǐnshí yě kěyǐ dádào jiǎnféi de mùdì. Féipàng de yuányīn zàiyú shèrù gāo yú tǐnèi xūyào de rèliàng. Rúguǒ tōngguò yùndòng, xiāochú zhèxiē duōyú de kǎlùlǐ, dádào tǐnèi rèliàng pínghéng, jiù búhuì féipàng. Suǒyǐ wǒ rènwéi zhǐyào chōngfèn de yùndòng, bù tiáozhěng yǐnshí yě kěyǐ jiǎnféi.

Step1 자신의 견해를 이야기한다.

我不这么想。我觉得为了减肥，运动比调整饮食更重要。
(这么: 이렇게)

Step2 견해의 근거를 이야기한다.

因为运动量比饮食摄入量高的话，不用调整饮食也可以达到减肥的目的。
(摄入 = 摄取，摄食 / 达到…目的: 목적에 도달하다)

肥胖的原因在于摄入高于体内需要的热量。
(在于: ~에 있다)

如果通过运动，消除这些多余的卡路里，达到体内热量平衡，就不会肥胖。
(消除…卡路里: 칼로리를 없애다 / 达到…平衡: 균형을 맞추다)

★ 多余: 여분의, 쓸데없는
- 多余的人力 여분의 인력 - 多余的废话 쓸데없는 헛소리

★ 平衡: 균형, 균형 있게 하다
- 收入平衡 수입 균형 - 经济平衡 경제 균형

Step3 자신의 견해를 이야기한다.

所以我认为只要充分地运动，不调整饮食也可以减肥。
(只要: ~하기만 한다면)

★ 充分: 충분히
- 充分利用 충분히 이용하다 - 充分思考 충분히 생각하다

저는 그렇게 생각하지 않는데 체중 감량을 위해서는 운동이 식이조절보다 더 중요하다고 생각합니다. 왜냐하면 운동량이 식사량보다 많다면 식이조절을 할 필요 없이도 다이어트의 목적을 실현할 수 있기 때문입니다. 비만의 이유는 체내에서 필요로 하는 것보다 많은 칼로리를 섭취하기 때문입니다. 만약 운동을 함으로써 이러한 여분의 에너지를 없애고 체내 칼로리 균형을 맞추면 비만이 되지 않을 것입니다. 그래서 저는 운동을 충분히 하기만 하면 식이조절을 하지 않아도 살이 빠질 거라고 생각합니다.

단어 摄入量 shèrùliàng 섭취량 达 dá 동 달성하다 目的 mùdì 명 목적 肥胖 féipàng 형 뚱뚱하다 原因 yuányīn 명 원인 在于 zàiyú 동 ~에 있다 摄入 shèrù 동 섭취하다 体内 tǐnèi 명 체내 需要 xūyào 동 필요로 하다 通过 tōngguò 동 ~을 통하다 消除 xiāochú 동 제거하다 多余 duōyú 형 여분의 卡路里 kǎlùlǐ 양 칼로리 平衡 pínghéng 명 균형 充分 chōngfèn 부 충분히

기출유형6 이웃관계

113. Mp3

이웃관계가 예전보다 못해진 원인을 사회적, 생각의 변화, 사생활 측면 등을 예를 들어 이야기해보도록 하자.

TSC® 기출문제

很多人都说最近邻居之间的关系不如从前。你认为为什么会这样?
Hěn duō rén dōu shuō zuìjìn línjū zhījiān de guānxi bùrú cóngqián. Nǐ rènwéi wèishéme huì zhèyàng?
요즘 이웃 간의 관계는 예전만 못하다고 이야기하는 사람이 많습니다. 당신은 왜 이렇게 되었다고 생각하나요?

답변

Lv. 4~6

我认为造成这种现象的主要原因是人们想法的改变。以前大家都觉得“远亲不如近邻”，遇到什么事就去找邻居帮忙，邻里之间常常走动，当然关系好。但是现在人们的想法变了，更独立了。遇到什么事一般都自己解决，轻易不找别人帮忙。还有更重视保护个人的生活隐私。正因为如此，很多人都说最近邻居之间的关系不如从前了。

Wǒ rènwéi zàochéng zhè zhǒng xiànxiàng de zhǔyào yuányīn shì rénmen xiǎngfǎ de gǎibiàn. Yǐqián dàjiā dōu juéde “yuǎnqīn bùrú jìnlín”, yùdào shénme shì jiù qù zhǎo línjū bāngmáng, línlǐ zhījiān chángcháng zǒudòng, dāngrán guānxi hǎo. Dànshì xiànzài rénmen de xiǎngfǎ biàn le, gèng dúlì le. Yùdào shénme shì yìbān dōu zìjǐ jiějué, qīngyì bù zhǎo biéren bāngmáng. Háiyǒu gèng zhòngshì bǎohù gèrén de shēnghuó yǐnsī. Zhèng yīnwèi rúcǐ, hěn duō rén dōu shuō zuìjìn línjū zhījiān de guānxi bùrú cóngqián le.

Step1 장점을 이야기한다.

我认为造成这种现象的主要原因是人们想法的改变。
(造成这种现象: ~한 현상을 야기하다 / 改变: 변화)

Step2 견해의 근거를 이야기한다.

以前大家都觉得“远亲不如近邻”，遇到什么事就去找邻居帮忙，
(遇到: ~한 일에 맞닥뜨리다 / 帮忙: 도움)

邻里之间常常走动，当然关系好。但是现在人们的想法变了，更独立了。
(走动: 왕래하다 = 往来)

遇到什么事一般都自己解决，轻易不找别人帮忙。还有更重视保护个人的生活隐私。
(轻易: 쉽게(경솔하게) / 重视保护个人的生活隐私: 사생활을 중시하다)

Step3 자신의 견해를 이야기한다.

正因为如此，很多人都说最近邻居之间的关系不如从前了。
(正因为如此: 바로 이것 때문에 / 不如: ~만 못하다)

저는 이런 현상이 야기된 주요 원인은 사람들의 인식 변화 때문이라고 생각합니다. 과거에는 모두 '먼 친척보다 가까운 이웃이 낫다'라고 생각하여 무슨 일이 생기면 이웃에게 도움을 구하고 이웃끼리 자주 왕래하니 당연히 사이가 좋았습니다. 그러나 오늘날은 사람들의 인식이 바뀌었고 훨씬 독립적이게 되었습니다. 어떤 일이 닥치면 보통 스스로 해결하며 쉽게 다른 사람의 도움을 받지 않습니다. 또한 개인 사생활 보호에 더 중점을 둡니다. 바로 이와 같기 때문에, 요즘 이웃 간의 사이가 예전과 같지 않다고 이야기하는 사람이 많습니다.

단 어 **邻居** línjū 명 이웃 **从前** cóngqián 명 이전 **现象** xiànxiàng 명 현상 **主要** zhǔyào 형 주요하다 **原因** yuányīn 명 원인 **远亲不如近邻** yuǎnqīn bùrú jìnlín 먼 친척보다는 가까운 이웃이 낫다 **遇** yù 동 만나다 **走动** zǒudòng 동 왕래하다 **当然** dāngrán 부 물론 **独立** dúlì 형 독립적이다 **轻易** qīngyì 부 쉽게 **重视** zhòngshì 동 중시하다 **隐私** yǐnsī 명 사생활

기출유형7 소통

114. Mp3

다른 사람과의 소통을 위해 어떤 노력을 할 수 있는지를 묻는 문제가 자주 출제된다. 질문에서 '우리가 할 수 있는 노력'에 대해서 묻고 있으므로 자신의 상황을 예로 들기보다는 모든 사람들이 할 수 있는 노력을 이야기하도록 하자.

TSC® 기출문제

为了和别人进行良好的沟通，我们可以做哪些努力？请谈谈你的想法。

Wèile hé biéren jìnxíng liánghǎo de gōutōng, wǒmen kěyǐ zuò nǎxiē nǔlì? Qǐng tántan nǐ de xiǎngfǎ.

타인과의 원활한 의사소통을 위해 우리는 어떤 노력을 할 수 있을까요? 당신의 생각을 말해 보세요.

답변

Lv. 4~6

为了和别人进行良好的沟通，我觉得我们要做很多努力。首先要学会倾听，当对方发表自己的想法和意见时，我们不要随便打断对方，一定要认真、耐心地倾听。其次，我们还要学会善于表达自己的想法和意见。积极准确地表达出自己的想法，才能让对方更了解自己，这样才有利于大家进行良好的沟通。

Wèile hé biéren jìnxíng liánghǎo de gōutōng, wǒ juéde wǒmen yào zuò hěn duō nǔlì. Shǒuxiān yào xuéhuì qīngtīng, dāng duìfāng fābiǎo zìjǐ de xiǎngfǎ hé yìjiàn shí, wǒmen búyào suíbiàn dǎduàn duìfāng, yídìng yào rènzhēn、nàixīn de qīngtīng. Qícì, wǒmen hái yào xuéhuì shànyú biǎodá zìjǐ de xiǎngfǎ hé yìjiàn. Jījí zhǔnquè de biǎodá chū zìjǐ de xiǎngfǎ, cái néng ràng duìfāng gèng liǎojiě zìjǐ, zhèyàng cái yǒu lìyú dàjiā jìnxíng liánghǎo de gōutōng.

Step1 핵심 견해를 이야기한다.

노력을 해야한다

为了和别人进行良好的沟通，我觉得我们要做很多努力。

Step2 할 수 있는 노력을 구체적으로 이야기한다.

습득하다 / ~할 때

首先要学会倾听，当对方发表自己的想法和意见时，我们不要随便打断对方，一定要认真、耐心地倾听。其次，我们还要学会善于表达自己的想法和意见。

~을 표현하는데 능하다

积极准确地表达出自己的想法，才能让对方更了解自己，

적극적으로 / 이해하다

Step3 자신의 견해를 이야기한다.

~에 도움이 되다

这样才有利于大家进行良好的沟通。

타인과 원활한 의사소통을 하기 위해서는 많은 노력을 해야 한다고 생각합니다. 먼저, 경청 하는 법을 배워야 합니다. 상대방이 자신의 생각이나 의견을 말할 때, 우리는 함부로 상대방을 가로막지 말고 반드시 성실하고 인내심 있게 경청해야 합니다. 다음으로 우리는 자신의 생각과 의견을 능숙하게 표현하는 법을 배워야 합니다. 적극적이고 정확하게 자신의 생각을 나타내야 상대방이 자신을 더 잘 이해할 수 있고 그래야 모두가 원활한 의사소통을 하는 데 유리합니다.

단 어　**想法** xiǎngfǎ 명 생각 **善于** shànyú 동 능숙하다 **表达** biǎodá 동 표현하다 **积极** jījí 형 적극적이다 **准确** zhǔnquè 형 확실하다 **了解** liǎojiě 동 알다, 이해하다 **有利于** yǒu lìyú 유리하다

기출로 말하기 연습

다음 한국어에 맞게 답변을 완성해 보세요. 115. Mp3

1

Step1	我认为 ① 우리나라의 교통이 매우 발달되었다 / 휴식과 오락이 사람에게 중요하다 。 Wǒ rènwéi 저는 ____________ 라고 생각합니다.
Step2	这是因为首先 ② 어디든 모두 대중교통을 이용해서 갈 수 있다 / 스트레스를 푸는 가장 좋은 방법이다 。 Zhè shì yīnwèi shǒuxiān 其次 ③ 편리하고 빠르게 도착할 수 있다 / 휴식과 오락에서 즐거움과 건강을 얻을 수 있다 。 Qícì 最后 ④ 카드 한 장만 있다면 모든 대중교통수단을 이용할 수 있다 / 휴식과 오락을 통해 자신의 인간관계를 넓힐 수 있다 。 Zuìhòu 이것은 첫째 ____________ 이고, 둘째 ____________ 이며, 마지막으로 ____________ 이기 때문입니다.
Step3	我认为大家都会同意我的看法。 Wǒ rènwéi dàjiā dōu huì tóngyì wǒ de kànfǎ 저는 모든 사람들이 다 저의 의견에 동의할 것이라 생각합니다.

2

Step1	我认为为了 ① 다이어트 / 다른 사람과 함께 살다 我们要做很多努力。 Wǒ rènwéi wèile wǒmen yào zuò hěn duō nǔlì 저는 ____________ 을 위해서는 우리가 많은 노력을 해야 한다고 생각합니다.
Step2	第一、要 ② 식이 조절을 하다 / 서로 관심을 가져야 한다 。 Dì-yī 第二、 ③ 먹고 싶은 대로 다 먹어서는 안 된다 / 적극적으로 자신의 생각을 전달해야 한다 。 Dì-èr 第三、要 ④ 원래의 식습관을 고치다 / 상대방의 생활 습관을 이해하다 。 Dì-sān 첫 번째는 ____________ 이고, 두 번째로는 ____________ 이며, 세 번째로는 ____________ 입니다.
Step3	我认为大家都可以试试我说的方法。 Wǒ rènwéi dàjiā dōu kěyǐ shìshi wǒ shuō de fāngfǎ 저는 모두가 제가 말한 방법을 한 번 해 봐도 된다고 생각합니다.

모범답안 **1** ① 我们国家的交通非常发达，休闲和娱乐对人很重要 ② 不管哪里都可以利用公共交通工具到达，缓解压力的最好方法。③ 可以方便快捷地到达，从休闲和娱乐中得到快乐和健康 ④ 只要有一张卡就可以乘坐所有的公共交通工具，通过休闲和娱乐可以扩大自己的交际圈

2 ① 减肥，跟别人同住 ② 调整饮食，互相关心 ③ 不能想吃什么就吃什么，积极地表达自己的想法 ④ 改变原来的饮食习惯，了解对方的生活习惯

Point

03 사회 이슈

사회 전반적인 이슈에 대해 응시자의 견해를 묻는 문제로 답변하기에 난이도가 많이 어렵지 않은 결혼, 행복관, 인간관계, 반려동물과 같은 문제를 물어본다. 정치나 경제와 같은 어려운 문제는 거의 등장하지 않으므로 관련 질문을 참고하여 자신의 생각을 어떻게 답변할 것인지 미리 정리해 두는 것이 좋다.

금전과 행복

金钱 jīnqián 명 금전, 돈
钱财 qiáncái 명 금전, 재화
财富 cáifù 명 재산
幸福 xìngfú 명 행복
标准 biāozhǔn 명 기준
拥有 yōngyǒu 동 소유하다, 가지다
万能 wànnéng 형 만능이다
决定 juédìng 동 결정하다
基本 jīběn 형 기본적인
条件 tiáojiàn 명 조건
精神 jīngshén 명 정신
物质 wùzhì 명 물질
满足 mǎnzú 형 만족하다
温饱 wēnbǎo 명 의식이 풍족한 생활
快乐 kuàilè 형 즐겁다, 유쾌하다
感到 gǎndào 동 느끼다
指望 zhǐwàng 동 기대하다, 바라다
贫困 pínkùn 명 빈곤, 가난
价值 jiàzhí 명 가치
收入 shōurù 명 수입
水平 shuǐpíng 명 수준
呈现 chéngxiàn 동 나타내다, 양상을 띠다
相关 xiāngguān 형 서로 관련되다
换不来 huànbùlái 바꿀 수 없다
取决于 qǔjuéyú ~에 달려있다
闷闷不乐 mènmènbúlè 성 마음이 답답하고 울적하다
不可缺少 bùkěquēshǎo 없어서는 안 된다
幸福指数 xìngfú zhǐshù 행복지수
知足者常乐 zhīzúzhěchánglè 만족을 아는 사람은 항상 즐겁다

외모

长 zhǎng 동 자라다, 생기다
长相 zhǎngxiàng 명 외모, 생김새
外貌 wàimào 명 외모(= 外表 wàibiǎo)
印象 yìnxiàng 명 인상
美 měi 형 아름답다
帅 shuài 형 잘생기다
美丽 měilì 형 아름답다
出众 chūzhòng 형 출중하다
品行 pǐnxíng 명 품행
素质 sùzhì 명 소양
能力 nénglì 명 능력
自信 zìxìn 형 자신감있다
个性 gèxìng 명 개성
判断 pànduàn 동 판단하다
内在美 nèizàiměi 명 내적인 아름다움
外在美 wàizàiměi 외적인 아름다움
副作用 fùzuòyòng 명 부작용
穿着打扮 chuānzhuó dǎbàn 옷차림, 치장
以貌取人 yǐmàoqǔrén 용모로 사람을 평가하다
整容手术 zhěngróng shǒushù 명 성형수술

人品 rénpǐn 명 인품
实力 shílì 명 실력
增添 zēngtiān 동 늘리다
外表 wàibiǎo 명 외모

爱美人心，人皆有之
àiměi rén xīn, rén jiē yǒu zhī
아름다운 것을 좋아하는 마음은 사람이면 누구나 다 가지고 있다
人不可貌相 rén bùkě màoxiàng
사람은 겉모습만 보고 판단해서는 안 된다

반려동물

动物 dòngwù 명 동물
宠物 chǒngwù 명 반려동물
养 yǎng 동 기르다, 키우다
狗 gǒu 명 개, 강아지
猫 māo 명 고양이
抛弃 pāoqì 동 버리다, 포기하다
过敏 guòmǐn 명 알레르기
疾病 jíbìng 명 질병
禁止 jìnzhǐ 동 금지하다
公园 gōngyuán 명 공원
草地 cǎodì 명 풀밭, 잔디밭
广场 guǎngchǎng 명 광장
遛狗 liùgǒu 동 개를 산책시키다
行为 xíngwéi 명 행위
咬伤 yǎoshāng 동 물어서 상처를 내다

传染 chuánrǎn 동 전염하다, 감염하다
方案 fāng'àn 명 방안
携带 xiédài 동 휴대하다
攻击 gōngjī 동 공격하다
如何 rúhé 대 어떻게
追扑 zhuī pū 쫓아가서 달려들다
惊吓 jīngxià 동 놀라다, 두려워하다
监管 jiānguǎn 동 감시 관리하다
清理 qīnglǐ 동 깨끗이 치우다
恰当 qiàdàng 형 알맞다, 적절하다
密集 mìjí 동 밀집하다
劝阻 quànzǔ 동 충고하여 그만두게 하다
狗链 gǒu liàn 명 목줄
拉粪便 lā fènbiàn 똥오줌을 싸다
公共场所 gōnggòng chǎngsuǒ 명 공공장소

결혼

结婚 jiéhūn 동 결혼하다
离婚 líhūn 동 이혼하다
晚婚 wǎnhūn 명동 만혼(하다)
婚姻 hūnyīn 명 혼인, 결혼
爱情 àiqíng 명 사랑
缺少 quēshǎo 동 부족하다, 모자라다
遵从 zūncóng 동 따르다
对象 duìxiàng 명 대상, (교제하는) 상대
开销 kāixiāo 명 지출
炫耀 xuànyào 동 자랑하다, 과시하다
简单 jiǎndān 형 간단하다
朴素 pǔsù 형 소박하다
面子 miànzi 명 면목, 체면
精简 jīngjiǎn 동 간소화하다, 간결히 하다

性格 xìnggé 명 성격
尊重 zūnzhòng 동 존중하다
物质 wùzhì 명 물질
矛盾 máodùn 명 모순, 갈등
口角 kǒujiǎo 명 입씨름, 말다툼
结婚典礼 jiéhūn diǎnlǐ 결혼식(= 婚礼 hūnlǐ)
蜜月旅行 mìyuè lǚxíng 신혼여행
白头偕老 báitóuxiélǎo 백년해로
家庭背景 jiātíng bèijǐng 집안배경
结婚纪念日 jiéhūn jìniànrì 결혼 기념일
相亲相爱 xiāngqīnxiāng'ài 서로 사랑하다
经济能力 jīngjì nénglì 경제적 능력
生活环境 shēnghuó huánjìng 생활환경
门当户对 méndānghùduì 남녀 두 집안이 엇비슷하다

跨国 kuàguó 동 국경을 초월하다
举行 jǔxíng 동 거행하다
规模 guīmó 명 규모
推迟 tuīchí 동 뒤로 미루다
结婚年龄 jiéhūn niánlíng 결혼연령
终身大事 zhōngshēndàshì 결혼, 일생의 큰일

개인 정보

个人信息 gèrén xìnxī 명 개인 정보
泄露 xièlòu 동 (비밀, 기밀 등을) 누설하다, 폭로하다
现象 xiànxiàng 명 현상
严重 yánzhòng 형 심각하다
存在 cúnzài 동 존재하다
危险 wēixiǎn 명 위험
采取 cǎiqǔ 동 채택하다
相应 xiāngyīng 동 상응하다, 서로 맞아 어울리다
措施 cuòshī 명 조치, 대책
依法 yīfǎ 법에 따라
严惩 yánchéng 엄격히 처벌하다
窃取 qièqǔ 동 훔치다
诈骗 zhàpiàn 동 속이다, 갈취하다
防止 fángzhǐ 동 방지하다
简历 jiǎnlì 명 이력서
填写 tiánxiě 동 기입하다, 쓰다
出生地 chūshēngdì 명 출생지
理所当然 lǐsuǒdāngrán 도리로 보아 당연하다

환경보호

环境 huánjìng 명 환경
保护 bǎohù 동 보호하다
污染 wūrǎn 동 오염시키다
破坏 pòhuài 동 파괴하다
工业 gōngyè 명 공업
噪音 zàoyīn 명 소음
塑料 sùliào 명 플라스틱
实行 shíxíng 동 실행하다
降低 jiàngdī 동 낮추다, 떨어뜨리다
提供 tígōng 동 제공하다
作用 zuòyòng 명 작용, 역할
意识 yìshí 명 의식
遵守 zūnshǒu 동 지키다, 준수하다
资源 zīyuán 명 자원
浪费 làngfèi 동 낭비하다
乱扔 luàn rēng 함부로 버리다
废水 fèishuǐ 명 폐수
尽量 jǐnliàng 부 가능한 한, 최대한
避免 bìmiǎn 동 피하다, 모면하다
危害 wēihài 명 피해, 위험
回收 huíshōu 동 회수하다
欲望 yùwàng 명 욕망
节约 jiéyuē 동 절약하다
点滴 diǎndī 명 사소, 약간
义务 yìwù 명 의무
雾霾 wùmái 명 스모그
塑料袋 sùliàodài 명 비닐봉투
购物袋 gòuwùdài 명 장바구니
再利用 zàilìyòng 동 재활용하다 (= 可回收 kě huíshōu)
垃圾分类 lājī fēnlèi 쓰레기 분리수거
汽车尾气 qìchē wěiqì 자동차 배기가스
一次性用品 yícìxìng yòngpǐn 일회용품
生态环境 shēngtài huánjìng 생태환경
白色污染 báisè wūrǎn
플라스틱, 비닐 폐기물 등으로 인한 환경 오염
分类回收 fēnlèi huíshōu 분리수거
循环再用 xúnhuán zài yòng 순환하여 다시 사용하다

기출유형1 금전과 행복

116. Mp3

돈과 행복 간의 상관관계에 대한 문제 또한 자주 출제되는 문제 중 하나이다. 돈과 행복이 관계가 있다면 어떤 면에서 돈이 영향을 주는지, 관계가 없다면 돈보다 중요한 것은 무엇인지에 대해 설명해보도록 하자.

TSC® 기출문제

你觉得有很多钱就会很幸福吗？请说说你的看法。

Nǐ juéde yǒu hěn duō qián jiù huì hěn xìngfú ma? Qǐng shuōshuo nǐ de kànfǎ.

당신은 돈이 많으면 행복할 수 있다고 생각하나요? 당신의 의견을 말해 보세요.

답변 ①

Lv. 4~6

我觉得有很多钱当然会很幸福。如果有很多钱，就可以做自己想做的事情，想旅游就去旅游，想买什么就可以买什么。不用为了钱去做自己不喜欢的工作，也不用为没钱而担心，每天都吃得好，穿得好，心情愉快。能过上想要的生活，这不就是幸福吗？

Wǒ juéde yǒu hěn duō qián dāngrán huì hěn xìngfú. Rúguǒ yǒu hěn duō qián, jiù kěyǐ zuò zìjǐ xiǎng zuò de shìqing, xiǎng lǚyóu jiù qù lǚyóu, xiǎng mǎi shénme jiù kěyǐ mǎi shénme. Búyòng wèile qián qù zuò zìjǐ bù xǐhuan de gōngzuò, yě búyòng wèi méi qián ér dānxīn, měitiān dōu chī de hǎo, chuān de hǎo, xīnqíng yúkuài. Néng guòshàng xiǎng yào de shēnghuó, zhè bú jiùshì xìngfú ma?

Step1 자신의 견해를 먼저 이야기한다.

我觉得有很多钱当然会很幸福。(幸福: 행복하다)

Step2 이유를 이야기한다.

如果有很多钱，就可以做自己想做的事情，想旅游就去旅游，想买什么就可以买什么。(如果~就: 만약 ~하면, 바로 ~하다)

不用为了钱去做自己不喜欢的工作，也不用为没钱而担心，每天都吃得好，(为~而担心: ~때문에 걱정하다)

穿得好，心情愉快。(心情: 마음, 기분)

Step3 다시 한 번 자신의 견해를 강조한다.

能过上想要的生活，这不就是幸福吗？(过上~生活: 생활을 보내다)

저는 돈이 많으면 당연히 행복할 수 있다고 생각합니다. 만약 돈이 많으면 자기가 하고 싶은 일을 할 수 있고, 여행을 가고 싶으면 여행을 가고, 뭔가가 사고 싶으면 살 수 있습니다. 돈 때문에 싫어하는 일을 하지 않아도 되며, 돈이 없어서 걱정할 필요도 없으니, 매일 잘 먹고, 잘 입고, 즐겁습니다. 원하는 삶을 살 수 있는데, 이게 행복 아닐까요?

단어 **觉得** juéde 동 ~라고 생각하다(여기다) **幸福** xìngfú 형 행복하다 **当然** dāngrán 부 물론 **事情** shìqing 명 일 **旅游** lǚyóu 동 여행하다 **不用** búyòng 동 ~할 필요가 없다 **担心** dānxīn 동 걱정하다 **心情** xīnqíng 명 마음, 기분 **愉快** yúkuài 형 기쁘다

답변 ② Lv. 4~6

我觉得有很多钱未必就会很幸福。虽然有钱的话生活质量比较高，物质生活比较丰富，但是让人真正感到幸福的还是精神上的满足。精神上的满足是钱换不来的。比如有的人虽然钱不多，但是有自己的爱好和幸福的家庭，每天心情愉快，精神愉悦，那他就会感到很幸福。相反，有的人很有钱却因为精神得不到满足而整天闷闷不乐，这样怎么能感受到幸福呢？所以我认为钱跟幸福没关系。

Wǒ juéde yǒu hěn duō qián wèibì jiù huì hěn xìngfú. Suīrán yǒu qián dehuà shēnghuó zhìliàng bǐjiào gāo, wùzhì shēnghuó bǐjiào fēngfù, dànshì ràng rén zhēnzhèng gǎndào xìngfú de háishi jīngshén shàng de mǎnzú. Jīngshén shàng de mǎnzú shì qián huàn bu lái de. Bǐrú yǒu de rén suīrán qián bù duō, dànshì yǒu zìjǐ de àihào hé xìngfú de jiātíng, měitiān xīnqíng yúkuài, jīngshén yúyuè, nà tā jiù huì gǎndào hěn xìngfú. Xiāngfǎn, yǒu de rén hěn yǒu qián què yīnwèi jīngshén dé bú dào mǎnzú ér zhěngtiān mènmènbúlè, zhèyàng zěnme néng gǎnshòu dào xìngfú ne? Suǒyǐ wǒ rènwéi qián gēn xìngfú méi guānxi.

Step1 자신의 견해를 먼저 이야기한다.

我觉得有很多钱未必就会很幸福。

반드시 ~인 것은 아니다 = 不一定

Step2 이유를 이야기한다.

삶의 질이 높다 / 생활이 풍부하다

虽然有钱的话生活质量比较高，物质生活比较丰富，但是让人真正感到幸福的

비록 ~한 것은 아니지만, 그러나 ~하다

还是精神上的满足。

★ 满足: 만족하다

- 满足于取得的成绩 얻은 성적에 만족하다 - 满足于现状 현상태에 만족하다

강조

精神上的满足是钱换不来的。

바꿀 수 없다

예를 들면

比如有的人虽然钱不多，但是有自己的爱好和幸福的家庭，

★ 家庭: 가정

- 富有的家庭 부유한 가정 - 穷苦的家庭 가난하고 힘든 가정

每天心情愉快，精神愉悦，那他就会感到很幸福。

相反，有的人很有钱却因为精神得不到满足而整天闷闷不乐，这样怎么能感受到幸福呢？

= 反过来 / ~때문에 우울하다 / 어떻게 ~하겠는가? = 不能

Step3 다시 한 번 자신의 견해를 강조한다.

所以我认为钱跟幸福没关系。

저는 돈이 많다고 반드시 행복한 것은 아니라고 생각합니다. 비록 돈이 많으면 삶이 질이 비교적 높고 물질적으로 비교적 풍부할 수는 있지만, 사람을 진정으로 행복하다고 느끼게 해 주는 것은 정신적 만족입니다. 정신적인 만족은 돈으로는 바꿀 수 없습니다. 예를 들어 어떤 사람이 비록 돈은 많지 않지만, 자신의 취미와 행복한 가정이 있어 매일 즐겁고 기쁘다면 행복하다고 느낄 것입니다. 이와는 반대로, 어떤 사람은 돈은 많지만 정신적으로 만족스럽지 못해 온종일 우울하다면 어떻게 행복하다고 느낄 수 있을까요? 그래서 저는 돈과 행복은 관계가 없다고 생각합니다.

단어 未必 wèibì 부 반드시 ~한 것은 아니다 质量 zhìliàng 명 품질 物质 wùzhì 명 물질 让 ràng 동 ~하게 하다 真正 zhēnzhèng 형 진정한 感到 gǎndào 동 느끼다 满足 mǎnzú 형 만족하다 愉悦 yúyuè 형 즐겁고 기쁘다 相反 xiāngfǎn 동 반대되다 却 què 오히려 得不到 dé bú dào 얻지 못하다 整天 zhěng tiān 온종일 闷闷不乐 mènmènbúlè 마음이 울적하고 답답하다

기출유형2 외모

117. Mp3

출중한 외모도 실력인지 응시자의 견해를 묻는 문제로 금전과 행복 관계만큼 자주 출제되는 문제이다.
외모와 관련된 단어는 숙지하지 않으면 대답하기 힘든 문제이므로 반드시 관련 단어를 익히도록 하자.

TSC® 기출문제

有些人说外貌也是一种实力。你同意这种看法吗?

Yǒuxiē rén shuō wàimào yěshì yì zhǒng shílì. Nǐ tóngyì zhè zhǒng kànfǎ ma?

몇몇 사람들은 외모도 실력의 하나라고 말합니다. 당신은 이런 의견에 동의하나요?

답변 ①

Lv. 4~6

是的，我同意“外貌也是一种实力”这样的看法。韩语中有这么一句话：“在其他条件都相同的情况下，人们会选择外表出众的那一个”。比如面试的时候，在应聘者学历和经历都差不多的情况下，长得帅一点儿、漂亮一点儿的人往往被聘用的可能性更大。所以我认为外貌也是一种很重要的实力。

Shìde, wǒ tóngyì “wàimào yě shì yì zhǒng shílì” zhèyàng de kànfǎ. Hányǔ zhōng yǒu zhème yí jù huà: “zài qítā tiáojiàn dōu xiāngtóng de qíngkuàng xià, rénmen huì xuǎnzé wàibiǎo chūzhòng de nà yí ge”. Bǐrú miànshì de shíhou, zài yìngpìnzhě xuélì hé jīnglì dōu chàbuduō de qíngkuàng xià, zhǎng de shuài yìdiǎnr、piàoliang yìdiǎnr de rén wǎngwǎng bèi pìnyòng de kěnéngxìng gèng dà. Suǒyǐ wǒ rènwéi wàimào yě shì yì zhǒng hěn zhòngyào de shílì.

Step1 자신의 견해를 먼저 이야기한다.

= 支持 외모

是的，我同意“外貌也是一种实力”这样的看法。

Step2 이유를 이야기한다.

~한 상황에서

韩语中有这么一句话：“在其他条件都相同的情况下，
人们会选择外表出众的那一个”。

외모가 출중하다

比如面试的时候，在应聘者学历和经历都差不多的情况下，长得帅一点儿、

~할 때 비슷하다

채용하다

漂亮一点儿的人往往被聘用的可能性更大。

(~한 조건아래) 종종

Step3 자신의 견해를 다시 한 번 강조한다.

所以我认为外貌也是一种很重要的实力。

네. 저는 '외모도 실력의 하나다'라는 이러한 견해에 동의합니다. 한국어에는 '다른 조건이 같으면, 사람들은 외모가 뛰어난 쪽을 택한다'라는 말이 있습니다. 예를 들어, 면접을 볼 때 지원자의 학력과 경력이 비슷한 상황에서 얼굴이 좀 더 잘생기고 예쁜 사람이 종종 채용될 가능성이 더 큽니다. 그래서 저는 외모도 하나의 중요한 실력이라고 생각합니다.

단 어 **外貌** wàimào 명 외모 **实力** shílì 명 실력 **条件** tiáojiàn 명 조건 **相同** xiāngtóng 형 똑같다 **情况** qíngkuàng 명 상황 **外表** wàibiǎo 명 외모 **出众** chūzhòng 형 출중하다 **面试** miànshì 동 면접을 보다 **应聘者** yìngpìnzhě 지원자 **经历** jīnglì 명 경험 **往往** wǎngwǎng 부 종종 **聘用** pìnyòng 동 초빙하여 직무를 맡기다 **可能性** kěnéngxìng 명 가능성

답변 ② Lv. 4~6

我不同意这种看法。我觉得外貌只不过是一个人的长相而已，是天生的，而不是通过努力和学习得到的，所以不能被认为是一种实力。虽然出众的外貌在人际交往或找工作时会带来一些优势，但这些都是暂时的。要想以后取得好的业绩和保持良好的人际关系，靠的还是人品和素质。所以我认为良好的人品和较高的素质才是真正的实力。

Wǒ bù tóngyì zhè zhǒng kànfǎ. Wǒ juéde wàimào zhǐbúguò shì yí ge rén de zhǎngxiàng éryǐ, shì tiānshēng de, ér búshì tōngguò nǔlì hé xuéxí dédào de, suǒyǐ bùnéng bèi rènwéi shì yì zhǒng shílì. Suīrán chūzhòng de wàimào zài rénjì jiāowǎng huò zhǎo gōngzuò shí huì dàilái yìxiē yōushì, dàn zhèxiē dōu shì zhànshí de. Yào xiǎng yǐhòu qǔdé hǎo de yèjì hé bǎochí liánghǎo de rénjì guānxi, kào de háishi rénpǐn hé sùzhì. Suǒyǐ wǒ rènwéi liánghǎo de rénpǐn hé jiào gāo de sùzhì cái shì zhēnzhèng de shílì.

Step1 자신의 견해를 먼저 이야기한다.

我不同意这种看法。
동의하지 않다 = 反对(반대하다)

Step2 이유를 이야기한다.

我觉得外貌只不过是一个人的长相而已，(只不过…而已: ~일 따름이다)

是天生的，而不是通过努力和学习得到的，所以不能被认为是一种实力。(是…而不是: ~이지, ~이 아니다 / 通过…得到: ~을 통해서 얻은 게 아니다 / 被认为: ~으로 여겨지다)

★ 被구문: 피동의 의미를 나타내는 문장을 말한다.
기본형식: 주어(행위의 대상, 특정적, 구체적) + 被 + 목적어(행위의 주체, 생략 가능) + 술어 + 기타성분'
- 我的自行车被小偷偷了。나의 자전거는 도둑에게 도둑 맞았다. - 我被拒绝了。나는 거절당했다.

虽然出众的外貌在人际交往或找工作时会带来一些优势，(会带来一些优势: 좋은 점을 가져다줄 것이다)

但这些都是暂时的。要想以后取得好的业绩和保持良好的人际关系，(取得好的业绩: 업적을 얻다 / 保持良好的人际关系: 관계를 유지하다)

★ 暂时: 일시
- 暂时的现象 일시적 현상 - 暂时的办法 일시적 방법

靠的还是人品和素质。
의지하다, 달려있다

Step3 다시 한 번 자신의 견해를 강조한다.

所以我认为良好的人品和较高的素质才是真正的实力。

★ 素质: 소양
- 良好的素质 뛰어난 소양 - 素质很高 소양이 높다

저는 이러한 견해에 동의하지 않습니다. 외모는 단지 한 사람의 생김새에 불과하고 타고나는 것이지 노력과 학습을 통해 얻어지는 게 아니기 때문에 실력으로 볼 수 없습니다. 비록 빼어난 외모는 대인 관계나 일자리를 구할 때 약간의 혜택을 줄 수는 있지만, 이것은 모두 일시적입니다. 앞으로 좋은 업무 성과를 얻고 원활한 인간관계를 유지하려면, 인품과 소양이 뒷받침되어야 합니다. 그래서 저는 좋은 인품과 높은 소양이 진짜 실력이라고 생각합니다.

단어 只不过 zhǐbúguò 다만 ~에 지나지 않다 长相 zhǎngxiàng 명 용모 天生 tiānshēng 형 타고나다 优势 yōushì 명 우세 暂时 zhànshí 명 잠시 取得 qǔdé 동 얻다 业绩 yèjì 명 실적 保持 bǎochí 동 유지하다 靠 kào 동 의지하다 人品 rénpǐn 명 인품 真正 zhēnzhèng 형 진정한, 참된

기출유형3 반려동물

118. Mp3

반려동물을 기르는 가정이 증가함에 따라 반려동물을 공공장소에 데려가는 것을 어떻게 생각하는지를 묻는 문제이다. 예를 들어 설명해도 좋고, 자신의 몇 가지 견해를 첫째, 둘째, 셋째로 나누어서 설명해도 좋다.

TSC® 기출문제

有些饭馆、超市等公共场所可以带着宠物出入，对这种情况你怎么看?

Yǒuxiē fànguǎn、chāoshì děng gōnggòng chǎngsuǒ kěyǐ dàizhe chǒngwù chūrù, duì zhè zhǒng qíngkuàng nǐ zěnme kàn?

몇몇 식당이나 마트 등 공공장소에 반려동물을 데리고 출입할 수 있는데, 이런 상황에 대해 당신은 어떻게 보나요?

답변 ①

Lv. 4~6

我认为饭馆、超市等公共场所允许带着宠物出入没问题。因为现在养宠物的人很多，到处都可以看到人们带着宠物出行。这些宠物都是经过专门训练的，它们不会伤害人，而且也很干净，人们可以和宠物共处。还有现在很多公共场所还专门为带宠物的人提供专用的区域，所以我觉得带着宠物出入没问题，没有必要担心。

Wǒ rènwéi fànguǎn、chāoshì děng gōnggòng chǎngsuǒ yǔnxǔ dàizhe chǒngwù chūrù méi wèntí. Yīnwèi xiànzài yǎng chǒngwù de rén hěn duō, dàochù dōu kěyǐ kàndào rénmen dàizhe chǒngwù chūxíng. Zhèxiē chǒngwù dōu shì jīngguò zhuānmén xùnliàn de, tāmen búhuì shānghài rén, érqiě yě hěn gānjìng, rénmen kěyǐ hé chǒngwù gòngchǔ. Háiyǒu xiànzài hěn duō gōnggòng chǎngsuǒ hái zhuānmén wèi dài chǒngwù de rén tígōng zhuānyòng de qūyù, suǒyǐ wǒ juéde dàizhe chǒngwù chūrù méi wèntí, méiyǒu bìyào dānxīn.

Step1 자신의 견해를 먼저 이야기한다.

허락하다, 허가하다

我认为饭馆、超市等公共场所允许带着宠物出入没问题。

Step2 이유를 이야기한다.

반려동물을 기르다 / 도처, 곳곳

因为现在养宠物的人很多，到处都可以看到人们带着宠物出行。

훈련을 거치다 / 해치다, 다치게 하다

这些宠物都是经过专门训练的，它们不会伤害人，而且也很干净，

~와 함께 지내다 / ~을 위해서 제공하다

人们可以和宠物共处。还有现在很多公共场所还专门为带宠物的人提供专用的区域，

Step3 자신의 견해를 다시 한 번 강조한다.

所以我觉得带着宠物出入没问题，没有必要担心。

저는 식당, 마트 같은 공공장소에 반려동물을 데리고 출입할 수 있는 데 문제가 없다고 생각합니다. 왜냐하면 현재 반려동물을 기르는 사람이 많아 어디서나 반려동물을 데리고 다니는 것을 볼 수 있기 때문입니다. 이런 반려동물들은 특별히 훈련된 것으로, 사람을 해치지 않고 깨끗하여 사람들이 반려동물과 함께 할 수 있습니다. 또한 현재 많은 공공장소에서는 특별히 반려동물을 동반한 사람을 위해 전용 구역을 제공하기 때문에, 저는 반려동물 동반 출입은 문제가 되지 않으며 걱정할 필요가 없다고 생각합니다.

단어 **公共场所** gōnggòng chǎngsuǒ 공공장소 **宠物** chǒngwù 명 반려동물 **出行** chūxíng 동 외출하다 **专门** zhuānmén 부 전문적으로 **干净** gānjìng 형 깨끗하다 **共处** gòngchǔ 동 공존하다 **专用** zhuānyòng 동 전용하다 **区域** qūyù 명 구역 **必要** bìyào 형 필요로 하다 **担心** dānxīn 동 걱정하다

답변 ② Lv. 4~6

我认为带着宠物出入饭馆、超市等公共场所不太好。因为：第一、并不是所有的人都喜欢小动物，有的人看到动物会紧张、害怕；有的人对动物身上的毛过敏等。第二、像饭馆、超市这样的地方都是室内场所，本来空气就不好，再带着宠物出入，对健康的影响会更大。第三、饭馆、超市这样的地方有很多食品，带着宠物出入的话不卫生。所以我认为饭馆、超市等公共场所应该禁止这样的行为。

Wǒ rènwéi dàizhe chǒngwù chūrù fànguǎn、chāoshì děng gōnggòng chǎngsuǒ bú tài hǎo. Yīnwèi: Dì-yī、bìng búshì suǒyǒu de rén dōu xǐhuan xiǎo dòngwù, yǒu de rén kàndào dòngwù huì jǐnzhāng、hàipà; yǒu de rén duì dòngwù shēnshang de máo guòmǐn děng. Dì-èr、xiàng fànguǎn、chāoshì zhèyàng de dìfang dōu shì shìnèi chǎngsuǒ, běnlái kōngqì jiù bù hǎo, zài dàizhe chǒngwù chūrù, duì jiànkāng de yǐngxiǎng huì gèng dà. Dì-sān、fànguǎn、chāoshì zhèyàng de dìfang yǒu hěn duō shípǐn, dàizhe chǒngwù chūrù dehuà bú wèishēng. Suǒyǐ wǒ rènwéi fànguǎn、chāoshì děng gōnggòng chǎngsuǒ yīnggāi jìnzhǐ zhèyàng de xíngwéi.

Step1 자신의 견해를 먼저 이야기한다.

我认为带着宠物出入饭馆、超市等公共场所不太好。

Step2 이유를 이야기한다.

(并不是: 결코 ~이 아니다)

因为：第一、并不是所有的人都喜欢小动物，有的人看到动物会紧张、害怕；

(对……过敏: ~에 대해 알러지가 있다)

有的人对动物身上的毛过敏等。第二、像饭馆、超市这样的地方都是室内场所，本来空气就不好，

(对……影响……大: ~에 대한 영향이 크다)

再带着宠物出入，对健康的影响会更大。第三、饭馆、超市这样的地方有很多食品，带着宠物出入的话不卫生。

Step3 다시 한 번 자신의 견해를 강조한다.

(禁止……行为: 행위를 금지하다)

所以我认为饭馆、超市等公共场所应该禁止这样的行为。

저는 반려동물을 데리고 식당이나 마트 같은 공공장소에 출입하는 것은 그다지 좋지 않다고 생각합니다. 왜냐하면, 첫째, 모두가 동물을 좋아하는 것은 아니기 때문입니다. 어떤 사람은 동물을 보면 긴장하고 무서워하며, 어떤 사람은 동물 털에 알레르기가 있습니다. 둘째, 식당, 마트 같은 장소는 모두 실내라, 원래 공기가 나쁜데 거기에다 동물까지 데리고 들어오면 건강에 큰 영향을 끼칠 것입니다. 셋째, 식당이나 마트 같은 곳은 먹을 것이 많아 반려동물을 데리고 출입하면 매우 비위생적입니다. 그래서 저는 식당이나 마트 같은 공공장소에서는 이러한 행위를 금지해야 한다고 생각합니다.

단어 **动物** dòngwù 명 동물 **紧张** jǐnzhāng 형 긴장하다 **害怕** hàipà 동 무서워하다 **对** duì 전 ~에 대해 **过敏** guòmǐn 명 알레르기 **毛** máo 명 털 **像** xiàng 부 마치~과 같은 **室内** shìnèi 명 실내 **场所** chǎngsuǒ 명 장소 **本来** běnlái 부 원래 **空气** kōngqì 명 공기 **健康** jiànkāng 형 건강하다 **食品** shípǐn 명 식품 **卫生** wèishēng 형 위생적이다 **禁止** jìnzhǐ 동 금지하다 **行为** xíngwéi 명 행동

기출유형4 결혼

119. Mp3

최근 결혼식 풍조가 바뀜에 따라 스몰웨딩에 대한 견해를 묻는 문제가 자주 출제된다. 결혼에 대한 자신의 생각이 어떤지 결혼식이 결혼에 있어 어떤 의미를 갖는지 설명하여 자신의 견해를 이야기해보도록 하자.

TSC® 기출문제

最近有些人提倡简化婚礼，对此你有什么看法？请说说你的意见。

Zuìjìn yǒuxiē rén tíchàng jiǎnhuà hūnlǐ, duì cǐ nǐ yǒu shénme kànfǎ? Qǐng shuōshuo nǐ de yìjiàn.

최근 어떤 사람들은 스몰웨딩을 권장하고 있는데, 이것을 어떻게 생각하나요? 당신의 생각을 말해 보세요.

답변 ①

Lv. 4~6

我赞成简化婚礼。我觉得举办婚礼的目的就是祝福新人，希望他们以后过上美好的生活，而不是向别人炫耀自己的经济能力。婚礼只是两个人爱情的见证，没必要花很多钱摆很大的排场。所以我觉得请双方亲戚和好友，举行简单而朴素的婚礼最好。

Wǒ zànchéng jiǎnhuà hūnlǐ. Wǒ juéde jǔbàn hūnlǐ de mùdì jiùshì zhùfú xīnrén, xīwàng tāmen yǐhòu guòshàng měihǎo de shēnghuó, ér búshì xiàng biéren xuànyào zìjǐ de jīngjì nénglì. Hūnlǐ zhǐshì liǎng ge rén àiqíng de jiànzhèng, méi bìyào huā hěn duō qián bǎi hěn dà de páichǎng. Suǒyǐ wǒ juéde qǐng shuāngfāng qīnqi hé hǎoyǒu, jǔxíng jiǎndān ér pǔsù de hūnlǐ zuìhǎo.

Step1 자신의 견해를 먼저 이야기한다.

我赞成简化婚礼。

Step2 이유를 이야기한다.

我觉得举办婚礼(결혼식을 올리다)的目的就是祝福(축복하다)新人，希望他们以后过上美好的生活(생활을 보내다)，

★ 举办：개최하다
- 举办奥运会 올림픽을 개최하다
- 举办活动 행사를 열다

而不是向别人炫耀(~에게 뽐내다)自己的经济能力。

婚礼只是两个人爱情的见证(증거)，没必要花很多钱摆很大的排场(허세를 부리다)。

Step3 다시 한 번 자신의 견해를 강조한다.

所以我觉得请双方亲戚和好友，举行简单而朴素的婚礼最好。

★ 朴素：소박하다
- 朴素的生活 소박한 생활
- 朴素无华 소박하면서 사치스럽지 않다

저는 스몰웨딩을 찬성합니다. 결혼식을 하는 목적은 신랑 신부를 축복하고 그들이 앞으로 행복하게 잘 살기를 바라는 것이지 다른 사람에게 자신의 경제력을 뽐내는 것이 아닙니다. 결혼식은 두 사람의 사랑의 증거일 뿐이니, 겉치레에 많은 돈을 들일 필요는 없습니다. 그래서 저는 양가 친척과 친구들을 초대해 간단하고 소박한 결혼식을 하는 게 가장 좋다고 생각합니다.

단어 **提倡** tíchàng 동 제창하다 **简化** jiǎnhuà 동 간소화하다 **赞成** zànchéng 동 찬성하다 **举办** jǔbàn 동 개최하다 **目的** mùdì 명 목적 **祝福** zhùfú 동 축복을 빌다 **新人** xīnrén 명 신랑 신부 **炫耀** xuànyào 동 자랑하다 **见证** jiànzhèng 명 증거 **必要** bìyào 형 필요로 하다 **摆** bǎi 동 과시하다 **排场** páichǎng 명 규모 **请** qǐng 동 초대하다 **亲戚** qīnqi 명 친척 **举行** jǔxíng 동 거행하다 **朴素** pǔsù 형 소박하다

답변 ② Lv. 4~6

我反对简化婚礼。因为我觉得结婚不但对两个新人来说是人生中最重要的事，而且对双方父母、对两个家庭来说也都是一件大事。所以举办婚礼时不能只考虑自己的立场，还要考虑双方父母的面子。而且婚礼毕竟只有一次，所以应该举办一场热热闹闹的大规模的婚礼，这样人生才不会有遗憾。

Wǒ fǎnduì jiǎnhuà hūnlǐ. Yīnwèi wǒ juéde jiéhūn búdàn duì liǎng ge xīnrén láishuō shì rénshēng zhōng zuì zhòngyào de shì, érqiě duì shuāngfāng fùmǔ、duì liǎng ge jiātíng láishuō yě dōu shì yí jiàn dà shì. Suǒyǐ jǔbàn hūnlǐ shí bùnéng zhǐ kǎolǜ zìjǐ de lìchǎng, hái yào kǎolǜ shuāngfāng fùmǔ de miànzi. Érqiě hūnlǐ bìjìng zhǐyǒu yí cì, suǒyǐ yīnggāi jǔbàn yì chǎng rèrenāonāo de dà guīmó de hūnlǐ, zhèyàng rénshēng cái búhuì yǒu yíhàn.

Step1 자신의 견해를 먼저 이야기한다.

我反对简化婚礼。

Step2 이유를 이야기한다.

因为我觉得结婚不但对两个新人来说是人生中最重要的事，而且对双方父母、对两个家庭来说也都是一件大事。

所以举办婚礼时不能只考虑自己的立场（입장을 고려하다），还要考虑双方父母的面子（체면을 고려하다）。
而且婚礼毕竟（어쨌든）只有一次，

- 考虑再三 재차 생각하다
- 考虑结果 결과를 고려하다

★ 面子: 체면
- 丢面子 체면을 잃다 - 没面子 면목 없다

Step3 다시 한 번 자신의 견해를 강조한다.

所以应该举办一场热热闹闹的大规模的婚礼，这样人生才不会有遗憾。

★ 热热闹闹: 시끌벅적한
- 热闹的市场 시끌벅적한 시장 - 热闹的大街 시끌벅적한 큰 길

★ 遗憾: 유감스럽다
- 表示遗憾 유감의 뜻을 표하다 - 非常遗憾 매우 유감스럽다

저는 스몰웨딩에 반대합니다. 왜냐하면 결혼식은 신랑 신부 두 사람의 인생에서 가장 중요한 일일 뿐만 아니라 양가 부모와 가족에게도 큰일이기 때문입니다. 그래서 결혼식을 할 때는 자신의 입장만을 생각해서는 안 되고, 양가 부모님의 체면도 고려해야 합니다. 게다가 결혼식은 한 번뿐이므로, 시끌벅적한 대규모 결혼식을 올려야 인생에서 후회가 남지 않습니다.

단어 **反对** fǎnduì 동 반대하다 **对…来说** duì…láishuō ~에게 있어서 **人生** rénshēng 명 인생 **重要** zhòngyào 형 중요하다 **而且** érqiě 접 게다가 **考虑** kǎolǜ 동 고려하다 **立场** lìchǎng 명 입장 **面子** miànzi 명 체면 **毕竟** bìjìng 부 결국, 어쨌든 **热闹** rènao 형 시끌벅적하다 **规模** guīmó 명 규모 **遗憾** yíhàn 형 유감스럽다

기출유형5 개인 정보

120. Mp3

취업, 승진 시 개인 정보를 제공하는 상황에 대해 어떤 견해를 가지고 있는지 묻는 문제이다. 제공하는 게 마땅하다고 생각하면 사람을 판단하고 이해하는 데 있어 개인 정보가 필수라는 것을 강조하고, 마땅하지 않다고 생각한다면 개인 정보와 업무 능력이 취업과는 관련이 없다는 측면을 강조하자.

TSC® 기출문제

升学或就业时，我们一般需要在简历上填写毕业学校、出生地等个人背景信息。对这种情况你怎么看？

Shēngxué huò jiùyè shí, wǒmen yìbān xūyào zài jiǎnlì shàng tiánxiě bìyè xuéxiào、chūshēngdì děng gèrén bèijǐng xìnxī. Duì zhè zhǒng qíngkuàng nǐ zěnme kàn?

진학이나 취업 시, 우리는 일반적으로 이력서에 출신 학교, 출생지 등 개인 배경 정보를 기입해야 합니다. 이런 상황에 대해 어떻게 보나요?

답변 ①

Lv. 4~6

我觉得这是应该的。因为在升学或就业时，填写这些背景信息有助于学校或公司更准确地了解、判断一个人。人的性格和处事能力取决于他的教育和生长环境，所以简历上的这些信息是必须要提供的，这跟窃取个人信息是不一样的。我认为每个人都应该在简历上详细地填写这些信息。

Wǒ juéde zhè shì yīnggāi de. Yīnwèi zài shēngxué huò jiùyè shí, tiánxiě zhèxiē bèijǐng xìnxī yǒu zhùyú xuéxiào huò gōngsī gèng zhǔnquè de liǎojiě、pànduàn yí ge rén. Rén de xìnggé hé chǔshì nénglì qǔjuéyú tā de jiàoyù hé shēngzhǎng huánjìng, suǒyǐ jiǎnlì shàng de zhèxiē xìnxī shì bìxū yào tígōng de, zhè gēn qièqǔ gèrén xìnxī shì bù yíyàng de. Wǒ rènwéi měi ge rén dōu yīnggāi zài jiǎnlì shàng xiángxì de tiánxiě zhèxiē xìnxī.

Step1 자신의 견해를 먼저 이야기한다.

我觉得这是应该的。

(应该的: 당연한 것이다 = 理所当然的)

Step2 이유를 이야기한다.

因为在升学或就业时，填写这些背景信息有助于学校或公司更准确地了解、判断一个人。

(填写…信息: 정보를 기입하다 / 有助于: ~에 도움이 되다 / 判断: 판단하다)

人的性格和处事能力取决于他的教育和生长环境，所以简历上的这些信息是必须要提供的，这跟窃取个人信息是不一样的。

(取决于: ~에 의해 결정되다 / 窃取: 훔치다)

Step3 다시 한 번 자신의 견해를 강조한다.

我认为每个人都应该在简历上详细地填写这些信息。

저는 이것이 당연하다고 생각합니다. 왜냐하면 진학이나 취업 시 이러한 배경 정보를 기입하는 것은 학교나 회사가 보다 정확하게 한 사람을 이해하고 판단하는 데 도움이 되기 때문입니다. 사람의 성격과 일을 처리하는 능력은 그의 교육과 성장 환경에 달려 있으므로, 이력서상의 이러한 정보는 반드시 제공되어야 하는 것이며, 이는 개인 정보를 훔치는 것과는 다릅니다. 저는 모든 사람이 이력서에 이러한 정보를 상세히 적어야 한다고 생각합니다.

단어 **升学** shēngxué 동 진학하다 **就业** jiùyè 동 취업하다 **简历** jiǎnlì 명 이력서 **填写** tiánxiě 동 기입하다 **出生地** chūshēngdì 출생지 **个人背景信息** gèrén bèijǐng xìnxī 개인 배경 정보 **准确** zhǔnquè 형 정확하다 **判断** pànduàn 동 판단하다 **性格** xìnggé 명 성격 **处事** chǔshì 동 업무를 처리하다 **必须** bìxū 부 반드시 ~해야 한다 **窃取** qièqǔ 동 훔치다 **详细** xiángxì 형 자세하다

답변 ②

我反对这样的做法。我觉得学校或公司要求在简历上填写这些个人背景信息跟窃取个人信息没什么区别。因为升学或就业时，这些信息没必要一定要填写。升学只要看这个人的学习能力及水平，就业只要看这个人的性格和能力就可以了。我认为过多地要求填写毕业学校、出生地等与学习或工作无关的信息就是窃取个人信息。

Wǒ fǎnduì zhèyàng de zuòfǎ. Wǒ juéde xuéxiào huò gōngsī yāoqiú zài jiǎnlì shàng tiánxiě zhèxiē gèrén bèijǐng xìnxī gēn qièqǔ gèrén xìnxī méi shénme qūbié. Yīnwèi shēngxué huò jiùyè shí, zhèxiē xìnxī méi bìyào yídìng yào tiánxiě. Shēngxué zhǐyào kàn zhège rén de xuéxí nénglì jí shuǐpíng, jiùyè zhǐyào kàn zhège rén de xìnggé hé nénglì jiù kěyǐ le. Wǒ rènwéi guò duō de yāoqiú tiánxiě bìyè xuéxiào、chūshēngdì děng yǔ xuéxí huò gōngzuò wúguān de xìnxī jiùshì qièqǔ gèrén xìnxī.

Step1 자신의 견해를 먼저 이야기한다.

我反对这样的做法。

Step2 이유를 이야기한다.

我觉得学校或公司要求在简历上填写这些个人背景信息跟窃取个人信息没什么区别。
(跟……没什么区别: ~와 별다른 차이가 없다)

★ 区别: 차이
- 区别不大 차이가 크지 않다 - 明显的区别 명확한 차이

因为升学或就业时，这些信息没必要一定要填写。

升学只要看这个人的学习能力及水平、就业只要看这个人的性格和能力就可以了。
(只要: ~하기만 하면 된다 / 及: = 以及 / 只要: ~하기만 하면 된다)

Step3 다시 한 번 자신의 견해를 강조한다.

我认为过多地要求填写毕业学校、
出生地等与学习或工作无关的信息就是窃取个人信息。
(与……无关: ~과 무관하다)

★ 信息: 정보, 소식
- 新的信息 새로운 소식 - 惊人的信息 놀랄만한 소식

저는 이러한 방법에 동의하지 않습니다. 학교나 회사가 이력서에 이러한 개인 배경 정보를 기입하도록 요구하는 것은 개인 정보를 빼내는 것과 별반 다를 게 없다고 생각합니다. 왜냐하면 진학이나 취업할 때 이러한 정보를 굳이 기입할 필요가 없기 때문입니다. 진학이라면 개인의 학업 능력과 수준만 보면 되고, 취업이라면 개인의 성격과 능력만 보면 될 뿐입니다. 저는 졸업 학교, 출생지 등 공부나 업무와 무관한 정보를 지나치게 많이 적으라는 요구는 개인 정보를 빼내는 것이라고 생각합니다.

단어 反对 fǎnduì 동 반대하다 做法 zuòfǎ 방법 区别 qūbié 명 차이 一定 yídìng 부 반드시, 꼭 及 jí 접 및, 과(와) 水平 shuǐpíng 명 수준 过多 guòduō 형 과도하다 要求 yāoqiú 동 요구하다 无关 wúguān 동 관계가 없다

기출유형6 환경

121. Mp3

환경보호 의식, 환경 보호 활동 관련 문제를 설명하려면 분리수거, 플라스틱, 재활용과 같은 환경보호에 관한 어휘들은 알고 있어야 하니 꼭 숙지해두도록 하자.

TSC® 기출문제

跟过去相比，你觉得你们国家人们的环保意识提高了吗？请说说你的看法。

Gēn guòqù xiāngbǐ, nǐ juéde nǐmen guójiā rénmen de huánbǎo yìshí tígāo le ma? Qǐng shuōshuo nǐ de kànfǎ.

과거에 비해 당신 나라 사람들의 환경 보호 의식은 높아졌나요? 당신의 의견을 말해 보세요.

답변 ①

Lv. 4~6

跟过去相比，我觉得我们国家人们的环保意识大大地提高了。为了保护环境，人们在日常生活中，都很注意节约用电、用水，而且都尽量不使用一次性用品，还积极地进行垃圾分类等。这些行为都证明人们的环保意识提高了。

Gēn guòqù xiāngbǐ, wǒ juéde wǒmen guójiā rénmen de huánbǎo yìshí dàdà de tígāo le. Wèile bǎohù huánjìng, rénmen zài rìcháng shēnghuó zhōng, dōu hěn zhùyì jiéyuē yòngdiàn、yòngshuǐ, érqiě dōu jǐnliàng bù shǐyòng yícìxìng yòngpǐn, hái jījí de jìnxíng lājī fēnlèi děng. Zhèxiē xíngwéi dōu zhèngmíng rénmen de huánbǎo yìshí tígāo le.

Step1 자신의 견해를 먼저 이야기한다.

~와 서로 비교하면 / 의식이 높아지다

跟过去相比，我觉得我们国家人们的环保意识大大地提高了。

Step2 이유를 이야기한다.

~을 위해서

为了保护环境，人们在日常生活中，都很注意节约用电、用水，
而且都尽量不使用一次性用品，还积极地进行垃圾分类等。

최대한 / 쓰레기를 분리수거 하다

★ 一次性: 일회용
- 一次性筷子 일회용 젓가락 - 一次性塑料袋 일회용 비닐봉투

Step3 다시 한 번 자신의 견해를 강조한다.

这些行为都证明人们的环保意识提高了。

★ 证明: 증명하다
- 证明身份 신분을 증명하다 - 证明事实 사실을 증명하다

저는 과거에 비해 우리나라 사람들의 환경 보호 의식이 크게 높아졌다고 생각합니다. 환경 보호를 위해 사람들은 일상생활에서 전기나 물을 절약하는 것에 주의하고, 되도록 일회용품을 되도록 사용하지 않으며 적극적으로 쓰레기 분리수거 등을 합니다. 이러한 행동들이 사람들의 환경 보호 의식이 높아졌다는 것을 증명합니다.

단어 **环保** huánbǎo 환경 보호 **意识** yìshí 명 의식 **提高** tígāo 동 향상시키다 **注意** zhùyì 동 주의하다 **节约** jiéyuē 동 절약하다 **使用** shǐyòng 동 사용하다 **一次性用品** yícìxìng yòngpǐn 일회용품 **积极** jījí 형 적극적이다 **垃圾** lājī 명 쓰레기 **分类** fēnlèi 동 분류하다

답변 ② Lv. 4~6

我觉得跟过去相比，我们国家人们的环保意识没有提高。很多人还是乱扔垃圾，路上常常可以看到被人随便丢弃的烟头、瓶子等。而且人们还是在大量地使用一次性用品，特别是塑料袋、塑料杯子等处处可见。还有的人为了省事，垃圾不分类就扔掉。这些行为说明，我们国家人们的环保意识还不高。为了保护环境，我们应该努力提高环保意识。

Wǒ juéde gēn guòqù xiāngbǐ, wǒmen guójiā rénmen de huánbǎo yìshí méiyǒu tígāo. Hěn duō rén háishi luàn rēng lājī, lùshang chángcháng kěyǐ kàndào bèi rén suíbiàn diūqì de yāntóu、píngzi děng. Érqiě rénmen háishi zài dàliáng de shǐyòng yícìxìng yòngpǐn, tèbié shì sùliàodài、sùliào bēizi děng chùchù kějiàn. Háiyǒu de rén wèile shěngshì, lājī bù fēnlèi jiù rēngdiào. Zhèxiē xíngwéi shuōmíng, wǒmen guójiā rénmen de huánbǎo yìshí hái bù gāo. Wèile bǎohù huánjìng, wǒmen yīnggāi nǔlì tígāo huánbǎo yìshí.

Step1 자신의 견해를 먼저 이야기한다.

我觉得跟过去相比，我们国家人们的环保意识没有提高。

Step2 이유를 이야기한다.

很多人还是乱扔垃圾，路上常常可以看到被人随便丢弃的烟头、瓶子等。(被人随便丢弃: ~에 의해 버려지다)

★ 乱扔: 함부로 버리다
- 乱说 함부로 말하다 - 乱花 함부로 쓰다

而且人们还是在大量地使用一次性用品，特别是塑料袋、塑料杯子等处处可见。(还是在: 여전히 ~하고 있다 / 处处可见: 여기저기서 볼 수 있다)

★ 塑料: 플라스틱
- 塑料制品 플라스틱 제품 - 塑料家具 플라스틱 가구

还有的人为了省事，垃圾不分类就扔掉。
这些行为说明，我们国家人们的环保意识还不高。

Step3 다시 한 번 자신의 견해를 강조한다.

为了保护环境，我们应该努力提高环保意识。

저는 과거에 비해 우리나라 사람들의 환경 보호 의식이 높아지지 않았다고 생각합니다. 여전히 많은 사람들이 아무 데나 쓰레기를 버리며, 길에서는 함부로 버린 담배꽁초, 병 등을 자주 볼 수 있습니다. 게다가 사람들은 아직도 일회용품을 많이 사용하고 있는데, 특히 비닐봉지와 플라스틱 등은 곳곳에서 볼 수 있습니다. 편하려고 쓰레기를 분류하지 않고 마구 버리는 사람도 있습니다. 이러한 행동들은 우리나라 사람들의 환경 보호 의식이 아직 높지 않다는 것을 말해 줍니다. 환경을 보호하기 위해 우리는 환경 보호 의식을 향상시키도록 노력해야 합니다.

단어 乱 luàn 부 함부로 扔 rēng 동 버리다 被 bèi 전 ~에 의해 随便 suíbiàn 형 마음대로 丢弃 diūqì 동 버리다 烟头 yāntóu 명 담배꽁초 瓶子 píngzi 명 병 大量 dàliàng 형 대량의 特别 tèbié 부 특히 塑料袋 sùliàodài 비닐봉지 塑料杯子 sùliào bēizi 플라스틱 컵 处处 chùchù 부 각 방면에 省事 shěngshì 동 편리하다 掉 diào 동 ~해 버리다(동사 뒤에서 동작의 완성을 나타냄) 说明 shuōmíng 동 설명하다

기출로 말하기 연습

다음 한국어에 맞게 답변을 완성해 보세요. 122. Mp3

1

Step1

我赞成 ① 성형하다 / 스몰웨딩 / 환경을 보호하다 。
Wǒ zànchéng

저는 ____________________ 을/것을 찬성합니다.

Step2

这是因为第一、 ② 성형은 자신감을 늘려주다 / 결혼식은 그저 두 사람의 사랑의 증거이다 /
Zhè shì yīnwèi dì-yī

일회용품은 환경을 파괴한다 。第二、 ③ 외모도 하나의 실력이다 / 결혼식의 목적은 신랑 신부를
Dì-èr

축복하는 것이다 / 지구는 우리 공동의 집이다 。

이것은 첫째 ____________________ 이고, 둘째 ____________________ 이기 때문입니다.

Step3

所以我同意这种看法。
Suǒyǐ wǒ tóngyì zhè zhǒng kànfǎ

그래서 저는 이 견해에 동의합니다.

2

Step1

人们常说 ① 돈과 행복은 관계가 있다 / 사람들의 환경보호 의식이 향상되었다 /
Rénmen cháng shuō

승진 때 개인 정보를 반드시 써야한다 ，而我不这么认为。
ér wǒ bú zhème rènwéi

사람들은 자주 ____________________ 고 하지만, 저는 그렇게 생각하지 않습니다.

Step2

这是因为第一、 ② 건강이 없으면 아무리 돈이 많아도 소용없다 / 사람들이 여전히 함부로 쓰
Zhè shì yīnwèi dì-yī

레기를 버린다 / 승진은 개인의 능력을 보는 것이다 。第二、 ③ 어떤 사람은 돈이 많아도 행복
Dì-èr

하지 않다 / 쓰레기 분리수거를 하지 않는 사람들이 있다 / 출생지와 집안 배경은 승진과 관련이 없다 。

이것은 첫째 ____________________ 이고, 둘째 ____________________ 이기 때문입니다.

Step3

所以我反对这种看法。
Suǒyǐ wǒ fǎnduì zhè zhǒng kànfǎ

그래서 저는 이러한 견해에 반대합니다.

모범답안 **1** ① 整容，简化婚礼，保护环境 ② 整容可以增添信心，婚礼只是两个人爱情的见证，
一次性用品破坏环境 ③ 外貌也是一种实力，举办婚礼的目的是祝福新人，地球是我们共同的家
2 ① 金钱和幸福有关系，人们的环保意识提高了，升职时必须要填写个人信息
② 没有健康金钱再多也没用，人们还是乱扔垃圾，升职要看的是个人的能力
③ 有些人拥有很多财富但不幸福，有些人不进行垃圾分类，出生地和家庭背景跟升职没有关系

Point

04 인터넷과 과학

과학 발전이 사회 전반에 미친 영향, 휴대전화의 보편적 사용이 가져온 결과, 인터넷과 과학의 발전에 따른 좋은 점과 나쁜 점을 물어보는 문제 등이 출제된다. 특히 휴대전화에 관련된 견해는 자주 출제되니 관련 어휘들을 익혀두도록 하자.

전자 기기의 사용

电子产品 diànzǐchǎnpǐn 전자제품
手机 shǒujī 명 휴대전화
智能手机 zhìnéng shǒujī 명 스마트폰
照相机 zhàoxiàngjī 명 사진기
智能电视 zhìnéng diànshì 스마트 TV
电子阅读器 diànzi yuèdúqì 전자책 단말기
必需品 bìxūpǐn 명 필수품
成为 chéngwéi 동 ~으로 되다
提供 tígōng 동 제공하다
便利 biànlì 명 편리함
过于 guòyú 부 지나치게
依赖 yīlài 동 의존하다
适可而止 shìkě'érzhǐ 성 적당한 정도에서 멈추다
交际能力 jiāojìnénglì 교제 능력
代替 dàitì 동 대체하다, 대신하다
解脱 jiětuō 동 벗어나다, 헤어나다
点餐 diǎncān 음식을 주문하다
低头族 dītóuzú 스마트폰만 보는 사람들을 일컫는 말
正常 zhèngcháng 형 정상적이다
手机病 shǒujī bìng 휴대전화 중독
负面 fùmiàn 명 부정적인 면
促进 cùjìn 동 촉진하다
传递 chuándì 동 전달하다, 전하다
减少 jiǎnshǎo 동 줄어들다, 감소하다
泛滥 fànlàn 동 범람하다, 난무하다
交流 jiāoliú 동 교류하다
利大于弊 lìdàyúbì 장점이 단점보다 많다
弊大于利 bìdàyúlì 단점이 장점보다 크다
上瘾 shàngyǐn 중독되다
离不开 líbukāi 동 떨어질수 없다
紧张 jǐnzhāng 형 긴장되다
心无所依 xīnwúsuǒyī 마음을 둘 곳이 없다
通讯手段 tōngxùn shǒuduàn 통신수단
网上 wǎngshàng 인터넷
网上购物 wǎngshàng gòuwù 인터넷 쇼핑
网上银行 wǎngshàng yínháng 인터넷 뱅킹
点击 diǎnjī 동 클릭하다
触屏 chù píng 화면을 터치하다
社交网站 shèjiāo wǎngzhàn 명 SNS
得到 dédào 동 얻다
信息 xìnxī 명 소식, 정보 (= 消息 xiāoxi)
平板电脑 píngbǎndiànnǎo 태블릿 PC
普遍 pǔbiàn 형 보편적이다
现象 xiànxiàng 명 현상
沟通 gōutōng 동 소통하다
沉迷 chénmí 동 깊이 미혹되다, 깊이 빠지다

과학 발전

科技 kējì 과학 기술
巨大 jùdà 형 거대하다
发展 fāzhǎn 동 발전하다 명 발전
生活质量 shēnghuó zhìliàng 삶의 질
变化 biànhuà 동 변화하다 명 변화
数码 shùmǎ 명 디지털
解脱 jiětuō 동 벗어나다, 헤어나다
享受 xiǎngshòu 동 누리다, 즐기다
进步 jìnbù 동 진보하다, 향상되다
危害 wēihài 명 피해, 위험
开启 kāiqǐ 동 열다, 시작하다
百岁时代 bǎisuì shídài 100세 시대
治疗 zhìliáo 동 치료하다
克隆人 kèlóngrén 명 클론, 복제인간
安乐死 ānlèsǐ 명 안락사
灾难 zāinàn 명 재난
科技化 kējìhuà 기술화
丰富多彩 fēngfùduōcǎi 풍부하고 다채롭다
营造 yíngzào 동 (어떠한 분위기를) 만들다
舒适 shūshì 형 쾌적하다, 편안하다
便捷 biànjié 형 간편하다
崭新 zhǎnxīn 형 참신하다
缩小 suōxiǎo 형 축소하다, 줄이다
距离 jùlí 명 거리
引起 yǐnqǐ 동 일으키다
广泛 guǎngfàn 형 광범위하다, 폭 넓다
关注 guānzhù 동 관심을 갖다
黑客 hēikè 명 해커
转基因 zhuǎnjīyīn 명 유전자 변형
机器人 jīqìrén 명 로봇
日益 rìyì 부 나날이
加剧 jiājù 동 심해지다
繁荣 fánróng 형 번영하다, 번창하다

不失为 bùshīwéi 동 ~이라고 칠 수 있다, 간주할 수 있다
诈骗 zhàpiàn 동 속이다, 갈취하다
网络犯罪 wǎngluò fànzuì 사이버 범죄
造成 zàochéng 동 야기하다
导致 dǎozhì 동 야기하다, 초래하다.
现代化 xiàndàihuà 명 현대화
依赖 yīlài 동 의존하다
金融犯罪 jīnróngfànzuì 금융범죄
网络赌博 wǎngluò dǔbó 온라인 도박
普及 pǔjí 동 보급되다
前所未有 qiánsuǒwèiyǒu 공전의, 전대미문의
平均寿命 píngjūn shòumìng 평균수명
寿命延长 shòumìng yáncháng 수명연장
老龄化 lǎolínghuà 고령화
忽视 hūshì 동 소홀히 하다, 홀시하다
了解 liǎojiě 동 알다, 이해하다
信息化 xìnxīhuà 정보화
影响 yǐngxiǎng 동 영향을 미치다 명 영향
焦虑 jiāolǜ 동 마음을 졸이다
共享 gòngxiǎng 동 함께 누리다
地球村 dìqiúcūn 명 지구촌
改善 gǎishàn 동 개선하다
实际 shíjì 명 실제, 현실적
创新 chuàngxīn 동 혁신하다
继续 jìxù 부 잇달아, 계속해서
可视电话 kěshìdiànhuà 영상전화
翻天覆地 fāntiānfùdì
하늘과 땅이 뒤집히다, 커다란 변화가 일어나다
自动化 zìdònghuà 명 자동화
突飞猛进 tūfēiměngjìn 비약적으로 발전하다
日新月异 rìxīnyuèyì
나날이 새로워지다, 발전이 매우 빠르다
全球危机 quánqiúwēijī 글로벌 위기

기출유형1 휴대전화 중독

123. Mp3

휴대전화 사용 중독에 관한 현상에 대해 어떤 견해가 있는지 물어보는 문제로 하나의 정상적인 상황인지, 비정상적인 상황인지를 구별해서 설명하면 된다.

TSC® 기출문제

最近很多人使用手机上瘾，离开手机就会非常紧张。对此你有什么看法?

Zuìjìn hěn duō rén shǐyòng shǒujī shàngyǐn, líkāi shǒujī jiù huì fēicháng jǐnzhāng. Duì cǐ nǐ yǒu shénme kànfǎ?

요즘 많은 사람이 휴대전화 중독이라, 휴대전화가 없으면 불안해 하는데요. 이에 대해 어떻게 생각하나요?

답변

Lv. 4~6

我觉得这种现象很不正常，这是人们过度依赖手机造成的。长期这样下去的话，人的生活和健康都会受到很大的影响，所以我们要努力改变这种现象。我觉得我们应该放下手机，多去外边走走，多和朋友聊聊天沟通感情，好好儿感受生活而不是整天盯着手机成为手机的奴隶。

Wǒ juéde zhè zhǒng xiànxiàng hěn bú zhèngcháng, zhè shì rénmen guòdù yīlài shǒujī zàochéng de. Chángqí zhèyàng xiàqù dehuà, rén de shēnghuó hé jiànkāng dōu huì shòudào hěn dà de yǐngxiǎng, suǒyǐ wǒmen yào nǔlì gǎibiàn zhè zhǒng xiànxiàng. Wǒ juéde wǒmen yīnggāi fàngxià shǒujī, duō qù wàibian zǒuzou, duō hé péngyou liáoliaotiān gōutōng gǎnqíng, hǎohāor gǎnshòu shēnghuó ér búshì zhěngtiān dīngzhe shǒujī chéngwéi shǒujī de núlì.

Step1 자신의 핵심 견해를 먼저 이야기한다.

我觉得这种现象很不正常，这是人们过度依赖手机造成的。

(现象很不正常: 현상이 정상적이다 / 过度依赖: 과도하게 의존하다)

Step2 견해를 뒷받침할 근거를 제시한다.

长期这样下去的话，人的生活和健康都会受到很大的影响，

(下去: 지속되다 (동사+下去) / 受到…影响: 영향을 받다)

所以我们要努力改变这种现象。

(改变这种现象: 현상을 바꾸다)

Step3 다시 한 번 자신의 견해를 강조한다.

我觉得我们应该放下手机，多去外边走走，多和朋友聊聊天沟通感情，

(沟通感情: 감정을 소통하다)

★ 感情: 감정
- 产生感情 감정이 생기다 - 保持感情 감정을 유지하다

好好儿感受生活而不是整天盯着手机成为手机的奴隶。

(感受生活: 삶을 느끼다 / 成为: ~이 되다)

저는 이런 현상이 매우 비정상적이며, 사람들이 휴대전화에 지나치게 의존함으로써 생긴 것이라고 생각합니다. 이런 현상이 오랜 기간 계속된다면 사람의 생활과 건강에 큰 영향을 받기 때문에 우리는 이런 현상을 바꾸려고 노력해야 합니다. 저는 우리가 하루 종일 휴대전화만 쳐다 보며 휴대전화의 노예가 되는 게 아니라, 휴대전화를 놓고 밖으로 나가 산책을 하고 친구와 더 많은 이야기와 감정을 나누고 삶을 풍부하게 느껴야 한다고 생각합니다.

단어 手机 shǒujī 명 휴대전화 上瘾 shàngyǐn 동 중독되다 离开 líkāi 동 벗어나다 紧张 jǐnzhāng 형 긴장하다 过度 guòdù 형 지나치다 依赖 yīlài 동 의존하다 造成 zàochéng 동 초래하다 改变 gǎibiàn 동 바꾸다 沟通 gōutōng 동 소통하다 奴隶 núlì 명 노예

기출유형2 전자기기 영향

124. Mp3

전자기기 사용이 생활에 가져온 결과를 묻는 문제로 답변은 실생활에서 전자기기가 어떤 영향을 미쳤는지 구체적으로 이야기하면 된다. 전자기기들은 생활에 편리함을 가져다준 장점이 많으므로 장점 측면에서 답변하면 된다.

TSC® 기출문제

你认为照相机的普遍使用给人们的生活带来了什么影响？请说说你的意见。

Nǐ rènwéi zhàoxiàngjī de pǔbiàn shǐyòng gěi rénmen de shēnghuó dàiláile shénme yǐngxiǎng? Qǐng shuōshuo nǐ de yìjiàn.

당신은 사진기의 보편적인 사용이 사람들의 생활에 어떤 영향을 가져왔다고 생각하나요? 당신의 의견을 말해 보세요.

답변

Lv. 4~6

我认为带来的影响是多方面的。首先，使用照相机可以随时随地记录生活，留住美好时刻。其次，照相机让人们的生活变得丰富多彩，摄影成了很多人的业余爱好。第三，照相机的普及还给生活带来了很多改变，例如新闻变得“有图有真相”。可见，照相机的普遍使用给人们的生活带来的影响是巨大的。

Wǒ rènwéi dàilái de yǐngxiǎng shì duōfāngmiàn de. Shǒuxiān, shǐyòng zhàoxiàngjī kěyǐ suíshísuídì jìlù shēnghuó, liúzhù měihǎo shíkè. Qícì, zhàoxiàngjī ràng rénmen de shēnghuó biàn de fēngfùduōcǎi, shèyǐng chéngle hěnduō rén de yèyú'àihào. Dì-sān, zhàoxiàngjī de pǔjí hái gěi shēnghuó dàilái le hěn duō gǎibiàn, lìrú xīnwén biàn de “yǒu tú yǒu zhēnxiàng”. Kějiàn, zhàoxiàngjī de pǔbiàn shǐyòng gěi rénmen de shēnghuó dàilái de yǐngxiǎng shì jùdà de.

Step1 자신의 견해를 먼저 이야기한다.

가져온 영향 / 강조구문

我认为带来的影响是多方面的。

Step2 견해를 뒷받침할 근거를 제시한다.

언제 어디서든지 기록하다 / 순간을 남기다

首先，使用照相机可以随时随地记录生活，留住美好时刻。

생활이 풍부하고 다채롭다 / ~이 되다

其次，照相机让人们的生活变得丰富多彩，摄影成了很多人的业余爱好。

변화를 가져오다

第三，照相机的普及还给生活带来了很多改变、例如新闻变得“有图有真相”。

Step3 다시 한 번 자신의 견해를 강조한다.

영향이 막대하다

可见，照相机的普遍使用给人们的生活带来的影响是巨大的。

저는 다방면에 영향을 주었다고 생각합니다. 우선, 사진기를 사용해 언제 어디서나 삶을 기록하고, 아름다운 순간을 남길 수 있습니다. 다음은, 사진기는 사람들의 삶을 더 다채롭게 하였고, 촬영은 많은 사람들의 여가 취미가 되었습니다. 세 번째는, 사진기의 대중화는 삶의 많은 변화를 가져왔습니다. 예를 들어 뉴스는 '사진이 있어야 믿을 만하다'로 되었습니다. 그만큼 사진기의 보편적인 사용이 사람들의 삶에 가져온 영향은 막대합니다.

단어 **照相机** zhàoxiàngjī 명 카메라 **普遍** pǔbiàn 형 보편적이다 **使用** shǐyòng 동 사용하다 **生活** shēnghuó 명 생활 **影响** yǐngxiǎng 명 영향 **随时随地** suíshí suídì 언제 어디서나 **时刻** shíkè 명 시간 **业余** yèyú 형 여가의 **多彩** duōcǎi 형 다채롭다 **新闻** xīnwén 명 뉴스

기출유형3 생명 연장

125. Mp3

과학기술의 발전에 따른 변화에 대해 의견을 묻는 문제이다. 생명 연장이 과학기술의 발전에 따라 사회현상에 어떤 변화를 가져다주었는지를 조리 있게 답변하면 된다.

TSC® 기출문제

近来人类的平均寿命不断延长。
你认为这种情况给我们的生活带来了什么变化？请谈谈你的看法。

Jìnlái rénlèi de píngjūn shòumìng búduàn yáncháng.
Nǐ rènwéi zhè zhǒng qíngkuàng gěi wǒmen de shēnghuó dàiláile shénme biànhuà? Qǐng tántan nǐ de kànfǎ.

근래에 들어 인간의 평균 수명이 계속 연장되고 있습니다.
당신은 이러한 상황이 우리의 삶에 어떤 변화를 가져왔다고 생각하나요? 당신의 의견을 말해 주세요.

답변

Lv. 4~6

我认为有很多变化。首先是“老年”这个词的概念不一样了，以前大家觉得五十多岁就是老人了，但现在人们觉得七十岁以上才算老，所以现在不少五、六十岁的人还在工作。再有就是寿命延长了，人们的养老意识也增强了。很多人从年轻时就开始存钱、买养老保险等。这些都是寿命的延长给我们生活带来的变化。

Wǒ rènwéi yǒu hěnduō biànhuà. Shǒuxiān shì “lǎonián” zhège cí de gàiniàn bù yíyàng le, yǐqián dàjiā juéde wǔshí duō suì jiùshì lǎorén le, dàn xiànzài rénmen juéde qīshí suì yǐshàng cái suàn lǎo, suǒyǐ xiànzài bù shǎo wǔ、liùshí suì de rén hái zài gōngzuò. Zài yǒu jiùshì shòumìng yáncháng le, rénmen de yǎnglǎo yìshí yě zēngqiáng le. Hěn duō rén cóng niánqīng shí jiù kāishǐ cúnqián、mǎi yǎnglǎo bǎoxiǎn děng. Zhèxiē dōu shì shòumìng de yáncháng gěi wǒmen shēnghuó dàilái de biànhuà.

Step1 자신의 견해를 먼저 이야기한다.

我认为有很多变化。

Step2 견해를 뒷받침할 근거를 제시한다.

首先是“老年”这个词的概念不一样了，以前大家觉得五十多岁就是老人了，
但现在人们觉得七十岁以上才算老，所以现在不少五、六十岁的人还在工作。
(算: ~라 할 수 있다, ~인 셈이다)

再有就是寿命延长了，人们的养老意识也增强了。
(意识也增强: 의식이 강화되다(강도가 세지는 것))
很多人从年轻时就开始存钱、买养老保险等。
(买养老保险: 보험을 구매하다, 보험에 가입하다)

Step3 다시 한 번 자신의 견해를 강조한다.

这些都是寿命的延长给我们生活带来的变化。

저는 많은 변화를 가져왔다고 생각합니다. 우선 "노인"이라는 단어의 개념이 달라졌습니다. 예전에는 50대가 노인이라고 생각했지만, 오늘날에는 70세 이상이 되어야 '노인'이라고 부릅니다. 그래서 지금은 50~60대가 여전히 일을 합니다. 또한 수명이 길어지면서, 사람들의 노후 의식도 강해졌습니다. 많은 사람이 젊을 때부터 저금을 하고 양로 보험 등을 구입합니다. 이러한 모든 것들은 수명연장이 우리 삶에 가져온 변화입니다.

단어 **老年** lǎonián 명 노인 **概念** gàiniàn 명 개념 **以前** yǐqián 명 이전 **岁** suì 양 세, 살 **以上** yǐshàng 명 이상 **算** suàn 동 치다, 계산에 넣다 **增强** zēngqiáng 동 강화하다 **年轻** niánqīng 형 젊다 **存钱** cún qián 저금하다 **养老保险** yǎnglǎo bǎoxiǎn 양로 보험, 실버 보험

기출유형4 인터넷 발전

126. Mp3

인터넷 쇼핑의 장점을 묻는 문제는 자주 출제되므로 모범답변을 잘 활용하도록 하자.

TSC® 기출문제

你认为网上买东西有哪些好处？请说说你的看法。

Nǐ rènwéi wǎngshàng mǎi dōngxi yǒu nǎxiē hǎochù? Qǐng shuōshuo nǐ de kànfǎ.

당신은 인터넷 쇼핑에 어떤 장점이 있다고 생각하나요? 당신의 의견을 말해 보세요.

답변 Lv. 4~6

我认为网上购物有很多好处。首先无论在哪里，只要能上网就可以随时买到自己喜欢的东西，方便快捷。其次不用花很长时间去排队结账，而且商家还提供送货上门服务，既省时又省力。再次网上有很多优惠，比去店铺买要便宜得多。总之网上买东西有很多好处，网购越来越受到人们的欢迎。

Wǒ rènwéi wǎngshàng gòuwù yǒu hěn duō hǎochù. Shǒuxiān wúlùn zài nǎli, zhǐyào néng shàngwǎng jiù kěyǐ suíshí mǎidào zìjǐ xǐhuan de dōngxi, fāngbiàn kuàijié. Qícì búyòng huā hěn cháng shíjiān qù páiduì jiézhàng, érqiě shāngjiā hái tígōng sònghuòshàngmén fúwù, jì shěngshí yòu shěnglì. Zàicì wǎngshàng yǒu hěn duō yōuhuì, bǐ qù diànpù mǎi yào piányi de duō. Zǒngzhī wǎngshàng mǎi dōngxi yǒu hěn duō hǎochù, wǎnggòu yuè lái yuè shòudào rénmen de huānyíng.

Step1 자신의 견해를 먼저 이야기한다.

我认为网上购物有很多好处。

Step2 견해를 뒷받침할 근거를 제시한다.

★ 随时: 아무때나
- 随时随地 언제 어디서든지
- 随时可来 아무때나 방문하다

(无论: ~에 상관없이 / 只要…就: ~하기만 하면, 바로 ~하다)

首先无论在哪里，只要能上网就可以随时买到自己喜欢的东西，方便快捷。

(提供…服务: 서비스를 제공하다)

其次不用花很长时间去排队结账，而且商家还提供送货上门服务，

(既…又: ~하면서 ~하다 / 优惠: 할인 / 得多: 매우 ~하다(형용사+得多))

既省时又省力。再次网上有很多优惠，比去店铺买要便宜得多。

Step3 다시 한 번 자신의 견해를 강조한다.

(受到…欢迎: 환영을 받다)

总之网上买东西有很多好处，网购越来越受到人们的欢迎。

저는 인터넷 쇼핑은 장점이 많다고 생각합니다. 우선 어디서든 인터넷만 할 수 있다면 언제든지 자신이 좋아하는 물건을 살 수 있어 편리하고 빠릅니다. 다음으로 계산을 하려고 오랜 시간 줄을 서지 않아도 되는 데다 업체가 집까지 배송해 주는 서비스도 제공하고 있어, 시간도 절약할 수 있고 수고도 덜 수 있습니다. 그다음으로 온라인상에는 혜택이 많아서 상점에 가서 사는 것보다 많이 저렴합니다. 한마디로 말하자면, 인터넷 쇼핑은 장점이 많고, 점점 더 사람들의 환영을 받고 있다고 할 수 있습니다.

단어 **无论** wúlùn 접 ~에 관계없이 **随时** suíshí 부 아무때나 **其次** qícì 대 다음, 두 번째 **排队** páiduì 동 줄을 서다 **商家** shāngjiā 명 상인 **提供** tígōng 동 제공하다 **服务** fúwù 명 서비스 **既…又…** jì…yòu… ~하고 ~하다 **再次** zàicì 부 재차, 거듭 **优惠** yōuhuì 형 특혜의 **店铺** diànpù 명 가게 **网购** wǎnggòu 온라인 쇼핑을 하다

기출로 말하기 연습

다음의 한국어에 알맞게 답변을 완성해 보세요. 127. Mp3

1

Step1

我认为科技技术的发展带来了 ① 거대한 / 매우 큰 / 근본적인 的变化。
Wǒ rènwéi kējì jìshù de fāzhǎn dàilái le de biànhuà
저는 과학기술의 발전이 __________ 변화를 가져왔다고 생각합니다.

Step2

比如 ② 생활이 풍부하고 다채로워지다 / 휴대전화 중독 / 생명 연장 等等。
Bǐrú děngděng
예를 들면 __________등이 있습니다.

Step3

我认为这种变化是 ③ 간과 할 수 없다 的。
Wǒ rènwéi zhè zhǒng biànhuà shì de
그래서 저는 이러한 변화는 __________고 생각합니다.

2

Step1

我认为电子产品的普遍使用给生活带来的影响有好有坏。
Wǒ rènwéi diànzǐchǎnpǐn de pǔbiàn shǐyòng gěi shēnghuó dàilái de yǐngxiǎng yǒu hǎo yǒu huài
저는 전자제품의 보편적인 사용이 우리의 삶에 좋은 영향을 주기도 하고, 나쁜 영향을 주기도 한다고 생각합니다.

Step2

好的影响是 ① 생활을 편리하게 만들어주다 / 시간과 수고를 덜어주다 / 삶의 질을 향상시켜주었다,
Hǎo de yǐngxiǎng shì
坏的影响是 ② 과도하게 전자제품에 의존하다 / 사람의 건강에 영향을 미치다 / 주위 사람들과 일에 소홀히해진다。
huài de yǐngxiǎng shì
좋은 영향은 __________ 이고, 나쁜 영향은 __________ 입니다.

Step3

所以我觉得电子产品的普遍使用 ③ 장점도 있고 단점도 있다。
Suǒyǐ wǒ juéde diànzǐchǎnpǐn de pǔbiàn shǐyòng
그래서 저는 전자제품의 보편적인 사용이 __________고 생각합니다.

모범답안 **1** ① 巨大，很大，根本 ② 生活变得丰富多彩，手机上瘾，寿命延长 ③ 不可忽视
2 ① 使生活变得方便，省时省力，提高了生活质量
② [过于/过度]依赖电子产品，影响人的健康，忽视身边的人和事 ③ 有好处也有坏处

모범답안 p 398

TSC® 기출문제
Test of Spoken Chinese

第5部分：拓展回答

다음 문제를 듣고 대답해 보세요. 128. Mp3

第 1 题　有些人高中毕业后不上大学，而是马上找工作。对此你怎么看？

(30秒) 提示音 ______ (50秒) ______ 结束。

第 2 题　你认为在学习的过程和学习的结果这两者中，哪个更重要？请谈谈你的想法。

(30秒) 提示音 ______ (50秒) ______ 结束。

第 3 题　你认为上学时的学习成绩和工作以后的能力有关系吗？请说说你的看法。

(30秒) 提示音 ______ (50秒) ______ 结束。

第 4 题　你觉得手机的普遍使用给人们的生活带来了什么样的影响？请谈谈你的想法。

(30秒) 提示音 ______ (50秒) ______ 结束。

이 름
수험번호

思考 00 : 30
回答 00 : 50

第 5 题 你认为外国人来你们国家旅行的时候方便吗？请说说你的看法。

(30秒) 提示音 ________ (50秒) ________ 结束。

第 6 题 和一个人生活相比，你觉得跟朋友同住好处多还是坏处多？
请谈谈你的想法。

(30秒) 提示音 ________ (50秒) ________ 结束。

第 7 题 你认为健康和生活习惯有关系吗？请谈谈你的看法。

(30秒) 提示音 ________ (50秒) ________ 结束。

第 8 题 你觉得经常爬山有哪些好处？请谈谈你的想法。

(30秒) 提示音 ________ (50秒) ________ 结束。

第 9 题　跟别人发生矛盾时，你认为应该怎么解决？请谈谈你的想法。

(30秒) 提示音 ______(50秒)______ 结束。

第 10 题　如果你家人要做整容手术，你会支持还是反对？理由是什么？

(30秒) 提示音 ______(50秒)______ 结束。

第 11 题　为了成功，你认为个人的努力、才能和运气中哪个最重要？请谈谈你的想法。

(30秒) 提示音 ______(50秒)______ 结束。

第 12 题　在日常生活中为了节约用水或用电，我们可以做哪些努力？请谈谈你的想法。

(30秒) 提示音 ______(50秒)______ 结束。

이 름

수험번호

思考 00:30 回答 00:50

第 13 题 你认为受人们欢迎的餐厅有哪些特点？请谈谈你的看法。

(30秒) 提示音 ______(50秒)______ 结束。

第 14 题 你认为移民去国外生活好处多还是坏处多？请谈谈你的看法。

(30秒) 提示音 ______(50秒)______ 结束。

第 15 题 你认为广告中，虚假夸张的广告多吗？请谈谈你的看法。

(30秒) 提示音 ______(50秒)______ 结束。

第 16 题 有人说应该从小就养成读书的习惯，你同意这种说法吗？请谈谈你的看法。

(30秒) 提示音 ______(50秒)______ 结束。

第六部分 情景应对

제6부분

상황에 맞게 답하기

point 1 제안 · 거절 · 부탁 · 추천 · 초대

제안 | 제안 거절 | 부탁 거절 | 추천 | 초대

point 2 문제 해결

계산 실수 | 상품 문제 발생 | 예약 변경 | 항의 | 배송 누락

point 3 약속 및 변경

약속 정하기 | 약속 시간 변경 | 약속 내용 변경

point 4 위로 · 권고 · 축하

위로 | 권고 | 축하

point 5 문의

학원 등록 | 동아리 가입 | 예약 | 수리 완료 문의

제6부분 | 상황에 맞게 답하기

구성

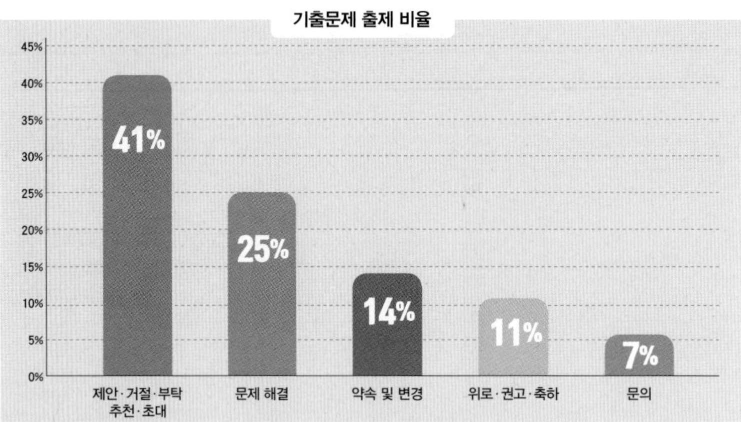

유형	6부분은 그림을 보고 상황에 맞게 대답하는 유형으로 제안, 권고, 추천, 위로, 약속 정하고 변경하기, 발생한 문제에 대한 상황 설명 및 해결하기, 다양한 상황 문의 등등 일상생활에서 자주 발생할 수 있는 일들이 문제로 제시된다.
문항 수	3문항
답변 준비 시간	30초
답변 시간	문제당 40초

전략포인트

1 실제 그 상황에 있다는 가정하에 답변해야 한다!

6부분은 주로 제시하는 상황에 맞춰 제안, 문제 해결, 항의, 권고, 약속 변경 등 다양한 상황을 수행해야 하는 문제들이 주어진다. 따라서 주어진 상황을 제대로 이해하고 상대방에게 실제로 대답하듯이 자연스러운 어투로 답변해야 한다.

2 반드시 마무리가 있어야 한다!

6부분도 앞의 4, 5부분처럼 답변을 틀에 맞춰야 한다. 이야기를 하다 보면 상황만 설명하고 마무리를 짓지 않는 경우가 발생하는데, 반드시 해결책을 제시하고 답변을 마무리해야 한다는 것을 기억하자.

3 단어 정리는 필수다!

6부분은 상황 배경이 다양하게 나온다. 따라서 컴퓨터 수리라면 컴퓨터, 수리, 수리 시기, 가격, 배송 비용, 수리 비용 등에 해당하는 단어들을 기본적으로 알고 있어야 단어를 몰라서 답변을 못하는 상황을 피할 수 있다. 외국어 공부의 핵심은 단어이며, 중국어 문장도 단어 배열이 관건이다.

시험 맛보기

6부분은 그림과 함께 상황에 대한 서술 문제가 나오는데, 본인이 이 상황에 처해있다는 가정하에 어떻게 대처할 것인지 완전한 문장으로 답변하도록 합니다. 문장의 길이와 쓰이는 단어에 따라 점수에 영향을 미칩니다.

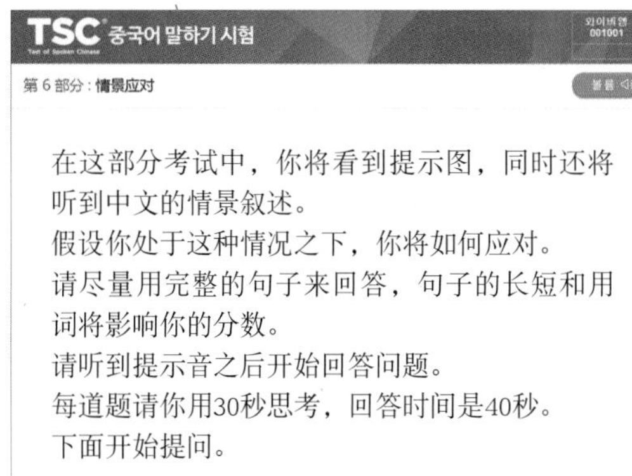

1

첫 화면에 6부분 유형의 지시문과 음성이 같이 나온다.

2

두 번째 화면에 그림과 함께 문제가 음성으로 나오고 하단에 [思考]라는 표시와 함께 30초의 준비 시간이 주어진다. 준비 시간이 끝나면 '삐' 소리가 난다.

思考 〉 #Beep

3

화면 하단에 [回答]라고 표시되며 답변 시간 40초가 카운트된다. 답변 시간이 모두 끝나면 "现在结束。" 멘트가 나온다.

回答 〉 "现在结束。"

Point

01 제안·거절·부탁·추천·초대

6부분에서는 다양한 상황을 제시하여 응시자의 중국어 실력을 평가한다. 거절, 추천, 초대, 제안처럼 일상생활 속에서 흔히 일어날 수 있는 상황을 보여주고 응시자가 그 상황에 맞게 적절하게 대응하는지를 판단하기 위한 문제이다.

제안

建议 jiànyì 동 건의하다, 제안하다
陪 péi 동 모시다, 동반하다
意见 yìjiàn 명 의견
周末 zhōumò 명 주말
有空 yǒu kòng 틈이 나다, 시간이 나다
准备 zhǔnbèi 동 준비하다
一起 yìqǐ 부 함께, 같이
帮助 bāngzhù 명 돕다, 동 도움
约 yuē 동 약속하다
比赛 bǐsài 명 경기, 시합
聚会 jùhuì 명 모임
演唱会 yǎnchànghuì 명 콘서트
电影院 diànyǐngyuàn 명 영화관
展览会 zhǎnlǎnhuì 명 전람회, 전시회
京剧表演 jīngjù biǎoyǎn 명 경극 공연
郊区 jiāoqū 명 교외
自助餐厅 zìzhù cāntīng 명 뷔페
不见不散 bújiàn búsàn
성 약속한 장소에서 서로 만날 때까지 떠나지 않는다

거절

委婉 wěiwǎn 형 완곡하다
恐怕 kǒngpà 부 아마도 ~일 것이다
延后 yánhòu 동 연기하다, 미루다
实在 shízài 부 정말로, 진짜로
确实 quèshí 부 확실히, 틀림없이
的确 díquè 부 확실히
办法 bànfǎ 명 방법
凑巧 còuqiǎo 형 공교롭다, 부 때마침
不得不 bùdébù 부 어쩔 수 없이
理解 lǐjiě 동 이해하다
找借口 zhǎo jièkǒu 부 핑계를 대다, 구실을 찾다
参加会议 cānjiā huìyì 회의에 참석하다
得 děi 조동 ~해야 한다
难免 nánmiǎn 부 면하기 어렵다, 피하기 어렵다
直接 zhíjiē 형 직접적이다
要不 yàobù 접 아니면
答应 dāying 동 동의하다, 승낙하다
推辞 tuīcí 동 사양하다, 거절하다
拒绝 jùjué 동 거절하다
反悔 fǎnhuǐ 동 (이전에 승낙한 일을) 후회하며 번복하다
为难 wéinán 동 난처하다, 난처하게 만들다
原谅 yuánliàng 동 용서하다
再聚 zài jù 다시 모이다
请 qǐng＋사람＋喝咖啡 hē kāfēi ~에게 커피를 사다

부탁

托 tuō 동 부탁하다, 의뢰하다
拜托 bàituō 동 부탁하다
要求 yāoqiú 동 요구하다
委托 wěituō 동 위탁하다
帮忙 bāngmáng 동 돕다
解决 jiějué 동 해결하다
代替 dàitì 동 대신하다
无法 wúfǎ 방법이 없다
办事 bànshì 동 일을 처리하다

表达 biǎodá 동 나타내다, 표현하다
诚意 chéngyì 명 성의
尽量 jǐnliàng 부 가능한 한, 최대한
过分 guòfèn 형 지나치다
困难 kùnnan 형 어렵다, 힘들다
接受 jiēshòu 동 받아 들이다
力所能及 lìsuǒnéngjí 스스로 할 만한 능력이 있다
负责任 fùzérèn 책임을 지다
请求 qǐngqiú 부 요청하다, 부탁하다

추천

推荐 tuījiàn 동 추천하다
把…当作 bǎ…dāngzuò ~을 ~로 여기다
合适 héshì 형 적당하다, 알맞다
适合 shìhé 동 적합하다
价格 jiàgé 명 가격
价位 jiàwèi 명 가격 수준, 가격대
条件 tiáojiàn 명 조건
要求 yāoqiú 동 요구하다 명 요구
最好 zuìhǎo 부 가장 좋은 것은
考虑 kǎolǜ 동 고려하다

礼物 lǐwù 명 선물(= 礼品 lǐpǐn)
新年礼物 xīnnián lǐwù 설 선물, 새해 선물
挑选 tiāoxuǎn 동 고르다
出主意 chū zhǔyì 아이디어를 내다
介绍 jièshào 동 소개하다
咨询 zīxún 동 자문하다, 물어보다
新颖 xīnyǐng 형 새롭다, 신선하다
时尚 shíshàng 형 패셔너블하다
无所谓 wúsuǒwèi 상관없다
流行 liúxíng 동 유행하다 명 유행

초대

邀请 yāoqǐng 동 초청하다, 초대하다
迎接 yíngjiē 동 맞이하다
欢迎 huānyíng 동 환영하다
接待 jiēdài 동 접대하다
招待 zhāodài 동 접대하다, 대접하다
客人 kèrén 명 손님
参加 cānjiā 동 참가하다
门票 ménpiào 명 입장권
做客 zuòkè 동 손님이 되다, 방문하다

看望 kànwàng 동 방문하다
分享 fēnxiǎng 동 함께 누리다, 즐기다
搬家 bānjiā 동 이사하다
祝贺 zhùhè 동 축하하다
庆祝 qìngzhù 동 축하하다
不如 bùrú 동 ~만 못하다
以…的经验来看 yǐ…de jīngyàn láikàn 경험으로 미루어 볼 때
等…再… děng…zài… 한 다음에 ~하다

기출유형1 제안

129. Mp3

제안 문제는 어떤 상황에 대해 설명하고 그에 따른 적절한 대안을 제시하는 유형이다. 대부분 문제에 '建议(건의하다, 제안하다)'라는 단어가 등장하며, 대안을 제시할 때는 자신이 왜 이러한 대안을 제안하는지에 대한 이유를 구체적으로 이야기해야 한다.

TSC® 기출문제

你跟朋友约好明天去郊区玩儿，但天气预报说天气会不好。
请你给朋友打电话说明情况，并提出别的建议。

Nǐ gēn péngyou yuēhǎo míngtiān qù jiāoqū wánr, dàn tiānqì yùbào shuō tiānqì huì bù hǎo.
Qǐng nǐ gěi péngyou dǎ diànhuà shuōmíng qíngkuàng, bìng tíchū biéde jiànyì.

당신은 친구와 내일 교외로 놀러 가기로 약속했는데, 일기 예보에서 날씨가 나쁠 거라고 합니다.
친구에게 전화를 걸어 상황을 설명하고, 다른 제안을 해 보세요.

단 어　约 yuē 동 약속하다 郊区 jiāoqū 명 교외 지역 玩儿 wánr 동 놀다 天气预报 tiānqì yùbào 일기 예보 提出 tíchū 제안하다 建议 jiànyì 명 건의

답변

Lv. 4~6

喂，小美，是我。是这样，咱们不是约好明天去郊区玩儿吗？可我刚才听天气预报说明天天气不好，又刮风又下雨。怎么办？我觉得这样的天气不适合出去玩儿，太危险了。要不我们改天吧。下星期去怎么样啊？反正咱俩下星期也没什么事，你觉得呢？

Wéi, Xiǎo Měi, shì wǒ. Shì zhèyàng, zánmen búshì yuēhǎo míngtiān qù jiāoqū wánr ma? Kě wǒ gāngcái tīng tiānqì yùbào shuō míngtiān tiānqì bù hǎo, yòu guāfēng yòu xiàyǔ. Zěnme bàn? Wǒ juéde zhèyàng de tiānqì bú shìhé chūqù wánr, tài wēixiǎn le. Yàobù wǒmen gǎitiān ba. Xià xīngqī qù zěnmeyàng a? Fǎnzhèng zán liǎ xià xīngqī yě méi shénme shì, nǐ juéde ne.

Step1 상황 설명

약속하다

喂，小美，是我。是这样，咱们不是约好明天去郊区玩儿吗？
可我刚才听天气预报说明天天气不好，又刮风又下雨。怎么办？

★ 刚才: 막, 방금
명사로 얼마 전 발생한 일을 강조하며 주어 앞 뒤에도 올 수 있고 동사 앞에도 놓일 수 있다.
- 刚才电视里说明天更冷。방금 TV에서 내일이 더 춥다고 했다.
- 他刚才看了报名表。그는 방금 신청서를 봤다.

★ 又…又…: ~하기도 하고 ~하기도 하다 (두 가지 동작, 상태, 상황이 동시에 존재함을 나타냄)
- 我现在又累又饿。나는 지금 피곤하기도하고 배가 고프기도 하다.
- 我的儿子又爱学习，又爱体育活动。우리 아들은 공부도 좋아하고 스포츠 활동도 좋아한다.

Step2 제안 및 이유

위험하다　　　　= 找别的时间

我觉得这样的天气不适合出去玩儿，太危险了。要不我们改天吧。
下星期去怎么样啊？反正咱俩下星期也没什么事，

★ 没什么+명사: 별다른 ~은 없다
- 没什么人 별다른 사람은 없다　　- 没什么理由 별다른 이유는 없다.

Step3 마무리

你觉得呢？

여보세요, 샤오메이. 나야. 우리 내일 교외로 놀러 가기로 약속했잖아? 그런데 내가 방금 일기 예보를 들었는데, 내일 날씨가 안 좋대. 바람도 불고, 비도 오고. 어떡하지? 내 생각에 이런 날씨에 놀러 가는 건 아닌 듯해. 너무 위험해. 아니면 우리 날짜를 바꾸자. 다음 주에 가면 어때? 어차피 우리 둘은 다음 주에도 별다른 일이 없잖아. 네 생각은?

단어　可 kě 접 그런데　又…又… yòu…yòu… ~하기도 하고 ~하기도 하다　刮风 guāfēng 바람이 불다　下雨 xiàyǔ 동 비가 오다　适合 shìhé 동 적당하다　危险 wēixiǎn 형 위험하다　反正 fǎnzhèng 부 어차피, 결국

기출유형2 제안 거절

130. Mp3

거절 유형 문제는 먼저 사과 → 거절 이유(문제 상황 활용) → 마무리(제안 및 약속)으로 답변하는 것이 좋다.
거절 문제인 만큼 거절 상황에 대해 구체적으로 이야기하는 것이 좋고 앞에서 배운 약속 정하기 내용도 활용하자.

TSC® 기출문제

朋友邀你周末一起去逛街，但那天你得参加亲戚的婚礼。请你向朋友说明情况，并委婉地拒绝她。

Péngyou yāo nǐ zhōumò yìqǐ qù guàngjiē, dàn nàtiān nǐ děi cānjiā qīnqi de hūnlǐ. Qǐng nǐ xiàng péngyou shuōmíng qíngkuàng, bìng wěiwǎn de jùjué tā.

친구가 당신에게 주말에 함께 쇼핑을 가자고 하지만 그날 당신은 친척 결혼식에 참석해야 합니다. 친구에게 상황을 설명하고, 완곡하게 거절해 보세요.

단 어 **邀** yāo 동 초청하다 **逛街** guàngjiē 쇼핑하다 **但** dàn 접 그러나 **得** děi 조동 ~해야 한다 **参加** cānjiā 동 참석하다 **亲戚** qīnqi 명 친척 **婚礼** hūnlǐ 명 결혼식 **向** xiàng 전 ~에게 **委婉** wěiwǎn 형 완곡하다 **拒绝** jùjué 동 거절하다

小丽，不好意思，我这个周末恐怕没有时间，因为我得参加一个亲戚的婚礼。我已经答应他要参加他的婚礼了。如果你下星期没有什么事的话，咱们下个周末去逛街怎么样？那天我们逛完街，再一起去吃好吃的吧。

Xiǎo Lì, bù hǎoyìsi, wǒ zhège zhōumò kǒngpà méiyǒu shíjiān, yīnwèi wǒ děi cānjiā yí ge qīnqi de hūnlǐ. Wǒ yǐjing dāying tā yào cānjiā tā de hūnlǐ le. Rúguǒ nǐ xià xīngqī méiyǒu shénme shì dehuà, zánmen xià ge zhōumò qù guàngjiē zěnmeyàng? Nàtiān wǒmen guàng wán jiē, zài yìqǐ qù chī hǎochī de ba.

Step1 상황 언급

小丽，不好意思，我这个周末恐怕没有时间，

★ 恐怕: 아마 ~일 것이다(+좋지 않은 일)
- 恐怕今天会下雨。아무래도 오늘 비가 올 것 같다.
- 今天恐怕要迟到了。오늘 아무래도 지각할 것 같다.

Step2 거절

因为我得参加(결혼식에 참석해야 한다)一个亲戚的婚礼。我已经答应他要参加他的婚礼了。

★ 答应: 동의하다
- 爽快地答应 흔쾌히 동의하다　- 痛快地答应 시원스럽게 동의하다

如果你下星期没有什么事的话，咱们下个周末去逛街怎么样？

Step3 마무리

那天我们逛完街，再一起去吃好吃的吧。

★ 完…再: ~한 다음에 ~하다
- 咱们吃完饭再去看电影吧。우리 밥 먹고 난 다음에 영화보러 가자.
- 我想写完报告再下班。나는 보고서를 다 쓴 다음에 퇴근할 생각이다.

샤오리, 미안해. 내가 이번 주말에 시간이 안 될 거 같아. 왜냐하면 친척 결혼식에 참석해야 하거든. 이미 결혼식에 참석하겠다고 약속했어. 만약 네가 다음 주에 다른 일이 없다면, 우리 다음 주 주말에 쇼핑을 가는 게 어때? 그날 우리 쇼핑 다 한 다음에, 같이 맛있는 거 먹으러 가자.

단어 **恐怕** kǒngpà 부 아마 ~일 것이다 **因为** yīnwèi 접 왜냐하면 **已经…了** yǐjing…le 벌써(이미) ~했다 **答应** dāying 동 동의하다, 승낙하다 **如果…的话** rúguǒ…dehuà 만약 ~한다면 **下星期** xià xīngqī 다음 주

기출유형3 부탁 거절

131. Mp3

부탁 거절은 기출유형3 제안 거절과 같은 틀에서 답변하는 것이 좋다. 먼저 사과 → 거절 이유(문제 상황 활용) → 마무리(자신이 제안한 내용이 어떠한지 상대방에게 묻기) 순서로 답변하면 된다. 최대한 거절 이유를 상세하게 답변하는 것이 문제의 핵심이다.

TSC® 기출문제

朋友托你在她旅游期间照顾她的小狗，
但你的公寓规定不能养宠物。
请你向她说明情况，并委婉地拒绝她。

Péngyou tuō nǐ zài tā lǚyóu qījiān zhàogù tā de xiǎogǒu,
dàn nǐ de gōngyù guīdìng bùnéng yǎng chǒngwù.
Qǐng nǐ xiàng tā shuōmíng qíngkuàng, bìng wěiwǎn de jùjué tā.

친구는 당신에게 여행하는 동안 자신의 강아지를 돌봐 달라고 부탁하지만,
당신의 아파트는 반려동물을 기르지 못하도록 규정하고 있습니다.
친구에게 상황을 설명하고 완곡하게 거절하세요.

단어 **托** tuō 동 부탁하다 **旅游** lǚyóu 명 여행 **期间** qījiān 명 기간 **照顾** zhàogù 동 돌보다 **小狗** xiǎogǒu 명 강아지 **公寓** gōngyù 명 아파트 **规定** guīdìng 동 규정하다 **养** yǎng 동 기르다 **宠物** chǒngwù 명 반려동물 **委婉** wěiwǎn 형 완곡하다 **拒绝** jùjué 동 거절하다

답변

Lv. 4~6

小夏， 真不好意思。我真的想帮你照顾你家的小狗，但我的公寓规定不让在家里养宠物，要是被发现的话会罚款的。你看这样行吗，我家对面有一家宠物医院好像可以提供寄养服务，你把你家的小狗寄养在那儿吧。这样你也放心，我也可以每天去看看，你说怎么样？

Xiǎo Xià, zhēn bù hǎoyis. Wǒ zhēnde xiǎng bāng nǐ zhàogù nǐ jiā de xiǎogǒu, dàn wǒ de gōngyù guīdìng bú ràng zài jiā lǐ yǎng chǒngwù, yàoshi bèi fàxiàn dehuà huì fákuǎn de. Nǐ kàn zhèyàng xíng ma, wǒ jiā duìmiàn yǒu yì jiā chǒngwù yīyuàn hǎoxiàng kěyǐ tígōng jìyǎng fúwù, nǐ bǎ nǐ jiā de xiǎogǒu jìyǎng zài nàr ba. Zhèyàng nǐ yě fàngxīn, wǒ yě kěyǐ měitiān qù kànkan, nǐ shuō zěnmeyàng?

Step1 사과+거절

小夏，真不好意思。我真的想帮你照顾(돌보다)你家的小狗，

但我的公寓规定不让在家里养(기르다)宠物，要是被发现(발견되는 것을 당했다 = 발견되다)的话会罚款的(~일 것이다(미래의 추측))。

★ 不让：~하지 못하게 하다
- 不让说话 말하지 못하게 하다 - 不让出去 나가지 못하게 하다

★ 被：~당하다
- 被拒绝 거절 당하다 - 被污染 오염되다

Step2 거절에 대한 다른 제안

你看这样行吗，我家对面有一家(어떤(불특정 대상))宠物医院好像(아무래도 ~인 것 같다)可以提供寄养服务(서비스를 제공하다)，
你把你家的小狗寄养在那儿吧。

Step3 마무리

这样你也放心(안심하다 = 不用担心(操心) 걱정할 필요가 없다)，我也可以每天去看看，你说怎么样？

샤오샤. 정말 미안해. 내가 너 대신 너희 강아지를 돌봐 주고 싶은데, 우리 아파트는 집에서 반려동물을 기르지 못하도록 규정하고 있어. 만약 걸리면 벌금을 물어야 해. 이렇게 하면 어떨까? 우리 집 건너편 동물병원에서 돌봄 서비스를 제공하는 것 같은데, 너희 강아지를 거기에 위탁해. 그러면 너도 안심이 되고 나도 매일 보러 갈 수 있잖아. 어때?

단어 **要是** yàoshi 접 만약 ~하면 **被** bèi 전 ~당하다 **罚款** fákuǎn 동 벌금을 내다 **对面** duìmiàn 명 건너편, 맞은편
宠物医院 chǒngwù yīyuàn 동물 병원 **好像** hǎoxiàng 부 아마도 ~인 듯하다 **寄养** jìyǎng (다른 사람에게) 위탁하여 기르다
服务 fúwù 동 서비스하다 **放心** fàngxīn 동 안심하다

기출유형4 추천

132. Mp3

상대방에게 자신의 상황을 설명하고 이에 따른 추천을 요청하는 문제이다. 어떤 상황 때문에 추천을 원하는지와 추천에 필요한 구체적인 내용을 함께 이야기하는 것이 좋다.

TSC® 기출문제

下周是你妈妈的生日，你打算买件衣服送给她。
请你去商店跟店员说明情况，并请她推荐给你。

Xiàzhōu shì nǐ māma de shēngrì, nǐ dǎsuan mǎi jiàn yīfu sòng gěi tā.
Qǐng nǐ qù shāngdiàn gēn diànyuán shuōmíng qíngkuàng, bìng qǐng tā tuījiàn gěi nǐ.

다음 주는 어머니의 생신이라서, 당신은 옷을 한 벌 사서 선물하려고 합니다.
상점에 가서 점원에게 상황을 설명하고, 추천해 달라고 하세요.

단어 **下周** xiàzhōu 다음 주 **件** jiàn 양 벌(옷을 셀 때 쓰임) **商店** shāngdiàn 명 상점 **店员** diànyuán 명 점원 **推荐** tuījiàn 동 추천하다

답변

Lv. 4~6

您好，能不能给我推荐一下最新款的适合妈妈这个年龄穿的衣服？我想买一件当作我妈妈的生日礼物。价格没关系，我想要一件质量好的、深色的、中号的衣服，麻烦您给推荐一下吧。在这儿买衣服能给包装吗？买了以后，如果我妈妈不喜欢，可以退换吗？

Nín hǎo, néng bu néng gěi wǒ tuījiàn yíxià zuì xīn kuǎn de shìhé māma zhège niánlíng chuān de yīfu? Wǒ xiǎng mǎi yí jiàn dàngzuò wǒ māma de shēngrì lǐwù. Jiàgé méi guānxi, wǒ xiǎng yào yí jiàn zhìliàng hǎo de、shēn sè de、zhōnghào de yīfu, máfan nín gěi tuījiàn yíxià ba. Zài zhèr mǎi yīfu néng gěi bāozhuāng ma? Mǎile yǐhòu, rúguǒ wǒ māma bù xǐhuan, kěyǐ tuìhuàn ma?

Step1 추천 요청

~에게 추천하다 / 신상, 새로운 스타일

您好，能不能给我推荐一下最新款的适合妈妈这个年龄穿的衣服？

적당하다

★ 年龄: 나이, 연령
- 年龄大 나이가 많다 - 年龄相同 나이가 같다

Step2 추천에 도움되는 구체적인 내용

价格没关系，我想要一件质量好的、深色的、中号的衣服，麻烦您给推荐一下吧。

= 无所谓

★ 质量: 품질
- 检查质量 품질을 검사하다 - 提高质量 품질을 향상시키다

★ 麻烦您+동작: 실례지만 ~좀 해주세요
- 麻烦您帮我看一下。실례지만 좀 봐주세요. - 麻烦您帮我开门。실례지만 문 좀 열어주세요.

Step3 마무리

在这儿买衣服能给包装吗？买了以后，如果我妈妈不喜欢，可以退换吗？

★ 包装: 포장하다, 포장
- 包装纸 포장지 - 撕开包装 포장을 뜯다

안녕하세요. 최신 스타일로 어머니 연령대에서 입으시기에 적당한 옷을 추천해 주시겠어요? 어머니 생신 선물로 한 벌 사 드리려고요. 가격은 상관없고, 품질이 좋고, 진한 색상으로 M사이즈 옷을 사고 싶은데 번거로우시겠지만 추천 좀 해 주세요. 여기서 옷을 사면 포장해 주실 수 있나요? 사고 나서 만약 어머니가 마음에 안 들어 하시면 반품이 되나요?

단어 **款** kuǎn 명 스타일, 디자인 **适合** shìhé 동 적당하다, 알맞다 **年龄** niánlíng 명 나이 **当作** dàngzuò 동 ~으로 삼다 **礼物** lǐwù 명 선물 **质量** zhìliàng 명 품질, 질 **深** shēn 형 (색이) 짙다 **中号** zhōnghào 명 중간 것, M사이즈 **包装** bāozhuāng 동 포장하다 **退换** tuìhuàn 동 교환하다

기출유형5 초대

133. Mp3

상대방에게 어떤 행사에 같이 가자고 초청, 초대하는 것으로 질문에는 '邀请'이라는 단어가 등장한다. 초대 관련 답변에는 어떤 행사에 초대하는지 그 행사가 열리는 구체적인 시간, 장소 등을 언급하는 것이 좋고 마무리는 같이 가자고 제안하는 것이 좋다.

TSC® 기출문제

周末有你喜欢的棒球队的比赛。
请你给喜欢棒球的朋友打电话说明情况，并邀请她一起去。

Zhōumò yǒu nǐ xǐhuan de bàngqiú duì de bǐsài.
Qǐng nǐ gěi xǐhuan bàngqiú de péngyou dǎ diànhuà shuōmíng qíngkuàng, bìng yāoqǐng tā yìqǐ qù.

주말에 당신이 좋아하는 야구팀의 경기가 있습니다.
야구를 좋아하는 친구에게 상황을 설명하고, 함께 가자고 이야기해 보세요.

단 어　**周末** zhōumò 명 주말 **棒球** bàngqiú 명 야구 **队** duì 명 팀 **比赛** bǐsài 명 경기, 시합 **邀请** yāoqǐng 동 초대하다

喂，丽丽，我告诉你一个好消息。我朋友给了我两张我们喜欢的棒球队比赛的门票。你不是早就想看这场比赛吗？听说这场比赛的门票都卖完了，现在已经买不到了。怎么样？开心吧？时间是这个星期六下午两点，跟我一起去怎么样？

Wéi, Lìlì, wǒ gàosu nǐ yí ge hǎo xiāoxi. Wǒ péngyou gěile wǒ liǎng zhāng wǒmen xǐhuan de bàngqiú duì bǐsài de ménpiào. Nǐ búshì zǎojiù xiǎng kàn zhè chǎng bǐsài ma? Tīngshuō zhè chǎng bǐsài de ménpiào dōu màiwán le, xiànzài yǐjing mǎi bú dào le. Zěnmeyàng? Kāixīn ba? Shíjiān shì zhège xīngqīliù xiàwǔ liǎng diǎn, gēn wǒ yìqǐ qù zěnmeyàng?

Step1 초대 요청

좋아하는

喂，丽丽，我告诉你一个好消息。我朋友给了我两张我们喜欢的棒球队比赛的门票。

★ 消息: 소식

- 坏消息 나쁜 소식　- 惊人的消息 놀랄만한 소식

Step2 초대 행사 관련 상황

시합을 보다

你不是早就想看这场比赛吗?

시합을 세는 양사(규모가 큰 행사를 셀 때 사용)

★ 早就: 진작, 일찍이

- 我早就知道。나는 진작 알았다.　- 他早就来了。그는 진작(일찍) 왔다.

听说这场比赛的门票都卖完了，现在已经买不到了。

★ 동사+到: (보어) 동작, 행위의 수확

- 吃不到 맛볼 수 없다　- 听不到 안 들린다

怎么样？开心吧？时间是这个星期六下午两点，

Step3 마무리

跟我一起去怎么样?

여보세요, 리리, 너한테 좋은 소식을 하나 알려 줄게. 내 친구가 우리가 좋아하는 야구팀 경기 입장권을 두 장 줬어. 너 진작부터 이 경기 보고 싶어 하지 않았어? 듣자 하니 이 경기 입장권은 매진이라 지금은 이미 살 수 없대. 어때? 신나지? 시간은 이번 주 토요일 오후 두 시야. 나와 함께 갈래?

단어 告诉 gàosu 동 알리다 消息 xiāoxi 명 소식, 정보 张 zhāng 양 장(종이를 셀 때 쓰임) 门票 ménpiào 명 입장권 早就 zǎojiù 부 일찍이 场 chǎng 양 차례, 번 听说 tīngshuō 동 듣자니 ~라고 한다 卖 mài 동 팔다 完 wán 동 끝나다, 다하다 …不到 …bu dào 어떤 동작을 할 수 없음을 나타냄 开心 kāixīn 형 즐겁다

기출로 말하기 연습

다음 한국어에 맞게 답변을 완성해 보세요. 134. Mp3

1

我建议你 ① 중고 자전거를 사다 / 다른 날에 다시 가다 / 가격이 적당한 것을 사다 。
Wǒ jiànyì nǐ

나는 너에게 ________________ 를 제안해.

2

麻烦您给我推荐一下 ② 색깔이 화려한 것 / M 사이즈 / 최신형 。
Máfan nín gěi wǒ tuījiàn yíxià

죄송한데 저에게 ________________ 을/를 추천해 주세요.

3

我已经答应他 ③ 강아지를 돌보다 / 그를 도와주다 / 그의 결혼식에 참석하다 。
Wǒ yǐjing dāying tā

나는 이미 ________________ 하기로 동의했다.

4

不好意思，要不我们改天 ④ 여행을 가다 / 콘서트를 가다 / 야구시합을 보러 가다 。
Bù hǎoyìsi, yàobù wǒmen gǎitiān

미안해, 아니면 우리 다른 날에 ________________ 가자.

5

这样的天气不适合 ⑤ 교외로 나가 놀다 / 쇼핑하다 / 자전거 타는 것을 연습하다 。
Zhèyàng de tiānqì bú shìhé

이런 날씨는 ________________ 하기에 적합하지 않다.

모범답안 ① 买二手自行车，改天再去，买价格合适的 ② 颜色鲜艳的，中号，最新款的
③ 照顾小狗，帮他的忙，参加他的婚礼 ④ 去旅游，去演唱会，去看棒球比赛
⑤ 去郊区玩，逛街，练习骑自行车

6

我想买一个当作 ⑥ 결혼 기념일 선물 / 축하 선물 / 새해 선물 。
Wǒ xiǎng mǎi yíge dàngzuò

나는 ______________________로 하나 사려고 한다.

7

我想要一件 ⑦ 짙은 색 / 중고 / 가격이 합리적인 것 。
Wǒ xiǎng yào yí jiàn

나는 ______________________한 한 벌을 원한다.

8

我朋友给了我两张 ⑧ 콘서트 티켓 / 영화 티켓 / 경극 공연 티켓 。
Wǒ péngyou gěi le wǒ liǎng zhāng

나의 친구가 나에게 두 장의 ______________________을 줬다.

9

这个周末我得参加 ⑨ 동료 결혼식 / 회의 / 중국어 시험 。
Zhège zhōumò wǒ děi cānjiā

이번 주말에 나는 ______________________에 참가해야 한다.

10

我看明天恐怕 ⑩ 시간이 없다 / 야근을 해야 한다 / 너와 만날 수 없다 。
Wǒ kàn míngtiān kǒngpà

내가 보기에 내일 아무래도 ______________________할 것 같다.

모범답안 ⑥ 结婚纪念日礼物，祝贺礼品，新年礼物 ⑦ 深色的，二手的，价格合理的
⑧ 演唱会门票，电影票，京剧表演门票 ⑨ 同事的婚礼，会议，汉语考试
⑩ 没有时间，要加班，不能见你了

Point

02 문제 해결

6부분에서는 상황을 먼저 제시하고 그에 따른 문제 해결 방안을 제시하라는 문제가 출제된다. 답변 시작 → 문제점 언급 → 해결책 제시 → 마무리 틀로 답변하되 문제에서 제시하는 미션을 모두 완성해야 한다.

계산	
收费 shōufèi 동 비용을 받다	打折 dǎzhé 동 할인하다
收钱 shōuqián 동 돈을 받다	退款 tuìkuǎn 동 환불하다
付钱 fùqián 동 지불하다	退钱 tuìqián 동 환불하다
点钱 diǎn qián 돈을 세다	退还 tuìhuán 동 반환하다, 돌려주다
找钱 zhǎo qián 거슬러 주다	退货 tuìhuò 동 반품하다
多收钱 duō shōu qián 돈을 더 받다	核对 héduì 동 대조 확인하다
找错钱 zhǎo cuò qián 돈을 잘못 거슬러 주다	确认 quèrèn 동 확인하다
错误 cuòwù 명 잘못	重新 chóngxīn 부 다시, 새로
原价 yuánjià 명 정가	结算 jiésuàn 동 결산하다
价格 jiàgé 명 가격	结账 jiézhàng 동 결재하다, 결산하다
刷卡 shuākǎ 동 카드로 결제하다	扫码 sǎomǎ QR코드를 식별하다
信用卡 xìnyòngkǎ 명 신용 카드	数量 shùliàng 명 수량
现金 xiànjīn 명 현금	发票 fāpiào 명 영수증
零钱 língqián 명 잔돈	小票 xiǎopiào 명 영수증

상품 문제 / 전자제품 고장	
装饰 zhuāngshì 명 장식	差 chà 형 나쁘다, 좋지 않다
掉 diào 동 떨어지다	瑕疵 xiácī 명 흠, 흠집
破碎 pòsuì 동 산산조각 나다	烂 làn 형 썩다, 부패하다
实物 shíwù 명 실물	发霉 fāméi 동 곰팡이가 끼다
差距 chājù 명 격차, 차이	出问题 chū wèntí 문제가 생기다
大小 dàxiǎo 명 사이즈	坏 huài 형 고장나다
号码 hàomǎ 명 번호	出故障 chū gùzhàng 고장나다
性能 xìngnéng 명 성능, 기능	出毛病 chū máobìng 고장나다
运转 yùnzhuǎn 동 운행하다, (기계가) 돌아가다	赔偿 péicháng 동 배상하다

打不开 dǎ bu kāi 열리지 않다, 켜지지 않다
中病毒 zhòng bìngdú 바이러스에 걸리다
充电 chōngdiàn 동 충전하다
修理 xiūlǐ 동 수리하다 (= 维修 wéixiū)
保修 bǎoxiū 동 수리를 보증하다
无偿维修 wúcháng wéixiū 명 무상 A/S
售后服务 shòuhòu fúwù 명 애프터서비스(A/S)
售后服务中心 shòuhòu fúwù zhōngxīn A/S센터
屏幕裂了 píngmù liè le 액정이 깨지다
损伤 sǔnshāng 명 손상
花屏 huāpíng 화면이 깨져보이다
偏色 piānsè 색상이 실물과 다르게 나오다
保修单 bǎoxiūdān 명 품질 보증서
询问 xúnwèn 동 알아보다, 의견을 구하다
责任 zérèn 명 책임
尽快 jǐnkuài 부 되도록 빨리

예약

预订 yùdìng 동 예약하다
餐厅 cāntīng 명 식당
酒店 jiǔdiàn 명 호텔 (= 饭店 fàndiàn)
包间 bāojiān 명 (음식점) 룸
房间 fángjiān 명 방
人数 rénshù 인원수
时间 shíjiān 명 시간
换 huàn 동 바꾸다
押金 yājīn 명 보증금
举办 jǔbàn 동 열다, 개최하다
欢送会 huānsònghuì 명 환송회
坐不下 zuòbuxià (장소가 좁아서) 앉을 수 없다
一共 yígòng 부 전부, 합계
取消 qǔxiāo 동 취소하다

인터넷 연결

上不了网 shàng buliǎo wǎng 인터넷이 안 된다
掉线 diàoxiàn 동 인터넷 접속이 끊기다
信号 xìnhào 명 신호
检测 jiǎncè 동 검사하다
网络连接 wǎngluò liánjiē 인터넷 연결
连接不稳定 liánjiē bù wěndìng 연결이 불안정하다
浏览器 liúlǎnqì 명 웹브라우저
无线网络 wúxiàn wǎngluò 무선 네트워크
wifi连不上 wifi liánbushàng wifi가 연결이 안 된다

배송

配送 pèisòng 동 배송하다
快递号码 kuàidì hàomǎ 운송장 번호
物件 wùjiàn 명 물건, 물품
包裹 bāoguǒ 명 소포
寄 jì 동 우편으로 부치다
收到 shōudào 동 받다
数量 shùliàng 명 수량
收件人 shōujiànrén 명 수취인
地址 dìzhǐ 명 주소
联系电话 liánxì diànhuà 명 연락처
签收 qiānshōu 동 받았다는 것을 서명하다
漏发 lòufā 물건을 빠트리고 보내다
丢件 diū jiàn 물건을 잃어버리다
缺失 quēshī 명 결함, 결점
包裹还在路上 bāoguǒ hái zài lùshang 택배가 아직 배송중이다
送货上门 sònghuò shàngmén 집까지 상품을 배달해 주다
来得及 láidejí 늦지 않다
来不及 láibují 미치지 못하다

기출유형1 계산 실수

135. Mp3

계산 실수 문제는 계산원이 계산 실수를 하였다는 상황을 제시하여 응시자로 하여금 그 계산 실수 문제를 지적하고 그에 대한 해결책을 제시하게 만드는 유형이다. 답변 시 어떤 계산 실수를 하였는지 구체적으로 설명하고 해결책으로 다시 계산을 하거나 계산원에게 확인해보고 잘못 계산된 금액을 돌려다라고 요구하면 된다.

TSC® 기출문제

你在超市买了打折的水果，但回家看了发票后才发现钱收错了。请你去超市说明情况，并要求解决问题。

Nǐ zài chāoshì mǎile dǎzhé de shuǐguǒ, dàn huíjiā kànle fāpiào hòu cái fāxiàn qián shōucuò le. Qǐng nǐ qù chāoshì shuōmíng qíngkuàng, bìng yāoqiú jiějué wèntí.

당신이 마트에서 할인하는 과일을 샀는데, 집에 와서 영수증을 보고 돈을 잘못 받았다는 것을 알게 되었습니다. 마트에 가서 상황을 설명하고, 문제 해결을 요구하세요.

단어 **超市** chāoshì 명 슈퍼마켓, 마트 **打折** dǎzhé 동 할인하다 **水果** shuǐguǒ 명 과일 **回家** huíjiā 동 집으로 돌아가다(오다) **发票** fāpiào 명 영수증 **后** hòu 명 뒤, 다음 **才** cái 부 ~에야 비로소 **发现** fāxiàn 동 발견하다 **钱** qián 명 돈 **收** shōu 동 받다 **错** cuò 형 맞지 않다

답변

Lv. 4~6

你好，我刚才在这里买了打折的水果，但我回家后才发现，你们是按原价收的钱，没给我打折。我把水果和发票都带过来了，请核对一下，然后把多收的钱退给我吧。我刚才付的是现金，要是你们不能直接退现金的话，那就用信用卡重新结账吧。

Nǐ hǎo, wǒ gāngcái zài zhèlǐ mǎile dǎzhé de shuǐguǒ, dàn wǒ huíjiā hòu cái fāxiàn, nǐmen shì àn yuánjià shōu de qián, méi gěi wǒ dǎzhé. Wǒ bǎ shuǐguǒ hé fāpiào dōu dài guòlái le, qǐng héduì yíxià, ránhòu bǎ duō shōu de qián tuì gěi wǒ ba. Wǒ gāngcái fù de shì xiànjīn, yàoshi nǐmen bùnéng zhíjiē tuì xiànjīn dehuà, nà jiù yòng xìnyòngkǎ chóngxīn jiézhàng ba.

Step1 인사표현 및 상황 설명1

你好，我刚才在这里买了打折的水果，但我回家后才发现，

(刚才在这里买: 부사+전치사구+동사)

你们是按原价收的钱，没给我打折。

(给我打折: ~에게 할인해주다)

Step2 상황 설명2+문제 해결1

我把水果和发票都带过来了，请确认一下，然后把多收的钱退给我吧。

(把水果和发票都带过来了: ~을 다 가져오다 / 把多收的钱退给: ~을 ~에게 되돌려주다(돈, 물건을 반품해주다) = 把A还给B)

Step3 문제 해결2

我刚才付的是现金，要是你们不能直接退现金的话，那就用信用卡重新结账吧。

(付的是现金: 현금을 내다 / 要是……的话: 만약에 ~하면 / 用信用卡重新结账: 신용카드로 결제하다)

★ 用+명사+동사: ~으로 ~하다
- 用筷子吃 젓가락으로 먹다
- 用笔写字 펜으로 글씨를 쓰다

안녕하세요. 제가 방금 여기서 할인하는 과일을 샀는데, 집에 가서 보니 원가대로 돈을 받고 할인을 해 주지 않았다는 것을 알게 되었습니다. 과일과 영수증을 모두 가져왔으니, 확인해 보시고 더 받은 돈은 돌려주세요. 방금 낸 것은 현금이지만, 만약 직접 현금으로 환불이 불가능하다면 신용 카드로 다시 계산할게요.

단어 刚才 gāngcái 명 방금 带 dài 동 지니다 过来 guòlái 동 오다 然后 ránhòu 접 그런 다음에 把 bǎ 전 ~을, ~를 核对 héduì 동 대조 확인하다 退 tuì 동 반환하다 付 fù 동 지불하다 现金 xiànjīn 명 현금 要是 yàoshi 접 만약 ~하면 直接 zhíjiē 형 직접적인 信用卡 xìnyòngkǎ 명 신용 카드

기출유형2 상품 문제 발생

136. Mp3

구매한 물품에 문제가 생겨 문제 해결을 요구하는 문제이다. 상품 상의 문제 관련 단어를 알아야만 답변할 수 있는 문제인 만큼 관련 단어들을 미리 숙지하도록 하자.

TSC® 기출문제

你新买的一双鞋穿了还不到一周，鞋上的装饰就掉了。请你给商店打电话说明情况，并要求解决问题。

Nǐ xīn mǎi de yì shuāng xié chuānle hái bú dào yì zhōu, xié shàng de zhuāngshì jiù diào le. Qǐng nǐ gěi shāngdiàn dǎ diànhuà shuōmíng qíngkuàng, bìng yāoqiú jiějué wèntí.

새로 산 신발이 신은 지 일주일도 안 되었는데, 신발에 있던 장식이 떨어졌습니다. 상점에 전화를 걸어 상황을 설명하고, 문제 해결을 요구하세요.

단 어 双 shuāng 양 쌍(짝으로 된 물건을 셀 때 쓰임) 鞋 xié 명 신발 穿 chuān 동 (신발을) 신다, (옷을) 입다 还 hái 부 아직 周 zhōu 명 주, 요일 装饰 zhuāngshì 명 장식 掉 diào 동 떨어지다 商店 shāngdiàn 명 상점 打电话 dǎ diànhuà 전화를 걸다 说明 shuōmíng 동 설명하다 情况 qíngkuàng 명 상황 要求 yāoqiú 동 요구하다 解决 jiějué 동 해결하다 问题 wèntí 명 문제

답변

Lv. 4~6

喂！你好，我前几天在你们商店里买了一双鞋，但没穿几次，鞋上的蝴蝶装饰就掉下来了。这质量也太差了吧！你看看能不能退货，我有发票。如果不能退的话，请你们尽快帮我把鞋修好。如果再发生这样的情况，我就要投诉了。

Wéi! Nǐ hǎo, wǒ qián jǐ tiān zài nǐmen shāngdiàn lǐ mǎile yì shuāng xié, dàn méi chuān jǐ cì, xié shàng de húdié zhuāngshì jiù diào xiàlái le. Zhè zhìliàng yě tài chà le ba! Nǐ kànkan néng bu néng tuìhuò, wǒ yǒu fāpiào. Rúguǒ bùnéng tuì dehuà, qǐng nǐmen jǐnkuài bāng wǒ bǎ xié xiūhǎo. Rúguǒ zài fāshēng zhèyàng de qíngkuàng, wǒ jiù yào tóusù le.

Step1 인사표현 및 상황 설명1

喂！你好，我前几天在你们商店里买了一双鞋，但没穿几次，
몇 번 신지 않았다

★ 没+동사+수사+次: 몇 번 ~하지 않았다
- 没看过几次 몇번 보지 않았다 - 没去过几次 몇번 가보지 않았다

鞋上的蝴蝶装饰就掉下来了。

★ 동사+下来: 분리, 이탈을 나타냄
- 脱下来 (옷을) 벗다 - 摘下来 (장신구, 안경 등을) 벗다

Step2 상황 설명2+문제 해결1

품질이 나쁘다
这质量也太差了吧！你看看能不能退货，我有发票。

★ 差: 나쁘다, 좋지 않다
- 服务差 서비스가 나쁘다 - 身体差 체력이 좋지 않다

Step3 문제 해결2

如果不能退的话，请你们尽快帮我把鞋修好。
如果再发生这样的情况，我就要投诉了。

★ 尽快: 되도록 빨리 ~하다
- 尽快解决 되도록 빨리 해결하다 - 尽快办理 되도록 빨리 처리하다

여보세요! 안녕하세요. 제가 며칠 전에 그쪽 상점에서 신발을 한 켤레 샀습니다. 그런데 몇 번 신지도 않았는데, 신발의 나비 장식이 떨어졌습니다. 이건 품질이 너무 나쁜 거 아닌가요! 반품할 수 있는지 좀 봐 주세요. 영수증을 가지고 있습니다. 만약 반품이 안 된다면, 되도록 빨리 신발을 수리해 주세요. 만약에 또 이런 상황이 발생한다면, 민원을 넣겠습니다.

단어 **前** qián 명 전, 이전 **蝴蝶** húdié 명 나비 **质量** zhìliàng 명 품질, 질 **差** chà 형 나쁘다 **退货** tuìhuò 동 반품하다 **发票** fāpiào 명 영수증 **退** tuì 동 반환하다 **尽快** jǐnkuài 부 되도록 빨리 **发生** fāshēng 동 발생하다 **投诉** tóusù 동 고소하다

기출유형3 예약 변경

137. Mp3

어떤 상황의 변동 혹은 자신의 실수로 인해 예약했던 상황을 변경하는 문제이다. 왜 예약을 변경해야 하는지는 문제를 활용해서 설명하고, 문제 해결은 변동된 상황을 반영하여 다시 예약을 하는 것으로 마무리해야 하는 문제이다.

TSC® 기출문제

为了给朋友举办欢送会，你预订了一家餐厅，后来发现人数算错了。请你给餐厅打电话说明情况，并要求解决问题。

Wèile gěi péngyou jǔbàn huānsònghuì, nǐ yùdìngle yì jiā cāntīng, hòulái fāxiàn rénshù suàncuò le. Qǐng nǐ gěi cāntīng dǎ diànhuà shuōmíng qíngkuàng, bìng yāoqiú jiějué wèntí.

당신은 친구에게 송별회를 열어 주기 위해 식당을 예약했는데, 나중에 인원수를 잘못 계산했다는 것을 알게 되었습니다. 식당에 전화를 걸어 상황을 설명하고, 문제 해결을 요청하세요.

단어 **为了** wèile 전 ~을 위하여 **举办** jǔbàn 동 개최하다 **欢送会** huānsònghuì 송별회 **预订** yùdìng 동 예약하다 **家** jiā 양 가게(기업 등을 셀 때 쓰임) **餐厅** cāntīng 명 식당 **后来** hòulái 부 나중에 **发现** fāxiàn 동 발견하다 **人数** rénshù 인원수 **算错** suàncuò 동 잘못 계산하다

답변

喂，您好，我昨天给你们打电话预订了一个包间，那时候说是一共十个人。但我今天才发现要参加的人是十五个，看来得换大一点儿的包间。如果昨天给我订的包间十五个人坐得下的话，不用换也行。但如果坐不下，可以帮我换一个大一点儿的吗？如果没有大包间的话，那就麻烦您把我的预订取消吧。

Wéi, nín hǎo, wǒ zuótiān gěi nǐmen dǎ diànhuà yùdìngle yí ge bāojiān, nà shíhou shuō shì yígòng shí ge rén. Dàn wǒ jīntiān cái fāxiàn yào cānjiā de rén shì shíwǔ ge, kànlái děi huàn dà yìdiǎnr de bāojiān. Rúguǒ zuótiān gěi wǒ dìng de bāojiān shíwǔ ge rén zuò de xià dehuà, búyòng huàn yě xíng. Dàn rúguǒ zuò bu xià, kěyǐ bāng wǒ huàn yí ge dà yìdiǎnr de ma? Rúguǒ méiyǒu dà bāojiān dehuà, nà jiù máfan nín bǎ wǒ de yùdìng qǔxiāo ba.

Step1 인사표현 및 상황 설명1

喂，您好，我昨天给你们打电话预订了一个包间，那时候说是一共十个人。
但我今天才发现要参加的人是十五个，看来得换大一点儿的包间。

★ 参加+명사: (행사, 집회, 조직활동에)참가하다
- 参加会议 회의에 참가하다　- 参加活动 행사에 참가하다

★ 看来: 보아하니(추측을 나타냄)
- 看来十个不够。보아하니 10개로는 부족하다
- 看来他不想参加这次比赛。보아하니 그는 이번 시합에 참가하고 싶지 않은 것 같다.

Step2 상황 설명2+문제 해결1

가능보어

如果昨天给我订的包间十五个人坐得下的话，不用换也行。但如果坐不下，
可以帮我换一个大一点儿的吗？

★ 가능보어: 동사가 어떤 결과를 만들어 낼 수 있는지 가능여부를 설명함
형식: 주어+동사+得/不+보어
- 做得完 끝낼 수 있다　- 听不懂 못 알아듣는다

Step3 문제 해결2

~을 취소하다

如果没有大包间的话，那就麻烦您把我的预订取消吧。

把+명사+取消

여보세요, 안녕하세요. 제가 어제 전화로 방을 하나 예약했는데, 그때는 총 열 명이라고 말씀드렸습니다. 그런데 오늘에서야 참가 인원이 열다섯 명이라는 것을 알게 되었어요. 조금 큰 방으로 바꿔야 할 듯합니다. 만약 어제 예약된 방이 열다섯 명이 앉을 수 있다면 안 바꿔 주셔도 됩니다. 하지만 앉을 수 없다면, 조금 더 큰 방으로 바꿔 주시겠어요? 큰 방이 없다면, 죄송하지만 예약을 취소해주세요.

단어 **昨天** zuótiān 명 어제 **包间** bāojiān 명 (호텔이나 식당의) 전용 객실 **一共** yígòng 부 모두 **今天** jīntiān 명 오늘 **参加** cānjiā 동 참가하다 **看来** kànlái 동 보아하니 **得** děi 조동 ~해야 한다 **坐** zuò 동 앉다 **取消** qǔxiāo 동 취소하다

기출유형4 항의

138. Mp3

항의문제는 어떤 문제가 발생하여 왜 항의를 하는지를 먼저 구체적으로 설명해야 한다. 화면에 제시되어 있는 질문을 활용하여 상황 설명을 한 뒤 구체적인 해결책을 제시해야 한다.

TSC® 기출문제

你订房时确认过那里可以上网，但到了之后却发现无法使用。请你给服务台打电话表示不满，并要求解决问题。

Nǐ dìng fáng shí quèrènguo nàli kěyǐ shàngwǎng, dàn dàole zhīhòu què fāxiàn wúfǎ shǐyòng. Qǐng nǐ gěi fúwùtái dǎ diànhuà biǎoshì bùmǎn, bìng yāoqiú jiějué wèntí.

당신은 호텔 방을 예약할 때 그쪽에 인터넷이 되는지 확인을 하였지만, 도착한 후 사용할 수 없다는 것을 알게 되었습니다. 프런트에 전화를 걸어 불만을 토로하고, 문제 해결을 요구하세요.

단 어 **订** dìng 동 예약하다 **确认** quèrèn 동 확인하다 **上网** shàngwǎng 동 인터넷에 접속하다 **之后** zhīhòu 명 ~후에 **却** què 부 하지만 **发现** fāxiàn 명동 발견(하다) **无法** wúfǎ 동 ~할 방법이 없다 **使用** shǐyòng 명동 사용(하다) **服务台** fúwùtái 안내 데스크, 카운터 **表示** biǎoshì 동 나타내다 **不满** bùmǎn 형 불만스럽다 **解决** jiějué 동 해결하다 **问题** wèntí 명 문제

답변

Lv. 4~6

喂，你好，这里是三零二房间。我入住以后发现这个房间上不了网，可我预订房间时跟你们确认过这里能不能上网，你们明明说酒店内所有的房间都可以上网。我就是因为可以上网才选择了你们这家酒店的。怎么办？你们给我换个房间或派人过来解决这个问题吧。

Wéi, Nǐ hǎo, zhèli shì sān líng èr fángjiān. Wǒ rùzhù yǐhòu fāxiàn zhège fángjiān shàng buliǎo wǎng, kě wǒ yùdìng fángjiān shí gēn nǐmen quèrènguo zhèli néng bu néng shàngwǎng, nǐmen míngmíng shuō jiǔdiàn nèi suǒyǒu de fángjiān dōu kěyǐ shàngwǎng. Wǒ jiùshì yīnwèi kěyǐ shàngwǎng cái xuǎnzéle nǐmen zhè jiā jiǔdiàn de. Zěnme bàn? Nǐmen gěi wǒ huàn ge fángjiān huò pài rén guòlái jiějué zhège wèntí ba.

Step1 인사표현 및 상황 설명1

喂，你好，这里是三零二房间。我入住以后发现这个房间上不了网，

★ 동사+不了: ~할 수 없다(실현 불가능을 나타냄)
- 吃不了 다 먹을 수 없다 - 去不了 갈 수 없다

Step2 상황 설명2

可我预订房间时跟你们确认(확인하다)过这里能不能上网(동사구 목적어),
(확인한 대상 → 이곳이 인터넷이 되는지 안 되는지)

你们明明说酒店内所有的房间都可以上网。

★ 所有: 모든
- 所有的人 모든 사람 - 所有的东西 모든 물건

我就是因为可以上网才选择了你们这家酒店的。

Step3 문제 해결2

怎么办？你们给我换个房间或派人过来解决这个问题吧。

★ 或, 或者: ~아니면, 혹은 (평서문에 사용)
- 今天或明天 오늘 혹은 내일 - 工作或者学习 일을 하거나 혹은 공부를 한다

여보세요, 안녕하세요. 여기는 302호입니다. 체크인 후 이 방에서 인터넷이 안 되는 걸 알았습니다. 그런데 제가 방을 예약할 때 당신들에게 호텔에서 인터넷을 할 수 있는지 확인을 했었고, 그쪽에서는 분명히 호텔 내 모든 방에서 인터넷이 된다고 했었습니다. 인터넷이 되기 때문에 제가 바로 당신들의 이 호텔을 선택한 것입니다. 어떻게 하실 건가요? 방을 바꿔 주시거나 사람을 불러 이 문제를 해결해 주세요.

단어 **预订** yùdìng 동 예약하다 **房间** fángjiān 명 방 **…不了** …buliǎo ~할 수 없다 **明明** míngmíng 부 분명히 **所有** suǒyǒu 형 모든 **选择** xuǎnzé 동 선택하다 **派人** pài rén 사람을 보내다

기출유형5 배송 누락

139. Mp3

자주 출제되는 문제 유형으로 주문하거나 구매한 물건 중 일부분이 오지 않은 상황을 제시하는 문제이다. 어떤 물품이 오지 않았는지 구체적으로 제시하고 누락된 물품을 빨리 보내달라고 하거나 확인한 후 다시 연락 달라는 말로 답변을 마무리하면 된다.

TSC® 기출문제

你收到在超市买的东西后发现水果没送来。
请你给超市打电话说明情况，并要求解决问题。

Nǐ shōudào zài chāoshì mǎi de dōngxi hòu fāxiàn shuǐguǒ méi sònglái.
Qǐng nǐ gěi chāoshì dǎ diànhuà shuōmíng qíngkuàng, bìng yāoqiú jiějué wèntí.

당신은 마트에서 산 물건을 받은 후 과일이 배달되지 않았다는 것을 알게 되었습니다.
마트에 전화를 걸어 상황을 설명하고, 문제 해결을 요구하세요.

단 어 **收** shōu 동 받다 **到** dào 동 ~에 이르다(동사 뒤에 쓰여 동작이 완성되었음을 나타냄) **超市** chāoshì 명 슈퍼마켓, 마트 **东西** dōngxi 명 물건, 음식 **水果** shuǐguǒ 명 과일 **送** sòng 동 보내다 **打电话** dǎ diànhuà 전화를 걸다 **并** bìng 접 그리고, 또 **要求** yāoqiú 동 요구하다 **解决** jiějué 동 해결하다 **问题** wèntí 명 문제

답변

Lv. 4~6

喂，您好，我刚收到了你们超市送来的东西。别的东西都对，可是怎么少了我买的水果呀？请你们再看看订单，好好儿确认一下。如果没问题的话，请尽快把水果给我送来好吗？如果你们确认后有问题，请再跟我联系。

Wéi, nín hǎo, wǒ gāng shōudàole nǐmen chāoshì sònglái de dōngxi. Biéde dōngxi dōu duì, kěshì zěnme shǎole wǒ mǎi de shuǐguǒ ya? Qǐng nǐmen zài kànkan dìngdān, hǎohāor quèrèn yíxià. Rúguǒ méi wèntí dehuà, qǐng jǐnkuài bǎ shuǐguǒ gěi wǒ sònglái hǎo ma? Rúguǒ nǐmen quèrèn hòu yǒu wèntí, qǐng zài gēn wǒ liánxì.

Step1 인사표현 및 상황 설명

물건을 받다

喂，您好，我刚收到了你们超市送来的东西。
别的东西都对，可是怎么少了我买的水果呀？

★ 别的: 다른 = 其他的
- 别的人 다른 사람 - 别的消息 다른 소식

Step2 문제 해결1

请你们再看看订单，好好儿确认一下。
다시 주문서를 확인하다 잘, 충분히

Step3 문제 해결2

만약 ~한다면 ~을 ~에게 보내주다

如果没问题的话，请尽快把水果给我送来好吗？
如果你们确认后有问题，请再跟我联系。

★ 跟…联系: ~에게(~와) 연락하다
- 跟我说 나에게 말하다 - 跟我解释 나에게 해명하다

여보세요, 안녕하세요. 제가 방금 그쪽 마트에서 보낸 물건을 받았습니다. 다른 물건은 다 맞는데, 어떻게 제가 산 과일만 없는 거죠? 주문서를 다시 좀 보신 후, 잘 확인해 보세요. 만약 문제가 없다면, 되도록 빨리 과일을 배송해 주시겠어요? 만약에 확인 후 문제가 있다면, 다시 제게 연락 주세요.

단어 刚 gāng 副 지금 막, 바로 怎么 zěnme 代 왜, 어째서 少 shǎo 形 부족하다 订单 dìngdān 名 주문서 尽快 jǐnkuài 副 되도록 빨리

기출로 말하기 연습

다음 한국어에 맞게 답변을 완성해 보세요. 140. Mp3

1

Step1

您好！这是我在这儿买的 ① 휴대전화 / 노트북 。
Nín hǎo! Zhè shì wǒ zài Zhèr mǎi de
안녕하세요. 이것은 제가 여기에서 산 ______________ 입니다.

Step2

可是还不到一个星期就 ② 고장이 나다 / 바이러스에 걸렸다 了。
Kěshì hái búdào yí ge xīngqī jiù le
그런데 일주일도 안돼서 바로 ______________ 했어요.

这是怎么回事?
Zhè shì zěnme huí shì
이게 어떻게 된 일인가요?

我把 ③ 영수증 / 품질 보증서 带过来了。
Wǒ bǎ dài guòlái le
제가 ______________ 을/를 가지고 왔습니다.

Step3

你们给我 ④ 수리하다 / 환불하다 或者 ⑤ 새것으로 바꾸다 / 반품하다 。
Nǐmen gěi wǒ huòzhě
저에게 ______________ 혹은 ______________ 해주세요.

2

Step1

你好，你好像 ① 돈을 더 받다 / 계산을 잘못하다 了。
Nǐ hǎo, nǐ hǎoxiàng le
안녕하세요. 아무래도 ______________ 한 것 같습니다.

Step2

我买了 ② 할인된 / 5개 苹果，可是你看，
Wǒ mǎile píngguǒ, kěshì nǐ kàn
제가 ______________ 사과를 샀는데, 보세요,

这发票上的价格是三十块。
zhè fāpiào shàng de jiàgé shì sānshí kuài
이 영수증 상의 가격은 30위안이네요.

Step3

你再帮我 ③ 다시 계산하다 / 확인하다 一下，好吗?
Nǐ zài bāng wǒ yíxià, hǎo ma
다시 ______________ 해 주시겠어요?

모범답안 **1** ① 手机，笔记本电脑 ② 出故障/坏，中病毒 ③ 发票/小票，保修单 ④ 修理，退钱 ⑤ 换新的，退货
2 ① 多收钱，钱算错/算错钱 ② 打折的，五个 ③ 重新结算，确认

Point

03 약속 및 변경

약속 정하기 및 약속 변경하기 문제는 최근 6부분에서 빠지지 않고 등장하는 문제이다. 약속 시간, 장소, 변경하는 이유, 약속을 하는 목적까지 문제에서 요구하는 미션을 모두 상세하게 답변할 수 있도록 하자.

약속 정하기	
约好 yuē hǎo 약속하다	不见不散 bújiàn búsàn 만날 때까지 기다리다
约定 yuēdìng 동 약속하다	派对 pàiduì 명 파티
有时间 yǒu shíjiān 시간이 있다	聚会 jùhuì 명 모임
有空 yǒu kòng 시간이 있다	欢送会 huānsònghuì 명 환송회
地点 dìdiǎn 명 장소	演唱会 yǎnchànghuì 명 콘서트
地址 dìzhǐ 명 주소	见面 jiànmiàn 동 만나다
详细 xiángxì 형 상세하다	发短信 fā duǎnxìn 문자 메시지를 보내다
一起 yìqǐ 부 같이	到时候 dàoshíhou 그때 가서, 그때 되면
正好 zhènghǎo 부 마침, 딱	散心 sànxīn 동 기분 풀다, 기분 전환을 하다

약속 변경하기	
突然 tūrán 부 갑자기, 돌연히	下次 xiàcì 명 다음 번
本来 běnlái 부 본래는, 원래는	婚礼 hūnlǐ 명 결혼식
推迟 tuīchí 동 뒤로 미루다	会议 huìyì 명 회의
迟到 chídào 동 지각하다	出差 chūchāi 동 출장가다
改天 gǎitiān 부 후일, 딴 날	加班 jiābān 동 야근하다
抱歉 bàoqiàn 형 죄송하다	没想到 méi xiǎngdào 생각하지 못했다
不得不 bùdébù 부 어쩔 수 없이	有事 yǒu shì 일이 있다
只能 zhǐnéng 동 ~할 수밖에 없다	找别的时间 zhǎo biéde shíjiān 다른 시간을 찾다
不好意思 bù hǎoyìsī 미안하다	选择 xuǎnzé 명동 선택(하다)
提前 tíqián (예정된 시간 등을) 앞당기다	恐怕 kǒngpà 부 아마 ~일 것이다
至少 zhìshǎo 부 적어도, 최소한	商量 shāngliang 동 상의하다
要求 yāoqiú 동 요구하다, 요청하다	参加 cānjiā 동 참가하다

기출유형1 약속 정하기

141. Mp3

문제 속에 제시된 상황을 바탕으로 약속을 정하는 문제이다. 구체적인 약속 장소, 시간, 당부의 말을 언급하여 답변을 마무리하는 것이 좋다.

TSC® 문제

你想跟朋友一起去准备考试。
请你给朋友打电话约定时间和地点。

Nǐ xiǎng gēn péngyou yìqǐ qù zhǔnbèi kǎoshì.
Qǐng nǐ gěi péngyou dǎ diànhuà yuēdìng shíjiān hé dìdiǎn.

당신은 친구와 함께 시험 준비를 하러 가고 싶어 합니다.
친구에게 전화를 걸어 시간과 장소를 정해보세요.

단어　**准备** zhǔnbèi 동 준비하다 **考试** kǎoshì 명 시험 **约定** yuēdìng 동 약속하다, 정하다 **时间** shíjiān 명 시간 **地点** dìdiǎn 명 장소

답변

Lv. 4~6

小李，明天一起准备考试怎么样？明天上午十点，在学校门口见吧。我觉得图书馆太安静，气氛有点压抑，所以去学校前边的咖啡厅学习怎么样？那里人比较少，而且可以出声背书。午饭在那里简单吃吧。那明天见！

Xiǎo Lǐ, míngtiān yìqǐ zhǔnbèi kǎoshì zěnmeyàng? Míngtiān shàngwǔ shí diǎn, zài xuéxiào ménkǒu jiàn ba. Wǒ juéde túshūguǎn tài ānjìng, qìfēn yǒudiǎn yāyì, suǒyǐ qù xuéxiào qiánbiān de kāfēitīng xuéxí zěnmeyàng? Nàli rén bǐjiào shǎo, érqiě kěyǐ chūshēng bèishū. Wǔfàn zài nàli jiǎndān chī ba. Nà míngtiān jiàn!

Step1 상황 언급

小李，明天一起准备考试怎么样？

Step2 약속 정하기

明天上午十点，在学校门口见吧。
我觉得图书馆太安静，气氛有点压抑，所以去学校前边的咖啡厅学习怎么样？
(气氛有点压抑: 분위기가 답답하다)

★ 气氛：분위기
- 气氛活跃 분위기가 활기차다
- 气氛紧张 분위기가 긴장되다

那里人比较少，而且可以出声背书。午饭在那里简单吃吧。
(出声背书: 소리내서 외우다)

★ 出声：소리를 내다
- 出声背诵 소리내서 외우다
- 出声朗读 소리내서 낭독하다

Step3 마무리

那明天见！

샤오리, 내일 같이 시험 준비하는 거 어때? 내일 오전 10시에 학교 입구에서 만나자. 내 생각에는 도서관이 너무 조용하고 분위기가 답답한 것 같아. 그러니 학교 앞 커피숍에 가는 건 어때? 거기는 사람이 비교적 적고 게다가 소리 내면서 외울 수도 있어. 점심은 거기에서 간단히 먹자. 그럼 내일 봐!

단 어 **安静** ānjìng 동 조용하다 **气氛** qìfēn 명 분위기 **有点** yǒudiǎn 부 조금 **压抑** yāyì 형 답답하다 **出声** chūshēng 동 소리를 내다 **背书** bèishū 동 책을 외우다 **简单** jiǎndān 형 간단하다

기출유형2 약속 시간 변경

142. Mp3

약속 시간 변경하기는 어떤 상황을 제시하고, 그 상황 때문에 약속시간을 변경하라는 미션을 응시자에게 제시한다.
상황은 문제를 활용하여 답변하고 약속시간 변경은 구체적인 시간을 이야기하는 것이 좋다.

TSC® 기출문제

你跟朋友约好下周去美术馆，但后来发现那天不开馆。
请你向朋友说明情况并改约时间。

Nǐ gēn péngyou yuēhǎo xiàzhōu qù měishùguǎn, dàn hòulái fāxiàn nàtiān bù kāiguǎn.
Qǐng nǐ xiàng péngyou shuōmíng qíngkuàng bìng gǎi yuē shíjiān.

친구와 다음 주에 미술관에 가기로 약속했는데, 나중에 그날 미술관이 휴관이라는 것을 알게 되었습니다.
친구에게 상황을 설명하고, 약속 시간을 변경하세요.

단 어　约 yuē 동 약속하다　好 hǎo 형 동사 뒤에 쓰여 동작이 완성되었음을 나타냄　下周 xiàzhōu 다음 주　美术馆 měishùguǎn 미술관　但 dàn 접 그러나　后来 hòulái 부 나중에　发现 fāxiàn 동 발견하다　开馆 kāiguǎn 동 개관하다

답변

Lv. 4~6

小李，我有件事要跟你商量。我们不是约好下周去美术馆嘛，但我刚才上网看了一下，没想到那天美术馆休息，不开馆。怎么办？你看这样行吗？如果你这周有时间的话，我们就这周去，如果没有时间的话，我们就再找别的时间去。你看怎么样？

Xiǎo Lǐ, wǒ yǒu jiàn shì yào gēn nǐ shāngliang. Wǒmen búshì yuēhǎo xiàzhōu qù měishùguǎn ma, dàn wǒ gāngcái shàngwǎng kànle yíxià, méi xiǎngdào nàtiān měishùguǎn xiūxi, bù kāiguǎn. Zěnme bàn? Nǐ kàn zhèyàng xíng ma? Rúguǒ nǐ zhè zhōu yǒu shíjiān dehuà, wǒmen jiù zhè zhōu qù, rúguǒ méiyǒu shíjiān dehuà, wǒmen jiù zài zhǎo biéde shíjiān qù. Nǐ kàn zěnmeyàng?

Step1 상황 언급

(有件事要跟你商量: 상의해야 할 일이 있다)

小李，我有件事要跟你商量。
我们不是约好下周去美术馆嘛，但我刚才上网看了一下，

★ 约好: 약속하다+동작
- 约好吃饭 밥먹기로 약속하다 - 约好一起旅游 같이 여행가기로 약속하다

没想到那天美术馆休息，不开馆。怎么办？

★ 没想到(竟然, 居然): 생각하지 못하다
- 竟然/居然成功了! 생각지도 못했는데 성공 하다니!

Step2 시간 변경

(有时间 = 有空; 就 바로)

你看这样行吗？如果你这周有时间的话，我们就这周去，如果没有时间的话，
我们就再找别的时间去。

(找别的时间: 다른 시간을 찾다, 다른 시간으로 하다)

Step3 마무리

你看怎么样？

샤오리, 나 너랑 상의할 게 있어. 우리 다음 주에 미술관에 가기로 했잖아. 그런데 내가 방금 인터넷을 보니, 생각지도 못했는데 미술관이 휴관이래. 어떡하지? 이러면 어떨까? 네가 이번 주에 시간이 있다면 우리 이번 주에 가고, 시간이 없다면 우리 다시 다른 시간을 찾아보고 가자. 네 생각은 어때?

단어 商量 shāngliang 동 상의하다, 의논하다 刚才 gāngcái 명 방금 上网 shàngwǎng 동 인터넷에 접속하다
没想到 méi xiǎngdào 생각지 못하다, 뜻밖이다 休息 xiūxi 동 쉬다 如果…的话 rúguǒ…dehuà 만약 ~한다면

기출유형3 약속 내용 변경

143. Mp3

구체적인 약속 내용을 변경하라는 문제로 어떤 문제로 인해 약속 내용을 변경해야 하는지 설명하고, 문제에서 제시한 구체적인 약속 변경 내용을 언급하도록 한다.

TSC® 기출문제

下周你的中国朋友来你们国家旅游，但那天你有事，你弟弟将去机场接他。请你给他打电话说明情况，并告诉他你弟弟的联系方式。

Xià zhōu nǐ de Zhōngguó péngyou lái nǐmen guójiā lǚyóu, dàn nàtiān nǐ yǒu shì, nǐ dìdi jiāng qù jīchǎng jiē tā. Qǐng nǐ gěi tā dǎ diànhuà shuōmíng qíngkuàng, bìng gàosu tā nǐ dìdi de liánxì fāngshì.

다음 주에 중국 친구가 당신의 나라로 여행을 옵니다. 그런데 그날 당신은 일이 있어, 남동생이 공항으로 마중을 나가야 하는데요. 친구에게 전화를 걸어 상황을 설명하고, 남동생의 연락처를 알려 주세요.

단 어 **国家** guójiā 명 나라, 국가 **旅游** lǚyóu 동 여행하다 **将** jiāng 부 곧 **机场** jīchǎng 명 공항 **接** jiē 동 마중하다 **告诉** gàosu 동 알리다 **联系** liánxì 동 연락하다 **方式** fāngshì 명 방법

답변

Lv. 4~6

小赵，你下周来韩国的时候本来应该是我去接你才对的，不过那天突然得加班，所以我去不了了，我让我弟弟替我去接你。我已经跟他说好了。你下飞机后和我弟弟联系就行。他的电话号码是010-234-5678。然后你先去酒店休息，我办完事就去找你，可以吗？

Xiǎo Zhào, nǐ xiàzhōu lái Hánguó de shíhou běnlái yīnggāi shì wǒ qù jiē nǐ cái duì de, búguò nàtiān tūrán děi jiābān, suǒyǐ wǒ qù buliǎo le, wǒ ràng wǒ dìdi tì wǒ qù jiē nǐ. Wǒ yǐjing gēn tā shuōhǎo le. Nǐ xià fēijī hòu hé wǒ dìdi liánxì jiù xíng. Tā de diànhuà hàomǎ shì líng yāo líng èr sān sì wǔ liù qī bā. Ránhòu nǐ xiān qù jiǔdiàn xiūxi, wǒ bànwán shì jiù qù zhǎo nǐ, kěyǐ ma?

Step1 상황 언급

小赵，你下周来韩国的时候本来应该是我去接你才对的，

★ 本来应该是…才对的：원래는 마땅히 ~하는 게 맞다
- 本来应该是提前到才对的。원래는 마땅히 미리 도착하는 게 맞다.
- 本来应该是帮你才对的。원래는 마땅히 너를 도왔어야하는 게 맞다.

不过那天突然得加班，所以我去不了了，

★ 突然：갑자기(= 忽然)
형용사의 용법이 있어 술어와 명사를 수식할 수 있다.
- 突然的情况 갑작스러운 상황
- 这场雨下得很突然。이번 비는 갑자기 왔다.

Step2 약속내용 변경

我让我弟弟替我去接你。我已经跟他说好了。

★ 替：대신하다
- 我替你处理。내가 너를 대신해서 처리할게.
- 你替我去吧。네가 내 대신 가줘.

你下飞机后和我弟弟联系就行(~하기만 하면 된다)。他的电话号码是010-234-5678。

Step3 마무리

然后你先去酒店休息，我办完事就去找你，可以吗？

★ 동사+完：~을 다하다 (동작의 완료)
- 吃完了 다 먹었다 - 做完了 다 했다

샤오자오, 다음 주에 네가 한국에 올 때 원래는 당연히 내가 너를 마중 나가는 게 맞는데, 그날 갑자기 야근을 해야 해서 갈 수가 없어. 내가 남동생에게 대신 마중을 나가라고 이미 이야기해 뒀어. 비행기에서 내려서 내 남동생에게 연락하면 돼. 남동생 전화번호는 010-234-5678야. 그런 다음 먼저 호텔에 가서 쉬고 있으면, 내가 일 끝나고 너한테 갈게. 괜찮겠니?

단어 本来 běnlái 부 당연히, 원래 应该 yīnggāi 조동 당연히 ~해야 한다 才 cái 부 ~에야 비로소 对 duì 형 맞다 不过 búguò 접 그러나 加班 jiābān 동 야근하다 突然 tūrán 부 갑자기 得 děi 조동 ~해야 한다 替 tì 동 대신하다 下 xià 동 (~에서) 내리다 飞机 fēijī 명 비행기 酒店 jiǔdiàn 명 호텔 休息 xiūxi 동 쉬다 办 bàn 동 하다, 처리하다

기출로 말하기 연습

다음의 한국어에 맞춰 답변을 완성해 보세요. 144. Mp3

1

Step1

小李，是我，我们明天一起 ① 미술관에 가다 / 쇼핑하다 / 시험준비하다 怎么样?
Xiǎo Lǐ, shì wǒ, wǒmen míngtiān yìqǐ zěnmeyàng

샤오리, 나야. 우리 내일 같이 ______________하는 게 어때?

Step2

明天大概 ② 오전 10시 / 오후 1시쯤 / 점심 12시 在 ③ 커피숍 / 미술관 근처 / 지하철 역 见吧。
Míngtiān dàgài zài jiàn ba

내일 대략 ______________에 ______________에서 만나자.

Step3

我觉得那里比较 ④ 조용하다 / 유명하다 / 깨끗하다 明天见！
Wǒ juéde nàli bǐjiào míngtiān jiàn

내 생각에는 그곳이 비교적 ______________한 것 같아. 내일 보자!

2

Step1

小李，我们不是约好一起去美术馆嘛，
Xiǎo Lǐ, women búshì yuēhǎo yìqǐ qù měishùguǎn ma

샤오리, 우리 미술관 같이 가기로 약속 했잖아.

但听说那天 ⑤ 문을 열지 않다 / 쉰다 / 오후에는 문을 열지 않는다 ，看来去不了了。
dàn tīngshuō nàtiān kànlái qù buliǎo le

그런데 그날 ______________하지 않아서, 보아하니 못 갈 거 같아.

Step2

咱们 ⑥ 다른 날에 가다 / 내일 가다 / 다음주에 가다 怎么样?
Zánmen Zěnmeyàng

우리 ______________하는 게 어때?

反正我哪个时间都可以。
Fǎnzhèng wǒ nǎge shíjiān dōu kěyǐ

어쨌든 나는 아무때나 다 돼.

Step3

你觉得呢?
Nǐ juéde ne

네 생각은?

모범답안 ① 去美术馆，逛街，准备考试 ② 上午十点，下午一点左右，中午十二点
③ 咖啡厅，美术馆附近，地铁站 ④ 安静，有名，干净 ⑤ 不开门，休息，下午不开门
⑥ 改天去，明天去，下星期去/下周去

Point

04 위로·권고·축하

위로 문제는 많은 비중을 차지하지는 않지만 꾸준히 출제되고 있는 유형이며 권고는 TSC 시험이 실행된 이후 매년 출제되고 있는 유형이다. 축하 관련 문제는 간혹 출제되기 때문에 자주 쓰는 표현만 알아두도록 하자.

위로

安慰 ānwèi 동 위로하다
鼓励 gǔlì 동 격려하다
相信 xiāngxìn 동 믿다
不要 búyào 부 ~하지 마라
伤心 shāngxīn 동 상심하다, 속상하다
难过 nánguò 형 슬프다
操心 cāoxīn 동 신경 쓰다, 걱정하다 (= 担心 dānxīn)
舍不得 shěbude 동 아깝다, 아쉬워하다
升职 shēngzhí 동 승진하다 (= 晋升 jìnshēng)
落选 luòxuǎn 동 낙선하다
失恋 shīliàn 동 실연하다
就业 jiùyè 동 취업하다
输 shū 형 지다
担心 dānxīn 동 걱정하다
挫折 cuòzhé 동 좌절하다
考不上 kǎobushàng 시험에 합격하지 못하다
失败 shībài 동 실패하다
鼓起勇气 gǔqǐ yǒngqì 용기를 내다

권고

劝 quàn 동 권고하다다 (= 劝告 quàngào)
劝说 quànshuō 동 권고하다, 설득하다
忠告 zhōnggào 동 충고하다
改掉 gǎidiào 동 고쳐버리다
改正 gǎizhèng 동 고치다, 시정하다
要不 yàobù 접 아니면
肯定 kěndìng 부 분명히
影响 yǐngxiǎng 동 영향을 미치다
应该 yīnggāi 조동 마땅히 ~해야 한다
坏习惯 huài xíguàn 나쁜 습관
毛病 máobìng 명 나쁜 버릇
缺点 quēdiǎn 명 단점
添麻烦 tiān máfan 폐 끼치다, 불편을 주다
忍不住 rěnbúzhù 동 참을 수 없다
说一声 shuō yìshēng 한 마디 하다
考虑 kǎolǜ 동 고려하다
替 tì 전 ~을 위하여, 때문에
如果 rúguǒ 접 만약

축하

祝贺 zhùhè 동 축하하다 (= 庆祝 qìngzhù)
恭喜恭喜 gōngxǐ gōngxǐ 축하합니다
结婚 jiéhūn 동 결혼하다
通过 tōngguò 동 통과하다
面试 miànshì 명 면접
搬家 bānjiā 동 이사하다
心意 xīnyì 명 마음, 성의
得到 dédào 동 얻다
分享 fēnxiǎng 동 함께 누리다, 즐기다
考上大学 kǎoshàng dàxué 대학에 합격하다
祝你步步高升 zhù nǐ bùbù gāoshēng
승승장구하시길 바랍니다
祝你一帆风顺 zhù nǐ yìfānfēngshùn
모든 것이 잘 되길 바랍니다
祝你们百年好合 zhù nǐmen bǎinián hǎohé
평생 행복하게 사시길 바랍니다.
祝你早生贵子 zhù nǐ zǎo shēng guìzǐ
예쁜 아기 낳으시길 바랍니다

기출유형1 위로

145. Mp3

상대방이 어떤 일로 인해 낙심해하고 속상해하는 상황을 제시한 뒤 이 사람을 위로하라는 문제가 출제된다. 4급 레벨의 답변은 위로할 때 자주 사용되는 단어로 답변을 하는 것이 좋고, 5-6급 레벨의 답변은 위로할 때 자주 사용되는 사자성어나 관용어를 사용하는 것이 좋다.

TSC® 기출문제

你的同事升职落选了，请你安慰并鼓励他。

Nǐ de tóngshì shēngzhí luòxuǎn le, Qǐng nǐ ānwèi bìng gǔlì tā.

당신의 동료가 승진에서 누락되었습니다. 그를 위로하고 격려해 주세요.

단 어　**同事** tóngshì 명 직장 동료　**升职** shēngzhí 동 승진하다　**落选** luòxuǎn 동 낙선하다

답변

Lv. 4~6

小李，我听说你的事了。这次只是运气不好而已，你这么优秀，下次肯定还有机会的。人们不是说金子总会发光的嘛！我相信凭你的能力一定会飞黄腾达，所以不要这么郁闷了。你调整心态，继续努力下去吧。来，今天我请你喝杯酒，走吧。

Xiǎo Lǐ, wǒ tīngshuō nǐ de shì le. Zhècì zhǐshì yùnqì bù hǎo éryǐ, nǐ zhème yōuxiù, xiàcì kěndìng hái yǒu jīhuì de. Rénmen búshì shuō jīnzǐ zǒng huì fā guāng de ma! Wǒ xiāngxìn píng nǐ de nénglì yídìng huì fēihuángténgdá, suǒyǐ búyào zhème yùmèn le. Nǐ tiáozhěng xīntài, jìxù nǔlì xiàqù ba. Lái, jīntiān wǒ qǐng nǐ hē bēi jiǔ, zǒu ba.

Step1 서두

단지 ~일 뿐이다

小李，我听说你的事了。这次只是运气不好而已，你这么优秀，下次肯定还有机会的。

★ 优秀: 우수하다
- 品质优秀 자질이 우수하다 - 成绩优秀 성적이 우수하다

★ 肯定: 분명히
일이 분명 발생할 것이라고 생각하여 의문이 없는 것을 나타낸다.
- 他肯定不会来的。그는 분명히 오지 않을 것이다.

Step2 위로와 격려의 말

금이라면 언젠가 빛날 것이다 / 능력에 따라, 근거하여

人们不是说金子总会发光的嘛！我相信凭你的能力一定会飞黄腾达，
所以不要这么郁闷了。你调整心态，继续努力下去吧。

★ 继续: 계속하다
- 继续走 계속 가다 - 继续聊天 계속 이야기 하다

★ 동사+下去: 동작의 지속
- 活下去 살아나가다 - 说下去 말을 이어가다

Step3 마무리

~에게 술을 사다

来，今天我请你喝杯酒，走吧。

샤오리, 네 일에 대해 들었어. 이번에는 그저 운이 안 좋았던 것뿐이야. 너는 우수한 사람이니 다음번에 분명 기회가 또 있을 거야. 사람들이 능력 있는 사람들은 두각을 나타낸다고 하잖아! 나는 네 능력으로 반드시 승진하는 날이 올 거라 믿어. 그러니 너무 이렇게 답답해하지 마. 마음을 가다듬고 계속 노력하자. 자, 오늘은 내가 술 한 잔 살게, 가자.

단어 只是 zhǐshì 부 다만 运气 yùnqi 명 운, 운수 而已 éryǐ 조 ~일 따름이다 优秀 yōuxiù 형 우수하다 肯定 kěndìng 부 분명히 机会 jīhuì 명 기회 金子总会发光 jīnzi zǒnghuì fāguāng 금이라면 언젠간 빛난다 凭 píng 동 ~에 근거하다 能力 nénglì 명 능력 一定 yídìng 부 반드시 飞黄腾达 fēihuángténgdá 고속 승진하다 郁闷 yùmèn 형 마음이 답답하고 괴롭다 调整 tiáozhěng 동 조정하다 心态 xīntài 명 심리상태 继续 jìxù 동 계속하다 努力 nǔlì 형 노력하다 下去 xiàqù (술어 뒤에 쓰여) 지속의 의미를 나타냄

기출유형2 권고

146. Mp3

권고에 관한 문제는 6부분에 비중이 높게 출제되고 있는 유형이다. 그중 상대방의 습관을 고치라고 권고하는 문제는 권고 문제에서도 가장 많이 출제가 되고 있으므로 관련 어휘나 표현들을 미리 숙지하도록 하자.

TSC® 기출문제

你同屋平时吃完东西后很少收拾，你觉得很不卫生。请你表示你的不满，并要求她改掉这个坏习惯。

Nǐ tóngwū píngshí chīwán dōngxi hòu hěn shǎo shōushi, nǐ juéde hěn bú wèishēng. Qǐng nǐ biǎoshì nǐ de bùmǎn, bìng yāoqiú tā gǎidiào zhège huài xíguàn.

당신의 룸메이트는 평소에 음식을 다 먹고 나서 잘 치우지 않는데, 당신은 이를 비위생적이라고 생각합니다. 당신의 불만을 나타내고, 이런 나쁜 습관을 고치라고 그녀에게 요구하세요.

단어 **同屋** tóngwū 명 룸메이트 **平时** píngshí 명 평소 **完** wán 동 다하다 **东西** dōngxi 명 음식 **收拾** shōushi 동 치우다 **卫生** wèishēng 명형 위생(적이다) **改** gǎi 동 바꾸다 **掉** diào 동 ~해 버리다(동사 뒤에서 동작의 완성을 나타냄) **坏习惯** huài xíguàn 명 나쁜 습관

답변

Lv. 4~6

小明，你吃完东西后也不收拾，把我们的房间弄得像个垃圾桶似的，很不卫生。而且每次你也不打扫，都是别人帮你干。难道你就一点儿也不觉得难为情吗？我告诉你，如果你再不改掉这个坏习惯，就真的没有人愿意和你住在一起了。

Xiǎo Míng, nǐ chīwán dōngxi hòu yě bù shōushi, bǎ wǒmen de fángjiān nòng de xiàng ge lājītǒng shì de, hěn bú wèishēng. Érqiě měi cì nǐ yě bù dǎsǎo, dōu shì biéren bāng nǐ gàn. Nándào nǐ jiù yìdiǎnr yě bù juéde nánwéiqíng ma? Wǒ gàosu nǐ, rúguǒ nǐ zài bù gǎidiào zhège huài xíguàn, jiù zhēnde méiyǒu rén yuànyì hé nǐ zhù zài yìqǐ le.

Step1 서두

정리하다 / 만들다 / 비위생적이다

小明，你吃完东西后也不收拾，把我们的房间弄得像个垃圾桶似的，很不卫生。

★ 像…似的: 마치 ~인 것 같다

- 好像做梦似的 마치 꿈꾸는 것 같다 - 像雪似的那么白 마치 눈처럼 그렇게 하얗다

Step2 충고

= 收拾

而且每次你也不打扫，都是别人帮你干。
难道你就一点儿也不觉得难为情吗？

★ 难道…不…吗: 설마 ~이 아니란 말이야?

- 难道你不疼吗？ 설마 너 안 아픈거야? - 难道你不理解他的心情吗？ 설마 너 그의 심정을 이해 못하는 거야?

★ 难为情: 부끄럽다

- 感觉很难为情 매우 부끄럽다고 느끼다 - 难为情的表情 겸연 쩍은 표정

Step3 마무리

습관을 고치다 / 함께 살다, 같이 살다

我告诉你，如果你再不改掉这个坏习惯，就真的没有人愿意和你住在一起了。

★ 동사+掉: 남김없이 ~하다

- 卖掉 다 팔아버리다 - 吃掉 다 먹어버리다

★ 习惯: 습관

- 养成习惯 습관을 기르다 - 成为习惯 습관이 되다

샤오밍, 너는 음식을 다 먹고 나서도 치우지 않고, 우리 방을 쓰레기통처럼 만들어서 너무 비위생적이야. 게다가 매번 너는 청소도 안 하고, 다른 사람이 대신해 주잖아. 설마 너 조금도 창피하지 않은 거야? 내가 말해 두는데, 네가 계속 이런 나쁜 습관을 고치지 않는다면 정말 누구도 너와 함께 살고 싶어 하지 않을 거야.

단어 **弄** nòng 동 ~하다 **像…似的** xiàng…shìde 마치 ~인 것 같다 **垃圾桶** lājītǒng 쓰레기통 **打扫** dǎsǎo 동 청소하다 **干** gàn 동 하다 **难道** nándào 부 설마 ~하겠는가 **一点儿也不** yìdiǎnr yě bù 조금도 ~이 아니다 **难为情** nánwéiqíng 형 부끄럽다, 창피하다 **愿意** yuànyì 동 ~하기를 바라다 **住** zhù 동 살다

기출유형3 축하

147. Mp3

축하에 관한 문제는 등장하는 비중이 낮기는 않지만 6부분에서 간혹 출제되는 문제이다. 문제에 상대방이 어떤 일로 축하를 받아야 하는지가 나와있기 때문에 그 상황에 맞춰서 축하를 해 주면 된다. 각종 축하 상황에서 자주 쓰는 표현들을 익혀둔다면 어렵지 않게 답변할 수 있을 것이다.

TSC® 문제

你的孩子终于考上了自己理想的大学。
作为孩子的父母，请你祝贺你的孩子。

Nǐ de háizi zhōngyú kǎoshàng le zìjǐ lǐxiǎng de dàxué.
Zuòwéi háizi de fùmǔ, qǐng nǐ zhùhè nǐ de háizi.

당신의 아이가 마침내 자신이 원하던 대학에 합격하였습니다.
아이의 부모로서 당신의 아이를 축하해 주세요.

단 어　**终于** zhōngyú 부 결국, 마침내　**理想** lǐxiǎng 형 이상적이다　**祝贺** zhùhè 동 축하하다

답변

Lv. 4~6

孩子，你一定想不到当我知道你考上大学的那一刻是多么兴奋，多么激动。你的刻苦努力终于得到了回报，你是我的骄傲和自豪，真诚地祝贺你。祝你在以后的学途上一帆风顺，大学新生活把握好自己，做成功的自己！为了自己的梦想加油吧。

Háizi, nǐ yídìng xiǎngbudào dāng wǒ zhīdao nǐ kǎoshàng dàxué de nà yí kè shì duōme xīngfèn, duōme jīdòng. Nǐ de kèkǔ nǔlì zhōngyú dédào le huíbào, nǐ shì wǒ de jiāo'ào hé zìháo, zhēnchéng de zhùhè nǐ. Zhù nǐ zài yǐhòu de xuétú shàng yìfānfēngshùn, dàxué xīn shēnghuó bǎwòhǎo zìjǐ, zuò chénggōng de zìjǐ! Wèile zìjǐ de mèngxiǎng jiāyóu ba.

Step1 상황 설명

~한 그 순간

孩子，你一定想不到当我知道你考上大学的那一刻是多么兴奋，多么激动。

대학에 합격하다

Step2 칭찬하기

각고한 노력을 하다 / 보답을 얻다

你的刻苦努力终于得到了回报，

★ 回报: 보답하다
- 回报很大 보답이 크다 - 回报家人 가족에게 보답하다

你是我的骄傲和自豪，真诚地祝贺你。祝你在以后的学途上一帆风顺，

★ 骄傲: 자랑스럽다
- 感到骄傲 자랑을 느끼다(자랑스럽다) - 值得骄傲 자랑할만하다

★ 自豪: 스스로 긍지를 느끼다, 자랑으로 여기다
- 充满自豪 긍지로 가득하다 - 感到自豪 긍지를 느끼다

大学新生活把握好自己，做成功的自己！

★ 把握: 잡다, 파악하다
- 把握机会 기회를 잡다 - 把握主题 주제를 파악하다

Step3 마무리

~을 위해 힘내다

为了自己的梦想加油吧。

★ 为了: ~을 위해
- 为了…鼓起勇气 ~을 위해 용기를 내다 - 为了…奋斗 ~을 위해 분투하다다

얘야, 네가 대학에 합격하던 그 순간 내가 얼마나 흥분했고 얼마나 감격했었는지 너는 절대 모를 거란다. 너의 각고한 노력이 마침내 결실을 맺었구나. 네가 정말 자랑스러워. 진심으로 축하해. 앞으로의 학업도 순조롭고 새로운 대학 생활에서는 스스로 잘 관리하고 성공하는 자신이 되기를 바라마. 너의 꿈을 위해 화이팅하렴.

단어 **想不到** xiǎngbudào 예상하지 못하다 **当** dāng ~할 때 **一刻** yíkè 명 잠시, 짧은 시간 **多么** 부 duōme 얼마나 **兴奋** xīngfèn 형 기쁘다 **激动** jīdòng 형 감격하다, 흥분하다 **刻苦** kèkǔ 형 고생하다 **回报** huíbào 동 보답하다 **骄傲** jiāo'ào 형 자랑스럽다 **自豪** zìháo 형 자랑으로 여기다 **真诚** zhēnchéng 형 진실하다 **途** tú 명 길, 도로 **一帆风顺** yìfānfēngshùn 일이 순조롭게 진행되다 **把握** bǎwò 동 잡다 **梦想** mèngxiǎng 명 꿈

기출로 말하기 연습

다음의 한국어에 맞게 답변을 완성해 보세요. 148. Mp3

1

Step1	你别这么 ① 속상해 하다 / 걱정하다 / 아쉬워하다 , Nǐ bié zhème 这只是 ② 운이 좋지 않다 / 작은 일 / 잠시 동안의 이별 而已。 zhè zhǐshì éryǐ 너무 ____________하지 마세요. 그저 ____________일 뿐이에요.
Step2	你可以 ③ 언제든지 나에게 연락하다 / 휴대전화로 연락하다 / 자주 연락하다 。 Nǐ kěyǐ ____________하면 되요.
Step3	你要相信还有很多人 ④ 지지하다 / 관심을 갖다 你，加油吧。 Nǐ yào xiāngxìn háiyǒu hěn duō rén nǐ, jiāyóu ba 아직도 많은 사람들이 당신을 ____________하고 있다는 것을 믿으세요. 기운내요.

2

Step1	小明，我看你每次 ① 방을 청소하지 않다 / 불을 끄지 않고 외출하다 / 먹은 후에 바로 치우지 않다 。这种习惯 ② 아주 비위생적이다 / 전기를 낭비하다 / 남에게 영향을 주다 。 Xiǎo Míng, wǒ kàn nǐ měi cì zhè zhǒng xíguàn 샤오밍, 내가 보기에 당신은 매번 ____________하지 않는 것 같아요. 이러한 습관은 ____________이에요.
Step2	我劝你以后 ③ 바로 정리하다 / 불을 끄고 외출하다 / 매일 방을 청소하다 好吗? Wǒ quàn nǐ yǐhòu hǎo ma 앞으로 ____________해 주시겠어요?
Step3	不要再 ④ 이렇게 하지 말아라 / 전기를 낭비하지 말아라 / 다른 사람에게 폐를 끼치다 。 Búyào zài 다시는 ____________하지 마세요.

모범답안 **1** ① 伤心，操心/担心，舍不得 ② 运气不好，小事，暂时的分离 ③ 随时给我联系，用手机联系，经常联系 ④ 支持，关心
2 ① 不打扫房间，不关灯出门，吃完东西不马上收拾 ② 很不卫生，浪费电，影响别人 ③ 马上收拾，关灯出门，每天打扫房间 ④ 这么做，浪费电，给别人添麻烦

Point

05 문의

학원 등록, 주문, 동아리 가입, 수리 완료 문의 등과 같은 문제가 주로 출제된다. 문제 해결과 더불어서 빠지지 않고 출제되고 있는 문제 유형으로 상황 설명은 문제를 활용하고, 문의는 구체적인 내용을 물어보는 형태로 답변을 마무리해야 한다.

문의 관련 문제	
询问 xúnwèn 동 알아보다, 물어보다	有关事宜 yǒuguān shìyí 관련사항
咨询 zīxún 동 자문하다, 물어보다	有关事项 yǒuguān shìxiàng 관련사항

학원 등록 / 동아리 가입 문의	
报名 bàomíng 동 신청하다, 등록하다	课程 kèchéng 명 교육과정, 커리큘럼
培训班 péixùnbān 명 학원(= 补习班 bǔxíbān)	课程表 kèchéngbiǎo 강의 시간표
健身房 jiànshēnfáng 명 헬스장	旁听 pangtīng 명동 청강(하다)
加入 jiārù 동 가입하다	老师 lǎoshī 명 선생님
社团 shètuán 명 동아리	上课时间 shàngkè shíjiān 수업시간
弹钢琴 tán gāngqín 피아노를 치다	人员 rényuán 명 인원, 사람
弹吉他 tán jítā 기타를 치다	参加 cānjiā 동 참가하다
打架子鼓 dǎ jiàzigǔ 드럼을 치다	水平 shuǐpíng 명 수준
驾驶 jiàshǐ 동 운전하다	学费 xuéfèi 명 학비, 수강료
舞蹈 wǔdǎo 명 춤	交 jiāo 동 (돈을) 지불하다
芭蕾舞 bāléiwǔ 명 발레	基础 jīchǔ 명 기초
条件 tiáojiàn 명 조건	中级 zhōngjí 형 중급의
绘画 huìhuà 동 그림을 그리다 명 그림	高级 gāojí 형 고급의
英语 Yīngyǔ 명 영어	周末班 zhōumòbān 주말반
汉语 Hànyǔ 명 중국어	日常班 rìchángbān 평일반
日语 Rìyǔ 명 일본어	优惠 yōuhuì 형 할인해주다

예약 주문 / 수리	
订 dìng 동 예약하다	消息 xiāoxi 명 소식
祝福语 zhùfúyǔ 축하의 말	到底 dàodǐ 부 도대체
提前 tíqián 동 앞당기다	告诉 gàosu 동 알려주다
推迟 tuīchí 동 미루다	直接 zhíjiē 부 직접
准备 zhǔnbèi 동 준비하다	查 chá 동 체크하다, 찾아보다
最好 zuìhǎo 부 가장 좋은 것은	等待 děngdài 동 대기하다, 기다리다
联系 liánxì 동 연락하다	打印机 dǎyìnjī 명 프린터기
取 qǔ 동 가지다, 취하다	复印机 fùyìnjī 명 복사기

기출유형1 학원 등록

149. Mp3

학원 등록 관련 문제는 자주 출제되는 문제 유형이다. 문의할 때는 학원 시간, 인원수, 주말 반, 평일 반, 학원비 등 구체적인 사항을 제시하며 문의하는 것이 좋고 자신의 실력을 바탕으로 어떤 반에 등록해야 하는지 물어보는 것도 좋다.

TSC® 기출문제

你想利用周末的时间学舞蹈。请你去培训班说明自己的水平，并询问时间、学费等相关事宜。

Nǐ xiǎng lìyòng zhōumò de shíjiān xué wǔdǎo. Qǐng nǐ qù péixùnbān shuōmíng zìjǐ de shuǐpíng, bìng xúnwèn shíjiān、xuéfèi děng xiāngguān shìyí.

당신은 주말 시간을 활용해 춤을 배우려고 합니다. 학원에 가서 당신의 수준을 설명하고, 시간, 수강료 등 관련 사항을 문의하세요.

단 어 **利用** lìyòng 동 활용하다 **舞蹈** wǔdǎo 명 춤, 무용 **培训班** péixùnbān 학원 **水平** shuǐpíng 명 수준 **询问** xúnwèn 동 문의하다 **学费** xuéfèi 명 수업료, 학비 **相关** xiāngguān 동 관련되다 **事宜** shìyí 명 일, 사항

답변 Lv. 4~6

你好，我想学舞蹈。因为我是上班族，所以只有周末才有时间学，你们这儿有没有周末班啊？有的话几点上课？我两年前学过大概三个月的舞蹈，但现在已经全都忘了。对了，学费是多少？有没有什么优惠啊？

Nǐ hǎo, wǒ xiǎng xué wǔdǎo. Yīnwèi wǒ shì shàngbānzú, suǒyǐ zhǐyǒu zhōumò cái yǒu shíjiān xué, nǐmen zhèr yǒu mei yǒu zhōumòbān a? Yǒu de huà jǐ diǎn shàngkè? Wǒ liǎng nián qián xuéguo dàgài sān ge yuè de wǔdǎo, dàn xiànzài yǐjing quán dōu wàng le. Duìle, xuéfèi shì duōshao? Yǒu mei yǒu shénme yōuhuì a?

Step1 인사표현

你好，我想学舞蹈。

Step2 문의1

因为我是上班族，所以只有周末才有时间学，你们这儿有没有周末班啊？
有的话几点上课？

★ 只有…才：~해야만, 비로소 ~하다
- 只有互相帮助，才能解决这个问题。서로 도와야만 이 문제를 해결할 수 있다.
- 只有经历困难，才会懂得幸福。어려움을 겪어야지만 행복이 무엇인지 안다.

★ 的话：~라면
如果…的话라고 많이 쓰이며 지금 이 문장에서는 有앞에 如果가 생략되어 사용 됨.

Step3 문의2

我两年前学过大概三个月的舞蹈，但现在已经全都忘了。
对了，学费是多少？有没有什么优惠啊？

★ 大概：대략
- 大概三百块钱 대략 300위안이다
- 大概七点左右 대략 7시쯤

안녕하세요. 춤을 배우려고 합니다. 제가 직장인이라서 주말에만 배울 시간이 나는데, 여기 주말반이 있나요? 있다면 몇 시 수업인가요? 제가 2년 전에 대략 세 달쯤 춤을 배운 적이 있기는 하지만, 지금은 이미 다 까먹었어요. 참, 수강료는 얼마예요? 무슨 할인 혜택이 있나요?

단어 上班族 shàngbānzú 명 직장인 只有…才… zhǐyǒu…cái… ~해야만, 비로소 ~하다 课 kè 명 수업 大概 dàgài 부 대략 全 quán 부 모두 忘 wàng 동 잊다 优惠 yōuhuì 형 특혜의, 우대의

기출유형2 동아리 가입

150. Mp3

학원 문의와 비슷하게 동아리에 가입하려면 어떤 조건이 있는지, 어떤 실력이 돼야 하는지, 시간은 어떠한지 구체적으로 물어보면 된다.

TSC® 기출문제

你同屋参加了吉他社团，你也想加入。请你对朋友说明你的想法，并询问活动时间、加入条件等相关事宜。

Nǐ tóngwū cānjiāle jítā shètuán, nǐ yě xiǎng jiārù. Qǐng nǐ duì péngyou shuōmíng nǐ de xiǎngfǎ, bìng xúnwèn huódòng shíjiān、jiārù tiáojiàn děng xiāngguān shìyí.

당신의 룸메이트가 기타 동아리에 참가했는데, 당신도 가입하고 싶어 합니다. 친구에게 당신의 생각을 설명하고, 활동 시간, 가입 조건 등 관련 사항을 물어보세요.

단어 **同屋** tóngwū 명 룸메이트 **参加** cānjiā 동 참가하다 **吉他** jítā 명 기타 **社团** shètuán 명 동아리 **加入** jiārù 동 가입하다 **对** duì 전 ~에 대하여 **想法** xiǎngfǎ 명 생각, 의견 **活动** huódòng 동 활동하다 **条件** tiáojiàn 명 조건 **等** děng 조 등, 따위

답변

Lv. 4~6

我听说前几天你参加了吉他社团。怎么加入的？有什么条件吗？我也想加入你们的社团。其实我对弹吉他一直很感兴趣，只不过不知道去哪儿学习。我没学过吉他，也能加入吗？还有，能告诉我活动时间吗？如果没什么特殊要求的话，我想马上报名。你能帮我吗？

Wǒ tīngshuō qián jǐ tiān nǐ cānjiāle jítā shètuán. Zěnme jiārù de? Yǒu shénme tiáojiàn ma? Wǒ yě xiǎng jiārù nǐmen de shètuán. Qíshí wǒ duì tán jítā yìzhí hěn gǎn xìngqù, zhǐ búguò bù zhīdào qù nǎr xuéxí. Wǒ méi xuéguo jítā, yě néng jiārù ma? Háiyǒu, néng gàosu wǒ huódòng shíjiān ma? Rúguǒ méi shénme tèshū yāoqiú dehuà, wǒ xiǎng mǎshàng bàomíng. Nǐ néng bāng wǒ ma?

Step1 상황 설명1

듣자 하니

我听说前几天你参加了吉他社团。怎么加入的？有什么条件吗？
我也想加入你们的社团。

★ 条件: 조건
- 基本条件 기본 조건　- 主要条件 주요 조건

Step2 상황 설명2+문제 해결1

~에 대해 관심이 있다　다만 ~이다

其实我对弹吉他一直很感兴趣，只不过不知道去哪儿学习。
我没学过吉他，也能加入吗？

Step3 문의2

还有，能告诉我活动时间吗？如果没什么特殊要求的话，我想马上报名。
你能帮我吗？

★ 特殊: 특별하다 (일반적인 상황에서 흔하지 않은 것)
- 特殊情况 특별한 상황　- 特殊感情 특별한 감정

며칠 전에 네가 기타 동아리에 참가한다는 걸 들었어. 어떻게 가입한 거야? 무슨 조건이 있어? 나도 너희 동아리에 가입하고 싶어. 사실 기타 연주에 줄곧 관심은 있었는데, 다만 어디에 가서 배워야 하는지 몰랐어. 기타를 배운 적이 없어도 가입할 수 있을까? 그리고 활동 시간을 알려 줄 수 있어? 만약 특별한 요구 조건이 없다면 바로 신청하고 싶어. 나 좀 도와줄 수 있겠니?

단어　听说 tīngshuō 동 듣자니 ~라고 한다　其实 qíshí 부 사실은　对…感兴趣 duì…gǎn xìngqù ~에 관심(흥미)이 있다　一直 yìzhí 부 줄곧　只不过 zhǐ búguò 다만 ~에 지나지 않다　特殊 tèshū 형 특별하다　马上 mǎshàng 부 곧, 즉시　报名 bàomíng 동 신청하다

기출유형3 예약

151. Mp3

생일 케이크나 생일 선물 혹은 물건 등을 사전에 예약할 수 있는지 묻는 문제로 예약 시 구체적인 요구사항을 이야기하고 마지막에 예약한 물건을 언제 찾아가겠다는 말로 답변을 마무리하면 된다.

TSC® 기출문제

你打算订一个生日蛋糕庆祝妈妈的生日。请你去面包店说明情况，并定好时间、祝福语、蛋糕大小等有关事项。

Nǐ dǎsuan dìng yí ge shēngrì dàngāo qìngzhù māma de shēngrì. Qǐng nǐ qù miànbāodiàn shuōmíng qíngkuàng, bìng dìnghǎo shíjiān、zhùfúyǔ、dàngāo dàxiǎo děng yǒuguān shìxiàng.

당신은 엄마의 생신을 축하드리기 위해 생일 케이크를 하나 주문하려고 합니다. 빵집에 가서 상황을 설명하고, 시간, 축하 메시지, 케이크 크기 등 관련 사항을 정하세요.

단어 **打算** dǎsuan 통 ~하려고 하다 **订** dìng 통 예약하다, 주문하다 **生日** shēngrì 명 생일 **蛋糕** dàngāo 명 케이크 **庆祝** qìngzhù 통 축하하다 **面包店** miànbāodiàn 빵집 **定** dìng 통 결정하다 **祝福语** zhùfúyǔ 축복의 메시지 **大小** dàxiǎo 명 크기 **有关** yǒuguān 통 관계가 있다 **事项** shìxiàng 명 사항

답변

Lv. 4~6

你好，明天是我妈妈的生日，所以我想订一个蛋糕。你们明天晚上六点前能不能帮我做好一个中号的芝士蛋糕？还有请帮我在蛋糕上面写上“妈妈生日快乐”这几个字吧。如果准备好了，请给我发一个短信我过来取。我的电话号码是010-234-5678，谢谢。

Nǐ hǎo, míngtiān shì wǒ māma de shēngrì, suǒyǐ wǒ xiǎng dìng yí ge dàngāo. Nǐmen míngtiān wǎnshang liù diǎn qián néng bu néng bāng wǒ zuòhǎo yí ge zhōnghào de zhīshì dàngāo? Háiyǒu qǐng bāng wǒ zài dàngāo shàngmian xiěshàng “māma shēngrì kuàilè” zhè jǐ ge zì ba. Rúguǒ zhǔnbèi hǎo le, qǐng gěi wǒ fā yí ge duǎnxìn wǒ guòlái qǔ. Wǒ de diànhuà hàomǎ shì líng yāo líng èr sān sì wǔ liù qī bā, xièxie.

Step1 상황 설명

주문하다

你好，明天是我妈妈的生日，所以我想订一个蛋糕。

Step2 문의1

수량사+기타성분+명사

你们明天晚上六点前能不能帮我做好一个中号的芝士蛋糕?

중간 사이즈의 치즈케이크

还有请帮我在蛋糕上面写上“妈妈生日快乐”这几个字吧。

★ 동사+上: 부착, 첨가를 나타냄
- 穿上 입다
- 贴上 붙이다

Step3 문의2

연동문 = 한 문장에 동사가 여러 개 있는 것

如果准备好了，请给我发一个短信我过来取。我的电话号码是010-234-5678，谢谢。

★ 동사+好: 동작 행위의 완성(결과가 만족스러움)
- 修好电脑 컴퓨터를 수리하다
- 约好见面 만나기로 약속을 하다

안녕하세요. 내일이 엄마 생신이라서, 케이크를 하나 주문하려고 합니다. 내일 저녁 여섯 시 전에 중간 사이즈의 치즈 케이크를 하나 준비해 주실 수 있나요? 그리고 케이크 위쪽에 “엄마 생신 축하드려요” 이 몇 글자를 써 주세요. 준비가 다 되면 저한테 문자를 보내 주세요. 제가 찾으러 올게요. 제 전화번호는 010-234-5678입니다. 고맙습니다.

단어 **中号** zhōnghào 형 중간 것 **芝士** zhīshì 치즈 **上面** shàngmian 명 위, 위쪽 **快乐** kuàilè 형 즐겁다 **取** qǔ 동 찾다 **短信** duǎnxìn 명 문자, 메시지 **电话号码** diànhuà hàomǎ 전화번호

기출유형4 수리 완료 문의

152. Mp3

수리를 맡긴 물품이 완료되었는지 문의하는 것으로 언제쯤 완료가 되는지와 수리된 물품을 어떤 방법으로 수령할 수 있는지에 대해서 언급하면 된다.

TSC® 기출문제

你把笔记本电脑送去修理，但过了好几天还没消息。
请你给修理店打电话说明情况，并询问什么时候能修好。

Nǐ bǎ bǐjìběn diànnǎo sòngqù xiūlǐ, dàn guòle hǎo jǐ tiān hái méi xiāoxi.
Qǐng nǐ gěi xiūlǐdiàn dǎ diànhuà shuōmíng qíngkuàng, bìng xúnwèn shénme shíhou néng xiūhǎo.

당신이 노트북 컴퓨터 수리를 보낸 지 며칠이 지났는데 아직 연락이 없습니다.
수리점에 전화를 걸어 상황을 설명하고, 언제 수리가 완료되는지 문의하세요.

단 어 **把** bǎ 전 ~을, ~를 **笔记本电脑** bǐjìběn diànnǎo 노트북 **送** sòng 동 보내다 **修理** xiūlǐ 동 수리하다 **过** guò 동 지나다, 보내다 **消息** xiāoxi 명 소식, 정보 **修理店** xiūlǐdiàn 수리점 **询问** xúnwèn 동 문의하다

답변

喂，你好，是这样，上个星期我把笔记本电脑送到你们那儿修理了，但已经过了一个星期还没有消息。是我的电脑有很大的问题呢，还是你们到现在都没给我修啊？可以告诉我你们到底什么时候能修好吗？我着急用电脑。还有如果修好后寄过来需要几天的话，我直接去你们那儿取吧。

Wéi, Nǐ hǎo, shì zhèyàng, shàng ge xīngqī wǒ bǎ bǐjìběn diànnǎo sòngdào nǐmen nàr xiūlǐ le, dàn yǐjing guòle yí ge xīngqī hái méiyǒu xiāoxi. Shì wǒ de diànnǎo yǒu hěn dà de wèntí ne, háishi nǐmen dào xiànzài dōu méi gěi wǒ xiū a? Kěyǐ gàosu wǒ nǐmen dàodǐ shénme shíhou néng xiūhǎo ma? Wǒ zháojí yòng diànnǎo. Háiyǒu rúguǒ xiūhǎo hòu jì guòlái xūyào jǐ tiān dehuà, wǒ zhíjiē qù nǐmen nàr qǔ ba.

Step1 상황 설명

~을 ~로 보내다

喂，你好，是这样，上个星期我就把笔记本电脑送到你们那儿修理了，
但已经过了一个星期还没有消息。

이미 ~했다

★ 已经: 이미
- 已经来了 이미 왔다　- 已经来不及了 이미 늦었다

Step2 문의1

선택의문문

是我的电脑有很大的问题呢，还是你们到现在都没给我修啊？

★ A还是B: A 아니면 B
- 明天去还是后天去？ 내일 갈래 아니면 모레 갈래?
- 要喝茶还是喝咖啡？ 차 마실래 아니면 커피 마실래?

可以告诉我你们到底什么时候能修好吗？我着急用电脑。

도대체

★ 到底: 도대체
- 你到底说什么呀？ 너 도대체 무슨 말을 하는 거야?
- 他到底来不来？ 그는 도대체 오는 거야 안 오는 거야?

Step3 문의2

还有如果修好后寄过来需要几天的话，我直接去你们那儿取吧。

~한 후에

★ 直接: 직접
- 直接解决问题 직접 문제를 해결하다　- 直接来我这儿 직접 내 쪽으로 오다

여보세요, 안녕하세요. 다름이 아니라, 지난주에 제가 노트북 컴퓨터를 그쪽에 수리하려고 보냈는데, 벌써 일주일이 지났는데도 아직 소식이 없습니다. 제 컴퓨터에 큰 문제가 있는 건가요, 아니면 지금까지 고치지 않은 건가요? 도대체 언제 수리가 끝나는지 알려 주시겠어요? 급하게 컴퓨터를 사용해야 합니다. 그리고 만약 수리 후 배송이 며칠 걸린다면, 제가 직접 그쪽으로 찾으러 갈게요.

단어　**已经…了** yǐjing…le 벌써(이미) ~했다 **告诉** gàosu 동 알리다 **到底** dàodǐ 부 도대체 **着急** zháojí 형 초조해하다 **寄** jì 동 부치다 **直接** zhíjiē 형 직접적인 **取** qǔ 동 찾다

기출로 말하기 연습

다음의 한국어에 맞춰 답변을 완성해 보세요. 153. Mp3

1

Step1

你好，我想学 ① 피아노 치는 것 / 기타 치는 것 / 드럼치기 。
Nǐ hǎo, wǒ xiǎng xué
저는 ______________ 을/를 배우고 싶습니다.

Step2

所以我想了解一下 ② 어떻게 등록하는지 / 등록 방법 / 구체적인 시간 。
Suǒyǐ wǒ xiǎng liǎojiě yíxià
그래서 ______________ 을/를 알고 싶습니다.

你能告诉我 ③ 반에 몇 명이 있는지 / 강의료가 얼마인지 / 특별한 요구 조건이 있는지 吗?
Nǐ néng gàosu wǒ ma
저에게 ______________ 을/를 알려주실 수 있나요?

Step3

还有有没有什么 ④ 할인 / 주의사항 / 강의시간표
Háiyǒu yǒu mei yǒu shénme
그리고 또 ______________ 이/가 있나요?

2

Step1

你好，我想订一个 ① 생일 케이크 / 큰 사이즈의 초콜릿 케이크 。
Nǐ hǎo, wǒ xiǎng dìng yí ge
안녕하세요, 저는 ______________ 를 예약하고 싶습니다.

Step2

你们 ② 내일 저녁 6시 / 오늘 저녁 8시 / 이번주 토요일 오후 3시 前能不能帮我做好?
nǐmen qián néng bu néng bāng wǒ zuòhǎo
______________ 전에 준비해 주실 수 있나요?

还有请帮我在蛋糕上面写上 ③ 생일 축하해요 / 사랑해 / 엄마 감사해요 这几个字吧。
Háiyǒu qǐng bāng wǒ zài dàngāo shàngmian xiě shang Zhè jǐ ge zì ba
그리고 케이크 위쪽에 ______________ 이 몇 글자를 써 주세요.

Step3

如果准备好了，请给我 ④ 전화주세요 / 연락주세요 / 문자 하나 보내주세요
Rúguǒ zhǔnbèi hǎo le, qǐng gěi wǒ
我过来取。谢谢。
Wǒ guòlái qǔ. Xièxie
준비가 다 되면 저에게 ______________ 해 주세요. 감사합니다.

모범답안
1 ① 弹钢琴，弹吉他，打架子鼓 ② 怎么报名，报名方法，具体时间
③ 班里有多少人，学费是多少，有特殊要求 ④ 优惠，注意事项，课程表
2 ① 生日蛋糕，大号的巧克力蛋糕 ② 明天晚上六点，今天晚上八点，这个星期六下午三点
③ 生日快乐，我爱你，谢谢妈妈 ④ 打电话，联系，发一个短信

3

Step1

小金，我听说你前几天参加了 ① 그림 / 수영 / 발레 社团。
Xiǎo Jīn, wǒ tīngshuō nǐ qián jǐ tiān cānjiā le shètuán
샤오진, 나는 네가 며칠 전에 ______________ 동아리에 들어갔다고 들었어.

Step2

怎么加入的？有什么 ② 기타조건 / 제한 吗？
Zěnme jiārù de yǒu shénme ma
어떻게 들어간 거야? ______________ 이 있니?

其实我一直想学，但不知道 ③ 어디에 가서 배워야 하는지 / 동아리 가입 방법 / 동아리 활동 시간 。
Qíshí wǒ yìzhí xiǎng xué, dàn bù zhīdào
사실 나는 줄곧 배우고 싶었는데, ______________ 를 몰랐어.

Step3

如果可以的话，我想 ④ 바로 등록하다 / 같이 배우다 。你能帮我吗？
Rúguǒ kěyǐ dehuà, wǒ xiǎng Nǐ néng bāng wǒ ma
만약 가능하다면 ______________ 하고 싶어. 나를 도와 줄 수 있니?

4

Step1

你好，上个星期我把 ① 프린터기 / 복사기 送到你们那儿修理了。
Nǐ hǎo, shàngge xīngqī wǒ bǎ sòngdào nǐmen xiūlǐ le.
但到现在还没有 ② 소식 / 회답 。
Dàn dào xiànzài hái méiyǒu
안녕하세요, 저번 주에 제가 ______________ 를 그쪽으로 수리를 맡겼습니다.
그런데 지금까지도 ______________ 이 없네요.

Step2

我想知道什么时候能 ③ 수리가 다 되다 / 가지다 / 받다 。
Wǒ xiǎng zhīdao shénme shíhou néng
언제쯤 ______________ 할 수 있는지 알고 싶은데요.

因为我现在 ④ 급하게 사용해야 한다 / 아무것도 할 수가 없다 。
Yīnwèi wǒ xiànzài
왜냐면 제가 지금 ______________.

Step3

可以告诉我你们到底什么时候能修好吗？
kěyǐ gàosu wǒ nǐmen dàodǐ shénme shíhou néng xiūhǎo ma
도대체 언제 다 고쳐지는지 알려 주시겠어요?

모범답안 **3** ① 绘画，游泳，芭蕾舞 ② 其他条件，限制
③ 去哪儿学习，加入社团的方法，社团的活动时间 ④ 马上报名，一起学习
4 ① 打印机，复印机 ② 消息，回复 ③ 修好，取，收到 ④ 要着急用，什么都干不了

모범답안 p 406

TSC® 기출문제

Test of Spoken Chinese

第6部分：情景应对

제시된 그림을 보고, 문제에 답하세요.

154. Mp3

第 1 题

你的同屋邀你一起运动，正好最近你也有这种想法。请你接受他的建议，并安排时间和地点。

(30秒) 提示音 ______(40秒)______ 结束。

第 2 题

你打算到补习班学习英语。请你给补习班打电话说明你的英语水平，并询问上课时间、费用等相关事宜。

(30秒) 提示音 ______(40秒)______ 结束。

第 3 题

朋友邀你暑假一起去旅行，但你打算打工。
请你向朋友说明情况，并委婉地拒绝她。

(30秒) 提示音 ______(40秒)______ 结束。

思考	回答
00:30	00:40

第 4 题

你的同屋常常不关灯、开着空调就出门，
你觉得这种习惯不太好。请你给他一些建议。

(30秒) 提示音 ______(40秒)______ 结束。

第 5 题

你最近想学吉他，正好你的同屋很会弹吉他。
请你向他说明情况，并请他给你些建议。

(30秒) 提示音 ______(40秒)______ 结束。

第 6 题

你跟朋友约好一起去美术馆，但是你从家出来晚了。
请你给朋友打电话说明情况，并推迟见面的时间。

(30秒) 提示音 ______(40秒)______ 结束。

第 7 题

你的朋友下个月毕业后就要回国了，你想为他举办欢送会。请你向其他朋友说明情况，并提出你的建议。

(30秒) 提示音 ______(40秒)______ 结束。

第 8 题

朋友邀你周末一起去听音乐会，但最近你很累想休息。请你向朋友说明情况，并委婉地拒绝她。

(30秒) 提示音 ______(40秒)______ 结束。

第 9 题

别人送了你两张演唱会的门票，但你有事没法去看。请你向朋友说明情况，并把票转让给她。

(30秒) 提示音 ______(40秒)______ 结束。

思考 00 : 30 回答 00 : 40

第 10 题

每周三晚上你有汉语家教课，开学后你想改变上课时间。请你向家教老师说明情况，并询问是否可以。

(30秒) 提示音 ________ (40秒) ________ 结束。

第 11 题

你买了几个面包，但回家看发票才发现店家多收了钱。请你去面包店说明情况，并要求解决问题。

(30秒) 提示音 ________ (40秒) ________ 结束。

第 12 题

上个周末你在商店买了台冰箱，但没用几天就坏了。请你给商店打电话说明情况，并要求解决问题。

(30秒) 提示音 ________ (40秒) ________ 结束。

第七部分 看图说话

제7부분

그림 보고 이야기 만들기

point 1 황당 · 화 · 놀람

point 3 감동 · 기쁨

point 3 후회 · 실망

제7부분 | 그림 보고 이야기 만들기

구성

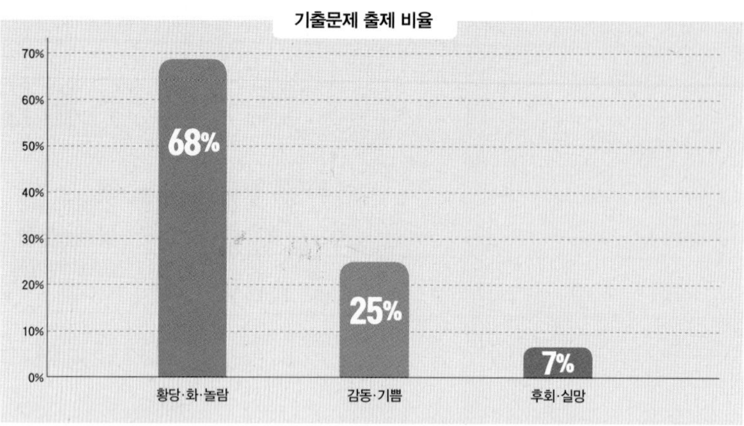

유형	연속된 그림을 보고 하나의 이야기를 만드는 문제이다. 그림을 보지 못한 사람이라도 상황을 이해할 수 있도록 자세하게 이야기해야 한다.
문항 수	1문항
답변 준비 시간	30초
답변 시간	문제당 90초

전략포인트

1 준비 시간을 이용하자!

그림을 확인한 후 30초의 준비 시간 동안 주인공을 어떻게 부를지, 어떤 내용을 이야기할지, 결말은 어떻게 이야기할지 준비해두어야 한다.

2 그림의 내용이 잘 나타나도록 설명해야 한다.

그림을 보지 못한 사람이라도 상황을 이해할 수 있도록 그림 속 명칭, 상황을 구체적으로 설명해야 한다. 따라서 줄거리 전달은 객관적이어야 하고, 마무리 역시 자신의 주관이 아닌 그림 속 인물의 감정을 이야기해야 한다.

3 모든 그림을 다 설명해야 한다.

최소 한 그림마다 한 문장은 이야기해야 한다. 한 그림에 너무 많은 시간을 할애하지 말고 90초의 시간을 균등하게 배분할 수 있도록 하자.

시험 맛보기

기 → 승 → 전 → 결의 이야기 흐름에 맞춰 90초 동안 스토리를 설명해야 한다. 어느 정도의 상상력을 발휘하거나 그림에 없는 내용을 덧붙여 내용을 더욱 풍부하고 생동감 있게 표현하는 것이 중요하다.

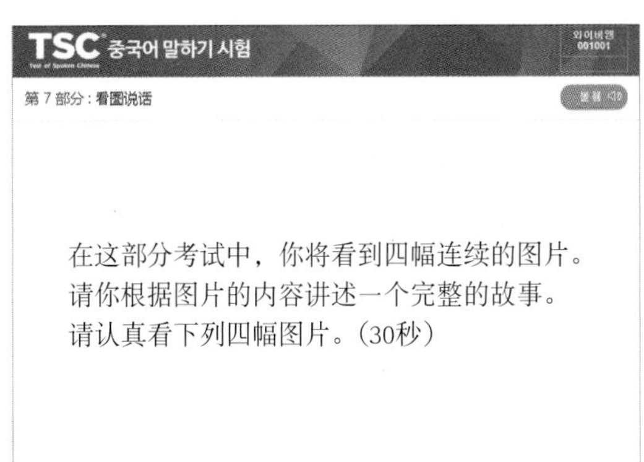

1

첫 화면에 7부분 유형의 지시문과 음성이 같이 나온다.

2

두 번째 화면에 문제와 음성이 나오고 하단에 [思考]라는 표시와 함께 30초의 준비 시간이 주어진다. 준비 시간이 끝나면 '삐' 소리가 난다.

思考 〉 #Beep

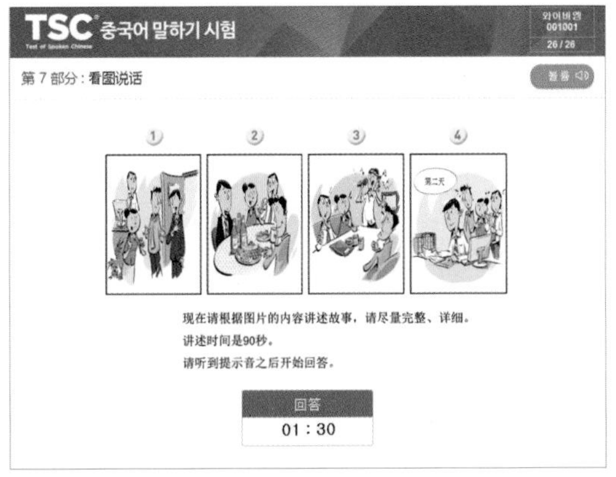

3

화면 하단에 [回答]라고 표시되며 답변 시간 90초가 카운트된다. 답변 시간이 모두 끝나면 "现在结束。" 멘트가 나온다.

回答 〉 "现在结束。"

Point

01 황당·화·놀람

7부분에서 가장 많이 출제되는 유형으로 의도한 바와 전혀 다른 결과에 이르러 그림 속 인물들이 황당해하거나 화를 내거나 놀라면서 이야기가 끝나는 유형이다. 관련 단어들을 숙지하여 단어를 몰라서 마무리를 못하는 상황은 피하도록 하자.

황당

荒唐 huāngtáng 형 황당하다, 터무니 없다
慌张 huāngzhāng 형 당황하다, 허둥대다
荒谬 huāngmiù 형 터무니 없다, 황당무계하다
无话可说 wúhuàkěshuō 할 말이 없다
无可奈何 wúkěnàihé 어찌 할 도리가 없다, 방법이 없다

莫名其妙 mòmíngqímiào 영문을 모르다
出乎意料 chūhūyìliào 예상을 벗어나다
意料之外 yìliàozhīwài 예상을 벗어나다
万万没想到 wànwàn méi xiǎngdào 전혀 생각지도 못하다
不知所措 bùzhīsuǒcuò 성 어찌할 바를 모르다

화

生气 shēngqì 동 화내다
发火 fāhuǒ 동 화내다
发脾气 fā píqi 화를 내다, 성질을 내다
批评 pīpíng 동 비평하다, 꾸짖다
责备 zébèi 동 책망하다, 혼내다
责怪 zéguài 동 나무라다, 책망하다
委屈 wěiqu 형 억울하다, 분하다
忍不住 rěnbúzhù 동 참을 수 없다

怒不可遏 nùbùkě'è 노여움을 억제할 수 없다
怒气冲冲 nùqìchōngchōng 화가 머리끝까지 치밀다, 노발대발하다
赫然而怒 hèránérnù 발끈 화를 내다
火冒三丈 huǒmàosānzhàng 화가 머리끝까지 치밀다
不能忍受 bùnéng rěnshòu 참을 수 없다
气不打一处来 qì bù dǎ yí chù lái 화가 치밀어 오르다, 속이 부글부글 끓다

놀람

吃惊 chījīng 형 놀라다
惊讶 jīngyà 형 의아스럽다, 놀랍다
惊呆了 jīng dāi le 너무 놀래서 멍해지다
吓一跳 xià yí tiào 놀래서 펄쩍 뛰다
愣住了 lèngzhù le 멍해졌다
出了一身冷汗 chū le yì shēn lěnghàn 식은땀이 나다
目瞪口呆 mùdèngkǒudāi 어안이 벙벙하다
大惊失色 dàjīngshīsè 몹시 놀라 얼굴빛이 하얗게 변하다
抽泣 chōuqì 동 흐느끼며 울다, 훌쩍이다

恍然大悟 huǎngrándàwù 갑자기 모두 알게 되다
哑口无言 yǎkǒuwúyán 말문이 막히다
无所适从 wúsuǒshìcóng 누구의 말을 믿어야 좋을지 모르다
脑子一片空白 nǎozi yí piàn kòngbái 머릿속이 하얗다
吓得魂飞魄散 xià de húnfēipòsàn 너무 놀라 혼비백산하다
一头雾水 yìtóuwùshuǐ 형 어떨떨하다, 영문을 모르다
大吃一惊 dàchīyìjīng 몹시 놀라다

기출유형1 황당

155. Mp3

'황당, 당황'으로 스토리가 마무리되는 이야기는 앞에 주인공이 왜 황당해 할 수밖에 없는지를 자세하게 이야기해야 한다.

TSC® 기출문제

그림 보고 틀 짜기

Lv. 4~6

그림① 기	그림② 승	그림③ 전	그림④ 결
누가? 남자 주인공 **어디서?** 기차역에서 **무엇을?** 주인공이 기차를 탄다	**장소** 기차를 탄 후 **동작** 1 자리를 찾는다. 2 어떤 여자가 남자의 자리에 앉아 있다. 3 표를 꺼내 확인한다.		**내용** 기차가 떠남 **감정** 남자가 매우 당황해 함

답변 ①

小金在火车站，他要坐火车去旅游。他上了火车，找到自己的座位，发现有一个女的坐在了自己的座位上。小金拿着票给女的看，票上写着357次列车5号座位。女的也拿出了自己的票，上面写着857次列车5号座位。这个时候，火车开了。原来小金上错了火车，357次列车刚刚进站，可他却坐在了已经出发的857次列车上了。小金现在急得不知所措。

Xiǎo Jīn zài huǒchēzhàn, tā yào zuò huǒchē qù lǚyóu. Tā shàngle huǒchē, zhǎodào zìjǐ de zuòwèi, fāxiàn yǒu yí ge nǚde zuòzàile zìjǐ de zuòwèi shàng. Xiǎo Jīn názhe piào gěi nǚde kàn, piào shàng xiězhe sān wǔ qī cì lièchē wǔ hào zuòwèi. Nǚde yě náchūle zìjǐ de piào, shàngmian xiězhe bā wǔ qī cì lièchē wǔ hào zuòwèi. Zhège shíhou, huǒchē kāi le. Yuánlái Xiǎo Jīn shàngcuòle huǒchē, sān wǔ qī cì lièchē gānggāng jìn zhàn, kě tā què zuòzàile yǐjing chūfā de bā wǔ qī cì lièchē shàng le. Xiǎo Jīn xiànzài jí de bùzhīsuǒcuò.

그림 ①

기

Step1 인물이 있는 장소와 동작 설명하기

연동문 = 동작이 일어난 순서대로 말하기

小金在火车站，他要坐火车去旅游。

= 列车

그림 ②

승

Step2 사건의 발생 설명

기차를 타다 / 좌석을 찾다 / 어떤 여자 / ~에 앉아있다

他上了火车，找到自己的座位，发现有一个女的坐在了自己的座位上。

★ 座位: 자리, 좌석
- 让座 자리를 양보하다 - 满座 자리가 다 차다

그림 ③

전

Step3 핵심내용 구체적으로 설명

~을 들고 (동작의 지속) ~에게 보여주다 / 열차, 기차 세는 양사

小金拿着票给女的看，票上写着357次列车5号座位。
女的也拿出了自己的票，上面写着857次列车5号座位。这个时候，火车开了。

= 这时 / = 出发

★ 拿出: 꺼내다(동사+出)
- 说出 말하다 - 提出 언급하다

그림 ④

결

Step4 인물의 행동이나 감정 전달로 마무리

알고 보니 잘못 타다 / 막, 방금

原来小金上错了火车，357次列车刚刚进站，

★ 동사+错: 잘못 ~하다
- 说错 잘못 말하다 - 听错 잘못 듣다

可他却坐在了已经出发的857次列车上了。小金现在急得不知所措。

오히려 / 초조해서 어찌할 바를 모른다
= 急得不知道该怎么办

샤오진은 기차역에 있고, 그는 기차를 타고 여행을 가려고 합니다. 그가 기차에 타서 자신의 자리를 찾았는데, 한 여자가 자신의 좌석에 앉아 있는 것을 발견했습니다. 샤오진은 표를 들고 여자에게 보여주었는고, 표에 357호 열차 5번 좌석이라고 쓰여 있었습니다. 여자도 자신의 표를 꺼냈고, 표에 857호 열차 5번 좌석이라고 쓰여 있었습니다. 이때 기차가 출발했습니다. 알고 보니 샤오진이 기차를 잘못 탔던 것이었습니다. 357호 열차가 마침 역으로 들어오고 있었는데, 그는 이미 출발한 857호 열차에 타고 있습니다. 샤오진은 지금 초조해서 어찌할 바를 모릅니다.

단 어 **火车站** huǒchēzhàn 기차역 **要** yào 조동 ~하려고 하다 **坐** zuò 동 ~을 타다 **火车** huǒchē 명 기차 **旅游** lǚyóu 동 여행하다 **上车** shàngchē 차에 타다 **找** zhǎo 동 찾다 **自己** zìjǐ 대 스스로 **座位** zuòwèi 명 자리 **发现** fāxiàn 동 발견하다 **号** hào 명 번호 **次** cì 양 번, 횟수 **列车** lièchē 명 기차 **时候** shíhou 명 때, 시간 **开** kāi 동 운전하다 **原来** yuánlái 부 알고 보니 **错** cuò 형 틀리다 **刚刚** gānggāng 부 방금 **进** jìn 동 들다 **急** jí 형 초조해하다 **不知所措** bùzhīsuǒcuò 어찌할 바를 모르다

답변 ②

Lv. 5~6

小金要坐火车去旅游，他要坐357次列车。他看到一列火车上写着“57”这个数字，就上去了。小金上车后拿着车票找到了自己的座位，却发现座位上已经有人了，是一位女士。小金对那位女士说，这是他的座位。那位女士觉得很奇怪，也拿出了自己的票。小金的票上写着357次列车5号座位，女士的票上却写着857次列车5号座位。正在他们说话的时候，火车出发了。原来，小金上错车了。他应该坐357次列车，结果没看清楚，上了857次列车。他急急忙忙地要下车，却发现火车已经开了。他看着窗外的357次列车，急得不知如何是好。

Xiǎo Jīn yào zuò huǒchē qù lǚyóu, tā yào zuò sān wǔ qī cì lièchē. Tā kàndào yí liè huǒchē shàng xiězhe “wǔ qī” zhège shùzì, jiù shàngqù le. Xiǎo Jīn shàngchē hòu názhe chē piào zhǎodàole zìjǐ de zuòwèi, què fāxiàn zuòwèi shàng yǐjing yǒu rén le, shì yí wèi nǚshì. Xiǎo Jīn duì nà wèi nǚshì shuō, zhè shì tā de zuòwèi. Nà wèi nǚshì juéde hěn qíguài, yě náchūle zìjǐ de piào. Xiǎo Jīn de piào shàng xiězhe sān wǔ qī cì lièchē wǔ hào zuòwèi, nǚshì de piào shàng què xiězhe bā wǔ qī cì lièchē wǔ hào zuòwèi. Zhèngzài tāmen shuōhuà de shíhou, huǒchē chūfā le. Yuánlái, Xiǎo Jīn shàngcuò chē le. Tā yīnggāi zuò sān wǔ qī cì lièchē, jiéguǒ méi kàn qīngchu, shàngle bā wǔ qī cì lièchē. Tā jíjímángmáng de yào xià chē, què fāxiàn huǒchē yǐjing kāi le. Tā kànzhe chuāngwài de sān wǔ qī cì lièchē, jí de bùzhī rúhé shì hǎo.

그림 ①

기

Step1 인물이 있는 장소와 동작 설명하기

小金要坐火车去旅游，他要坐357次列车。

그림 ②

승

Step2 사건의 발생 설명

~한 이후에 / 좌석에 누군가 있다

小金上车后拿着车票找到了自己的座位，却发现座位上已经有人了，是一位女士。

그림 ③

전

Step3 핵심내용 구체적으로 설명

~에게 말하다 / 이상하다

小金对那位女士说，这是他的座位。那位女士觉得很奇怪，也拿出了自己的票。

小金的票上写着357次列车5号座位，女士的票上却写着857次列车5号座位。

마침 ~할 때

正在他们说话的时候，火车出发了。

그림 ④

결

Step4 인물의 행동이나 감정 전달로 마무리

原来，小金上错车了。他应该坐357次列车，结果没看清楚，上了857次列车。

~했어야 한다 / 그 결과 / 분명하게 보다

★ 동사+清楚: 분명하게 ~하다
- 说清楚 분명하게 말하다 - 听清楚 똑똑히 듣다

他急急忙忙地要下车，却发现火车已经开了。

서둘러

他看着窗外的357次列车，急得不知如何是好。

~을 보면서 / = 怎么才好

샤오진은 기차를 타고 여행을 가려고 하고, 그가 타야 할 열차는 357호 열차입니다. 그는 한 열차에 '57'이라는 숫자가 쓰여 있는 것을 보자마자 바로 올라탔습니다. 샤오진은 기차에 탄 후, 기차표를 가지고 자신의 자리를 찾았는데, 자리에 이미 누군가 앉아 있는 것을 발견했는데 한 여성이었습니다. 샤오진은 그 여자에게 여기는 자신의 자리라고 말하였습니다. 그 여자는 의아해하며 자신의 표를 꺼냈습니다. 샤오진의 표에는 357호 열차 5번 좌석이라고 쓰여 있었고, 여자의 표에는 857호 열차 5번 좌석이라고 쓰여 있었습니다. 그들이 이야기하고 있을 때 기차는 출발했습니다. 알고 보니 샤오진이 기차를 잘못 탄 것이었습니다. 그는 357호 열차를 타야 했는데, 잘 보지 않아 857호 열차를 탔습니다. 서둘러 기차에서 내리려고 했지만, 기차가 이미 출발했다는 것을 알아차려서, 그는 창 밖의 357호 열차를 보며 초조해서 어떻게 해야 할지 모르고 있습니다.

단어 **列车** lièchē 명 열차, 기차 **数字** shùzì 명 숫자 **位** wèi 양 분(사람을 셀 때 쓰임) **女士** nǚshì 명 여사 **觉得** juéde 동 ~라고 생각하다(여기다) **奇怪** qíguài 형 이상하다 **正在** zhèngzài 부 마침 ~하고 있다 **出发** chūfā 동 출발하다 **如何** rúhé 대 어떻게, 왜 **清楚** qīngchu 형 분명하다

기출유형2 화

156. Mp3

마지막 그림 속 인물이 화를 내고 있는 유형이다. 그림 속 인물이 화를 내게 된 원인이 첫 번째 그림부터 나오는 경우가 많으므로 첫 번째 그림부터 자세히 상황을 묘사해야 한다.

TSC® 문제

①

②

③

④

그림 보고 틀 짜기

Lv. 4~6

그림① 기	그림② 승	그림③ 전	그림④ 결
누가? 1 아이를 데리고 온 부부 2 부부의 아이 3 주변 사람들 **장소** 식당에서 **무엇을?** 모두들 밥을 먹는데 한 가족의 아이가 물컵을 던지며 놀고 있다.	**장소** 식당에서 **동작** 한 남자가 부모에게 조용히 해달라고 하자 아이 부모가 오히려 화를 낸다.		**내용** 남자 둘이 싸우게 된다. **감정** 남자 둘은 화를 내고 주변 사람들은 못마땅해 하며, 식당을 떠난다.

답변 ① Lv. 4

有一对夫妻带着孩子来饭馆儿吃饭。因为孩子很吵闹，所以周围的人显得很不耐烦。而这对夫妻却很高兴地看着自己的孩子。有一个男的过去对孩子的父母说让孩子安静一下。孩子的父母不但不听，反而向男人发起火儿来。结果他们吵起架来，周围的人皱着眉头离开了饭馆儿。

Yǒu yí duì fūqī dàizhe háizi lái fànguǎnr chīfàn. Yīnwèi háizi hěn chǎonào, suǒyǐ zhōuwéi de rén xiǎnde hěn bú nàifán. Ér zhè duì fūqī què hěn gāoxìng de kànzhe zìjǐ de háizi. Yǒu yí ge nánde guòqù duì háizi de fùmǔ shuō ràng háizi ānjìng yíxià. Háizi de fùmǔ búdàn bù tīng, fǎn'ér xiàng nánrén fā qǐ huǒr lái. Jiéguǒ tāmen chǎo qǐ jià lái, zhōuwéi de rén zhòuzhe méitóu líkāi le fànguǎnr.

그림 ① 기

Step1 인물이 있는 장소와 장소의 인물들 묘사하기

아이를 데리고 = 带着+사람

有一对夫妻带着孩子来饭馆儿吃饭。

因为孩子很吵闹，所以周围的人显得很不耐烦。

왜냐하면

★ 显得+형용사: ~처럼 보이다
- 显得很累 피곤해 보이다 - 显得年轻 젊어보이다

★ 不耐烦: 성가시다
- 不耐烦地说 성가시다는 듯이 말하다 - 等得不耐烦 기다리다 신경질이 나다

그림 ② 승

Step2 사건의 발생 설명

그러나 오히려

而这对夫妻却很高兴地看着自己的孩子。

有一个男的过去对孩子的父母说让孩子安静一下。

한 남자가 ~하게 만들다

그림 ③ 전

Step3 핵심내용 구체적으로 설명

~할 뿐만 아니라, 오히려 ~하다 ~에게 화를 내다

孩子的父母不但不听，反而向男人发起火儿来。

★ 동사+起来: 하기 시작하다 (시작과 지속)
- 说起来容易，做起来难。말하기는 쉽지만 하기에는 어렵다.
- 她吓得哭起来了。그녀는 놀라서 울기 시작했다.

그림 ④ 결

Step4 인물의 행동이나 감정 전달로 마무리

말다툼을 하기 시작하다 인상을 찌푸리다

结果他们吵起架来，周围的人皱着眉头离开了饭馆儿。

동사+방향보어(起)+목적어+방향보어(来)

한 부부가 아이를 데리고 식당에 밥을 먹으러 왔습니다. 아이가 너무 시끄러워서 주변 사람들이 짜증나 보입니다. 한 남자가 가서 아이의 부모에게 아이를 조용히 시켜달라고 하였습니다. 아이의 부모는 듣지 않을 뿐만 아니라 오히려 남자에게 화를 냈습니다. 그 결과 그들은 다투기 시작했고, 주변 사람들은 인상을 찌푸리며 식당을 떠났습니다.

단어 对 duì 양 짝, 쌍 夫妻 fūqī 명 부부 吵闹 chǎonào 동 소란을 피우다 周围 zhōuwéi 명 주위 显得 xiǎnde 동 ~처럼 보이다 不耐烦 búnàifán 형 견디지 못하다 而 ér 접 그러나 却 què 부 오히려 让 ràng 동 ~하게 하다 安静 ānjìng 형 조용히 하다 不但 búdàn 접 ~뿐만 아니라 反而 fǎn'ér 부 도리어 发火 fāhuǒ 동 화내다 结果 jiéguǒ 접 그 결과 吵架 chǎojià 동 말다툼하다, 다투다 皱眉头 zhòu méitóu 눈살을 찌푸리다 离开 líkāi 동 떠나다

有一对夫妻带着孩子来饭馆儿吃饭。孩子乱扔着水杯，非常吵闹，但孩子的父母却没阻止孩子，周围的客人都皱着眉头看着他们。其中有一个男人实在忍不住了，请孩子的父母让孩子保持安静，不要影响别人。不料孩子的父母不但一句道歉的话也没说，反而向男人发火儿，说自己的孩子没有错。结果他们吵在一起，越吵越凶，周围的客人们都很扫兴地离开了饭馆儿。

Yǒu yí duì fūqī dàizhe háizi lái fànguǎnr chīfàn. Háizi luàn rēngzhe shuǐbēi, fēicháng chǎonào, dàn háizi de fùmǔ què méi zǔzhǐ háizi, zhōuwéi de kèrén dōu zhòuzhe méitóu kànzhe tāmen. Qízhōng yǒu yí ge nánrén shízài rěnbúzhù le, qǐng háizi de fùmǔ ràng háizi bǎochí ānjìng, búyào yǐngxiǎng biéren. Búliào háizi de fùmǔ búdàn yí jù dàoqiàn de huà yě méi shuō, fǎn'ér xiàng nánrén fāhuǒr, shuō zìjǐ de háizi méiyǒu cuò. Jiéguǒ tāmen chǎo zài yìqǐ, yuè chǎo yuè xiōng, zhōuwéi de kèrénmen dōu hěn sǎoxìng de líkāi le fànguǎnr.

그림 ① **Step1 인물이 있는 장소와 동작 설명하기**

기

有一对夫妻带着孩子来饭馆儿吃饭。
孩子乱扔着水杯，非常吵闹，但孩子的父母却没阻止孩子，

★ 阻止: 저지하다
- 阻止发言 발언을 저지하다 - 阻止行动 행동을 저지하다

그림 ② **Step2 사건의 발생 설명**

승

周围的客人都皱着眉头看着他们。
(皱着: 찌푸리다 / 看着: 바라보다)

그림 ③ **Step3 핵심내용 구체적으로 설명**

전

其中有一个男人实在忍不住了，请孩子的父母让孩子保持安静，不要影响别人。
(实在忍不住: 정말로 참지 못하다 / 保持安静: 조용히 하다 / 不要: ~하지 마라)

不料孩子的父母不但一句道歉的话也没说，反而向男人发火儿，
(不但…反而: ~할 뿐만 아니라, 오히려 ~하다 / 不料 = 没想到, 竟然, 居然)

★ 道歉: 사과하다
- 向…道歉 ~에게 사과하다 - 特意道歉 일부러 사과하다

说自己的孩子没有错。

★ 错(= 错误): 실수, 잘못
- 出错 실수를 하다 - 认错 잘못을 인정하다

그림 ④ **Step4 인물의 행동이나 감정 전달로 마무리**

결

结果他们吵在一起，越吵越凶，周围的客人们都很扫兴地离开了饭馆儿。
(越…越: ~할수록 ~하다 / 凶 = 厉害 / 扫兴 = 不高兴)

한 부부가 아이를 데리고 식당에 왔습니다. 아이가 물컵을 마구 던지면서 매우 시끄럽게 하고 있지만 아이의 부모는 아이를 말리지 않아 주변의 손님들은 모두 인상을 찌푸리며 그들을 보고 있습니다. 그중 한 남자가 참지 못하고 아이의 부모에게 아이를 조용히 해 달라고 하며 다른 사람에게 영향을 주지 말라고 하였습니다. 생각지도 못하게 아이의 부모는 한 마디 사과의 말도 없이 오히려 남자에게 화를 내며 자신의 아이가 잘못이 없다고 하였습니다. 결국 그들은 같이 다투기 시작했고 싸울수록 더욱 심해졌습니다. 주변의 손님들은 기분을 망친 채 식당을 떠났습니다.

단어 乱 luàn 부 함부로 扔 rēng 동 던지다, 버리다 阻止 zǔzhǐ 동 막다 实在 shízài 부 정말로 忍不住 rěnbúzhù 동 참을 수 없다 保持 bǎochí 동 유지하다 安静 ānjìng 형 조용하다 不要 búyào ~하지 말아라 影响 yǐngxiǎng 동 영향을 미치다 不料 búliào 부 뜻밖에, 의외로 错 cuò 명 잘못 凶 xiōng 형 지독하다, 심하다 扫兴 sǎoxìng 형 흥이 식다

기출유형3 놀람

157. Mp3

놀람 유형에 속하는 문제는 주인공이 생각했던 것과 정반대의 결과가 나오는 스토리가 대다수이다. 没想到(생각지도 못하게), 居然(뜻밖에도), 原来(알고 보니)와 같은 부사나 접속사를 사용하여 마지막의 반전 내용을 자세히 설명해야 한다.

TSC® 기출문제

①

②

③

④

그림 보고 틀 짜기

Lv. 4~6

그림① 기	그림② 승	그림③ 전	그림④ 결
누가? 남자 주인공 주변 인물-왜소한 남자 **장소** 자전거 시합에서 **무엇을?** 주인공이 자전거 시합 준비 중 옆의 왜소한 남자를 무시함.	**장소** 시합 도중 **동작** 주인공은 자신만만하게 선두를 유지했지만, 곧 무시했던 왜소한 남자가 주인공을 앞서감.		**내용** 자신이 무시했던 왜소한 남자가 할아버지라는 것을 알게 됨. **감정** 매우 놀라면서 남자를 무시했던 자신을 후회함.

답변 ① Lv. 4

自行车比赛开始前，一个身体健壮的选手正在做准备运动。旁边有一个看起来有点儿瘦小的选手。比赛开始了，身体健壮的选手骑在最前面，脸上带着得意的表情。到了中途，身体健壮的选手觉得很累，速度慢下来。这时那个瘦小的选手超过了他。最后，身材瘦小的选手获得了第一名。没想到他原来是位老爷爷！那个健壮的年轻选手不好意思地为他鼓掌。

Zìxíngchē bǐsài kāishǐ qián, yí ge shēntǐ jiànzhuàng de xuǎnshǒu zhèngzài zuò zhǔnbèi yùndòng. Pángbiān yǒu yí ge kàn qǐlái yǒudiǎnr shòuxiǎo de xuǎnshǒu. Bǐsài kāishǐ le, shēntǐ jiànzhuàng de xuǎnshǒu qí zài zuì qiánmian, liǎn shàng dàizhe déyì de biǎoqíng. Dàole zhōngtú, shēntǐ jiànzhuàng de xuǎnshǒu juéde hěn lèi, sùdù màn xiàlái. Zhè shí nàge shòuxiǎo de xuǎnshǒu chāoguòle tā. Zuìhòu, shēncái shòuxiǎo de xuǎnshǒu huòdéle dì-yī míng. Méi xiǎngdào tā yuánlái shì wèi lǎo yéye! Nàge jiànzhuàng de niánqīng xuǎnshǒu bù hǎoyìsi de wèi tā gǔzhǎng.

↓

그림 ①
기

Step1 인물이 있는 장소와 장소의 인물들 묘사하기

自行车比赛开始前，一个身体健壮的选手正在做准备运动。
(身体健壮 = 身材高大 / 正在 하고 있는 중이다)

★ 比赛: 시합
- 进行比赛 시합을 진행하다 - 举行比赛 시합을 열다

旁边有一个看起来有点儿瘦小的选手。
(看起来 보기에 / 瘦小 마르고 작다)

그림 ②
승

Step2 사건의 발생 설명

比赛开始了，身体健壮的选手骑在最前面，脸上带着得意的表情。
(脸上带着…的表情 얼굴에 ~한 표정을 짓다)

★ 得意: 뜻을 이루다
- 得意洋洋 득의양양하다 - 得意的样子 만족한 모습

그림 ③
전

Step3 핵심내용 구체적으로 설명

到了中途，身体健壮的选手觉得很累，速度慢下来。
(동사+下来(상태의 출현과 지속) / 慢下来 느려지기 시작하다)
这时那个瘦小的选手超过了他。
(这时 = 这个时候)

★ 超过: 초과하다
- 超过水平 수준을 능가하다 - 超过记录 기록을 넘어서다

그림 ④
결

Step4 인물의 행동이나 감정 전달로 마무리

最后，身材瘦小的选手获得了第一名。
(获得了第一名 1등을 획득하다)

★ 获得+긍정적인 의미의 명사
- 获得经验 경험을 얻다 - 获得表扬 칭찬을 얻다

没想到他原来是位老爷爷！那个健壮的年轻选手不好意思地为他鼓掌。
(为他鼓掌 ~에게 박수를 쳐주다 = 给…鼓掌)

자전거 경기 시작 전, 한 건장한 체격의 선수가 준비 운동을 하고 있고 옆에는 조금 왜소하게 보이는 선수가 있습니다. 경기가 시작되자, 건장한 체격의 선수가 맨 앞으로 달리며 의기양양한 표정을 짓고 있습니다. 중반에 이르렀을 때, 건장한 체격의 선수는 지쳤고, 속도가 느려지기 시작했습니다. 이때 그 왜소한 선수가 그를 앞질렀습니다. 결국 왜소한 선수가 1층을 차지했고, 알고 보니 생각지도 못했는데 할아버지였습니다! 그 건장한 젊은 선수는 겸연쩍어하며 할아버지에게 박수를 쳤습니다.

단어 自行车 zìxíngchē 명 자전거 比赛 bǐsài 명 경기, 시합 健壮 jiànzhuàng 형 건장하다 选手 xuǎnshǒu 명 선수 瘦小 shòuxiǎo 형 마르고 키가 작다 开始 kāishǐ 동 시작하다 脸 liǎn 명 얼굴 带 dài 동 나타내다 得意 déyì 형 만족스럽다 表情 biǎoqíng 명 표정 中途 zhōngtú 명 도중 累 lèi 형 지치다 速度 sùdù 명 속도 超过 chāoguò 동 앞서다 最后 zuìhòu 명 마지막 获得 huòdé 동 얻다 第一名 dì-yī míng 일등 原来 yuánlái 부 알고 보니 位 wèi 양 분(사람을 셀 때 쓰임) 鼓掌 gǔzhǎng 동 박수 치다

답변 ②

Lv. 5~6

自行车比赛开始前，一个戴着白色头盔的选手做着热身运动。他身体健壮，满脸自信。在他旁边站着一个身材瘦小的选手。比赛开始了，身体健壮的选手冲在最前面。那个瘦小的选手紧跟在他身后。骑到一半的时候，身体健壮的男选手感觉特别累，慢了下来，那个瘦小的选手慢慢儿超过了他。颁奖典礼时，身体健壮的选手发现，冠军就是那个瘦小的选手，而且他竟然是一位白发老人！身体健壮的选手很吃惊，不由自主地为老人鼓起了掌。

Zìxíngchē bǐsài kāishǐ qián, yí ge dàizhe báisè tóukuī de xuǎnshǒu zuòzhe rèshēn yùndòng. Tā shēntǐ jiànzhuàng, mǎn liǎn zìxìn. Zài tā pángbiān zhànzhe yí ge shēncái shòuxiǎo de xuǎnshǒu. Bǐsài kāishǐ le, shēntǐ jiànzhuàng de xuǎnshǒu chōng zài zuì qiánmian. Nàge shòuxiǎo de xuǎnshǒu jǐngēn zài tā shēnhòu. Qí dào yíbàn de shíhou, shēntǐ jiànzhuàng de nán xuǎnshǒu gǎnjué tèbié lèi, màn le xiàlái, nàge shòuxiǎo de xuǎnshǒu mànmānr chāoguò le tā. Bānjiǎng diǎnlǐ shí, shēntǐ jiànzhuàng de xuǎnshǒu fāxiàn, guànjūn jiùshì nàge shòuxiǎo de xuǎnshǒu, érqiě tā jìngrán shì yí wèi báifà lǎorén! Shēntǐ jiànzhuàng de xuǎnshǒu hěn chījīng, bùyóuzìzhǔ de wèi lǎorén gǔqǐ le zhǎng.

그림 ① **기**

Step1 인물이 있는 장소와 장소의 인물들 묘사하기

(장신구나 모자를) 착용하다

自行车比赛开始前，一个戴着白色头盔的选手做着热身运动。
他身体健壮，满脸自信。

在他旁边站着一个身材瘦小的选手。

cf) 옆의 남자 묘사 戴着黑色头盔和墨镜 검은색 헬멧을 쓰고 선글라스를 착용했다

그림 ② **승**

Step2 사건의 발생 설명

돌진하다 / ~의 뒤를 따르다

比赛开始了，身体健壮的选手冲在最前面。那个瘦小的选手紧跟在他身后。

cf) 很多选手都落在他后面了 많은 선수들은 모두 그보다 뒤쳐져 있다

그림 ③ **전**

Step3 핵심내용 구체적으로 설명

骑到一半的时候，身体健壮的男选手感觉特别累，慢了下来。

累得气喘吁吁的 힘들어서 헉헉거리다

那个瘦小的选手慢慢儿超过了他。

천천히 그를 앞질렀다 = 轻松地就超过了他

그림 ④ **결**

Step4 인물의 행동이나 감정 전달로 마무리

颁奖典礼时，身体健壮的选手发现，得冠军的人就是那个瘦小的选手。

1등, 우승 = 第一名

而且他竟然是一位白发老人！身体健壮的选手很吃惊，不由自主地为老人鼓起了掌。

= 不知不觉

자전거 경기 시작 전, 흰색 헬멧을 쓴 선수가 준비 운동을 하고 있는데 몸이 건장하고 자신감이 넘쳐 보입니다. 그의 옆에는 왜소한 체격의 선수가 서 있습니다. 경기가 시작되었고 건장한 체격의 선수가 가장 선두에 섰습니다. 그의 뒤에는 그 왜소한 선수가 따라오고 있습니다. 절반을 달리니, 건장한 체격의 남자 선수는 너무 지쳐서 느려졌고, 줄곧 그의 뒤를 따르던 그 왜소한 선수는 천천히 그를 앞질렀습니다. 시상식 때, 건장한 체격의 선수는 우승을 차지한 사람이 바로 그 왜소한 선수라는 것을 발견하게 되었고, 뜻밖에도 백발의 노인이라는 것을 알게 되었습니다! 건장한 체격의 선수는 너무 놀라 눈이 휘둥그래져서 자신도 모르게 노인을 위해 박수를 쳤습니다.

단어 **戴** dài 동 착용하다 **头盔** tóukuī 명 헬맷 **热身** rèshēn 준비 운동 **信心** xìnxīn 명 자신(감) **站** zhàn 동 서다 **冲** chōng 동 돌진하다 **跟** gēn 동 따라가다, 좇아가다 **浑身** húnshēn 명 온몸 **颁奖典礼** bānjiǎng diǎnlǐ 시상식 **得** dé 동 획득하다 **冠军** guànjūn 명 우승, 챔피언 **竟然** jìngrán 부 뜻밖에 **白发** báifà 백발 **吃惊** chījīng 동 놀라다 **不由自主** bùyóuzìzhǔ 성 자신도 모르게

기출로 말하기 연습

단어를 이용해서 그림마다 문장을 만들고 이야기해 보세요. 158. Mp3

1

①

②

③

④

그림 ①	그림 ②
为了 来蛋糕店买 指 / 要 橱窗 草莓蛋糕 包装一下	把…递给 包装好 排在 等着
그림 ③	**그림 ④**
回到家后 派对开始 过生日 准备 高兴	吓了一跳 / 吃惊地发现 熊猫蛋糕 意外 / 莫名其妙 高兴

모범답안 p 411

2

①

②

③

④

그림 ①

有一家餐厅　　洗碗碟
厨师
忙着做菜 / 娴熟烹饪
助手

그림 ②

出去 / 离开　　肯定
趁　　高兴 / 欣喜万分
帮 / 替
道

그림 ③

没想到　　咸
不小心
盐
放

그림 ④

发现 / 看到
气得不得了 / 火冒三丈
说了一顿 / 痛斥一番
不知所措 / 帮倒忙

모범답안 p 412

Point

02 감동·기쁨

마지막에 감동이나 기쁨을 주는 스토리는 대부분 이야기의 반전 없이 그림 1부터 4까지 쭉 일관된 내용으로 답할 수 있게 스토리가 연결된다. 핵심 스토리를 파악해서 답변하고 마지막에는 반드시 주인공이 느끼는 감동과 기쁨을 표현해야 한다.

감동 · 기쁨

笑 xiào 동 웃다
感动 gǎndòng 동 감격하다, 감동하다
激动 jīdòng 형 감격하다, 흥분하다
感激 gǎnjī 형 감격하다
感谢 gǎnxiè 동 감사하다
惊喜 jīngxǐ 동 놀랍고 기쁘다
开心 kāixīn 형 즐거워하다
高兴 gāoxìng 형 기쁘다, 즐겁다
幸福 xìngfú 형 행복하다
羡慕 xiànmù 동 부러워하다
打动 dǎdòng 동 마음을 움직이다, 감동시키다
感人 gǎnrén 동 감동시키다, 감명을 주다
兴奋 xīngfèn 형 기쁘다, 흥분되다
惊喜 jīngxǐ 형 놀라고 기쁘다
期待 qīdài 동 기대하다
羡慕 xiànmù 동 부럽다
极了 jí le (형용사 뒤에 보어로 쓰여) 매우 ~하다
窃喜 qièxǐ 남몰래 기뻐하다
哭 kū 동 울다
掉泪 diàolèi 눈물을 흘리다

鼻子酸 bízi suān 코끝이 찡하다
兴冲冲 xìngchōngchōng 기분이 매우 좋다
兴致勃勃 xìngzhìbóbó 흥미진진하다
兴高采烈 xìnggāocǎiliè 매우 기쁘다
喜出望外 xǐchūwàngwài
뜻밖의 기쁜 일을 만나 기뻐 어쩔 줄 모르다
欢天喜地 huāntiānxǐdì 매우 기뻐하다
手舞足蹈 shǒuwǔzúdǎo 기뻐서 덩실덩실하다
喜气洋洋 xǐqìyángyáng 기쁨이 넘치다
说说笑笑 shuōshuōxiàoxiào 이야기로 웃음꽃을 피우다
转悲为喜 zhuǎnbēiwéixǐ 슬픔을 기쁨으로 바꾸다
爱不释手 àibúshìshǒu 좋아해서 잠시도 손에서 놓지 않다, 애지중지하다
喜极而泣 xǐjí'érqì 기뻐서 눈물을 흘리다
乐得合不拢嘴 lè de hébùlǒngzuǐ
기뻐서 입을 다물지 못하다
眉开眼笑 méikāiyǎnxiào 싱글벙글하다, 몹시 좋아하다
喜形于色 xǐxíngyúsè 희색이 만면하다
兴奋不已 xīngfènbùyǐ 몹시 기뻐하다
高高兴兴 gāogaoxìngxīng 형 아주 즐겁다

기출유형 1 감동

159. Mp3

감동 유형의 내용은 대부분 스토리가 반전 없이 하나의 서술로 이어지며, 주인공이 아닌 제3자의 인물이 주인공을 감동시키는 경우가 대다수이므로 제3자가 주인공을 어떤 일로 어떻게 감동시켰는지를 자세히 서술해야 한다.

TSC® 기출문제

그림 보고 틀 짜기

Lv. 4~6

그림① 기	그림② 승	그림③ 전	그림④ 결
누가? 아빠와 딸 **장소** 시계가게 앞에서 **무엇을?** 아빠와 딸이 시계를 보고 있다.	**누가?** 딸 **장소** 방 안에서 **무엇을?** 딸이 자신의 저금통을 보았는데 돈이 모자라서 실망한다.	**누가?** 아빠와 딸 **장소** 거실 혹은 집에서 **무엇을?** 1 아빠는 자고 있다. 2 딸이 펜을 들고 아빠에게 무언가를 하고 있다.	**결론은?** 딸이 아빠에게 손목시계를 그려줬다. **감정은?** 1 아빠는 당황해 하다가 좋아한다. 2 딸은 해맑게 웃고 있다.

답변 ①

Lv. 4

爸爸和女儿一起在手表店前面看手表，爸爸好像很喜欢里面的手表。爸爸看着手表，女儿看着爸爸。女儿回到家后，想给爸爸买手表，打破了自己的储蓄罐，但是却发现钱不够，所以她特别失望。客厅里，爸爸正在睡觉。女儿悄悄地走过去，在他的手腕上开始画什么东西。爸爸醒来后看到手腕上画着一块儿手表，很感动。女儿开心地笑了。

Bàba hé nǚ'ér yìqǐ zài shǒubiǎo diàn qiánmian kàn shǒubiǎo, bàba hǎoxiàng hěn xǐhuan lǐmian de shǒubiǎo. Bàba kànzhe shǒubiǎo, nǚ'ér kànzhe bàba. Nǚ'ér huídào jiā hòu, xiǎng gěi bàba mǎi shǒubiǎo, dǎpòle zìjǐ de chǔxùguàn, dànshì què fāxiàn qián búgòu, suǒyǐtā tèbié shīwàng. Kètīng lǐ, bàba zhèngzài shuìjiào. Nǚ'ér qiāoqiāo de zǒu guòqù, zài tā de shǒuwàn shàng kāishǐ huà shénme dōngxi. Bàba xǐnglái hòu kàndào shǒuwàn shàng huàzhe yíkuàir shǒubiǎo, hěn gǎndòng. Nǚ'ér kāixīn de xiào le.

그림 ①

기

Step1 인물이 있는 장소와 동작 설명하기

爸爸和女儿一起在手表店前面看手表，爸爸好像(~인 것 같다)很喜欢里面的手表。

cf) 很有兴趣地看着里面的手表 관심있다는 듯 안의 시계를 보고 있다

爸爸看着手表，女儿看着爸爸。

그림 ②

승

Step2 사건 발생 설명1

女儿回到家后，想给爸爸买手表，打破了自己的储蓄罐(저금통을 깨다)，

★ 打破: 때려 부수다, 깨다
- 打破传统观念 전통관념을 깨다 - 打破纪录 기록을 깨다

但是却发现钱不够，所以她特别失望。

그림 ③

전

Step3 사건 발생 설명2

客厅里，爸爸正在睡觉。女儿悄悄地走过去，在他的手腕上开始画什么东西。

★ 悄悄地: 살금 살금(소리가 안 나게끔 조심히 하는 모양)

cf) 悄悄地走到爸爸身边 살금 살금 아빠의 곁으로 갔다

그림 ④

결

Step4 인물의 행동이나 감정 전달로 마무리

爸爸醒来后看到手腕上画着一块儿(손목 시계를 세는 양사)手表，很感动(=感动不已)。女儿开心地(기분좋게)笑了。

아빠와 딸이 함께 시계 가게 앞에서 시계를 보고 있습니다. 아빠는 안에 있는 시계를 마음에 들어 하는 것 같습니다. 아빠는 시계를 보고, 딸은 아빠를 보고 있습니다. 딸은 집으로 돌아와서, 아빠에게 시계를 사주려고 자신의 저금통을 깼습니다. 그런데 돈이 모자란다는 것을 알게 되어 매우 실망했습니다. 거실에서 아빠가 잠을 자고 있습니다. 딸은 조용히 걸어가서 아빠의 손목에 어떤 그림을 그리기 시작했습니다. 아빠는 잠에서 깨어나 손목에 시계가 그려져있는 것을 보고 감동받았고, 딸은 즐겁게 웃고 있습니다.

단어 **女儿** nǚ'ér 명 딸 **手表店** shǒubiǎodiàn 시계 가게 **手表** shǒubiǎo 명 손목시계 **打破** dǎpò 동 때려 부수다 **储蓄罐** chǔxùguàn 저금통 **不够** búgòu 형 부족하다 **失望** shīwàng 형 실망하다 **客厅** kètīng 명 거실 **睡觉** shuìjiào 동 잠을 자다 **悄悄** qiāoqiāo 부 조용히 **过去** guòqù 동 지나가다 **手腕** shǒuwàn 명 손목 **醒** xǐng 동 잠에서 깨다 **感动** gǎndòng 형 감동하다 **笑** xiào 동 웃다

답변 ②

爸爸和女儿正在看手表店橱窗里的手表。爸爸一边看手表一边自言自语地说："这表太漂亮了！"女儿觉得爸爸很喜欢那块儿手表。女儿回到家后，为了给爸爸买那块儿漂亮的手表，打破了自己的储蓄罐。但数了一下里面的钱，发现钱不够，不能给爸爸买那块儿手表。趁着爸爸在沙发上睡觉，女儿悄悄地靠近爸爸，用画笔在他的手腕上认真地画着什么东西。爸爸睡醒后发现自己的手腕上画着一块儿手表。原来女儿为了让爸爸高兴，在爸爸手腕上画了一块儿手表。爸爸很感动，女儿高兴地笑了起来。

Bàba hé nǚ'ér zhèngzài kàn shǒubiǎodiàn chúchuāng lǐ de shǒubiǎo. Bàba yìbiān kàn shǒubiǎo yìbiān zìyánzìyǔ de shuō: "Zhè biǎo tài piàoliang le!" Nǚ'ér juéde bàba hěn xǐhuan nà kuàir shǒubiǎo. Nǚ'ér huídào jiā hòu, wèile gěi bàba mǎi nà kuàir piàoliang de shǒubiǎo, dǎpòle zìjǐ de chǔxùguàn. Dàn shǔle yíxià lǐmian de qián, fāxiàn qián búgòu, bùnéng gěi bàba mǎi nà kuàir shǒubiǎo. Chènzhe bàba zài shāfā shàng shuìjiào, nǚ'ér qiāoqiāo de kàojìn bàba, yòng huàbǐ zài tā de shǒuwàn shàng rènzhēn de huàzhe shénme dōngxi. Bàba shuìxǐng hòu fāxiàn zìjǐ de shǒuwàn shàng huàzhe yí kuàir shǒubiǎo. Yuánlái nǚ'ér wèile ràng bàba gāoxìng, zài bàba shǒuwàn shàng huàle yí kuàir shǒubiǎo. Bàba hěn gǎndòng, nǚ'ér gāoxìng de xiàole qǐlái.

그림 ① **Step1 인물이 있는 장소와 동작 설명하기**

기

爸爸和女儿正在看手表店橱窗里的手表。
cf) 透过橱窗看着里面的手表 쇼윈도를 통해 시계를 보고 있다

혼잣말 하다
爸爸一边看手表一边自言自语地说："这表太漂亮了！"
cf) 一边看一边流露出对手表的喜爱 보면서 시계가 마음에든다는 것을 드러냈다

女儿觉得爸爸很喜欢那块儿手表。
~라고 여기다 = 感到

그림 ② **Step2 사건 발생 설명1**

승

~을 위해서
女儿回到家后，为了给爸爸买那块儿漂亮的手表，打破了自己的储蓄罐。
cf) 为了给爸爸一个惊喜 아빠를 깜짝 놀래켜 주려고

돈을 세다
但数了一下里面的钱，发现钱不够，不能给爸爸买那块儿手表。
cf) 钱远远不够 돈이 한참 부족하다

그림 ③ **Step3 사건 발생 설명2**

전

~하는 틈을 타서 / 다가가다 / ~을 사용해서 / 진지하게, 열심히
趁着爸爸在沙发上睡觉，女儿悄悄地靠近爸爸，用画笔在他的手腕上认真地画着什么东西。
cf) 一笔一画 한획한획

그림 ④ **Step4 인물의 행동이나 감정 전달로 마무리**

결

爸爸睡醒后发现自己的手腕上画着一块儿手表。

알고보니
原来女儿为了让爸爸高兴，在爸爸手腕上画了一块儿手表。
cf) 这手表跟逛街时看到的手表一模一样。이 손목시계는 쇼핑 때 본 시계와 완전히 똑같았습니다.

爸爸很感动，女儿高兴地笑了起来。

아빠와 딸이 시계 가게 쇼윈도 안의 시계를 보고 있습니다. 아빠는 시계를 보면서 혼잣말로 "이 시계 정말 예쁘네!"라고 중얼거렸습니다. 딸은 아빠가 그 시계를 마음에 들어 한다고 생각했습니다. 딸은 집으로 돌아와서, 아빠에게 그 예쁜 시계를 사주기 위해 자신의 저금통을 깼습니다. 하지만 안에 들어 있는 돈을 세어 보니, 돈이 모자라서 아빠에게 그 시계를 사줄 수가 없다는 것을 알게 되었습니다. 아빠가 소파에서 잠을 자는 틈을 타서, 딸은 조용히 아빠에게 다가가서 색연필로 아빠의 손목에 열심히 무언가를 그렸습니다. 아빠는 잠에서 깨어 나서, 자신의 손목에 시계가 그려져 있는 것을 알아차렸다. 알고 보니 딸이 아빠를 기쁘게 해 주려고 아빠의 손목에 시계를 그린 것이었습니다. 아빠는 감동받았고, 딸은 즐겁게 웃기 시작했습니다.

단 어 **橱窗** chúchuāng 명 쇼윈도 **自言自语** zìyánzìyǔ 혼잣말하다 **块儿** kuàir 양 시계를 세는 양사 **数** shǔ 동 세다 **趁** chèn 전 ~을 틈타 **靠近** kàojìn 동 가까이 다가가다 **画笔** huàbǐ 명 그림 붓 **认真** rènzhēn 형 진지하다 **原来** yuánlái 부 알고 보니

기출유형2 기쁨

160. Mp3

기쁨은 감동 유형과 비슷한 주제가 많으며 중간에 반전 없이 하나의 서술로 이루어진다. 그림 속 인물의 동작을 상세하게 설명해야 더 높은 점수를 받을 수 있으므로 평소 동작을 묘사하는 방법을 익혀두도록 하자.

TSC® 기출문제

①

②

③

④

그림 보고 틀 짜기

Lv. 4~6

그림① 기	그림② 승	그림③ 전	그림④ 결
누가? 엄마와 딸 **장소** 의류 수거함 앞에서 **무엇을?** 1 엄마가 헌 옷을 버린다. 2 딸과 강아지가 옆에서 보고 있다.	**누가?** 엄마와 딸 **장소** 의류 수거함 앞에서 **무엇을?** 1 딸이 헌 옷을 버리지 말고 자신이 가져간다고 한다. 2 엄마는 이유를 모르는 표정이다.	**누가?** 딸 **장소** 방 안에서 **동작** 딸이 헌 옷을 자르고 있다.	**결론은?** 딸이 헌 옷으로 강아지 옷을 만들었다. **감정** 엄마와 딸 그리고 강아지 모두 좋아한다.

답변 ① Lv. 4

有一天，我看到妈妈要把家里的旧衣服扔到衣物回收箱里，这时我脑子里有了好的想法，于是我对妈妈说："妈妈，这衣服别扔了，给我吧！"我回到房间，用剪刀剪着妈妈刚才要扔的旧衣服。大概花了半个小时的时间我用那件旧衣服给家里的小狗做了一件小衣服。小狗穿上这件衣服看起来很可爱，它高兴地跑来跑去，妈妈也称赞我做得很好。

Yǒu yìtiān, wǒ kàn dào māma yào bǎ jiā lǐ de jiù yīfu rēngdào yīwù huíshōuxiāng lǐ, zhèshí wǒ nǎozi lǐ yǒule hǎo de xiǎngfǎ, yúshì wǒ duì māma shuō: "Māma, zhè yīfu bié rēng le, gěi wǒ ba!" Wǒ huídào fángjiān, yòng jiǎndāo jiǎnzhe māma gāngcái yào rēng de jiù yīfu. Dàgài huāle bàn ge xiǎoshí de shíjiān wǒ yòng nà jiàn jiù yīfu gěi jiā lǐ de xiǎogǒu zuòle yí jiàn xiǎo yīfu. Xiǎogǒu chuānshàng zhè jiàn yīfu kàn qǐlái hěn kě'ài, tā gāoxìng de pǎo lái pǎo qù, māma yě chēngzàn wǒ zuò de hěn hǎo.

그림 ①

기

Step1 인물이 있는 장소와 동작 설명하기

有一天，我看到妈妈要把家里的旧衣服扔到衣物回收箱里，

cf) 不穿的旧衣 입지 않는 헌 옷

그림 ②

승

Step2 사건 발생 설명1

~에게 말하다

这时我脑子里有了好的想法，于是我对妈妈说：

이 때 / 머릿속에 좋은 생각이 떠오르다

"妈妈，这衣服别扔了，给我吧！"

cf) 这件蓝色条纹的旧衣 이 남색 줄무늬 헌 옷

그림 ③

전

Step3 사건 발생 설명2

~을 사용해서

我回到房间，用剪刀剪着妈妈刚才要扔的旧衣服。

cf) 把旧衣服裁剪好以后，一针一针地缝起来。헌 옷을 잘 자른 후 한 땀 한 땀 꿰맸다.

시간을 쓰다

大概花了半个小时的时间我用那件旧衣服给家里的小狗做了一件小衣服。

그림 ④

결

Step4 이야기 마무리, 인물의 행동이나 감정 전달

보기에, 보아하니 / 동사+来+동사+去 이리저리 ~하다

小狗穿上这件衣服看起来很可爱，它高兴地跑来跑去，

cf) 小狗穿上这件衣服，又漂亮又可爱 강아지가 이 옷을 입으니 예쁘고 귀여웠습니다.

妈妈也称赞我做得很好。

어느 날, 엄마가 집 안의 낡은 옷을 의류 수거함에 버리는 것을 보았습니다. 이때 제 머릿속에 좋은 생각이 떠올라 엄마에게 말했습니다. "엄마, 이 옷 버리지 말고, 저 주세요!" 저는 방으로 돌아와서 엄마가 방금 버리려던 낡은 옷을 가위로 잘랐습니다. 대략 30분 정도의 시간 끝에 저는 그 낡은 옷으로 집에 있는 강아지에게 작은 옷을 하나 만들어 주었습니다. 강아지가 이 옷을 입으니 매우 귀여워 보였고, 강아지는 신이 나서 이리저리 뛰어다녔습니다. 엄마도 제가 잘 했다고 칭찬해 주었습니다.

단 어 **有一天** yǒu yìtiān 어느 날 **把** bǎ 전 ~을, ~를 **旧** jiù 형 낡다, 오래되다 **衣服** yīfu 명 옷 **扔** rēng 동 버리다 **回收箱** huíshōuxiāng 수거함 **旁边** pángbiān 명 옆 **对** duì 전 ~에게 **别** bié 부 ~하지 마라 **给** gěi 동 주다 **房间** fángjiān 명 방 **用** yòng 동 사용하다 **剪刀** jiǎndāo 명 가위 **剪** jiǎn 동 자르다 **刚才** gāngcái 명 방금 **可爱** kě'ài 형 귀엽다 **高兴** gāoxìng 형 기쁘다

有一天，我带着小狗出来玩时，正好看到了妈妈把家里整理出来的旧衣服扔到回收箱里。 这时我脑子里有了好的想法，就跟妈妈说不要扔这件衣服，自己要用。妈妈听了我的话，一头雾水，却也没说什么。我把衣服拿回房间以后，用剪刀剪着妈妈刚才要扔的旧衣服。过了一会儿，我用这件旧衣服给家里的小狗做了一件可爱的小衣服。小狗穿上这件衣服又合身又漂亮。妈妈对我说完全没想到我竟然有这种想法，便称赞我做得真好。

Yǒu yìtiān, wǒ dàizhe xiǎogǒu chūlái wán shí, zhènghǎo kàndào le māma bǎ jiā lǐ zhěnglǐ chūlái de jiù yīfu rēngdào huíshōuxiāng lǐ. Zhè shí wǒ nǎozi lǐ yǒule hǎo de xiǎngfǎ, jiù gēn māma shuō búyào rēngle zhè jiàn yīfu, zìjǐ yào yòng. Māma tīngle wǒ de huà yìtóuwùshuǐ, què yě méi shuō shénme. Wǒ bǎ yīfu náhuí fángjiān, yǐhòu, yòng jiǎndāo jiǎnzhe māma gāngcái yào rēng de jiù yīfu. Guòle yíhuìr, wǒ yòng zhè jiàn jiù yīfu gěi jiā lǐ de xiǎogǒu zuò le yí jiàn kě'ài de xiǎo yīfu. Xiǎogǒu chuānshàng zhè jiàn yīfu yòu héshēn yòu piàoliang, māma duì wǒ shuō wánquán méi xiǎngdào wǒ jìngrán yǒu zhè zhǒng xiǎngfǎ, biàn chēngzàn wǒ zuò de zhēn hǎo.

그림 ①

기

Step1 인물이 있는 장소와 동작 설명하기

有一天，我带着小狗出来玩时，正好看到了妈妈把家里整理出来的旧衣服扔到回收箱里。

(正好: 딱 마침)

★ 동사+出来: 어떤 결과의 획득
- 发明出来 발명해 내다 - 研究出来 연구해 내다

그림 ②

승

Step2 사건 발생 설명1

这时我脑子里有了好的想法，就跟妈妈说不要扔这件衣服，自己要用。
妈妈听了我的话，一头雾水，却也没说什么。

(一头雾水: 영문을 모르다 / 却: 그러나)

그림 ③

전

Step3 사건 발생 설명2

我把衣服拿回房间以后，用剪刀剪着妈妈刚才要扔的旧衣服。

(把~拿回: ~을 도로 가져오다)

过了一会儿，我用这件旧衣服给家里的小狗做了一件可爱的小衣服。

(过了一会儿: 잠시 후 / 给~做了~衣服: ~에게 옷을 만들어 주다)

그림 ④

결

Step4 이야기 마무리, 인물의 행동이나 감정 전달

小狗穿上这件衣服又合身又漂亮。
妈妈对我说完全没想到我竟然有这种想法，便称赞我做得真好。

(又~又: ~하면서 ~하다 / 竟然: 생각지도 못하게 = 居然 / 便: = 就(바로, 곧))

어느 날, 제가 강아지를 데리고 놀러 가다가 마침 엄마가 집에서 정리하다 나온 낡은 옷을 수거함에 버리는 것을 보았습니다. 이때 제 머릿속에 좋은 생각이 떠올라 바로 엄마에게 엄마에게 이 옷을 버리지 말라고 하며 제가 필요하다고 하였습니다. 엄마는 제 말을 듣고 영문을 모르겠다는 듯 보였지만 아무 말씀도 하지 않으셨습니다. 저는 옷을 방으로 가지고 돌아와서, 엄마가 방금 버리려던 낡은 옷을 가위로 잘랐습니다. 잠시 후 저는 이 낡은 옷으로 집에 있는 강아지에게 귀여운 작은 옷을 만들어 주었습니다. 강아지가 이 옷을 입으니 몸에 딱 맞고 예뻐 보였습니다. 엄마는 저에게 제가 이런 생각이 있을 줄 전혀 몰랐다고 하시면서 매우 잘했다고 칭찬해 주셨습니다.

단 어 **整理** zhěnglǐ 동 정리하다 **带** dài 동 데리고 가다 **正好** zhènghǎo 부 마침 **一头雾水** yìtóuwùshuǐ 형 불분명하다, 얼떨떨하다 **件** jiàn 양 벌(옷을 셀 때 쓰임) **一会儿** yíhuìr 수 잠시 **竟然** jìngrán 부 뜻밖에 **合身** héshēn 형 몸에 꼭 맞다 **完全** wánquán 형부 전혀 **种** zhǒng 양 종류 **便** biàn 부 바로, 곧

기출로 말하기 연습

단어를 이용해서 그림마다 문장을 만들고 이야기해 보세요. 161. Mp3

1

①

②

③

④

그림 ①	그림 ②
在操场上 跟…一起 踢足球 高兴	不小心 摔倒 裤子…被刮破 / 摔出…破洞

그림 ③	그림 ④
担心 挨一顿骂 / 训斥一顿 担心 / 忐忑不安	没想到 妈妈 不但没有…反而 生气 / 批评 绣花 高兴 / 天真无邪

모범답안 p 413

2

①

②

③

④

그림 ①	그림 ②
今天是　　庆祝生日 / 为他准备 生日　　高兴 一…就 / 期待 想象着	可 / 大失所望　　失望 / 垂头丧气 家人 / 各自 急匆匆 / 忙着 忘记 / 忽略
그림 ③	**그림 ④**
放学后 无精打采	回到家里　　度过 当…时候 / 一刹那 发现 / 眼前 高兴极了 / 高兴得手舞足蹈

모범답안 p 413

Point

03 후회·실망

후회나 실망 스토리는 주인공 혼자서 이야기를 끌고 가기보다는 주변 인물들이 많이 등장하여 주인공의 동작과 감정에 영향을 주는 경우가 많다. 따라서 반드시 주변 인물들의 동작을 상세하게 묘사해야 한다.

후회 · 실망

后悔 hòuhuǐ 동 후회하다
失望 shīwàng 동 낙담하다, 실망하다
沮丧 jǔsàng 동 낙담하다, 실망하다
伤心 shāngxīn 동 상심하다, 속상하다
灰心 huīxīn 형 낙심하다
难过 nánguò 형 슬프다
难受 nánshòu 형 불편하다, 난감하다
失落 shīluò 형 실의에 빠지다
懊悔 àohuǐ 동 후회하다, 뉘우치다
无奈 wúnài 형 어찌할 수 없다
不禁 bùjīn 부 자기도 모르게, 절로
惭愧 cánkuì 형 부끄럽다, 창피하다
愧疚 kuìjiù 동 양심의 가책을 느껴 부끄러워하다
扫兴 sǎoxìng 동 흥이 깨지다
败兴 bàixìng 형 흥이 깨어지다, 불운하다
自责 zìzé 동 자책하다
郁闷 yùmèn 형 마음이 답답하고 괴롭다
心疼 xīnténg 동 아까워하다, 애석해하다
糟糕 zāogāo 동 망하다, 엉망이 되다

完蛋 wándàn 동 끝장나다, 거덜나다
不得了 bùdéliǎo 형 (정도가) 심하다
更别说 gèng bié shuō 더 말할 나위도 없다
吃后悔药 chī hòuhuǐ yào 후회하다
悲喜交集 bēixǐjiāojí 희비가 엇갈리다
泪流满面 lèiliúmǎnmiàn
얼굴이 눈물로 범벅이 되도록 울다
垂头丧气 chuítóusàngqì 의기소침하다
无精打采 wújīngdǎcǎi 의기소침하다, 풀이 죽다
羞愧 xiūkuì 동 부끄러워하다
事与愿违 shìyǔyuànwéi 일이 뜻대로 되지 않다
大失所望 dàshīsuǒwàng 크게 실망하다
粗心大意 cūxīndàyì 세심하지 못하다, 꼼꼼하지 않다
后悔莫及 hòuhuǐmòjí 후회막급이다
后悔不及 hòuhuǐbùjí 후회막급이다
翻然悔悟 fānránhuǐwù 불현듯 잘못을 뉘우치어 깨닫다
乱七八糟 luànqībāzāo 성 엉망진창이다
束手无策 shùshǒuwúcè 성 속수무책이다
哭笑不得 kūxiàobùdé 성 이러지도 저러지도 못하다

기출유형1 후회

162. Mp3

후회 스토리는 마지막에 자신의 행동을 반성하는 내용이 주로 나온다. 후회하는 상황을 서술한 뒤 마무리에 자신의 행동을 반성하는 주인공의 감정도 언급하는 것이 좋다.

TSC® 기출문제

①

②

③

④

그림 보고 틀 짜기

Lv. 4~6

그림① 기	그림② 승	그림③ 전	그림④ 결
누가? 엄마와 딸 **장소** 방 안에서 **무엇을?** 딸이 아직 자고 있어서 엄마가 딸을 깨운다.	**누가?** 엄마와 딸 **장소** 방 안에서 **무엇을?** 1 엄마가 다시 딸을 깨운다. 2 딸은 시계를 바라보며 늦었다는 것을 깨닫는다.	**누가?** 엄마와 딸, 그리고 남동생 **장소** 거실 혹은 집에서 **무엇을?** 1 딸은 황급히 쇼핑봉투를 들고 나간다. 2 엄마는 남동생의 등교 준비를 하고 있다.	**결론은?** 딸이 남동생의 체육복을가져왔고 친구들이 그것을 보며 웃는다. **감정은?** 딸은 자신이 아침에 늦게 일어나 서둘렀던 것을 후회한다.

답변 ①

Lv. 4

早上七点，妈妈叫女儿起床，可是她不想起。过了一会儿，妈妈发现女儿还没起来，又去叫她。这时女儿看了看表发现快八点半了，才慌忙起来了。女儿穿好衣服，急急忙忙地拿起桌子上装着运动服的袋子就跑出了门。妈妈在一旁帮弟弟穿衣服。女儿到了学校，要换运动服时才发现，袋子里的衣服是弟弟的而不是自己的。朋友们看到这个情景都哈哈大笑，她自己也觉得很尴尬，后悔早上起太晚，太着急。

Zǎoshang qī diǎn, māma jiào nǚ'ér qǐchuáng, kěshì tā bùxiǎng qǐ. Guòle yíhuìr, māma fāxiàn nǚ'ér hái méi qǐlái, yòu qù jiào tā. Zhè shí nǚ'ér kànle kàn biǎo fāxiàn kuài bā diǎn bàn le, cái huāngmáng qǐlái le. Nǚ'ér chuānhǎo yīfu, jíjí-mángmáng de náqǐ zhuōzi shàng zhuāngzhe yùndòngfú de dàizi jiù pǎochūle mén. Māma zài yìpáng bāng dìdi chuān yīfu. Nǚ'ér dàole xuéxiào, yào huàn yùndòngfú shí cái fāxiàn, dàizi li de yīfu shì dìdi de ér búshì zìjǐ de. Péngyoumen kàndào zhège qíngjǐng dōu hāhādàxiào, tā zìjǐ yě juéde hěn gāngà, hòuhuǐ zǎoshang qǐ tài wǎn, tài zhāojí.

그림 ①

기

Step1 인물이 있는 장소와 동작 설명하기

일어나라고 깨우다

早上七点，妈妈叫女儿起床，可是她不想起。

그림 ②

승

Step2 사건 발생 설명1

잠시 후 / 아직 ~하지 않았다

过了一会儿，妈妈发现女儿还没起来，又去叫她。

이때 / 곧 ~이다 / 그제서야 황급하게 (정신없이 급하게)

这时女儿看了看表发现快八点半了，才慌忙起来了。

★ 慌忙: 황급하게
- 慌忙动身 황급하게 출발하다 - 慌忙出发 황급하게 출발하다

그림 ③

전

Step3 사건 발생 설명2

허둥지둥

女儿穿好衣服，急急忙忙地拿起桌子上装着运动服的袋子就跑出了门。

妈妈在一旁帮弟弟穿衣服。

= 旁边

그림 ④

결

Step4 인물의 행동이나 감정 전달로 마무리

~이지 ~가 아니다

女儿到了学校，要换运动服时才发现，袋子里的衣服是弟弟的而不是自己的。

朋友们看到这个情景都哈哈大笑，她自己也觉得很尴尬，后悔早上起太晚，太着急。

광경 / 크게웃다

아침 7시, 엄마는 딸을 깨우지만 딸은 일어나려고 하지 않았습니다. 얼마 후, 엄마는 딸이 아직 일어나지 않은 것을 알고 다시 가서 딸을 깨웠습니다. 그때 딸은 시계를 보고 곧 8시 반이 된다는 것을 알고서야 황급히 일어났습니다. 딸은 옷을 챙겨 입고, 서둘러 테이블에 있는 체육복이 담긴 봉투를 들고 뛰어나갔고, 엄마는 옆에서 남동생이 옷을 입는 것을 도와주고 있습니다. 딸은 학교에 도착해 체육복으로 갈아입으려고 할 때야 봉투 안의 옷이 남동생의 것이고 자기의 것이 아니라는 것을 알아차렸습니다. 친구들은 이 광경을 보고 크게 웃었고, 자신 역시 부끄러워하며 아침에 늦게 일어나 너무 서둘렀던 것을 후회했습니다.

단어 **叫** jiào 동 깨우다 **起床** qǐchuáng 동 (잠에서) 일어나다 **起** qǐ 동 일어나다 **发现** fāxiàn 동 발견하다 **表** biǎo 명 시계 **快…了** kuài…le 곧 ~하다 **慌忙** huāngmáng 부 황급하게 **急忙** jímáng 형 급히 **装** zhuāng 동 담다 **运动服** yùndòngfú 명 운동복 **袋子** dàizi 명 봉투 **跑** pǎo 동 뛰다 **出门** chūmén 동 나가다 **一旁** yìpáng 명 옆 **换** huàn 동 바꾸다 **是…而不是** shì…ér búshì ~이지 ~이 아니다 **哈哈大笑** hāhādàxiào 하하 크게 웃다 **尴尬** gāngà 형 곤란하다 **后悔** hòuhuǐ 동 후회하다

답변 ②

早上七点，妈妈叫女儿起来，让她准备去上学。可怎么叫她都不愿意起来。过了好久，女儿也没起床。妈妈告诉她已经快八点半了。女儿听到之后才知道要迟到了，就慌忙起来了。女儿急急忙忙地穿好衣服，看也没看，拿起两个袋子中的一个就走了。这时妈妈在旁边给弟弟穿衣服，没看到她拿的是哪个袋子。到了上体育课的时间，女儿才发现自己拿错了袋子，她拿了装着弟弟运动服的袋子。同学们看了都觉得很好笑，女儿一面觉得很尴尬，一面很后悔，她下决心以后再也不睡懒觉了。

Zǎoshang qī diǎn, māma jiào nǚ'ér qǐlái, ràng tā zhǔnbèi qù shàngxué. Kě zěnme jiào tā dōu bú yuànyì qǐlái. Guòle hǎojiǔ, nǚ'ér yě méi qǐchuáng. Māma gàosu tā yǐjing kuài bā diǎn bàn le. Nǚ'ér tīng dào zhīhòu cái zhīdao yào chídào le, jiù huāngmáng qǐlái le. Nǚ'ér jíjímángmáng de chuānhǎo yīfu, kàn yě méi kàn, náqǐ liǎng ge dàizi zhōng de yí ge jiù zǒu le. Zhè shí māma zài pángbiān gěi dìdi chuān yīfu, méi kàndào tā ná de shì nǎge dàizi. Dàole shàng tǐyù kè de shíjiān, nǚ'ér cái fāxiàn zìjǐ ná cuò le dàizi, tā nále zhuāngzhe dìdi yùndòngfú de dàizi. Tóngxuémen kànle dōu juéde hěn hǎoxiào, nǚ'ér yìmiàn juéde hěn gāngà, yìmiàn hěn hòuhuǐ, tā xià juéxīn yǐhòu zài yě bú shuì lǎnjiào le.

그림 ①

기

Step1 인물이 있는 장소와 동작 설명하기

早上七点，妈妈叫女儿起来，让她准备去上学。

cf) 让她快点起床准备去上学。딸에게 빨리 일어나 학교갈 준비를 하라고 하였습니다.

(怎么…都: 어떻게 해도 모두 ~하다)

可怎么叫她都不愿意起来。

그림 ②

승

Step2 사건 발생 설명

过了好久，女儿也没起床。

妈妈告诉她已经快八点半了。女儿听到之后才知道要迟到了，就慌忙起来了。

(cf) 睡过头 늦잠을 자다)

그림 ③

전

Step3 사건 발생 설명2

女儿急急忙忙地穿好衣服，看也没看，拿起两个袋子中的一个就走了。(看也没看: 보지도 않고)

这时妈妈在旁边给弟弟穿衣服，没看到她拿的是哪个袋子。(没看到: 보지 못했다 = 没注意到)

그림 ④

결

Step4 인물의 행동이나 감정 전달로 마무리

到了上体育课的时间，女儿才发现自己拿错了袋子，(到了…的时间: ~한 시간이 되서야 / 拿错: 잘못 가져오다 = 동사+错)

她拿了装着弟弟运动服的袋子。(装着: 담겨있는)

同学们看了都觉得很好笑，女儿一面觉得很尴尬，一面很后悔，(一面…一面: ~하면서 ~하다)

她下决心以后再也不睡懒觉了。

오전 7시, 엄마는 딸을 깨우며 학교 갈 준비를 하라고 합니다. 그러나 어떻게 깨워도 딸은 일어나려고 하지 않았습니다. 한참 후에도 딸이 일어나지 않자 엄마는 딸에게 벌써 8시 반이 되어 간다고 알려 주었습니다. 딸은 듣고서야 곧 지각이라는 것을 알고 황급히 일어나 서둘러 옷을 챙겨 입고는 쳐다보지도 않고 봉투 두 개 중 하나를 들고나갔습니다. 그때 엄마는 옆에서 남동생에게 옷을 입혀 주고 있어서 딸이 어떤 봉투를 들고 가는지 보지 못했습니다. 체육 수업 시간이 되어, 딸은 자신이 봉투를 잘못 들고 왔고 남동생의 운동복이 든 봉투를 가져왔다는 것을 알게 되었습니다. 반 구들은 모두 보고 웃었고, 딸은 난감해 하면서 후회하였고, 앞으로 다시는 늦잠을 자지 않으리라고 결심했습니다.

단어 **让** ràng 동 ~하게 하다 **上学** shàngxué 동 등교하다 **怎么** zěnme 대 왜, 어째서 **愿意** yuànyì 동 ~하기를 바라다 **好久** hǎojiǔ 형 오랫동안 **之后** zhīhòu 명 ~후에 **迟到** chídào 동 지각하다 **体育课** tǐyù kè 체육 수업 **好笑** hǎoxiào 형 매우 웃기다 **下决心** xià juéxīn 결심을 하다 **再也** zài yě 더는 **睡懒觉** shuì lǎnjiào 늦잠을 자다

기출유형2 실망

163. Mp3

실망 스토리는 중간에 반전 내용이 나오므로 반전이 되는 일, 반전이 일어나는 장소와 시간을 구체적으로 언급하여 제3자가 들었을 때 이상하지 않도록 하는 것이 중요하다.

TSC® 기출문제

①

②

③

④

그림 보고 틀 짜기

Lv. 4~6

그림① 기	그림② 승	그림③ 전	그림④ 결
누가? 엄마와 딸 **장소** 방 안에서 **무엇을?** 딸이 공부를 하고 있고, 엄마는 딸의 간식을 챙겨주고 있다.	**누가?** 엄마와 딸 **장소** 집에서 **무엇을?** 엄마가 외출하는 것을 딸이 방에서 보고 있다.	**누가?** 엄마 **장소** 집 아래서 **무엇을?** 엄마는 비가 오는데 우산을 가지고 나오지 않았다는 것을 알게 된다.	**결론은?** 엄마가 우산을 가지러 집에 돌아오자 딸이 공부를 하지 않고 TV를 보고있다는 것을 알게 된다. **감정은?** 엄마는 실망하고 딸은 민망해 한다.

답변 ① Lv. 4

女儿在房间里学习，妈妈很欣慰地看着女儿，给女儿准备了一些好吃的。过了一会儿，妈妈要出门。女儿打开房门，看到妈妈出去了。妈妈到楼下发现外面正在下雨，所以她只好回家拿雨伞。妈妈回到家，发现女儿没在学习在看电视。妈妈觉得很失望，女儿不知道该怎么办。

Nǚ'ér zài fángjiān lǐ xuéxí, māma hěn xīnwèi de kànzhe nǚ'ér, gěi nǚ'ér zhǔnbèile yìxiē hǎochī de. Guòle yíhuìr, māma yào chūmén. Nǚ'ér dǎkāi fángmén, kàndào māma chūqù le. Māma dào lóu xià fāxiàn wàimiàn zhèngzài xiàyǔ, suǒyǐ tā zhǐhǎo huí jiā ná yǔsǎn. Māma huí dàojiā, fāxiàn nǚ'ér méi zài xuéxí zài kàn diànshì. Māma juéde hěn shīwàng, nǚ'ér bù zhīdào gāi zěnme bàn.

그림 ①

기

Step1 인물이 있는 장소와 동작 설명하기

女儿在房间里学习，妈妈很欣慰地看着女儿，给女儿准备了一些好吃的。

(在房间里学习: ~에서 공부하다 / 欣慰地: 흐뭇하게)

그림 ②

승

Step2 사건 발생 설명1

过了一会儿，妈妈要出门。女儿打开房门，看到妈妈出去了。

(打开房门: 문을 열다 / 过了一会儿: 잠시 후)

★ 打开: 열다, 켜다
- 打开窗户 창문을 열다 - 打开空调 에어컨을 켜다

그림 ③

전

Step3 사건 발생 설명2

妈妈到楼下发现外面正在下雨，所以她只好回家拿雨伞。

(只好: 어쩔수 없이 = 不得不，没办法)

★ 下雨: 비가 내리다
- 下暴雨 폭우가 내리다 - 下毛毛雨 가랑비가 내리다

그림 ④

결

Step4 인물의 행동이나 감정 전달로 마무리

妈妈回到家，发现女儿没在学习在看电视。妈妈觉得很失望，女儿不知道该怎么办。

(没在: ~하고 있지 않다 / 不知道该怎么办: 어떻게 해야 할지 모르다 = 不知所措)

딸이 방에서 공부를 하고 있고, 엄마는 흐뭇하게 딸을 바라보며 딸에게 맛있는 것을 준비해 주었습니다. 잠시 후, 엄마는 외출을 하려고 하고 딸은 방문을 열고 엄마가 나가는 것을 보았습니다. 엄마는 아래층에 내려가니 밖에 비가 오고 있어서 집에 우산을 가지러 갈 수밖에 없었습니다. 엄마는 집에 돌아와서 딸이 공부를 하지 않고 TV를 보고 있는 것을 발견했습니다. 엄마는 매우 실망했고, 딸은 어쩔 줄 몰라 합니다.

단어 学习 xuéxí 통 공부하다 欣慰 xīnwèi 형 기쁘고 위안이 되다 给 gěi 전 ~에게 准备 zhǔnbèi 통 준비하다 好吃 hǎochī 형 맛있다 出门 chūmén 통 나가다 打开 dǎkāi 통 열다 房门 fángmén 명 방문 楼 lóu 명 건물 外面 wàimiàn 명 밖 下雨 xiàyǔ 통 비가 내리다 只好 zhǐhǎo 부 할 수 없이 雨伞 yǔsǎn 명 우산 电视 diànshì 명 텔레비전, TV 失望 shīwàng 형 실망하다

답변 ② Lv. 5~6

女儿正在房间里学习，妈妈看到女儿学习很认真，她很高兴，给女儿准备了一些吃的。妈妈今天要跟朋友见面，所以穿好衣服就出门了。女儿偷偷地打开房门，看到妈妈出去了。妈妈到了楼门口，发现外面正在下雨。雨下得很大，所以她不得不回家去拿雨伞。妈妈开门走进家里，吃了一惊，她看到女儿没在学习，而是躺在沙发上看电视。妈妈特别失望，女儿看着妈妈失望的样子，觉得很对不起妈妈。

Nǚ'ér zhèngzài fángjiān lǐ xuéxí, māma kàndào nǚ'ér xuéxí hěn rènzhēn, tā hěn gāoxìng, gěi nǚ'ér zhǔnbèile yìxiē chī de. Māma jīntiān yào gēn péngyou jiànmiàn, suǒyǐ chuānhǎo yīfu jiù chūmén le. Nǚ'ér tōutōu de dǎkāi fángmén, kàndào māma chūqù le. Māma dàole lóu ménkǒu, fāxiàn wàimiàn zhèngzài xiàyǔ. Yǔ xià de hěn dà, suǒyǐ tā bù dé bù huíjiā qù ná yǔsǎn. Māma kāimén zǒujìn jiā lǐ, chīle yì jīng, tā kàndào nǚ'ér méi zài xuéxí, ér shì tǎng zài shāfā shàng kàn diànshì. Māma tèbié shīwàng, nǚ'ér kànzhe māma shīwàng de yàngzi, juéde hěn duìbuqǐ māma.

그림 ① **기**

Step1 인물이 있는 장소와 동작 설명하기

공부를 성실하게 하다 = 认认真真地学习

女儿正在房间里学习，妈妈看到女儿学习很认真，她很高兴，给女儿准备了一些吃的。

그림 ② **승**

Step2 사건 발생 설명1

妈妈今天要跟朋友见面，所以穿好衣服就出门了。

= 出去

女儿偷偷地打开房门，看到妈妈出去了。

몰래 몰래 (들키지 않은 것을 말함)

그림 ③ **전**

Step3 사건 발생 설명2

妈妈到了楼门口，发现外面正在下雨。雨下得很大，所以她不得不回家去拿雨伞。

= 只好

그림 ④ **결**

Step4 인물의 행동이나 감정 전달로 마무리

놀라다

妈妈开门走进家里，吃了一惊，

~하고 있지 않고, 오히려 ~하다　　cf) 津津有味地看着电视 재미있게 TV를 보고 있다

她看到女儿没在学习，而是躺在沙发上看电视。

妈妈特别失望，女儿看着妈妈失望的样子，觉得很对不起妈妈。

= 失望极了, 失望得不得了

딸이 방에서 공부를 하고 있고, 엄마는 딸이 공부를 성실하게 하는 것을 보자 기뻐서 딸에게 먹을 것을 준비해 주었습니다. 엄마는 오늘 친구를 만나야 해서 옷을 입고 외출했습니다. 딸은 몰래 방문을 열고 엄마가 나가는 것을 보았습니다. 엄마가 아파트 입구에 오니 밖에 비가 내리고 있습니다. 비가 많이 와서 엄마는 집에 우산을 가지러 갈 수밖에 없었습니다. 엄마는 문을 열고 집에 들어가자 딸이 공부를 하지 않고, 소파에 누워 TV를 보고 있는 것을 보고 깜짝 놀랐습니다. 엄마는 매우 실망했고, 딸은 엄마가 실망하는 모습을 보고 엄마에게 미안해하고 있습니다.

단어 **正在** zhèngzài 부 마침 ~하고 있다 **认真** rènzhēn 형 성실하다 **见面** jiànmiàn 동 만나다 **偷偷** tōutōu 부 몰래, 슬그머니 **门口** ménkǒu 명 입구 **不得不** bù dé bù ~하지 않으면 안 된다 **开门** kāimén 동 문을 열다 **吃惊** chījīng 동 놀라다 **躺** tǎng 동 눕다 **沙发** shāfā 명 소파 **特别** tèbié 부 매우

기출로 말하기 연습

단어를 이용해서 그림마다 문장을 만들고 이야기해 보세요. 164. Mp3

1

①

②

③

④

그림 ①	그림 ②
上班的时间 一男一女 急急忙忙 赶电梯	里面 / 电梯里 手表 挤满 只有 心急如焚
그림 ③	**그림 ④**
女的决定 等 男的 爬楼梯	开始 工作 迟到 后悔

모범답안 p 414

2

①

②

③

④

그림 ①		그림 ②
有一天 小明 正在 / 在 喝咖啡 突然	突然 下雨 女孩 淋雨	雨伞 跑了出去 他的朋友 愣住了 / 莫名其妙

그림 ③	그림 ④
小明 那个女孩 打伞 回头	发现 / 原来 男人 / 大叔 吃惊 / 愣住 哈哈大笑

모범답안 p 415

TSC® 기출문제

Test of Spoken Chinese

第7部分：看图说话

다음 그림을 보고 이야기를 만들어 보세요. 165. Mp3

第 1 题

(30秒) 提示音 ______(90秒)______ 结束。

第 2 题

(30秒) 提示音 ______(90秒)______ 结束。

思考	回答
00 : 30	00 : 90

第 3 题

(30秒) 提示音 ______(90秒)______ 结束。

第 4 题

(30秒) 提示音 ______(90秒)______ 结束。

第 5 题

(30秒) 提示音 ______(90秒)______ 结束。

第 6 题

(30秒) 提示音 ______(90秒)______ 结束。

思考 00 : 30 回答 00 : 90

第 7 题

①②③④

(30秒) 提示音 ________(90秒)________ 结束。

第 8 题

①②③④

(30秒) 提示音 ________(90秒)________ 结束。

TSC®

기출 모의고사

166. Mp3

모범답안 p 420

TSC® 중국어 말하기 시험
Test of Spoken Chinese

와이비엠
001001

第1部分：自我介绍

볼륨

在这部分考试中，你将听到四个简单的问句。
请听到提示音之后开始回答。
每道题的回答时间是10秒。
下面开始提问。

TSC® 중국어 말하기 시험
Test of Spoken Chinese

와이비엠
001001
1/26

第1部分：自我介绍 - 第1题

볼륨

你叫什么名字?

回答
00:10

TSC® 중국어 말하기 시험
Test of Spoken Chinese

와이비엠
001001
2/26

第1部分：自我介绍 - 第2题

볼륨

请说出你的出生年月日。

回答
00:10

TSC® 중국어 말하기 시험
Test of Spoken Chinese

와이비엠
001001
3/26

第1部分：自我介绍 - 第3题

볼륨

你家有几口人?

回答
00 : 10

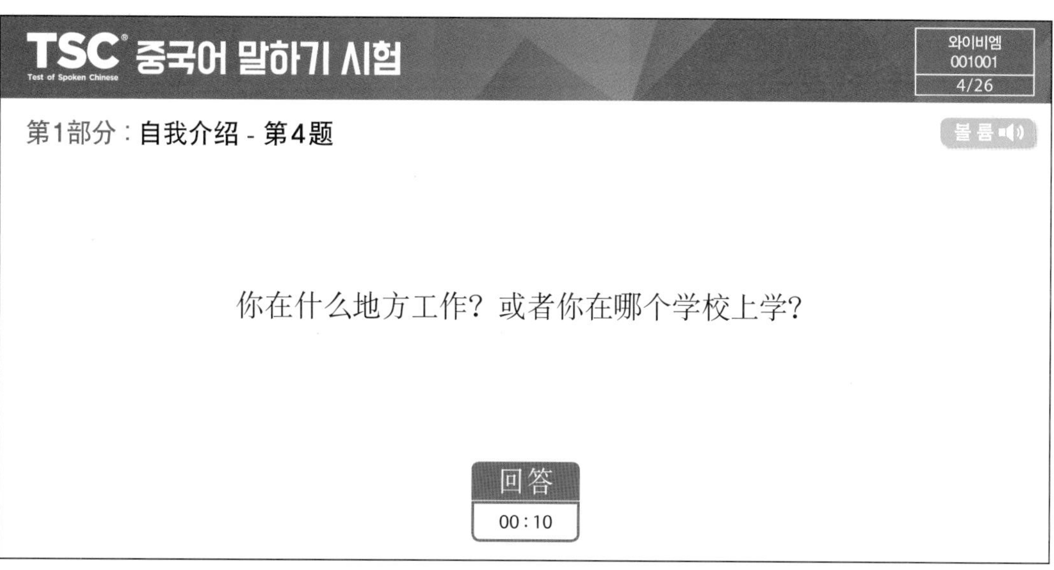

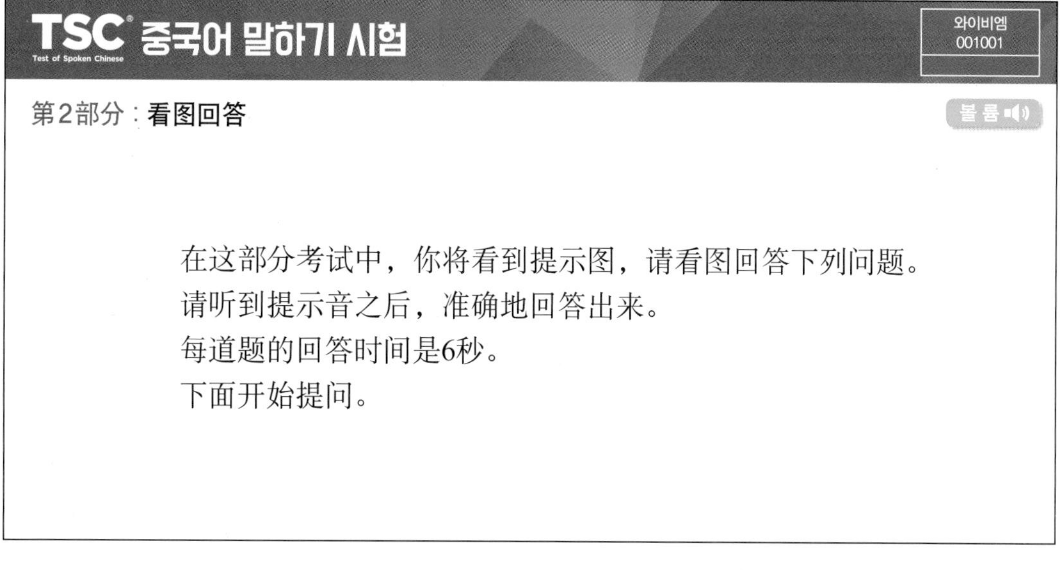

TSC® 중국어 말하기 시험
Test of Spoken Chinese
와이비엠
001001
5/26
第2部分：看图回答 - 第1题
볼륨
16F
思考
00:03
回答
00:06

TSC® 중국어 말하기 시험
Test of Spoken Chinese
와이비엠
001001
6/26
第2部分：看图回答 - 第2题
볼륨
思考
00:03
回答
00:06

TSC® 중국어 말하기 시험
Test of Spoken Chinese

와이비엠
001001
7/26

第2部分：看图回答 - 第3题

思考
00 : 03

回答
00 : 06

와이비엠
001001
8/26

第2部分：看图回答 - 第4题

볼륨

思考
00 : 03

回答
00 : 06

TSC® 중국어 말하기 시험
Test of Spoken Chinese

와이비엠
001001

第3部分：**快速回答**

볼륨

在这部分考试中，你需要完成五段简单的对话。
这些对话出自不同的日常生活情景，在每段对话前，你将看到提示图。
请尽量用完整的句子来回答，句子的长短和用词将影响你的分数。
请听例句。

问题：老张在吗？
回答1：不在。
回答2：他现在不在，您有什么事儿吗？要给他留言吗？

两种回答都可以，但第二种回答更完整更详细，你将得到较高的分数。
请听到提示音之后开始回答问题。
每道题的回答时间是15秒。
下面开始提问。

TSC® 중국어 말하기 시험
Test of Spoken Chinese

와이비엠
001001
9/26

第3部分：**快速回答 - 第1题**

볼륨

思考 00:02

回答 00:15

TSC® 중국어 말하기 시험
Test of Spoken Chinese

와이비엠
001001
10/26

第3部分：**快速回答 - 第2题**

思考
00:02

回答
00:15

TSC® 중국어 말하기 시험
Test of Spoken Chinese

와이비엠
001001
11/26

第3部分：**快速回答 - 第3题**

思考
00:02

回答
00:15

TSC® 중국어 말하기 시험
Test of Spoken Chinese

와이비엠
001001
12/26

第3部分：快速回答 - 第4题

思考 00 : 02

回答 00 : 15

와이비엠
001001
13/26

第3部分：快速回答 - 第5题

思考 00 : 02

回答 00 : 15

TSC® 중국어 말하기 시험

Test of Spoken Chinese

와이비엠
001001

第4部分：简短回答

볼륨

在这部分考试中，你将听到五个问题。
请尽量用完整的句子来回答，句子的长短和用词将影响你的分数。
请听例句。

问题：周末你常常做什么？
回答1：看电影。
回答2：我有时候在家看电视，有时候和朋友一起见面，聊天、看电影什么的。

两种回答都可以，但第二种回答更完整更详细，你将得到较高的分数。
请听到提示音之后开始回答问题。
每道题请你用15秒思考，回答时间是25秒。
下面开始提问。

TSC® 중국어 말하기 시험

Test of Spoken Chinese

와이비엠
001001
14/26

第4部分：简短回答 - 第1题

볼륨

你最近写过信或卡片吗？请简单谈谈。

思考
00 : 15

回答
00 : 25

TSC® 중국어 말하기 시험
Test of Spoken Chinese

와이비엠
001001
15/26

第4部分：简短回答 - 第2题

볼륨

你现在所住的地方交通方便吗？请简单谈谈。

思考 00:15
回答 00:25

TSC® 중국어 말하기 시험
Test of Spoken Chinese

와이비엠
001001
16/26

第4部分：简短回答 - 第3题

볼륨

你跟朋友见面时，常常提前到还是晚到？
请简单说一说。

思考 00:15
回答 00:25

TSC® 중국어 말하기 시험
Test of Spoken Chinese

와이비엠
001001
17/26

第4部分：简短回答 - 第4题

볼륨

你喜欢一个人学习还是和别人组成小组一起学习？
请简单说说。

思考 00:15
回答 00:25

TSC® 중국어 말하기 시험
Test of Spoken Chinese

와이비엠
001001
18/26

第4部分：**简短回答 - 第5题**

볼륨

你一般买东西后仔细看说明书吗？请简单谈一谈。

思考
00:15

回答
00:25

TSC® 중국어 말하기 시험
Test of Spoken Chinese

와이비엠
001001

第5部分：**拓展回答**

볼륨

在这部分考试中，你将听到四个问题。请发表你的观点和看法。
请尽量用完整的句子来回答，句子的长短和用词将影响你的分数。
请听例句。

问题：你怎么看待减肥？
回答1：我觉得减肥不太好。
回答2：我认为减肥是件好事，不但可以使身体更健康，而且还能让自己看起来更漂亮，减肥还要注意选择适当的方法，比如通过适当的运动和调整饮食来达到减肥的目的。

两种回答都可以，但第二种回答更完整更详细，你将得到较高的分数。
请听到提示音之后开始回答问题。
每道题请你用30秒思考，回答时间是50秒。
下面开始提问。

TSC® 중국어 말하기 시험
Test of Spoken Chinese

와이비엠
001001
19/26

第5部分：拓展回答 - 第1题

볼륨

和农村生活相比，你认为城市生活的好处多还是坏处多？
请谈谈你的意见。

思考 00:30

回答 00:50

TSC® 중국어 말하기 시험
Test of Spoken Chinese

와이비엠
001001
20/26

第5部分：拓展回答 - 第2题

볼륨

你认为生活中常见的环境问题有哪些？请谈谈你的看法。

思考 00:30

回答 00:50

TSC® 중국어 말하기 시험
Test of Spoken Chinese

와이비엠
001001
21/26

第5部分：拓展回答 - 第3题

볼륨

你觉得网络让人们之间的距离变近了还是变远了？
请谈谈你的想法。

思考 00:30

回答 00:50

TSC® 중국어 말하기 시험
Test of Spoken Chinese

와이비엠
001001
22/26

第5部分：拓展回答 - 第4题

볼륨

有的人经常拿自己跟别人做比较，对此你有什么看法?

思考 00:30

回答 00:50

TSC® 중국어 말하기 시험
Test of Spoken Chinese

와이비엠
001001

第6部分：情景应对

볼륨

在这部分考试中，你将看到提示图，同时还将听到中文的情景叙述。
假设你处于这种情况之下，你将如何应对。
请尽量用完整的句子来回答，句子的长短和用词将影响你的分数。
请听到提示音之后开始回答问题。
每道题请你用30秒思考，回答时间是40秒。
下面开始提问。

TSC® 중국어 말하기 시험
Test of Spoken Chinese

와이비엠
001001
23/26

第6部分：情景应对 - 第1题

这个周末你要参加志愿服务活动，打扫你们的小区。
请你邀请同一个小区的朋友跟你一起去。

思考 00:30 回答 00:40

TSC® 중국어 말하기 시험
Test of Spoken Chinese

와이비엠
001001
24/26

第6部分：情景应对 - 第2题

볼륨

这次暑假你想去中国旅游。
请你给你的中国朋友打电话说明情况，并请她推荐旅游景点。

思考 00:30 回答 00:40

TSC® 중국어 말하기 시험
Test of Spoken Chinese

와이비엠
001001
25/26

第6部分：情景应对 - 第3题

你的同屋总是睡懒觉，上课也常迟到。
你觉得这个习惯不太好。请你给他适当的劝告。

思考 00:30
回答 00:40

TSC® 중국어 말하기 시험
Test of Spoken Chinese

와이비엠
001001

第7部分：看图说话

볼륨

在这部分考试中，你将看到四幅连续的图片。
请你根据图片的内容讲述一个完整的故事。
请认真看下列四幅图片。(30秒)

TSC® 중국어 말하기 시험 Test of Spoken Chinese

와이비엠 001001 26/26

第7部分：看图说话

볼륨

现在请根据图片的内容讲述故事，请尽量完整、详细。
讲述时间是90秒。
请听到提示音之后开始回答。

思考	回答
00:30	01:30

TSC® 중국어 말하기 시험 Test of Spoken Chinese

와이비엠 001001

코멘트

볼륨

考试结束。
最后，如果您对我们的考试有什么感想的话，请说出来。
请听到题示音之后开始发言。
发言时间是30秒。

思考	回答
00:02	00:30

TSC® 중국어 말하기 시험 Test of Spoken Chinese

와이비엠 001001

코멘트

볼륨

谢谢您参加我们的考试！

TSC® 기출 공식기본서

모범답안 및 해석

제2부분 TSC® 기출문제

p. 68

第1题

他们在看书吗?
Tāmen zài kàn shū ma?
그들은 책을 보고 있나요?

Lv. 4

不是，他们没在看书。
Búshì, tāmen méi zài kànshū.
아니요, 그들은 책을 보고 있지 않습니다.

Lv. 5~6

不是，他们在喝咖啡(呢)。
Búshì, tāmen zài hē kāfēi (ne).
아니요, 그들은 커피를 마시고 있습니다.

在 zài 부 ~하고 있는 중이다 **看** kàn 동 보다 **书** shū 명 책 **喝** hē 동 마시다
咖啡 kāfēi 명 커피

第2题

一张电影票多少钱?
Yì zhāng diànyǐngpiào duōshao qián?
영화표 한 장은 얼마인가요?

Lv. 4

四十五块(钱)。
Sìshíwǔ kuài(qián).
45위안이요.

Lv. 5~6

一张电影票四十五块(钱)。
Yì zhāng diànyǐngpiào sìshíwǔ kuài(qián).
영화표 한 장은 45위안입니다.

张 zhāng 양 장(종이 티켓 등을 세는 양사) **电影票** diànyǐngpiào 명 영화표
多少钱 duōshao qián 얼마에요 **块** kuài 양 위안(중국의 화폐단위, 위안元)

第3题

他在打篮球吗?
Tā zài dǎ lánqiú ma?
그는 농구를 하고 있나요?

Lv. 4

他没在打篮球。
Tā méi zài dǎ lánqiú.
그는 농구를 하고 있지 않습니다.

Lv. 5~6

不是，他在爬山(呢)。
Búshì, tā zài páshān (ne).
아니요, 그는 등산을 하고 있습니다.

打篮球 dǎ lánqiú 농구를 하다 **爬山** páshān 동 등산하다

第4题

男的在做什么?
Nánde zài zuò shénme?
남자는 무엇을 하고 있나요?

Lv. 4

男的在听音乐(呢)。
Nánde zài tīng yīnyuè (ne).
남자는 음악을 듣고 있습니다.

Lv. 5~6

男的在家里听音乐(呢)。
Nánde zài jiā lǐ tīng yīnyuè (ne).
남자는 집에서 음악을 듣고 있습니다.

做 zuò 동 하다 **听** tīng 동 듣다 **音乐** yīnyuè 명 음악 **呢** ne 조 진행의 어감을 강조

第5题

贵的电脑多少钱?
Guìde diànnǎo duōshao qián?
비싼 컴퓨터는 얼마인가요?

Lv. 4

六千五百九十块。
Liùqiān wǔbǎi jiǔshí kuài.
6590위안이요.

Lv. 5~6

六千五百九十块，比小的贵一些。
Liùqiān wǔbǎi jiǔshí kuài, bǐ xiǎode guì yìxiē.
6590위안입니다. 작은 것보다 조금 더 비쌉니다.

贵 guì 형 비싸다 **电脑** diànnǎo 명 컴퓨터 **多少钱** duōshao qián 얼마에요
千 qiān 수 천, 1000 **百** bǎi 수 백, 100 **比** bǐ 전 ~보다 **小** xiǎo 형 작다
一些 yìxiē 양 약간, 조금

第6题

本子在哪儿?
Běnzi zài nǎr?
노트는 어디에 있나요?

Lv. 4

书包里。
Shūbāo lǐ.
책가방 안이요.

Lv. 5~6

本子在书包里。
Běnzi zài shūbāo lǐ.
노트는 책가방 안에 있습니다.

本子 běnzi 명 공책 **在** zài 동 ~에 있다 **哪儿** nǎr 대 어디 **书包** shūbāo 명 책가방
里 lǐ 명 안

第7题

花瓶的旁边有什么?
Huāpíng de pángbiān yǒu shénme?
꽃병 옆에는 무엇이 있나요?

Lv. 4

杯子。
Bēizi.
컵이요.

Lv. 5~6

花瓶的旁边有一个杯子。
Huāpíng de pángbiān yǒu yí ge bēizi.
꽃병 옆에 컵 하나가 있습니다.

花瓶 huāpíng 명 꽃병 **旁边** pángbiān 명 옆, 옆쪽 **杯子** bēizi 명 잔, 컵

第8题

谁的大衣比较长?
Shéi de dàyī bǐjiào cháng?
누구의 코트가 비교적 깁니까?

Lv. 4

女的的。
Nǚde de.
여자 것이요.

Lv. 5~6

女的大衣比男的更长。
Nǚde dàyī bǐ nánde gèng cháng.
여자 것의 코트가 남자 것보다 더 깁니다.

谁 shéi, shuí 대 누구 **大衣** dàyī 명 외투 **比较** bǐjiào 부 비교적 **长** cháng 형 길다
更 gèng 부 더욱

第9题

男的在看电视吗?
Nánde zài kàn diànshì ma?
남자는 TV를 보고 있나요?

Lv. 4

不是，他在打电话。
Búshì, tā zài dǎ diànhuà.
아니요, 그는 전화를 하고 있습니다.

Lv. 5~6

不是，他在房间里打电话。
Búshì, tā zài fángjiān lǐ dǎ diànhuà.
아니요, 그는 방에서 전화를 하고 있습니다.

在 zài 부 ~하고 있는 중이다 **看** kàn 동 보다 **电视** diànshì 명 텔레비전
打电话 dǎ diànhuà 전화를 걸다 **房间** fángjiān 명 방

第10题

牛奶在哪儿?
Niúnǎi zài nǎr?
우유는 어디에 있나요?

Lv. 4

牛奶在桌子上面。
Niúnǎi zài zhuōzi shàngmian.
우유는 탁자 위에 있습니다.

Lv. 5~6

牛奶在面包旁边。
Niúnǎi zài miànbāo pángbiān.
우유는 빵 옆에 있습니다.

牛奶 niúnǎi 명 우유 **桌子** zhuōzi 명 탁자 **上面** shàngmian 명 위, 위쪽
面包 miànbāo 명 빵

第11题

照片里有什么?
Zhàopiàn lǐ yǒu shénme?
사진 안에는 무엇이 있나요?

Lv. 4

两只猫。
Liǎng zhī māo.
고양이 두 마리요.

Lv. 5~6

照片里有两只可爱的猫。
Zhàopiàn lǐ yǒu liǎng zhī kě'ài de māo.
사진 안에는 귀여운 고양이 두 마리가 있습니다.

照片 zhàopiàn 명 사진 **两** liǎng 수 둘, 2 **只** zhī 양 마리(동물을 세는 단위)
可爱 kě'ài 형 귀엽다 **猫** māo 명 고양이

第12题

手表在哪儿?
Shǒubiǎo zài nǎr?
손목시계는 어디에 있나요?

Lv. 4

手表在桌子上面。
Shǒubiǎo zài zhuōzi shàngmian.
손목시계는 탁자 위에 있습니다.

Lv. 5~6

手表在桌子上，报纸的旁边。
Shǒubiǎo zhuōzi shàng, zài bàozhǐ de pángbiān.
손목시계는 탁자 위의 신문 옆에 있습니다.

手表 shǒubiǎo 명 손목시계 **桌子** zhuōzi 명 탁자 **上面** shàngmian 명 위, 위쪽
报纸 bàozhǐ 명 신문

第13题

男的在唱歌吗?
Nánde zài chànggē ma?
남자는 노래를 부르고 있나요?

Lv. 4

不是，他没在唱歌。
Búshì, tā méi zài chànggē.
아니요, 그는 노래를 부르고 있지 않습니다.

Lv. 5~6

不是，他在跳舞(呢)。
Búshì, tā zài tiàowǔ (ne).
아니요, 그는 춤을 추고 있습니다.

唱歌 chànggē 통 노래 부르다 **跳舞** tiàowǔ 통 춤추다 **呢** ne 조 진행의 어감을 강조

第14题

音乐会几点开始?
Yīnyuèhuì jǐ diǎn kāishǐ?
음악회는 몇 시에 시작하나요?

Lv. 4

六点四十分。
Liù diǎn sìshí fēn.
6시 40분이요.

Lv. 5~6

音乐会晚上六点四十分开始。
Yīnyuèhuì wǎnshang liù diǎn sìshí fēn kāishǐ.
음악회는 저녁 6시 40분에 시작합니다.

音乐会 yīnyuèhuì 명 음악회 **几** jǐ 수 몇 **点** diǎn 양 시 **开始** kāishǐ 통 시작하다
分 fēn 양 분 **晚上** wǎnshang 명 저녁

第15题

女的在坐出租车吗?
Nǚde zài zuò chūzūchē ma?
여자는 택시를 타고 있나요?

Lv. 4

不是，她没在坐出租车。
Búshì, tā méi zài zuò chūzūchē.
아니요, 여자는 택시를 타고 있지 않습니다.

Lv. 5~6

不是，她在坐公共汽车(呢)。
Búshì, tā zài zuò gōnggòngqìchē (ne).
아니요, 그녀는 버스를 타고 있습니다.

坐 zuò 통 타다 **出租车** chūzūchē 명 택시 **公共汽车** gōnggòngqìchē 명 버스

第16题

沙发上面有什么?
Shāfā shàngmian yǒu shénme?
소파 위에는 무엇이 있나요?

Lv. 4

书包。
Shūbāo.
책가방이요.

Lv. 5~6

沙发上面有蓝色的书包。
Shāfā shàngmian yǒu lánsè de shūbāo.
소파 위에는 파란색의 책가방이 있습니다.

沙发 shāfā 명 소파 **书包** shūbāo 명 책가방 **蓝色** lánsè 명 파란색

第17题

哪种东西比较贵?
Nǎ zhǒng dōngxi bǐjiào guì?
어떤 물건이 비교적 비싼가요?

Lv. 4

圆珠笔。
Yuánzhūbǐ.
볼펜이요.

Lv. 5~6

圆珠笔比本子贵一些。
Yuánzhūbǐ bǐ běnzi guì yìxiē.
볼펜이 노트보다 조금 더 비쌉니다.

种 zhǒng 양 종류 **东西** dōngxi 명 물건 **比较** bǐjiào 부 비교적 **贵** guì 형 비싸다
圆珠笔 yuánzhūbǐ 명 볼펜 **比** bǐ 전 ~보다 **本子** běnzi 명 공책
一些 yìxiē 양 약간, 조금

第18题

孩子在看电视吗?
Háizi zài kàn diànshì ma?
아이는 TV를 보고 있나요?

Lv. 4

不是，他在睡觉(呢)。
Búshì, tā zài shuìjiào (ne).
아니요, 그는 잠을 자고 있습니다.

Lv. 5~6

不是，孩子在房间里睡觉(呢)。
Búshì, háizi zài fángjiān lǐ shuìjiào (ne).
아니요, 아이는 방 안에서 잠을 자고 있습니다.

孩子 háizi 명 아이 **电视** diànshì 명 텔레비전 **睡觉** shuìjiào 통 자다
房间 fángjiān 명 방

第19题

哪种东西比较大?

Nǎ zhǒng dōngxi bǐjiào dà?

어떤 물건이 비교적 큽니까?

Lv. 4

词典。

Cídiǎn.

사전이요.

Lv. 5~6

词典比手机更大。

Cídiǎn bǐ shǒujī gèng dà.

사전이 휴대전화보다 더 큽니다.

大 dà 형 크다 **词典** cídiǎn 명 사전 **手机** shǒujī 명 휴대전화 **更** gèng 부 더욱

第20题

他在爬山吗?

Tā zài páshān ma?

그는 등산을 하고 있나요?

Lv. 4

不是，他在游泳。

Búshì, tā zài yóuyǒng.

아니요, 그는 수영을 하고 있습니다.

Lv. 5~6

不是，他在游泳池游泳。

Búshì, tā zài yóuyǒngchí yóuyǒng.

아니요, 그는 수영장에서 수영을 하고 있습니다.

爬山 páshān 동 등산하다 **游泳** yóuyǒng 동 수영하다
游泳池 yóuyǒngchí 명 수영장

제3부분 TSC® 기출문제

p. 120

第1题

我们商店的手机正在打折，您看看吧。

Wǒmen shāngdiàn de shǒujī zhèngzài dǎzhé, nín kànkan ba.

저희 가게의 휴대전화는 지금 할인 중입니다. 좀 보세요.

Lv. 4

是吗？打几折啊？

Shì ma? Dǎ jǐ zhé a?

그래요? 몇 퍼센트 할인해요?

Lv. 5~6

不用了，谢谢，我只是随便逛逛而已。

Búyòng le, xièxie, wǒ zhǐshì suíbiàn guàngguang éryǐ.

괜찮습니다. 고맙습니다만, 그저 구경 좀 하는 거예요.

商店 shāngdiàn 명 상점 **手机** shǒujī 명 휴대전화
正在 zhèngzài 부 마침 ~하고 있다 **打折** dǎzhé 동 할인하다
最新 zuì xīn 최신의 **款** kuǎn 명 스타일, 디자인 **不用** búyòng 동 ~할 필요가 없다
只是…而已 zhǐshì…éryǐ 다만 ~할 뿐이다 **随便** suíbiàn 형 마음대로, 제멋대로
逛 guàng 동 한가롭게 거닐다

第2题

你喜欢骑自行车吗?

Nǐ xǐhuan qí zìxíngchē ma?

당신은 자전거 타는 것을 좋아하나요?

Lv. 4

是的，我喜欢骑自行车，常骑自行车上下班。

Shìde, wǒ xǐhuan qí zìxíngchē, cháng qí zìxíngchē shàng-xiàbān.

네. 저는 자전거 타는 걸 좋아해서, 평상시에 자전거를 타고 출퇴근을 해요.

Lv. 5~6

我不喜欢，我不会骑自行车，而且我觉得在城市里骑自行车很危险。

Wǒ bù xǐhuan, wǒ búhuì qí zìxíngchē, érqiě wǒ juéde zài chéngshì lǐ qí zìxíngchē hěn wēixiǎn.

좋아하지 않아요. 저는 자전거를 못 타는 데다가, 도시에서 자전거를 타는 것은 위험하다고 생각해요.

喜欢 xǐhuan 동 좋아하다 **骑** qí 동 (다리를 벌리고) 타다 **自行车** zìxíngchē 명 자전거
上下班 shàng-xiàbān 출퇴근(하다) **呢** ne 조 ~는요(문장 끝에서 의문을 나타냄)
会 huì 조동 ~을 할 줄 알다 **而且** érqiě 접 게다가
觉得 juéde 동 ~라고 생각하다(여기다) **城市** chéngshì 명 도시
危险 wēixiǎn 명형 위험(하다)

第3题

现在只有最前边的座位了，可以吗?

Xiànzài zhǐyǒu zuì qiánbian de zuòwèi le, kěyǐ ma?

현재 가장 앞 좌석만 있습니다. 괜찮으신가요?

Lv. 4

可以，给我两张票吧。

Kěyǐ, gěi wǒ liǎng zhāng piào ba.

네. 표 두 장 주세요.

Lv. 5~6

是吗? 那么下一场的电影是几点的?
中间的座位还有吗?

Shì ma? Nàme xià yì chǎng de diànyǐng shì jǐ diǎn de?
Zhōngjiān de zuòwèi hái yǒu ma?

그래요? 그럼 다음 영화는 몇 시인가요? 다음 영화는 가운데 자리가 아직 있나요?

只有 zhǐyǒu 단지, 오로지 **最** zuì 부 가장 **前边** qiánbian 명 앞
座位 zuòwèi 명 자리 **可以** kěyǐ 조동 ~해도 좋다 **给** gěi 전 ~에게
张 zhāng 양 장(종이를 셀 때 쓰임) **票** piào 명 표, 티켓 **那么** nàme 접 그러면
下 xià 명 다음 **场** chǎng 양 차례, 번 **电影** diànyǐng 명 영화 **几** jǐ 수 몇
点 diǎn 명 시 **中间** zhōngjiān 명 가운데 **还** hái 부 아직도

第4题

你喜欢看电视吗?

Nǐ xǐhuan kàn diànshì ma?

텔레비전 보는 거 좋아하세요?

Lv. 4

我喜欢看电视，特别是电视剧。

Wǒ xǐhuan kàn diànshì, tèbié shì diànshìjù.

저는 텔레비전 보는 거 좋아해요. 특히 드라마를 좋아해요.

Lv. 5~6

我不怎么看电视，因为我觉得看电视很浪费时间。

Wǒ bù zěnme kàn diànshì, yīnwèi wǒ juéde kàn diànshì hěn làngfèi shíjiān.

저는 텔레비전을 잘 안 봐요. 왜냐하면 텔레비전을 보는 것은 시간 낭비라고 생각하기 때문이에요.

看 kàn 동 보다 **电视** diànshì 명 텔레비전, TV **特别** tèbié 형 특히
电视剧 diànshìjù 명 드라마 **不怎么** bù zěnme 별로 ~하지 않다
因为 yīnwèi 접 왜냐하면 **浪费** làngfèi 동 낭비하다 **时间** shíjiān 명 시간

第5题

你平时在哪儿做作业?

Nǐ píngshí zài nǎr zuò zuòyè?

너는 평소에 어디서 숙제를 해?

Lv. 4

我一般都在宿舍做作业。

Wǒ yìbān dōu zài sùshè zuò zuòyè.

나는 보통 기숙사에서 숙제를 해.

Lv. 5~6

我平时在图书馆做作业，因为那里很安静，更能集中注意力。

Wǒ píngshí zài túshūguǎn zuò zuòyè, yīnwèi nàli hěn ānjìng, gèng néng jízhōng zhùyìlì.

나는 평소에 도서관에서 숙제를 해. 왜냐하면 거기는 조용해서 훨씬 집중이 잘 되거든.

平时 píngshí 명 평소 **哪儿** nǎr 대 어디 **做** zuò 동 하다 **作业** zuòyè 명 숙제
一般 yìbān 형 보통이다 **都** dōu 부 모두, 다 **宿舍** sùshè 명 기숙사
图书馆 túshūguǎn 명 도서관 **安静** ānjìng 형 조용하다 **更** gèng 부 더욱
集中 jízhōng 동 집중하다 **注意力** zhùyìlì 집중력

第6题

我可以借用一下你的笔记本电脑吗?

Wǒ kěyǐ jièyòng yíxià nǐ de bǐjìběn diànnǎo ma?

네 노트북 좀 빌려 써도 될까?

Lv. 4

好啊，用吧。用完以后放在我桌上就可以。

Hǎo a, yòng ba. Yòng wán yǐhòu fàng zài wǒ zhuō shàng jiù kěyǐ.

응. 써. 다 쓴 후에 내 책상에 두면 돼.

Lv. 5~6

不好意思，我现在正要用笔记本电脑，你找别的同学借行吗?

Bù hǎoyìsi, wǒ xiànzài zhèng yào yòng bǐjìběn diànnǎo,
nǐ zhǎo biéde tóngxué jiè xíng ma?

미안. 내가 지금 막 노트북 컴퓨터를 쓰려고 해서. 다른 친구를 찾아서 빌리면 안 되겠니?

可以 kěyǐ 조동 ~해도 좋다 **借** jiè 동 빌리다 **用** yòng 동 사용하다
笔记本电脑 bǐjìběn diànnǎo 노트북 **完** wán 동 끝나다, 다하다 **以后** yǐhòu 명 이후
放 fàng 동 두다, 놓다 **桌** zhuō 명 테이블, 책상 **不好意思** bù hǎoyìsi 미안하다
现在 xiànzài 명 지금 **正** zhèng 부 바로, 마침 **找** zhǎo 동 찾다
同学 tóngxué 명 반 친구 **行** xíng 형 괜찮다

第7题

这次放假我打算学游泳！

Zhè cì fàngjià wǒ dǎsuan xué yóuyǒng!

이번 방학 때 수영을 배울 계획이야!

Lv. 4

是吗? 你以前没学过游泳吗?

Shì ma? Nǐ yǐqián méi xuéguo yóuyǒng ma?

그래? 너 예전에 수영 안 배웠어?

Lv. 5~6

真的吗? 太羡慕你了。我怕水，不敢学游泳。

Zhēnde ma? Tài xiànmù nǐ le. Wǒ pà shuǐ, bùgǎn xué yóuyǒng.

정말? 너무 부럽네. 나는 물을 무서워해서, 수영은 배울 엄두가 안 나.

这次 zhè cì 이번 **放假** fàngjià 동 휴가(방학)로 쉬다 **打算** dǎsuan 동 ~하려고 하다
游泳 yóuyǒng 명동 수영(하다) **以前** yǐqián 명 이전 **过** guo 조 ~한 적이 있다
太…了 tài…le 너무 ~하다 **羡慕** xiànmù 동 부러워하다 **怕** pà 동 무서워하다
水 shuǐ 명 물 **不敢** bùgǎn 동 ~할 용기가 없다

第8题

下课后一起去图书馆吧。

Xiàkè hòu yìqǐ qù túshūguǎn ba.

수업 끝나고 함께 도서관에 가자.

Lv. 4

好啊，一起去图书馆复习吧。

Hǎo a, yìqǐ qù túshūguǎn fùxí ba.

좋아. 같이 도서관에 가서 복습하자.

Lv. 5~6

不好意思，我下课后要跟朋友见面，明天一起去吧。

Bù hǎoyìsi, wǒ xiàkè hòu yào gēn péngyou jiànmiàn, míngtiān yìqǐ qù ba.

미안. 나 수업 끝나고 친구랑 만나야 해서. 내일 함께 가자.

下课 xiàkè 동 수업이 끝나다 **后** hòu 명 뒤, 다음 **一起** yìqǐ 부 함께
图书馆 túshūguǎn 명 도서관 **吧** ba 조 ~하자 **复习** fùxí 동 복습하다
要 yào 조동 ~하려고 하다 **朋友** péngyou 명 친구 **见面** jiànmiàn 동 만나다
明天 míngtiān 명 내일

第9题

你在家常常做菜吗?

Nǐ zài jiā chángcháng zuò cài ma?

당신은 집에서 자주 요리를 하나요?

Lv. 4

是的，我很喜欢做菜，天天自己在家做菜吃。

Shìde, wǒ hěn xǐhuan zuòcài, tiāntiān zìjǐ zài jiā zuòcài chī.

네. 저는 요리하는 걸 좋아해서, 날마다 집에서 직접 요리해서 먹어요.

Lv. 5~6

不常做，因为我对做菜没兴趣，在外边吃饭多方便啊！

Bù cháng zuò, yīnwèi wǒ duì zuòcài méi xìngqù, zài wàibian chīfàn duō fāngbiàn a!

자주 하지 않아요. 왜냐하면 저는 요리에 흥미가 없거든요. 외식하면 얼마나 편한데요!

家 jiā 명 집 **常常** chángcháng 부 늘, 종종 **做菜** zuòcài 요리하다
喜欢 xǐhuan 동 좋아하다 **天天** tiāntiān 날마다 **自己** zìjǐ 대 스스로
因为 yīnwèi 접 왜냐하면 **对…没兴趣** duì…méi xìngqù ~에 흥미가 없다
外边 wàibian 명 밖 **吃饭** chīfàn 동 식사를 하다 **多…啊** duō…a 얼마나 ~한가
方便 fāngbiàn 형 편리하다

第10题

坐什么车去美术馆比较好呢?

Zuò shénme chē qù měishùguǎn bǐjiào hǎo ne?

어떤 것을 타야 미술관에 가기 좋을까요?

Lv. 4

坐公共汽车吧，学校门口有直接到美术馆的车。

Zuò gōnggòngqìchē ba, xuéxiào ménkǒu yǒu zhíjiē dào měishùguǎn de chē.

버스를 타세요. 학교 입구에 미술관으로 곧장 가는 차가 있어요.

Lv. 5~6

坐地铁吧，这个时间坐公共汽车可能堵车，坐地铁更快。

Zuò dìtiě ba, zhège shíjiān zuò gōnggòngqìchē kěnéng dǔchē, zuò dìtiě gèng kuài.

지하철을 타세요. 이 시간에 버스를 타면 아마 차가 막힐 테니, 지하철을 타는 게 더 빨라요.

坐 zuò 동 타다 **车** chē 명 차 **比较** bǐjiào 부 비교적
公共汽车 gōnggòngqìchē 버스 **门口** ménkǒu 명 입구 **直接** zhíjiē 형 직접적인
地铁 dìtiě 명 지하철 **可能** kěnéng 부 아마 **堵车** dǔchē 동 차가 막히다
更 gèng 부 더욱 **快** kuài 부 빨리

第11题

这台冰箱什么时候送到您家好呢?

Zhè tái bīngxiāng shénme shíhou sòngdào nín jiā hǎo ne?

이 냉장고는 언제 배달해 드리는 게 좋을까요?

Lv. 4

就今天吧，我着急用。

Jiù jīntiān ba, Wǒ zháojí yòng.

오늘이요. 급히 써야 해요.

Lv. 5~6

明天行吗? 今天家里没人，明天我在家。

Míngtiān xíng ma? Jīntiān jiā lǐ méi rén, míngtiān wǒ zài jiā.

내일 괜찮나요? 오늘은 집에 사람이 없고, 내일은 제가 집에 있어요.

台 tái 양 대(기계나 차량을 셀 때 쓰임) **冰箱** bīngxiāng 명 냉장고
什么时候 shénme shíhou 언제 **送** sòng 동 배달하다 **今天** jīntiān 명 오늘
着急 zháojí 형 조급해하다 **用** yòng 동 사용하다 **行** xíng 형 괜찮다

第12题

你觉得这家餐厅菜的味道怎么样?

Nǐ juéde zhè jiā cāntīng cài de wèidao zěnmeyàng?

이 식당의 음식 맛이 어떤 것 같아요?

Lv. 4

菜的味道不错，而且菜的种类也很多。

Cài de wèidao búcuò, érqiě cài de zhǒnglèi yě hěn duō.

음식 맛이 좋을 뿐만 아니라, 종류도 많네요.

Lv. 5~6

好吃是好吃，不过有点儿咸。你觉得呢?

Hǎochī shì hǎochī, búguò yǒudiǎnr xián. Nǐ juéde ne?

맛있긴 한데, 조금 짜네요. 당신은요?

觉得 juéde 동 ~라고 생각하다 **餐厅** cāntīng 명 식당 **菜** cài 명 음식
味道 wèidao 명 맛 **不错** búcuò 형 좋다, 괜찮다 **而且** érqiě 접 게다가
种类 zhǒnglèi 명 종류 **不过** búguò 접 그런데 **咸** xián 형 짜다

第13题

我们下午一起打保龄球好不好?

Wǒmen xiàwǔ yìqǐ dǎ bǎolíngqiú hǎo bu hǎo?

우리 오후에 함께 볼링 치러 갈래?

Lv. 4

我下午有课，晚上一起打怎么样?

Wǒ xiàwǔ yǒu kè, wǎnshang yìqǐ dǎ zěnmeyàng?

나 오후에 수업이 있어. 저녁에 함께 치는 건 어때?

Lv. 5~6

好啊，打算几点去? 去哪儿打?

Hǎo a, dǎsuan jǐ diǎn qù? Qù nǎr dǎ?

좋아. 몇 시에 가려고? 어디서 칠 건데?

下午 xiàwǔ 명 오후 **打** dǎ 동 ~을 하다 **保龄球** bǎolíngqiú 명 볼링 **课** kè 명 수업
晚上 wǎnshang 명 저녁 **打算** dǎsuan 동 ~하려고 하다 **几** jǐ 수 몇 **点** diǎn 명 시
哪儿 nǎr 대 어디

第14题

您选的果汁已经卖完了。

Nín xuǎn de guǒzhī yǐjing mài wán le.

선택하신 과일 주스는 이미 다 팔렸습니다.

Lv. 4

那就算了，我就想喝那个果汁。

Nà jiù suànle, wǒ jiù xiǎng hē nàge guǒzhī.

그럼 됐어요. 저는 그 과일 주스가 먹고 싶었거든요.

Lv. 5~6

是吗? 那么你给我推荐一下其他味道的果汁吧。

Shì ma? Nàme nǐ gěi wǒ tuījiàn yíxià qítā wèidao de guǒzhī ba.

그래요? 그럼 저게 다른 맛의 과일 주스를 추천해 주세요.

选 xuǎn 동 선택하다 **果汁** guǒzhī 명 과일 주스 **已经…了** yǐjing…le 벌써 ~했다
卖 mài 동 팔다 **完** wán 동 다 떨어지다 **那(那么)** nà (nàme) 접 그러면
算了 suànle 동 됐다 **给** gěi 전 ~에게 **推荐** tuījiàn 동 추천하다
其他 qítā 명 기타, 그밖에

第15题

中午我要吃汉堡，你要不要一起去?

Zhōngwǔ wǒ yào chī hànbǎo, nǐ yào bu yào yìqǐ qù?

점심에 햄버거를 먹으려고 하는데, 너도 함께 갈래?

Lv. 4

好啊，我也想吃汉堡。

Hǎo a, wǒ yě xiǎng chī hànbǎo.

좋아. 나도 햄버거를 먹고 싶었어.

Lv. 5~6

我最近胃不太舒服，不能吃汉堡，下次一起去吃吧。

Wǒ zuìjìn wèi bú tài shūfu, bùnéng chī hànbǎo,
xiàcì yìqǐ qù chī ba.

내가 요즘 위가 별로 안 좋아서, 햄버거는 못 먹을 듯해. 다음에 같이 가자.

要 yào 조동 ~하려고 하다 **汉堡(包)** hànbǎo(bāo) 명 햄버거 **最近** zuìjìn 명 요즘
胃 wèi 명 위 **舒服** shūfu 형 편안하다 **下次** xiàcì 다음 번

第16题

你明天几点下课?

Nǐ míngtiān jǐ diǎn xiàkè?

너 내일 수업 몇 시에 끝나?

Lv. 4

我明天下午两点就下课，怎么了?

Wǒ míngtiān xiàwǔ liǎng diǎn jiù xiàkè, zěnme le?

내일 오후 두 시에 수업이 끝나. 왜 그러는데?

Lv. 5~6

我明天下午六点下课，你呢? 晚上一起吃饭怎么样?

Wǒ míngtiān xiàwǔ liù diǎn xiàkè, nǐ ne?
Wǎnshang yìqǐ chīfàn zěnme yàng?

내일 오후 6시에 수업이 끝나. 너는? 저녁에 함께 저녁 먹을래?

明天 míngtiān 명 내일 **几** jǐ 수 몇 **点** diǎn 명 시 **下课** xiàkè 동 수업이 끝나다
下午 xiàwǔ 명 오후 **晚上** wǎnshang 명 저녁

第17题

我打算下周去旅行。

Wǒ dǎsuan xiàzhōu qù lǚxíng.

나 다음 주에 여행을 갈 계획이야.

Lv. 4

哇！真羡慕你。去哪儿旅行啊?

Wā! Zhēn xiànmù nǐ. Qù nǎr lǚxíng a?

와! 정말 부럽다. 어디로 여행을 가?

Lv. 5~6

是吗? 我也打算下周去郊外旅行。你去哪儿旅行啊?

Shì ma? Wǒ yě dǎsuan xiàzhōu qù jiāowài lǚxíng.
Nǐ qù nǎr lǚxíng a?

그래? 나도 다음 주에 교외로 여행을 가는데. 너는 어디로 여행 가?

下周 xià zhōu 다음 주 **旅行** lǚxíng 명동 여행하다 **真** zhēn 부 정말
羡慕 xiànmù 동 부러워하다 **郊外** jiāowài 명 교외

第18题

我奶奶的生日快到了，送她什么礼物好呢?

Wǒ nǎinai de shēngrì kuài dào le, sòng tā shénme lǐwù hǎo ne?

할머니 생신이 곧 돌아오는데, 할머니께 어떤 선물을 드리면 좋을까?

Lv. 4

最近天气冷了，送条围巾吧。

Zuìjìn tiānqì lěng le, sòng tiáo wéijīn ba.

요즘 날씨가 추워졌으니, 목도리를 선물해 드려.

Lv. 5~6

现金怎么样？这样奶奶可以买自己需要的东西。

Xiànjīn zěnmeyàng? Zhèyàng nǎinai kěyǐ mǎi zìjǐ xūyào de dōngxi.

현금은 어때? 그러면 할머니께서 필요한 물건을 사실 수 있잖아.

奶奶 nǎinai 명 할머니 生日 shēngrì 명 생일 快…了 kuài …le 곧 ~하다
送 sòng 동 선물하다 礼物 lǐwù 명 선물 冷 lěng 형 춥다 条 tiáo 양 긴 것을 셀 때 씀
围巾 wéijīn 명 목도리 现金 xiànjīn 명 현금 这样 zhèyàng 대 이러하다
可以 kěyǐ 조동 ~할 수 있다 买 mǎi 동 사다 自己 zìjǐ 대 자신
需要 xūyào 동 필요로 하다 东西 dōngxi 명 물건

第19题

我们下星期几看那部电影好呢？

Wǒmen xià xīngqī jǐ kàn nà bù diànyǐng hǎo ne?

우리 다음 주 무슨 요일에 그 영화를 보면 좋을까?

Lv. 4

星期五晚上吧，那天我有时间。

Xīngqīwǔ wǎnshang ba, nàtiān wǒ yǒu shíjiān.

금요일 저녁에 보자. 그날 시간 있어.

Lv. 5~6

星期六晚上怎么样？我们边看电影边吃爆米花吧，我请客。

Xīngqīliù wǎnshang zěnmeyàng? Wǒmen biān kàn diànyǐng biān chī bàomǐhuā ba, wǒ qǐngkè.

토요일 저녁은 어때? 우리 영화 보면서 팝콘 먹자. 내가 살게.

下星期 xià xīngqī 다음 주 几 jǐ 수 몇 部 bù 양 영화, 서적 등을 셀 때 쓰임
电影 diànyǐng 명 영화 星期五 xīngqīwǔ 명 금요일 星期六 xīngqīliù 명 토요일
边…边… biān…biān… ~하면서 ~하다 爆米花 bàomǐhuā 팝콘
请客 qǐngkè 동 한턱 내다

第20题

这是今年新出的款式，试一下吧。

Zhè shì jīnnián xīn chū de kuǎnshì, shì yíxià ba.

이건 올해 새로 나온 스타일입니다. 한 번 입어 보세요.

Lv. 4

谢谢，正好是我喜欢的款式，有小号的吗？

Xièxie, zhènghǎo shì wǒ xǐhuan de kuǎnshì, yǒu xiǎo hào de ma?

고마워요. 딱 제가 좋아하는 스타일이네요. 작은 사이즈 있나요?

Lv. 5~6

谢谢，不过我不太喜欢这么短的，我再看看别的吧。

Xièxie, búguò wǒ bú tài xǐhuan zhème duǎn de, wǒ zài kànkan biéde ba.

고마워요. 그런데 저는 이렇게 짧은 건 별로 안 좋아해요. 다른 것 좀 볼게요.

款式 kuǎnshì 명 스타일 试 shì 동 시도하다 正好 zhènghǎo 형 딱 좋다
小号 xiǎohào 명 치수가 작은 것 不过 búguò 접 그런데 这么 zhème 대 이렇게
短 duǎn 형 짧다 别的 biéde 명 다른 것

제4부분 TSC® 기출문제

p. 203

第1题

学生时期给你留下印象最深刻的人是谁？请简单说说看。

Xuésheng shíqī gěi nǐ liúxià yìnxiàng zuì shēnkè de rén shì shéi? Qǐng jiǎndān shuōshuo kàn.

학생 시절에 당신에게 깊은 인상을 남긴 사람은 누구인가요? 간단히 말해 보세요.

Lv. 4

学生时期给我留下印象最深刻的人是我高中的语文老师。他不仅讲课讲得好，而且平时也特别关心学生，常常跟我们进行交流和沟通，对我们的学习和生活帮助很大。我永远忘不了那位老师。

Xuésheng shíqī gěi wǒ liúxià yìnxiàng zuì shēnkè de rén shì wǒ gāozhōng de yǔwén lǎoshī. Tā bùjǐn jiǎngkè jiǎng de hǎo, érqiě píngshí yě tèbié guānxīn xuésheng, chángcháng gēn wǒmen jìnxíng jiāoliú hé gōutōng, duì wǒmen de xuéxí hé shēnghuó bāngzhù hěn dà. Wǒ yǒngyuǎn wàng buliǎo nà wèi lǎoshī.

학생 시절 제게 깊은 인상을 남긴 사람은 고등학교 때 국어 선생님입니다. 그 분은 수업을 잘 가르치셨을 뿐만 아니라, 게다가 평소에도 학생에게 관심이 아주 많아 저희들과 교류하고 소통하려고 하셨고, 저희의 학업과 생활에 큰 도움을 주셨습니다. 저는 평생 그 선생님을 잊지 못할 것입니다.

Lv. 5~6

"惠敏"和尚是学生时期给我留下印象最深刻的人。他不仅是佛家弟子，而且还是当时很多畅销书的作者。上学的时候，我就是读了他写的书之后才体会到，原来纸上的文字也可以触动人心，带给人勇气。正是因为他我喜欢上了读书，所以他是学生时期对我影响最大的人。

"Huìmǐn" héshang shì xuésheng shíqī gěi wǒ liúxià yìnxiàng zuì shēnkè de rén. Tā bùjǐn shì fújiā dìzǐ, érqiě háishi dāngshí hěn duō chàngxiāo shū de zuòzhě. Shàngxué de shíhou, wǒ jiùshì dúle tā xiě de shū zhīhòu cái tǐhuì dào, yuánlái zhǐ shàng de wénzì yě kěyǐ chùdòng rénxīn, dài gěi rén yǒngqì. Zhèng shì yīnwèi tā wǒ xǐhuan shàngle dúshū, suǒyǐ tā shì xuésheng shíqī duì wǒ yǐngxiǎng zuì dà de rén.

'혜민' 스님은 제 학생 시절에 큰 영향을 끼친 분입니다. 그는 불교 제자일 뿐만 아니라, 게다가 당시 수많은 베스트셀러의 저자이기도 합니다. 학교 다닐 때 그가 쓴 책을 읽은 후, 종이 위의 글자도 사람의 마음을 움직이고 용기를 줄 수 있다는 것을 알게 되었습니다. 바로 그분으로 인해 책을 좋아하게 되었으므로, 그는 제 학생 시절에 가장 큰 영향을 끼친 사람입니다.

时期 shíqī 명 시기 留 liú 동 남기다 印象 yìnxiàng 명 인상 深刻 shēnkè 형 깊다
高中 gāozhōng 명 고등학교 语文 yǔwén 명 국어 讲课 jiǎngkè 동 강의하다
特别 tèbié 부 특히 主动 zhǔdòng 형 적극적이다 交流 jiāoliú 동 교류하다
沟通 gōutōng 동 소통하다 永远 yǒngyuǎn 부 영원히 忘 wàng 동 잊다
不了 buliǎo (술어 뒤에 쓰여) ~할 수 없다 和尚 héshang 명 스님 佛家 fújiā 명 불교
弟子 dìzǐ 명 제자 当时 dāngshí 명 당시 畅销书 chàngxiāoshū 베스트셀러 책
作者 zuòzhě 명 작가 体会 tǐhuì 동 체험하여 터득하다 原来 yuánlái 부 알고 보니
触动 chùdòng 동 불러일으키다 勇气 yǒngqì 명 용기

第2题

你想过自己做生意吗？请简单说说。

Nǐ xiǎngguo zìjǐ zuò shēngyi ma? Qǐng jiǎndān shuōshuo.

사업 해 볼 생각을 한 적이 있나요? 간단히 말해 보세요.

Lv. 4

我想过，我觉得可能大部分人都有过自己做生意的想法。因为自己做生意可以让生活更加充实，并且充满挑战。如果有机会的话，我想自己创业，经营一家属于自己的小店。

Wǒ xiǎngguo, wǒ juéde kěnéng dàbùfen rén dōu yǒuguo zìjǐ zuò shēngyi de xiǎngfǎ. Yīnwèi zìjǐ zuò shēngyi kěyǐ ràng shēnghuó gèngjiā chōngshí, bìngqiě chōngmǎn tiǎozhàn. Rúguǒ yǒu jīhuì dehuà, wǒ xiǎng zìjǐ chuàngyè, jīngyíng yì jiā shǔyú zìjǐ de xiǎodiàn.

생각해본 적 있습니다. 저는 아마 대부분의 사람이 자신의 사업을 할 생각을 갖고 있다고 생각합니다. 왜냐하면 사업을 하면 생활을 더 충실하게 만들 수 있고, 수많은 도전을 할 수 있기 때문입니다. 만약 기회가 된다면, 저는 창업을 해서 저만의 작은 가게를 하나 경영하고 싶습니다.

Lv. 5~6

我从来都没想过自己做生意。因为自己做生意的话，每天要考虑很多事情，而且生意场上竞争激烈，为了生存每天都要努力拼搏，我不喜欢冒险也不想给自己这么大的压力。所以我觉得稳定的工作、平淡的生活更适合我。

Wǒ cónglái dōu méi xiǎngguo zìjǐ zuò shēngyi. Yīnwèi zìjǐ zuò shēngyi dehuà, měitiān yào kǎolǜ hěn duō shìqing, érqiě shēngyichǎng shàng jìngzhēng jīliè, wèile shēngcún měitiān dōu yào nǔlì pīnbó, wǒ bù xǐhuan màoxiǎn yě bùxiǎng gěi zìjǐ zhème dà de yālì. Suǒyǐ wǒ juéde wěndìng de gōngzuò、píngdàn de shēnghuó gèng shìhé wǒ.

저는 지금까지 사업 해 볼 생각을 한 적이 없습니다. 왜냐하면 사업을 하면, 하루에도 여러 가지 생각을 해야 하는 데다 사업장의 경쟁도 치열하기 때문에, 살아남기 위해 매일 필사적으로 노력해야 합니다. 저는 모험하는 것을 싫어하며 스스로에게 이렇게 큰 스트레스를 주고 싶지도 않습니다. 그래서 저는 안정적인 직장, 평범한 생활이 저한테 잘 맞다고 생각합니다.

生意 shēngyi 명 사업, 장사 **可能** kěnéng 부 아마 **想法** xiǎngfǎ 명 생각
更加 gèngjiā 부 더욱 더 **充实** chōngshí 동 충실하게 하다 **并且** bìngqiě 접 또한
充满 chōngmǎn 동 가득하다 **挑战** tiǎozhàn 명 도전 **创业** chuàngyè 동 창업하다
经营 jīngyíng 동 경영하다 **属于** shǔyú 동 ~에 속하다 **小店** xiǎodiàn 작은 가게
事情 shìqing 명 일 **竞争** jìngzhēng 명 경쟁하다 **激烈** jīliè 형 치열하다
生存 shēngcún 동 생존하다 **拼搏** pīnbó 동 필사적으로 싸우다
冒险 màoxiǎn 동 모험하다 **稳定** wěndìng 형 안정하다 **平淡** píngdàn 형 평범하다

第3题

你喜欢吃快餐吗？请简单谈谈。

Nǐ xǐhuan chī kuàicān ma? Qǐng jiǎndān tántan.

패스트푸드를 즐겨 먹나요? 간단히 말해 보세요.

Lv. 4

我喜欢吃快餐，因为吃快餐又方便又便宜，味道也不错。虽然我也知道吃快餐对身体不好，但我不会做饭，我做的饭还不如快餐好吃。所以我懒得做饭，忙的时候常常吃快餐。

Wǒ xǐhuan chī kuàicān, yīnwèi chī kuàicān yòu fāngbiàn yòu piányi, wèidao yě búcuò. Suīrán wǒ yě zhīdao chī kuàicān duì shēntǐ bù hǎo, dàn wǒ búhuì zuòfàn, wǒ zuò de fàn hái bùrú kuàicān hǎochī. Suǒyǐ wǒ lǎn de zuòfàn, máng de shíhou chángcháng chī kuàicān.

저는 패스트푸드를 즐겨 먹습니다. 왜냐하면 패스트푸드를 먹는 것이 편리하고 저렴하며, 맛도 좋기 때문입니다. 비록 저도 패스트푸드를 먹는 것이 몸에 나쁘다는 것을 알고 있습니다. 하지만 저는 밥을 할 줄 모르고, 제가 만든 밥은 패스트푸드보다 맛이 없습니다. 그래서 저는 밥을 하기 귀찮거나 바쁠 때 종종 패스트푸드를 먹습니다.

Lv. 5~6

我不喜欢吃快餐。虽然吃快餐又方便又便宜，但快餐没什么营养，而且热量很高，常吃这样的东西对健康不好，所以我几乎不吃快餐。我觉得吃快餐真不如自己做点儿东西吃，又卫生又有营养。

Wǒ bù xǐhuan chī kuàicān. Suīrán chī kuàicān yòu fāngbiàn yòu piányi, dàn kuàicān méi shénme yíngyǎng, érqiě rèliàng hěn gāo, cháng chī zhèyàng de dōngxi duì jiànkāng bù hǎo, suǒyǐ wǒ jīhū bù chī kuàicān. Wǒ juéde chī kuàicān zhēn bùrú zìjǐ zuò diǎnr dōngxi chī, yòu wèishēng yòu yǒu yíngyǎng.

저는 패스트푸드를 즐겨 먹지 않습니다. 비록 패스트푸드를 먹는 것이 편리하고 저렴하지만, 패스트푸드는 영양가가 없고 게다가 칼로리도 높아서 이런 음식을 자주 먹으면 건강에 좋지 않습니다. 그래서 저는 거의 패스트푸드를 먹지 않습니다. 제 생각에 패스트푸드를 먹는 것은 깨끗하면서도 영양이 있는 제가 만든 음식 보다 못하다고 생각합니다.

快餐 kuàicān 명 패스트푸드 **方便** fāngbiàn 형 편리하다 **便宜** piányi 형 (값이) 싸다
味道 wèidao 명 맛 **对** duì 전 ~에 대하여 **不如** bùrú 동 ~만 못하다
懒 lǎn 형 게으르다 **时候** shíhou 명 때, 시간
没什么 méi shénme 그다지 ~하지 않다 **营养** yíngyǎng 명 영양
热量 rèliàng 명 칼로리 **健康** jiànkāng 형 건강하다 **几乎** jīhū 부 거의
觉得 juéde 동 ~라고 생각하다(여기다) **卫生** wèishēng 형 위생적이다

第4题

你参加过别人的毕业典礼吗？请简单谈一谈。

Nǐ cānjiāguo biéren de bìyè diǎnlǐ ma? Qǐng jiǎndān tán yi tán.

다른 사람의 졸업식에 참석해본 적이 있나요? 간단히 말해 보세요.

Lv. 4

是的，上个月我参加了朋友的毕业典礼。那天，我穿着正装，拿着一束花，去了朋友的学校，参观了他的毕业典礼。毕业典礼结束后我们还一起拍照留念了。

Shìde, shàng ge yuè wǒ cānjiāle péngyou de bìyè diǎnlǐ. Nàtiān, wǒ chuānzhe zhèngzhuāng, názhe yí shù huā, qùle péngyou de xuéxiào, cānguānle tā de bìyè diǎnlǐ. Bìyè diǎnlǐ jiéshù hòu wǒmen hái yìqǐ pāizhào liúniàn le.

네, 지난달에 저는 친구의 졸업식에 참석했습니다. 그날, 저는 정장을 입고 꽃 한 다발을 들고 친구의 학교에 가서 그의 졸업식을 보았습니다. 졸업식이 끝나고, 우리는 함께 기념으로 사진도 찍었습니다.

Lv. 5~6

我没参加过别人的毕业典礼。我连我自己大学、硕士毕业典礼都没参加，何况是别人的毕业典礼呢？我觉得既然拿到了毕业证，参不参加毕业典礼就无所谓了。感觉现在很多人一定要参加毕业典礼的想法都正在渐渐改变。

Wǒ méi cānjiāguo biéren de bìyè diǎnlǐ. Wǒ lián wǒ zìjǐ dàxué、shuòshì bìyè diǎnlǐ dōu méi cānjiā, hékuàng shì biéren de bìyè diǎnlǐ ne? Wǒ juéde jìrán nádàole bìyèzhèng, cān bu cānjiā bìyè diǎnlǐ jiù wúsuǒwèi le. Gǎnjué xiànzài hěn duō rén yídìng yào cānjiā bìyè diǎnlǐ de xiǎngfǎ dōu zhèngzài jiànjiàn gǎibiàn.

저는 다른 사람의 졸업식을 참석해본 적이 없습니다. 저는 저의 대학과 대학원 졸업식도 참석하지 않았는데, 하물며 다른 사람의 졸업식은 말할 것이 있겠나요? 저는 기왕에 졸업장은 받았으니, 졸업식에 참석하고 안 하고는 상관없다고 생각합니다. 요즘은 많은 사람들이 반드시 졸업식에 참석해야 된다는 생각을 점점 바꾸고 있다고 생각합니다.

参加 cānjiā 통 참가하다 **别人** biéren 다른 사람 **毕业典礼** bìyè diǎnlǐ 졸업식
上个月 shàng ge yuè 지난달 **正装** zhèngzhuāng 명 정장 **拿** ná 통 가지다
束 shù 양 다발, 묶음 **结束** jiéshù 통 끝나다 **拍照** pāizhào 통 사진을 찍다
留念 liúniàn 통 기념으로 남기다 **连…都…** lián…dōu… ~조차도 ~하다
硕士 shuòshì 명 석사 **何况…呢…** hékuàng…ne… 하물며 ~하겠는가
无所谓 wúsuǒwèi 통 상관없다 **渐渐** jiànjiàn 부 점차 **改变** gǎibiàn 통 변하다

第5题

做公休日计划时，你一般会参考天气预报吗？
请简单说说看。

Zuò gōngxiūrì jìhuà shí, nǐ yìbān huì cānkǎo tiānqì yùbào ma? Qǐng jiǎndān shuōshuo kàn.

휴일 계획을 세울 때 보통 일기 예보를 참고하나요? 간단히 말해 보세요.

Lv. 4

我一般不参考天气预报。因为天气预报不太准，而且不管天气好不好，公休日我一般都会出去玩。如果下雨或下雪，我会选择像电影院或咖啡厅这样的室内场所，不会受到天气的影响。

Wǒ yìbān bù cānkǎo tiānqì yùbào. Yīnwèi tiānqì yùbào bú tài zhǔn, érqiě bùguǎn tiānqì hǎo bu hǎo, gōngxiūrì wǒ yìbān dōu huì chūqù wán. Rúguǒ xiàyǔ huò xiàxuě, wǒ huì xuǎnzé xiàng diànyǐngyuàn huò kāfēitīng zhèyàng de shìnèi chǎngsuǒ, búhuì shòudào tiānqì de yǐngxiǎng.

저는 보통 일기 예보를 참고하지 않습니다. 왜냐하면 일기 예보가 잘 맞지 않는 데다, 날씨가 좋든 나쁘든 휴일에 보통 나가서 놀기 때문입니다. 만약 비나 눈이 온다면 영화관이나 커피숍 같은 실내 장소를 선택하므로, 날씨의 영향을 받지 않습니다.

Lv. 5~6

是的，我会参考天气预报。因为公休日我一般都出去进行户外活动。如果提前没看天气预报的话，赶上下雨整个计划都要取消。所以我每次做计划时，都会参考天气预报，看看有没有雨。如果下雨，我就安排室内活动；如果不下，我就安排户外活动。

Shìde, wǒ huì cānkǎo tiānqì yùbào. Yīnwèi gōngxiūrì wǒ yìbān dōu chūqù jìnxíng hùwài huódòng. Rúguǒ tíqián méi kàn tiānqì yùbào dehuà, gǎnshang xiàyǔ zhěnggè jìhuà dōu yào qǔxiāo. Suǒyǐ wǒ měi cì zuò jìhuà shí, dōu huì cānkǎo tiānqì yùbào, kànkan yǒu mei yǒu yǔ. Rúguǒ xiàyǔ, wǒ jiù ānpái shìnèi huódòng; rúguǒ bú xià, wǒ jiù ānpái hùwài huódòng.

네. 저는 일기 예보를 참고합니다. 왜냐하면 휴일에 보통 야외 활동을 하러 나가기 때문입니다. 만약 미리 일기 예보를 보지 않았는데 비가 오면 모든 계획을 취소해야 합니다. 그래서 저는 계획을 세울 때마다 비가 오는지 안 오는지 일기 예보를 참고합니다. 만약 비가 오면 실내 활동을 계획하고, 만약 비가 오지 않는다면 야외 활동을 세웁니다.

公休日 gōngxiūrì 공휴일 **计划** jìhuà 통 계획하다 **一般** yìbān 부 보통이다
参考 cānkǎo 통 참고하다 **天气预报** tiānqì yùbào 일기 예보
因为 yīnwèi 접 왜냐하면 **准** zhǔn 형 정확하다 **如果** rúguǒ 접 만약
选择 xuǎnzé 통 선택하다 **电影院** diànyǐngyuàn 명 영화관
咖啡厅 kāfēitīng 명 커피숍 **室内** shìnèi 명 실내 **场所** chǎngsuǒ 명 장소
进行 jìnxíng 통 진행하다 **户外** hùwài 야외 **活动** huódòng 명 활동
赶上 gǎnshang 통 만나다 **整个** zhěnggè 형 전부 **取消** qǔxiāo 통 취소하다

第6题

你周围去国外留过学的人多吗？请简单说一说。

Nǐ zhōuwéi qù guówài liúguo xué de rén duō ma? Qǐng jiǎndān shuō yi shuō.

주변에 외국으로 유학을 다녀온 사람이 많나요? 간단히 말해 보세요.

Lv. 4

不太多，我周围的朋友都在国内学习、工作只有一、两个朋友留过学。去国外留学好是好，但要花很多钱，经济负担比较大，所以我周围的人大部分都选择在国内学习。

Bú tài duō, wǒ zhōuwéi de péngyou dōu zài guónèi xuéxí、gōngzuò zhǐyǒu yī、liǎng ge péngyou liúguo xué. Qù guówài liúxué hǎo shì hǎo, dàn yào huā hěn duō qián, jīngjì fùdān bǐjiào dà, suǒyǐ wǒ zhōuwéi de rén dàbùfen dōu xuǎnzé zài guónèi xuéxí.

그다지 많지 않습니다. 제 주변 친구들은 다 국내에서 공부하거나 일하고 한두 명의 친구만 유학을 다녀왔습니다. 외국으로 유학을 가는 것은 좋기는 좋지만, 돈이 많이 들고 경제적 부담이 비교적 큽니다. 그래서 제 주변 사람은 대부분 국내에서 공부하기로 선택했습니다.

Lv. 5~6

比较多。因为韩国的父母很重视孩子的外语教育，只要家庭条件允许的话，很多父母都把孩子送到国外去留学，所以我周围这样的人比较多。以前去欧美国家留学的人多，最近随着中国经济的发展，选择去中国留学的人越来越多。我觉得有留学经历的人，不但外语说得很流利，而且见识也广。

Bǐjiào duō. Yīnwèi Hánguó de fùmǔ hěn zhòngshì háizi de wàiyǔ jiàoyù, zhǐyào jiātíng tiáojiàn yǔnxǔ dehuà, hěn duō fùmǔ dōu bǎ háizi sòngdào guówài qù liúxué, suǒyǐ wǒ zhōuwéi zhèyàng de rén bǐjiào duō. Yǐqián qù Ōu-Měi guójiā liúxué de rén duō, zuìjìn suízhe Zhōngguó jīngjì de fāzhǎn, xuǎnzé qù Zhōngguó liúxué de rén yuè lái yuè duō. Wǒ juéde yǒu liúxué jīnglì de rén, búdàn wàiyǔ shuō de hěn liúlì, érqiě jiànshi yě guǎng.

많은 편입니다. 왜냐하면 한국 부모는 자녀의 외국어 교육을 중요시해서 집안 형편만 허락한다면 많은 부모가 자녀를 외국으로 유학을 보내기 때문에, 제 주변에는 이러한 사람이 비교적 많습니다. 과거에는 유럽이나 미국으로 유학을 가는 사람이 많았는데, 최근 중국 경제가 발전함에 따라 중국으로 유학 가는 것을 선택하는 사람들이 점점 많아지고 있습니다. 저는 유학 경험이 있는 사람이 외국어를 유창하게 구사할 뿐만 아니라, 식견도 넓다고 생각합니다.

周围 zhōuwéi 명 주변 **国外** guówài 명 외국 **留学** liúxué 통 유학하다
国内 guónèi 명 국내 **经济** jīngjì 명 경제 **负担** fùdān 명 부담 **比较** bǐjiào 부 비교적
重视 zhòngshì 통 중시하다 **外语** wàiyǔ 명 외국어 **教育** jiàoyù 명 교육
只要 zhǐyào 접 ~하기만 하면 **家庭** jiātíng 명 가정 **条件** tiáojiàn 명 조건
允许 yǔnxǔ 통 허락하다 **以前** yǐqián 명 이전 **欧美** Ōu-Měi 유럽과 아메리카
随着 suízhe 전 ~에 따라 **发展** fāzhǎn 명 발전 **越来越** yuè lái yuè 점점 더 ~하다
经历 jīnglì 명 경험 **流利** liúlì 형 유창하다 **见识** jiànshi 명 식견, 견문
广 guǎng 형 넓다

第7题

你一般用什么方法来消除或缓解压力？请简单说一说。

Nǐ yìbān yòng shénme fāngfǎ lái xiāochú huò huǎnjiě yālì? Qǐng jiǎndān shuō yi shuō.

당신은 보통 어떤 방법으로 스트레스를 해소하거나 완화시키나요? 간단히 말해 보세요.

Lv. 4

我一般通过运动来消除压力。压力大的时候，我就去健身房。剧烈运动后，会出很多汗，感觉很爽，然后再洗个热水澡，所有的压力都一扫而光了。

Wǒ yìbān tōngguò yùndòng lái xiāochú yālì. Yālì dà de shíhou, wǒ jiù qù jiànshēnfáng. Jùliè yùndòng hòu, huì chū hěn duō hàn, gǎnjué hěn shuǎng, ránhòu zài xǐ ge rèshuǐ zǎo, suǒyǒu de yālì dōu yìsǎoérguāng le.

저는 보통 운동으로 스트레스를 해소합니다. 스트레스가 심할 때면 저는 헬스 클럽에 갑니다. 격렬한 운동을 하면 땀이 많이 나고 시원한 기분이 듭니다. 그런 다음 다시 따뜻한 물에 목욕을 하면 모든 스트레스가 다 없어집니다.

Lv. 5~6

每当感到压力比较大的时候，我就会通过做自己喜欢的事来缓解压力。比如做做手工、练练书法、看看书等。做这些事的时候，我会非常集中，什么也不想。做着做着不知不觉心情就好了，压力就没了。

Měi dāng gǎndào yālì bǐjiào dà de shíhou, wǒ jiù huì tōngguò zuò zìjǐ xǐhuan de shì lái huǎnjiě yālì. Bǐrú zuòzuo shǒugōng、liànlian shūfǎ, kànkan shū děng. Zuò zhèxiē shìde shíhou, wǒ huì fēicháng jízhōng, shénme yě bùxiǎng. Zuòzhe zuòzhe bùzhībùjué xīnqíng jiù hǎo le, yālì jiù méi le.

스트레스를 심하게 받을 때마다 저는 제가 좋아하는 일을 하면서 스트레스를 풉니다. 예를 들어 수공예품을 만들거나, 서예 연습을 하거나 책을 보는 것과 같은 일입니다. 이러한 일을 할 때면 매우 집중을 해서 아무것도 생각 나지 않습니다. 하다 보면 어느새 기분이 좋아져 스트레스가 없어집니다.

消除 xiāochú 동 해소하다 运动 yùndòng 명 운동
健身房 jiànshēnfáng 명 헬스클럽 剧烈 jùliè 형 격렬하다 感觉 gǎnjué 동 느끼다
爽 shuǎng 형 상쾌하다 然后 ránhòu 접 그런 다음에 洗澡 xǐzǎo 동 목욕하다
热水 rèshuǐ 명 따뜻한 물 所有 suǒyǒu 형 모든
一扫而光 yìsǎoérguāng 완전히 깨끗하게 쓸어 없애다 比如 bǐrú 동 예를 들다
手工 shǒugōng 명 수공 练 liàn 동 연습하다 书法 shūfǎ 명 서예
集中 jízhōng 동 집중하다 不知不觉 bùzhībùjué 모르는 사이에

第8题

你买手机、电脑等电子产品后，一般会用很长时间吗？请简单说一说。

Nǐ mǎi shǒujī、diànnǎo děng diànzǐ chǎnpǐn hòu, yìbān huì yòng hěn cháng shíjiān ma? Qǐng jiǎndān shuō yi shuō.

당신은 휴대전화나 컴퓨터 같은 전자 제품을 구입한 후, 보통 얼마나 사용하나요? 간단히 말해 보세요.

Lv. 4

一般我买的手机大概能用两三年，电脑用的时间更长。电子产品的价钱不便宜，而且常买电子产品也是一种浪费，所以我买了电子产品后一般都会用很长时间。

Yìbān wǒ mǎi de shǒujī dàgài néng yòng liǎng-sān nián, diànnǎo yòng de shíjiān gèng cháng. Diànzǐ chǎnpǐn de jiàqián bù piányi, érqiě cháng mǎi diànzǐ chǎnpǐn yě shì yì zhǒng làngfèi, suǒyǐ wǒ mǎile diànzǐ chǎnpǐn hòu yìbān dōu huì yòng hěn cháng shíjiān.

보통 저는 휴대전화를 사면 대략 이삼 년을 사용하고, 컴퓨터는 더 오래 사용합니다. 전자 제품은 가격이 싸지 않은 데다 자주 전자 제품을 사는 것도 낭비라서, 저는 전자 제품을 사면 보통 오랫동안 사용하는 편입니다.

Lv. 5~6

我买手机、电脑等电子产品后，一般使用的时间都不长。电脑差不多两年、手机差不多一年我就会买新的。因为电子产品使用时间长的话，速度、性能都会下降，影响使用效果。所以我平均一到两年买一次电子产品。

Wǒ mǎi shǒujī、diànnǎo děng diànzǐ chǎnpǐn hòu, yìbān shǐyòng de shíjiān dōu bù cháng. Diànnǎo chàbuduō liǎng nián、shǒujī chàbuduō yì nián wǒ jiù huì mǎi xīn de. Yīnwèi diànzǐ chǎnpǐn shǐyòng shíjiān cháng dehuà, sùdù、xìngnéng dōu huì xiàjiàng, yǐngxiǎng shǐyòng xiàoguǒ. Suǒyǐ wǒ píngjūn yí dào liǎng nián mǎi yí cì diànzǐ chǎnpǐn.

저는 휴대전화나 컴퓨터 같은 전자 제품을 산 후, 보통 오래 사용하지 않습니다. 컴퓨터는 2년, 휴대전화는 1년 정도면 새로운 것을 삽니다. 왜냐하면 전자 제품을 오래 사용하면 속도와 성능이 떨어지고 사용 효과에 영향을 끼치기 때문입니다. 그래서 저는 평균 일이 년에 한 번 전자 제품을 구입합니다.

手机 shǒujī 명 휴대전화 电脑 diànnǎo 명 컴퓨터
电子产品 diànzǐ chǎnpǐn 전자 제품 大概 dàgài 부 대략 更 gèng 부 더욱
价钱 jiàqián 명 가격 便宜 piányi 형 (값이) 싸다 浪费 làngfèi 동 낭비하다
使用 shǐyòng 명동 사용(하다) 差不多 chàbuduō 부 거의 速度 sùdù 명 속도
性能 xìngnéng 명 성능 下降 xiàjiàng 동 떨어지다 影响 yǐngxiǎng 동 영향을 주다
效果 xiàoguǒ 명 효과 平均 píngjūn 부 평균적으로

第9题

你喜欢追求流行，把自己打扮得很时尚吗？请简单谈谈看。

Nǐ xǐhuan zhuīqiú liúxíng, bǎ zìjǐ dǎban de hěn shíshàng ma? Qǐng jiǎndān tántan kàn.

당신은 유행을 좇아 자신을 세련되게 꾸미는 것을 좋아하나요? 간단히 말해 보세요.

Lv. 4

是的，我喜欢追求流行，把自己打扮得很时尚。我经常看时尚杂志，研究女明星的穿着。俗话说“人靠衣裳马靠鞍”嘛！我觉得时尚的穿着打扮能体现我的个性。

Shìde, wǒ xǐhuan zhuīqiú liúxíng, bǎ zìjǐ dǎban de hěn shíshàng. Wǒ jīngcháng kàn shíshàng zázhì, yánjiū nǚ míngxīng de chuānzhuó. Súhuà shuō “rén kào yīshang mǎ kào ān” ma! Wǒ juéde shíshàng de chuānzhuó dǎban néng zhì tǐxiàn wǒ de gèxìng.

네. 저는 유행을 좇아 자신을 세련되게 꾸미는 것을 좋아합니다. 항상 패션 잡지를 보고, 여자 연예인의 옷차림을 연구합니다. 속담에 '사람은 옷에 의지하고, 말은 안장에 의지한다'라는 말이 있습니다. 저는 세련된 차림새가 제 개성을 표현해 주리라 생각합니다.

Lv. 5~6

虽然我也重视穿着打扮，但我不会追求流行。我觉得流行的不见得是适合自己的，要找到真正属于自己的风格，这样的打扮才能给别人留下好印象，让人感觉很舒服。而且我觉得流行的东西很快就会过时，追求流行的话，很浪费钱。

Suīrán wǒ yě zhòngshì chuānzhuó dǎban, dàn wǒ búhuì zhuīqiú liúxíng. Wǒ juéde liúxíng de bújiàndé shì shìhé zìjǐ de, yào zhǎodào zhēnzhèng shǔyú zìjǐ de fēnggé, zhèyàng de dǎban cái néng gěi biéren liúxià hǎo yìnxiàng, ràng rén gǎnjué hěn shūfu. Érqiě wǒ juéde liúxíng de dōngxi hěn kuài jiù huì guòshí, zhuīqiú liúxíng dehuà, hěn làngfèi qián.

저도 차림새에 신경을 쓰긴하지만, 유행을 좇아 세련되게 꾸미지는 않습니다. 저는 유행하는 것이 반드시 자신에게 맞는 것은 아니라고 생각합니다. 진정한 자신만의 스타일을 찾아 꾸며야 다른 사람에게 좋은 인상을 주고 편안하게 해 줍니다. 게다가 저는 유행하는 것은 시기가 빨리 지나버려, 유행을 좇는 것은 돈 낭비라고 생각합니다.

追求 zhuīqiú 동 추구하다 **流行** liúxíng 명 유행 **打扮** dǎban 동 꾸미다
时尚 shíshàng 명 유행, 패션 **杂志** zázhì 명 잡지 **研究** yánjiū 동 연구하다
明星 míngxīng 명 연예인 **穿着** chuānzhuó 명 옷차림 **俗话** súhuà 명 속담
人靠衣裳马靠鞍 rén kào yīshang mǎ kào ān 사람은 옷에 의지하고, 말은 안장에 의지한다 **穿着打扮** chuānzhuó dǎban 옷차림새 **增添** zēngtiān 동 더하다
气质 qìzhì 명 마음가짐 **体现** tǐxiàn 동 구체적으로 드러내다 **个性** gèxìng 명 개성
重视 zhòngshì 동 중시하다 **不见得** bújiàndé 부 반드시 ~하지는 않다
真正 zhēnzhèng 형 진정한 **属于** shǔyú 동 ~에 속하다 **风格** fēnggé 명 품격
留 liú 동 남기다 **舒服** shūfu 형 편안하다 **过时** guòshí 동 유행이 지나다

第10题

你常去咖啡店吗？请简单说说看。

Nǐ cháng qù kāfēidiàn ma? Qǐng jiǎndān shuōshuo kàn.

당신은 커피숍에 자주 가나요? 간단히 말해 보세요.

Lv. 4

是的，我常去咖啡店。我家附近就有几家很有特色的咖啡厅。见朋友、学习、一个人无聊时，我都会去那儿坐坐。我喜欢咖啡的香味和咖啡厅轻松、舒适的氛围。

Shìde, wǒ cháng qù kāfēidiàn. Wǒ jiā fùjìn jiù yǒu jǐ jiā hěn yǒu tèsè de kāfēitīng. Jiàn péngyou、xuéxí、yí ge rén wúliáo shí, wǒ dōu huì qù nàr zuòzuo. Wǒ xǐhuan kāfēi de xiāngwèi hé kāfēitīng qīngsōng、shūshìde fēnwéi.

네. 저는 커피숍에 자주 갑니다. 저희 집 근처에는 특색 있는 커피숍이 여러 군데 있습니다. 친구와의 만남, 공부, 혼자 심심할 때면 그곳에 가서 앉아 있습니다. 저는 커피 향과 커피숍의 여유롭고 편안한 분위기를 좋아합니다.

Lv. 5~6

我不常去咖啡店。一方面，我觉得咖啡厅里人很多，有点儿吵，而且空气也不好，我不喜欢这样的环境。另一方面，我觉得咖啡店的消费很高，随随便便点一杯咖啡也要几千韩币，太贵了。所以没什么事的话，我一般不去咖啡厅。

Wǒ bù cháng qù kāfēidiàn. Yì fāngmiàn, wǒ juéde kāfēitīng lǐ rén hěn duō, yǒudiǎnr chǎo, érqiě kōngqì yě bù hǎo, wǒ bù xǐhuan zhèyàng de huánjìng. Lìng yì fāngmiàn, wǒ juéde kāfēidiàn de xiāofèi hěn gāo, suísuíbiànnbiàn diǎn yì bēi kāfēi yě yào jǐ qiān Hánbì, tài guì le. Suǒyǐ méi shénme shì dehuà, wǒ yìbān bú qù kāfēitīng.

저는 커피숍에 자주 가지 않습니다. 커피숍에는 사람이 많아 조금 소란스러울 뿐만 아니라 공기도 나빠서 저는 이러한 환경을 좋아하지 않습니다. 다른 하나는 커피숍의 비용이 높다고 생각하는데, 마음 내키는 대로 커피 한 잔을 주문하는 데도 몇 천 원이 드니, 너무 비쌉니다. 그래서 별일이 없으면 평소에 커피숍에 가지 않습니다.

咖啡店 kāfēidiàn 명 커피숍 **家** jiā 양 가게, 기업 등을 셀 때 쓰임 **特色** tèsè 명 특색
无聊 wúliáo 형 심심하다 **咖啡** kāfēi 명 커피 **香味** xiāngwèi 명 향기
轻松 qīngsōng 형 홀가분하다 **舒适** shūshì 형 편안하고 한가롭다
氛围 fēnwéi 명 분위기 **吵** chǎo 형 시끄럽다 **环境** huánjìng 명 환경
消费 xiāofèi 동 소비하다 **随便** suíbiàn 형 마음대로 **点** diǎn 동 주문하다
杯 bēi 양 잔 **韩币** Hánbì 한국 돈

第11题

每个月你花的电话费多不多？请简单说说。

Měi ge yuè nǐ huā de diànhuàfèi duō bu duō?
Qǐng jiǎndān shuōshuo.

매달 전화 요금을 얼마나 쓰나요? 간단히 말해 보세요.

Lv. 4

我每个月花的电话费不多。我一般只用手机接、打电话和发短信。打电话时我也只说重点，尽量缩短通话时间。还有我不怎么上网，也不玩游戏什么的，所以每个月的电话费不多。

Wǒ měi ge yuè huā de diànhuàfèi bù duō. Wǒ yìbān zhǐ yòng shǒujī jiē、dǎ diànhuà hé fā duǎnxìn. Dǎ diànhuà shí wǒ yě zhǐ shuō zhòngdiǎn, jǐnliàng suōduǎn tōnghuà shíjiān. Háiyǒu wǒ bù zěnme shàngwǎng, yě bù wán yóuxì shénme de, suǒyǐ měi ge yuè de diànhuàfèi bù duō.

저는 매달 쓰는 전화 요금이 많지 않습니다. 보통 휴대전화로는 전화를 걸거나 받고, 문자를 보내기만 합니다. 전화를 할 때도 저는 요점만 얘기해 최대한 통화 시간을 줄입니다. 그리고 저는 인터넷도 별로 하지 않고 게임 같은 것도 하지 않아서, 매달 전화 요금이 많이 나오지 않습니다.

Lv. 5~6

我每个月花的电话费比较多。平时除了接、打电话和发短信以外，我还常常用手机处理工作上的业务，比如查资料、给客户发邮件什么的。不忙的时候，也会用手机上网、看电影、听音乐、跟朋友视频聊天什么的，所以我每个月的电话费比较多。

Wǒ měi ge yuè huā de diànhuà fèibǐjiào duō. Píngshí chúle jiē、dǎ diànhuà hé fā duǎnxìn yǐwài, wǒ hái chángcháng yòng shǒujī chǔlǐ gōngzuò shàng de yèwù, bǐrú chá zīliào, gěi kèhù fā yóujiàn shénme de. Bù máng de shíhou, yě huì yòng shǒujī shàngwǎng、kàn diànyǐng、tīng yīnyuè、gēn péngyou shìpín liáotiān shénme de, suǒyǐ wǒ měi ge yuè de diànhuàfèi bǐjiào duō.

저는 매달 전화 요금을 많이 쓰는 편입니다. 평소에 전화를 받거나 걸고 메시지를 보내는 것 외에, 자주 휴대전화로 업무상의 일을 처리합니다. 예를 들면 자료를 찾거나 고객에서 이메일을 보내는 것과 같은 것입니다. 바쁘지 않을 때도 휴대전화로 인터넷을 하고, 영화를 보거나 음악을 듣고 친구들과 영상 통화를 합니다. 그래서 저는 매달 전화 요금이 많이 나오는 편입니다.

花 huā 동 (돈을) 쓰다 **电话费** diànhuàfèi 전화비 **接电话** jiē diànhuà 전화를 받다
打电话 dǎ diànhuà 전화를 걸다 **发短信** fā duǎnxìn 메시지를 보내다
缩短 suōduǎn 동 줄이다 **通话** tōnghuà 명 통화 **游戏** yóuxì 명 게임
处理 chǔlǐ 동 처리하다 **比如** bǐrú 동 예를 들다 **查** chá 동 찾아보다
资料 zīliào 명 자료 **客户** kèhù 명 고객 **发邮件** fā yóujiàn 이메일을 보내다
视频聊天 shìpín liáotiān 영상 통화

第12题

旅游时，你一般提前做好计划吗？请简单谈谈。

Lǚyóu shí, nǐ yìbān tíqián zuòhǎo jìhuà ma?
Qǐng jiǎndān tántan.

당신은 여행을 할 때 보통 미리 계획을 세워 놓는 편인가요?
간단히 말해 보세요.

Lv. 4

是的，旅游时我会提前做好计划。我一般会提前上网查查当地有名的旅游景点、有特色的美食等等，然后制定出旅游路线。我觉得不提前做好计划旅游时会很浪费时间。

Shìde, lǚyóu shí wǒ huì tíqián zuòhǎo jìhuà. Wǒ yìbān huì tíqián shàngwǎng cháchá dāngdì yǒumíng de lǚyóu jǐngdiǎn、yǒu tèsè de měishí děngděng, ránhòu zhìdìng chū lǚyóu lùxiàn. Wǒ juéde bù tíqián zuòhǎo jìhuà lǚyóu shí huì hěn làngfèi shíjiān.

네. 저는 여행을 할 때 미리 계획을 세워 놓습니다. 보통 사전에 인터넷에서 그곳의 유명한 관광지와 특색 있는 음식 등을 찾아본 후에, 여행 코스를 정합니다. 저는 계획을 세워 놓지 않고 여행을 하면 시간을 낭비하는 것이라고 생각합니다.

Lv. 5~6

旅游时，除了提前订好酒店和机票以外，我一般不做计划。我觉得旅行就是为了消除压力，如果旅行时还要按照计划，那就起不到消除压力的作用了。所以我旅行时，想去哪儿就去哪儿，想在一个地方呆几天就呆几天，没有计划，感觉很轻松。

Lǚyóu shí, chúle tíqián dìnghǎo jiǔdiàn hé jīpiào yǐwài, wǒ yìbān bú zuò jìhuà. Wǒ juéde lǚxíng jiùshì wèile xiāochú yālì, rúguǒ lǚxíng shí hái yào ànzhào jìhuà, nà jiù qǐ bu dào xiāochú yālì de zuòyòng le. Suǒyǐ wǒ lǚxíng shí, xiǎng qù nǎr jiù qù nǎr, xiǎng zài yí ge dìfang dāi jǐ tiān jiù dāi jǐ tiān, méiyǒu jìhuà, gǎnjué hěn qīngsōng.

여행을 할 때 호텔과 비행기 표를 미리 예약하는 것 외에, 보통 계획을 세우지 않습니다. 저는 여행이 스트레스를 해소하기 위한 것이라고 생각하는데, 만약 여행을 할 때도 계획대로 해야 한다면 스트레스를 해소하는 역할을 하지 못할 것입니다. 그래서 저는 여행을 할 때 가고 싶은 곳이면 어디든 가고, 한 곳에 여러 날 머무르고 싶으면 여러 날 머무릅니다. 계획이 없는 것이 홀가분합니다.

提前 tíqián 동 앞당기다 **计划** jìhuà 동 계획하다 **当地** dāngdì 명 현지
有名 yǒumíng 형 유명하다 **景点** jǐngdiǎn 명 명승지 **特色** tèsè 명 특색
美食 měishí 명 맛있는 음식 **制定** zhìdìng 동 세우다 **路线** lùxiàn 명 노선
浪费 làngfèi 동 낭비하다 **订** dìng 동 예약하다 **机票** jīpiào 비행기 티켓
消除 xiāochú 동 해소하다 **如果** rúguǒ 접 만약 **按照** ànzhào 전 ~에 따라
起不到 qǐ bu dào 작용하지 못하다 **作用** zuòyòng 명 작용 **呆** dāi 동 머무르다
轻松 qīngsōng 형 홀가분하다

제5부분 TSC® 기출문제

p. 264

第1题

有些人高中毕业后不上大学，而是马上找工作。
对此你怎么看？

Yǒuxiē rén gāozhōng bìyè hòu bú shàng dàxué, érshì mǎshàng zhǎo gōngzuò. Duì cǐ nǐ zěnme kàn?

어떤 사람들은 고등학교를 졸업한 후 대학에 가지 않고, 바로 취업을 합니다. 이에 대해 어떻게 생각하나요?

Lv. 4~6

我觉得高中毕业后应该先上大学。因为上大学不但可以学习专业知识，提高个人的文化水平，还可以培养能力，结交更多的朋友。这是人生中最宝贵的经历。大学毕业后再找工作也不晚，而且比高中毕业后找的工作更好。所以我觉得先上大学比较好。

Wǒ juéde gāozhōng bìyè hòu yīnggāi xiān shàng dàxué. Yīnwèi shàng dàxué búdàn kěyǐ xuéxí zhuānyè zhīshi, tígāo gèrén de wénhuà shuǐpíng, hái kěyǐ péiyǎng nénglì, jiéjiāo gèng duō de péngyou. Zhè shì rénshēng zhōng zuì bǎoguì de jīnglì. Dàxué bìyè hòu zài zhǎo gōngzuò yě bù wǎn, érqiě bǐ gāozhōng bìyè hòu zhǎo de gōngzuò gèng hǎo. Suǒyǐ wǒ juéde xiān shàng dàxué bǐjiào hǎo.

저는 고등학교를 졸업하면 우선 대학에 가야 한다고 생각합니다. 왜냐하면 대학에 가면 전문 지식을 배우고 개인의 문화 수준을 향상시킬 수 있을 뿐만 아니라 능력을 기르고 더 많은 친구를 사귈 수 있기 때문입니다. 이것은 인생에서 가장 값진 경험입니다. 대학 졸업 후에 다시 취업을 해도 늦지 않고 고등학교를 졸업하고 직장을 구하는 것보다 더 좋습니다. 그래서 저는 먼저 대학에 진학하는 게 좋다고 생각합니다.

Lv. 4~6

我认为如果真的对学习没有兴趣的话，高中毕业后马上找工作也没问题。早些步入社会，能积累更多的社会经验和人脉，让自己很快地成熟起来。而且还可以早些减轻父母的经济负担，让自己变得更独立。所以我觉得只要选择好适合自己走的人生道路，高中毕业后即使不上大学，也同样会取得成功的。

Wǒ rènwéi rúguǒ zhēn de duì xuéxí méiyǒu xìngqù dehuà, gāozhōng bìyè hòu mǎshàng zhǎo gōngzuò yě méi wèntí. Zǎo xiē bùrù shèhuì, néng jīlěi gèng duō de shèhuì jīngyàn hé rénmài, ràng zìjǐ hěn kuài de chéngshú qǐlái. Érqiě hái kěyǐ zǎo xiē jiǎnqīng fùmǔ de jīngjì fùdān, ràng zìjǐ biàn de gèng dúlì. Suǒyǐ wǒ juéde zhǐyào xuǎnzé hǎo shìhé zìjǐ zǒu de rénshēng dàolù, gāozhōng bìyè hòu jíshǐ bú shàng dàxué, yě tóngyàng huì qǔdé chénggōng de.

저는 정말 공부에 흥미가 없다면 고등학교를 졸업하고 바로 취업을 하는 것도 문제없다고 생각합니다. 일찍 사회에 진출하면 더 많은 사회 경험과 인맥을 쌓을 수 있고 자신을 좀 더 빨리 성숙하게 만들 수 있습니다. 게다가 일찍 부모님의 경제적인 부담을 덜고 자신을 더 독립적으로 만들 수 있습니다. 그래서 저는 자신에게 맞는 인생의 길을 잘 선택하기만 한다면 고등학교를 졸업하고 설령 대학에 가지 않는다 하더라도 성공할 수 있다고 생각합니다.

高中 gāozhōng 명 고등학교 **毕业** bìyè 동 졸업하다 **专业** zhuānyè 명 전문, 전공
提高 tígāo 동 향상시키다 **水平** shuǐpíng 명 수준 **修养** xiūyǎng 명 교양
培养 péiyǎng 동 양성하다 **独立** dúlì 형 독립적이다 **宝贵** bǎoguì 형 귀중하다
步入 bùrù 동 들어가다 **人脉** rénmài 명 인맥 **减轻** jiǎnqīng 동 덜다
负担 fùdān 명 부담

第2题

你认为在学习的过程和学习的结果这两者中，
哪个更重要？请谈谈你的想法。

Nǐ rènwéi zài xuéxí de guòchéng hé xuéxí de jiéguǒ zhè liǎngzhě zhōng, nǎge gèng zhòngyào? Qǐng tántan nǐ de xiǎngfǎ.

당신은 배움의 과정과 결과 두 가지 중, 어느 것이 더 중요하다고 생각하나요? 당신의 생각을 말해 보세요.

Lv. 4~6

我认为学习的过程更重要。因为“过程决定结果”，如果过程中努力的话，结果也不会差。而且在学习的过程中，不但能发现自己的长处，还可以发现自己的问题和不足，及时改正这些问题，人才会进步。所以我觉得过程比结果更重要。

Wǒ rènwéi xuéxí de guòchéng gèng zhòngyào. Yīnwèi “guòchéng juédìng jiéguǒ”, rúguǒ guòchéng zhōng nǔlì dehuà, jiéguǒ yě búhuì chà. Érqiě zài xuéxí de guòchéng zhōng, búdàn néng fāxiàn zìjǐ de chángchù, hái kěyǐ fāxiàn zìjǐ de wèntí hé bùzú, jíshí gǎizhèng zhèxiē wèntí, rén cái huì jìnbù. Suǒyǐ wǒ juéde guòchéng bǐ jiéguǒ gèng zhòngyào.

저는 배움의 과정이 더 중요하다고 생각합니다. 왜냐하면 과정이 결과를 결정하기 때문입니다. 만약 그 과정에서 열심히 했다면 결과 또한 나쁘지 않을 것입니다. 게다가 배움의 과정에서 자신의 장점을 발견할 수 있을 뿐만 아니라 자신의 문제점과 부족한 점을 발견할 수 있는데, 제때 이러한 문제를 바로잡아야 사람이 발전할 수 있습니다. 그래서 저는 과정이 결과보다 더 중요하다고 생각합니다.

Lv. 4~6

我认为学习的结果比过程更重要。首先，学习过程通过结果能看出来。如果你过程中努力了当然你的结果会好，通过结果就能知道过程。其次，现在的社会是个重视结果而不是过程的社会。不管是升学还是毕业后找工作，大家看的都是成绩，也就是学习的结果。如果结果不好，过程再好也没有意义。所以我认为学习的结果比学习的过程更重要。

Wǒ rènwéi xuéxí de jiéguǒ bǐ guòchéng gèng zhòngyào. Shǒuxiān, xuéxí guòchéng tōngguò jiéguǒ néng kàn chūlái. Rúguǒ nǐ guòchéng zhōng nǔlìle dāngrán nǐ de jiéguǒ huì hǎo, tōngguò jiéguǒ jiù néng zhīdao guòchéng. Qícì, xiànzài de shèhuì shì ge zhòngshì jiéguǒ ér búshì guòchéng de shèhuì. Bùguǎn shì shēngxué háishi bìyè hòu zhǎo gōngzuò, dàjiā kàn de dōu shì chéngjì, yě jiùshì xuéxí de jiéguǒ. Rúguǒ jiéguǒ bù hǎo, guòchéng zài hǎo yě méiyǒu yìyì. Suǒyǐ wǒ rènwéi xuéxí de jiéguǒ bǐ xuéxí de guòchéng gèng zhòngyào.

저는 배움의 결과가 과정보다 더 중요하다고 생각합니다. 첫째, 배움의 과정은 결과를 통해서 알 수 있습니다. 만약 당신이 배움의 과정에서 열심히 했다면 당연히 결과가 좋을 것이니 결과를 통해 과정을 알 수 있습니다. 둘째, 오늘날의 사회는 결과가 과정보다 중요시되는 사회입니다. 진학이든 졸업 후에 취업을 하든 모두가 보는 것은 성적입니다. 즉 결과입니다. 만약 결과가 좋지 않으면, 과정이 아무리 좋아도 의미가 없습니다. 그래서 저는 배움의 결과가 과정보다 더 중요하다고 생각합니다.

过程 guòchéng 명 과정 **结果** jiéguǒ 명 결과 **重要** zhòngyào 형 중요하다
决定 juédìng 동 결정하다 **发现** fāxiàn 동 발견하다 **长处** chángchù 명 장점
不足 bùzú 형 부족하다 **及时** jíshí 형 제때에, 부 바로 **改正** gǎizhèng 동 정정하다

第3题

你认为上学时的学习成绩和工作以后的能力有关系吗? 请说说你的看法。

Nǐ rènwéi shàngxué shí de xuéxí chéngjì hé gōngzuò yǐhòu de nénglì yǒu guānxi ma? Qǐng shuōshuo nǐ de kànfǎ.

당신은 학교 다닐 때의 학업 성적과 일을 한 다음의 능력이 관계가 있다고 생각하나요? 당신의 의견을 말해 보세요.

Lv. 4~6

我认为两者没有关系。学习成绩只能代表一个人的学习能力，而不能代表他的工作能力。比如有的人虽然上学时成绩不好，但如果参加工作后不断地努力提升自己的话，工作能力就会提高。反之有的人虽然上学时成绩好，但工作后不努力的话，工作能力高不了。所以我认为学习成绩和工作以后的能力没有关系。

Wǒ rènwéi liǎngzhě méiyǒu guānxi. Xuéxí chéngjì zhǐ néng dàibiǎo yí ge rén de xuéxí nénglì, ér bùnéng dàibiǎo tā de gōngzuò nénglì. Bǐrú yǒu de rén suīrán shàngxué shí chéngjì bù hǎo, dàn rúguǒ cānjiā gōngzuò hòu búduàn de nǔlì tíshēng zìjǐ dehuà, gōngzuò nénglì jiù huì tígāo. Fǎnzhī yǒu de rén suīrán shàngxué shí chéngjì hǎo, dàn gōngzuò hòu bù nǔlì dehuà, gōngzuò nénglì gāo buliǎo. Suǒyǐ wǒ rènwéi xuéxí chéngjì hé gōngzuò yǐhòu de nénglì méiyǒu guānxi.

저는 두 가지는 관계가 없다고 생각합니다. 학업 성적은 단지 한 사람의 학습 능력을 나타내는 것이지 그의 업무 능력을 말해 주는 것은 아닙니다. 예를 들어 어떤 사람이 학교에 다닐 때 성적이 좋지 않았지만 일을 시작한 후 자신을 향상시키려고 꾸준히 노력한다면, 업무 능력은 오를 것입니다. 반면, 어떤 사람이 학교에 다닐 때 성적은 좋았지만 일을 한 후 노력을 하지 않는다면, 업무 능력은 향상될 수 없습니다. 그래서 저는 학업 성적과 일을 한 다음의 능력은 관계가 없는 것 같습니다.

Lv. 4~6

我认为上学时的学习成绩和工作以后的能力有关系。因为一般学习成绩好的人除了聪明以外，还具有认真、勤奋、有毅力等特点，这样的人不管做什么都能做好，当然工作后能力也会很强。正因为如此，很多企业在招聘新职员时都要看大学成绩。所以我认为上学时学习成绩好的人，工作以后能力也会很突出，两者之间存在着必然的关系。

Wǒ rènwéi shàngxué shí de xuéxí chéngjì hé gōngzuò yǐhòu de nénglì yǒu guānxi. Yīnwèi yìbān xuéxí chéngjì hǎo de rén chúle cōngming yǐwài, hái jùyǒu rènzhēn、qínfèn、yǒu yìlì děng tèdiǎn, zhèyàng de rén bùguǎn zuò shénme dōu néng zuòhǎo, dāngrán gōngzuò hòu nénglì yě huì hěn qiáng. Zhèng yīnwèi rúcǐ, hěn duō qǐyè zài zhāopìn xīn zhíyuán shí dōu yào kàn dàxué chéngjì. Suǒyǐ wǒ rènwéi shàngxué shí xuéxí chéngjì hǎo de rén, gōngzuò yǐhòu nénglì yě huì hěn tūchū, liǎngzhě zhījiān cúnzàizhe bìrán de guānxi.

저는 학교 다닐 때의 학업 성적과 일을 한 후의 능력은 관계가 있다고 생각합니다. 왜냐하면 보통 학업 성적이 좋은 사람은 영리함 외에 성실, 근면, 끈기 같은 특징을 갖고 있는데, 이러한 사람은 무엇을 하든 잘 해낼 수 있으니 당연히 일을 한 후의 능력도 좋을 것입니다. 바로 이와 같은 이유로 많은 기업들이 신입 사원을 모집할 때 대학 성적을 봅니다. 따라서 저는 학교 다닐 때 학업 성적이 좋은 사람이 일을 한 후의 능력도 뛰어나므로, 둘 사이에는 필연적인 관계가 있다고 생각합니다.

成绩 chéngjì 명 성적 **代表** dàibiǎo 동 대표하다 **如果** rúguǒ 접 만약
参加 cānjiā 동 참가하다 **不断** búduàn 부 끊임없이 **提高** tígāo 동 향상시키다
反之 fǎnzhī 접 이와 반대로 **不了** buliǎo (술어 뒤에 쓰여) ~할 수 없다
勤奋 qínfèn 형 근면하다 **毅力** yìlì 명 끈기 **招聘** zhāopìn 동 모집하다
突出 tūchū 형 뛰어나다 **必然** bìrán 형 필연적이다

第4题

你觉得手机的普遍使用给人们的生活带来了什么样的影响? 请谈谈你的想法。

Nǐ juéde shǒujī de pǔbiàn shǐyòng gěi rénmen de shēnghuó dàiláile shénmeyàng de yǐngxiǎng? Qǐng tántan nǐ de xiǎngfǎ.

당신은 휴대전화의 보편적인 사용이 사람들의 삶에 어떤 영향을 주었다고 생각하나요? 당신의 생각을 말해 보세요.

Lv. 4~6

我认为手机的普遍使用给我们的生活带来了很多影响。首先不管在哪儿，只要有手机我们就可以随时上网看电影、购物、办理银行业务等，我们的生活变得更方便。其次手机缩短了人们之间的距离，即使在海外也可以随时通过手机进行对话，让人们的交流和沟通变得更容易。所以我认为手机给我们的生活带来了很多好处。

Wǒ rènwéi shǒujī de pǔbiàn shǐyòng gěi wǒmen de shēnghuó dàiláile hěn duō yǐngxiǎng. Shǒuxiān bùguǎn zài nǎr, zhǐyào yǒu shǒujī wǒmen jiù kěyǐ suíshí shàngwǎng kàn diànyǐng、gòuwù、bànlǐ yínháng yèwù děng, wǒmen de shēnghuó biàn de gèng fāngbiàn. Qícì shǒujī suōduǎnle rénmen zhījiān de jùlí, jíshǐ zài hǎiwài yě kěyǐ suíshí tōngguò shǒujī jìnxíng duìhuà, ràng rénmen de jiāoliú hé gōutōng biàn de gèng róngyì. Suǒyǐ wǒ rènwéi shǒujī gěi wǒmen de shēnghuó dàiláile hěn duō hǎochù.

저는 휴대전화의 보편적인 사용이 우리의 삶에 많은 영향을 주었다고 생각합니다. 우선 어디서든 휴대전화만 있으면 언제든지 온라인으로 영화를 보고, 쇼핑을 하고, 은행 업무를 볼 수 있는 것처럼, 우리 삶은 더 편리하고 빠르게 변했습니다. 다음으로 휴대전화는 사람 간의 거리를 좁혔습니다. 설령 외국이라 하더라도 아무 때나 휴대전화로 대화를 할 수 있어, 사람들의 교류와 소통이 훨씬 쉬워졌습니다. 그래서 저는 휴대전화가 우리 삶에 많은 이로운 점을 가져왔다고 생각합니다.

Lv. 4~6

我觉得手机的普遍使用给人们的生活带来的影响有好有坏。好的影响是因为手机人们的生活变得更方便、更快捷。比如用手机可以随时上网看新闻、查资料、发邮件、跟朋友视频通话等，几乎无所不能。但同时手机的普遍使用也带来了一些不好的影响。比如人们沉迷于手机而忽视身边的人和事。还有长时间玩手机对健康也有不好的影响。所以我觉得手机的普遍使用有好处也有坏处。

Wǒ juéde shǒujī de pǔbiàn shǐyòng gěi rénmen de shēnghuó dàilái de yǐngxiǎng yǒu hǎo yǒu huài. Hǎo de yǐngxiǎng shì yīnwèi shǒujī rénmen de shēnghuó biàn de gèng fāngbiàn、gèng kuàijié. Bǐrú yòng shǒujī kěyǐ suíshí shàngwǎng kàn xīnwén、chá zīliào、fā yóujiàn、gēn péngyou shìpín tōnghuà děng, jīhū wúsuǒbùnéng. Dàn tóngshí shǒujī de pǔbiàn shǐyòng yě dàiláile yìxiē bù hǎo de yǐngxiǎng. Bǐrú rénmen chénmí yú shǒujī ér hūshì shēnbiān de rén hé shì. Háiyǒu cháng shíjiān wán shǒujī duì jiànkāng yě yǒu bù hǎo de yǐngxiǎng. Suǒyǐ wǒ juéde shǒujī de pǔbiàn shǐyòng yǒu hǎochù yě yǒu huàichù.

저는 휴대전화의 보편적인 사용이 사람들의 삶에 좋은 영향을 주기도 하고 나쁜 영향을 주기도 한다고 생각합니다. 좋은 영향은 휴대전화가 사람들의 삶을 더 편리하고 빨라지게 했기 때문입니다. 예를 들어 휴대전화를 이용하면 아무 때나 인터넷으로 뉴스를 보고 자료를 검색하며 메일을 보내고 친구들과 영상 통화를 하는 것처럼 거의 모든 일을 할 수 있습니다. 그러나 동시에 휴대전화의 보편적인 사용은 몇몇의 나쁜 영향도 가져왔습니다. 예를 들어 사람들은 휴대전화에 중독되어 주변 사람과 일을 소홀히 합니다. 그리고 오랜 시간 휴대전화를 갖고 노는 것은 건강에도 나쁜 영향을 줍니다. 그래서 저는 휴대전화의 보편적인 사용에는 좋은 점도 있고 나쁜 점도 있다고 생각합니다.

普遍 pǔbiàn 형 보편적이다 **不管** bùguǎn 접 ~을 막론하고 **随时** suíshí 부 언제나
上网 shàngwǎng 동 인터넷에 접속하다 **购物** gòuwù 동 쇼핑하다
文件 wénjiàn 명 문서 **办理** bànlǐ 동 처리하다 **业务** yèwù 명 업무
快捷 kuàijié 형 민첩하다 **缩短** suōduǎn 동 단축하다 **距离** jùlí 명 거리
沟通 gōutōng 동 소통하다 **沉迷** chénmí 동 깊이 빠지다 **忽视** hūshì 동 소홀히 하다

第5题

你认为外国人来你们国家旅行的时候方便吗? 请说说你的看法。

Nǐ rènwéi wàiguó rén lái nǐmen guójiā lǚxíng de shíhou fāngbiàn ma? Qǐng shuōshuo nǐ de kànfǎ.

당신은 외국인이 당신의 나라에 와서 여행을 할 때 편리하다고 생각하나요? 당신의 의견을 말해 보세요.

Lv. 4~6

我认为外国人来我们国家旅行时比较方便。因为我们国家的交通很发达，不管去哪儿，都可以利用公共交通工具便利地到达。而且语言服务也很周到，在很多旅游景点都提供免费的外语翻译服务，坐车、购物、吃饭都很方便。我相信外国人来我们国家一定不会后悔的。

Wǒ rènwéi wàiguó rén lái wǒmen guójiā lǚxíng shí bǐjiào fāngbiàn. Yīnwèi wǒmen guójiā de jiāotōng hěn fādá, bùguǎn qù nǎr, dōu kěyǐ lìyòng gōnggòng jiāotōng gōngjù biànlì de dàodá. Érqiě yǔyán fúwù yě hěn zhōudào, zài hěnduō lǚyóu jǐngdiǎn dōu tígōng miǎnfèi de wàiyǔ fānyì fúwù, zuòchē, gòuwù、chīfàn dōu hěn fāngbiàn. Wǒ xiāngxìn wàiguó rén lái wǒmen guójiā yídìng búhuì hòuhuǐ de.

저는 외국인이 우리나라에 와서 여행을 할 때 편리한 편이라고 생각합니다. 왜냐하면 우리나라는 교통이 발달되어 있어 어디를 가든지 대중교통수단을 이용해 편리하게 도착할 수 있기 때문입니다. 게다가 언어 서비스도 빈틈이 없는데, 많은 관광 명소에서 무료로 외국어 통역 서비스를 제공하고 있어 차를 타고 쇼핑을 하고 식사를 하기에도 편리합니다. 저는 외국인이 우리나라에 오면 결코 후회하지 않으리라고 믿습니다.

Lv. 4~6

我觉得外国人来我们国家旅行非常方便。首先我们国家不仅交通发达、住宿环境干净、购物方便，而且由于网络也很发达，订票、订宾馆等十分方便快捷。其次我们国家的治安也很好，而且韩国人对外国人也很友善，所以晚上出去玩儿或逛街的话都很安全。总之，我认为外国人来我们国家旅行非常方便，他们一定会很满意的。

Wǒ juéde wàiguó rén lái wǒmen guójiā lǚxíng fēicháng fāngbiàn. Shǒuxiān wǒmen guójiā bùjǐn jiāotōng fādá、zhùsù huánjìng gānjìng、gòuwù fāngbiàn, érqiě yóuyú wǎngluò yě hěn fādá, dìng piào、dìng bīnguǎn děng shífēn fāngbiàn kuàijié. Qícì wǒmen guójiā de zhì'ān yě hěn hǎo, érqiě Hánguórén duì wàiguórén yě hěn yǒushàn, suǒyǐ wǎnshang chūqù wánr huò guàngjiē dehuà dōu hěn ānquán. Zǒngzhī, wǒ rènwéi wàiguórén lái wǒmen guójiā lǚxíng fēicháng fāngbiàn, tāmen yídìng huì hěn mǎnyì de.

저는 외국인이 우리나라에 와서 여행하는 것은 매우 편리하다고 생각합니다. 우선, 우리나라는 교통이 발달하고 숙박 환경이 깨끗하며 쇼핑을 하기 편리한데다 인터넷 역시 발달하여 티켓과 호텔 등을 예약하는데 아주 편리하고 빠릅니다. 다음으로 우리나라는 치안도 좋고 한국인은 외국인에게 친절하므로, 밤에 놀러 나가거나 쇼핑을 해도 안전합니다. 한마디로 말하자면, 저는 외국인이 우리나라에 와서 여행하는 것은 매우 편리하며, 그들이 분명히 매우 만족하리라고 생각합니다.

旅行 lǚxíng 동 여행하다 **不管…都…** bùguǎn…dōu… ~와 상관없이 모두
利用 lìyòng 동 활용하다 **工具** gōngjù 명 수단 **便利** biànlì 형 편리하다
到达 dàodá 동 도착하다 **服务** fúwù 명 서비스 **周到** zhōudào 형 세심하다
旅游 lǚyóu 동 여행하다 **景点** jǐngdiǎn 명 명승지 **免费** miǎnfèi 동 무료로 하다
翻译 fānyì 동 번역하다 **购物** gòuwù 동 물건을 구입하다 **相信** xiāngxìn 동 믿다
后悔 hòuhuǐ 동 후회하다 **治安** zhì'ān 명 치안 **友善** yǒushàn 형 다정하다

第6题

和一个人生活相比，你觉得跟朋友同住好处多还是坏处多? 请谈谈你的想法。

Hé yí ge rén shēnghuó xiāngbǐ, nǐ juéde gēn péngyou tóngzhù hǎochù duō háishi huàichù duō? Qǐng tántan nǐ de xiǎngfǎ.

당신은 혼자 사는 것에 비해 친구와 함께 사는 것이 좋은 점이 많다고 생각하나요, 나쁜 점이 많다고 생각하나요? 당신의 생각을 말해 보세요.

Lv. 4~6

我觉得跟一个人生活相比和朋友同住坏处更多。首先跟朋友同住最大的问题就是不自由，不能自己想做什么就做什么。其次如果和朋友的生活习惯不一样，可能会产生摩擦，影响两个人的关系。所以我觉得还是一个人生活比较好。

Wǒ juéde gēn yí ge rén shēnghuó xiāngbǐ hé péngyou tóngzhù huàichù gèng duō. Shǒuxiān gēn péngyou tóngzhù zuì dà de wèntí jiùshì bú zìyóu, bùnéng zìjǐ xiǎng zuò shénme jiù zuò shénme. Qícì rúguǒ hé péngyou de shēnghuó xíguàn bù yíyàng, kěnéng huì chǎnshēng mócā, yǐngxiǎng liǎng ge rén de guānxi. Suǒyǐ wǒ juéde háishi yí ge rén shēnghuó bǐjiào hǎo.

저는 혼자 사는 것보다 친구와 함께 사는 게 단점이 더 많다고 생각합니다. 우선, 친구와 함께 사는 데 가장 큰 문제는 자유롭지 못하다는 것입니다. 매사 조심해야 하고, 하고 싶은 대로 못하며, 그렇게 하지 않으면 다른 사람에 영향을 끼칩니다. 그다음으로 만약 친구와 생활 습관이 다르다면, 마찰을 빚게 돼 두 사람의 관계에 영향을 줄 수 있습니다. 그래서 저는 혼자 사는 것이 비교적 나은 것 같습니다.

Lv. 4~6

我觉得跟朋友同住好处更多。一方面在生活上大家可以互相关心，互相照顾，遇到困难可以互相帮助。而且不管什么时候，都不会觉得孤单。另一方面跟朋友一起分担房费、管理费等各种费用，能省下不少钱，可以减轻经济上的负担。所以我觉得跟一个人生活相比，跟朋友同住好处更多。

Wǒ juéde gēn péngyou tóngzhù hǎochù gèng duō. Yì fāngmiàn zài shēnghuó shàng dàjiā kěyǐ hùxiāng guānxīn, hùxiāng zhàogù, yùdào kùnnan kěyǐ hùxiāng bāngzhù. Érqiě bùguǎn shénme shíhou, dōu búhuì juéde gūdān. Lìng yì fāngmiàn gēn péngyou yìqǐ fēndān fángfèi、guǎnlǐfèi děng gè zhǒng fèiyong, néng shěngxià bù shǎo qián, kěyǐ jiǎnqīng jīngjì shàng de fùdān. Suǒyǐ wǒ juéde gēn yí ge rén shēnghuó xiāng bǐ, gēn péngyou tóngzhù hǎochù gèng duō.

저는 친구와 함께 사는 것이 좋은 점이 더 많다고 생각합니다. 한편으로는 생활에서 모두가 서로 관심을 갖고 돌볼 수 있으며, 어려움에 처하면 서로 도울 수 있습니다. 또한 언제든 외롭지 않습니다. 다른 한편으로는 친구와 함께 방세, 관리비 등 각종 비용을 분담하면, 적지 않은 돈을 절약할 수 있어 경제적인 부담을 덜 수 있습니다. 그래서 저는 혼자 사는 것보다는 친구와 함께 사는 게 장점이 더 많다고 생각합니다.

同住 tóngzhù 함께 살다 **自由** zìyóu 形 자유롭다 **处处** chùchù 副 각 방면에
小心 xiǎoxīn 動 조심하다 **否则** fǒuzé 接 그렇지 않으면
影响 yǐngxiǎng 動 영향을 주다 **其次** qícì 代 다음, 두 번째 **如果** rúguǒ 接 만약
习惯 xíguàn 名 습관 **产生** chǎnshēng 動 발생하다 **摩擦** mócā 名 충돌
分担 fēndān 動 분담하다

第7题

你认为健康和生活习惯有关系吗？请谈谈你的看法。

Nǐ rènwéi jiànkāng hé shēnghuó xíguàn yǒu guānxi ma? Qǐng tántan nǐ de kànfǎ.

당신은 건강과 생활 습관에 관계가 있다고 생각하나요? 당신의 견해를 말해 보세요.

Lv. 4~6

我认为健康和生活习惯有很大的关系。有好的生活习惯才能拥有健康的身体。比如每天早睡早起，按时吃饭，适当地做运动等，保持这样好的生活习惯的话，身体才会健康。可是如果经常熬夜，不按时吃饭，生活没有规律的话，身体慢慢儿就会出问题，损害健康。所以我觉得健康和生活习惯的关系很密切。

Wǒ rènwéi jiànkāng hé shēnghuó xíguàn yǒu hěn dà de guānxi. Yǒu hǎo de shēnghuó xíguàn cái néng yōngyǒu jiànkāng de shēntǐ. Bǐrú měitiān zǎoshuìzǎoqǐ, ànshí chīfàn, shìdàng de zuò yùndòng děng, bǎochí zhèyàng hǎo de shēnghuó xíguàn dehuà, shēntǐ cái huì jiànkāng. Kěshì rúguǒ jīngcháng áoyè, bú ànshí chīfàn, shēnghuó méiyǒu guīlǜ dehuà, shēntǐ mànmānr jiù huì chū wèntí, sǔnhài jiànkāng. Suǒyǐ wǒ juéde jiànkāng hé shēnghuó xíguàn de guānxi hěn mìqiè.

저는 건강과 생활 습관에는 밀접한 관련이 있다고 생각합니다. 생활 습관이 좋아야 건강한 신체를 가질 수 있습니다. 예를 들어 매일 일찍 자고 일찍 일어나며 제때에 식사를 하고 적당한 운동을 하는 등 이러한 좋은 습관을 유지해야 몸이 건강해 질 것입니다. 그러나 밤을 자주 새우고 제때에 식사를 하지 않고 생활이 불규칙하다면, 서서히 몸에 문제가 생겨 건강을 해칠 것입니다. 그래서 저는 건강과 생활 습관이 밀접한 관계라고 생각합니다.

Lv. 4~6

我觉得健康和生活习惯没什么关系，决定一个人是否健康的不是习惯而是心态。有的人生活习惯很好，不抽烟，不喝酒，天天坚持运动，几乎不吃垃圾食品等，可是心态不好，每天胡思乱想，最后还是得了大病，身体不健康。相反有的人生活习惯虽然不好，可每天都高高兴兴的，心情愉快，什么毛病都没有，身体很健康。所以我觉得健康跟生活习惯没有太大的关系。

Wǒ juéde jiànkāng hé shēnghuó xíguàn méi shénme guānxi, juédìng yí ge rén shìfǒu jiànkāng de búshì xíguàn ér shì xīntài. Yǒu de rén shēnghuó xíguàn hěn hǎo, bù chōu yān, bù hē jiǔ, tiāntiān jiānchí yùndòng, jīhū bù chī lājī shípǐn děng, kěshì xīntài bù hǎo, měitiān húsīluànxiǎng, zuìhòu háishi déle dà bìng, shēntǐ bú jiànkāng. Xiāngfǎn yǒu de rén shēnghuó xíguàn suīrán bù hǎo, kě měitiān dōu gāogāoxìngxìng de, xīnqíng yúkuài, shénme máobìng dōu méiyǒu, shēntǐ hěn jiànkāng. Suǒyǐ wǒ juéde jiànkāng gēn shēnghuó xíguàn méiyǒu tài dà de guānxi.

저는 건강과 생활 습관은 그다지 관련이 없으며, 한 사람의 건강 여부를 결정하는 것은 습관이 아니라 마음가짐이라고 생각합니다. 어떤 사람은 생활 습관이 좋고 술 담배를 하지 않으며 매일 꾸준히 운동을 하고 정크푸드 같은 것을 거의 먹지 않습니다. 그러나 심리 상태가 좋지 않아 매일 터무니없는 생각을 하여 결국에는 큰 병에 걸리고 건강이 나빠졌습니다. 반면 어떤 사람은 생활 습관은 비록 나쁘지만 매일 즐겁고 기분이 좋아 아무런 탈도 없이 건강합니다. 그래서 저는 건강과 생활 습관은 큰 관련이 없다고 생각합니다.

健康 jiànkāng 名 건강 **习惯** xíguàn 名 습관 **拥有** yōngyǒu 動 보유하다
早睡早起 zǎoshuìzǎoqǐ 일찍 자고 일찍 일어나다 **按时** ànshí 副 제때에
适当 shìdàng 形 적당하다 **运动** yùndòng 動 운동하다 **保持** bǎochí 動 유지하다
可是 kěshì 接 그러나 **熬夜** áoyè 動 밤새우다 **规律** guīlǜ 形 규칙적이다
损害 sǔnhài 動 손상시키다 **密切** mìqiè 形 밀접하다 **心态** xīntài 名 심리 상태
垃圾食品 lājī shípǐn 정크푸드 **胡思乱想** húsīluànxiǎng 터무니없는 생각을 하다

第8题

你觉得经常爬山有哪些好处？请谈谈你的想法。

Nǐ juéde jīngcháng páshān yǒu nǎxiē hǎochù? Qǐng tántan nǐ de xiǎngfǎ.

당신은 등산을 자주 하면 어떤 좋은 점이 있다고 생각하나요? 당신의 생각을 말해 보세요.

Lv. 4~6

我觉得经常爬山有很多好处。可以锻炼身体，还可以缓解压力。山上景色优美，空气清新，一边爬山，一边看美丽的风景，呼吸新鲜的空气，可以使我们的心情变得舒畅。所以经常爬山对身心健康有很大的好处。

Wǒ juéde jīngcháng páshān yǒu hěn duō hǎochù. Kěyǐ duànliàn shēntǐ, hái kěyǐ huǎnjiě yālì. Shān shàng jǐngsè yōuměi, kōngqì qīngxīn, yìbiān páshān, yìbiān kàn měilì de fēngjǐng, hūxī xīnxiān de kōngqì, kěyǐ shǐ wǒmen de xīnqíng biàn de shūchàng. Suǒyǐ jīngcháng páshān duì shēnxīn jiànkāng yǒu hěn dà de hǎochù.

저는 등산을 자주 하면 좋은 점이 많다고 생각합니다. 몸을 단련할 수 있고 스트레스를 완화할 수 있습니다. 산은 경치가 아름답고 공기가 맑습니다. 산을 오르면서 아름다운 풍경을 보고 신선한 공기를 마시면 기분이 상쾌해집니다. 그래서 자주 등산을 하면 몸과 마음의 건강에 큰 도움이 됩니다.

Lv. 4~6

我觉得经常爬山有很多好处。比如通过爬山可以锻炼身体。爬山是一种强度适中、任何人都可以选择的锻炼方式。在爬山的过程中会消耗大量的热量，从而起到锻炼身体和减肥的作用。其次，通过爬山还可以缓解压力，能使我们的身心处于轻松愉悦的状态。因此可以说爬山是一种很健康的运动方式，这也是很多人喜欢爬山的原因。

Wǒ juéde jīngcháng páshān yǒu hěn duō hǎochù. Bǐrú tōngguò páshān kěyǐ duànliàn shēntǐ. Páshān shì yì zhǒng qiángdù shìzhòng、rènhé rén dōu kěyǐ xuǎnzé de duànliàn fāngshì. Zài páshān de guòchéng zhōng huì xiāohào dàliàng de rèliàng, cóng'ér qǐdào duànliàn shēntǐ hé jiǎnféi de zuòyòng. Qícì, tōngguò páshān hái kěyǐ huǎnjiě yālì, néng shǐ wǒmen de shēnxīn chǔyú qīngsōng yúyuè de zhuàngtài. Yīncǐ kěyǐ shuō páshān shì yì zhǒng hěn jiànkāng de yùndòng fāngshì, zhè yě shì hěn duō rén xǐhuan páshān de yuányīn.

저는 등산을 자주 하면 좋은 점이 많다고 생각합니다. 예를 들어 등산을 통해 신체를 단련할 수 있는데 등산은 적당한 강도의 누구나 쉽게 선택할 수 있는 운동 방식입니다. 산을 오르는 과정에서 칼로리를 많이 소모함으로써 몸을 단련하고 살을 빼주는 역할을 합니다. 다음으로 등산은 스트레스를 완화시켜 우리의 몸과 마음을 편안하고 즐거운 상태로 만들어 줍니다. 따라서 등산은 건강한 운동 방식이라고 말할 수 있습니다. 이는 많은 사람이 등산을 좋아하는 이유기도 합니다.

爬山 páshān 동 등산하다 **锻炼** duànliàn 동 단련하다 **缓解** huǎnjiě 동 완화시키다
压力 yālì 명 스트레스 **优美** yōuměi 형 우아하고 아름답다 **空气** kōngqì 명 공기
清新 qīngxīn 형 맑고 깨끗하다 **风景** fēngjǐng 명 경치 **呼吸** hūxī 동 숨 쉬다
新鲜 xīnxiān 형 신선하다 **舒畅** shūchàng 형 상쾌하다 **身心** shēnxīn 명 몸과 마음
适中 shìzhōng 형 (정도가) 꼭 알맞다 **消耗** xiāohào 동 소모시키다
愉悦 yúyuè 형 유쾌하고 기쁘다

第9题

跟别人发生矛盾时，你认为应该怎么解决？请谈谈你的想法。

Gēn biéren fāshēng máodùn shí, nǐ rènwéi yīnggāi zěnme jiějué? Qǐng tántan nǐ de xiǎngfǎ.

다른 사람과 갈등이 생겼을 때, 어떻게 해결해야 한다고 생각하나요? 당신의 생각을 말해 보세요.

Lv. 4~6

我觉得跟别人发生矛盾时，首先应该先想想，问题是不是出在自己身上。如果是自己错了，就应该主动去找对方道歉，请求对方原谅。如果问题出在对方身上，那就好好地跟他谈谈，通过对话解决问题。

Wǒ juéde gēn biéren fāshēng máodùn shí, shǒuxiān yīnggāi xiān xiǎngxiang, wèntí shì bu shì chū zài zìjǐ shēn shàng. Rúguǒ shì zìjǐ cuòle, jiù yīnggāi zhǔdòng qù zhǎo duìfāng dàoqiàn, qǐngqiú duìfāng yuánliàng. Rúguǒ wèntí chū zài duìfāng shēn shàng, nà jiù hǎohǎo de gēn tā tántan, tōngguò duìhuà jiějué wèntí.

저는 다른 사람과 갈등이 생겼을 때는 먼저 문제가 자신으로부터 비롯된 게 아닌지 생각해 봐야 한다고 생각합니다. 만약 자신이 잘못한 것이라면, 상대방을 찾아가 사과하고 용서를 구해야 합니다. 만약 문제가 상대방에게서 비롯된 것이라면, 그와 잘 이야기해서 대화로 문제를 해결하면 됩니다.

Lv. 4~6

如果跟别人发生了矛盾，首先应该尽量冷静下来，认真想想问题出在哪里，不能只想自己，也要站在对方的角度思考一下。然后好好儿地去跟对方沟通，通过沟通找出让大家都满意的解决方案。其实发生矛盾往往不是一个人的问题，只要你的态度很诚恳，对方也会积极配合，这样才能解决矛盾。

Rúguǒ gēn biéren fāshēngle máodùn, shǒuxiān yīnggāi jǐnliàng lěngjìng xiàlái, rènzhēn xiǎngxiang wèntí chū zài nǎli, bùnéng zhǐ xiǎng zìjǐ, yě yào zhàn zài duìfāng de jiǎodù sīkǎo yíxià. Ránhòu hǎohāor de qù gēn duìfāng gōutōng, tōngguò gōutōng zhǎochū ràng dàjiā dōu mǎnyì de jiějué fāng'àn. Qíshí fāshēng máodùn wǎngwǎng búshì yí ge rén de wèntí, zhǐyào nǐ de tàidu hěn chéngkěn, duìfāng yě huì jījí pèihé, zhèyàng cái néng jiějué máodùn.

만약 다른 사람과 갈등이 생겼다면, 먼저 최대한 마음을 가라앉히고 문제가 어디에서 비롯된 것인지 진지하게 생각해 봐야 합니다. 자신만 생각할 것이 아니라, 상대방의 입장에서 생각해야 봐야 합니다. 그런 다음 상대방과 잘 소통해야하며, 이를 통해 모두가 만족하는 해결 방안을 찾아야 합니다. 사실 갈등이 생기는 것은 종종 혼자 만의 문제가 아닙니다. 당신의 태도가 간절하기만 하다면, 상대방 역시 적극적으로 협력할 것이고 비로소 갈등을 해결할 수 있습니다.

别人 biéren 다른 사람 **矛盾** máodùn 명 갈등 **应该** yīnggāi 조동 당연히 ~해야 한다
解决 jiějué 동 해결하다 **主动** zhǔdòng 형 능동적이다 **对方** duìfāng 명 상대방
道歉 dàoqiàn 동 사과하다 **请求** qǐngqiú 동 요구하다 **原谅** yuánliàng 동 용서하다
冷静 lěngjìng 형 침착하다 **角度** jiǎodù 명 관점 **诚恳** chéngkěn 형 간절하다
配合 pèihé 동 협력하다

第10题

如果你家人要做整容手术，你会支持还是反对？理由是什么？

Rúguǒ nǐ jiārén yào zuò zhěngróng shǒushù, nǐ huì zhīchí háishi fǎnduì? Lǐyóu shì shénme?

만약 당신의 가족이 성형 수술을 하려고 한다면 지지할 것인가요, 아니면 반대할 것인가요? 이유는 무엇인가요?

Lv. 4~6

如果我家人要做整容手术的话，我会支持。因为首先在当今社会出众的外貌也是一种实力，长得漂亮的话，对找工作或者社会生活都有很大的帮助。其次如果通过做整容手术，人变得更自信、更美丽、心情愉悦的话，那做手术也没有什么不好。所以我会支持。

Rúguǒ wǒ jiārén yào zuò zhěngróng shǒushù dehuà, wǒ huì zhīchí. Yīnwèi shǒuxiān zài dāngjīn shèhuì chūzhòng de wàimào yě shì yì zhǒng shílì, zhǎng de piàoliang dehuà, duì zhǎo gōngzuò huòzhě shèhuì shēnghuó dōu yǒu hěn dà de bāngzhù. Qícì rúguǒ tōngguò zuò zhěngróng shǒushù, rén biàn de gèng zìxìn、gèng měilì、xīnqíng yúyuè dehuà, nà zuò shǒushù yě méiyǒu shénme bù hǎo. Suǒyǐ wǒ huì zhīchí.

만약 제 가족이 성형 수술을 하려고 한다면 저는 지지할 것입니다. 왜냐하면 우선 오늘날의 사회는 빼어난 외모도 실력이며 예쁘게 생겼다면 일자리를 구하거나 사회생활을 하는데 큰 도움이 되기 때문입니다. 다음으로 성형 수술을 해서 자신감을 얻고 더 아름다워지며 기분이 좋아진다면, 수술을 해도 별로 나쁠 게 없습니다. 그래서 저는 지지할 것입니다.

Lv. 4~6

如果家人要做整容手术的话，我会反对。因为首先外貌是父母给我们的礼物，我们每个人的外貌都是独一无二的，应该珍惜。其次不管是在工作上还是人际交往中，外貌并不重要，真正重要的是能力。把钱用在整容上不如用在学习上来提高自己的能力。再次做整容手术有风险，有的人做完整容手术后，不但没变漂亮反而被毁容了。所以我反对家人做整容手术。

Rúguǒ jiārén yào zuò zhěngróng shǒushù dehuà, wǒ huì fǎnduì. Yīnwèi shǒuxiān wàimào shì fùmǔ gěi wǒmen de lǐwù, wǒmen měi ge rén de wàimào dōu shì dúyīwú'èr de, yīnggāi zhēnxī. Qícì bùguǎn shì zài gōngzuò shàng háishi rénjì jiāowǎng zhōng, wàimào bìng bú zhòngyào, zhēnzhèng zhòngyào de shì nénglì. Bǎ qián yòng zài zhěngróng shàng bùrú yòng zài xuéxí shàng lái tígāo zìjǐ de nénglì. Zàicì zuò zhěngróng shǒushù yǒu fēngxiǎn, yǒu de rén zuòwán zhěngróng shǒushù hòu, búdàn méi biàn piàoliang fǎn'ér bèi huǐróng le. Suǒyǐ wǒ fǎnduì jiārén zuò zhěngróng shǒushù.

만약 가족이 성형 수술을 한다면, 저는 반대할 것입니다. 왜냐하면 먼저, 외모는 부모님께서 우리에게 주신 선물이자 개개인의 외모는 유일한 것이므로 당연히 소중히 여겨야 합니다. 다음으로 직장이나 대인관계를 막론하고 외모는 결코 중요한 것이 아니고 진정으로 중요한 것은 능력입니다. 성형에 돈을 쓰는 것보다 공부하는 데 써서 자신의 능력을 높이는 게 더 낫습니다. 그다음으로 성형 수술을 하는 데는 위험이 따릅니다. 어떤 사람은 성형 수술을 한 후에 예뻐지기는커녕 오히려 얼굴만 망가졌습니다. 그래서 저는 가족이 성형 수술을 하는 것에 반대합니다.

整容 zhěngróng 동 성형하다 **手术** shǒushù 명 수술 **支持** zhīchí 동 지지하다
反对 fǎnduì 동 반대하다 **理由** lǐyóu 명 이유 **当今** dāngjīn 명 현재
社会 shèhuì 명 사회 **出众** chūzhòng 형 출중하다 **外貌** wàimào 명 외모
实力 shílì 명 실력 **社会生活** shèhuì shēnghuó 사회생활 **自信** zìxìn 명 자신(감)
独一无二 dú yī wú èr 유일무이 **珍惜** zhēnxī 동 소중히 여기다
风险 fēngxiǎn 명 위험 **毁容** huǐ róng 동 얼굴을 망가뜨리다

第11题

为了成功，你认为个人的努力、才能和运气中哪个最重要？请谈谈你的想法。

Wèile chénggōng, nǐ rènwéi gèrén de nǔlì、cáinéng hé yùnqi zhōng nǎge zuì zhòngyào? Qǐng tántan nǐ de xiǎngfǎ.

성공하려면 개인의 노력, 재능, 운 가운데 어느 것이 가장 중요하다고 생각하나요? 당신의 생각을 말해 보세요.

Lv. 4~6

我觉得为了成功，个人的努力、才能和运气这三点都很重要，缺一不可。首先是努力，因为大部分的才能都不是天生的，都是通过后天不断地努力才得到的，所以不努力就没有才能。不过世上有才能的人很多，想真正成功的话还需要运气。所以我觉得努力加上才能加上运气，才会成功。

Wǒ juéde wèile chénggōng, gèrén de nǔlì、cáinéng hé yùnqi zhè sān diǎn dōu hěn zhòngyào, quēyībùkě. Shǒuxiān shì nǔlì, yīnwèi dàbùfen de cáinéng dōu búshì tiānshēng de, dōu shì tōngguò hòutiān búduàn de nǔlì cái dédào de, suǒyǐ bù nǔlì jiù méiyǒu cáinéng. Búguò shì shàng yǒu cáinéng de rén hěn duō, xiǎng zhēnzhèng chénggōng dehuà hái xūyào yùnqi. Suǒyǐ wǒ juéde nǔlì jiā shàng cáinéng jiā shàng yùnqi, cái huì chénggōng.

저는 성공하려면 개인의 노력, 재능, 운 이 세 가지가 모두 중요하며 하나라도 없어서는 안 된다고 생각합니다. 먼저 대분의 재능은 선천적인 것이 아니라 후천적으로 꾸준히 노력해야만 얻어지는 것이기 때문에, 노력하지 않으면 재능도 없습니다. 그러나 세상에는 재능이 있는 사람이 많아서 진정으로 성공하고 싶다면 운이 필요합니다. 그래서 저는 노력과 재능과 운이 더해져야 성공할 수 있다고 생각합니다.

Lv. 4~6

为了成功，我觉得个人的努力、才能和运气三者中努力最重要。因为才能是通过努力得到的，只有通过不断的努力学习、努力积累、努力实践才可以得到才能。所以才能离不开努力。而且一个努力的人，不管运气好不好，早晚都会成功的。运气好成功得早些，运气不好，成功得晚些。只要他努力了，就一定会成功。所以我认为努力是最重要的。

Wèile chénggōng, wǒ juéde gèrén de nǔlì、cáinéng hé yùnqi sān zhě zhōng nǔlì zuì zhòngyào. Yīnwèi cáinéng shì tōngguò nǔlì dédào de, zhǐyǒu tōngguò búduàn de nǔlì xuéxí、nǔlì jīlěi、nǔlì shíjiàn cái kěyǐ dédào cáinéng. Suǒyǐ cáinéng líbukāi nǔlì. Érqiě yí ge nǔlì de rén, bùguǎn yùnqi hǎo bu hǎo, zǎowǎn dōu huì chénggōng de. Yùnqi hǎo chénggōng de zǎo xiē, yùnqi bù hǎo, chénggōng de wǎn xiē. Zhǐyào tā nǔlì le, jiù yídìng huì chénggōng. Suǒyǐ wǒ rènwéi nǔlì shì zuì zhòngyào de.

성공하려면 개인의 노력, 재능, 운 이 세 가지 중 노력이 가장 중요하다고 생각합니다. 왜냐하면 재능은 노력으로 얻어지는 것이기 때문에, 꾸준하게 열심히 공부하고 쌓고 실천해야만 재능을 얻을 수 있습니다. 그래서 재능은 노력과 뗄 수 없습니다. 게다가 노력하는 사람은 운이 좋든 나쁘든 간에 머지않아 성공하게 될 것입니다. 운이 좋으면 조금 일찍 성공할 것이고, 운이 좋지 않으면 조금 늦게 성공할 것입니다. 그가 노력하기만 한다면 반드시 성공하게 될 것입니다. 그래서 저는 노력이 가장 중요하다고 생각합니다.

才能 cáinéng 명 재능 **运气** yùnqi 명 운
缺一不可 quēyībùkě 하나라도 부족해서는 안 된다 **大部分** dàbùfen 대부분
天生 tiānshēng 형 타고나다 **通过** tōngguò 동 ~을 통하다 **后天** hòutiān 명 후천적
不断 búduàn 부 끊임없이 **加** jiā 동 더하다 **积累** jīlěi 동 쌓다 **得到** dédào 동 얻다
世上 shìshàng 명 세상 **实践** shíjiàn 동 실천하다

第12题

在日常生活中为了节约用水或用电，我们可以做哪些努力？请谈谈你的想法。

Zài rìcháng shēnghuó zhōng wèile jiéyuē yòngshuǐ huò yòng diàn, wǒmen kěyǐ zuò nǎxiē nǔlì? Qǐng tántan nǐ de xiǎngfǎ.

일상생활에서 물과 전기를 절약하기 위해, 우리는 어떤 노력을 할 수 있을까요? 당신의 생각을 말해 보세요.

Lv. 4~6

在日常生活中，我们只要稍微注意就可以达到节约用水或用电的目的。比如家用电器不用时，拔下插头；下班的时候，关上电脑、灯；天气热的时候，尽量开窗户不开空调；养成随手关水龙头的习惯等等。这样做就可以节约用水或用电。

Zài rìcháng shēnghuó zhōng, wǒmen zhǐyào shāowēi zhùyì jiù kěyǐ dádào jiéyuē yòng shuǐ huò yòng diàn de mùdì. Bǐrú jiāyòng diànqì búyòng shí, báxià chātóu; xiàbān de shíhou, guānshàng diànnǎo、dēng; tiānqì rè de shíhou, jǐnliàng kāi chuānghu bù kāi kōngtiáo; yǎngchéng suíshǒu guān shuǐlóngtóu de xíguàn děngděng. Zhèyàng zuò jiù kěyǐ jiéyuē yòngshuǐ huò yòng diàn.

일상생활에서 우리는 조금 주의를 기울이기만 하면, 물이나 전기를 절약하는 목적을 이룰 수 있습니다. 예를 들어 가전제품을 사용하지 않을 때 플러그를 빼는 것, 퇴근할 때 컴퓨터나 등을 끄는 것, 날씨가 더울 때 되도록 창문을 열고 에어컨을 켜지 않는 것, 손이 닿는 대로 수도꼭지를 잠그는 등 이러한 습관을 들이는 것과 같은 일입니다. 이렇게 하면 물이나 전기를 절약해 사용할 수 있습니다.

Lv. 4~6

我觉得日常生活中，我们只要做出小小的努力就可以节约用水或用电。比如为了节约用水，刷牙或洗澡过程中不用水时就随时关上水龙头，用洗菜、淘米的水浇花或冲厕所等。为了节约用电，随手关闭不用的灯和电源，电器不使用的时候拔下插头等。还有安装家用太阳能也是一种节电的好办法。我觉得节约用水用电人人都有责任。

Wǒ juéde rìcháng shēnghuó zhōng, wǒmen zhǐyào zuòchū xiǎoxiǎo de nǔlì jiù kěyǐ jiéyuē yòngshuǐ huò yòng diàn. Bǐrú wèile jiéyuē yòng shuǐ, shuāyá huò xǐzǎo guòchéng zhōng búyòng shuǐ shí jiù suíshí guānshàng shuǐlóngtóu, yòng xǐ cài、táo mǐ de shuǐ jiāo huā huò chōng cèsuǒ děng. Wèile jiéyuē yòng diàn, suíshǒu guānbì búyòng de dēng hé diànyuán, diànqì bù shǐyòng de shíhou báxià chātóu děng. Háiyǒu ānzhuāng jiāyòng tàiyángnéng yě shì yì zhǒng jiédiàn de hǎo bànfǎ. Wǒ juéde jiéyuē yòng shuǐ yòng diàn rénrén dōu yǒu zérèn.

저는 일상생활에서 우리가 작은 노력만 하면 물이나 전기를 절약할 수 있다고 생각합니다. 예를 들어 물을 절약하기 위해 양치질을 하거나 목욕 중 물을 사용하지 않을 때는 수시로 수도꼭지를 잠그고, 채소나 쌀을 씻은 물로 꽃에 물을 주거나 화장실에 붓는 것 같은 일입니다. 전기를 절약하기 위해서는 손이 닿는 대로 사용하지 않는 등과 전원을 끄는 것, 전자 제품을 사용하지 않을 때 플러그를 빼는 등입니다. 또한 가정용 태양광을 설치하는 것도 전기를 아끼는 좋은 방법입니다. 저는 물과 전기를 아껴 사용하는 것은 우리 모두의 책임이라고 생각합니다.

日常生活 rìcháng shēnghuó 일상생활 **节约** jiéyuē 동 절약하다
稍微 shāowēi 부 조금 **注意** zhùyì 동 주의하다 **家用电器** jiāyòng diànqì 가전제품
拔 bá 동 빼다 **插头** chātóu 명 플러그 **下班** xiàbān 동 퇴근하다 **灯** dēng 명 등
热 rè 형 덥다 **窗户** chuānghu 명 창문 **空调** kōngtiáo 명 에어컨 **养** yǎng 동 키우다
随手 suíshǒu 동 손이 가는 대로 하다 **水龙头** shuǐlóngtóu 명 수도꼭지
淘米 táo mǐ 동 쌀을 일다 **冲** chōng 동 물을 내리다 **责任** zérèn 명 책임

第13题

你认为受人们欢迎的餐厅有哪些特点？请谈谈你的看法。

Nǐ rènwéi shòu rénmen huānyíng de cāntīng yǒu nǎxiē tèdiǎn? Qǐng tántan nǐ de kànfǎ.

당신은 사람들에게 인기 있는 식당은 어떤 특징이 있다고 생각하나요? 당신의 의견을 말해 보세요.

Lv. 4~6

我认为受人们欢迎的餐厅具有的特点：首先是菜的味道和质量让客人满意。其次是餐厅的环境舒适，服务周到，另外就是价格要合理，真正受欢迎的餐厅基本上都是"好吃不贵"的。

Wǒ rènwéi shòu rénmen huānyíng de cāntīng jùyǒu de tèdiǎn: shǒuxiān shì cài de wèidao hé zhìliàng ràng kèrén mǎnyì. Qícì shì cāntīng de huánjìng shūshì, fúwù zhōudào, Lìngwài jiùshì jiàgé yào hélǐ, zhēnzhèng shòu huānyíng de cāntīng jīběnshang dōu shì "hǎochī bú guì" de.

사람들에게 인기 있는 식당이 갖는 특징은 첫째, 음식 맛과 품질이 손님들을 만족시킵니다. 다음으로 식당의 환경이 편안하고 서비스가 완벽합니다. 그 외에 가격은 합리적이어야 합니다. 정말로 인기 있는 식당은 기본적으로 맛있고 저렴합니다.

Lv. 4~6

我认为受人们欢迎的餐厅都各有各的特点，但其中最重要的是味道、环境和服务。首先作为餐厅，最吸引人的当然是味道。如果有自己的招牌菜和特色菜，而且能满足不同口味的客人的需求，那么就一定会受到人们的欢迎。其次干净舒适、有自己特色的用餐环境，能给客人留下好印象。再次热情、亲切、周到的服务，能让客人就餐时心情愉快。总之，我认为具备以上三个特点的餐厅就会受人们的欢迎。

Wǒ rènwéi shòu rénmen huānyíng de cāntīng dōu gè yǒu gè de tèdiǎn, dàn qízhōng zuì zhòngyào de shì wèidao、huánjìng hé fúwù. Shǒuxiān zuòwéi cāntīng, zuì xīyǐn rén de dāngrán shì wèidao. Rúguǒ yǒu zìjǐ de zhāopáicài hé tèsècài, érqiě néng mǎnzú bùtóng kǒuwèi de kèrén de xūqiú, nàme jiù yídìng huì shòudào rénmen de huānyíng. Qícì gānjìng shūshì、yǒu zìjǐ tèsè de yòngcān huánjìng, néng gěi kèrén liúxià hǎo yìnxiàng. Zàicì rèqíng、qīnqiè、zhōudào de fúwù, néng ràng kèrén jiùcān shí xīnqíng yúkuài. Zǒngzhī, wǒ rènwéi jùbèi yǐshàng sān ge tèdiǎn de cāntīng jiù huì shòu rénmen de huānyíng.

저는 사람들에게 인기 있는 식당들은 각자 나름의 특징을 가지고 있다고 생각하지만, 그중에서도 가장 중요한 것은 맛, 환경, 서비스라고 생각합니다. 우선 식당으로서 가장 사람을 끌어당기는 것은 당연히 맛입니다. 식당만의 대표 요리와 이색 요리가 있고 입맛이 다른 손님의 요구를 만족시킬 수 있다면, 분명 사람들의 인기를 끌 것입니다. 다음으로 깨끗하고 쾌적하며 식당만의 특색이 있는 식사 환경이 있다면, 손님에게 좋은 인상을 남길 것입니다. 그다음으로 열정적이고 친절하며 완벽한 서비스는 손님들이 식사할 때 기분을 좋게 만들어 줍니다. 한마디로 말하자면, 이 세 가지 특징을 갖춘 식당이 인기를 끄리라고 생각합니다.

餐厅 cāntīng 명 식당 **特点** tèdiǎn 명 특징 **具有** jùyǒu 동 가지다
味道 wèidao 명 맛 **质量** zhìliàng 명 품질 **客人** kèrén 명 손님
口味 kǒuwèi 명 입맛 **环境** huánjìng 명 환경 **舒适** shūshì 형 편안하고 한가롭다
服务 fúwù 동 서비스하다 **周到** zhōudào 형 세심하다 **享受** xiǎngshòu 동 누리다
合理 hélǐ 형 합리적이다 **基本上** jīběnshang 부 대체로 **吸引** xīyǐn 동 끌어당기다

第14题

你认为移民去国外生活好处多还是坏处多？
请谈谈你的看法。

Nǐ rènwéi yímín qù guówài shēnghuó hǎochù duō háishi huàichù duō? Qǐng tántan nǐ de kànfǎ.

당신은 외국으로 이민을 가서 외국 생활을 하면 좋은 점이 많다고 생각하나요, 아니면 나쁜 점이 많다고 생각하나요? 당신의 의견을 말해 보세요.

Lv. 4~6

我觉得移民去国外生活好处更多。首先通过移民可以体验到不同的生活方式和文化，能开阔眼界，增长见识。其次移民后可以享受发达国家更完善的社会福利制度和生活设施。最后可以让孩子享受更优质的教育环境和教育资源。所以我觉得移民去国外生活好处更多。

Wǒ juéde yímín qù guówài shēnghuó hǎochù gèng duō. Shǒuxiān tōngguò yímín kěyǐ tǐyàn dào bùtóng de shēnghuó fāngshì hé wénhuà, néng kāikuò yǎnjiè, zēngzhǎng jiànshi. Qícì yímín hòu kěyǐ xiǎngshòu fādá guójiā gèng wánshàn de shèhuì fúlì zhìdù hé shēnghuó shèshī. Zuìhòu kěyǐ ràng háizi xiǎngshòu gèng yōuzhì de jiàoyù huánjìng hé jiàoyù zīyuán. Suǒyǐ wǒ juéde yímín qù guówài shēnghuó hǎochù gèng duō.

저는 이민을 가서 외국 생활을 하는 것이 더 좋은 점이 많다고 생각합니다. 첫째, 이민을 통해 서로 다른 생활 방식과 문화를 체험할 수 있어, 시야를 넓히고 식견을 쌓을 수 있습니다. 그다음으로, 이민 후 선진국의 더 나은 사회 복지 제도와 생활 시설을 누릴 수 있습니다. 마지막으로, 자녀에게 더 우수한 교육 환경 및 자원을 받을 수 있게 할 수 있습니다. 그래서 저는 이민을 가서 외국 생활을 하는 것이 더 좋은 점이 많은 것 같습니다.

Lv. 4~6

我认为移民去国外生活的坏处比好处多。理由是：第一、移民以后，一切都要从头开始。比如要重新找工作，重新建立社交圈等，困难重重。第二、因为语言和文化的差异，很难融入当地人的生活。第三、在国外生活，远离国内的亲朋好友，经常会感觉孤单和寂寞。所以我认为移民生活比我们想象的要困难得多，应该要慎重。

Wǒ rènwéi yímín qù guówài shēnghuó de huàichù bǐ hǎochù duō. Lǐyóu shì: Dì-yī、yímín yǐhòu, yíqiè dōu yào cóngtóu kāishǐ. Bǐrú yào chóngxīn zhǎo gōngzuò, chóngxīn jiànlì shèjiāoquān děng, kùnnan chóngchóng. Dì-èr、yīnwèi yǔyán hé wénhuà de chāyì, hěn nán róngrù dāngdì rén de shēnghuó. Dì-sān、zài guówài shēnghuó, yuǎn lí guónèi de qīnpéng hǎoyǒu, jīngcháng huì gǎnjué gūdān hé jìmò. Suǒyǐ wǒ rènwéi yímín shēnghuó bǐ wǒmen xiǎngxiàng de yāo kùnnan de duō, yīnggāi yào shènzhòng.

이민을 가서 외국 생활을 하는 것은 좋은 점보다 나쁜 점이 많다고 생각합니다. 이유는 다음과 같습니다. 첫째 이민을 가면 모든 것을 처음부터 시작해야 합니다. 예를 들어 일자리를 다시 찾아야 하고, 사람들도 새로 사귀어야 하는 등 어려움이 많습니다. 둘째, 언어와 문화 차이 때문에 현지인의 생활에 녹아들기 쉽지 않습니다. 셋째, 외국에서 살면 자국의 친지와 친구들로부터 멀어져, 쓸쓸함과 외로움을 느끼게 될 것입니다. 그래서 저는 우리가 생각한 것보다 이민 생활은 훨씬 어렵기 때문에, 신중해야 한다고 생각합니다.

移民 yímín 동 이민하다 **体验** tǐyàn 동 체험하다 **开阔** kāikuò 동 넓히다
眼界 yǎnjiè 명 견문 **发达国家** fādá guójiā 선진국 **完善** wánshàn 형 완벽하다
社会福利制度 shèhuì fúlì zhìdù 사회 복지 제도 **设施** shèshī 명 시설
优质 yōuzhì 형 우수한 품질의 **资源** zīyuán 명 자원
社交圈 shèjiāoquān 명 사교범위 **融入** róngrù 동 융합되어 들어가다
孤单 gūdān 형 외롭다 **寂寞** jìmò 형 쓸쓸하다 **慎重** shènzhòng 형 신중하다

第15题

你认为广告中，虚假夸张的广告多吗？请谈谈你的看法。

Nǐ rènwéi guǎnggào zhōng, xūjiǎ kuāzhāng de guǎnggào duō ma? Qǐng tántan nǐ de kànfǎ.

당신은 광고 중에 허위 과장 광고가 많다고 생각하나요?
당신의 의견을 말해 보세요.

Lv. 4~6

我觉得广告中虚假夸张的广告比较多，特别是化妆品广告。很多化妆品广告里都说用了这个产品能消除皱纹、能让皮肤像牛奶一样白等等。可事实是，皱纹长了就下不去，根本消除不了，只能是缓解皱纹。皮肤白不白也是天生的，不是用什么化妆品就能改变的。

Wǒ juéde guǎnggào zhōng xūjiǎ kuāzhāng de guǎnggào bǐjiào duō, tèbié shì huàzhuāngpǐn guǎnggào. Hěn duō huàzhuāngpǐn guǎnggào lǐ dōu shuō yòngle zhège chǎnpǐn néng xiāochú zhòuwén、néng ràng pífū xiàng niúnǎi yíyàng bái děngděng. Kě shìshí shì, zhòuwén zhǎngle jiù xià bú qù, gēnběn xiāochú buliǎo, zhǐnéng shì huǎnjiě zhòuwén. Pífū bái bu bái yě shì tiānshēng de, búshì yòng shénme huàzhuāngpǐn jiù néng gǎibiàn de.

저는 광고 중에 허위 과장 광고가 많다고 생각하는데, 특히 화장품 광고가 심한 것 같습니다. 여러 화장품 광고에서는 이 제품을 사용하면, 주름이 없어지고 피부가 우유처럼 하얘질 수 있다는 등의 말을 합니다. 그러나 사실 주름은 생겨나면 없어지지 않으며 아예 없앨 수 없고 그저 완화시킬 수 있을 뿐입니다. 피부가 희거나 희지 않은 것은 타고나는 것이지, 어떤 화장품을 쓴다고 해서 바꿀 수 있는 것은 아닙니다.

Lv. 4~6

我觉得以前的广告中虚假夸张的比较多，最近这样的广告越来越少了。因为现在的消费者见多识广，都很聪明，如果是虚假夸张的广告马上就能听出来。这样的广告不但起不到宣传产品的作用，反而会引起大家的反感，所以很多商家都不会冒险再做这样的广告。其次，现在网络这么发达，人们可以随时上网查到商品的信息和评价，所以虚假夸张的广告越来越少了。

Wǒ juéde yǐqián de guǎnggào zhōng xūjiǎ kuāzhāng de bǐjiào duō, zuìjìn zhèyàng de guǎnggào yuè lái yuè shǎo le. Yīnwèi xiànzài de xiāofèizhě jiànduōshìguǎng, dōu hěn cōngming, rúguǒ shì xūjiǎ kuāzhāng de guǎnggào mǎshàng jiù néng tīng chūlái. Zhèyàng de guǎnggào búdàn qǐ bu dào xuānchuán chǎnpǐn de zuòyòng, fǎn'ér huì yǐnqǐ dàjiā de fǎngǎn, suǒyǐ hěn duō shāngjiā dōu búhuì màoxiǎn zài zuò zhèyàng de guǎnggào. Qícì, xiànzài wǎngluò zhème fādá, rénmen kěyǐ suíshí shàngwǎng chádào shāngpǐn de xìnxī hé píngjià, suǒyǐ xūjiǎ kuāzhāng de guǎnggào yuè lái yuè shǎo le.

저는 예전 광고에는 허위 과장이 많았지만, 요즘에는 이러한 광고가 점점 줄어들고 있다고 생각합니다. 왜냐하면 오늘날의 소비자들은 알고 있는 것도 많고 똑똑하여 만약 허위 과장 광고라면 바로 알아들을 수 있기 때문입니다. 이러한 광고는 제품의 홍보 역할을 할 수 없을 뿐만 아니라 오히려 대중의 반감을 불러일으킬 수 있어 많은 업체들이 더는 위험을 무릅쓰고 이러한 광고를 하지 않습니다. 다음으로, 현재는 인터넷이 크게 발달하여 사람들이 아무 때나 인터넷에서 제품의 정보와 평가를 찾아볼 수 있으므로, 허위 과장 광고는 점점 줄어들고 있습니다.

广告 guǎnggào 명 광고 **虚假** xūjiǎ 형 허위의 **夸张** kuāzhāng 동 과장하다
化妆品 huàzhuāngpǐn 명 화장품 **消除** xiāochú 동 제거하다
皱纹 zhòuwén 명 주름 **皮肤** pífū 명 피부 **事实** shìshí 명 사실
根本 gēnběn 부 아예 **缓解** huǎnjiě 동 완화시키다 **天生** tiānshēng 형 선천적이다
消费者 xiāofèizhě 소비자 **谨慎** jǐnshèn 형 신중하다
宣传 xuānchuán 동 선전하다 **冒险** màoxiǎn 동 위험을 무릅쓰다

第16题

有人说应该从小就养成读书的习惯，你同意这种说法吗？请谈谈你的看法。

Yǒu rén shuō yīnggāi cóngxiǎo jiù yǎngchéng dúshū de xíguàn, nǐ tóngyì zhè zhǒng shuōfǎ ma? Qǐng tántan nǐ de kànfǎ.

어떤 사람은 어려서부터 책을 읽는 습관을 들여야 한다고 말합니다. 당신은 이 의견에 동의하나요? 당신의 생각을 말해 보세요.

Lv. 4~6

我同意这种说法。因为好的习惯不是一、两天能养成的，特别是读书这个习惯，一定要从小开始培养。小的时候，让孩子多读书，孩子就会对书产生兴趣，慢慢地喜欢上读书。如果小的时候这个习惯没养成，长大以后是很难静下心来读书的。所以我觉得应该从小培养读书这个习惯。

Wǒ tóngyì zhè zhǒng shuōfǎ. Yīnwèi hǎo de xíguàn búshì yī、liǎng tiān néng yǎngchéng de, tèbié shì dúshū zhège xíguàn, yídìng yào cóngxiǎo kāishǐ péiyǎng. Xiǎo de shíhou, ràng háizi duō dúshū, háizi jiù huì duì shū chǎnshēng xìngqù, mànmān de xǐhuan shàng dúshū. Rúguǒ xiǎo de shíhou zhège xíguàn méi yǎngchéng, zhǎngdà yǐhòu shì hěn nán jìngxià xīnlái dúshū de. Suǒyǐ wǒ juéde yīnggāi cóngxiǎo péiyǎng dúshū zhège xíguàn.

저는 이 견해에 동의합니다. 왜냐하면 좋은 습관은 하루 이틀 사이에 기를 수 있는 것이 아니기에 특히 책을 읽는 이 습관은 반드시 어려서부터 길러야 합니다. 어릴 적에 아이에게 책을 많이 읽도록 하면, 아이는 책에 흥미가 생겨 점점 책 읽는 것을 좋아하게 됩니다. 만약 어렸을 때 이런 습관을 기르지 않으면, 성장한 후에 조용히 책을 읽는 것을 어려워합니다. 그래서 저는 어려서부터 책 읽는 습관을 길러야 한다고 생각합니다.

Lv. 4~6

我不太同意这种说法。虽然从小养成读书的习惯很重要，但是如果孩子不喜欢读书的话，没有必要强迫他读书。还不如等他长大后，有了感兴趣的东西时，他自然会开始看这方面的书。我认为养成习惯完全是靠自己的意志，别人怎么强迫也没用。我相信长大后根据自己的兴趣有选择地读书更好。

Wǒ bú tài tóngyì zhè zhǒng shuōfǎ. Suīrán cóngxiǎo yǎngchéng dúshū de xíguàn hěn zhòngyào, dànshì rúguǒ háizi bù xǐhuan dúshū dehuà, méiyǒu bìyào qiǎngpò tā dúshū. Hái bùrú děng tā zhǎngdà hòu, yǒule gǎn xìngqù de dōngxi shí, tā zìrán huì kāishǐ kàn zhè fāngmiàn de shū. Wǒ rènwéi yǎngchéng xíguàn wánquán shì kào zìjǐ de yìzhì, biérén zěnme qiǎngpò yě méi yòng. Wǒ xiāngxìn zhǎng dà hòu gēnjù zìjǐ de xìngqù yǒu xuǎnzé de dúshū gèng hǎo.

저는 이 견해에 그다지 동의하지 않습니다. 비록 어려서부터 책을 읽는 습관은 중요하지만, 만약 아이가 책 읽는 것을 싫어한다면 강제로 책을 읽도록 할 필요는 없습니다. 차라리 아이가 자란 다음 흥미 있는 것이 생겨서 저절로 이 분야의 책을 읽게 되는 것이 더 낫습니다. 저는 습관을 기르는 것은 전적으로 자신의 의지에 달렸으며, 다른 사람이 어떻게 강요해도 소용없다고 생각합니다. 성장한 후에 자신의 관심에 따라 선택해서 책을 읽는 것이 더 좋다고 믿습니다.

从小 cóngxiǎo 부 어려서부터 **习惯** xíguàn 명 습관 **同意** tóngyì 동 동의하다
培养 péiyǎng 동 양성하다 **兴趣** xìngqù 명 흥미, 재미 **慢** màn 형 느리다
难 nán 형 어렵다 **静心** jìngxīn 동 마음을 가라앉히다 **强迫** qiǎngpò 동 강요하다
自然 zìrán 부 저절로 **意志** yìzhì 명 의지 **选择** xuǎnzé 동 선택하다

제6부분 TSC®기출문제

p. 326

第1题

你的同屋邀你一起运动，正好最近你也有这种想法。请你接受他的建议，并安排时间和地点。

Nǐ de tóngwū yāo nǐ yìqǐ yùndòng, zhènghǎo zuìjìn nǐ yě yǒu zhè zhǒng xiǎngfǎ. Qǐng nǐ jiēshòu tā de jiànyì, bìng ānpái shíjiān hé dìdiǎn.

룸메이트가 당신에게 함께 운동을 하자고 하는데, 마침 요즘 당신도 그러한 생각을 가지고 있었습니다. 그의 제안을 수락하고, 시간과 장소를 정해 보세요.

Lv. 4

太好了，我最近也一直想去运动呢，咱们一起去吧。听说早上进行空腹运动有助于减肥和增强体力，要不我们早上一起来就去学校操场跑步怎么样？你觉得呢？

Tài hǎo le, wǒ zuìjìn yě yìzhí xiǎng qù yùndòng ne, zánmen yìqǐ qù ba. Tīngshuō zǎoshang jìnxíng kōngfù yùndòng yǒu zhùyú jiǎnféi hé zēngqiáng tǐlì, yàobù wǒmen zǎoshang yìqǐ lái jiù qù xuéxiào cāochǎng pǎobù zěnmeyàng? Nǐ juéde ne?

정말 잘 됐다. 나도 요즘 줄곧 운동을 하고 싶었거든. 우리 같이 가자. 듣자 하니 아침에 공복으로 운동하면 다이어트와 체력을 키우는 데 도움이 된대. 아니면 우리 아침에 일어나자마자 함께 학교 운동장에 가서 조깅을 하면 어떨까? 네 생각에는 어떤 거 같아?

Lv. 5~6

好主意！咱们一起运动吧。早上我们俩都忙着去上课，恐怕没有时间，而且我们早上也起不来。要不这样吧，上完课我们直接去健身房健身怎么样？也可以去游泳池游泳，又能减肥还能增强体力。怎么样？你是怎么想的？

Hǎo zhǔyi! Zánmen yìqǐ yùndòng ba. Zǎoshang wǒmen liǎ dōu mángzhe qù shàngkè, kǒngpà méiyǒu shíjiān, érqiě wǒmen zǎoshang yě qǐ bu lái. Yàobù zhèyàng ba, shàngwán kè wǒmen zhíjiē qù jiànshēnfáng jiànshēn zěnmeyàng? Yě kěyǐ qù yóuyǒngchí yóuyǒng. Yòu néng jiǎnféi hái néng zēngqiáng tǐlì, zěnmeyàng? Nǐ shì zěnme xiǎng de?

좋은 생각이야! 우리 함께 운동하자. 아침에는 우리 둘 다 수업에 가느라 바빠서, 아마 시간이 안 될 거 같고, 게다가 우리는 아침에 못 일어나잖아. 아니면 이렇게 하자. 수업이 끝나고 바로 헬스클럽에 가서 헬스하는 건 어때? 수영장에 가서 수영도 할 수 있고 또 다이어트도 할 수 있고 체력도 키울 수 있어. 어때? 너는 어떻게 생각해?

接受 jiēshòu 동 받아들이다 **安排** ānpái 동 안배하다 **地点** dìdiǎn 명 장소
一直 yìzhí 부 줄곧 **进行** jìnxíng 동 진행하다 **空腹** kōngfù 명 공복
有助于 yǒu zhùyú ~에 도움이 되다 **减肥** jiǎnféi 동 다이어트하다
增强 zēngqiáng 동 증진하다, 강화하다 **操场** cāochǎng 명 운동장
跑步 pǎobù 동 달리기를 하다 **主意** zhǔyi 명 생각 **上课** shàngkè 동 수업하다
恐怕 kǒngpà 부 아마 ~일 것이다
…不来 …bu lái 경험 · 습관 · 학습상 익숙지 못하여) ~할 수 없다
直接 zhíjiē 형 직접적인 **健身房** jiànshēnfáng 명 헬스클럽
游泳馆 yóuyǒngchí 수영장 **游泳** yóuyǒng 동 수영하다

第2题

你打算到补习班学习英语。请你给补习班打电话说明你的英语水平，并询问上课时间、费用等相关事宜。

Nǐ dǎsuan dào bǔxíbān xuéxí Yīngyǔ. Qǐng nǐ gěi bǔxíbān dǎ diànhuà shuōmíng nǐ de Yīngyǔ shuǐpíng, bìng xúnwèn shàngkè shíjiān、fèiyòng děng xiāngguān shìyí.

당신은 학원에 가서 영어를 공부하려고 합니다. 학원에 전화를 걸어 당신의 영어 실력을 설명하고, 수업 시간 및 수강료 등 관련 사항을 문의하세요.

Lv. 4

喂，你好，我想去你们补习班学习英语。虽然以前我学过很长时间，不过我的英语水平还是处于初级阶段。报名之前有没有水平测试？还有晚上几点有课啊？对了，费用是多少？可以从这个星期就开始学吗？

Wéi, nǐ hǎo, wǒ xiǎng qù nǐmen bǔxíbān xuéxí Yīngyǔ. Suīrán yǐqián wǒ xuéguo hěn cháng shíjiān, búguò wǒ de Yīngyǔ shuǐpíng háishi chǔyú chūjí jiēduàn. Bàomíng zhīqián yǒu mei yǒu shuǐpíng cèshì? Háiyǒu wǎnshang jǐ diǎn yǒu kè a? Duìle, fèiyòng shì duōshao? Kěyǐ cóng zhège xīngqī jiù kāishǐ xué ma?

여보세요. 안녕하세요. 제가 학원에 가서 영어를 배우려고 합니다. 비록 예전에 오랫동안 영어를 배우긴 했지만, 제 영어 실력은 여전히 초급 수준이에요. 신청 전에 레벨 테스트가 있나요? 그리고 저녁 몇 시에 수업이 있나요? 참, 수강료는 얼마예요? 이번 주부터 바로 수업 시작할 수 있나요?

Lv. 5~6

喂，你好，我在网上看到了你们英语补习班的广告，我想去学习。广告上说报名之前能做水平测试，那我什么时候去好呢？还有因为我是上班族，平时没有时间学习，所以想问问你们那儿有没有周末班？有的话，几点上课？费用是多少？现在报名的话有没有优惠啊？

Wéi, nǐ hǎo, wǒ zài wǎngshàng kàndàole nǐmen Yīngyǔ bǔxíbān de guǎnggào, wǒ xiǎng qù xuéxí. Guǎnggào shàng shuō bàomíng zhīqián néng zuò shuǐpíng cèshì, nà wǒ shénme shíhou qù hǎo ne? Háiyǒu yīnwèi wǒ shì shàngbānzú, píngshí mei yǒu shíjiān xuéxí, suǒyǐ xiǎng wènwen nǐmen nàr yǒu méiyǒu zhōumò bān? Yǒu dehuà, jǐ diǎn shàngkè? Fèiyòng shì duōshao? Xiànzài bàomíng dehuà yǒu mei yǒu yōuhuì a?

여보세요. 안녕하세요. 제가 인터넷에서 영어 학원 광고를 보고 배우러 가고 싶어졌습니다. 광고에서는 신청 전에 레벨 테스트가 있다고 하던데, 그럼 언제 가는 게 좋을까요? 그리고 저는 직장인이라 평소에는 공부할 시간이 없어서, 그곳에 주말반이 있는지 궁금합니다. 있다면 몇 시 수업인가요? 비용은 얼마예요? 지금 신청하면 무슨 혜택이 있나요?

打算 dǎsuan 동 ~하려고 하다 **补习班** bǔxíbān 학원 **水平** shuǐpíng 명 수준
询问 xúnwèn 동 문의하다 **费用** fèiyòng 명 비용 **相关** xiāngguān 동 관련되다
事宜 shìyí 명 일의 안배와 처리 **处于** chǔyú 동 어떤 지위나 상태에 있다
初级 chūjí 명 초급의 **阶段** jiēduàn 명 단계 **报名** bàomíng 동 신청하다
测试 cèshì 동 테스트하다 **开始** kāishǐ 동 시작하다 **广告** guǎnggào 명 광고
上班族 shàngbānzú 명 직장인 **优惠** yōuhuì 형 우대의

第3题

朋友邀你暑假一起去旅行，但你打算打工。
请你向朋友说明情况，并委婉地拒绝她。

Péngyou yāo nǐ shǔjià yìqǐ qù lǚxíng, dàn nǐ dǎsuan dǎgōng. Qǐng nǐ xiàng péngyou shuōmíng qíngkuàng, bìng wěiwǎn de jùjué tā.

친구가 당신에게 여름방학에 함께 여행을 가자고 청했지만, 당신은 아르바이트를 할 계획입니다. 친구에게 상황을 설명하고 완곡하게 거절하세요.

Lv. 4

谢谢你邀我暑假一起去旅行，不过我这次暑假打算打工。我想通过打工锻炼锻炼我的社交能力，提前体验一下社会生活。顺便赚点儿下学期的学费。不好意思，咱们寒假的时候再一起去旅行吧。

Xièxie nǐ yāo wǒ shǔjià yìqǐ qù lǚxíng, búguò wǒ zhè cì shǔjià dǎsuan dǎgōng. Wǒ xiǎng tōngguò dǎgōng duànliàn duànliàn wǒ de shèjiāo nénglì, tíqián tǐyàn yíxià shèhuì shēnghuó. Shùnbiàn zhuàn diǎnr xià xuéqī de xuéfèi. Bù hǎoyìsi, zánmen hánjià de shíhou zài yìqǐ qù lǚxíng ba.

여름방학에 함께 여행을 가자고 해 줘서 고마운데, 나는 이번 여름방학 때 아르바이트를 할 계획이야. 아르바이트를 하면서 사교성도 키우고, 미리 사회생활도 경험해 보고 싶어. 겸사겸사 다음 학기 학비도 벌고. 미안해, 우리 겨울방학 때 함께 여행 가자.

Lv. 5~6

真感谢你邀我暑假一起去旅行，但我早就计划好了，打算利用这个暑假去打工。我想通过打工这个机会积累点儿社会经验，多认识一些人，顺便赚一些零用钱，体会一下努力赚钱的感觉。咱们下次有机会的话再一起去旅行吧。不好意思啊！

Zhēn gǎnxiè nǐ yāo wǒ shǔjià yìqǐ qù lǚxíng, dàn wǒ zǎo jiù jìhuà hǎo le, dǎsuan lìyòng zhège shǔjià qù dǎgōng. Wǒ xiǎng tōngguò dǎgōng zhège jīhuì jīlěi diǎnr shèhuì jīngyàn, duō rènshi yìxiē rén, shùnbiàn zhuàn yìxiē língyòng qián, tǐhuì yíxià nǔlì zhuànqián de gǎnjué. Zánmen xiàcì yǒu jīhuì dehuà zài yìqǐ qù lǚxíng ba. Bù hǎoyìsi a!

여름 방학에 함께 여행 가자고 해줘서 정말 고마워. 하지만 나는 이번 여름방학을 이용해서 아르바이트를 하려고 벌써 계획해 두었어. 아르바이트를 통해 사회 경험을 쌓고, 여러 사람들도 사귀고, 겸사겸사 용돈도 벌면서, 열심히 돈을 버는 느낌을 체험해 보고 싶어. 우리 다음에 기회가 되면 함께 여행 가자. 미안해!

暑假 shǔjià 명 여름 방학 **旅行** lǚxíng 명동 여행(하다) **向** xiàng 개 ~에게
委婉 wěiwǎn 형 완곡하다 **拒绝** jùjué 동 거절하다 **锻炼** duànliàn 동 단련하다
社交 shèjiāo 명 사교 **提前** tíqián 동 앞당기다 **体验** tǐyàn 동 체험하다
顺便 shùnbiàn 부 ~하는 김에 **赚** zhuàn 동 벌다 **学期** xuéqī 명 학기
学费 xuéfèi 명 수업료 **寒假** hánjià 명 겨울방학 **计划** jìhuà 명동 계획(하다)
利用 lìyòng 동 활용하다 **积累** jīlěi 동 쌓다 **经验** jīngyàn 명동 경험(하다)
零用钱 língyòng qián 용돈 **体会** tǐhuì 동 체득하다

第4题

你的同屋常常不关灯、开着空调就出门，
你觉得这种习惯不太好。请你给他一些建议。

Nǐ de tóngwū chángcháng bù guān dēng、kāizhe kōngtiáo jiù chūmén, nǐ juéde zhè zhǒng xíguàn bú tài hǎo. Qǐng nǐ gěi tā yìxiē jiànyì.

당신의 룸메이트는 늘 등을 끄지 않고 에어컨을 켜 놓고 외출합니다.
당신은 이런 습관이 좋지 않다고 생각하는데요. 그에게 건의해 보세요.

Lv. 4

小李，我看你常常不关灯、开着空调就出门，这样不太好吧？这么做太浪费电了，而且电费这么贵。你以后还是注意一下吧，节约资源我们每个人都有责任嘛！

Xiǎo Lǐ, wǒ kàn nǐ chángcháng bù guān dēng、kāizhe kōngtiáo jiù chūmén, zhèyàng bú tài hǎo ba? Zhème zuò tài làngfèi diàn le, érqiě diànfèi zhème guì. Nǐ yǐhòu háishi zhùyì yíxià ba, jiéyuē zīyuán wǒmen měi gèrén dōu yǒu zérèn ma!

샤오리, 내가 보니까 너는 늘 등을 끄지 않고 에어컨을 켜 놓고 외출하더라고, 이러면 별로 좋지 않잖아? 이렇게 하는 건 전기를 너무 낭비하는 것이고, 또 전기세도 이렇게 비싸잖아. 앞으로 좀 주의해줘. 자원을 절약하는 건 우리 모두에게 책임이 있어!

Lv. 5~6

小李，我看你常常不关灯、开着空调就出门。我一直忍着没说是希望你自己能改正。之前每次都是我帮你关，但这次我实在忍不住了，想跟你说一声。你的这种行为其实就是浪费资源，而且电费我们各付一半，你不觉得因为你这种习惯而我们多花了很多钱吗？你以后注意一下好吗？

Xiǎo Lǐ, wǒ kàn nǐ chángcháng bù guān dēng、kāizhe kōngtiáo jiù chūmén. Wǒ yìzhí rěnzhe méi shuō shì xīwàng nǐ zìjǐ néng gǎizhèng. zhīqián měi cì dōu shì wǒ bāng nǐ guān, dàn zhè cì wǒ shízài rěn bu zhù le, xiǎng gēn nǐ shuō yì shēng. Nǐ de zhè zhǒng xíngwéi qíshí jiùshì làngfèi zīyuán, érqiě diànfèi wǒmen gè fù yíbàn, nǐ bù juéde yīnwèi nǐ zhè zhǒng xíguàn ér wǒmen duō huāle hěn duō qián ma? Nǐ yǐhòu zhùyì yíxià hǎo ma?

샤오리, 내가 보니까 너는 늘 등을 끄지 않고 에어컨을 켜 놓고 외출하더라. 내가 계속 참고 말하지 않은 건 네가 스스로 바뀌기를 바라서야. 전에는 매번 내가 너 대신 껐지만, 이번에는 정말 못 참겠어서 한마디 하는 거야. 너의 이러한 행동은 사실 자원 낭비인데다가, 전기세는 반반씩 내는 건데 이러한 너의 습관 때문에 우리가 돈을 많이 쓴다고 생각되지 않니? 앞으로는 좀 주의해 줄래?

灯 dēng 명 등 **空调** kōngtiáo 명 에어컨 **出门** chūmén 동 외출하다
习惯 xíguàn 명 습관 **建议** jiànyì 명동 건의(하다) **浪费** làngfèi 동 낭비하다
而且 érqiě 접 게다가 **电费** diànfèi **注意** zhùyì 동 주의하다 **节约** jiéyuē 동 절약하다
资源 zīyuán 명 자원 **责任** zérèn 명 책임 **忍** rěn 동 참다 **希望** xīwàng 동 희망하다
改正 gǎizhèng 동 시정하다 **实在** shízài 부 정말로 **…不住** …bu zhù ~하지 못하다
声 shēng 동 말하다 **行为** xíngwéi 명 행위 **其实** qíshí 부 사실은 **各** gè 대 각자
付 fù 동 지불하다 **花** huā 동 (돈을) 쓰다

第5题

你最近想学吉他，正好你的同屋很会弹吉他。
请你向他说明情况，并请他给你些建议。

Nǐ zuìjìn xiǎng xué jítā, zhènghǎo nǐ de tóngwū hěn huì tán jítā. Qǐng nǐ xiàng tā shuōmíng qíngkuàng, bìng qǐng tā gěi nǐ xiē jiànyì.

당신은 요즘 기타가 배우고 싶은데 마침 룸메이트가 기타를 아주 잘 칩니다. 그에게 상황을 설명하고, 조언을 구하세요.

Lv. 4

小金，我最近想学吉他，但不知道该怎么做。我从来都没有弹过吉他。你说我是应该找个老师学好呢，还是自己看书或跟着视频学好呢？你不是很会弹吉他嘛，给我些建议吧。

Xiǎo Jīn, wǒ zuìjìn xiǎng xué jítā, dàn bù zhīdào gāi zěnme zuò. Wǒ cónglái dōu méiyǒu tánguo jítā. Nǐ shuō wǒ shì yīnggāi zhǎo ge lǎoshī xuéhǎo ne, háishi zìjǐ kàn shū huò gēnzhe shìpín xuéhǎo ne? Nǐ búshì hěn huì tán jítā ma, gěi wǒ xiē jiànyì ba.

샤오진, 내가 요즘 기타를 배우고 싶은데, 어떻게 해야 하는지 모르겠어. 나는 여태껏 기타를 쳐 본 적이 없거든. 선생님을 찾아서 배우는 게 좋을까, 아니면 혼자서 책을 보거나 영상을 보고 배우는 게 좋을까? 너는 기타를 아주 잘 치잖아, 나한테 조언 좀 해줘.

Lv. 5~6

小金，我最近打算学吉他。其实之前已经学过一段时间，所以知道最基本的弹法。你说我要接着学的话，是应该到辅导班跟老师学习好呢，还是在家看视频学习就可以呢？我也不知道哪种方法好。你是吉他高手，给我一些建议好不好？

Xiǎo Jīn, wǒ zuìjìn dǎsuan xué jítā. Qíshí zhīqián yǐjing xuéguo yí duàn shíjiān, suǒyǐ zhīdao zuì jīběn de tán fǎ. Nǐ shuō wǒ yào jiēzhe xué dehuà, shì yīnggāi dào fǔdǎobān gēn lǎoshī xuéxí hǎo ne, háishi zài jiā kàn shìpín xuéxí jiù kěyǐ ne? Wǒ yě bù zhīdào nǎ zhǒng fāngfǎ hǎo. Nǐ shì jítā gāoshǒu, gěi wǒ yìxiē jiànyì hǎo bu hǎo?

샤오진, 나는 요즘 기타를 배우려고 해. 사실 예전에 한동안 배운 적이 있어서 가장 기본적인 타법은 알아. 이어서 배운다고 하면, 학원에 가서 선생님한테 배우는 게 좋을까, 아니면 집에서 영상을 보면서 배울까? 나도 어떤 방법이 좋은지 모르겠어. 너는 기타 고수이니, 나한테 조언 좀 해주지 않을래?

吉他 jítā 명 기타 **弹** tán 동 연주하다 **建议** jiànyì 동 건의하다
从来 cónglái 부 여태껏 **应该** yīnggāi 조동 마땅히 ~해야 한다
跟着 gēnzhe 동 ~을 따라하다 **视频** shìpín 명 동영상
一段时间 yí duàn shíjiān 한동안 **基本** jīběn 명 기본 **弹法** tánfǎ 연주법
接着 jiēzhe 부 이어서 **辅导班** fǔdǎobān 교습반 **高手** gāoshǒu 명 고수

第6题

你跟朋友约好一起去美术馆，但是你从家出来晚了。
请你给朋友打电话说明情况，并推迟见面的时间。

Nǐ gēn péngyou yuēhǎo yìqǐ qù měishùguǎn, dànshì nǐ cóng jiā chūlái wǎn le. Qǐng nǐ gěi péngyou dǎ diànhuà shuōmíng qíngkuàng, bìng tuīchí jiànmiàn de shíjiān.

당신은 친구와 함께 미술관에 가기로 약속했는데, 집에서 늦게 나왔습니다. 친구에게 전화를 걸어 상황을 설명하고, 만나는 시간을 미루세요.

Lv. 4

小赵，我们不是约好两点在美术馆门口见面嘛，但是我从家里出来晚了，所以差不多两点半才能到。你要是已经出来了的话，就在美术馆门口的咖啡厅等我吧，我到了马上给你打电话。真是太不好意思了。

Xiǎo Zhào, wǒmen búshì yuēhǎo liǎng diǎn zài měishùguǎn ménkǒu jiànmiàn ma, dànshì wǒ cóng jiā lǐ chūlái wǎn le, suǒyǐ chàbuduō liǎng diǎn bàn cái néng dào. Nǐ yàoshi yǐjing chūláile dehuà, jiù zài měishùguǎn ménkǒu de kāfēitīng děng wǒ ba, wǒ dàole mǎshàng gěi nǐ dǎ diànhuà. Zhēn shì tài bù hǎoyìsi le.

샤오자오, 우리 두 시에 미술관 입구에서 만나기로 약속했잖아. 그런데 내가 집에서 늦게 나와서, 두 시 반에야 도착할 거 같아. 만약 벌써 나왔다면, 미술관 입구에 있는 커피숍에서 기다려 줘. 도착하면 바로 너한테 전화할게. 정말 너무 미안해.

Lv. 5~6

小赵，是我，我有事从家里出来晚了，看来要迟到半个小时，真不好意思啊。我们不是说好两点见面嘛，能不能推迟半个小时见？你要是已经出来了的话，就在美术馆门口的咖啡厅等我吧。要是还没出来，你过半个小时后再出发好吗？看完展览之后我请你吃顿大餐，算是给你赔礼道歉吧。

Xiǎo Zhào, shì wǒ, wǒ yǒu shì cóng jiā lǐ chūlái wǎn le, kànlái yào chídào bàn ge xiǎoshí, zhēn bù hǎoyìsi a. Wǒmen búshì shuōhǎo liǎng diǎn jiànmiàn ma, néng bu néng tuīchí bàn ge xiǎoshí jiàn? Nǐ yàoshi yǐjing chūláile dehuà, jiù zài měishùguǎn ménkǒu de kāfēitīng děng wǒ ba. Yàoshi hái méi chūlái, nǐ guò bàn ge xiǎoshí hòu zài chūfā hǎo ma? Kànwán zhǎnlǎn zhīhòu wǒ qǐng nǐ chī dùn dà cān, suàn shì gěi nǐ péilǐ dàoqiàn ba.

샤오자오, 나야. 내가 일이 있어서 집에서 늦게 나왔어. 보아하니 30분은 늦을 거 같네. 정말 미안해. 우리 두 시에 만나기로 약속했는데, 30분 미룰 수 있을까? 만약 벌써 나왔다면, 미술관 입구에 있는 커피숍에서 기다려줘. 아직 안 나왔다면, 30분 후에 다시 출발해 줄래? 전시회 다 보고 나서, 내가 사과하는 의미로 크게 한턱낼게.

约 yuē 동 약속하다 **好** hǎo 형 동사 뒤에 쓰여 동작이 완성되었음을 나타냄
美术馆 měishùguǎn 미술관 **推迟** tuīchí 동 미루다 **差不多** chàbuduō 부 거의
马上 mǎshàng 부 곧, 즉시 **看来** kànlái 동 보아하니 **迟到** chídào 동 지각하다
出发 chūfā 동 출발하다 **展览** zhǎnlǎn 명동 전시(하다) **之后** zhīhòu 명 ~후에
大餐 dà cān 명 풍성한 음식 **算是** suànshì 동 ~인 셈이다 **赔礼** péilǐ 동 사과하다
道歉 dàoqiàn 동 사과하다

第7题

你的朋友下个月毕业后就要回国了，你想为他举办欢送会。请你向其他朋友说明情况，并提出你的建议。

Nǐ de péngyou xià ge yuè bìyè hòu jiùyào huíguó le, nǐ xiǎng wèi tā jǔbàn huānsònghuì. Qǐng nǐ xiàng qítā péngyou shuōmíng qíngkuàng, bìng tíchū nǐ de jiànyì.

당신의 친구는 다음 달에 졸업을 하면 곧 귀국을 해서, 당신은 그를 위해 송별회를 열어 주려고 합니다. 다른 친구들에게 상황을 설명하고, 제안해 보세요.

Lv. 4

你们知道小赵下个月毕业后就要回国了吗？他这次回国后可能就很难再见面了。所以我想下个星期六为他举办一个欢送会。大家都来我家，我们一起吃顿饭，再给他准备一些小礼物，你们看怎么样？

Nǐmen zhīdao Xiǎo Zhào xià ge yuè bìyè hòu jiùyào huíguó le ma? Tā zhè cì huíguó hòu kěnéng jiù hěn nán zài jiànmiàn le. Suǒyǐ wǒ xiǎng xià ge xīngqīliù wèi tā jǔbàn yí ge huānsònghuì. Dàjiā dōu lái wǒ jiā, wǒmen yìqǐ chī dùn fàn, zài gěi tā zhǔnbèi yìxiē xiǎo lǐwù, nǐmen kàn zěnmeyàng?

너희 샤오자오가 다음 달에 졸업을 하면 곧 귀국한다는 거 알고 있어? 그가 이번에 귀국을 하면 아마 다시 만나기 어려울 거야. 그래서 나는 다음 주 토요일에 그를 위해 송별회를 열어 주려고 해. 모두 우리 집에 와서 함께 밥을 먹고 그에게 선물을 준비해줄까 하는데, 너네가 볼 땐 어떤 거 같아?

Lv. 5~6

我听说小赵下个月就要回国了，所以想为他举办个欢送会。他回国前一天，大家都来我家，在我家里搞个派对吧。菜由我来准备，蛋糕和小礼物由你们来准备怎么样？你们还有什么别的建议吗？咱们把派对搞得热闹些，多给他留下些美好的回忆吧。

Wǒ tīngshuō Xiǎo Zhào xià ge yuè jiùyào huíguó le, suǒyǐ xiǎng wèi tā jǔbàn ge huānsònghuì. Tā huíguó qián yì tiān, dàjiā dōu lái wǒ jiā, zài wǒ jiā lǐ gǎo ge pàiduì ba. Cài yóu wǒ lái zhǔnbèi, dàngāo hé xiǎo lǐwù yóu nǐmen lái zhǔnbèi zěnmeyàng? Nǐmen háiyǒu shénme biéde jiànyì ma? Zánmen bǎ pàiduì gǎo de rènào xiē, duō gěi tā liúxià xiē měihǎo de huíyì ba.

샤오자오가 다음 달이면 곧 귀국을 한대서, 그를 위해 송별회를 열어 주려고 해. 그가 귀국하기 전날, 모두 우리 집에 와, 우리 집에서 파티하자. 음식은 내가 준비할 테니, 케이크와 작은 선물은 너희가 준비해줄래? 그리고 다른 제안이 더 있어? 우리 떠들썩하게 파티를 열어 그에게 아름다운 추억을 많이 남겨 주자.

毕业 bìyè 동 졸업하다 **就要…了** jiùyào…le 곧 ~하다 **举办** jǔbàn 동 개최하다
欢送会 huānsònghuì 송별회 **向** xiàng 전 ~에게 **其他** qítā 명 그밖에
顿 dùn 양 끼니(식사를 셀 때 쓰임) **准备** zhǔnbèi 동 준비하다 **礼物** lǐwù 명 선물
搞 gǎo 동 (~을) 하다 **派对** pàiduì 명 파티 **由** yóu 전 ~가(이)
蛋糕 dàngāo 명 케이크 **热闹** rènào 형 떠들썩하다 **留下** liúxià 남다
回忆 huíyì 명 동 추억(하다)

第8题

朋友邀你周末一起去听音乐会，但最近你很累想休息。请你向朋友说明情况，并委婉地拒绝她。

Péngyou yāo nǐ zhōumò yìqǐ qù tīng yīnyuèhuì, dàn zuìjìn nǐ hěn lèi xiǎng xiūxi. Qǐng nǐ xiàng péngyou shuōmíng qíngkuàng, bìng wěiwǎn de jùjué tā.

친구가 당신에게 주말에 함께 음악회에 가자고 초대했지만, 당신은 요즘 피곤해서 쉬고 싶어 합니다. 친구에게 상황을 설명하고, 완곡하게 거절하세요.

Lv. 4

小美，谢谢你邀请我去听音乐会，但我最近工作太忙了，连续几个周末都没好好儿休息了。正好明天我不用去上班，想好好儿休息，睡一觉。咱们下次一起去吧。不好意思啊！

Xiǎo Měi, xièxie nǐ yāoqǐng wǒ qù tīng yīnyuèhuì, dàn wǒ zuìjìn gōngzuò tài máng le, liánxù jǐ ge zhōumò dōu méi hǎohāor xiūxi le. Zhènghǎo míngtiān wǒ búyòng qù shàngbān, xiǎng hǎohāor xiūxi, shuì yí jiào. Zánmen xiàcì yìqǐ qù ba. Bù hǎoyìsi a!

샤오메이. 음악회에 가자고 초대해 줘서 고맙지만, 요즘 내가 일이 너무 바빠 연이어 몇 주 동안 잘 쉬지를 못했어. 마침 내일은 출근을 하지 않아도 되어서, 푹 쉬고 잠을 좀 자고 싶어. 우리 다음에 함께 가자. 미안해!

Lv. 5~6

小美，谢谢你的邀请，不过真不好意思啊，我最近工作太忙了，一直加班，每天都忙得筋疲力尽，我真的太累了，所以这个周末我想好好儿在家休息休息，要不我下周可能上不了班了。所以这次你找别的朋友一起去吧。等我忙完一定请你去听一次，好吗？

Xiǎo Měi, xièxie nǐ de yāoqǐng, búguò zhēn bù hǎoyìsi a, wǒ zuìjìn gōngzuò tài máng le, yìzhí jiābān, měitiān dōu máng de jīnpílìjìn, wǒ zhēnde tài lèi le, suǒyǐ zhège zhōumò wǒ xiǎng hǎohāor zài jiā xiūxi xiūxi, yàobù wǒ xiàzhōu kěnéng shàng buliǎo bān le. Suǒyǐ zhècì nǐ zhǎo biéde péngyou yìqǐ qù ba. Děng wǒ mángwán yídìng qǐng nǐ qù tīng yí cì, hǎo ma?

샤오메이. 초대해 줘서 고마운데, 정말 미안해. 내가 요즘 일이 너무 바빠. 계속되는 야근에 날마다 기진맥진하고 정말 너무 피곤해서 이번 주말에는 집에서 푹 쉬고 싶어. 안 그러면 다음 주에 출근하지 못할 거 같거든. 그러니까 이번에는 다른 친구와 함께 가. 내가 바쁜 거 끝나면 꼭 가서 듣게 해줄게, 괜찮지?

音乐会 yīnyuèhuì 음악회 **休息** xiūxi 동 쉬다 **工作** gōngzuò 명동 일(하다)
连续 liánxù 동 연속하다 **不用** búyòng 동 ~할 필요가 없다
上班 shàngbān 동 출근하다 **睡觉** shuìjiào 동 잠자다 **邀请** yāoqǐng 명동 초대(하다)
一直 yìzhí 부 줄곧 **加班** jiābān 동 시간 외 근무를 하다
筋疲力尽 jīnpílìjìn 기진맥진하다 **…不了** …bu liǎo ~할 수 없다 **一定** yídìng 부 꼭

第9题

别人送了你两张演唱会的门票，但你有事没法去看。请你向朋友说明情况，并把票转让给她。

Biéren sòngle nǐ liǎng zhāng yǎnchànghuì de ménpiào, dàn nǐ yǒu shì méifǎ qù kàn. Qǐng nǐ xiàng péngyou shuōmíng qíngkuàng, bìng bǎ piào zhuǎnràng gěi tā.

누군가 당신에게 콘서트 티켓을 두 장 선물했는데, 당신은 일이 있어서 갈 수가 없습니다. 친구에게 상황을 설명하고 티켓을 친구에게 양도하세요.

Lv. 4

小李，你这个周六晚上有时间吗？别人送了我两张演唱会的票，但这个周六晚上我有事没法去看。听说这场演唱会的票很不容易买到，所以如果不去的话太可惜了，你有时间的话就给你吧。

Xiǎo Lǐ, nǐ zhège zhōu liù wǎnshang yǒu shíjiān ma? Biéren sòngle wǒ liǎng zhāng yǎnchànghuì de piào, dàn zhège zhōuliù wǎnshang wǒ yǒu shì méifǎ qù kàn. Tīngshuō zhè chǎng yǎnchànghuì de piào hěn bù róngyì mǎidào, suǒyǐ rúguǒ bú qù dehuà tài kěxī le, nǐ yǒu shíjiān dehuà jiù gěi nǐ ba.

샤오리, 이번 주 토요일 저녁에 시간 있니? 누가 나한테 콘서트 티켓을 두 장 선물했는데, 나는 이번 주 토요일 저녁에 일이 있어서 갈 수가 없어. 듣자니 이 콘서트 티켓은 구입하기 아주 어렵다고 하던데, 못 가게 되면 너무 아까울 거 같아. 네가 시간이 된다면 너에게 줄게.

Lv. 5~6

小李，你这个周末有时间吗？是这样，别人送了我两张演唱会的票，本来我想去看的，但突然有事去不了了。约好一起去的朋友说如果我不去，他也不去了。这两张票就这么作废的话太可惜了，所以想问问你有没有时间。如果你有时间我就把票送给你，你跟朋友一起去看吧。

Xiǎo Lǐ, nǐ zhège zhōumò yǒu shíjiān ma? Shì zhèyàng, biéren sòngle wǒ liǎng zhāng yǎnchànghuì de piào, běnlái wǒ xiǎng qù kàn de, dàn tūrán yǒu shì qù buliǎo le. Yuēhǎo yìqǐ qù de péngyou shuō rúguǒ wǒ bú qù, tā yě bú qù le. Zhè liǎng zhāng piào jiù zhème zuòfèi dehuà tài kěxī le, suǒyǐ xiǎng wènwen nǐ yǒu mei yǒu shíjiān. Rúguǒ nǐ yǒu shíjiān wǒ jiù bǎ piào sòng gěi nǐ, nǐ gēn péngyou yìqǐ qù kàn ba.

샤오리, 이번 주 주말에 시간 있니? 누가 나한테 콘서트 티켓을 두 장 선물했는데, 원래는 내가 보러 가려고 했는데 갑자기 일이 생겨서 못 가게 됐어. 함께 가기로 약속한 친구도 만약 내가 안 가면 자기도 안 간다고 하네. 표 두 장이 이렇게 못 쓰게 돼버리면 너무 아까워서 네가 시간이 있는지 물어보는 거야. 만약 네가 시간이 된다면 너에게 표를 줄게. 친구와 함께 가서 봐.

张 zhāng 양 장(종이를 셀 때 쓰임) **演唱会** yǎnchànghuì 콘서트 **票** piào 명 표, 티켓
但 dàn 접 그러나 **没法** méifǎ 동 방법이 없다 **转让** zhuǎnràng 동 양도하다
容易 róngyì 형 쉽다 **如果…的话…** rúguǒ…dehuà… 만약 ~한다면
可惜 kěxī 형 아깝다 **本来** běnlái 부 원래 **突然** tūrán 부 갑자기
作废 zuòfèi 동 효력을 잃어 폐기하다

第10题

每周三晚上你有汉语家教课，开学后你想改变上课时间。请你向家教老师说明情况，并询问是否可以。

Měi zhōusān wǎnshang nǐ yǒu Hànyǔ jiājiào kè, kāixué hòu nǐ xiǎng gǎibiàn shàngkè shíjiān. Qǐng nǐ xiàng jiājiào lǎoshī shuōmíng qíngkuàng, bìng xúnwèn shìfǒu kěyǐ.

당신은 매주 수요일 중국어 과외 수업이 있는데, 개학 후 수업 시간을 변경하려고 합니다. 과외 선생님에게 상황을 설명하고 가능한지 문의하세요.

Lv. 4

老师，您好，下个星期我就要开学了，所以咱们周三晚上的课上不了了。如果可以的话，我想换一下上课的时间，您周末行吗？我周末什么时间都可以。如果周末不行，那老师什么时候有时间啊？

Lǎoshī, nín hǎo, xià ge xīngqī wǒ jiùyào kāixué le, suǒyǐ zánmen zhōusān wǎnshang de kè shàng buliǎo le. Rúguǒ kěyǐ dehuà, wǒ xiǎng huàn yíxià shàngkè de shíjiān, nín zhōumò xíng ma? Wǒ zhōumò shénme shíjiān dōu kěyǐ. Rúguǒ zhōumò bùxíng, nà lǎoshī shénme shíhou yǒu shíjiān a?

선생님, 안녕하세요. 다음 주면 곧 개학이라, 수요일 저녁에 수업을 받을 수가 없어요. 만약 가능하다면 수업 시간을 바꾸고 싶은데, 주말에 괜찮을까요? 저는 주말에는 언제든지 가능합니다. 만약에 주말에 안 된다면, 선생님은 언제 시간이 있으세요?

Lv. 5~6

老师，我有件事想跟您商量一下儿。我们现在不是每周三晚上上汉语课嘛，可是从下个星期开始我要开学了，每周三学校都有课，所以我想换一下上课时间。想问问您，除了周三，您别的时间可以上课吗？我周末也行，其他日子的晚上也都可以。您看您什么时候可以呢？

Lǎoshī, wǒ yǒu jiàn shì xiǎng gēn nín shāngliang yíxiàr. Wǒmen xiànzài búshì měi zhōusān wǎnshang shàng Hànyǔ kè ma, kěshì cóng xià ge xīngqī kāishǐ wǒ yào kāixué le, měi zhōusān xuéxiào dōu yǒu kè, suǒyǐ wǒ xiǎng huàn yíxià shàngkè shíjiān. Xiǎng wènwen nín, chúle zhōusān, nín biéde shíjiān kěyǐ shàngkè ma? Wǒ zhōumò yě xíng, qítā rìzi de wǎnshang yě dōu kěyǐ. Nín kàn nín shénme shíhou kěyǐ ne?

선생님, 상의 드릴 일이 있습니다. 저희가 지금 매주 수요일 저녁에 중국어 수업을 하고 있는데, 제가 다음 주부터 개학이라, 매주 수요일에 학교에서 수업이 있습니다. 그래서 수업 시간을 좀 바꾸고 싶습니다. 수요일 외에 다른 시간에 수업을 할 수 있는지요? 저는 주말도 괜찮고, 다른 날 저녁도 괜찮습니다. 선생님께서는 언제 시간이 되세요?

周三 zhōusān 수요일 **晚上** wǎnshang 명 저녁 **家教** jiājiào 명 과외, 가정 교사
开学 kāixué 동 개학하다 **改变** gǎibiàn 동 바꾸다 **询问** xúnwèn 동 문의하다
换 huàn 동 바꾸다 **周末** zhōumò 명 주말 **行** xíng 형 괜찮다
商量 shāngliang 동 상의하다 **开始** kāishǐ 동 시작하다 **除了** chúle 접 ~을 제외하고
日子 rìzi 명 날, 날짜

第11题

你买了几个面包，但回家看发票才发现店家多收了钱。请你去面包店说明情况，并要求解决问题。

Nǐ mǎile jǐ ge miànbāo, dàn huíjiā kàn fāpiào cái fāxiàn diànjiā duō shōule qián. Qǐng nǐ qù miànbāo diàn shuōmíng qíngkuàng, bìng yāoqiú jiějué wèntí.

당신은 빵을 몇 개 구매하였는데, 집에 가서 영수증을 보고 나서야 가게 주인이 돈을 더 받았다는 걸 알게 되었습니다. 빵집에 가서 상황을 설명하고, 문제를 해결해 달라고 요구하세요.

Lv. 4

你好，我刚才在这儿买了几个面包，但回家看发票才发现你们多收了钱。我们买了两个面包，但发票上却是四个。请你确认一下，然后把多收的钱退给我，谢谢。

Nǐ hǎo, wǒ gāngcái zài zhèr mǎile jǐ ge miànbāo, dàn huíjiā kàn fāpiào cái fāxiàn nǐmen duō shōule qián. Wǒmen mǎile liǎng ge miànbāo, dàn fāpiào shàng què shì sì ge. Qǐng nǐ quèrèn yíxià, ránhòu bǎ duō shōu de qián tuì gěi wǒ, xièxie.

안녕하세요. 제가 방금 여기에서 빵을 몇 개 샀는데, 집에 돌아가서 영수증을 보고서야 당신들이 돈을 더 많이 받았다는 것을 알게 되었습니다. 저희는 빵을 두 개 샀는데, 영수증에는 네 개라고 되어 있습니다. 확인하신 다음, 더 받으신 돈을 돌려주세요. 감사합니다.

Lv. 5~6

你好，我刚才在你们店买了几个面包，但回家看发票才发现你们多收了钱。你看，我们只买了这几个面包，但发票上还有一个我们没买的蛋糕。我结账的时候，前边有一个阿姨买了一个蛋糕，好像服务员弄错了。请你确认一下，然后给我重新结一下账，好吗?

Nǐ hǎo, wǒ gāngcái zài nǐmen diàn mǎile jǐ ge miànbāo, dàn huíjiā kàn fāpiào cái fāxiàn nǐmen duō shōule qián, nǐ kàn, wǒmen zhǐ mǎile zhè jǐ ge miànbāo, dàn fāpiào shàng háiyǒu yí ge wǒmen méi mǎi de dàngāo. Wǒ jiézhàng de shíhou, qiánbian yǒu yí ge āyí mǎile yí ge dàngāo, hǎoxiàng fúwùyuán nòngcuò le. Qǐng nǐ quèrèn yíxià, ránhòu gěi wǒ chóngxīn jié yíxià zhàng, hǎo ma?

안녕하세요. 제가 방금 여기에서 빵을 몇 개 샀는데, 집에 돌아가서 영수증을 보고서야 당신들이 돈을 더 많이 받았다는 것을 알게 되었습니다. 보세요. 우리는 빵만 몇 개 샀는데, 영수증에는 저희가 사지 않은 케이크가 하나 있습니다. 제가 계산할 때 앞쪽에 한 아주머니께서 케이크를 하나 사셨는데, 아마 점원이 잘못 계산한 거 같습니다. 확인하신 다음, 다시 계산해 주시겠어요?

面包 miànbāo 명 빵 **发票** fāpiào 명 영수증 **发现** fāxiàn 동 발견하다
店家 diànjiā 명 가게 주인 **面包店** miànbāodiàn 빵집 **要求** yāoqiú 동 요구하다
解决 jiějué 동 해결하다 **问题** wèntí 명 문제 **刚才** gāngcái 명 방금 **却** què 오히려
确认 quèrèn 동 확인하다 **然后** ránhòu 접 그런 다음에 **退** tuì 동 반환하다
蛋糕 dàngāo 명 케이크 **结账** jiézhàng 동 계산하다 **阿姨** āyí 명 아주머니
好像 hǎoxiàng 부 아마도 ~인 듯하다 **服务员** fúwùyuán 명 종업원
弄错 nòngcuò 실수하다 **重新** chóngxīn 부 다시

第12题

上个周末你在商店买了台冰箱，但没用几天就坏了。请你给商店打电话说明情况，并要求解决问题。

Shàng ge zhōumò nǐ zài shāngdiàn mǎile tái bīngxiāng, dàn méi yòng jǐ tiān jiù huài le. Qǐng nǐ gěi shāngdiàn dǎ diànhuà shuōmíng qíngkuàng, bìng yāoqiú jiějué wèntí.

지난주 주말에 당신은 상점에서 냉장고를 샀는데, 며칠 사용하지도 않았는데, 고장이 났습니다. 상점에 전화를 걸어 상황을 설명하고, 문제를 해결해 달라고 요구하세요.

Lv. 4

喂！你好，我上个星期在你们那儿买了台冰箱，但没用几天就坏了。冰箱现在不制冷，而且有流水的声音。你能找人过来修理一下吗? 如果不能的话，给我换一台新的，可以吗?

Wéi! Nǐ hǎo, wǒ shàng ge xīngqī zài nǐmen nàr mǎile tái bīngxiāng, dàn méi yòng jǐ tiān jiù huài le. Bīngxiāng xiànzài bú zhìlěng, érqiě yǒu liúshuǐ de shēngyīn. Nǐ néng zhǎo rén guòlái xiūlǐ yíxià ma? Rúguǒ bùnéng dehuà, gěi wǒ huàn yì tái xīn de, kěyǐ ma?

여보세요! 안녕하세요. 제가 지난주에 거기서 냉장고를 샀는데, 며칠 사용하지도 않고 고장이 났습니다. 냉장고는 지금 냉각이 되지 않고, 물 흐르는 소리가 납니다. 사람을 보내 수리 좀 해 주실 수 있나요? 만약 불가능하다면, 새것으로 바꿔 주시겠어요?

Lv. 5~6

喂！你好，我上周在你们商店里买了台冰箱，但没用几天就坏了。昨天冰箱里一直有流水的声音，今天又突然不制冷了。你们尽快找人过来修一下或是给我换一台新的，好吗? 要不然我们家的菜都该坏了，请你们快一点儿，谢谢。

Wéi! Nǐ hǎo, wǒ shàng zhōu zài nǐmen shāngdiàn lǐ mǎile tái bīngxiāng, dàn méi yòng jǐ tiān jiù huài le. Zuótiān bīngxiāng lǐ yìzhí yǒu liúshuǐ de shēngyīn, jīntiān yòu tūrán bú zhìlěng le. Nǐmen jǐnkuài zhǎo rén guòlái xiū yíxià huòshì gěi wǒ huàn yì tái xīn de, hǎo ma? Yàobùrán wǒmen jiā de cài dōu gāi huài le, qǐng nǐmen kuài yìdiǎnr, xièxie.

여보세요! 안녕하세요. 제가 지난주 당신네 상점에서 냉장고를 샀는데, 며칠 사용하지도 않았는데 고장이 났습니다. 어제 냉장고에서 계속 물 흐르는 소리가 나더니, 오늘은 또 갑자기 냉각이 되지를 않네요. 되도록 빨리 사람을 보내 고쳐 주거나 새것으로 바꿔 주시겠어요? 그렇지 않으면 저희 집 음식이 다 상할 거예요. 좀 서둘러 주세요. 고맙습니다.

商店 shāngdiàn 명 상점 **冰箱** bīngxiāng 명 냉장고 **喂** wéi 여보세요
上个星期 shàng ge xīngqī 지난주 **制冷** zhìlěng 동 냉각하다
流水 liúshuǐ 동 물이 흐르다 **声音** shēngyīn 명 소리 **修理** xiūlǐ 동 수리하다
换 huàn 동 바꾸다 **突然** tūrán 부 갑자기 **尽快** jǐnkuài 부 되도록 빨리
要不然 yàobùrán 접 그렇지 않으면 **菜** cài 명 음식 **该** gāi 조동 ~일 것이다
坏 huài 형 상하다

제7부분 TSC® 기출로 말하기 연습 답안

1 p. 344

Lv. 4

小明来蛋糕店要买一个蛋糕。他指着草莓蛋糕让店员包装一下。旁边有一个孩子，拉着妈妈的手要熊猫蛋糕。店员把包装好的蛋糕递给了小明。要买熊猫蛋糕的男孩儿和妈妈也在等着拿他们买的蛋糕。小明回到家后和家人一起给妈妈过生日。他很高兴地把蛋糕递给妈妈，他爱人和女儿也准备了一些小礼物。大家都很高兴。小明把蛋糕拿出来，却发现这并不是自己买的那个蛋糕，而是熊猫蛋糕。小明吓了一跳，爸爸和妈妈也觉得很意外，只有小明的女儿很高兴。

Xiǎo Míng lái dàngāodiàn yào mǎi yí ge dàngāo. Tā zhǐzhe cǎoméi dàngāo ràng diànyuán bāozhuāng yíxià. Pángbiān yǒu yí ge háizi, lāzhe māma de shǒu yào xióngmāo dàngāo. Diànyuán bǎ bāozhuāng hǎo de dàngāo dìgěile Xiǎo Míng. Yào mǎi xióngmāo dàngāo de nánháir hé māma yě zài děngzhe ná tāmen mǎi de dàngāo. Xiǎo Míng huídào jiā hòu hé jiārén yìqǐ gěi māma guò shēngrì. Tā hěn gāoxìng de bǎ dàngāo dìgěi māma, tā àirén hé nǚ'ér yě zhǔnbèile yìxiē xiǎo lǐwù. Dàjiā dōu hěn gāoxìng. Xiǎo Míng bǎ dàngāo ná chūlái, què fāxiàn zhè bìng búshì zìjǐ mǎi de nàge dàngāo, érshì xióngmāo dàngāo. Xiǎo Míng xiàle yí tiào, bàba hé māma yě juéde hěn yìwài, zhǐyǒu Xiǎo Míng de nǚ'ér hěn gāoxìng.

샤오밍은 케이크 가게에 와서 케이크를 하나 사려고 합니다. 그는 딸기 케이크를 가리키며 점원더러 포장해 달라고 했습니다. 옆의 한 아이는 엄마의 손을 잡고 판다 케이크를 달라고 하였습니다. 점원은 포장한 케이크를 샤오밍에게 건네주었습니다. 판다 케이크를 사려는 남자아이와 엄마도 그들이 산 케이크를 가져오기를 기다리고 있습니다. 샤오밍은 집으로 돌아와 가족들과 함께 어머니의 생신을 축하했습니다. 그는 어머니께 기쁘게 케이크를 건넸고, 그의 아내와 딸도 작은 선물을 준비했습니다. 모두들 매우 즐겁습니다. 샤오밍은 케이크를 꺼낸 뒤 자신이 산 그 케이크가 아니라, 판다 케이크라는 것을 발견했습니다. 샤오밍은 깜짝 놀랐고, 아버지와 어머니도 의외라고 생각하셨습니다. 그저 샤오밍의 딸만 기뻐하고 있습니다.

Lv. 5~6

小明为了庆祝妈妈的生日来蛋糕店买蛋糕。他指着橱窗里的草莓蛋糕让店员包装一下。旁边有一个小男孩儿指着一个熊猫蛋糕，让妈妈给他买。两个店员忙着包装蛋糕。其中一位店员把包装好的蛋糕递给了小明，要买熊猫蛋糕的男孩儿和妈妈排在小明后边等着拿他们买的蛋糕。妈妈的生日派对开始了。妈妈戴着生日帽，爸爸坐在旁边。小明把买回来的蛋糕送给妈妈，他爱人和女儿也为妈妈准备了一些小礼物。大家都很高兴。小明把蛋糕拿了出来，吃惊地发现这并不是自己买的草莓蛋糕，而是店里那个男孩儿要买的熊猫蛋糕。小明不知道该怎么办，爸爸妈妈也觉得莫名其妙，只有小明的女儿看到熊猫蛋糕很高兴。

Xiǎo Míng wèile qìngzhù māma de shēngrì lái dàngāodiàn mǎi dàngāo. Tā zhǐzhe chúchuāng lǐ de cǎoméi dàngāo ràng diànyuán bāozhuāng yíxià. Pángbiān yǒu yí ge xiǎonánháir zhǐzhe yí ge xióngmāo dàngāo, ràng māma gěi tā mǎi. Liǎng ge diànyuán mángzhe bāozhuāng dàngāo. Qízhōng yí wèi diànyuán bǎ bāozhuāng hǎo de dàngāo dìgěile Xiǎo Míng, yào mǎi xióngmāo dàngāo de nánháir hé māma pái zài Xiǎo Míng hòubian děngzhe ná tāmen mǎi de dàngāo. Māma de shēngrì pàiduì kāishǐ le. Māma dàizhe shēngrì mào, bàba zuò zài pángbiān. Xiǎo Míng bǎ mǎi huílái de dàngāo sòng gěi māma, tā àirén hé nǚ'ér yě wèi māma zhǔnbèile yìxiē xiǎo lǐwù. Dàjiā dōu hěn gāoxìng. Xiǎo Míng bǎ dàngāo nále chūlái, chījīng de fāxiàn zhè bìng búshì zìjǐ mǎi de cǎoméi dàngāo, érshì diàn lǐ nàge nán háir yào mǎi de xióngmāo dàngāo. Xiǎo Míng bù zhīdào gāi zěnme bàn, bàba māma yě juéde mòmíngqímiào, zhǐyǒu Xiǎo Míng de nǚ'ér kàndào xióngmāo dàngāo hěn gāoxìng.

샤오밍은 어머니의 생신을 축하하기 위해 케이크 가게에 와서 케이크를 사고 있습니다. 그는 쇼윈도 안의 딸기 케이크를 가리키며 점원더러 포장해 달라고 하였고, 옆의 한 어린 남자아이가 판다 케이크를 가리키며 엄마에게 사 달라고 하고 있습니다. 점원 두 명이 바쁘게 케이크를 포장하고 있는데 그중 한 점원이 포장한 케이크를 샤오밍에게 건네주었습니다. 판다 케이크를 사려는 남자아이와 엄마는 샤오밍 뒤에 줄을 서서 그들이 산 케이크를 가져 오기를 기다리고 있습니다. 어머니의 생신 파티가 시작됐습니다. 어머니는 생일 모자를 쓰고, 아버지는 옆에 앉아 있습니다. 샤오밍은 사 가지고 온 케이크를 어머니께 드렸고, 그의 아내와 딸도 어머니를 위해 작은 선물을 준비했습니다. 모두 매우 즐겁습니다. 샤오밍이 케이크를 꺼냈는데, 이게 자신이 산 딸기 케이크가 아니라 가게에 있던 그 남자아이가 사려던 판다 케이크라는 것을 깜짝 놀라며 알아차렸습니다. 샤오밍은 어쩔 줄 몰랐고, 아버지와 어머니도 무슨 영문인지 몰라 하고 있습니다. 그저 샤오밍의 딸만이 판다 케이크를 보고 기뻐합니다.

蛋糕店 dàngāodiàn 케이크 가게 **蛋糕** dàngāo 명 케이크 **指** zhǐ 동 가리키다
草莓 cǎoméi 명 딸기 **店员** diànyuán 명 점원 **包装** bāozhuāng 동 포장(하다)
拉 lā 동 끌다, 당기다 **熊猫** xióngmāo 명 판다 **递** dì 동 건네다 **爱人** àirén 명 배우자
准备 zhǔnbèi 동 준비하다 **礼物** lǐwù 명 선물 **吓一跳** xià yí tiào 놀래서 펄쩍 뛰다
为了 wèile 전 ~을 위하여 **庆祝** qìngzhù 동 축하하다 **橱窗** chúchuāng 명 쇼윈도
小男孩儿 xiǎo nánháir 어린 남자아이 **排** pái 동 차례로 놓다 **后边** hòubian 명 뒤
戴 dài 동 착용하다 **吃惊** chījīng 동 놀라다
莫名其妙 mòmíngqímiào 성 영문을 모르다

2 p. 345

Lv. 4

有一家餐厅挤满了客人。厨房里厨师正忙着做菜，助手在旁边忙着洗碗碟。厨师有事暂时出去了。这时助手心想趁厨师不在，如果自己帮他做出一道好菜，厨师肯定会十分高兴。想到这里助手便开始做起菜来，但没想到不小心把盐放得太多了，咸得不能吃。厨师回来之后，发现助手弄坏了自己的菜，气得不得了，把助手狠狠地说了一顿。助手不知所措。

Yǒu yì jiā cāntīng jǐmǎnle kèrén. Chúfáng lǐ chúshī zhèng mángzhe zuòcài, zhùshǒu zài pángbiān mángzhe xǐ wǎndié. Chúshī yǒu shì zànshí chūqù le. zhèshí zhùshǒu xīn xiǎng chèn chúshī bú zài, rúguǒ zìjǐ bāng tā zuòchū yí dào hǎo cài, chúshī kěndìng huì shífēn gāoxìng. Xiǎng dào zhèli zhùshǒu biàn kāishǐ zuò qǐ cài lái, dàn méi xiǎngdào bù xiǎoxīn bǎ yán fàng de tài duō le, xián de bùnéng chī. Chúshī huílái zhīhòu, fāxiàn zhùshǒu nònghuàile zìjǐ de cài, qì de bùdéliǎo, bǎ zhùshǒu hěn hěn de shuō le yí dùn. zhùshǒu bùzhīsuǒcuò,

한 식당에 손님이 가득합니다. 주방에서 요리사는 바쁘게 요리를 하고 있고 조수는 옆에서 설거지를 하고 있습니다. 요리사는 일이 있어서 잠깐 나갔습니다. 이때 조수가 속으로 요리사가 없을 때 만약 자신이 그를 도와서 맛있는 음식을 만들어 낸다면 요리사가 분명 좋아할 것이라고 생각하였습니다. 생각이 여기까지 들자 조수는 요리를 하기 시작했습니다. 그러나 생각지도 못하게 실수로 소금을 너무 많이 넣어버려 짜서 먹을 수 없게 되었습니다. 요리사가 돌아온 이후 조수가 자신의 음식을 망쳐놓은 것을 발견하고 매우 화가 나서 조수를 무섭게 야단쳤습니다. 조수는 어찌해야 할 바를 모르고 있습니다.

Lv. 5~6

有一家餐厅生意不错，天天宾客满堂。厨房里厨师正娴熟地烹饪美食，助手在旁边兢兢业业地清洗碗碟。厨师突然有事暂时离开了厨房。这时助手心想若趁厨师不在时，替他做出一道好菜，厨师肯定会欣喜万分，说不定还会夸奖自己一番。想到此助手便自信满满地行动起来。可是万万没想到手一抖，不小心将盐放多了，咸得让人难以下咽。厨师回来后看到这个情景，火冒三丈，痛斥助手一番。助手原想好心帮厨师，没想到却适得其反，帮了倒忙。

Yǒu yì jiā cāntīng shēngyì búcuò, tiāntiān bīnkèmǎntáng. Chúfáng lǐ chúshī zhèng xiánshú de pēngrèn měishí, zhùshǒu zài pángbiān jīngjīngyèyè de qīng xǐ wǎndié, chúshī tūrán yǒu shì zànshí líkāi le chúfáng. Zhèshí zhùshǒu xīn xiǎng ruò chèn chúshī bú zài shí, tì tā zuòchū yí dào hǎo cài, chúshī kěndìng huì xīnxǐwànfēn shuōbúdìng hái huì kuājiǎng zìjǐ yì fān. Xiǎngdào cǐ zhùshǒu biàn zìxìnmǎnmǎn de xíngdòng qǐlai. Kěshì wànwàn méi xiǎngdào shǒu yì dǒu, bù xiǎoxīn jiāng yán fàng duō le, xián de ràng rén nányǐ xiàyān. Chúshī huílái hòu kàndào zhège qíngjǐng, huǒmàosānzhàng, tòngchì zhùshǒu yì fān. Zhùshǒu yuán xiǎng hǎo xīn bāng chúshī, méi xiǎngdào què shìdeqífǎn, bāng le dàománg.

한 레스토랑이 장사가 무척 잘 되어서 매일 손님들로 가득합니다. 주방 안에서 요리사가 숙련되게 맛있는 음식을 요리하고 있고 조수는 옆에서 부지런히 설거지를 하고 있습니다. 요리사가 갑자기 일이 생겨 잠시 주방을 떠났습니다. 이때 조수는 속으로 만약 요리사가 없을 때 요리사를 대신에 맛있는 음식을 한다면 요리사가 분명 매우 좋아할 것이고, 자신을 칭찬해 줄지도 모른다고 생각하였습니다. 여기까지 생각이 들다 조수는 자신만만하게 행동하기 시작했습니다. 그러나 정말로 생각지도 못하게 손이 떨리면서 실수로 소금을 많이 넣어버렸고 너무 짜서 삼키기조차 힘들었습니다. 요리사는 돌와와서 이 장면을 본 후 화가 머리끝까지 나서 호되게 조수를 야단쳤습니다. 조수는 원래 좋은 마음으로 요리사를 도우려고 했지만 생각지도 못하게 오히려 망쳐버려 번거롭게 만들었습니다.

挤满 jǐmǎn 동 가득차다 客人 kèrén 명 손님 厨房 chúfáng 명 주방 厨师 chúshī 요리사 助手 zhùshǒu 명 조수 碗碟 wǎndié 명 그릇과 접시 暂时 zànshí 부 잠깐
趁 chèn 전 ~을(를) 틈타 道 dào 양 음식을 세는 양사 肯定 kěndìng 부 분명히
便 biàn 부 바로, 곧 盐 yán 명 소금 咸 xián 형 짜다 弄坏 nònghuài 동 망치다
不得了 bùdéliǎo (술어 뒤에 쓰여) 매우 ~하다 狠狠 hěnhěn 부 무섭게
说 shuō 동 혼내다 顿 dùn 양 번, 바탕
不知所措 bùzhīsuǒcuò 성 어찌할 바를 모르다 生意 shēngyi 명 장사
宾客满堂 bīnkè mǎntáng 손님들로 북적거린다 娴熟 xiánshú 형 능숙하다
烹饪 pēngrèn 동 요리하다 兢兢业业 jīngjīngyèyè 부지런하고 성실하다
若 ruò 접 만약 ~이라면 替 tì 동 대신하다 欣喜万分 xīnxǐwànfēn 대단히 기쁘다
说不定 shuōbudìng ~일지도 모른다 夸奖 kuājiǎng 동 칭찬하다 一番 yìfān 한바탕
自信满满 zìxìn mǎnmǎn 자신 만만하다 抖 dǒu 동 떨다
难以 nányǐ 형 ~하기 어렵다 下咽 xiàyàn 동 삼키다 情景 qíngjǐng 명 광경
火冒三丈 huǒmàosānzhàng 화가 머리끝까지 치밀다
痛斥 tòngchì 동 호되게 야단치다 适得其反 shìdéqífǎn (결과가) 정반대가 되다
帮倒忙 bāng dàománg 돕는다는 것이 오히려 방해가 되다

1 p. 353

Lv. 4

孩子在操场上跟小朋友们一起踢足球。正踢得高兴时，孩子不小心摔倒了，裤子也被刮破了。看着裤子上的破洞，孩子担心会不会挨妈妈一顿骂。他回到家里，没想到妈妈看到自己裤子上的破洞，不但没有生气，反而用五颜六色的彩线在破洞上绣了朵漂亮的花。孩子高兴得笑开了花，妈妈看着孩子，也不知不觉跟着开心地笑了起来。

Háizi zài cāochǎng shàng gēn xiǎopéngyoumen yìqǐ tī zúqiú. Zhèng tī de gāoxìng shí, háizi bùxiǎoxīn shuāidǎo le, kùzi yě bèi guāpò le. Kànzhe kùzi shàng de pòdòng, háizi dānxīn huì bu huì ái māma yí dùn mà. Tā huídào jiā lǐ, méi xiǎngdào māma kàndào zìjǐ kùzi shàng de pòdòng, búdàn méiyǒu shēngqì, fǎn'ér yòng wǔyánliùsè de cǎixiàn zài pòdòng shàng xiùle duǒ piàoliang dehuā. Háizi gāoxìng de xiào kāi le huā, māma kànzhe háizi, yě bùzhībùjué gēnzhe kāixīn de xiàoleqǐlái.

아이가 운동장에서 친구들과 함께 축구를 하고 있습니다. 신나게 공을 차고 있을 때 아이가 조심하지 않아 넘어졌고 바지는 찢어졌습니다. 바지의 구멍을 보며 아이는 엄마에게 혼이 날까 걱정했습니다. 아이는 집에 돌아왔는데, 뜻밖에도 엄마가 자신의 바지에 난 구멍을 보고 화를 내지 않았을뿐더러 오히려 색색깔의 실로 바지 구멍에 예쁜 꽃을 수놓아 주었습니다. 아이는 기쁜 듯이 웃었고 엄마도 아이를 보며 자신도 모르게 따라서 즐겁게 웃었습니다.

Lv. 5~6

孩子在操场上跟小朋友们一起兴高采烈地踢着足球。踢得正高兴时，孩子不小心一个跟头摔倒在地。幸好孩子并没有受伤，可裤子上却摔出了一个破洞。孩子顾不得疼，一心担心回家后会被妈妈训斥一顿。他忐忑不安地回到家里，心里暗暗祈祷，希望妈妈此刻不在家。没想到妈妈正在客厅里等自己，孩子心里暗叫不好，垂着头向妈妈走去，做好挨训的准备。令他万万没想到的是，妈妈不但没有批评他，反而用彩线在破洞上绣了朵漂亮的小花。孩子用天真无邪的笑脸望着妈妈，妈妈也不禁被孩子的微笑感染，嘴角泛起了微笑。

Háizi zài cāochǎng shàng gēn xiǎopéngyoumen yìqǐ xìnggāocǎiliè de tīzhe zúqiú. Tī de zhèng gāoxìng shí, háizi bùxiǎoxīn yí ge gēntou shuāidǎo zài dì. Xìnghǎo háizi bìng méiyǒu shòushāng, kě kùzi shàng què shuāichūle yí ge pòdòng. Háizi gùbudé Téng, yì xīn dānxīn huíjiā hòu huì bèi māma xùnchì yí dùn. tā tǎntèbùān de huí dào jiā lǐ, xīnlǐ àn'àn qídǎo, xīwàng māma cǐkè bú zài jiā. Méi xiǎngdào māma zhèngzài kètīng lǐ děng zìjǐ, háizi xīnlǐ àn jiào bù hǎo, chuízhe tóu xiàng māma zǒuqù, zuòhǎo áixùn de zhǔnbèi. Lìng tā wànwàn méi xiǎngdào de shì, māma búdàn méiyǒu pīpíng tā, fǎn'ér yòng cǎixiàn zài pòdòng shàng xiù le duǒ piàoliang de xiǎo huā. Háizi yòng tiānzhēnwúxié de xiàoliǎn wàngzhe māma, māma yě bùjīn bèi háizi de wēixiào gǎnrǎn, zuǐjiǎo fànqǐle wēixiào.

아이가 운동장에서 친구들과 함께 신나게 축구를 하고 있습니다. 신나게 축구를 할 때 아이는 곤두박질치며 땅에 넘어졌습니다. 다행히 아이는 다치지 않았지만 바지는 구멍이 났습니다. 아이는 아픈 걸 신경 쓸 겨를도 없이 집에 가서 엄마에게 혼날까 봐 걱정하였습니다. 아이는 안절부절하며 집에 갔고 마음 속으로 엄마가 집에 안 계시기를 기도했습니다. 생각지도 못하게 엄마는 거실에서 아이를 기다리고 있었고 아이는 속으로 망했구나 생각하며 고개를 떨구고 엄마에게 다가가 혼날 준비를 하였습니다. 그러나 정말 뜻밖에도 엄마는 아이를 혼내지 않고 오히려 색색깔의 실로 구멍에 예쁜 작은 꽃을 하나 수놓아 주셨습니다. 아이는 천진난만하게 웃으면서 엄마를 바라보았고 엄마도 자신도 모르게 아이의 미소에 물들어 입가에 미소가 번졌습니다.

操场 cāochǎng 명 운동장 摔倒 shuāidǎo 동 넘어지다
刮破 guāpò 긁혀서 찢어지다 破洞 pòdòng 명 뚫린(찢어진) 구멍
挨骂 áimà 동 꾸중을 듣다 满怀 mǎnhuái 동 가슴에 가득하다
五颜六色 wǔyánliùsè 여러 가지 빛깔 彩线 cǎixiàn 명 색실 绣 xiù 동 수놓다
不知不觉 bùzhībùjué 자신도 모르게 跟着 gēn zhe ~을 따라서
兴高采烈 xìnggāocǎiliè 매우 기쁘다 跟头 gēntou 명 곤두박질
幸好 xìnghǎo 부 다행히도 受伤 shòushāng 동 다치다
顾不得 gùbudé 동 돌볼 수가 없다 训斥 xùnchì 동 엄하게 타이르며 꾸짖다
忐忑不安 tǎntèbùān 성 매우 불안하다 暗暗 àn'àn 부 몰래, 암암리에
祈祷 qídǎo 동 기도하다 此刻 cǐkè 명 이때 垂头 chuítóu 동 고개를 떨구다
令 lìng 동 ~하게 하다 批评 pīpíng 동 꾸짖다
天真无邪 tiānzhēnwúxié 순진무구하다 望 wàng 동 (멀리) 바라보다, 조망하다
微笑 wēixiào 명 미소 感染 gǎnrǎn 동 물들다 嘴角 zuǐjiǎo 명 입가
泛起 fànqǐ 동 솟아 오르다

2 p. 354

Lv. 4

今天是女孩儿的生日。她早上一起床，就想象着家人为自己庆祝生日，送自己生日礼物，心里高兴得不得了。可吃早饭时，没有一个人对她说生日快乐。吃完早饭，家人都急匆匆地出门上班、上学。女孩儿心想家人一定是忘记了今天是自己的生日，便失望地去上学了。放学后，女孩儿无精打采地回到家里。当她打开门的时候，发现爸爸手拿着蛋糕，唱着生日歌走了出来。妈妈和姐姐也各自手里拿着生日礼物一起唱生日歌。女孩儿高兴极了，和家人一起度过了幸福的生日。

Jīntiān shì nǚháir de shēngrì. Tā zǎoshang yī qǐ chuáng, jiù xiǎngxiàngzhe jiārén wèi zìjǐ qìngzhù shēngrì, sòng zìjǐ shēngrì lǐwù, xīnlǐ gāoxìng de bùdéliǎo. kě chī zǎofàn shí, méiyǒu yí ge rén duì tā shuō shēngrì kuàilè. Chī wán zǎofàn, jiārén dōu jícōngcōng de chūmén shàngbān、shàngxué. Nǚháir xīn xiǎng jiārén yídìng shì wàngjì le jīntiān shì zìjǐ de shēngrì, biàn shīwàng de qù shàngxué le. Fàngxué hòu, nǚháir wújīngdǎcǎi de huí dào jiā lǐ. Dāng tā dǎkāi mén de shíhou, fāxiàn bàba shǒu názhe dàngāo, chàngzhe shēngrì gē zǒule chūlái. Māma hé jiějie yě gèzì shǒu lǐ názhe shēngrì lǐwù yìqǐ chàng shēngrìgē. Nǚháir gāoxìng jíle, hé jiārén yìqǐ dùguòle xìngfú de shēngrì.

오늘은 여자아이의 생일입니다. 여자아이는 아침에 일어나자마자 가족들이 자신의 생일을 축하해주고 생일선물을 주는 것을 상상하며 속으로 매우 기뻐했습니다. 그러나 아침밥을 먹을 때 아무도 자신에게 생일을 축하한다고 하지 않고, 아침밥을 먹은 후 식구들 모두 바쁘게 출근을 하고 학교에 가버렸습니다. 여자아이는 가족들이 분명 그녀의 생일을 잊어버렸다고 생각하며 실망한 듯 학교에 갔습니다. 학교가 끝난 후 아이는 풀이 죽어 집으로 돌아왔습니다. 여자아이가 문을 열자 아빠가 생일 케이크를 들고 생일 축하 노래를 부르면서 걸어 나오는 걸 발견하였습니다. 엄마와 언니도 각자 손에 생일 선물을 들고 함께 생일 축하 노래를 불러주었습니다. 여자아이는 몹시 기뻐하며 가족들과 함께 행복한 생일을 보냈습니다.

Lv. 5~6

今天是女孩儿的生日。从很久以前她就在期待这一天的到来，她想象着此刻家人一定已经为她准备好了美味可口的蛋糕和精美的礼物，高兴得合不拢嘴。想到这里，女孩儿赶紧从床上跳下来，兴冲冲地跑出房间。让她大失所望的是家人都在各自忙着准备上班上学，甚至忽略了她的存在，更别提为她庆祝生日了。女孩儿也只好背上书包，垂头丧气地去上学，放学后又无精打采地回到家里。可是打开家门的一刹那，她却被眼前的景象惊呆了，爸爸手捧生日蛋糕，唱着生日歌向她走来，身后是手拿礼物，一起唱着生日歌的妈妈和姐姐。原来家人为了给她一个惊喜，早上故意装作忘记她的生日。女孩儿看着家人准备的这一切，高兴得手舞足蹈，和家人一起度过了幸福而又有意义的生日。

Jīntiān shì nǚháir de shēngrì. Cóng hěn jiǔ yǐqián tā jiù zài qīdài zhè yì tiān de dàolái, tā xiǎngxiàngzhe cǐkè jiārén yídìng yǐjing wèi tā zhǔnbèi hǎo le měiwèikěkǒu de dàngāo hé jīngměi de lǐwù, gāoxìng de hébùlǒngzuǐ. Xiǎngdào zhèli, nǚháir gǎnjǐn cóng chuángshàng tiào xiàlái, xìngchōngchōng de pǎo chū fángjiān. Ràng tā dàshīsuǒwàng de shì jiārén dōu zài gèzì mángzhe zhǔnbèi shàngbān shàngxué, shènzhì hūluè le tā de cúnzài, gèng bié tí wèi tā qìngzhù shēngrì le. Nǚháir yě zhǐhǎo bēi shàng shūbāo, chuítóusàngqì de qù shàngxué, fàngxué hòu yòu wújīngdǎcǎi de huí dào jiā lǐ. Kěshì dǎkāi jiāmén de yí chànà, tā què bèi yǎnqián de jǐngxiàng jīngdāi le, bàba shǒu pěng shēngrì dàngāo, chàngzhe shēngrìgē xiàng tā zǒu lái, shēnhòu shì shǒu ná lǐwù, yìqǐ chàngzhe shēngrìgē de māma hé jiějie. Yuánlái jiārén wèile gěi tā yí ge jīngxǐ, zǎoshang gùyì zhuāngzuò wàngjì tā de shēngrì. Nǚháir kànzhe jiārén zhǔnbèi de zhè yíqiē, gāoxìng de shǒuwǔzúdǎo, hé jiārén yìqǐ dùguòle xìngfú ér yòu yǒu yìyì de shēngrì.

오늘은 여자아이의 생일입니다. 예전부터 아이는 이날이 오기를 기다렸습니다. 아이는 이 순간 가족들이 이미 자신을 위해 맛있는 케이크와 예쁜 선물을 준비했다고 상상하며 입을 다물지 못할 정도로 기뻐했습니다. 여기까지 생각이 들다 아이는 얼른 기쁜듯 방에서 나왔지만 식구들이 모두 각자 출근과 등교 준비를 하고 있었고, 심지어 여자아이가 있는지 신경도 쓰지 않았다는 것에 매우 실망했습니다. 그녀를 위한 생일 축하는 당연히 말할 것도 없었습니다. 여자아이는 어쩔 수 없이 가방을 메고 풀이 죽은 듯 학교에 갔고, 학교가 끝난 후에도 기운 없이 집에 돌아왔습니다. 그러나 집 문을 연 그 순간, 아이는 눈앞의 광경에 매우 놀랐습니다. 아빠가 손으로 케이크를 들고 있고, 생일 노래를 부르면서 아이에게 다가왔습니다. 아빠의 뒤에는 손에 선물을 들고 생일 축하 노래를 부르는 엄마와 언니가 있었습니다. 알고 보니 가족들이 아이에게 서프라이즈 해주기 위해 아침에 일부러 아이의 생일을 잊은 척 했던 것입니다. 여자아이는 가족들이 준비한 이 모든 것을 보며 뛸 듯이 기뻐했고 식구들과 함께 행복하면서도 의미 있는 생일을 보냈습니다.

想象 xiǎngxiàng 동 상상하다 **庆祝** qìngzhù 동 축하하다
急匆匆 jícōngcōng 매우 바쁘다 **忘记** wàngjì 동 잊어버리다
失望 shīwàng 동 실망하다 **无精打采** wújīngdǎcǎi 의기소침하다
瞬间 shùnjiān 명 순간 **手舞足蹈** shǒuwǔzúdǎo 너무 기뻐서 덩실덩실 춤추다
度过 dùguò 동 보내다 **期待** qīdài 동 기대하다 **美味** měiwèi 형 맛이 좋다
可口 kěkǒu 형 맛있다 **精美** jīngměi 형 정교하고 아름답다
合不拢嘴 hébùlǒngzuǐ 입을 다물지 못하다 **赶紧** gǎnjǐn 부 서둘러서
兴冲冲 xìngchōngchōng 기분이 매우 좋다 **大失所望** dàshīsuǒwàng 크게 실망하다
甚至 shènzhì 부 심지어 **忽略** hūlüè 동 소홀히 하다 **存在** cúnzài 명 존재
背 bēi 동 매다 **垂头丧气** chuítóusàngqì 의기소침하다 **刹那** chànà 명 순간
景象 jǐngxiàng 명 상황 **惊呆** jīngdāi 동 놀라 어리둥절하다
捧 pěng 동 두 손으로 받쳐 들다 **原来** yuánlái 부 알고보니 **意外** yìwài 형 의외이다
惊喜 jīngxǐ 형 놀랍고 기쁘다 **故意** gùyì 형 고의로 **装作** zhuāngzuò ~인 척하다

1 **p. 362**

Lv. 4

上班的时间，有一男一女急急忙忙地跑过来赶电梯。电梯到了，里面瞬间挤满了人，只有这对男女没挤上。他们心急如焚地看着手表。女的决定等下一个电梯，男的往楼梯间方向跑去，打算爬楼梯。男的准时赶到了办公室，准备开始一天的工作，女的却因为迟到而被经理批评了一顿，她很后悔没和男的一起爬楼梯上来。

Shàngbān de shíjiān, yǒu yì nán yì nǚ jíjímángmáng de pǎo guòlái gǎn diàntī. Diàntī dào le, lǐmian shùnjiān jǐmǎnle rén, zhǐyǒu zhè duì nánnǚ méi jǐshàng. Tāmen xīnjírúfén de kànzhe shǒubiǎo. Nǚde juédìng děng xià yí ge diàntī, nánde wǎng lóutī jiān fāngxiàng pǎo qù, dǎsuan pá lóutī. Nánde zhǔnshí gǎndào le bàngōngshì, zhǔnbèi kāishǐ yì tiān de gōngzuò, nǚde què yīnwèi chídào ér bèi jīnglǐ pīpíngle yí dùn, tā hěn hòuhuǐ méi hé nánde yìqǐ pá lóutī shànglái.

출근 시간에 한 남자와 한 여자가 급하게 뛰어와서 엘리베이터를 타려고 합니다. 엘리베이터가 왔고 엘리베이터 안은 순식간에 사람들로 가득했지만 이 남자와 여자만 타지 못했습니다. 그들은 조급한 듯 시계를 보고 있습니다. 여자는 다음 엘리베이터를 기다리기로 했고 남자는 계단 방향 쪽으로 뛰어 계단으로 올라 가기로 결정하였습니다. 남자는 제때에 사무실에 도착해서 하루의 업무를 시작하고 있지만 여자는 지각해서 팀장님에게 한바탕 혼이 났고 남자와 함께 계단을 올라가지 않은 것을 후회하였습니다.

Lv. 5~6

上班的时间，有一男一女急急忙忙地跑过来赶电梯。电梯到了，人们陆陆续续地上了电梯，电梯里瞬间挤满了人，只有这对男女没赶上。他们心急如焚地看着手表，脸上一副不知所措的神情。女的嫌爬楼梯太累了，于是决定等下一个电梯。男的等不及下一个电梯，便往楼梯间方向跑去，打算爬楼梯。男的很幸运，及时赶到了办公室，准备开始一天的工作。而女的却因为迟到被经理批评了一顿。女的很后悔自己没有爬楼梯上来，并下定决心绝对不会再迟到。

Shàngbān de shíjiān, yǒu yì nán yì nǚ jíjímángmáng de pǎo guòlái gǎn diàntī. Diàntī dào le, rénmen lùlùxùxù de shàngle diàntī, diàntī lǐ shùnjiān jǐmǎnle rén, zhǐyǒu zhè duì nánnǚ méi gǎnshàng. Tāmen xīnjírúfén de kànzhe shǒubiǎo, liǎn shàng yí fù bùzhīsuǒcuò de shénqíng. Nǚde xián pá lóutī tài lèi le, yúshì juédìng děng xià yí ge diàntī. Nánde děngbùjí xià yí ge diàntī, biàn wǎng lóutī jiān fāngxiàng pǎoqù, dǎsuan pá lóutī. Nánde hěn xìngyùn, jíshí gǎndàole bàngōngshì, zhǔnbèi kāishǐ yì tiān de gōngzuò. Ér nǚde què yīnwèi chídào bèi jīnglǐ pīpíngle yí dùn. Nǚde hěn hòuhuǐ zìjǐ méiyǒu pá lóutī shànglái, bìng xià dìng juéxīn juéduì búhuì zài chídào.

출근시간에 한 남자와 여자가 급하게 뛰어와서 엘리베이터를 타려고 합니다. 엘리베이터가 오자 사람들은 잇달아 엘리베이터에 탔고, 엘리베이터 안은 순식간에 사람들로 가득차 이 남자와 여자만 타지 못했습니다. 그들은 매우 조급한 듯 시계를 보고 있고 어찌해야 할지 모르겠다는 표정입니다. 여자는 계단으로 올라가면 너무 힘든 것이 싫어서 다음 엘리베이터를 기다리기로 했습니다. 남자는 다음 엘리베이터를 기다릴 수 없어 계단 방향으로 뛰어가 계단으로 올라가기로 결정하였습니다. 남자는 운이 좋아 늦지 않게 사무실에 도착해 하루의 업무를 준비하고 있습니다. 그러나 여자는 지각해서 팀장님에게 한바탕 혼이 났습니다. 여자는 자신이 계단으로 올라오지 않은 것을 후회하며 다음에는 절대로 지각하지 않겠다고 결심했습니다.

急忙 jímáng 副 급히 **赶** gǎn 動 서두르다 **电梯** diàntī 名 엘리베이터
瞬间 shùnjiān 名 순간 **挤满** jǐmǎn 動 가득차다 **挤** jǐ 動 밀치다
心急如焚 xīnjírúfén 속에 불이 나듯이 초조하다 **手表** shǒubiǎo 名 손목시계
决定 juédìng 動 결정하다 **往** wǎng 前 ~를 향하여 **楼梯** lóutī 名 계단
爬 pá 動 오르다 **准时** zhǔnshí 副 제 시간에 **赶到** gǎndào 動 서둘러 도착하다
办公室 bàngōngshì 名 사무실 **却** què 副 오히려 **经理** jīnglǐ 名 팀장
批评 pīpíng 動 꾸짖다 **顿** dùn 量 번, 바탕 **后悔** hòuhuǐ 動 후회하다
陆续 lùxù 副 잇달아 **一瞬间** yíshùnjiān 名 순식간 **副** fù 量 표정을 세는 양사
不知所措 bùzhīsuǒcuò 成 어찌할 바를 모르다 **神情** shénqíng 名 표정
嫌 xián 動 싫어하다 **于是** yúshì 接 그래서 **等不及** děngbují 기다릴 수 없다
幸运 xìngyùn 形 행운이다 **下决心** xià juéxīn 결심하다 **绝对** juéduì 副 절대로

2 p. 363

Lv. 4

有一天，小明跟朋友正在咖啡厅喝咖啡。突然外边下雨了，小明看到窗外有一个背影很漂亮的长发女孩没带雨伞，正在淋雨。小明马上拿起雨伞跑了出去。他的朋友愣住了。小明很激动地给那个女孩打起伞，那个女孩吃了一惊，回头看他。这时，小明才发现那个女孩是个男人。他很吃惊，不知道该怎么办。咖啡厅里的朋友看到这个场景，哈哈大笑。

Yǒu yìtiān, Xiǎo Míng gēn péngyou zhèngzài kāfēitīng hē kāfēi. Tūrán wàibian xiàyǔ le, Xiǎo Míng kàndào chuāngwài yǒu yí ge bèiyǐng hěn piàoliang de chángfà nǚhái méi dài yǔsǎn, zhèngzài lín yǔ. Xiǎo Míng mǎshàng náqǐ yǔsǎn pǎole chūqù. Tā de péngyou lèngzhù le. Xiǎo Míng hěn jīdòng de gěi nàge nǚhái dǎqǐ sǎn, nàge nǚhái chīle yì jīng, huítóu kàn tā. Zhèshí, Xiǎo Míng cái fāxiàn nàge nǚhái shì ge nánrén. Tā hěn chījīng, bù zhīdào gāi zěnme bàn. Kāfēitīng lǐ de péngyou kàndào zhège chǎngjǐng, hāhādàxiào.

어느 날, 샤오밍과 친구가 커피숍에서 커피를 마시고 있었습니다. 갑자기 밖에 비가 내렸고, 샤오밍은 창밖에 뒷모습이 예쁜 긴 머리 여자아이가 우산이 없이 비를 맞고 있는 것을 보았습니다. 샤오밍이 즉시 우산을 들고 밖으로 뛰어나가자 그의 친구는 어리둥절했습니다. 샤오밍이 두근거리며 그 여자아이에게 우산을 쓰여 줬는데, 그녀는 깜짝 놀라 뒤돌아 그를 보았습니다. 이때서야 샤오밍은 그 여자아이가 남자라는 것을 알았습니다. 그는 매우 놀라 어쩔 줄 몰라 하고 커피숍 안의 친구가 이 광경을 보고는 크게 웃고 있습니다.

Lv. 5~6

有一天，小明跟朋友在咖啡厅一边喝咖啡一边聊天。这时，外边突然下起了大雨，他看到一个背影很漂亮的长发女孩没带雨伞，正在淋雨。小明什么也没说拿起雨伞就跑了出去，他的朋友觉得莫名其妙。小明激动地跑向那个女孩，招呼女孩说可以一起打伞。女孩听见有人叫自己便回头看。看到那个女孩的脸，小明大吃一惊！原来这个背影很漂亮的女孩居然是个长着胡子的大叔！他根本没想到会这样，一下子愣住了。咖啡厅里的朋友看到这个场景，忍不住哈哈大笑起来。

Yǒu yìtiān, Xiǎo Míng gēn péngyou zài kāfēitīng yìbiān hē kāfēi yìbiān liáotiān. Zhèshí, wàibian tūrán xiàqǐle dàyǔ, tā kàndào yí ge bèiyǐng hěn piàoliang de chángfà nǚhái méi dài yǔsǎn, zhèngzài lín yǔ. Xiǎo Míng shénme yě méi shuō náqǐ yǔsǎn jiù pǎole chūqù, tā de péngyou juéde mòmíngqímiào. Xiǎo Míng jīdòng de pǎo xiàng nàge nǚhái, zhāohu nǚhái shuō kěyǐ yìqǐ dǎ sǎn. Nǚhái tīngjiàn yǒu rén jiào zìjǐ biàn huítóu kàn. Kàndào nàge nǚhái de liǎn, Xiǎo Míng dà chī yì jīng! Yuánlái zhège bèiyǐng hěn piàoliang de nǚhái jūrán shì ge zhǎngzhe húzi de dàshū! Tā gēnběn méi xiǎngdào huì zhèyàng, yíxiàzi lèngzhù le. Kāfēitīng lǐ de péngyou kàndào zhège chǎngjǐng, rěn bu zhù hāhādàxiào qǐlái.

어느 날, 샤오밍과 친구는 커피숍에서 커피를 마시면서 수다를 떨고 있었습니다. 이때, 밖에 갑자기 큰비가 내리기 시작했고, 그는 뒷모습이 예쁜 긴 머리의 여자아이가 우산이 없어 비를 맞고 있는 것을 보았습니다. 샤오밍이 아무 말도 없이 우산을 들고 밖으로 뛰어나가자 그의 친구는 영문을 몰라 어리둥절했습니다. 샤오밍은 두근거리며 그 여자아이에게 달려가 인사하며 함께 우산을 써도 된다고 말했습니다. 여자아이는 누군가 자신을 부르는 소리를 듣고는 바로 뒤돌아보았습니다. 그 여자아이의 얼굴을 보고서 샤오밍은 깜짝 놀랐습니다! 알고 보니 이 뒷모습이 예쁜 여자아이는 뜻밖에도 수염을 기른 아저씨였던 것이었습니다! 그는 이렇게 될지 전혀 생각지도 못해 갑자기 멍해졌고 커피숍 안의 친구는 이 광경을 보고 참지 못하고 크게 웃어댔습니다.

有一天 yǒu yìtiān 어느 날 **咖啡厅** kāfēitīng 名 커피숍
正在 zhèngzài 副 마침 ~하고 있다 **咖啡** kāfēi 名 커피 **突然** tūrán 副 갑자기
窗 chuāng 名 창문 **背影** bèiyǐng 名 뒷모습 **淋** lín 動 (비를) 맞다 **愣** lèng 動 멍해지다
激动 jīdòng 動 흥분하다 **打** dǎ 動 펴들다 **吃惊** chījīng 動 놀라다
回头 huítóu 動 고개를 돌리다 **聊天** liáotiān 動 이야기하다 **向** xiàng 前 ~을 향하여
招呼 zhāohu 動 인사하다 **叫** jiào 動 부르다 **便** biàn 副 곧, 즉시
场景 chǎngjǐng 名 장면 **哈哈大笑** hāhādàxiào 하하 크게 웃다
大叔 dàshū 名 아저씨 **脸** liǎn 名 얼굴 **居然** jūrán 副 뜻밖에 **胡子** húzi 名 수염
根本 gēnběn 副 전혀 **忍不住** rěn bu zhù 참지 못하다

제7부분 TSC® 기출문제 p. 364

第1题

Lv. 4

在一个晴天的下午，一对情侣带着小狗在公园里一边吃东西，一边聊天。他们吃完后没有收拾垃圾，就带着小狗离开了。这时两个小学生骑着自行车过来了。小狗突然朝情侣身后叫了起来，公园管理员用手指着后边让他们看。这对情侣不知道是怎么回事。这对情侣回头看见那两个小学生正在收拾他们刚才扔的垃圾。他们觉得很不好意思，公园管理员批评了这对情侣。

Zài yí ge qíngtiān de xiàwǔ, yí duì qínglǚ dàizhe xiǎogǒu zài gōngyuán lǐ yìbiān chī dōngxi, yìbiān liáotiān. Tāmen chīwán hòu méiyǒu shōushi lājī, jiù dàizhe xiǎogǒu líkāi le. Zhèshí liǎng ge xiǎoxuésheng qízhe zìxíngchē guòlái le. Xiǎogǒu tūrán cháo qínglǚ shēn hòu jiàole qǐlái, gōngyuán guǎnlǐyuán yòng shǒu zhǐzhe hòubian ràng tāmen kàn. Zhè duì qínglǚ bù zhīdào shì zěnme huí shì. Zhè duì qínglǚ huítóu kànjiàn nà liǎng ge xiǎoxuésheng zhèngzài shōushi tāmen gāngcái rēng de lājī. Tāmen juéde hěn bù hǎoyìsi, gōngyuán guǎnlǐyuán pīpíngle zhè duì qínglǚ.

어느 맑은 날 오후, 한 커플이 강아지를 데리고 공원에서 먹을 것을 먹으며 이야기를 하고 있습니다. 그들은 다 먹고 난 후 쓰레기를 치우지 않고 강아지를 데리고 떠났습니다. 이때 초등학생 두 명이 자전거를 타고 오고 있습니다. 강아지가 갑자기 커플의 뒤를 향해 짖기 시작했고, 공원 관리원이 손가락으로 뒤

쪽을 가리키며 그들더러 보라고 하였습니다. 이 커플은 어떻게 된 일인지 모르고 있습니다. 이 커플이 뒤돌아보니 그 초등학생 두 명이 그들이 방금 버린 쓰레기를 치우고 있었습니다. 그들은 너무 부끄러웠고, 공원 관리원은 연인을 꾸짖었습니다.

Lv. 5~6

在一个晴天的下午，一对情侣带着小狗来到一个公园野餐。他们在树下坐着吃饼干、喝饮料，看起来很高兴。他们吃完后，没有把垃圾扔到旁边的垃圾桶里，就带着自己的垫子和小狗离开了。这时有两个小学生骑着自行车过来了。小狗突然朝情侣身后叫了起来。公园管理员拦住他们，指着后边让他们看。这对情侣不知道是怎么回事，一脸惊讶的表情。这对情侣回头一看，发现那两个小学生正在一起收拾他们刚才扔的垃圾。这对情侣觉得很难为情。管理员开始批评他们随地乱扔垃圾的行为。

Zài yí ge qíngtiān de xiàwǔ, yí duì qínglǚ dàizhe xiǎogǒu láidào yí ge gōngyuán yěcān. Tāmen zài shù xià zuòzhe chī bǐnggān、hē yǐnliào, kàn qǐlái hěn gāoxìng. Tāmen chīwán hòu, méiyǒu bǎ lājī rēngdào pángbiān de lājītǒng lǐ, jiù dàizhe zìjǐ de diànzi hé xiǎogǒu líkāi le. Zhèshí yǒu liǎng ge xiǎoxuésheng qízhe zìxíngchē guòlái le. Xiǎogǒu tūrán cháo qínglǚ shēn hòu jiàole qǐlái. Gōngyuán guǎnlǐyuán lánzhù tāmen, zhǐzhe hòubian ràng tāmen kàn. Zhè duì qínglǚ bù zhīdào shì zěnme huí shì, yì liǎn jīngyà de biǎoqíng. Zhè duì qínglǚ huítóu yí kàn, fāxiàn nà liǎng ge xiǎoxuésheng zhèngzài yìqǐ shōushi tāmen gāngcái rēng de lājī. Zhè duì qínglǚ juéde hěn nánwéiqíng. Guǎnlǐyuán kāishǐ pīpíng tāmen suídì luàn rēng lājī de xíngwéi.

어느 맑은 날 오후, 한 커플이 강아지를 데리고 공원에 나들이를 왔습니다. 그들은 나무 아래에 앉아 과자를 먹고 음료수를 마시며 매우 즐거워 보입니다. 그들은 다 먹고 난 후, 쓰레기를 옆에 있는 쓰레기통에 버리지 않고 자신의 돗자리와 강아지를 데리고 떠났습니다. 이때 초등학생 두 명이 자전거를 타고 오고 있습니다. 강아지가 갑자기 연인 뒤를 향해 짖기 시작했고 공원 관리원이 그들을 막아서더니 뒤쪽을 가리키며 그들더러 보라고 하였습니다. 이 커플은 어떻게 된 일인지 몰라 놀란 표정을 짓고 있습니다. 이 커플은 뒤돌아보고서는 그 초등학생 두 명이 함께 그들이 방금 버린 쓰레기를 정리하고 있는 것을 알게 되었습니다. 커플은 너무 난처해 했고 관리원은 아무 곳에나 쓰레기를 마구 버린 행동을 꾸짖었습니다.

对 duì 명 짝, 쌍(짝을 이룬 것을 셀 때 쓰임) **情侣** qínglǚ 명 커플
小狗 xiǎogǒu 명 강아지 **收拾** shōushi 동 정리하다 **垃圾** lājī 명 쓰레기
离开 líkāi 동 떠나다 **小学生** xiǎoxuésheng 명 초등학생
自行车 zìxíngchē 명 자전거 **突然** tūrán 부 갑자기 **朝** cháo 전 ~을 향하여
管理员 guǎnlǐyuán 관리인 **指** zhǐ 동 가리키다 **回头** huítóu 동 뒤돌아보다
批评 pīpíng 동 꾸짖다 **野餐** yěcān 동 야외에서 식사를 하다 **饼干** bǐnggān 명 과자
饮料 yǐnliào 명 음료 **扔** rēng 동 버리다 **垃圾桶** lājītǒng 쓰레기통 **拦住** lánzhù 막다
惊讶 jīngyà 형 놀랍고 이상하다 **难为情** nánwéiqíng 형 부끄럽다
乱 luàn 부 함부로, 마구 **行为** xíngwéi 명 행동

第2题

Lv. 4

一个周末的早晨，妈妈打算把不穿的衣服扔到废旧衣物回收箱里，女儿在旁边看到之后，跟妈妈要了那些衣服。拿到衣服后，女儿开始忙碌起来。她先把衣服分类，然后把脏的衣服洗干净，还用剪子把一部分衣服重新裁剪。妈妈感到很迷惑，不知道女儿想做什么。第二天一大早吃过早饭，女儿叫妈妈跟自己一起出去一下。二人一起来到了一家慈善机构，这时妈妈才明白，原来女儿是要把那些衣服捐给这里。看着这样的女儿，妈妈心里很高兴，觉得女儿已经长大了，懂事了。

Yí ge zhōumò de zǎochén, māma dǎsuan bǎ bù chuān de yīfu rēng dào fèijiù yīwù huíshōuxiāng lǐ, nǚ'ér zài pángbiān kàn dào zhīhòu, gēn māma yàole nàxiē yīfu. Ná dào yīfu hòu, nǚ'ér kāishǐ mánglù qǐlai. Tā xiān bǎ yīfu fēnlèi, ránhòu bǎ zāng de yīfu xǐ gānjìng, hái yòng jiǎnzi bǎ yíbùfen yīfu chóngxīn cáijiǎn. Māma gǎndào hěn míhuò, bù zhīdào nǚ'ér xiǎng zuò shénme. Dì-èr tiān yí dà zǎo chīguo zǎofàn, nǚ'ér jiào māma gēn zìjǐ yìqǐ chūqù yíxià. Èr rén yìqǐ lái dào le yì jiā císhàn jīgòu, zhèshí māma cái míngbai, yuánlái nǚ'ér shì yào bǎ nàxiē yīfu juān gěi zhèli. Kànzhe zhèyàng de nǚ'ér, māma xīn lǐ hěn gāoxìng, juéde nǚ'ér yǐjing zhǎngdà le, dǒngshì le.

어느 주말 아침에 엄마는 입지 않은 옷을 헌 옷 수거함에 버리려고 하였는데 딸이 옆에서 보더니 그 옷들을 달라고 하였습니다. 옷을 받은 후 딸은 바쁘게 먼저 옷을 분류한 후에 더러운 옷은 깨끗이 세탁하고, 일부 옷들을 또 가위로 새로 만들기 시작했습니다. 엄마는 이상하다고 생각하며 딸이 도대체 무엇을 하려고 하는지 모르고 있습니다. 그 다음날 아침 일찍 아침밥을 먹고 딸은 엄마에게 같이 나가자고 하였습니다. 두 사람은 같이 한 자선 단체에 왔고 이때 엄마는 딸이 그 옷을 여기에 기부하려고 한다는 것을 알게 되었습니다. 이러한 딸을 보니 엄마는 기뻤고 딸이 이미 다 커서 철이 들었다는 것을 알게 되었습니다.

Lv. 5~6

一个周末的早晨，妈妈打算把旧衣服扔到废旧衣物回收箱里。女儿见此情景，连忙拦住妈妈，将口袋要过来，然后把口袋里的衣服拿出来一一分类，洗的洗，剪的剪，忙得不亦乐乎。妈妈看着女儿，不禁一头雾水，却也没说什么。第二天一大早吃过早饭，女儿便兴冲冲地叫妈妈一起去一个地方。到了那里，妈妈一看，原来是一家慈善机构。这时妈妈才恍然大悟，女儿是想把家里不穿的衣服捐赠给这家慈善机构。妈妈的心里充满了惊喜与感动，连连称赞女儿长大了，懂事了。

Yí ge zhōumò de zǎochén, māma dǎsuan bǎ jiù yīfu rēng dào fèijiù yīwù huíshōuxiāng lǐ. Nǚ'ér jiàn cǐ qíngjǐng, liánmáng lánzhù māma, jiāng kǒudài yào guòlái, ránhòu bǎ kǒudài lǐ de yīfu ná chūlái yī yī fēnlèi, xǐ de xǐ, jiǎn de jiǎn, máng de búyìlèhū. Māma kànzhe nǚ'ér, bùjīn yìtóuwùshuǐ, què yě méi shuō shénme. Dì-èrtiān yí dà zǎo chīguo zǎofàn, nǚ'ér biàn xìngchōngchōng de jiào māma yìqǐ qù yíge dìfang. Dào le nàli, māma yí kàn, yuánlái shì yì jiā císhàn jīgòu. Zhèshí māma cái huǎngrándàwù, nǚ'ér shì xiǎng bǎ jiā lǐ bù chuān de yīfu juānzèng gěi zhè jiā císhàn jīgòu. Māma de xīn lǐ chōngmǎnle jīngxǐ yǔ gǎndòng, liánlián chēngzàn nǚ'ér zhǎngdà le, dǒngshì le.

어느 주말 아침 엄마가 낡은 옷을 헌 옷 의류 수거함에 버리려고 하였습니다. 딸은 이 광경을 보고 황급하게 엄마를 막아서며 그 자루를 가져와서 옷을 꺼내 하나하나 분류하여 세탁할 것은 세탁하고, 자를 것은 자르며 눈코 뜰 새 없이 바쁘게 움직였습니다. 엄마는 이러한 딸을 보며 의아하다고 생각했지만 별다른 말을 하지 않았습니다. 그 다음날 아침 아침밥을 먹고 딸이 신나하며 엄마에게 같이 어디를 가자고 하였습니다. 그곳에 도착하자 엄마는 그곳이 자선 단체임을 알게 되었고 이때 딸이 집에 입지 않은 옷들을 이 자선단체에 기부하려고 한다는 것을 알게 되었습니다. 엄마는 놀라움과 감동으로 가득해하며 딸이 다 커서 철들었다고 계속 칭찬하였습니다.

早晨 zǎochen (이른) 아침 **废旧** fèijiù 형 낡아서 못쓰게 되다
衣物回收箱 yīwù huíshōuxiāng 명 의류 수거함 **忙碌** mánglù 형 바쁘다
分类 fēnlèi 동 분류하다 **脏** zāng 형 더럽다 **剪子** jiǎnzi 명 가위
裁剪 cáijiǎn 동 재단하다 **迷惑** míhuo 동 아리송하다 **慈善** císhàn 형 자선을 베풀다
机构 jīgòu 명 기구 **捐** juān 동 기부하다 **欣慰** xīnwèi 형 대견하다
懂事 dǒngshì 형 철들다 **大扫除** dàsǎochú 명 대청소 **口袋** kǒudài 명 자루

连忙 liánmáng 부 재빨리 拦住 lánzhù 동 막아서다 不亦乐乎 búyìlèhū 정신없다
不禁 bùjīn 부 자기도 모르게 一头雾水 yìtóuwùshuǐ 형 영문을 모르다
恍然大悟 huǎngrándàwù 갑자기 모두 알게 되다 惊喜 jīngxǐ 형 놀랍고 기쁘다
连连 liánlián 부 줄곧 称赞 chēngzàn 동 칭찬하다

第3题

Lv. 4

公园里有一个男孩儿带着两只狗玩得非常开心。玩了一会儿，男孩儿觉得很渴，拿出一瓶水正要喝时，小狗跑过来也想喝一口。但男孩儿不给小狗喝水，只顾自己喝。旁边的大狗看了很生气。结果大狗向男孩儿冲过来，男孩儿吓得把水瓶掉在地上。两只狗看到地上有水，就兴奋地喝了起来。男孩儿坐在一旁伤心地哭起来。

Gōngyuán lǐ yǒu yí gè nánháir dàizhe liǎng zhī gǒu wán de fēicháng kāixīn. Wán le yíhuìr, nánháir juéde hěn kě, ná chū yì píng shuǐ zhèng yào hē shí, xiǎogǒu pǎo guòlái yě xiǎng hē yìi kǒu. Dàn nánháir bù gěi xiǎogǒu hē shuǐ, zhǐ gù zìjǐ hē. Pángbiān de dà gǒu kànle hěn shēngqì. jiéguǒ dà gǒu xiàng nánháir chōng guòlái, nánháir xià de bǎ shuǐpíng diào zài dì shàng. Liǎng zhī gǒu kàndào dì shàng yǒu shuǐ, jiù xīngfèn de hēle qǐlai. Nánháir zuò zài yì páng shāngxīn de kū qǐlai.

공원에 한 남자아이가 두 마리의 강아지를 데리고 매우 신나게 놀고 있습니다. 놀고 나서 남자아이는 목이 말라 물병을 꺼내 마시려고 할 때 작은 강아지가 뛰어와 마시고 싶어 했습니다. 그러나 남자아이는 강아지에게 물을 주지 않고 자신만 마셨고 옆에 있던 큰 강아지가 보고 화를 냈습니다. 그 결과 큰 강아지가 남자아이에게 달려들었고 남자아이는 놀라서 물병을 바닥에 떨어뜨렸습니다. 강아지 두 마리는 땅에 물이 있는 것을 보고 신나서 마시기 시작했습니다. 남자아이는 옆에서 속상한 듯 울기 시작했습니다.

Lv. 5~6

有一天小明带着自己家的两只狗来到公园玩儿。他们一会儿踢球一会儿跑步，玩得特别高兴。小明玩儿累了，感到十分渴，便从包里拿出水瓶想要喝水。这时小狗也凑过来摇着尾巴望着小明，希望小明给自己一口水喝。可是没想到小明只顾自己，根本没想过要给小狗水喝，大狗看了之后很生气。大狗气冲冲地狂奔过来，将水瓶打落在地，两只狗兴奋地喝起流在地上的水。而受到惊吓的小明则坐在旁边不停地抽泣。

Yǒu yìtiān Xiǎo Míng dàizhe zìjǐ jiā de liǎng zhī gǒu láidào gōngyuán wánr. Tāmen yíhuìr tī qiú yíhuìr pǎobù, wán de tèbié gāoxìng. Xiǎo Míng wánr lèi le, gǎndào shífēn kě, biàn cóng bāo lǐ ná chū shuǐpíng xiǎngyào hē shuǐ. Zhèshí xiǎogǒu yě còu guòlái yáozhe wěibā wàngzhe Xiǎo Míng, xīwàng Xiǎo Míng gěi zìjǐ yì kǒu shuǐ hē. Kěshì méi xiǎngdào Xiǎomíng zhǐ gù zìjǐ, gēnběn méi xiǎngguo yào gěi xiǎogǒu shuǐ hē, dàgǒu kànle zhīhòu hěn shēngqì. Dà gǒu qìchōngchōng de kuángbēn guòlái, jiāng shuǐpíng dǎluò zài dì, liǎng zhī gǒu xīngfèn de hē qǐ liú zài dì shàng de shuǐ. Ér shòudào jīngxià de Xiǎo Míng zé zuò zài pángbiān bù tíng de chōuqì.

어느 날 샤오밍은 자신의 두 마리 강아지를 데리고 공원에 놀러 왔습니다. 그들은 공을 차고 달리면서 매우 신나게 놀았습니다. 샤오밍은 놀다가 힘들었고 매우 목이 말라서 가방에서 물병을 꺼내 마시려고 하였습니다. 이때 작은 강아지가 다가와 꼬리를 흔들며 샤오밍을 보면서 샤오밍이 자신에게도 물 한 모금 주기를 바랐습니다. 그러나 뜻밖에도 샤오밍은 자신만 마시고 아예 작은 강아지에게는 줄 생각이 없었습니다. 큰 강아지는 이것을 보고 화가 나서 광분하며 달려와 물병을 바닥에 떨어뜨렸습니다. 두 마리의 강아지는 신이 난 듯 바닥에 흘린 물을 마셨습니다. 그러나 충격을 받은 샤오밍은 멍하니 옆에 앉아서 계속 훌쩍거리며 울고 있습니다.

只 zhī 양 마리(동물을 세는 단위) 狗 gǒu 명 강아지 由于 yóuyú 접 ~때문에
过头 guòtóu 형 도가 지나치다 渴 kě 형 목마르다 只顾 zhǐgù 부 오로지
结果 jiéguǒ 접 그 결과 冲 chōng 동 돌진하다 吓 xià 동 놀라다
水瓶 shuǐpíng 명 물병 掉 diào 동 떨어지다 兴奋 xīngfèn 형 기쁘다
伤心 shāngxīn 동 속상하다 哭 kū 동 울다 踢球 tī qiú 동 공을 차다
便 biàn 부 바로, 곧 凑 còu 동 다가가다 摇 yáo 동 흔들다 尾巴 wěiba 명 꼬리
希望 xīwàng 동 희망하다 没想到 méi xiǎngdào 생각지 못하다
根本 gēnběn 부 아예 气冲冲 qìchōngchōng 형 노발대발하다
狂奔 kuángbēn 동 광분하다 打落 dǎluò 동 떨어뜨리다 受到 shòudào 동 받다
惊吓 jīngxià 동 놀라다 不停 bùtíng 끊임없이 抽泣 chōuqì 동 훌쩍이다

第4题

Lv. 4

电视购物频道里主持人正在介绍项链，妻子看了很喜欢。丈夫在旁边看出妻子的心思。趁着妻子在厨房里洗碗，丈夫偷偷地打电话订了电视购物里的那条项链。刚挂电话，快递员就来了。他把箱子递给妻子转身走了。妻子打开箱子看到那条项链高兴得不得了，看到妻子的样子，丈夫真是哭笑不得。

Diànshì gòuwù píndào lǐ zhǔchírén zhèngzài jièshào xiàngliàn, qīzi kànle hěn xǐhuan. Zhàngfu zài pángbiān kàn chū qīzi de xīnsi. Chènzhe qīzi zài chúfáng lǐ xǐwǎn, zhàngfu tōutōu de dǎ diànhuà dìngle diànshì gòuwù lǐ de nà tiáo xiàngliàn. Gāng guà diànhuà, kuàidìyuán jiù lái le. Tā bǎ xiāngzi dì gěi qīzi zhuǎn shēn zǒu le. Qīzi dǎ kāi xiāngzi kàn dào nà tiáo xiàngliàn gāoxìng de bùdéliǎo, kàn dào qīzi de yàngzi, zhàngfu zhēn shì kūxiàobùdé.

홈쇼핑 채널에서 쇼호트스가 목걸이를 소개하고 있고 아내는 보고 매우 좋아합니다. 남편은 옆에서 아내의 생각을 알아차리고 아내가 주방에서 설거지를 할 때 몰래 전화를 걸어 홈쇼핑의 그 목걸이를 주문하였습니다. 전화를 막 끊자마자 택배기사가 왔고 상자를 아내에게 주고 갔습니다. 아내는 상자를 열어 그 목걸이를 보자 매우 기뻐했고, 아내의 모습을 보면서 남편은 정말 울지도 못하고 웃지도 못하고 있습니다.

Lv. 5~6

有一天，夫妻二人在客厅看电视。正巧电视购物频道正在宣传项链，二人便全神贯注地盯着屏幕。丈夫觉得妻子十分想要那款项链，便决定为她买一条给她一个惊喜。丈夫一边想象着妻子收到项链时高兴得手舞足蹈的样子，一边趁着妻子在厨房里，偷偷地打电话订购项链。丈夫挂掉电话，便有快递来了。妻子兴冲冲接过箱子一脸掩饰不住的兴奋。令丈夫吃惊的是妻子拿出的竟然是电视购物里的那条项链！原来妻子前几天已经买了那条项链。看到这个情形，丈夫真是哭笑不得，哑然无语了。

Yǒu yìtiān, fūqī èr rén zài kètīng kàn diànshì. Zhèngqiǎo diànshì gòuwù píndào zhèngzài xuānchuán xiàngliàn, èr rén biàn quánshénguànzhù de dīngzhe píngmù. Zhàngfu juéde qīzi shífēn xiǎngyào nà kuǎn xiàngliàn, biàn juédìng wèi tā mǎi yì tiáo gěi tā yí ge jīngxǐ. Zhàngfu yìbiān xiǎngxiàngzhe qīzi shōudào xiàngliàn shí gāoxìng de shǒuwǔzúdǎo de yàngzi, yìbiān chènzhe qīzi zài chúfáng lǐ, tōutōu de dǎ diànhuà dìnggòu xiàngliàn. Zhàngfu guà diào diànhuà, biàn yǒu kuàidì lái le. Qīzi xìngchōngchōng jiēguo xiāngzi yì liǎn yǎnshì búzhù de xīngfèn. Lìng zhàngfu chījīng de shì qīzi ná chū de jìngrán shì diànshì gòuwù lǐ de nà tiáo xiàngliàn! Yuánlái qīzi qián jǐtiān yǐjing mǎile nà tiáo xiàngliàn. Kàn dào zhège qíngxíng, zhàngfu zhēn shì kūxiàobùdé, yǎránwúyǔ le.

어느 날 부부 둘이 거실에서 TV를 보고 있었습니다. 마침 홈쇼핑 채널에서 목걸이를 광고를 하고 있었고 두 사람은 화면에서 눈을 떼지 못하고 보고 있습니다. 남편은 아내가 그 목걸이를 매우 갖고 싶어 한다는 것을 알고 아내에게 목걸이를 하나 사서 서프라이즈 해줘야겠다고 결심했습니다. 남편은 아내가 그 목걸이를 받고 뛸 듯이 기뻐하는 모습을 상상하며 아내가 주방에 있는 틈을 타서 몰래 전화를 걸어 그 목걸이를 주문하였습니다. 남편이 전화를 끊자마자 택배가 왔습니다. 아내를 매우 기쁜 듯이 그 상자를 받고는 기쁨을 숨기지 못하고 있습니다. 남편을 놀라게 한 것은 아내가 꺼낸 것이 뜻밖에도 홈쇼핑 속의 그 목걸이라는 것이었습니다! 알고 보니 아내가 며칠 전 이미 그 목걸이를 구매한 것이었습니다. 이 상황을 보고 남편은 정말이지 울지도 웃지도 못하며 아연실색해 말을 못 하고 있습니다.

电视购物 diànshìgòuwù 홈쇼핑 **频道** píndào 명 채널
主持人 zhǔchírén 명 진행자 **项链** xiàngliàn 명 목걸이 **妻子** qīzi 명 아내
丈夫 zhàngfu 명 남편 **心思** xīnsi 명 생각 **趁** chèn 전 ~을 틈타
厨房 chúfáng 명 주방 **偷偷** tōutōu 부 몰래 **订** dìng 동 예약하다
快递员 kuàidìyuán 명 택배원 **箱子** xiāngzi 명 상자 **转身** zhuǎnshēn 동 돌아서다
哭笑不得 kūxiàobùdé 웃지도 울지도 못하다 **正巧** zhèngqiǎo 부 마침
宣传 xuānchuán 동 홍보하다 **全神贯注** quánshénguànzhù 성 온 정신을 집중시키다
盯 dīng 동 주시하다 **屏幕** píngmù 명 스크린 **惊喜** jīngxǐ 명 놀람과 기쁨
想象 xiǎngxiàng 동 상상하다 **收到** shōudào 동 받다
手舞足蹈 shǒuwǔzúdǎo 너무 기뻐서 덩실덩실 춤추다
订购 dìnggòu 동 물건을 주문하다 **快递** kuàidì 명 택배 **掩饰** yǎnshì 동 감추다
竟然 jìngrán 부 뜻밖에, 의외로 **哑然** yǎrán 형 아연하다(놀라 입을 벌리고 있는 모양)

第5题

Lv. 4

妈妈和女儿在商店里买了一顶打五折的户外登山帽。因为正在打折，所以商店里人很多。爸爸试了一下母女买回来的帽子，觉得不错，很喜欢。妈妈和女儿看着爸爸满意的样子很高兴。第二天爸爸戴着那顶帽子去爬山。在等公交车的时候，他看到前面一个人也戴着一样的帽子，觉得有些意外。在登山入口，爸爸又看到很多人都戴着一样的帽子。他们互相看着都觉得挺不好意思。

Māma hé nǚ'ér zài shāngdiàn lǐ mǎile yì dǐng dǎ wǔ zhé de hù wài dēngshān mào. Yīnwèi zhèngzài dǎzhé, suǒyǐ shāngdiàn lǐ rén hěn duō. Bàba shìle yíxià mǔ-nǚ mǎi huílái de màozi, juéde búcuò, hěn xǐhuan. Māma hé nǚ'ér kànzhe bàba mǎnyì de yàngzi hěn gāoxìng. Dì-èr tiān bàba dàizhe nà dǐng màozi qù páshān. Zài děng gōngjiāochē de shíhou, tā kàndào qiánmiàn yí ge rén yě dàizhe yíyàng de màozi, juéde yǒuxiē yìwài. Zài dēngshān rùkǒu, bàba yòu kàndào hěn duō rén dōu dàizhe yíyàng de màozi. Tāmen hùxiāng kànzhe dōu juéde tǐng bù hǎoyìsi.

엄마와 딸이 상점에서 50% 할인하는 아웃도어 등산 모자를 하나 샀습니다. 할인 중이라서 상점 안에는 사람이 많았습니다. 아빠는 엄마와 딸이 사온 모자를 써 보고는 괜찮은 듯 마음에 들어 했고, 엄마와 딸은 아빠가 만족하는 모습을 보고 기뻤습니다. 다음 날 아빠는 그 모자를 쓰고 등산을 갔습니다. 버스를 기다리는데 아빠는 앞에 있는 사람도 같은 모자를 쓴 것을 보았고 조금 뜻밖이라고 생각했습니다. 등산로 입구에서 아빠는 많은 사람이 같은 모자를 쓰고 있는 것을 또 보았고 그들은 서로를 바라보며 부끄러워했습니다.

Lv. 5~6

妈妈和女儿在逛商店时发现一顶登山帽，样子很好看，很适合爸爸，而且正在打五折。所以她们很高兴地买了一顶。爸爸下班后，试了母女买回来的帽子，觉得很满意。妈妈和女儿看到爸爸这么喜欢，觉得这次购物成功了。第二天，爸爸去爬山，戴上了那顶帽子。没想到在等公交车的时候，看到有个人也戴着一样的帽子。他心里想真是太巧了。但是到了登山入口处，爸爸发现很多人都戴着跟自己一样的帽子。他们互相看着，觉得很尴尬。路过的人都觉得很有趣。

Māma hé nǚ'ér zài guàng shāngdiàn shí fāxiàn yì dǐng dēngshān mào, yàngzi hěn hǎokàn, hěn shìhé bàba, érqiě zhèngzài dǎ wǔ zhé. Suǒyǐ tāmen hěn gāoxìng de mǎile yì dǐng. Bàba xiàbān hòu, shìle mǔ-nǚ mǎi huílái de màozi, juéde hěn mǎnyì. Māma hé nǚ'ér kàndào bàba zhème xǐhuan, juéde zhè cì gòuwù chénggōng le. Dì-èr tiān, bàba qù páshān, dàishàngle nà dǐng màozi. Méi xiǎngdào zài děng gōngjiāochē de shíhou, kàndào yǒu ge rén yě dàizhe yíyàng de màozi. Tā xīnlǐ xiǎng zhēn shì tài qiǎo le. Dànshì dàole dēngshān rùkǒuchù, bàba fāxiàn hěn duō rén dōu dàizhe gēn zìjǐ yíyàng de màozi. Tāmen hùxiāng kànzhe, juéde hěn gāngà. Lùguò de rén dōu juéde hěn yǒuqù.

엄마와 딸이 상점을 구경하다 등산 모자를 하나 발견했는데, 모양이 예쁘고 아빠에게 어울리는 데다 50% 할인을 하고 있었습니다. 그래서 그들은 기쁘게 하나를 구입했습니다. 아빠는 퇴근 후, 엄마와 딸이 사온 모자를 써 보고는 마음에 들어 했고 엄마와 딸은 아빠가 그렇게나 좋아하는 모습을 보고는 이번 쇼핑은 성공적이라고 생각했습니다. 다음 날, 아빠는 그 모자를 쓰고 등산을 갔습니다. 뜻밖에도, 버스를 기다리는데 어떤 사람도 같은 모자를 쓴 것을 보았습니다. 아빠는 마음속으로 참 공교롭다고 생각했습니다. 그러나 등산로 입구에 도착했을 때 아빠는 많은 사람이 자신과 같은 모자를 쓰고 있는 것을 발견했습니다. 그들은 서로를 바라보며 난감해 했고 지나가던 사람들은 재밌다고 생각했습니다.

商店 shāngdiàn 명 상점 **顶** dǐng 양 꼭대기에 있는 물건을 셀 때 쓰임
打折 dǎzhé 동 할인하다 **户外** hù wài 실외 **登山** dēngshān 동 산에 오르다
正在 zhèngzài 부 마침 ~하고 있다 **试** shì 동 시도하다 **帽子** màozi 명 모자
爬山 páshān 산에 오르다 **公交车** gōngjiāochē 버스 **意外** yìwài 형 의외이다
互相 hùxiāng 부 서로 **挺** tǐng 부 아주, 매우 **样子** yàngzi 명 모습
适合 shìhé 동 알맞다 **满意** mǎnyì 동 만족하다 **下班** xiàbān 동 퇴근하다
购物 gòuwù 동 쇼핑하다 **成功** chénggōng 동 성공하다 **巧** qiǎo 형 공교롭다
处 chù 명 장소 **尴尬** gāngà 형 어색하다 **路过** lùguò 동 거치다
有趣 yǒuqù 형 재미있다

第6题

Lv. 4

有一天半夜里，一个女的从公交车上下来，一个男的紧接着也走下车来。女的赶回家的路上，男的在后边一直跟着。女的觉得有点害怕。女的到家门口了。回头一看那个男的竟然站在自己家旁边。女的吓得想赶紧打开门进去。这时那个男的打开隔壁的门进去了。原来男的是女的的邻居。女的知道后感到羞愧不已。

Yǒu yìtiān bànyè lǐ, yí gè nǚde cóng gōngjiāochē shàng xiàlái, yí ge nánde zài jǐnjiēzhe yě zǒu xiàchē lái. Nǚde gǎn huíjiā de lùshang, nánde zài hòubian yìzhí gēnzhe. Nǚde juéde yǒu diǎn hàipà. Nǚde dào jiā ménkǒu le. Huítóu yí kàn nàge nánde jìngrán zhànzài zìjǐ jiā pángbiān. Nǚde xià de xiǎng gǎnjǐn dǎkāi mén jìnqù. Zhèshí nàge nánde dǎkāi gébì de mén jìnqù le. Yuánlái nánde shì nǚde de línjū. nǚde zhīdao hòu gǎndào xiūkuì bùyǐ.

어느 늦은 밤 한 여자가 버스에서 내렸고 한 남자도 뒤따라 버스에서 내렸습니다. 여자가 서둘러 집에 가는 길에 남자가 뒤에서 계속 따라오고 있어 여자는 조금 무서워졌습니다. 여자가 집 문 앞에 도착했습니다. 고개를 돌려보니 그 남자가 뜻밖에도 자신의 집 옆에 서 있는 것을 보았습니다. 여자는 놀래서 얼른 문을 열고 들어가려고 했습니다. 이때 남자가 옆집 문을 열고 들어갔습니다. 알고 보니 남자는 여자의 이웃이었습니다. 여자는 알고 나서 매우 부끄러워했습니다.

Lv. 5~6

有一天很晚了，一个女的从公交车上下来，一个男的紧随其后也急匆匆走下车来。女的走在回家的路上，无意中发现那个男的一直在尾随自己，她害怕极了，赶紧加快了脚步。终于到家门口了。她回头一看，却发现那个男的竟然站在自己家的旁边。女的吓得毛骨悚然，惊呆在那里一动不能动。戏剧性一幕发生了，这个男的打开隔壁的门进去了。原来那个男的是女的的邻居。女的这时才醒悟是自己误会了，觉得羞愧不已。

Yǒu yìtiān hěn wǎn le, yí ge nǚde cóng gōngjiāochē shàng xiàlái, yí ge nánde jǐnsuí qí hòu yě jícōngcōng zǒu xiàchē lái. Nǚ de zǒu zài huíjiā de lùshang, wúyì zhōng fāxiàn nàge nánde yìzhí zài wěisuí zìjǐ, tā hàipà jíle, gǎnjǐn jiākuàile jiǎobù. Zhōngyú dào jiā ménkǒu le. Tā huítóu yí kàn, què fāxiàn nàge nánde jìngrán zhàn zài zìjǐ jiā de pángbiān. Nǚde xià de máogǔsǒngrán, jīngdāi zài nàli yí dòng bùnéng dòng. Xìjùxìng de yí mù fāshēng le, zhège nánde dǎkāi gébì de mén jìnqù le. Yuánlái nàge nánde shì nǚde de línjū. Nǚde zhèshí cái xǐngwù shì zìjǐ wùhuì le, juéde xiūkuì bùyǐ.

어느 늦은 밤 여자가 버스에서 내렸고 그 뒤를 이서 남자가 급하게 내렸습니다. 여자는 집에 걸어가는 길에 무의식적으로 그 남자가 자신의 뒤를 따라오고 있다는 것을 느끼고 매우 무섭다고 생각하여 발걸음을 재촉했습니다. 마침내 집 입구에 도착했습니다. 여자가 고개를 돌려서 보니 그 남자가 뜻밖에도 자신의 집 옆에 서 있는 것을 발견했습니다. 여자는 너무 무섭고 소름이 끼쳐 거기에 서서 움직이지 못하고 있었습니다. 극적인 장면이 벌어졌습니다. 이 남자가 옆집의 문을 열고 들어가 버린 것입니다. 알고 보니 이 남자는 여자의 이웃이었습니다. 여자는 이때 자신이 오해했다는 것을 깨닫고 무척 부끄러웠습니다.

半夜 bànyè 명 한밤중 **紧接** jǐnjiē 바짝 붙다 **害怕** hàipà 동 무서워하다
竟然 jìngrán 부 뜻밖에, 의외로 **赶紧** gǎnjǐn 부 서둘러서 **隔壁** gébì 명 이웃집
邻居 línjū 명 이웃 **羞愧** xiūkuì 동 부끄러워하다 **不已** bùyǐ 그치지 않다
紧随 jǐnsuí 동 바짝 뒤따르다 **急匆匆** jícōngcōng 매우 바쁘다
尾随 wěisuí 동 뒤따라가다 **极了** jí le (형용사 뒤에 보어로 쓰여) 매우 ~하다
加快 jiākuài 동 속도를 올리다 **终于** zhōngyú 부 마침내
毛骨悚然 máogǔsǒngrán 머리카락이 곤두서다 **惊呆** jīngdāi 동 놀라 멍해지다
戏剧 xìjù 명 연극 **一幕** yímù 명 한 장면 **醒悟** xǐngwù 동 깨닫다
误会 wùhuì 동 오해하다 **懊悔** àohuǐ 동 후회하다

第7题

Lv. 4

有一个女孩儿坐在书桌前看着数学考卷。脸上写满了不高兴，因为这次数学考试只得了三十分。女孩儿偷偷地把考卷扔进了垃圾桶。这时妈妈在客厅里收衣服，小猫在旁边玩球，一切都很安静。小猫翻垃圾桶时考卷随之被翻出来了。妈妈走进女孩儿的房间以后发现了这个考卷。妈妈看到以后气得不得了，把女孩儿批评了一顿，女孩儿委屈地哭泣着。

Yǒu yí ge nǚháir zuò zài shūzhuō qián kànzhe shùxué kǎojuàn. Liǎn shang xiě mǎnle bù gāoxìng, yīnwèi zhècì shùxué kǎoshì zhǐ dé le sānshífēn. Nǚháir tōutōu de bǎ kǎojuàn rēngjìnle lājītǒng. Zhèshí māma zài kètīng lǐ shōu yīfu, xiǎomāo zài pángbiān wán qiú, yíqiè dōu hěn ānjìng. Xiǎomāo fān lājītǒng shí kǎojuàn suí zhī bèi fān chūlái le. Māma zǒu jìn nǚháir de fángjiān yǐhòu fāxiànle zhège kǎojuàn. Māma kàn dào yǐhòu qì de bùdéliǎo, bǎ nǚháir pīpíngle yí dùn, nǚháir wěiqū de kūqìzhe.

한 여자아이가 책상에 앉아 수학 시험지를 보고 있는데 기분이 좋지 않습니다. 왜냐하면 그녀의 이번 수학 성적은 30점 밖에 되지 않습니다. 여자아이는 몰래 시험지를 쓰레기통에 버렸습니다. 이때 엄마는 거실에서 옷을 개고 있고 고양이는 옆에서 공을 가지고 놀고 있어 모든 게 다 조용합니다. 고양이가 쓰레기통을 엎을 때 시험지가 따라서 나왔습니다. 엄마가 여자아이의 방에 들어와 이 시험지를 발견했습니다. 엄마는 보고 나서 매우 화가 나 아이를 한차례 혼냈고 여자아이는 억울한 듯 울고 있습니다.

Lv. 5~6

小金坐在桌前双眉紧皱，看着一张考卷叹息不已。因为她在这次数学考试只得了三十分。小金想如果被妈妈知道了，她肯定会被批评，于是便趁妈妈收衣服，偷偷地把考卷扔进了垃圾桶里。小金觉得自己做得天衣无缝，妈妈肯定不会知道。但没想到家里的小猫玩球时，不小心把垃圾桶打翻了，垃圾散落了一地，其中包括小金的数学考卷。妈妈无意间进小金房间时发现了这张考卷。她万万没想到自己的女儿的数学只得了三十分，还想瞒天过海，于是把小金狠狠地批评了一顿，小金被批评得放声大哭。

Xiǎo Jīn zuò zài zhuō qián shuāngméijǐnzhòu, kànzhe yì zhāng kǎojuàn tànxī bùyǐ. Yīnwèi tā zài zhècì shùxué kǎoshì zhǐ déle sānshífēn. Xiǎo Jīn xiǎng rúguǒ bèi māma zhīdao le, tā kěndìng huì bèi pīpíng, yúshì biàn chèn māma shōu yīfu, tōutōu de bǎ kǎojuàn rēng jìn le lājītǒng lǐ. Xiǎo Jīn juéde zìjǐ zuò de tiānyīwúfèng, māma kěndìng búhuì zhīdao. Dàn méi xiǎngdào jiā lǐ de xiǎomāo wán qiú shí, bù xiǎoxīn bǎ lājītǒng dǎfān le, lājī sànluòle yí dì, qízhōng bāokuò xiǎojīn de shùxué kǎojuàn. Māma wúyìjiān jìn Xiǎo Jīn fángjiān shí fāxiànle zhè zhāng kǎojuàn. Tā wànwàn méi xiǎngdào zìjǐ de nǚ'ér shùxué zhǐ déle sānshífēn, hái xiǎng mántiānguòhǎi, yúshì bǎ xiǎojīn hěnhěn de pīpíngle yí dùn, xiǎojīn bèi pīpíng de fàngshēngdàkū.

샤오진은 책상에 앉아 얼굴을 찡그리면서 시험지를 보고 계속 한숨을 쉬고 있습니다. 왜냐하면 이번 수학 시험에서 30점밖에 못 받았기 때문입니다. 샤오진은 만약 엄마가 알게 되면 분명 혼날 거라고 생각하여 엄마가 옷을 개는 틈을 타서 몰래 시험지를 쓰레기통에 버렸습니다. 샤오진은 자신이 완벽하게 처리했으니 엄마가 분명 모를 것이라고 생각했습니다. 그러나 생각지도 못하게 집의 고양이가 공을 가지고 놀 때 쓰레기통을 엎었고 쓰레기가 온 바닥에 떨어졌습니다. 그중 샤오진의 수학 시험지도 포함되어 있습니다. 엄마는 무심결에 샤오진의 방에 들어와 이 시험지를 발견했습니다. 자신의 딸이 수학을 30점 밖에 맞지 못했다는 것도, 속였다는 것도 전혀 생각하지 못해서 샤오진을 호되게 혼냈습니다. 샤오진은 혼나서 목 놓아 울고 있습니다.

数学 shùxué 명 수학 **考卷** kǎojuàn 명 시험지 **扔** rēng 동 버리다
垃圾桶 lājītǒng 명 쓰레기통 **翻** fān 동 뒤지다 **批评** pīpíng 동 꾸짖다
顿 dùn 양 번 **委屈** wěiqu 형 억울하다 **哭泣** kūqì 동 흐느껴 울다
双眉紧皱 shuāng méi jǐn zhòu 얼굴을 찡그리고 있다
叹息 tànxī 동 탄식하다, 한숨쉬다 **肯定** kěndìng 부 분명히 **于是** yúshì 접 그래서
天衣无缝 tiānyīwúfèng 자연스럽고 완벽하다 **散落** sànluò 동 흩어져 떨어지다
包括 bāokuò 동 포함하다 **无意间** wúyìjiān 부 무심결에
瞒天过海 mántiānguòhǎi 암암리에 기만 행위를 하다
放声大哭 fàngshēngdàkū 목놓아 울다

第8题

Lv. 4

今天是周末，小美和爸爸、妈妈一起来动物园看大熊猫，她很高兴。回到家，小美一直拉着妈妈说熊猫太可爱了，爸爸在书房里为小美做熊猫面具。面具做好了。爸爸戴着自己做的熊猫面具，模仿熊猫的动作，跟小美一起玩。他们玩着玩着，面具突然掉了下来。爸爸不知道该怎么办，小美也很吃惊。

Jīntiān shì zhōumò, Xiǎo Měi hé bàba、māma yìqǐ lái dòngwùyuán kàn dà xióngmāo, tā hěn gāoxìng. Huídào jiā, Xiǎo Měi yìzhí lāzhe māma shuō xióngmāo tài kě'ài le, bàba zài shūfáng lǐ wèi Xiǎo Měi zuò xióngmāo miànjù. Miànjù zuòhǎo le. Bàba dàizhe zìjǐ zuò de xióngmāo miànjù, mófǎng xióngmāo de dòngzuò, gēn Xiǎo Měi yìqǐ wán. Tāmen wánzhe wánzhe, miànjù tūrán diàole xiàlái. Bàba bù zhīdào gāi zěnme bàn, Xiǎo Měi yě hěn chījīng.

오늘은 주말이라, 샤오메이와 부모님이 함께 동물원에 와서 판다를 봅니다. 샤오메이는 아주 신이 났습니다. 집으로 돌아와서, 샤오메이는 줄곧 엄마를 붙들고 판다가 너무 귀엽다고 이야기했고, 아빠는 서재에서 샤오메이를 위해 판다 가면을 만들고 있습니다. 가면이 완성되었고 아빠는 자신이 만든 판다 가면을 쓰고 판다의 행동을 흉내 내며, 샤오메이와 함께 놀았습니다. 그들이 놀고 있는데 가면이 갑자기 떨어져 버렸습니다. 아빠는 어쩔 줄 모르고 샤오메이도 놀랐습니다.

Lv. 5~6

今天是周末，小美的爸爸、妈妈带小美来到了动物园。他们看到了两只可爱的大熊猫正在吃竹子。小美很喜欢大熊猫，爸爸、妈妈陪她看了很长时间。回到家，小美一直跟妈妈说在动物园里看熊猫的事情。为了让女儿高兴，爸爸拿出画笔画了一个熊猫的脸，开始做熊猫面具。面具终于做好了。爸爸戴着自己做的熊猫面具，模仿熊猫的动作，跟小美一起玩。小美以为这是真的熊猫，开心极了。他们玩着玩着，爸爸戴着的熊猫面具突然掉了下来。爸爸和小美都吓了一跳，爸爸不知道该怎么办，小美看到这原来不是真的熊猫而是自己的爸爸时，失望极了。

Jīntiān shì zhōumò, Xiǎo Měi de bàba、māma dài Xiǎo Měi lái dàole dòngwùyuán. Tāmen kàndào le liǎng zhī kě'ài de dà xióngmāo zhèngzài chī zhúzi. Xiǎo Měi hěn xǐhuan dà xióngmāo, bàba、māma péi tā kànle hěn cháng shíjiān. Huídào jiā, Xiǎo Měi yìzhí gēn māma shuō zài dòngwùyuán lǐ kàn xióngmāo de shìqing. Wèile ràng nǚ'ér gāoxìng, bàba náchū huàbǐ huàle yí ge xióngmāo de liǎn, kāishǐ zuò xióngmāo miànjù. Miànjù zhōngyú zuòhǎo le. Bàba dàizhe zìjǐ zuò de xióngmāo miànjù, mófǎng xióngmāo de dòngzuò, gēn Xiǎo Měi yìqǐ wán. Xiǎo Měi yǐwéi zhè shì zhēn de xióngmāo, kāixīn jí le. Tāmen wánzhe wánzhe, bàba dàizhe de xióngmāo miànjù tūrán diàole xiàlái. Bàba hé Xiǎo Měi dōu xiàle yí tiào, bàba bù zhīdào gāi zěnme bàn, Xiǎo Měi kàndào zhè yuánlái búshì zhēn de xióngmāo érshì zìjǐ de bàba shí, shīwàng jí le.

오늘은 주말이라, 샤오메이의 부모님은 샤오메이를 데리고 동물원에 왔습니다. 그들은 귀여운 판다 두 마리가 대나무를 먹고 있는 것을 보았습니다. 샤오메이가 판다를 아주 좋아해서, 부모님은 샤오메이와 같이 오랫동안 보았습니다. 집으로 돌아와서, 샤오메이는 줄곧 엄마에게 동물원에서 판다를 본 일을 이야기했습니다. 딸을 기쁘게 해 주려고 아빠는 붓을 꺼내 판다 얼굴을 하나 그리며 판다 가면을 만들기 시작했습니다. 가면이 마침내 완성되었습니다. 아빠는 자신이 만든 판다 가면을 쓰고 판다의 행동을 흉내 내며, 샤오메이와 함께 놀았습니다. 샤오메이는 이게 진짜 판다인 줄 알고 아주 기뻐했습니다. 그들이 놀고 있는데, 아빠가 쓴 판다 가면이 갑자기 떨어졌습니다. 아빠와 샤오메이 모두 깜짝 놀랐고, 아빠는 어쩔 줄 모릅니다. 샤오메이는 이것이 알고 보니 진짜 판다가 아니라 자신의 아빠인 걸 보고는 무척 실망했습니다.

周末 zhōumò 명 주말 **动物园** dòngwùyuán 명 동물원
大熊猫 dàxióngmāo 명 판다 **拉** lā 동 당기다 **书房** shūfáng 명 서재
面具 miànjù 명 가면 **戴** dài 동 착용하다 **模仿** mófǎng 동 모방하다
动作 dòngzuò 명 동작 **突然** tūrán 부 갑자기 **掉** diào 동 떨어뜨리다
该 gāi 조동 ~해야 한다 **吃惊** chījīng 동 놀라다 **竹子** zhúzi 명 대나무
陪 péi 동 동반하다 **事情** shìqing 명 일 **画笔** huàbǐ 명 그림 붓
开始 kāishǐ 동 시작하다 **以为** yǐwéi 동 ~라고 여기다
吓一跳 xià yí tiào 깜짝 놀라다 **失望** shīwàng 형 실망하다

TSC® 기출 모의고사 모범답안

p. 370

第一部分

第1题

你叫什么名字?
Nǐ jiào shénme míngzi?
당신의 이름은 무엇입니까?

답변1

我叫姜荷娜。
Wǒ jiào Jiāng Hénà.
저는 강하나라고 합니다.

답변2

我的名字叫姜荷娜。
Wǒ de míngzi jiào Jiāng Hénà.
제 이름은 강하나라고 합니다.

第2题

请说出你的出生年月日。
Qǐng shuō chū nǐ de chūshēng niányuè rì.
당신의 생년월일을 말해 보세요.

답변1

我是1980年3月14号出生的。
Wǒ shì yī jiǔ bā líng nián sān yuè shísì hào chūshēng de.
저는 1980년 3월 14일에 태어났습니다.

답변2

我(出)生于1975年10月22号。
Wǒ (chū)shēngyú yī jiǔ qī wǔ nián shí yuè èrshí'èr hào.
저는 1975년 10월 22일에 태어났습니다.

第3题

你家有几口人?
Nǐ jiā yǒu jǐ kǒu rén?
당신의 가족은 몇 명입니까?

답변1

我家有五口人。
Wǒ jiā yǒu wǔ kǒu rén.
저희 가족은 다섯 식구입니다.

답변2

我家有四口人，我和我爱人，还有一个儿子、一个女儿。
Wǒ jiā yǒu sì kǒu rén, wǒ hé wǒ àiren, háiyǒu yí ge érzi、yí ge nǚ'ér.
저희 집은 네 식구로, 저와 배우자, 그리고 아들 한 명과 딸 한 명이 있습니다.

第4题

你在什么地方工作？或者你在哪个学校上学？

Nǐ zài shénme dìfang gōngzuò? Huòzhě nǐ zài nǎge xuéxiào shàngxué?

당신은 어디에서 근무합니까? 또는 어느 학교에 다니나요?

직장인

我在YBM公司工作。我的公司位于钟路。

Wǒ zài YBM gōngsī gōngzùo. Wǒ de gōngsī wèiyú Zhōnglù.

저는 YBM에서 근무합니다. 저희 회사는 종로에 있습니다.

학생

我是韩国大学四年级的学生。

Wǒ shì Hángúo dàxué sì niánjí de xuésheng.

저는 한국대학교 4학년 학생입니다.

취준생

我现在不工作。

Wǒ xiànzài bù gōngzuò.

저는 현재 일을 하지 않습니다.

第二部分

第1题

他在几层?

Tā zài jǐ céng?

그는 몇 층에 있나요?

Lv. 4

十六层。

Shíliù céng.

16층이요.

Lv. 5~6

他在十六层。

Tā zài shíliù céng.

그는 16층에 있습니다.

在 zài 동 ~에 있다 **几** jǐ 수 몇 **层** céng 명 층

第2题

女的在做什么?

Nǚde zài zuò shénme?

여자는 무엇을 하고 있나요?

Lv. 4

唱歌。

Chànggē.

노래를 부릅니다.

Lv. 5~6

女的在唱歌(呢)。

Nǚde zài chànggē (ne).

여자는 노래를 부르고 있습니다.

在 zài 부 ~하고 있는 중이다 **做** zuò 동 하다 **唱歌** chànggē 동 노래를 부르다

第3题

哪种东西比较便宜?

Nǎ zhǒng dōngxi bǐjiào piányi?

어떤 종류의 물건이 비교적 저렴한가요?

Lv. 4

帽子。

Màozi.

모자요.

Lv. 5~6

帽子比运动鞋更便宜。

Màozi bǐ yùndòngxié gèng piányi.

모자가 운동화보다 더 저렴합니다.

哪 nǎ 대 어느 **种** zhǒng 양 종류 **东西** dōngxi 명 물건 **比较** bǐjiào 부 비교적
便宜 piányi 형 싸다 **帽子** màozi 명 모자 **比** bǐ 전 ~보다
运动鞋 yùndòngxié 명 운동화 **更** gèng 부 더욱

第4题

他们在教室吗?

Tāmen zài jiāoshì ma?

그들은 교실에 있나요?

Lv. 4

他们没在教室。

Tāmen méi zài jiāoshì.

그들은 교실에 있지 않습니다.

Lv. 5~6

不是，他们在图书馆。

Búshì, tāmen zài túshūguǎn.

아니요, 그들은 도서관에 있습니다.

在 zài 동 ~에 있다 **教室** jiàoshì 명 교실 **没** méi 부 ~없다
图书馆 túshūguǎn 명 도서관

第三部分

第1题

下课后我们一起去看棒球比赛，怎么样?

Xiàkè hòu wǒmen yìqǐ qù kàn bàngqiú bǐsài, zěnmeyàng?

수업 끝나고 우리 같이 야구 경기 보러 가는 거 어때?

Lv. 4

好啊，我们一起去看吧，我也很想去看棒球比赛。

Hǎo a, wǒmen yìqǐ qù kàn ba, wǒ yě hěn xiǎng qù kàn bàngqiú bǐsài.

좋아. 우리 같이 보러 가자. 나도 야구 경기 엄청 보고 싶었어.

Lv. 5~6

不好意思，我今天的作业太多了，下次一起去看吧。

Bù hǎoyìsi, wǒ jīntiān de zuòyè tài duō le, xiàcì yìqǐ qù kàn ba.

미안해, 나 오늘 숙제가 너무 많아. 다음에 같이 보러 가자.

下课 xiàkè 동 수업을 마치다 **一起** yìqǐ 부 같이 **棒球** bàngqiú 명 야구
比赛 bǐsài 명 경기, 시합 **想** xiǎng 조동 ~하고 싶다 **作业** zuòyè 명 숙제
太 tài 부 너무, 매우 **多** duō 형 많다 **下次** xiàcì 다음 번

第2题

明天考试结束后，你有什么打算？

Míngtiān kǎoshì jiéshù hòu, nǐ yǒu shénme dǎsuan?

내일 시험 끝나고, 너 무슨 계획 있어?

Lv. 4

没有什么打算，你有什么打算吗？

Méiyǒu shénme dǎsuan, nǐ yǒu shénme dǎsuan ma?

별다른 계획은 없어. 너는 무슨 계획 있어?

Lv. 5~6

我打算出去逛逛，吃好吃的，好好休息放松一下。

Wǒ dǎsuan chūqù guàngguang, chī hǎochī de, hǎohǎo xiūxi fàngsōng yíxià.

나는 나가서 좀 돌아다니려고 해. 맛있는 것도 먹고, 푹 쉬고 긴장을 좀 풀거야.

明天 míngtiān 명 내일 考试 kǎoshì 명 시험 结束 jiéshù 동 끝나다
打算 dǎsuan 동 ~하려고 하다 出去 chūqù 동 나가다 逛 guàng 동 나가서 거닐다
好吃 hǎochī 형 맛있다 休息 xiūxi 동 쉬다 放松 fàngsōng 동 이완시키다

第3题

你每天都吃三顿饭吗？

Nǐ měitiān dōu chī sān dùn fàn ma?

너는 매일 세끼 다 먹어?

Lv. 4

是的，我每天都按时吃三顿饭，你呢？

Shìde, wǒ měitiān dōu ànshí chī sān dùn fàn, nǐ ne?

응, 나는 매일 제시간에 세끼를 먹어. 너는?

Lv. 5~6

不一定。有时候是两顿饭，有时候连一顿都不吃。我的饮食很不规律。

Bù yídìng. Yǒushíhou shì liǎng dùn fàn, yǒushíhou lián yí dùn dōu bù chī. Wǒ de yǐnshí hěn bù guīlǜ.

꼭 그렇지는 않아. 어떤 때는 두 끼를 먹고, 어떤 때는 한 끼도 안 먹어. 나는 먹는 게 불규칙적이야.

每天 měitiān 매일 都 dōu 부 모두, 다 顿 dùn 양 끼니(식사를 셀 때 쓰임)
饭 fàn 명 밥, 식사 按时 ànshí 부 제시간에
不一定 bùyídìng 반드시 ~하는 것은 아니다 有时候 yǒushíhou 가끔씩
连…都… lián…dōu… ~조차도, ~하다 饮食 yǐnshí 명 음식
规律 guīlǜ 형 규칙적이다

第4题

学校附近超市卖的水果又新鲜又好吃。

Xuéxiào fùjìn chāoshì mài de shuǐguǒ yòu xīnxiān yòu hǎochī.

학교 근처 마트에서 파는 과일이 싱싱하고 맛있어.

Lv. 4

是吗？价格也便宜吗？

Shì ma? Jiàgé yě piányi ma?

그래? 가격도 저렴해?

Lv. 5~6

对，我也在那儿买过，那里的水果真是又新鲜又好吃。

Duì, wǒ yě zài nàr mǎiguo, nàli de shuǐguǒ zhēn shì yòu xīnxiān yòu hǎochī.

맞아, 나도 거기서 사 봤어. 거기 과일은 정말 싱싱하고 맛있어.

学校 xuéxiào 명 학교 附近 fùjìn 명 근처 超市 chāoshì 명 슈퍼마켓, 마트
卖 mài 동 팔다 水果 shuǐguǒ 명 과일 又…又… yòu…yòu… ~하면서, ~하다
新鲜 xīnxiān 형 싱싱하다 价格 jiàgé 명 가격 也 yě 부 ~도, 역시
便宜 piányi 형 (값이) 싸다 对 duì 형 맞다 那儿 nàr 대 거기, 그곳 买 mǎi 동 사다
过 guo 조 ~한 적이 있다 真 zhēn 부 정말

第5题

你想听什么课？

Nǐ xiǎng tīng shénme kè?

무슨 수업을 들으시려고요?

Lv. 4

我想听初级汉语课。晚上的课几点开始？

Wǒ xiǎng tīng chūjí Hànyǔ kè. Wǎnshang de kè jǐ diǎn kāishǐ?

초급 중국어 수업을 듣고 싶어요. 저녁 수업은 몇 시에 시작하나요?

Lv. 5~6

我想听托业课，有没有课程表？还有学费是多少钱？

Wǒ xiǎng tīng tuōyè kè, yǒu mei yǒu kèchéngbiǎo? Háiyǒu xuéfèi shì duōshao qián?

토익 수업을 듣고 싶은데, 강의 시간표 있나요? 그리고 수강료는 얼마예요?

想 xiǎng 조동 ~하고 싶다 课 kè 명 수업, 과목 听 tīng 동 듣다 初级 chūjí 형 초급의
汉语 Hànyǔ 명 중국어 晚上 wǎnshang 명 저녁 开始 kāishǐ 동 시작하다
托业 tuōyè 토익(toeic) 课程表 kèchéngbiǎo 강의 시간표 还 hái 부 또, 더
学费 xuéfèi 명 수업료 多少 duōshao 대 얼마 钱 qián 명 돈

第四部分

第1题

你最近写过信或卡片吗？请简单谈谈。

Nǐ zuìjìn xiěguo xìn huò kǎpiàn ma? Qǐng jiǎndān tántan.

최근 편지나 카드를 쓴 적이 있습니까? 간단히 말해 보세요.

Lv. 4

我最近很长时间没写过信或卡片了。以前朋友生日或者有特别的事的时候，我经常写信或卡片，不过最近已经改用手机和电脑发短信或邮件了，这样更方便。

Wǒ zuìjìn hěn cháng shíjiān méi xiěguo xìn huò kǎpiàn le. Yǐqián péngyou shēngrì huòzhě yǒu tèbié de shì de shíhou, wǒ jīngcháng xiě xìn huò kǎpiàn, búguò zuìjìn yǐjing gǎi yòng shǒujī hé diànnǎo fā duǎnxìn huò yóujiàn le, zhèyàng gèng fāngbiàn.

저는 최근 오랫동안 편지나 카드를 쓴 적이 없습니다. 예전에는 친구의 생일이나 특별한 일이 있을 때 늘 편지나 카드를 썼지만, 요즘에는 휴대전화와 컴퓨터로 메시지를 보내거나 메일을 보냅니다. 이렇게 하는 게 훨씬 편리합니다.

Lv. 5~6

是的，我上周还给住在国外的朋友写过卡片呢。虽然现在很多人喜欢用手机和电脑发短信或邮件，可是我还是喜欢手写书信和卡片。我觉得这样才能传达我的心意，让收到信和卡片的人感受到温暖，这是短信和邮件不能做到的。

Shìde, wǒ shàng zhōu hái gěi zhù zài guówài de péngyou xiěguo kǎpiàn ne. Suīrán xiànzài hěn duō rén xǐhuan yòng shǒujī hé diànnǎo fā duǎnxìn huò yóujiàn, kěshì wǒ háishi xǐhuan shǒuxiě shūxìn hé kǎpiàn. Wǒ juéde zhèyàng cái néng chuándá wǒ de xīnyì, ràng shōudào xìn hé kǎpiàn de rén gǎnshòu dào wēnnuǎn, zhè shì duǎnxìn hé yóujiàn bùnéng zuòdào de.

네, 있습니다. 저는 지난주에도 외국에 사는 친구에게 카드를 썼습니다. 비록 요즘은 많은 사람이 휴대전화와 컴퓨터로 메시지나 메일을 보내는 것을 좋아하지만, 저는 여전히 손으로 편지나 카드 쓰는 걸 좋아합니다. 저는 이렇게 해야 비로소 제 마음이 전해져, 편지와 카드를 받는 사람이 따뜻함을 느낄 수 있다고 생각합니다. 이것은 메시지나 이메일은 할 수 없는 일입니다.

信 xìn 명 편지 **卡片** kǎpiàn 명 카드 **以前** yǐqián 명 예전 **特别** tèbié 형 특별하다
不过 búguò 접 그러나 **改** gǎi 동 변하다 **手机** shǒujī 명 휴대전화
电脑 diànnǎo 명 컴퓨터 **发** fā 동 보내다 **短信** duǎnxìn 명 짧은 메시지
邮件 yóujiàn 명 이메일 **方便** fāngbiàn 형 편리하다 **上周** shàng zhōu 지난주
住 zhù 동 살다 **国外** guówài 명 외국
虽然…可是… suīrán…kěshì… 비록 ~일지라도, 하지만
觉得 juéde 동 ~라고 생각하다(여기다) **传达** chuándá 동 전달하다
心意 xīnyì 명 마음 **收** shōu 동 받다 **感受** gǎnshòu 동 (영향을) 받다
温暖 wēnnuǎn 형 따뜻하다

第2题

你现在所住的地方交通方便吗？请简单谈谈。

Nǐ xiànzài suǒ zhù de dìfang jiāotōng fāngbiàn ma? Qǐng jiǎndān tántan.

당신이 지금 사는 곳은 교통이 편리한가요? 간단히 말해 보세요.

Lv. 4

我现在住在一个繁华的城市里，所以交通很方便。不管去哪儿，都可以乘坐公共交通工具去，而且上下班也很方便。

Wǒ xiànzài zhù zài yí ge fánhuá de chéngshì lǐ, suǒyǐ jiāotōng hěn fāngbiàn. Bùguǎn qù nǎr, dōu kěyǐ chéngzuò gōnggòng jiāotōng gōngjù qù, érqiě shàng-xiàbān yě hěn fāngbiàn.

저는 지금 번화한 도시에 살아서, 교통이 편리합니다. 어디를 가든 대중교통을 타고 갈 수 있는데다가 출퇴근도 편리합니다.

Lv. 5~6

我现在住的地方交通不太方便。虽然有公交车站，但要想坐公交车的话，需要等很长时间。而且我住的地方离地铁站也很远，所以我平时都是自己开车出门。我打算过段时间搬家，搬到交通比较方便的地方去。

Wǒ xiànzài zhù de dìfang jiāotōng bú tài fāngbiàn. Suīrán yǒu gōngjiāochēzhàn, dàn yào xiǎng zuò gōngjiāochē dehuà, xūyào děng hěn cháng shíjiān. Érqiě wǒ zhù de dìfang lí dìtiězhàn yě hěn yuǎn, suǒyǐ wǒ píngshí dōu shì zìjǐ kāichē chūmén. Wǒ dǎsuan guò duàn shíjiān bānjiā, bāndào jiāotōng bǐjiào fāngbiàn de dìfang qù.

제가 지금 사는 곳은 교통이 불편합니다. 비록 버스 정류장이 있기는 하지만, 버스를 타려면 아주 오랫동안 기다려야 합니다. 게다가 제가 사는 곳은 지하철역에서도 멀어서 평소에 직접 운전을 해서 외출합니다. 저는 조금 있다가 교통이 비교적 편리한 곳으로 이사를 하려고 합니다.

交通 jiāotōng 명 교통 **方便** fāngbiàn 형 편리하다 **繁华** fánhuá 형 번화하다
城市 chéngshì 명 도시 **不管…都…** bùguǎn… dōu… ~와 상관없이, 모두
乘坐 chéngzuò 동 (교통수단을) 타다
公共交通工具 gōnggòng jiāotōng gōngjù 대중교통
上下班 shàng-xiàbān 출퇴근 **理由** lǐyóu 이유
公交车站 gōngjiāochēzhàn 버스 정류장 **公交车** gōngjiāochē 명 버스
的话 dehuà 조 ~한다면 **需要** xūyào 동 ~해야 한다 **地铁站** dìtiězhàn 지하철역
出门 chūmén 동 외출하다 **段** duàn 양 일정한 시간의 거리를 나타냄
搬家 bānjiā 동 이사하다

第3题

你跟朋友见面时，常常提前到还是晚到？请简单说一说。

Nǐ gēn péngyou jiànmiàn shí, chángcháng tíqián dào háishi wǎn dào? Qǐng jiǎndān shuō yi shuō.

당신은 친구와 만날 때, 종종 예정 시간보다 일찍 도착하나요, 아니면 늦게 도착하나요? 간단히 말해 보세요.

Lv. 4

我跟朋友见面时几乎都提前到。我最不喜欢的就是迟到。所以每次要跟朋友见面的时候，我都会提前出发，提前到。我觉得迟到是浪费别人的时间。

Wǒ gēn péngyou jiànmiàn shí jīhū dōu tíqián dào. Wǒ zuì bù xǐhuan de jiùshì chídào. Suǒyǐ měi cì yào gēn péngyou jiànmiàn de shíhou, wǒ dōu huì tíqián chūfā, tíqián dào. Wǒ juéde chídào shì làngfèi biéren de shíjiān.

저는 친구와 만날 때 대부분 일찍 도착합니다. 제가 가장 싫어하는 게 바로 지각입니다. 그래서 매번 친구와 만날 때 저는 늘 일찍 출발하고 일찍 도착합니다. 저는 지각이 다른 사람의 시간을 낭비하는 것이라고 생각합니다.

Lv. 5~6

这要看情况。一般情况下我会提前到或者按时到，但有时候我会故意比约定时间晚到一会儿。因为有的朋友不太遵守时间，每次见面都会迟到十到十五分钟。我没有耐心等他们，所以会故意晚点儿出发。

Zhè yào kàn qíngkuàng. Yìbān qíngkuàng xià wǒ huì tíqián dào huòzhě ànshí dào, dàn yǒushíhou wǒ huì gùyì bǐ yuēdìng shíjiān wǎndào yíhuìr. Yīnwèi yǒude péngyou bú tài zūnshǒu shíjiān, měi cì jiànmiàn dōu huì chídào shí dào shíwǔ fēnzhōng. Wǒ méiyǒu nàixīn děng tāmen, suǒyǐ huì gùyì wǎndiǎnr chūfā.

이건 상황을 봐야 합니다. 일반적인 상황에서는 저는 일찍 도착하거나 정시에 도착하지만, 때로는 일부러 약속된 시간보다 조금 늦게 도착합니다. 왜냐하면, 어떤 친구는 그다지 시간을 지키지 않고, 매번 만날 때마다 10~15분을 늦기 때문입니다. 저는 그들을 기다릴 만한 참을성이 없어서 일부러 조금 늦게 출발합니다.

常常 chángcháng 부 종종 **提前** tíqián 동 앞당기다 **到** dào 동 도착하다
还是 háishi 접 또는 **晚** wǎn 형 늦다 **几乎** jīhū 부 거의 **迟到** chídào 동 지각하다
每次 měi cì 매번 **时候** shíhou 명 때 **出发** chūfā 동 출발하다
浪费 làngfèi 동 낭비하다 **别人** biéren 명 다른 사람 **情况** qíngkuàng 명 상황
故意 gùyì 부 일부러 **约定** yuēdìng 동 약속하다 **一会儿** yíhuìr 수량 짧은 시간
遵守 zūnshǒu 동 지키다 **分钟** fēnzhōng 분 **耐心** nàixīn 형 참을성이 있다

第4题

你喜欢一个人学习还是和别人组成小组一起学习？请简单说说。

Nǐ xǐhuan yí ge rén xuéxí háishi hé biéren zǔchéng xiǎozǔ yìqǐ xuéxí? Qǐng jiǎndān shuōshuo.

당신은 혼자서 공부하는 것을 좋아하나요, 아니면 다른 사람과 스터디를 짜서 함께 공부하는 것을 좋아하나요? 간단히 말해 보세요.

Lv. 4

我喜欢一个人学习。一个人学习的话，可以安安静静地按照计划学习，而且不用担心被别人打扰。我觉得独自学习更容易集中注意力，取得好成绩。

Wǒ xǐhuan yí ge rén xuéxí. Yí ge rén xuéxí dehuà, kěyǐ ānānjìngjìng de ànzhào jìhuà xuéxí, érqiě búyòng dānxīn bèi biéren dǎrǎo. Wǒ juéde dúzì xuéxí gèng róngyì jízhōng zhùyìlì, qǔdé hǎo chéngjì.

저는 혼자 공부하는 것을 좋아합니다. 혼자 공부를 하면, 조용히 계획에 따라 공부할 수 있는데다 다른 사람이 방해하는 것을 걱정할 필요가 없습니다. 저는 혼자 공부하는 것이 더 쉽게 집중할 수 있고, 좋은 성적을 거둘 수 있다고 생각합니다.

Lv. 5~6

我喜欢和别人组成小组一起学习，因为这样可以取长补短。如果在学习中遇到不懂的问题，我可以向别人请教，很快就能解决问题。而且看着别人努力学习的样子，我自己也会受到鼓励，学习也会更努力。

Wǒ xǐhuan hé biéren zǔchéng xiǎozǔ yìqǐ xuéxí, yīnwèi zhèyàng kěyǐ qǔchángbǔduǎn. Rúguǒ zài xuéxí zhōng yùdào bù dǒng de wèntí, wǒ kěyǐ xiàng biéren qǐngjiào, hěn kuài jiù néng jiějué wèntí. Érqiě kànzhe biéren nǔlì xuéxí de yàngzi, wǒ zìjǐ yě huì shòudào gǔlì, xuéxí yě huì gèng nǔlì.

저는 다른 사람과 스터디를 짜서 함께 공부하는 것을 좋아하는데, 이렇게 하면 장점은 취하고 단점은 보완할 수 있기 때문입니다. 만약 공부를 하다가 이해가 안 되는 문제를 만나면 다른 사람에게 물어봐 빨리 문제를 해결할 수 있습니다. 게다가 다른 사람들이 열심히 공부하는 모습을 보면 저 또한 격려를 받아 더 열심히 공부할 수 있습니다.

组成 zǔchéng 동 구성하다 **小组** xiǎozǔ 명 소그룹 **安静** ānjìng 형 조용하다
按照 ànzhào 전 ~에 따라 **计划** jìhuà 명 계획 **不用** búyòng ~할 필요가 없다
担心 dānxīn 동 걱정하다 **打扰** dǎrǎo 동 방해하다 **独自** dúzì 부 자기 혼자서
容易 róngyì 형 쉽다 **集中** jízhōng 동 집중하다 **注意力** zhùyìlì 명 주의력
取得 qǔdé 동 얻다 **成绩** chéngjì 명 성적
取长补短 qǔchángbǔduǎn 장점을 취하여 단점을 보완하다 **如果** rúguǒ 접 만약
遇 yù 동 만나다 **懂** dǒng 동 알다 **向** xiàng 전 ~에게
请教 qǐngjiào 동 가르침을 청하다 **解决** jiějué 동 해결하다
努力 nǔlì 형 노력하다 **样子** yàngzi 명 모양, 태도 **鼓励** gǔlì 명 격려

第5题

你一般买东西后仔细看说明书吗？请简单谈一谈。

Nǐ yìbān mǎi dōngxi hòu zǐxì kàn shuōmíngshū ma?
Qǐng jiǎndān tán yi tán.

당신은 보통 물건을 사고 자세히 설명서를 보나요? 간단히 말해 보세요.

Lv. 4

是的，我一般买东西后会仔细看说明书，特别是家电产品。因为如果操作不当，就会造成严重的后果。所以我一般买家电产品后会很仔细地看说明书，记住正确的操作方法和注意事项。

Shìde, wǒ yìbān mǎi dōngxi hòu huì zǐxì kàn shuōmíngshū, tèbié shì jiādiàn chǎnpǐn. Yīnwèi rúguǒ cāozuò búdàng, jiù huì zàochéng yánzhòng de hòuguǒ. Suǒyǐ wǒ yìbān mǎi jiādiàn chǎnpǐn hòu huì hěn zǐxì de kàn shuōmíngshū, jìzhù zhèngquè de cāozuò fāngfǎ hé zhùyì shìxiàng.

네, 저는 보통 물건을 산 후, 설명서를 자세히 봅니다. 특히 가전제품이 그러합니다. 왜냐하면 만약 조작을 잘못했을 경우 심각한 결과를 초래할 수 있기 때문입니다. 그래서 저는 보통 가전제품을 산 다음에는 자세히 설명서를 읽고 정확한 조작 방법과 주의사항을 기억해 둡니다.

Lv. 5~6

我买东西后几乎不怎么看说明书。因为现在很多产品的使用方法都能在网上查到，需要的时候上网查查就可以。而且网上还有很多视频，通过看视频就能知道操作方法和注意事项，比看说明书更方便，更通俗易懂。

Wǒ mǎi dōngxi hòu jīhū bù zěnme kàn shuōmíngshū. Yīnwèi xiànzài hěn duō chǎnpǐn de shǐyòng fāngfǎ dōu néng zài wǎngshàng chádào, xūyào de shíhou shàngwǎng chácha jiù kěyǐ. Érqiě wǎng shàng háiyǒu hěn duō shìpín, tōngguò kàn shìpín jiù néng zhīdao cāozuò fāngfǎ hé zhùyì shìxiàng bǐ kàn shuōmíngshū gèng fāngbiàn, gèng tōngsú yì dǒng.

저는 물건을 산 후, 설명서를 잘 보지 않습니다. 왜냐하면 현재 많은 상품의 사용 방법은 인터넷에서 찾아볼 수 있어, 필요할 때 인터넷에 접속해 찾아보면 되기 때문입니다. 게다가 인터넷에는 또한 수많은 영상이 있어, 영상을 통해 조작 방법과 주의사항을 알 수 있습니다. 이는 설명서를 보는 것보다 훨씬 이해가 쉽습니다.

东西 dōngxi 명 물건 **仔细** zǐxì 형 자세하다 **说明书** shuōmíngshū 명 설명서
家电产品 jiādiàn chǎnpǐn 가전제품 **操作** cāozuò 동 조작하다
不当 búdàng 형 적절하지 않다 **造成** zàochéng 동 초래하다
严重 yánzhòng 형 심각하다 **后果** hòuguǒ 명 결과 **记** jì 동 기억하다
正确 zhèngquè 형 정확하다 **注意事项** zhùyì shìxiàng 주의사항
不怎么 bù zěnme 별로 ~하지 않다 **产品** chǎnpǐn 명 제품
使用 shǐyòng 동 사용하다 **网上** wǎngshàng 인터넷 **查** chá 동 찾아보다
需要 xūyào 동 필요로 하다 **上网** shàngwǎng 동 인터넷에 접속하다
视频 shìpín 명 영상 **通过** tōngguò 동 ~을 통하다
通俗易懂 tōngsú yì dǒng 모든 사람들이 다 이해할 수 있다

第五部分

*** 답변 Lv. 4~6**

第1题

和农村生活相比，你认为城市生活的好处多还是坏处多？请谈谈你的意见。

Hé nóngcūn shēnghuó xiāngbǐ, nǐ rènwéi chéngshì shēnghuó de hǎochù duō háishi huàichù duō? Qǐng tántan nǐ de yìjiàn.

당신 생각에는 농촌 생활과 비교해 도시 생활의 장점이 많나요, 아니면 단점이 많나요? 당신의 의견을 말해 보세요.

답변 1

我觉得坏处更多。因为大城市不仅生活节奏快，而且生活成本高，人们的压力自然也就非常大。再加上大城市的空气污染和噪音污染也很严重，生活质量其实并不高。因此我认为与其在城里受苦不如在农村轻松生活。

Wǒ juéde huàichù gèng duō. Yīnwèi dà chéngshì bùjǐn shēnghuó jiézòu kuài, érqiě shēnghuó chéngběn gāo, rénmen de yālì zìrán yě jiù fēicháng dà. Zài jiāshàng dà chéngshì de kōngqì wūrǎn hé zàoyīn wūrǎn yě hěn yánzhòng, shēnghuó zhìliàng qíshí bìng bù gāo. Yīncǐ wǒ rènwéi yǔqí zài chéng lǐ shòu kǔ bùrú zài nóngcūn qīngsōng shēnghuó.

저는 단점이 더 많다고 생각합니다. 대도시는 생활 리듬이 빠를 뿐 만 아니라 생활 원가도 높아서 사람들이 스트레스가 자연스레 클 수밖에 없습니다. 게다가 대도시의 공기오염과 소음 공해도 매우 심각하며 삶의 질도 사실 별로 높지 않습니다. 그래서 저는 도시에서 고생하느니 차라리 농촌에서 편하게 생활하는 것이 낫다고 생각합니다.

답변 2

和农村生活相比，我认为城市生活的好处更多。理由是：第一、大城市的生活设施齐全，交通便利，人们能够过上更舒服更便利的生活。第二、大城市工作的机会更多，有利于就业。第三，大城市的医疗水平和教育水平都比农村先进。总而言之，我认为城市生活的好处更多。

Hé nóngcūn shēnghuó xiāngbǐ, wǒ rènwéi chéngshì shēnghuó de hǎochù gèng duō. Lǐyóu shì: Dì-yī、dàchéngshì de shēnghuó shèshī qíquán, jiāotōng biànlì, rénmen nénggòu guòshàng gèng shūfu gèng biànlì de shēnghuó. Dì-èr、dàchéngshì gōngzuò de jīhuì gèng duō, yǒu lìyú jiùyè. Dì-sān、dàchéngshì de yīliáo shuǐpíng hé jiàoyù shuǐpíng dōu bǐ nóngcūn xiānjìn. Zǒng'éryánzhī, wǒ rènwéi chéngshì shēnghuó de hǎochù gèng duō.

농촌 생활과 비교했을 때, 저는 도시 생활의 장점이 더 많다고 생각합니다. 이유는 다음과 같습니다. 첫째, 대도시에는 생활 편이 시설이 잘 갖춰져 있고 교통이 편리해, 사람들이 더 쾌적하고 편리한 생활을 할 수 있습니다. 둘째, 대도시에서는 일할 기회가 더 많고, 취업에 유리합니다. 셋째, 대도시는 의료 수준과 교육 수준은 농촌보다 발달해 있습니다. 결론적으로 저는 도시 생활의 장점이 훨씬 많다고 생각합니다.

农村 nóngcūn 명 농촌 **节奏** jiézòu 명 리듬, 템포 **成本** chéngběn 명 원가
再加上 zàijiāshàng 게다가 **空气污染** kōngqì wūrǎn 공기오염
噪音 zàoyīn 명 소음 **严重** yánzhòng 형 심각하다 **质量** zhìliàng 명 질량
其实 qíshí 부 사실은 **与其…不如…** yǔqí…bùrú… 접 ~하느니, 차라리 ~하다
轻松 qīngsōng 형 가뿐하다 **理由** lǐyóu 명 이유 **设施** shèshī 명 시설
齐全 qíquán 형 모두 갖춰져 있다 **交通便利** jiāotōng biànlì 교통이 편리하다
有利于 yǒu lìyú ~에 이롭다 **就业** jiùyè 동 취업하다 **医疗** yīliáo 명 의료
水平 shuǐpíng 명 수준 **教育** jiàoyù 명 교육 **先进** xiānjìn 형 앞서다
总而言之 zǒng'éryánzhī 요컨대

第2题

你认为生活中常见的环境问题有哪些?请谈谈你的看法。

Nǐ rènwéi shēnghuó zhōng chángjiàn de huánjìng wèntí yǒu nǎxiē? Qǐng tántan nǐ de kànfǎ.

생활에서 흔히 볼 수 있는 환경 문제는 어떤 것들이 있다고 생각하나요? 당신의 생각을 말해 보세요.

답변 1

我觉得生活中最常见的环境问题是垃圾和水污染问题。这都是我们平时乱扔垃圾、使用一次性物品、不节约用水等造成的。要想解决这些问题，必须从自身做起，改掉这些坏习惯。保护环境，人人有责。

Wǒ juéde shēnghuó zhōng zuì chángjiàn de huánjìng wèntí shì lājī hé shuǐ wūrǎn wèntí. Zhè dōu shì wǒmen píngshí luànrēng lājī, shǐyòng yícìxìng wùpǐn, bù jiéyuē yòngshuǐ děng zàochéng de. Yào xiǎng jiějué zhèxiē wèntí, bìxū cóng zìshēn zuòqǐ, gǎidiào zhèxiē huài xíguàn. Bǎohù huánjìng, rénrén yǒu zé.

저는 생활에서 제일 흔히 볼 수 있는 환경 문제는 쓰레기와 수질 오염 문제라고 생각합니다. 이것은 모두 우리가 평소에 함부로 쓰레기를 버리고, 일회용품을 사용하며, 물을 절약하여 사용하지 않는 등의 행동이 초래한 것입니다. 이 문제들을 해결하려면, 반드시 자기 스스로부터 실천하여 이러한 나쁜 습관들을 고쳐야 합니다. 환경을 보호하는 것은 모든 사람에게 책임이 있습니다.

답변 2

我认为生活最常见的环境问题应该是塑料污染问题。我们每天都大量使用塑料制品，这些塑料制品大部分都不能被完全分解，会变成比颗粒更小的物质。它们就这样流到海洋里，最后又回到人类身边，影响人类的健康。为了解决这个问题，我们应该树立环保意识，从自身做起，从点滴做起，尽量减少使用塑料制品。

Wǒ rènwéi shēnghuó zuì chángjiàn de huánjìng wèntí yīnggāi shì sùliào wūrǎn wèntí. Wǒmen měitiān dōu dàliàng shǐyòng sùliào zhìpǐn, zhèxiē sùliào zhìpǐn dàbùfen dōu bùnéng bèi wánquán fēnjiě, huì biànchéng bǐ kēlì gèng xiǎo de wùzhì. Tāmen jiù zhèyàng liúdào hǎiyáng lǐ, zuìhòu yòu huídào rénlèi shēnbiān, yǐngxiǎng rénlèi de jiànkāng. Wèile jiějué zhège wèntí, wǒmen yīnggāi shùlì huánbǎo yìshí, cóng zìshēn zuòqǐ, cóng diǎndī zuòqǐ, jǐnliàng jiǎnshǎo shǐyòng sùliào zhìpǐn.

저는 생활에서 제일 흔히 볼 수 있는 환경 문제는 당연히 플라스틱 오염 문제라고 생각합니다. 우리는 날마다 플라스틱 제품을 많이 사용하는데, 이러한 플라스틱 제품은 대부분 완전히 분해되지 않고, 알갱이보다 더 작은 물질로 변화합니다. 그것들은 그대로 바다로 흘러가, 마지막에는 다시 인간의 곁으로 돌아오고, 인간의 건강에 영향을 줍니다. 이 문제를 해결하기 위해 우리는 환경 보호 의식을 정립해야 하며, 자기 자신부터, 작은 일부터 시작하여 플라스틱 제품의 사용을 되도록 줄여야 합니다.

垃圾 lājī 명 쓰레기 **水污染** shuǐ wūrǎn 수질 오염 **乱** luàn 형 어지럽히다
扔 rēng 동 버리다 **一次性** yícìxìng 명 일회용 **物品** wùpǐn 명 물품
节约 jiéyuē 동 절약하다 **必须** bìxū 부 반드시 ~해야 한다
掉 diào 동 ~해 버리다(동사 뒤에서 동작의 완성을 나타냄) **保护** bǎohù 동 보호하다
责 zé 명 책임 **应该** yīnggāi 조동 당연히 ~해야 한다 **塑料** sùliào 명 플라스틱
大量 dàliàng 형 대량의 **制品** zhìpǐn 명 제품 **完全** wánquán 부 완전히
分解 fēnjiě 동 분해하다 **颗粒** kēlì 명 알, 과립 **物质** wùzhí 명 물질 **流** liú 동 흐르다
海洋 hǎiyáng 명 해양 **人类** rénlèi 명 인류 **影响** yǐngxiǎng 동 영향을 주다
树立 shùlì 동 확립하다 **环保** huánbǎo 명 환경 보호 **意识** yìshí 명 의식
点滴 diǎndī 명 보잘것없이 작은 것 **尽量** jǐnliàng 부 되도록
减少 jiǎnshǎo 동 감소하다

第3题

你觉得网络让人们之间的距离变近了还是变远了?请谈谈你的想法。

Nǐ juéde wǎngluò ràng rénmen zhījiān de jùlí biàn jìn le háishi biàn yuǎn le? Qǐng tántan nǐ de xiǎngfǎ.

당신은 인터넷이 사람들 간의 거리를 가깝게 한다고 생각하나요, 아니면 멀게 한다고 생각하나요? 당신의 생각을 말해 보세요.

답변 1

我认为网络让人们之间的距离变得更近了。因为通过网络，我们只要点击几次或打几个字，就可以随时联系到朋友，甚至很容易联系到千里之外的朋友。所以我认为网络让人们之间的距离变近了。

Wǒ rènwéi wǎngluò ràng rénmen zhījiān de jùlí biàn de gèng jìn le. Yīnwèi tōngguò wǎngluò, wǒmen zhǐyào diǎnjī jǐ cì huò dǎ jǐ ge zì, jiù kěyǐ suíshí liánxì dào péngyou, shènzhì hěn róngyì liánxì dào qiānlǐ zhī wài de péngyou. Suǒyǐ wǒ rènwéi wǎngluò ràng rénmen zhījiān de jùlí biàn jìn le.

저는 인터넷이 사람들 간의 거리를 더욱 가깝게 한다고 생각합니다. 왜냐하면 인터넷을 통해 우리들은 단지 클릭 몇 번이나 글자 몇 자를 치는 것으로 아무 때나 친구를 만날 수 있고, 심지어 아주 멀리 있는 친구와도 쉽게 연락할 수 있기 때문입니다. 그래서 저는 인터넷이 사람들 간의 거리를 좁혔다고 생각합니다.

답변 2

我认为网络让人们之间的距离变得更远了。虽然由于网络的发展，我们可以随时联系上朋友，但也正是因为这一点，人们见面的次数变少了，面对面聊天谈心的机会也变少了。有时候即使大家好不容易聚到了一起，也都无心关心对方，只顾各玩各的手机。所以我觉得网络的发展让人与人之间的距离变得更远了。

Wǒ rènwéi wǎngluò ràng rénmen zhījiān de jùlí biàn de gèng yuǎn le. Suīrán yóuyú wǎngluò de fāzhǎn, wǒmen kěyǐ suíshí liánxì shàng péngyou, dàn yě zhèngshì yīnwèi zhè yìdiǎn, rénmen jiànmiàn de cìshù biàn shǎo le, miànduìmiàn liáotiān tánxīn de jīhuì yě biàn shǎo le. Yǒushíhou jíshǐ dàjiā hǎobù róngyì jùdàole yìqǐ, yě dōu wúxīn guānxīn duìfāng, zhǐgù gè wán gè de shǒujī. Suǒyǐ wǒ juéde wǎngluò de fāzhǎn ràng rén yǔ rén zhījiān de jùlí biàn de gèng yuǎn le.

저는 인터넷이 사람들 간의 거리를 더욱 멀게 했다고 생각합니다. 비록 인터넷의 발전으로 우리들이 수시로 친구와 연락할 수 있게 되었지만, 또한 바로 이 점 때문에 사람들의 만남이 뜸해지고 얼굴을 맞대고 허심탄회하게 이야기할 수 있는 기회 역시 줄었습니다. 종종 모처럼 모두가 어렵게 한자리에 모였다 하더라도 서로에게 관심을 갖지 않고, 오로지 각자 휴대전화를 하는 것에만 정신이 팔려 있는 경우도 있습니다. 그래서 저는 인터넷의 발전이 사람과 사람 사이의 거리를 훨씬 멀어지게 했다고 생각합니다.

网络 wǎngluò 명 인터넷 **距离** jùlí 명 거리 **只要** zhǐyào 접 ~하기만 하면
点击 diǎnjī 동 클릭하다 **打字** dǎzì 동 타자를 치다 **随时** suíshí 부 언제나
联系 liánxì 동 연락하다 **甚至** shènzhì 접 심지어 ~조차도
千里之外 qiānlǐzhīwài 천리 밖(아주 먼 거리) **由于** yóuyú 접 ~로 인하여
发展 fāzhǎn 명 발전 **次数** cìshù 명 횟수 **面对面** miànduìmiàn 대면하다
聊天 liáotiān 동 이야기하다 **谈心** tánxīn 동 마음속 이야기를 하다
好不容易 hǎobù róngyì 가까스로 **聚** jù 동 모이다 **关心** guānxīn 명 관심
只顾 zhǐgù 부 오로지 **各…各的** gè…gè de 각자 ~하다

第4题

有的人经常拿自己跟别人做比较，对此你有什么看法？

Yǒu de rén jīngcháng ná zìjǐ gēn biéren zuò bǐjiào, duì cǐ nǐ yǒu shénme kànfǎ?

어떤 사람들은 항상 자신과 다른 사람을 비교합니다. 이에 대해 당신은 어떻게 생각하나요?

답변 1

我觉得拿自己跟别人比较是人的一种本性，很多人都会这么做。经常与人比较也有一定的好处。比如跟别人做比较能更清楚地认识到自己的长处和短处是什么，会产生更努力奋斗的动力。我觉得只要保持正确的心态，拿自己跟别人做比较并不一定是件坏事。

Wǒ juéde ná zìjǐ gēn biéren bǐjiào shì rén de yì zhǒng běnxìng, hěn duō rén dōu huì zhème zuò. Jīngcháng yǔ rén bǐjiào yě yǒu yídìng de hǎochù. Bǐrú gēn biéren zuò bǐjiào néng gèng qīngchu de rènshi dào zìjǐ de chángchù hé duǎnchù shì shénme, huì chǎnshēng gèng nǔlì fèndòu de dònglì. Wǒ juéde zhǐyào bǎochí zhèngquè de xīntài, ná zìjǐ gēn biéren zuò bǐjiào bìng bù yídìng shì jiàn huàishì.

저는 자신과 다른 사람을 비교하는 것은 사람의 본성으로 많은 사람들이 그러할 거라고 생각합니다. 늘 사람과 비교하는 것 역시 나름의 장점이 있습니다. 예를 들어 다른 사람과 비교함으로써 자신의 장점과 단점이 무엇인지 더 확실하게 알 수 있고, 더 열심히 노력할 수 있는 원동력을 줍니다. 저는 올바른 마음가짐만 유지하고 있다면 자신과 다른 사람을 비교하는 것이 꼭 나쁜 일은 아니라고 생각합니다.

답변 2

我觉得没有必要经常拿自己跟别人做比较。俗话说："人外有人，天外有天"，这个世界上比你优秀的人很多。经常拿自己跟别人做比较的话，会慢慢变得不自信，甚至失去自我，会让自己更加痛苦和难受。我觉得我们每个人都是独一无二的，都有自己的长处和短处，没有必要跟别人比，努力做好自己是最重要的。

Wǒ juéde méiyǒu bìyào jīngcháng ná zìjǐ gēn biéren zuò bǐjiào. Súhuà shuō: "rén wài yǒu rén, tiān wài yǒu tiān", zhège shìjiè shàng bǐ nǐ yōuxiù de rén hěn duō. Jīngcháng ná zìjǐ gēn biéren zuò bǐjiào dehuà, huì mànmàn biàn de bú zìxìn, shènzhì shīqù zìwǒ, huì ràng zìjǐ gèngjiā tòngkǔ hé nánshòu. Wǒ juéde wǒmen měi ge rén dōu shì dúyīwú'èr de, dōu yǒu zìjǐ de chángchù hé duǎnchù, méiyǒu bìyào gēn biéren bǐ, nǔlì zuòhǎo zìjǐ shì zuì zhòngyào de.

저는 자신을 늘 다른 사람과 비교할 필요가 없다고 생각합니다. 속담에 '사람 밖에 사람이 있고, 하늘 밖에 하늘이 있다(뛰는 놈 위에 나는 놈 있다)'라는 말이 있습니다. 이 세상에 당신보다 뛰어난 사람은 많습니다. 늘 자신을 다른 사람과 비교하다 보면 점점 자신감이 없어지고 심지어 자기 자신까지 잃어버려 더욱 고통스럽고 괴로워집니다. 저는 한 사람 한 사람이 유일무이한 존재이며 모두 자신의 장점과 단점을 가지고 있기 때문에 다른 사람과 비교할 필요가 없으며 자신의 일에 최선을 다하는 것이 가장 중요하다고 생각합니다.

种 zhǒng 명 종류 **本性** běnxìng 명 본성 **比如** bǐrú 동 예를 들다
认识 rènshi 동 알다 **产生** chǎnshēng 동 발생하다 **奋斗** fèndòu 동 분투하다
动力 dònglì 명 원동력 **保持** bǎochí 동 유지하다 **心态** xīntài 명 심리 상태
坏事 huàishì 명 나쁜 일 **必要** bìyào 형 필요로 하다 **俗话** súhuà 명 속담
人外有人，天外有天 rén wài yǒu rén, tiān wài yǒu tiān
사람 밖에 사람 있고, 하늘 밖에 하늘 있다. 뛰는 놈 위에 나는 놈 있다
优秀 yōuxiù 형 훌륭니다 **失去** shīqù 동 잃다 **自我** zìwǒ 대 자기 자신
痛苦 tòngkǔ 형 고통스럽다 **难受** nánshòu 형 괴롭다
独一无二 dúyīwú'èr 유일무이하다. 오직 하나뿐이고 둘도 없다

第六部分

第1题

这个周末你要参加志愿服务活动，打扫你们的小区。请你邀请同一个小区的朋友跟你一起去。

Zhège zhōumò nǐ yào cānjiā zhìyuàn fúwù huódòng, dǎsǎo nǐmen de xiǎoqū. Qǐng nǐ yāoqǐng tóng yí ge xiǎoqū de péngyou gēn nǐ yìqǐ qù.

이번 주말 당신은 자원봉사 활동에 참가해, 당신의 동네를 청소해야 합니다. 같은 동네에 사는 친구에게 당신과 함께 가자고 초청해 보세요.

Lv. 4

你好。我这个周末要去参加志愿服务活动，打扫咱们小区的卫生。如果你有时间的话，也一起去怎么样？活动完，咱们再一起吃顿饭，好吗？

Nǐ hǎo. Wǒ zhège zhōumò yào qù cānjiā zhìyuàn fúwù huódòng, dǎsǎo zánmen xiǎoqū de wèishēng. Rúguǒ nǐ yǒu shíjiān dehuà, yě yìqǐ qù zěnmeyàng? Huódòng wán, zánmen zài yìqǐ chī dùn fàn, hǎo ma?

안녕. 나는 이번 주말에 자원봉사 활동을 가서, 우리 동네를 깨끗이 청소하려고 해. 만약 네가 시간이 있다면, 함께 가면 어때? 봉사활동이 끝나고, 우리 같이 밥 먹을래?

Lv. 5~6

你好。这个周末有志愿服务活动，我们要打扫小区的卫生。如果你有时间的话，跟我们一起参加活动怎么样？时间不会太长，一、两个小时就够了。既能为咱们小区环境出点儿力，还能认识更多小区里的邻居，多好啊！怎么样？周末一起参加吧！

Nǐ hǎo. Zhège zhōumò yǒu zhìyuàn fúwù huódòng, wǒmen yào dǎsǎo xiǎoqū de wèishēng. Rúguǒ nǐ yǒu shíjiān dehuà, gēn wǒmen yìqǐ cānjiā huódòng zěnmeyàng? Shíjiān búhuì tài cháng, yì、liǎng ge xiǎoshí jiù gòu le. Jì néng wèi zánmen xiǎoqū huánjìng chū diǎnr lì, hái néng rènshi gèng duō xiǎoqū lǐ de línjū, duō hǎo a! Zěnmeyàng? Zhōumò yìqǐ cānjiā ba!

안녕. 이번 주 주말에 자원봉사 활동이 있어서, 우리 동네를 깨끗이 청소하려고 해. 만약 네가 시간이 있다면, 우리와 함께 봉사활동에 참가하는 건 어때? 시간은 그리 길지는 않아, 한 두 시간이면 충분해. 우리 동네 환경을 위해 수고할 수도 있고, 또 더 많은 동네 이웃을 알게 될테니 정말 좋잖아! 어때? 주말에 함께 참가하자!

周末 zhōumò 명 주말 **志愿服务活动** zhìyuàn fúwù huódòng 자원봉사 활동
打扫 dǎsǎo 동 청소하다 **小区** xiǎoqū 명 단지 **邀请** yāoqǐng 동 초대하다
卫生 wèishēng 명 위생 **完** wán 동 끝나다 **够** gòu 동 충분하다
既…还… jì…hái… ~하고, 또 ~하다 **出力** chūlì 동 힘을 다하다
邻居 línjū 명 이웃 **多…啊** duō…a 얼마나 ~한가

TSC기출 공식기본서

비법노트

기출 Q&A 유형 정리

비법 하나.
시험에 나오는 문제를 엄선하여 정리했어요!

비법 둘.
유형을 분석한 핵심답변만 수록했어요!

비법노트 100% 활용하기

1. 언제 어디서나 간편하게 휴대하면서 공부해 보세요.
2. 시험장에서 시험보기 전에 빠르게 훑어 보세요.
3. 원어민 MP3를 듣고 발음을 따라해 보세요.

사물의 위치

1	Q	手机在哪儿? Shǒujī zài nǎr?	휴대전화는 어디에 있나요?
	A	桌子上面。 Zhuōzi shàngmian.	책상 위요.
		手机在书包旁边。 Shǒujī zài shūbāo pángbiān.	휴대전화는 책가방 옆에 있습니다.

장소에 있는 사물

2	Q	沙发上面有什么? Shāfā shàngmian yǒu shénme?	소파 위에는 무엇이 있나요?
	A	小猫。 Xiǎo māo.	고양이요.
		沙发上面有一只猫。 Shāfā shàngmian yǒu yì zhī māo.	소파 위에는 고양이 한 마리가 있습니다.
3	Q	牛奶旁边有什么? Niúnǎi pángbiān yǒu shénme?	우유 옆에는 무엇이 있나요?
	A	面包。 Miànbāo.	빵이요.
		牛奶旁边有一个面包。 Niúnǎi pángbiān yǒu yí ge miànbāo.	우유 옆에는 빵이 하나 있습니다.

인물이 있는 장소

4	Q	他们在教室吗? Tāmen zài jiàoshì ma?	그들은 교실에 있나요?
	A	他们不在教室里。 Tāmen bú zài jiàoshì lǐ.	그들은 교실에 있지 않습니다.
		不是，他们在图书馆。 Búshì, tāmen zài túshūguǎn.	아니요, 그들은 도서관에 있습니다.
5	Q	男的在哪儿? Nánde zài nǎr?	남자는 어디에 있나요?
	A	咖啡店。 Kāfēidiàn.	커피숍이요.
		他在咖啡店喝咖啡(呢)。 Tā tā zài kāfēidiàn hē kāfēi (ne).	그는 커피숍에서 커피를 마시는 중입니다.

동작

6	Q	他们在吃西瓜吗? Tāmen zài chī xīguā ma?	그들은 수박을 먹고 있나요?
	A	不是，他们没在吃西瓜。 Búshì, tāmen méi zài chī xīguā.	아니요, 그들은 수박을 먹고 있지 않습니다.
		不是，他们在吃苹果(呢)。 Búshì, tāmen zài chī píngguǒ(ne).	아니요, 그들은 사과를 먹고 있습니다.

7

Q	女的在做什么? Nǚde zài zuò shénme?	여자는 무엇을 하고 있나요?
A	唱歌。 Chànggē.	노래를 부릅니다.
	女的在唱歌(呢)。 Nǚde zài chànggē (ne).	여자는 노래를 부르고 있습니다.

8

Q	两点的时候女的在做什么? Liǎng diǎn de shíhou nǚde zài zuò shénme?	두 시에 여자는 무엇을 하고 있나요?
A	画画儿。 Huàhuàr.	그림을 그립니다.
	两点的时候女的在画画儿(呢)。 Liǎng diǎn de shíhou nǚde zài huàhuàr(ne).	2시에 여자는 그림을 그리고 있습니다.

비교

9

Q	谁更高? Shéi gèng gāo?	누가 더 큽니까?
A	男的更高。 Nánde gèng gāo.	남자가 더 큽니다.
	哥哥的个子更高。 Gēge de gèzi gèng gāo.	형(오빠)의 키가 더 큽니다.

10

Q	谁比较年轻? Shéi bǐjiào niánqīng?	누가 비교적 젊습니까?
A	孩子。 Háizi.	아이요.
	女孩子比爷爷年轻得多。 Nǚháizi bǐ yéye niánqīng de duō.	여자아이가 할아버지보다 훨씬 더 젊습니다.

11

Q	火车比飞机快吗? Huǒchē bǐ fēijī kuài ma?	기차가 비행기보다 빠릅니까?
A	不是，飞机更快。 Búshì, fēijī gèng kuài.	아니요. 비행기가 더 빠릅니다.
	不是，飞机比火车更快。 Búshì, fēijī bǐ huǒchē gèng kuài.	아니요. 비행기가 기차보다 더 빠릅니다.

12

Q	哪种东西更短? Nǎ zhǒng dōngxi gèng duǎn?	어떤 물건이 더 짧습니까?
A	铅笔更短。 Qiānbǐ gèng duǎn.	연필이 더 짧습니다.
	铅笔比雨伞更短。 Qiānbǐ bǐ yǔsǎn gèng duǎn.	연필이 우산보다 더 짧습니다.

숫자

13	Q	这家餐厅的电话号码是多少? Zhè jiā cāntīng de diànhuà hàomǎ shì duōshao?	이 식당의 전화번호는 몇 번인가요?
	A	六八三零二幺零。 Liù bā sān líng èr yāo líng.	68302100|요.
		这家餐厅的电话号码是六八三零二幺零。 Zhè jiā cāntīng de diànhuà hàomǎ shì liù bā sān líng èr yāo líng.	이 식당의 전화번호는 68300210입니다.
14	Q	他住几号? Tā zhù jǐ hào?	그는 몇 호에 삽니까?
	A	他住201号。 Tā zhù èr líng yāo hào.	그는 201호에 삽니다.
		他住在201号房间。 Tā zhù zài èr líng yāo hào fángjiān.	그는 201호 방에서 삽니다.
15	Q	办公室在几楼? Bàngōngshì zài jǐ lóu?	사무실은 몇 층에 있나요?
	A	三楼。 Sān lóu.	3층이요.
		办公室在三楼。 Bàngōngshì zài sān lóu.	사무실은 3층에 있습니다.
16	Q	他在坐几路公交车? Tā zài zuò jǐ lù gōngjiāochē?	그는 몇 번 버스를 타고 있나요?
	A	他在坐七二幺路公交车。 Tā zài zuò qī èr yāo lù gōngjiāochē.	그는 721번 버스를 타고 있습니다.
		他在坐七二幺路公交车，他在上班。 Tā zài zuò qī èr yāo lù gōngjiāochē, tā zài shàngbān.	그는 721번 버스를 타고 있습니다. 그는 출근중입니다.

시간

17	Q	唱歌比赛几点开始? Chànggē bǐsài jǐ diǎn kāishǐ?	노래 경연은 몇 시에 시작하나요?
	A	两点半。/ 两点三十分。 Liǎng diǎn bàn. / Liǎng diǎn sān shí fēn.	2시 반이요. / 2시 30분이요.
		唱歌比赛下午两点半开始。 Chànggē bǐsài xiàwǔ liǎng diǎn bàn kāishǐ.	노래 경연은 오후 2시 반에 시작합니다.

가격

18	Q	眼镜多少钱? Yǎnjìng duōshao qián?	안경은 얼마인가요?
	A	三百八十九块。 Sānbǎi bāshíjiǔ kuài.	389 위안이요.
		眼镜的价格是三百八十九块。 Yǎnjìng de jiàgé shì sānbǎi bāshíjiǔ kuài.	안경의 가격은 389 위안입니다.

19	Q	牛奶多少钱? Niúnǎi duōshao qián?	우유는 얼마인가요?
	A	五块七毛。 Wǔ kuài qī máo.	5.7 위안이요.
		牛奶是五块七毛。 Niúnǎi shì wǔ kuài qī máo.	우유는 5.7 위안입니다.

	길이		
20	Q	从书店到医院有多远? Cóng shūdiàn dào yīyuàn yǒu duō yuǎn?	서점에서 병원까지는 얼마나 먼가요?
	A	二百七十米。/ 两百七十米。 Èrbǎi qīshí mǐ. / Liǎngbǎi qīshí mǐ.	270미터요.
		从书店到医院有二百七十米。 Cóng shūdiàn dào yīyuàn yǒu èrbǎi qīshí mǐ.	서점에서 병원까지는 270미터 됩니다.

	키		
21	Q	男的的个子多高? Nánde de gèzi duō gāo?	남자의 키는 몇 인가요?
	A	一米七八。 Yì mǐ qī bā.	1미터 78cm입니다.
		他的身高是一百七十八厘米(公分)。 Tā de shēngāo shì yìbǎi qīshíbā límǐ(gōngfēn).	그의 키는178cm입니다.

	무게		
22	Q	这个行李有多重? Zhège xíngli yǒu duō zhòng?	이 짐은 무게가 얼마나 되나요?
	A	三十点五公斤。 Sānshí diǎn wǔ gōngjīn.	30.5kg요.
		这个行李有三十点五公斤。 Zhège xíngli yǒu sānshí diǎn wǔ gōngjīn.	이 짐은 30.5kg정도 됩니다.

	온도		
23	Q	教室里的温度是多少度? Jiàoshì lǐ de wēndù shì duōshao dù?	교실 안의 온도는 몇 도 인가요?
	A	二十四度。 Èrshísì dù.	24도요.
		教室里的温度是二十四度。 Jiàoshì lǐ de wēndù shì èrshísì dù.	교실 안의 온도는 24도입니다.

24	Q	他今年多大? Tā jīnnián duō dà?	그는 올해 몇 살인가요?
	A	三十五岁。 Sānshíwǔ suì.	서른다섯 살입니다.
		他今年三十五岁。 Tā jīnnián sānshíwǔ suì.	그는 올해 서른다섯 살입니다.

1 기호

Q

你喜欢去书店吗?
Nǐ xǐhuan qù shūdiàn ma?
서점에 가는 걸 좋아하나요?

A

是的，我很喜欢去书店，
差不多每个周末都去。
Shìde, wǒ hěn xǐhuan qù shūdiàn,
chàbuduō měi ge zhōumò dōu qù.
네. 저는 서점에 가는 걸 좋아해요. 거의 주말마다 가요.

我最近不怎么去书店，因为我常常在网上买书。
Wǒ zuìjìn bù zěnme qù shūdiàn, yīnwèi wǒ chángcháng zài wǎngshàng mǎi shū.
저는 최근에는 서점에 그다지 가지 않아요. 왜냐하면 늘 인터넷 서점에서 책을 사거든요.

2 동작

Q

你经常乘坐公共交通工具吗?
Nǐ jīngcháng chéngzuò gōnggòng jiāotōng gōngjù ma?
대중교통을 자주 타나요?

A

是的，我每天都乘坐公共交通工具，
因为很方便！
Shìde, wǒ měitiān dōu chéngzuò gōnggòng jiāotōng gōngjù, yīnwèi hěn fāngbiàn!
네. 저는 매일 대중교통을 탑니다. 왜냐하면 정말 편리하기 때문이에요!

我不怎么乘坐公共交通工具，平时出门都是自己开车，很方便。
Wǒ bù zěnme chéngzuò gōnggòng jiāotōng gōngjù, píngshí chūmén dōu shì zìjǐ kāichē, hěn fāngbiàn.
저는 대중교통을 별로 안 탑니다. 평상시에 외출할 때는 직접 운전을 하는게 편리합니다.

3 시량

Q

从你家到学校需要多长时间?
Cóng nǐ jiā dào xuéxiào xūyào duōcháng shíjiān?
집에서 학교까지 얼마나 걸려?

A

很近，走路大概不到十分钟就能到。
Hěn jìn, zǒulù dàgài búdào shí fēnzhōng jiù néng dào.
가까워. 걸어서 대략 10분이 채 안 돼서 도착할 거야.

我家离学校有点儿远，坐车来回差不多需要两个小时左右。
Wǒ jiā lí xuéxiào yǒudiǎnr yuǎn, zuò chē láihuí chàbuduō xūyào liǎng ge xiǎoshí zuǒyòu.
우리 집에서 학교까지는 좀 멀어. 차 타고 왕복으로 거의 2시간쯤 돼.

4 활동 제안

Q

我们一起做运动好不好?
Wǒmen yìqǐ zuò yùndòng hǎo bu hǎo?
우리 함께 운동할래?

A

好啊，你想什么时候去运动?
Hǎo a, nǐ xiǎng shénme shíhou qù yùndòng?
좋아. 언제 운동하러 가고 싶은데?

不好意思，我今天懒得去运动，
还是你一个人去吧。
Bù hǎoyìsi, wǒ jīntiān lǎn de qù yùndòng,
háishi nǐ yí ge rén qù ba.
미안해. 오늘은 운동하러 가기 귀찮아. 그냥 너 혼자 가는 게 낫겠어.

장소 제안

5

Q 学校附近新开了一家餐厅，
今天一起去怎么样?
Xuéxiào fùjìn xīn kāile yì jiā cāntīng,
jīntiān yìqǐ qù zěnmeyàng?
학교 근처에 식당이 하나 새로 개업했던데, 오늘 같이 가보는 게 어때?

A 好啊，我也正想去那家餐厅(呢)。
Hǎo a, wǒ yě zhèng xiǎng qù nà jiā cāntīng (ne).
그래. 나도 마침 그 식당에 가고 싶었어.

不好意思，今天我已经跟朋友约好一起吃饭了，明天去怎么样?
Bù hǎoyìsi, jīntiān wǒ yǐjing gēn péngyou yuēhǎo yìqǐ chīfàn le, míngtiān qù zěnmeyàng?
미안해. 오늘은 이미 친구와 함께 밥 먹기로 약속이 되어 있어. 내일 가는 건 어때?

음료 제안

6

Q 这是我自己做的果汁儿，尝一尝吧！
Zhè shì wǒ zìjǐ zuò de guǒzhīr, cháng yi cháng ba!
이건 내가 직접 만든 과일 주스야. 마셔 봐!

A 哇！谢谢，很好喝！怎么做的?
Wà! Xièxie, hěn hǎohē! Zěnme zuò de?
와, 고마워. 정말 맛있다! 어떻게 만든 거야?

不好意思，我刚喝完了一杯咖啡，
现在不想喝。
Bù hǎoyìsi, wǒ gāng hēwán le yì bēi kāfēi,
xiànzài bùxiǎng hē.
미안. 나 방금 커피 한 잔을 다 마셔서. 지금은 마시고 싶지 않아.

식사 제안

7

Q 我现在不太饿，我们简单吃点儿怎么样?
Wǒ xiànzài bú tài è, wǒmen jiǎndān chī diǎnr zěnmeyàng?
나는 지금 별로 배가 안 고픈데, 우리 간단하게 먹는 건 어때?

A 好啊，附近有快餐店，去吃汉堡(包)吧。
Hǎo a, fùjìn yǒu kuàicāndiàn, qù chī hànbǎo(bāo) ba.
좋아. 근처에 패스트푸드점이 있으니, 가서 햄버거 먹자.

可是我现在很饿，我想好好儿吃一顿。
怎么办?
Kěshì wǒ xiànzài hěn è, wǒ xiǎng hǎohāor chī yí dùn.
Zěnme bàn?
그런데 나는 지금 배고픈 걸. 한끼 잘 먹고 싶은데, 어떡하지?

요청

8

Q 我可以用一下你的电子词典吗?
Wǒ kěyǐ yòng yíxià nǐ de diànzǐ cídiǎn ma?
네 전자사전 좀 써도 될까?

A 可以，你需要的话随时可以用。
Kěyǐ, nǐ xūyào dehuà suíshí kěyǐ yòng.
돼. 필요하면 언제든지 써도 돼.

等十分钟好吗? 我马上用完，
我用完了你随便用。
Děng shí fēnzhōng hǎo ma? Wǒ mǎshàng yòngwán,
wǒ yòngwán le nǐ suíbiàn yòng.
10분 후에 괜찮을까? 나 금방 다 쓰니까, 다 쓰면 너 마음대로 써.

9	Q	我周末要搬家，你能帮我吗? Wǒ zhōumò yào bānjiā, nǐ néng bāng wǒ ma?	나 주말에 이사 하는데 네가 좀 도와줄 수 있어?
	A	当然可以，东西多不多？几点开始搬家? Dāngrán kěyǐ, dōngxi duō bu duō? Jǐ diǎn kāishǐ bānjiā?	당연히 되지. 물건이 많아? 몇 시에 이사 시작해?
		真不好意思，我周末要回老家，帮不了你的忙。 Zhēn bù hǎoyìsi, wǒ zhōumò yào huí lǎojiā, bāngbuliǎo nǐ de máng.	정말 미안해. 내가 주말에 본가를 가야 해서 못 도와줄 거 같아.

경험

10	Q	你最近看过电影吗? Nǐ zuìjìn kànguo diànyǐng ma?	너 요즘에 영화 본 적 있어?
	A	昨天跟朋友去看了一部中国电影，很有意思。 Zuótiān gēn péngyou qù kànle yí bù Zhōngguó diànyǐng, hěn yǒuyìsi.	어제 친구와 중국 영화를 한 편 보러 갔었는데, 정말 재미있었어.
		没有，最近我忙得连吃饭的时间都没有，哪儿有时间看电影啊！ Méiyǒu, zuìjìn wǒ máng de lián chīfàn de shíjiān dōu méiyǒu, nǎr yǒu shíjiān kàn diànyǐng a!	아니. 요즘 나는 밥 먹을 시간도 없이 바쁜데, 어디 영화 볼 시간이 있겠어!

11	Q	你是从什么时候开始学英语的? Nǐ shì cóng shénme shíhou kāishǐ xué Yīngyǔ de?	너는 언제부터 영어를 배웠어?
	A	我是从去年开始学的。 Wǒ shì cóng qùnián kāishǐ xué de.	작년부터 배웠어.
		我是从去年开始学的，到现在还在学习，快两年了。 Wǒ shì cóng qùnián kāishǐ xué de, dào xiànzài hái zài xuéxí, kuài liǎng nián le.	작년부터 배우기 시작했고 지금까지도 배우고 있어. 곧 2년 돼가.

계획

12	Q	这次过节你打算做什么? Zhè cì guòjié nǐ dǎsuan zuò shénme?	이번 명절에 무엇을 할 계획이야?
	A	这次过节我打算回老家跟家人们聚聚，你呢? Zhè cì guòjié wǒ dǎsuan huí lǎojiā gēn jiārénmen jùju, nǐ ne?	이번에는 명절을 보낼 때 고향에 돌아가서 가족들과 모일 계획이야. 너는?
		还没有什么计划，估计跟去年一样，在家和家人一起过。 Hái méiyǒu shénme jìhuà, gūjì gēn qùnián yíyàng, zài jiā hé jiārén yìqǐ guò.	아직 별다른 계획은 없어. 아마 작년처럼 집에서 가족들과 함께 보낼 것 같아.

13	Q	我们明天晚上几点见面? Wǒmen míngtiān wǎnshang jǐ diǎn jiànmiàn?	우리 내일 저녁 몇 시에 만날까?
	A	明天晚上七点在学校门口见，怎么样? Míngtiān wǎnshang qī diǎn zài xuéxiào ménkǒu jiàn, zěnmeyàng?	내일 저녁 7시에 학교 입구에서 만나면 어때?
		我明天不忙，什么时间都可以。你几点方便? 你定吧。 Wǒ míngtiān bù máng, shénme shíjiān dōu kěyǐ. Nǐ jǐ diǎn fāngbiàn? Nǐ dìng ba.	내일은 안 바빠서, 언제든지 가능해. 너는 언제가 좋아? 네가 정해.
14	Q	我从明天开始要早点儿起床。 Wǒ cóng míngtiān kāishǐ yào zǎodiǎnr qǐchuáng.	나는 내일부터 좀 일찍 일어날 거야.
	A	是吗? 你早起打算做什么? Shì ma? Nǐ zǎoqǐ dǎsuan zuò shénme?	그래? 일찍 일어나서 무엇을 하려고?
		加油，希望你这次不要三天打鱼两天晒网。 Jiāyóu, xīwàng nǐ zhè cì búyào sāntiān dǎyú liǎngtiān shàiwǎng.	파이팅, 이번에는 작심삼일이 되지 않길 바랄게.

길 묻기

15	Q	请问，这儿附近哪儿有地铁站? Qǐngwèn, zhèr fùjìn nǎr yǒu dìtiězhàn?	말씀 좀 여쭐게요. 이 근처에 지하철역이 어디에 있나요?
	A	一直往前走，走到路口就能看到地铁站。 Yìzhí wǎng qián zǒu, zǒudào lùkǒu jiù néng kàn dào dìtiězhàn.	앞쪽으로 쭉 갈림길까지 걸어가시면 지하철역이 보일 거예요.
		这儿附近没有地铁站，你得坐两站公交车才能到地铁站。 Zhèr fùjìn méiyǒu dìtiězhàn, nǐ děi zuò liǎng zhàn gōngjiāochē cái néng dào dìtiězhàn.	이 근처에는 지하철역이 없어요. 버스를 타고 두 정거장을 가셔야 지하철역에 가실 수 있어요.

제품 추천

16	Q	您觉得这辆自行车怎么样? Nín juéde zhè liàng zìxíngchē zěnmeyàng?	이 자전거는 어떠세요?
	A	很好，颜色、样子都不错，我就买这辆吧。 Hěn hǎo, yánsè、yàngzi dōu búcuò, wǒ jiù mǎi zhè liàng ba.	좋네요. 색깔, 모양 다 괜찮아요. 저 이걸로 살게요.
		再给我推荐一下别的好吗? 性价比高一点儿的。 Zài gěi wǒ tuījiàn yíxià biéde hǎo ma? Xìngjiàbǐ gāo yìdiǎnr de.	제게 다른 걸 더 추천해 주시겠어요? 가성비가 좀 좋은 걸로요.

구매 불가

17	Q	牛肉都卖完了，鸡肉怎么样? Niúròu dōu màiwán le, jīròu zěnmeyàng?	소고기는 다 팔렸습니다. 닭고기는 어떠세요?
	A	那好吧，这鸡肉新鲜吗? 怎么卖? Nà hǎo ba, zhè jīròu xīnxiān ma? Zěnme mài?	알겠어요. 이 닭고기는 신선한가요? 얼마예요?
		是吗? 那算了吧，我不想吃鸡肉，我下次再来。 Shì ma? Nà suànle ba, wǒ bùxiǎng chī jīròu, wǒ xiàcì zài lái.	그래요? 그럼 됐어요. 저는 닭고기는 먹고 싶지 않아서요. 다음에 다시 올게요.

인물 소개

1

Q

你最尊敬的人是谁？请简单说说。
Nǐ zuì zūnjìng de rén shì shéi? Qǐng jiǎndān shuōshuo.

당신이 가장 존경하는 사람은 누구인가요? 간단히 말해 보세요.

A

我最尊敬的人是我的爸爸。虽然工作很辛苦，但他每天都特别努力。而且他性格开朗，很阳光，不管遇到什么困难，都积极地去面对，从不放弃。爸爸是我的榜样，是我最尊敬的人。
Wǒ zuì zūnjìng de rén shì wǒ de bàba. Suīrán gōngzuò hěn xīnkǔ, dàn tā měitiān dōu tèbié nǔlì. Érqiě tā xìnggé kāilǎng, hěn yángguāng, bùguǎn yùdào shénme kùnnan, dōu jījí de qù miànduì, cóng bú fàngqì. Bàba shì wǒ de bǎngyàng, shì wǒ zuì zūnjìng de rén.

제가 가장 존경하는 사람은 저희 아빠입니다. 비록 일하느라 힘드시지만, 아빠는 날마다 열심히 노력합니다. 게다가 유쾌하고 밝은 성격이셔서, 어떤 어려움이 닥쳐도 적극적으로 맞서며 결코 포기하지 않으십니다. 아버지는 저의 롤모델이며 제가 가장 존경하 는 사람입니다.

我最尊敬的人是我的上司。他是一个特别细心、善良的人。像家长一样照顾大家，鼓励大家。而且他的工作能力和责任心也很强，会根据我们的能力和性格合理地分配工作。我也想成为像他那样受人尊敬的上司。
Wǒ zuì zūnjìng de rén shì wǒ de shàngsi. Tā shì yí ge tèbié xìxīn、shànliáng de rén. Xiàng jiāzhǎng yíyàng zhàogù dàjiā, gǔlì dàjiā. Érqiě tā de gōngzuò nénglì hé zérènxīn yě hěn qiáng, huì gēnjù wǒmen de nénglì hé xìnggé hélǐ de fēnpèi gōngzuò. Wǒ yě xiǎng chéngwéi xiàng tā nàyàng shòu rén zūnjìng de shàngsi.

제가 가장 존경하는 사람은 제 상사입니다. 그분은 매우 세심하고 선량한 사람입니다. 가장처럼 모두를 보살피고 격려해줍니다. 게다가 그분은 업무 능력과 책임감도 강하셔서 저희의 능력과 성격에 맞게 합리적으로 업무를 나눠줍니다. 저도 그분처럼 존경받는 상사가 되고 싶습니다.

성격의 장단점 소개

2

Q

你觉得你性格中最大的优点是什么？
请简单谈谈。
Nǐ juéde nǐ xìnggé zhōng zuìdà de yōudiǎn shì shénme?
Qǐng jiǎndān tántan.

당신 성격에서 가장 큰 장점은 무엇이라고 생각하나요? 간단히 말해 보세요.

A

我觉得我性格中最大的优点就是外向。我喜欢跟别人打交道，即使是跟第一次见面的陌生人我也会主动地去交流。这种性格对我的人际关系很有帮助，我喜欢我的性格。
Wǒ juéde wǒ xìnggé zhōng zuì dà de yōudiǎn jiùshì wàixiàng. Wǒ xǐhuan gēn biéren dǎjiāodao, jíshǐ shì gēn dì-yī cì jiànmiàn de mòshēng rén wǒ yě huì zhǔdòng de qù jiāoliú. Zhè zhǒng xìnggé duì wǒ de rénjì guānxi hěn yǒu bāngzhù, wǒ xǐhuan wǒ de xìnggé.

저는 저의 성격에서 가장 큰 장점은 외향적인 것이라고 생각합니다. 저는 사람들을 사귀는 것을 좋아하고, 설령 처음 만나는 낯선 사람이라고 하더라도 제가 먼저 적극적으로 다가갑니다. 이러한 성격은 인간관계에도 도움이 돼서, 저는 제 성격을 좋아합니다.

我觉得认真、仔细是我性格中最大的优点。不管在工作还是生活中，我做什么事都很认真、仔细。正因为如此，同事们都喜欢和我合作，朋友们有什么重要的事也愿意交给我处理。他们都觉得我是一个可靠、值得信任的人。我对我的性格很满意。
Wǒ juéde rènzhēn、zǐxì shì wǒ xìnggé zhōng zuì dà de yōudiǎn. Bùguǎn zài gōngzuò háishi shēnghuó zhōng, wǒ zuò shénme shì dōu hěn rènzhēn、zǐxì. Zhèng yīnwèi rúcǐ, tóngshìmen dōu xǐhuan hé wǒ hézuò, péngyoumen yǒu shénme zhòngyào de shì yě yuànyì jiāo gěi wǒ chǔlǐ. Tāmen dōu juéde wǒ shì yí ge kěkào、zhíde xìnrèn de rén. Wǒ duì wǒ de xìnggé hěn mǎnyì.

저는 성실하고 꼼꼼한 것이 제 성격에서 가장 큰 장점이라고 생각합니다. 일에서건 일상에서건 저는 무슨 일이든지 성실하고 꼼꼼하게 합니다. 이 때문에 동료들은 저와 함께 일하는 것을 좋아하고, 친구들 역시 중요한 일이 있으면 저에게 맡기고 싶어 합니다. 그들은 저를 믿음직스럽고 신뢰할 만한 사람이라고 생각합니다. 저는 제 성격에 만족합니다.

3

Q

你跟第一次见面的人也能相处得很好吗？请简单谈谈。
Nǐ gēn dì-yī cì jiànmiàn de rén yě néng xiāngchǔ de hěn hǎo ma? Qǐng jiǎndān tántan.

당신은 처음 만나는 사람과 잘 지내나요? 간단히 말해 보세요.

我跟第一次见面的人相处得不太好，因为我的性格比较害羞、内向。跟别人第一次见面时我都很紧张，不敢说话，所以别人常常误会我。我希望改变我的性格。
Wǒ gēn dì-yī cì jiànmiàn de rén xiāngchǔ dé bú tài hǎo, yīnwèi wǒ de xìnggé bǐjiào hàixiū、nèixiàng. Gēn biéren dì-yī cì jiànmiàn shí wǒ dōu hěn jǐnzhāng, bùgǎn shuōhuà, suǒyǐ biéren chángcháng wùhuì wǒ. Wǒ xīwàng gǎibiàn wǒ de xìnggé.

저는 부끄러움이 많고 내성적인 성격이라, 처음 만나는 사람과 잘 지내지 못합니다. 타인과 처음 만날 때 긴장을 하고 말을 제대로 못해서, 종종 다른 사람의 오해를 삽니다. 저는 저의 이러한 성격을 고치고 싶습니다.

A

是的，我跟第一次见面的人也能相处得很好。因为我是一个性格外向、开朗、热情的人，我喜欢和别人打交道。即使是第一次见面的人，我也会很热情、主动地跟他打招呼和他交流。我觉得这样的性格对我的工作和生活都有好处。我喜欢我的性格。
Shìde, wǒ gēn dì-yī cì jiànmiàn de rén yě néng xiāngchǔ de hěn hǎo. Yīnwèi wǒ shì yí ge xìnggé wàixiàng、kāilǎng、rèqíng de rén, wǒ xǐhuan hé biéren dǎjiāodao. Jíshǐ shì dì-yī cì jiànmiàn de rén, wǒ yě huì hěn rèqíng、zhǔdòng de gēn tā dǎ zhāohu hé tā jiāoliú. Wǒ juéde zhèyàng de xìnggé duì wǒ de gōngzuò hé shēnghuó dōu yǒu hǎochù. Wǒ xǐhuan wǒ de xìnggé.

네. 저는 처음 만나는 사람과도 잘 지냅니다. 성격이 외향적이고 유쾌하며 열정적인 사람이라서 다른 사람과 사귀는 것을 좋아합니다. 설사 처음 만나는 사람이라고 해도 친절하고 적극적으로 먼저 인사하고 교류합니다. 저는 이러한 성격이 제 업무와 생활에 좋은 점이 있다고 생각합니다. 저는 제 성격이 마음에 듭니다.

장소 소개

4

Q

你通常跟朋友在什么地方见面？请简单说一说。
Nǐ tōngcháng gēn péngyou zài shénme dìfang jiànmiàn? Qǐng jiǎndān shuō yi shuō.

당신은 평상시에 친구를 어디에서 만나나요? 간단히 말해 보세요.

我通常和朋友在餐厅见面。在餐厅见面不但可以跟朋友一边吃美食一边聊天，还可以饭后再吃些甜点、喝杯咖啡什么的，坐很长时间也不需要换地方，很方便。
Wǒ tōngcháng hé péngyou zài cāntīng jiànmiàn. Zài cāntīng jiànmiàn búdàn kěyǐ gēn péngyou yìbiān chī měishí yìbiān liáotiān, hái kěyǐ fàn hòu zài chī xiē tiándiǎn、hē bēi kāfēi shénme de, zuò hěn cháng shíjiān yě bù xūyào huàn dìfang, hěn fāngbiàn.

저는 보통 친구와 레스토랑에서 만납니다. 레스토랑에서 만나면 친구와 맛있는 것을 먹으면서 이야기를 할 수 있을 뿐만 아니라, 밥을 먹고 나서 디저트, 음료 같은 것을 더 먹을 수도 있습니다. 오래 앉아 있어도 장소를 옮길 필요가 없어 편리합니다.

A

我通常在咖啡厅跟朋友见面。我很喜欢咖啡厅轻松的氛围和浓郁的咖啡香味，和朋友一边品尝美味的咖啡一边聊天，让我觉得很舒服。现在很多咖啡厅还提供独立的空间，便于人们交流。所以我觉得和朋友见面的话，咖啡厅是最好的场所。
Wǒ tōngcháng zài kāfēitīng gēn péngyou jiànmiàn. Wǒ hěn xǐhuan kāfēitīng qīngsōng de fēnwéi hé nóngyù de kāfēi xiāngwèi, hé péngyou yìbiān pǐncháng měiwèi de kāfēi yìbiān liáotiān, ràng wǒ juéde hěn shūfu. Xiànzài hěn duō kāfēitīng hái tígōng dúlì de kōngjiān, biànyú rénmen jiāoliú. Suǒyǐ wǒ juéde hé péngyou jiànmiàn dehuà, kāfēitīng shì zuìhǎo de chǎngsuǒ.

저는 보통 커피숍에서 친구를 만납니다. 커피숍의 여유로운 분위기와 진한 커피향을 좋아하고, 친구와 맛있는 커피를 음미하며 이야기할 수 있어 마음이 편안해집니다. 현재 많은 커피숍이 독립된 공간을 제공하여 사람들과 교류하기에 편리합니다. 따라서 저는 친구와 만난다면 커피숍이 가장 좋은 장소라고 생각합니다.

상황 소개

5

Q 每个月你花的交通费多不多？请简单说说。
Měi ge yuè nǐ huā de jiāotōngfèi duō bu duō?
Qǐng jiǎndān shuōshuo.

매달 교통비를 많이 쓰나요? 간단히 말해 보세요.

我每天都坐公司的班车上下班，所以每个月花的交通费不多。除了周末开车去郊外玩儿时需要点儿加油费以外，我平时几乎不花什么交通费。
Wǒ měitiān dōu zuò gōngsī de bānchē shàng-xiàbān, suǒyǐ měi ge yuè huā de jiāotōngfèi bù duō. Chúle zhōumò kāichē qù jiāowài wánr shí xūyào diǎnr jiāyóufèi yǐwài, wǒ píngshí jīhū bù huā shénme jiāotōngfèi.

저는 매일 회사 셔틀버스를 타고 출퇴근을 해서, 매달 나가는 교통비가 많지 않습니다. 주말에 운전을 해서 교외로 놀러 나갈 때 주유비가 필요한 것 외에는 평소에는 거의 교통비를 쓰지 않습니다.

A 我每天上下班都要乘坐公交车或者地铁，有时候遇上天气不好的情况还会坐出租车，所以我每个月花的交通费不少，每个月大概十到十五万韩币左右。每个月拿到工资的时候，我都会先把交通费、通讯费和住宿费扣掉之后，再安排生活费。
Wǒ měitiān shàng-xiàbān dōu yào chéngzuò gōngjiāochē huòzhě dìtiě, yǒu shíhou yùshàng tiānqì bù hǎo de qíngkuàng hái huì zuò chūzūchē, suǒyǐ wǒ měi ge yuè huā de jiāotōngfèi bù shǎo, měi ge yuè dàgài shí dào shíwǔ wàn Hánbì zuǒyòu. Měi ge yuè nádào gōngzī de shíhou, wǒ dōu huì xiān bǎ jiāotōngfèi、tōngxùnfèi hé zhùsùfèi kòudiào zhīhòu, zài ānpái shēnghuófèi.

저는 출퇴근할 때마다 버스나 지하철을 타고 때때로 날씨가 안 좋을 때는 택시도 타기 때문에, 매달 교통비로 적지 않은 돈이 나가는데 매달 달마다 한국 돈으로 대략 10~15만원 정도입니다. 매달 월급을 받으면, 우선 교통비, 통신 요금, 집세를 뺀 후, 생활비를 배분합니다.

생활습관

6

Q 你平时晚上几点睡觉？请简单说说。
Nǐ píngshí wǎnshang jǐ diǎn shuìjiào? Qǐng jiǎndān shuōshuo.

당신은 평소 저녁 몇 시에 잠을 자나요? 간단히 말해 보세요.

我平时晚上十一点左右睡觉，我从来不熬夜。因为熬夜的话，不但对身体不好，而且第二天干什么都不能集中，影响工作。所以我一般十一点睡觉，早上七点起床，尽量保持八个小时的睡眠。
Wǒ píngshí wǎnshang shíyī diǎn zuǒyòu shuìjiào, wǒ cónglái bù áoyè. Yīnwèi áoyè dehuà, búdàn duì shēntǐ bù hǎo, érqiě dì-èr tiān gàn shénme dōu bùnéng jízhōng, yǐngxiǎng gōngzuò. Suǒyǐ wǒ yìbān shíyī diǎn shuìjiào, zǎoshang qī diǎn qǐchuáng, jǐnliàng bǎochí bā ge xiǎoshí de shuìmián.

저는 평상시에 밤 열한 시쯤 잠을 자며, 밤을 새워 본 적이 없습니다. 왜냐하면 밤을 새우면 건강에 좋지 않을 뿐만 아니라, 다음 날 어떤 일을 하든 집중하기 어려워 업무에 영향을 주기 때문입니다. 그래서 저는 보통 열한 시에 잠을 자고 아침 일곱 시에 일어나 되도록 여덟 시간의 수면을 유지하려고 합니다.

A 我是个‘夜猫子’，平时睡得都比较晚，有时候凌晨一、两点才睡，有时候熬夜到天亮。我喜欢利用晚上这段时间看书、上网、做点儿什么。不过因为我睡得晚，所以起得也晚。虽然我知道为了健康应该早睡早起，但是我怎么也改不掉这个坏习惯。
Wǒ shì ge ‘yèmāozi’, píngshí shuì de dōu bǐjiào wǎn, yǒu shíhou língchén yī、liǎng diǎn cái shuì, yǒu shíhou áoyè dào tiānliàng. Wǒ xǐhuan lìyòng wǎnshang zhè duàn shíjiān kàn shū、shàngwǎng、zuò diǎnr shénme. Búguò yīnwèi wǒ shuì de wǎn, suǒyǐ qǐ de yě wǎn. Suīrán wǒ zhīdao wèile jiànkāng yīnggāi zǎoshuìzǎoqǐ, dànshì wǒ zěnme yě gǎi bu diào zhège huài xíguàn.

저는 '저녁형 인간'이라서 평소 늦게 자는 편입니다. 어떤 때는 새벽 한두 시에나 잠들고, 어떤 때는 날이 밝을 때까지 밤을 새우고는 합니다. 저는 저녁 시간을 활용해 책을 읽고, 인터넷을 하고, 무언가를 하는 걸 좋아합니다. 그러나 늦게 잠을 자기 때문에 일어나는 것 또한 늦습니다. 건강하려면 일찍 자고 일찍 일어나야 하는 것을 알고 있지만, 이 나쁜 습관을 어떻게 해도 고치지 못합니다.

7

Q 你一个月通常看几次电影？请简单说说看。
Nǐ yí ge yuè tōngcháng kàn jǐ cì diànyǐng? Qǐng jiǎndān shuōshuo kàn.

당신은 보통 한 달에 영화를 몇 번 보나요? 간단히 말해 보세요.

我一个月大概看一、两次电影。周末的时候我会跟家人一起去看电影。我们都喜欢看喜剧片和爱情片。一边吃爆米花，一边看电影很有意思。
Wǒ yí ge yuè dàgài kàn yī、liǎng cì diànyǐng. Zhōumò de shíhou wǒ huì gēn jiārén yìqǐ qù kàn diànyǐng. Wǒmen dōu xǐhuan kàn xǐjùpiàn hé àiqíngpiàn. Yìbiān chī bàomǐhuā, yìbiān kàn diànyǐng hěn yǒuyìsi.

저는 한 달에 한 두 번 정도 영화를 봅니다. 주말에 가족과 함께 영화를 보러 갑니다. 저희는 코미디 영화나 로맨스 영화를 즐겨 봅니다. 팝콘을 먹으며 영화를 보는 것은 재미있습니다.

A 我是个电影迷，新上映的电影我差不多都看过，所以一个月大概去电影院七、八次吧。我觉得通过看电影不但能缓解压力，增长见识，丰富我的业余生活，还能让我积极地思考人生。所以我喜欢看电影。
Wǒ shì ge diànyǐngmí, xīn shàngyìng de diànyǐng wǒ chàbuduō dōu kànguo, suǒyǐ yí ge yuè dàgài qù diànyǐngyuàn qī、bā cì ba. Wǒ juéde tōngguò kàn diànyǐng búdàn néng huǎnjiě yālì, zēngzhǎng jiànshi, fēngfù wǒ de yèyú shēnghuó, hái néng ràng wǒ jījí de sīkǎo rénshēng. Suǒyǐ wǒ xǐhuan kàn diànyǐng.

저는 영화광입니다. 새로 상영하는 영화는 거의 대부분 봤기 때문에, 한 달에 대략 7, 8번 정도 영화관에 갑니다. 저는 영화 관람을 하는 것이 스트레스를 해소하고 식견을 넓히며 여가 생활을 풍부하게 해 줄 뿐만 아니라 인생을 긍정적으로 생각하게 만들어 준다고 생각합니다. 그래서 저는 영화 보는 걸 좋아합니다.

식습관

8

Q 你喜欢吃意大利面、比萨之类的西餐吗？请简单谈谈。
Nǐ xǐhuan chī Yìdàlìmiàn、bǐsà zhīlèi de xīcān ma? Qǐng jiǎndān tántan.

당신은 파스타나 피자 같은 서양 음식을 좋아하나요? 간단히 말해 보세요.

我不太喜欢吃意大利面、比萨之类的西餐。因为这些东西都比较甜，而我不喜欢吃甜的。但我周围的朋友喜欢吃西餐的比较多，所以跟朋友见面时偶尔也会吃西餐。
Wǒ bú tài xǐhuan chī Yìdàlìmiàn、bǐsà zhī lèi de xīcān. Yīnwèi zhèxiē dōngxi dōu bǐjiào tián, ér wǒ bù xǐhuan chī tián de. Dàn wǒ zhōuwéi de péngyou xǐhuan chī xīcān de bǐjiào duō, suǒyǐ gēn péngyou jiànmiàn shí ǒu'ěr yě huì chī xīcān.

저는 파스타나 피자 같은 서양 음식을 그다지 좋아하지 않습니다. 이런 음식들은 비교적 단데, 저는 단 것을 싫어하기 때문입니다. 그렇지만 저의 주변 친구들은 서양음식을 좋아하는 편이라, 친구와 만날 때는 가끔 서양 음식을 먹습니다.

A 我喜欢吃西餐，特别是意大利面、比萨什么的，很合我的口味，让我每天吃都可以。除了在家自己做西餐以外，特别的日子，我还会跟家人去高档的西餐厅去吃正宗的西餐。我觉得在浪漫的氛围下吃西餐是一种享受。
Wǒ xǐhuan chī xīcān, tèbié shì Yìdàlìmiàn、bǐsà shénme de, hěn hé wǒ de kǒuwèi, ràng wǒ měitiān chī dōu kěyǐ. Chúle zài jiā zìjǐ zuò xīcān yǐwài, tèbié de rìzi, wǒ hái huì gēn jiārén qù gāodàng de xīcāntīng qù chī zhèngzōng de xīcān. Wǒ juéde zài làngmàn de fēnwéi xià chī xīcān shì yì zhǒng xiǎngshòu.

저는 서양음식을 좋아하는데 특히 파스타나 피자 같은 것은 제 입맛에 잘 맞아서, 매일 먹으라고 해도 먹을 수 있습니다. 집에서 직접 서양음식을 만드는 것 외에 특별한 날에도 가족들과 고급 레스토랑에 가서 정통 서양음식을 먹습니다. 저는 낭만적인 분위기에서 서양음식을 먹는 것은 하나의 즐거움이라고 생각합니다.

경험(동작)

9

Q 你跟外国人聊过天吗？请简单说说。
Nǐ gēn wàiguórén liáoguo tiān ma? Qǐng jiǎndān shuōshuo.

당신은 외국인과 이야기해 본 적이 있나요? 간단히 말해 보세요.

我经常跟外国人聊天。我们公司里有外国职员，我也有很多外国朋友。跟外国人聊天，不但能提高我的外语水平，还能了解外国文化，一举两得。
Wǒ jīngcháng gēn wàiguórén liáotiān. Wǒmen gōngsī lǐ yǒu wàiguó zhíyuán, wǒ yě yǒu hěn duō wàiguó péngyou. Gēn wàiguórén liáotiān, búdàn néng tígāo wǒ de wàiyǔ shuǐpíng, hái néng liǎojiě wàiguó wénhuà, yìjǔliǎngdé.

저는 자주 외국인과 이야기를 합니다. 저희 회사에는 외국인 직원이 있고, 저 또한 외국 친구가 많습니다. 외국인과 이야기를 하면, 외국어 실력을 높일 수 있을 뿐만 아니라 외국 문화까지 이해할 수 있어 일거양득입니다.

A 我除了在路上碰到问路的外国人用简单的英语给他们指过路以外，几乎没有跟外国人聊过天。因为我的外语水平很差，不敢跟外国人聊天。我很羡慕能用流利的外语跟外国人聊天的人，有时间的话我也想学习外语。
Wǒ chúle zài lùshang pèngdào wèn lù de wàiguórén yòng jiǎndān de Yīngyǔ gěi tāmen zhǐguo lù yǐwài, jīhū méiyǒu gēn wàiguórén liáoguo tiān. Yīnwèi wǒ de wàiyǔ shuǐpíng hěn chà, bùgǎn gēn wàiguórén liáotiān. Wǒ hěn xiànmù néng yòng liúlì de wàiyǔ gēn wàiguórén liáotiān de rén, yǒu shíjiān dehuà wǒ yě xiǎng xuéxí wàiyǔ.

저는 길에서 길을 묻는 외국인을 만나 간단한 영어로 그들에게 길을 알려준 것 외에, 거의 외국인과 이야기를 나눠 본 적이 없습니다. 왜냐하면 외국어 실력이 좋지 않아, 외국인과 이야기를 할 엄두가 나지 않기 때문입니다. 저는 유창한 외국어로 외국인과 이야기를 나누는 사람이 부럽습니다. 시간이 있다면 저도 외국어를 배워 보고 싶습니다.

생각

10

Q 你有没有想过移民去国外生活？请简单谈谈看。
Nǐ yǒu mei yǒu xiǎngguo yímín qù guówài shēnghuó?
Qǐng jiǎndān tántan kàn.

당신은 이민을 가서 다른 나라에서 생활하는 것을 생각해 본 적 있나요? 간단히 말해보세요.

我想过。因为我周围有几个朋友已经移民去国外生活了。听他们说国外的教育环境更适合孩子，而且工作压力也不像这里这么大，生活条件也比这儿好。所以有机会的话，我也想移民去国外生活。
Wǒ xiǎngguo. Yīnwèi wǒ zhōuwéi yǒu jǐ ge péngyou yǐjing yímín qù guówài shēnghuó le. Tīng tāmen shuō guówài de jiàoyù huánjìng gèng shìhé háizi, érqiě gōngzuò yālì yě bú xiàng zhèli zhème dà, shēnghuó tiáojiàn yě bǐ zhèr hǎo. Suǒyǐ yǒu jīhuì dehuà, wǒ yě xiǎng yímín qù guówài shēnghuó.

생각해 본 적이 있습니다. 제 주변의 몇몇 친구들이 이미 외국으로 이민을 가서 살고 있기 때문입니다. 들어보니 그들은 외국의 교육 환경이 아이에게 더 잘 맞는 데다 업무상의 스트레스 또한 이곳처럼 그렇게 크지 않으며, 생활 환경도 여기보다 좋다고 합니다. 그래서 기회가 된다면 저도 외국으로 이민을 가서 생활하고 싶습니다.

A 我没想过移民去国外生活。因为我对现在的生活和工作都很满意。每天做着我自己喜欢的工作，领着一份不错的薪水，生活很稳定也很幸福。如果移民去别的国家，一切都得重新开始，适应新的环境，压力会很大。所以我没想过移民。
Wǒ méi xiǎngguo yímín qù guówài shēnghuó. Yīnwèi wǒ duì xiànzài de shēnghuó hé gōngzuò dōu hěn mǎnyì. Měitiān zuòzhe wǒ zìjǐ xǐhuan de gōngzuò, lǐngzhe yí fèn búcuò de xīnshui, shēnghuó hěn wěndìng yě hěn xìngfú. Rúguǒ yímín qù biéde guójiā, yíqiè dōu děi chóngxīn kāishǐ, shìyìng xīn de huánjìng, yālì huì hěn dà. Suǒyǐ wǒ méi xiǎngguo yímín.

저는 외국으로 이민을 가서 살 생각을 해 본 적이 없습니다. 왜냐하면 현재의 생활과 업무에 만족하기 때문입니다. 매일 좋아하는 일을 하고, 괜찮은 월급을 받으며, 안정적인 생활을 하고 행복합니다. 만약 다른 나라로 이민을 가면 모든 것을 새로이 시작해야 하고 새로운 환경에 적응하느라 스트레스가 클 것입니다. 그래서 저는 이민을 생각해 본 적이 없습니다.

상황

11

Q

如果有机会的话，你想养小动物吗？请简单谈谈。
Rúguǒ yǒu jīhuì dehuà, nǐ xiǎng yǎng xiǎo dòngwù ma? Qǐng jiǎndān tántan.

만약 기회가 된다면, 동물을 키우고 싶나요? 간단히 말해 보세요.

我特别想养小动物。我每次在别人的社交网站上看到小狗、小猫的照片，就觉得它们特别可爱。听说养小动物有助于缓解压力还可以培养爱心。所以有机会，我也想养小动物。
Wǒ tèbié xiǎng yǎng xiǎo dòngwù. Wǒ měi cì zài biéren de shèjiāo wǎngzhàn shàng kàndào xiǎogǒu、xiǎomāo de zhàopiàn, jiù juéde tāmen tèbié kě'ài. Tīngshuō yǎng xiǎo dòngwù yǒu zhùyú huǎnjiě yālì hái kěyǐ péiyǎng àixīn. Suǒyǐ yǒu jīhuì, wǒ yě xiǎng yǎng xiǎo dòngwù.

저는 동물을 정말 기르고 싶습니다. 매번 다른 사람의 SNS에서 아기 강아지, 고양이 사진을 볼 때마다 매우 귀엽다고 생각합니다. 듣자 하니 동물을 기르는 것은 스트레스 해소에 도움이 되고 애정도 키울 수 있다고 합니다. 그래서 기회가 된다면 저도 동물을 기르고 싶습니다.

A

我不想养小动物，一方面是因为我对动物身上的毛过敏。每次摸小动物以后就会流鼻涕、咳嗽、眼睛又红又肿的。另一方面我住在公寓，活动空间小，不适合养小动物，而且小动物的叫声会影响邻居。所以我从来没想过养小动物。
Wǒ bùxiǎng yǎng xiǎo dòngwù, yì fāngmiàn shì yīnwèi wǒ duì dòngwù shēn shàng de máo guòmǐn. Měi cì mō xiǎo dòngwù yǐhòu jiù huì liú bítì、késòu、yǎnjing yòu hóng yòu zhǒng de. Lìng yì fāngmiàn wǒ zhù zài gōngyù, huódòng kōngjiān xiǎo, bú shìhé yǎng xiǎo dòngwù, érqiě xiǎo dòngwù de jiào shēng huì yǐngxiǎng línjū. Suǒyǐ wǒ cónglái méi xiǎngguo yǎng xiǎo dòngwù.

저는 동물을 기르고 싶지 않습니다. 하나는 동물 털에 알레르기가 있기 때문입니다. 매번 동물을 만지고 나면 콧물과 기침이 나고 눈이 붉게 부어 오르기 때문입니다. 다른 하나는 제가 사는 아파트는 활동 공간이 좁아서 동물을 기르기에 맞지 않을 뿐만 아니라 동물이 짖는 소리는 이웃에게 폐를 끼칠 수 있습니다. 그래서 저는 동물을 기를 생각을 지금까지 해 본 적이 없습니다.

가치관

12

Q

你现在最想达成的目标是什么？请简单谈谈。
Nǐ xiànzài zuì xiǎng dáchéng de mùbiāo shì shénme? Qǐng jiǎndān tántan.

당신이 현재 가장 이루고 싶은 목표는 무엇인가요? 간단히 말해 보세요.

我正在读博士，所以现在最想达成的目标就是毕业。虽然我一边上班，一边上学，压力很大，不过我的指导教授人很好，经常鼓励我，给我很大的信心。所以我现在想尽我最大的努力，早点儿毕业。
Wǒ zhèngzài dú bóshì, suǒyǐ xiànzài zuì xiǎng dáchéng de mùbiāo jiùshì bìyè. Suīrán wǒ yìbiān shàngbān, yìbiān shàngxué, yālì hěn dà, búguò wǒ de zhǐdǎo jiàoshòu rén hěn hǎo, jīngcháng gǔlì wǒ, gěi wǒ hěn dà de xìnxīn. Suǒyǐ wǒ xiànzài xiǎng jìn wǒ zuìdà de nǔlì, zǎodiǎnr bìyè.

저는 박사 과정 중이라서, 현재 가장 이루고 싶은 목표는 졸업하는 것입니다. 비록 출근을 하면서 학교에 다니고 있어 스트레스가 크지만, 지도 교수님께서 좋은 분이시라 저를 늘 격려해 주며 큰 믿음을 줍니다. 그래서 현재 최선을 다해 일찍 졸업하고 싶습니다.

A

我现在最想达成的目标就是减肥。参加工作以后，因为压力大和缺乏运动，我一下子胖了八公斤。人胖了之后不但体质变差、身材走样，而且还越来越懒，不想动。我真不喜欢现在的自己，所以我制定了这个目标，希望能快点儿达成。
Wǒ xiànzài zuì xiǎng dáchéng de mùbiāo jiùshì jiǎnféi. Cānjiā gōngzuò yǐhòu, yīnwèi yālì dà hé quēfá yùndòng, wǒ yíxiàzi pàngle bā gōngjīn. Rén pàngle zhīhòu búdàn tǐzhí biàn chà、shēncái zǒuyàng, érqiě hái yuè lái yuè lǎn, bùxiǎng dòng. Wǒ zhēn bù xǐhuan xiànzài de zìjǐ, suǒyǐ wǒ zhìdìngle zhège mùbiāo, xīwàng néng kuài diǎnr dáchéng.

현재 제가 가장 이루고 싶은 목표는 다이어트입니다. 일을 시작한 후, 스트레스도 많이 받고 운동도 부족해 갑자기 8kg이나 살이 쪘습니다. 살이 찐 다음에는 체력이 나빠지고 몸매가 바뀌었을 뿐만 아니라, 점점 게을러지고 움직이기가 싫어졌습니다. 저는 현재의 자신이 너무 싫어서 이 목표를 세웠습니다. 빨리 달성할 수 있었으면 좋겠습니다.

쇼핑 습관

13

Q

你常常会冲动购物吗？请简单谈谈。
Nǐ chángcháng huì chōngdòng gòuwù ma? Qǐng jiǎndān tántan.

당신은 충동구매를 자주 하나요? 간단히 말해 보세요.

A

是的，我逛街时看到漂亮的、自己喜欢的东西时，就会毫不犹豫地购买，也不管价格是多少。我觉得冲动消费是特别不好的习惯，但每次都控制不住购买的欲望。
Shìde, wǒ guàngjiē shí kàndào piàoliang de、zìjǐ xǐhuan de dōngxi shí, jiù huì háobùyóuyù de gòumǎi, yě bùguǎn jiàgé shì duōshao. Wǒ juéde chōngdòng xiāofèi shì tèbié bù hǎo de xíguàn, dàn měi cì dōu kòngzhì búzhù gòumǎi de yùwàng.

네. 저는 쇼핑할 때 예쁜 것이나 마음에 드는 물건을 발견하면 가격과는 상관없이 주저 않고 구입합니다. 저는 충동적인 소비가 나쁜 습관이라고 생각하지만, 매번 구매 욕구를 참을 수가 없습니다.

我不会冲动购买。我是一个很节约、花钱很有计划的人，一般买东西时我都会再三考虑。我觉得一时冲动购买的东西大部分都是没用的东西，买完就会后悔。冲动消费既浪费钱又浪费资源，我们应该改掉这种坏习惯。
Wǒ búhuì chōngdòng gòumǎi. Wǒ shì yí ge hěn jiéyuē、huā qián hěn yǒu jìhuà de rén, yìbān mǎi dōngxi shí wǒ dōu huì zàisān kǎolǜ. Wǒ juéde yìshí chōngdòng gòumǎi de dōngxi dàbùfen dōu shì méi yòng de dōngxi, mǎiwán jiù huì hòuhuǐ. Chōngdòng xiāofèi jì làngfèi qián yòu làngfèi zīyuán, wǒmen yīnggāi gǎidiào zhè zhǒng huài xíguàn.

저는 충동구매를 하지 않습니다. 저는 매우 검소하고 계획적으로 돈을 쓰는 사람으로, 보통 물건을 살 때 여러 번 따져 봅니다. 일시적인 충동으로 산 물건은 대부분 필요 없는 것으로, 사고 나면 후회합니다. 충동적인 소비는 돈도 낭비하고 자원도 낭비하는 것으로, 우리는 이런 나쁜 습관을 버려야 합니다.

14

Q

你为朋友准备礼物时，一般会考虑哪些方面？请简单谈谈。
Nǐ wèi péngyou zhǔnbèi lǐwù shí, yìbān huì kǎolǜ nǎxiē fāngmiàn? Qǐng jiǎndān tántan.

당신은 친구를 위해 선물을 준비할 때, 보통 어떤 부분을 고려하나요? 간단히 말해 보세요.

A

我为朋友准备礼物时，一般会考虑朋友的兴趣爱好。因为给别人送礼物，应该送给对方需要的或是喜欢的东西。比如朋友平时对化妆品感兴趣，那么我就准备最近新出的化妆品送给她。
Wǒ wèi péngyou zhǔnbèi lǐwù shí, yìbān huì kǎolǜ péngyou de xìngqù àihào. Yīnwèi gěi biéren sòng lǐwù, yīnggāi sònggěi duìfāng xūyào de huòshì xǐhuan de dōngxi. Bǐrú péngyou píngshí duì huàzhuāngpǐn gǎn xìngqù, nàme wǒ jiù zhǔnbèi zuìjìn xīn chū de huàzhuāngpǐn sònggěi tā.

저는 친구를 위해 선물을 준비할 때, 보통 친구의 관심사를 고려합니다. 왜냐하면 다른 사람에게 선물을 줄 때는 상대방이 필요하거나 좋아하는 물건을 주어야 하기 때문입니다. 예를 들어 친구가 평소에 화장품에 관심이 있다면, 저는 최근에 새로 나온 화장품을 준비해 그녀에게 선물합니다.

我为朋友准备礼物时，首先考虑的是朋友的兴趣爱好。应该送朋友需要的或是喜欢的东西，投其所好。其次我会考虑礼物的价格。如果价格过高的话，不但自己有负担，收到礼物的人也会有负担。送礼物讲究的是心意，而不是价格。
Wǒ wèi péngyou zhǔnbèi lǐwù shí, shǒuxiān kǎolǜ de shì péngyou de xìngqù àihào. Yīnggāi sòng péngyou xūyào de huòshì xǐhuan de dōngxi, tóuqísuǒhào. Qícì wǒ huì kǎolǜ lǐwù de jiàgé. Rúguǒ jiàgéguò gāo dehuà, búdàn zìjǐ yǒu fùdān, shōudào lǐwù de rén yě huì yǒu fùdān. Sòng lǐwù jiǎngjiu de shì xīnyì, ér búshì jiàgé.

저는 친구를 위해 선물을 준비할 때, 우선 고려하는 것은 친구의 관심사입니다. 친구가 필요한 물건이나 좋아하는 물건을 선물해야 상대의 기분을 좋게 할 수 있습니다. 다음으로 저는 선물의 가격을 생각합니다. 만약 지나치게 가격이 높으면, 자신에게 부담이 될 뿐만 아니라 선물 받는 사람 역시 부담스럽습니다. 선물을 줄 때 염두에 두어야 할 것은 성의이지 가격이 아닙니다.

15

Q

你跟团旅游过吗？请简单说说看。
Nǐ gēntuán lǚyóuguo ma? Qǐng jiǎndān shuōshuo kàn.

패키지여행을 해본 적이 있나요? 간단히 말해 보세요.

我没跟团旅游过，每次旅行都是自助旅游。因为我觉得自助游比跟团游更自由、方便，想去哪儿就去哪儿。不过这个暑假我打算跟团去旅游一次，比较一下自助游和跟团游的差别。
Wǒ méi gēntuán lǚyóuguo, měi cì lǚxíng dōu shì zìzhù lǚyóu. Yīnwèi wǒ juéde zìzhùyóu bǐ gēntuányóu gèng zìyóu、fāngbiàn, xiǎng qù nǎr jiù qù nǎr. Búguò zhège shǔjià wǒ dǎsuan gēntuán qù lǚyóu yí cì, bǐjiào yíxià zìzhùyóu hé gēntuányóu de chābié.

저는 패키지여행을 해본 적이 없고, 매번 여행을 자유여행으로 갑니다. 왜냐하면 자유여행이 패키지여행보다 자유롭고 편리하며, 가고 싶은 곳이라면 어디든 갈 수 있기 때문입니다. 그러나 이번 여름휴가 때는 자유여행과 패키지여행의 차이점을 비교해 보기 위해 패키지여행을 한 번 가 볼 계획입니다.

A

是的，我跟团旅游过。去年跟爸妈一起去西安的时候，选择了一个旅行社的跟团游。因为西安有很多名胜古迹，各个景点都需要导游的讲解，所以我们特意选了跟团旅游，结果很令人满意。导游讲解得很好，酒店、行程安排得也很周到。我以后去旅行还会选择跟团旅游。
Shìde, wǒ gēntuán lǚyóuguo. Qùnián gēn bàmā yìqǐ qù Xī'ān de shíhou, xuǎnzéle yí ge lǚxíngshè de gēntuán lǚyóu. Yīnwèi Xī'ān yǒu hěn duō míngshènggǔjì, gège jǐngdiǎn dōu xūyào dǎoyóu de jiǎngjiě, suǒyǐ wǒmen tèyì xuǎnle gēntuán lǚyóu, jiéguǒ hěn lìng rén mǎnyì. Dǎoyóu jiǎngjiě de hěn hǎo, jiǔdiàn、xíngchéng ānpái de yě hěn zhōudào. Wǒ yǐhòu qù lǚxíng hái huì xuǎnzé gēntuán lǚyóu.

네, 패키지여행을 해본 적이 있습니다. 작년에 부모님과 함께 시안에 갔을 때, 한 여행사의 패키지여행을 선택했습니다. 왜냐하면 시안에는 명승고적이 많이 있고 각각의 명소는 가이드의 설명이 필요하기 때문에, 우리는 특별히 패키지여행을 골랐는데, 결과는 매우 만족스러웠습니다. 가이드의 설명도 아주 좋았고, 호텔, 여행 일정 역시 완벽했습니다. 저는 다음 여행 때도 패키지여행을 선택할 것입니다.

16

Q

休假的时候，你一般跟家人去旅行还是跟朋友去？请简单说一说。
Xiūjià de shíhou, nǐ yìbān gēn jiārén qù lǚxíng háishi gēn péngyou qù? Qǐng jiǎndān shuō yi shuō.

당신은 휴가 때 보통 가족과 함께 여행을 가나요, 아니면 친구와 가나요? 간단히 말해 보세요.

休假的时候，我一般跟家人一起去旅行。因为我平时工作很忙，跟家人在一起的时间不多，所以每次休假，我都利用这个机会好好陪我的家人。我觉得跟家人一起度假是最幸福的事。
Xiūjià de shíhou, wǒ yìbān gēn jiārén yìqǐ qù lǚxíng. Yīnwèi wǒ píngshí gōngzuò hěn máng, gēn jiārén zài yìqǐ de shíjiān bù duō, suǒyǐ měi cì xiūjià, wǒ dōu lìyòng zhège jīhuì hǎohāor péi wǒ de jiārén. Wǒ juéde gēn jiārén yìqǐ dùjià shì zuì xìngfú de shì.

휴가 때, 저는 보통 가족과 함께 여행을 갑니다. 평소에는 일이 바빠서 가족과 함께 하는 시간이 많지 않기 때문에, 매번 휴가 때 이 기회를 이용해 가족과 함께 합니다. 저는 가족과 함께 휴가를 보내는 것이 제일 행복한 일이라고 생각합니다.

A

休假的时候我会选择跟朋友一起去旅行。因为我和朋友的年龄、兴趣爱好都差不多，想去的地方、想吃的东西都一样，所以每次跟朋友一起去旅行都玩得很痛快。最近我和朋友们正在攒钱，等攒够了钱，休假的时候，我们打算一起去更多的地方玩。
Xiūjià de shíhou wǒ huì xuǎnzé gēn péngyou yìqǐ qù lǚxíng. Yīnwèi wǒ hé péngyou de niánlíng、xìngqù àihào dōu chàbuduō, xiǎng qù de dìfang、xiǎng chī de dōngxi dōu yíyàng, suǒyǐ měi cì gēn péngyou yìqǐ qù lǚxíng dōu wán de hěn tòngkuai. Zuìjìn wǒ hé péngyoumen zhèngzài zǎnqián, děng zǎngòule qián, xiūjià de shíhou, wǒmen dǎsuan yìqǐ qù gèng duō de dìfang wán.

휴가 때, 저는 친구와 함께 여행을 갑니다. 왜냐하면 친구와는 나이, 취미가 비슷하고, 가고 싶은 곳, 먹고 싶은 음식이 같기 때문에, 매번 친구와 함께 여행을 가면 매우 즐겁습니다. 요즘 저와 친구는 돈을 모으고 있는데, 돈이 넉넉하게 모아지면 휴가 때 함께 더 많은 곳을 놀러 가려고 합니다.

고등 교육

1

Q

你认为上大学是必须的吗？请谈谈你的意见。
Nǐ rènwéi shàng dàxué shì bìxū de ma? Qǐng tántan nǐ de yìjiàn.

당신은 대학에 가는 것이 꼭 필요하다고 생각하나요? 당신의 생각을 말해 보세요.

我认为不一定要上大学，因为学历并不一定代表一个人的素质和能力。有的人学历很高，却并不具备很高的能力。虽然获得较高学历的人取得成功的可能性更大，但成功的路并不止一条。所以我觉得只要选择好适合自己走的人生道路，即使不上大学，也同样会取得成功的。
Wǒ rènwéi bù yídìng yào shàng dàxué, yīnwèi xuélì bìng bù yídìng dàibiǎo yí ge rén de sùzhì hé nénglì. Yǒu de rén xuélì hěn gāo, què bìng bù jùbèi hěn gāo de nénglì. Suīrán huòdé jiào gāo xuélì de rén qǔdé chénggōng de kěnéngxìng gèng dà, dàn chénggōng de lù bìng bù zhǐ yì tiáo. Suǒyǐ wǒ juéde zhǐyào xuǎnzé hǎo shìhé zìjǐ zǒu de rénshēng dàolù, jíshǐ bú shàng dàxué, yě tóngyàng huì qǔdé chénggōng de.

저는 꼭 대학에 갈 필요는 없다고 생각합니다. 왜냐하면 학력이 결코 한 사람의 자질과 능력을 나타내지는 않기 때문입니다. 어떤 사람은 학력은 매우 높은데 뛰어난 능력은 갖추지 못하기도 합니다. 비록 학력이 높은 사람이 성공할 확률이 더 높기는 하지만, 성공의 길은 비단 하나가 아닙니다. 그래서 저는 자신에게 맞는 인생 노선을 선택하면 설령 대학에 가지 않는다 하더라도 성공할 수 있다고 생각합니다.

A

我认为上大学是必须的，因为上大学不但可以系统地学习专业知识，提高个人的文化水平和修养，增长见识，开阔眼界；还可以让自己的人生经历变得更丰富，培养独立思考和人际交往能力，结交更多的朋友。而且最近找工作时学历是首要条件，现在很多企业招聘员工时很看重学历，有大学学历的话有助于就业。总而言之，我觉得上大学是必须的。
Wǒ rènwéi shàng dàxué shì bìxū de, yīnwèi shàng dàxué búdàn kěyǐ xìtǒng de xuéxí zhuānyè zhīshi, tígāo gèrén de wénhuà shuǐpíng hé xiūyǎng, zēngzhǎng jiànshi, kāikuò yǎnjiè; hái kěyǐ ràng zìjǐ de rénshēng jīnglì biàn de gèng fēngfù, péiyǎng dúlì sīkǎo hé rénjì jiāowǎng nénglì, jiéjiāo gèng duō de péngyou. Érqiě zuìjìn zhǎo gōngzuò shí xuélì shì shǒuyào tiáojiàn, xiànzài hěn duō qǐyè zhāopìn yuángōng shí hěn kànzhòng xuélì, yǒu dàxué xuélì dehuà yǒu zhùyú jiùyè. Zǒng'éryánzhī, wǒ juéde shàng dàxué shì bìxū de.

저는 꼭 대학에 가야 한다고 생각합니다. 왜냐하면 대학에 가면 체계적으로 전문 지식을 배울 수 있고, 개인의 문화 수준과 교양을 높이고 견문을 넓히며 시야를 넓일 수 있기 때문입니다. 또한 자신의 인생 경험을 더욱 풍부하게 할 수 있으며, 독립적인 사고와 사회성을 길러 더 많은 친구를 사귈 수 있습니다. 게다가 요즘은 일자리를 구할 때 학력은 가장 중요한 조건입니다. 현재 많은 기업이 직원을 채용할 때 학력을 중요시하며 대학 학력이 있으면 취업에 도움이 됩니다. 한마디로 말해 저는 대학에 꼭 가야 한다고 생각합니다.

2

Q

你认为一个人的学历和收入有关系吗？请谈谈你的想法。

Nǐ rènwéi yí ge rén de xuélì hé shōurù yǒu guānxi ma? Qǐng tántan nǐ de xiǎngfǎ.

당신은 한 사람의 학력과 소득이 관련이 있다고 생각하나요? 당신의 의견을 말해 보세요.

A

我认为一个人的学历和收入当然有关系。一般受过良好教育的人比受过一般教育的人收入要高很多，而且学历越高收入就越高，这已经成为一种很普遍的现象。我们常常可以在招聘广告里看到硕士和博士的工资一般要高于本科生。正因为如此，很多人工作以后还不断地学习，想通过提高学历来提高收入。

Wǒ rènwéi yí ge rén de xuélì hé shōurù dāngrán yǒu guānxi. Yìbān shòuguò liánghǎo jiàoyù de rén bǐ shòuguò yìbān jiàoyù de rén shōurù yào gāo hěn duō, érqiě xuélì yuè gāo shōurù jiù yuè gāo, zhè yǐjing chéngwéi yì zhǒng hěn pǔbiàn de xiànxiàng. Wǒmen chángcháng kěyǐ zài zhāopìn guǎnggào lǐ kàndào shuòshì hé bóshì de gōngzī yìbān yào gāo yú běnkēshēng. Zhèng yīnwèi rúcǐ, hěn duō rén gōngzuò yǐhòu hái búduàn de xuéxí, xiǎng tōngguò tígāo xuélì lái tígāo shōurù.

저는 한 사람의 학력과 수입은 당연히 관련이 있다고 생각합니다. 보통 교육을 잘 받은 사람이 일반 교육을 받은 사람보다 소득이 훨씬 높고, 학력이 높을수록 소득이 높아지는 것은 일반적인 현상이 되었습니다. 우리는 석사와 박사의 급여가 학부 졸업생보다 더 높은 편임을 채용 공고에서 볼 수 있습니다. 바로 이와 같은 점 때문에, 많은 사람이 취업 후에도 꾸준히 공부하여 학력을 높여 소득을 늘리려고 하는 것입니다.

我认为一个人的学历和收入没什么关系。因为决定收入高低的是一个人的能力，而不是学历。学历高但不具备很强的能力的话，工作业绩一般，收入自然不会很高。相反，学历虽然不高，但却具备很强的能力的话，工作业绩好，收入自然会很高，所以我认为学历和收入没关系。无论学历高低，只要努力提高自己的能力，就可以得到理想的收入。

Wǒ rènwéi yí ge rén de xuélì hé shōurù méi shénme guānxi. Yīnwèi juédìng shōurù gāodī de shì yí ge rén de nénglì, ér búshì xuélì. Xuélì gāo dàn bú jùbèi hěn qiáng de nénglì dehuà, gōngzuò yèjì yìbān, shōurù zìrán búhuì hěn gāo. Xiāngfǎn, xuélì suīrán bù gāo, dàn què jùbèi hěn qiáng de nénglì dehuà, gōngzuò yèjì hǎo, shōurù zìrán huì hěn gāo, suǒyǐ wǒ rènwéi xuélì hé shōurù méi guānxi. Wúlùn xuélì gāo dī, zhǐyào nǔlì tígāo zìjǐ de nénglì, jiù kěyǐ dédào lǐxiǎng de shōurù.

저는 한 사람의 학력과 소득은 아무런 관련이 없다고 생각합니다. 소득의 높고 낮음을 결정하는 것은 한 사람의 능력이지 학력이 아니기 때문입니다. 학력은 높지만 별로 능력이 없다면, 업무실적이 평범하여 소득은 자연히 높을 수 없습니다. 반대로 학력은 비록 높지 않지만 능력이 대단하다면 업무 실적이 좋아 소득도 자연히 높을 것입니다. 그래서 저는 학력과 소득은 관계가 없다고 생각합니다. 학력의 높고 낮음과 관계없이 자신의 능력을 높이고자 노력한다면 원하는 소득을 얻을 수 있습니다.

시험

3

Q

你认为考试对学生的学习有帮助吗？请谈谈你的想法。
Nǐ rènwéi kǎoshì duì xuésheng de xuéxí yǒu bāngzhù ma? Qǐng tántan nǐ de xiǎngfǎ.

당신은 시험이 학생의 공부에 도움이 된다고 생각하나요? 당신의 생각을 말해 보세요.

A

我认为考试对学生的学习有帮助。一方面，考试是对前一阶段学习的总结。通过考试学生能知道自己哪些知识掌握得不好，能看到自己的不足。另一方面，因为考试学生会有压力，适当地给学生一些压力，他们会更认真、努力地学习。所以我觉得考试对学生的学习有帮助。
Wǒ rènwéi kǎoshì duì xuésheng de xuéxí yǒu bāngzhù. Yì fāngmiàn, kǎoshì shì duì qián yī jiēduàn xuéxí de zǒngjié. Tōngguò kǎoshì xuésheng néng zhīdao zìjǐ nǎxiē zhīshi zhǎngwò de bù hǎo, néng kàndào zìjǐ de bùzú. Lìng yì fāngmiàn, yīnwèi kǎoshì xuésheng huì yǒu yālì, shìdàng de gěi xuésheng yìxiē yālì, tāmen huì gèng rènzhēn、nǔlì de xuéxí. Suǒyǐ wǒ juéde kǎoshì duì xuésheng de xuéxí yǒu bāngzhù.

저는 시험이 학생의 공부에 도움이 된다고 생각합니다. 한편으로 시험은 전 단계 학습의 마무리입니다. 시험을 통해 학생은 자신이 어떤 지식을 제대로 파악하지 못했는지 알 수 있고 자신의 부족함을 알 수 있습니다. 다른 한편으로 시험은 학생에게 스트레스를 주는데, 적당한 스트레스를 학생에게 준다면 그들은 더 성실하고 열심히 공부할 것입니다. 그래서 저는 시험이 학생의 공부에 도움이 된다고 생각합니다.

我认为考试对学生的学习没有帮助，只能带来压力。学习是为了丰富自己的知识，开阔眼界，提升自身的素质，而不是为了考试。如果对学习有兴趣，没有考试他们也会主动、努力地去学习。而如果因为考试不得不学习的话，他们体会不到学习的乐趣，只能感受到压力，有的学生甚至因为考试而厌恶学习。所以我认为考试对学生的学习没有帮助。
Wǒ rènwéi kǎoshì duì xuésheng de xuéxí méiyǒu bāngzhù, zhǐ néng dàilái yālì. Xuéxí shì wèile fēngfù zìjǐ de zhīshi, kāikuò yǎnjiè, tíshēng zìshēn de sùzhì, ér búshì wèile kǎoshì. Rúguǒ duì xuéxí yǒu xìngqù, méiyǒu kǎoshì tāmen yě huì zhǔdòng、nǔlì de qù xuéxí. Ér rúguǒ yīnwèi kǎoshì bùdébù xuéxí dehuà, tāmen tǐhuì bú dào xuéxí de lèqù, zhǐ néng gǎnshòu dào yālì, yǒu de xuésheng shènzhì yīnwèi kǎoshì ér yànwù xuéxí. Suǒyǐ wǒ rènwéi kǎoshì duì xuésheng de xuéxí méiyǒu bāngzhù.

저는 시험이 학생의 공부에 도움이 되지 않고 스트레스만 준다고 생각합니다. 공부는 자신의 지식을 풍부하게 하고 시야를 넓히며 소양을 쌓으려고 하는 것이지 시험을 위한 게 아닙니다. 만약 공부에 흥미가 있다면 시험을 치지 않아도 스스로 열심히 공부할 것입니다. 시험 때문에 어쩔 수 없이 공부한다면 그들은 공부에 재미를 느끼지 못하고 스트레스밖에 받을 수 없을 것이며, 어떤 학생은 심지어 시험 때문에 공부를 싫어하게 될 것입니다. 그래서 저는 시험이 학생의 공부에 도움이 되지 않는다고 생각합니다.

4

Q 有人说学校教育中，知识教育要比品德教育更重要，你是否同意这样的说法?

Yǒurén shuō xuéxiào jiàoyù zhōng, zhīshi jiàoyù yào bǐ pǐndé jiàoyù gèng zhòngyào, nǐ shìfǒu tóngyì zhèyàng de shuōfǎ?

학교 교육에서 지식 교육이 인성 교육보다 더 중요하다고 말하는 사람들이 있습니다. 당신은 이 말에 동의하나요?

我不同意这样的说法。我觉得学校教育中，品德教育比知识教育更重要。因为学校应该是培养全方位人才的地方，而优秀的品德是一个人才应该具备的最基本的品质。具有优秀品德的学生成人后才会成为对社会、对家庭有用的人。所以我觉得教会学生如何做人比教授知识更重要。

Wǒ bù tóngyì zhèyàng de shuōfǎ. Wǒ juéde xuéxiào jiàoyù zhōng, pǐndé jiàoyù bǐ zhīshi jiàoyù gèng zhòngyào. Yīnwèi xuéxiào yīnggāi shì péiyǎng quánfāngwèi réncái de dìfang, ér yōuxiù de pǐndé shì yí ge réncái yīnggāi jùbèi de zuì jīběn de pǐnzhì. Jùyǒu yōuxiù pǐndé de xuésheng chéngrén hòu cái huì chéngwéi duì shèhuì、duì jiātíng yǒuyòng de rén. Suǒyǐ wǒ juéde jiāohuì xuésheng rúhé zuòrén bǐ jiàoshòu zhīshi gèng zhòngyào.

저는 이러한 견해에 동의하지 않습니다. 저는 학교 교육에서 인성 교육이 지식 교육보다 더 중요하다고 생각합니다. 왜냐하면 학교는 전방위로 인재를 길러내는 곳이며, 훌륭한 인성은 인재라면 마땅히 지녀야 할 가장 기본적인 자질이기 때문입니다. 훌륭한 인성을 갖춘 학생이 성인이 되어야 비로서 사회와 가정에 유용한 사람이 됩니다. 그래서 저는 학생에게 사람이 되는 법을 가르치는 것이 지식을 가르치는 것보다 훨씬 중요하다고 생각합니다.

A 我同意这样的说法。因为学校主要是教授知识的地方，学生只有在学校才能学到全面的知识，所以在学校教育中，知识教育是最重要的。而品德教育，我觉得更多应该依靠家庭。“言传身教”是父母对孩子进行品德教育最好的方法。我觉得学生应该在学校学知识，在家学做人。所以学校教育中，知识教育比品德教育重要。

Wǒ tóngyì zhèyàng de shuōfǎ. Yīnwèi xuéxiào zhǔyào shì jiàoshòu zhīshi de dìfang, xuésheng zhǐyǒu zài xuéxiào cái néng xuédào quánmiàn de zhīshi, suǒyǐ zài xuéxiào jiàoyù zhōng, zhīshi jiàoyù shì zuì zhòngyào de. Ér pǐndé jiàoyù, wǒ juéde gèng duō yīnggāi yīkào jiātíng. “yánchuánshēnjiào” shì fùmǔ duì háizi jìnxíng pǐndé jiàoyù zuìhǎo de fāngfǎ. Wǒ juéde xuésheng yīnggāi zài xuéxiào xué zhīshi, zài jiā xué zuòrén. Suǒyǐ xuéxiào jiàoyù zhōng, zhīshi jiàoyù bǐ pǐndé jiàoyù zhòngyào.

저는 이 견해에 동의합니다. 왜냐하면 학교는 주로 지식을 가르치는 곳이며 학생은 학교에서만 전반적인 지식을 배울 수 있기 때문에 학교 교육에서 지식 교육이 가장 중요합니다. 그러나 인성 교육은 가정에 더 많이 달려있다고 생각합니다. '말과 행동으로 모범을 보이다'는 부모가 아이에게 인성 교육을 하는 데 있어 가장 좋은 방법입니다. 저는 학생이라면 마땅히 학교에서 지식을 습득하고 집에서는 사람이 되는 법을 배워야 한다고 생각합니다. 그래서 학교 교육 중에 지식 교육이 인성 교육보다 중요합니다.

직업 유형

5

Q

你认为没有固定工作时间的自由职业有哪些好处和坏处？请说说你的看法。

Nǐ rènwéi méiyǒu gùdìng gōngzuò shíjiān de zìyóu zhíyè yǒu nǎxiē hǎochù hé huàichù? Qǐng shuōshuo nǐ de kànfǎ.

당신은 정해진 근무 시간이 없는 프리랜서는 어떤 장점과 단점이 있다고 생각하나요? 당신의 의견을 말해 보세요.

A

我认为没有固定工作时间的自由职业的好处是：第一、可以自己安排工作时间，很自由。第二、不用每天面对上司和同事，人际关系比较简单。坏处是：第一、收入不稳定。第二、如果工作中遇到难题只能靠自己解决，压力很大。所以，我认为自由职业有利有弊。

Wǒ rènwéi méiyǒu gùdìng gōngzuò shíjiān de zìyóu zhíyè de hǎochù shì: Dì-yī、kěyǐ zìjǐ ānpái gōngzuò shíjiān, hěn zìyóu. Dì-èr、búyòng měitiān miànduì shàngsi hé tóngshì, rénjì guānxi bǐjiào jiǎndān. Huàichù shì: Dì-yī、shōurù bù wěndìng. Dì-èr、rúguǒ gōngzuò zhōng yùdào nántí zhǐnéng kào zìjǐ jiějué, yālì hěn dà. Suǒyǐ, wǒ rènwéi zìyóu zhíyè yǒulì yǒubì.

저는 정해진 근무 시간이 없는 프리랜서의 장점은 다음과 같다고 생각합니다. 첫째, 스스로 근무 시간을 배정할 수 있어 자유롭습니다. 둘째, 매일 상사나 동료를 상대할 필요가 없어 인간관계가 단순한 편입니다. 단점은 첫째, 수입이 불안정합니다. 둘째, 만약 업무 중 어려운 일을 만나면 스스로 해결할 수밖에 없어 스트레스가 심합니다. 그래서 저는 프리랜서는 장점도 있고 단점도 있다고 생각합니다.

직업 소개

6

Q

你认为将来哪种职业会比较受欢迎？请说说你的想法。

Nǐ rènwéi jiānglái nǎ zhǒng zhíyè huì bǐjiào shòu huānyíng? Qǐng shuōshuo nǐ de xiǎngfǎ.

당신은 앞으로 어떤 직업이 인기가 있을 것이라고 생각하나요? 당신의 생각을 말해 보세요.

A

我觉得将来和医疗有关的职业会比较受欢迎。因为现在人的寿命越来越长，活到一百岁已经不是什么梦想。人的寿命越长，得病的可能就越多，对医疗方面的需求就会增多。因此治疗各种疾病的医疗技术会越来越发达，相关的职业也会越来越受欢迎。

Wǒ juéde jiānglái hé yīliáo yǒuguān de zhíyè huì bǐjiào shòu huānyíng. Yīnwèi xiànzài rén de shòumìng yuè lái yuè cháng, huódào yìbǎi suì yǐjing búshì shénme mèngxiǎng. Rén de shòumìng yuè cháng, débìng de kěnéng jiù yuè duō, duì yīliáo fāngmiàn de xūqiú jiù huì zēngduō. Yīncǐ zhìliáo gè zhǒng jíbìng de yīliáo jìshù huì yuè lái yuè fādá, xiāngguān de zhíyè yě huì yuè lái yuè shòu huānyíng.

저는 앞으로 의료와 관련된 직업이 비교적 인기 있을 거라 생각합니다. 왜냐하면 오늘날 사람의 수명이 갈수록 길어져서, 백 살까지 사는 것은 더 이상 꿈이 아니기 때문입니다. 사람의 수명이 길어질수록 병에 걸릴 가능성도 많아지니, 의료 부분의 수요도 증가할 것입니다. 따라서 여러 질병을 치료하는 의료 기술이 나날이 발달하고, 이와 관련된 직업 역시 각광받게 될 것입니다.

대중교통

7

Q 你觉得你们国家的公共交通便利吗?
请谈谈你的想法。
Nǐ juéde nǐ mén guójiā de gōnggòng jiāotōng biànlì ma?
Qǐng tántan nǐ de xiǎngfǎ.

당신 나라의 대중교통이 편리하다고 생각하나요? 당신의 의견을 말해 보세요.

A 我们国家的公共交通非常发达。地铁、公交、高速大巴等各种交通工具应有尽有，不管你想去什么地方都能很快到达。而且出行无需现金，只要一张交通卡就可以乘坐所有公共交通工具。此外城市主要道路还有公交车专用车道，避免道路拥堵。我为我们国家有如此便利的公共交通设施而感到自豪。
Wǒmén guójiā de gōnggòng jiāotōng fēicháng fādá. Dìtiě、gōngjiāo、gāosù dàbā děng gè zhǒng jiāotōng gōngjù yīngyǒujìnyǒu, bùguǎn nǐ xiǎng qù shénme dìfang dōu néng hěn kuài dàodá. Érqiě chūxíng wúxū xiànjīn, zhǐyào yì zhāng jiāotōngkǎ jiù kěyǐ chéngzuò suǒyǒu gōnggòng jiāotōng gōngjù. Cǐwài chéngshì zhǔyào dàolù háiyǒu gōngjiāochē zhuānyòng chēdào, bìmiǎn dàolù yōngdǔ. Wǒ wèi wǒmén guójiā yǒu rúcǐ biànlì de gōnggòng jiāotōng shèshī ér gǎndào zìháo.

우리나라의 대중교통이 매우 발달되어 있다고 생각합니다. 지하철, 버스, 고속버스 등 교통수단이 모두 갖춰져 있으며, 당신이 어디를 가고 싶어 하든 빠르게 도착할 수 있습니다. 또한 차를 탈 때 현금을 준비할 필요 없이 교통카드 한 장이면 모든 대중교통수단을 이용할 수 있습니다. 그 밖에 도시의 주요 도로에는 버스 전용 차로가 있어서 교통 체증을 방지하고 있습니다. 저는 우리나라가 이와 같은 편리한 대중교통 시설을 갖고 있음에 자부심을 느낍니다.

교통수단 장단점

8

Q 跟公共汽车相比，你认为坐出租车有哪些好处和坏处？请谈谈你的想法。
Gēn gōnggòngqìchē xiāngbǐ, nǐ rènwéi zuò chūzūchē yǒu nǎxiē hǎochù hé huàichù? Qǐng tántan nǐ de xiǎngfǎ.

버스와 비교해 볼 때, 택시를 타는 것에는 어떤 장점과 단점이 있다고 생각하나요? 당신의 생각을 말해 보세요.

A 我觉得跟公共汽车相比，坐出租车的好处是想去哪儿就可以直接去哪儿，不用换乘。而且可以一直坐着，不需要走路，既方便又舒服。当然坏处也有。首先是贵，同样的距离车费是公交车的好几倍。其次如果大家都坐出租车出行，会加重空气污染，不利于环保。所以建议大家尽量利用公共交通工具。
Wǒ juéde gēn gōnggòngqìchē xiāngbǐ, zuò chūzūchē de hǎochù shì xiǎng qù nǎr jiù kěyǐ zhíjiē qù nǎr, búyòng huànchéng. Érqiě kěyǐ yìzhí zuòzhe, bùxūyào zǒulù, jì fāngbiàn yòu shūfu. Dāngrán huàichù yě yǒu. shǒuxiān shì guì, tóngyàng de jùlí chēfèi shì gōngjiāochē de hǎo jǐ bèi. Qícì rúguǒ dàjiā dōu zuò chūzūchē chūxíng, huì jiāzhòng kōngqì wūrǎn, bú lìyú huánbǎo. Suǒyǐ jiànyì dàjiā jǐnliàng lìyòng gōnggòng jiāotōnggōngjù.

저는 버스와 비교해 볼 때, 택시를 타면 가고 싶은 곳이라면 바로 어디든 갈 수 있고, 환승할 필요가 없어서 장점이 많다고 생각합니다. 게다가 계속 앉아 있을 수 있고, 걸을 필요가 없어서, 편리하고 편안합니다. 당연히 단점도 있습니다. 우선, 비용이 비싸서 같은 거리를 가는 데 택시를 타면 드는 비용이 버스의 몇 배입니다. 다음으로 모두 택시를 탄다면 공기 오염이 심해져 환경 보호에 좋지 않습니다. 그래서 가급적 사람들이 대중교통수단을 이용하기를 권장합니다.

다이어트

9

Q

有人说为了减肥，调整饮食比运动更重要，对此你有什么看法？请说说你的意见。

Yǒu rén shuō wèile jiǎnféi, tiáozhěng yǐnshí bǐ yùndòng gèng zhòngyào, duì cǐ nǐ yǒu shénme kànfǎ? Qǐng shuōshuo nǐ de yìjiàn.

어떤 사람들은 다이어트를 위해 식이조절이 운동을 하는 것보다 중요하다고 하는데, 이것에 대해 어떻게 생각하나요? 당신의 의견을 말해 보세요.

A

我同意这样的说法。很多人一说到减肥首先想到的就是运动，其实我觉得跟运动比起来，调整饮食更重要。因为减肥期间，如果每天还保持着原来的饮食习惯，比如吃得多、常吃热量高的食物的话，即使运动量再大也减不下去。所以为了减肥，首先要少吃，其次要尽量不吃油腻的食物。

Wǒ tóngyì zhèyàng de shuōfǎ. Hěn duō rén yì shuō dào jiǎnféi shǒuxiān xiǎngdào de jiùshì yùndòng, qíshí wǒ juéde gēn yùndòng bǐ qǐlái, tiáozhěng yǐnshí gèng zhòngyào. Yīnwèi jiǎnféi qíjiān, rúguǒ měitiān hái bǎochízhe yuánlái de yǐnshí xíguàn, bǐrú chī de duō、cháng chī rèliàng gāo de shíwù dehuà, jíshǐ yùndòngliàng zài dà yě jiǎn bu xiàqù. Suǒyǐ wèile jiǎnféi, shǒuxiān yào shǎo chī, qícì yào jǐnliàng bù chī yóunì de shíwù.

저는 이 말에 동의합니다. 다이어트하면 먼저 운동을 생각하는 사람이 많은데, 사실 저는 운동보다는 식이조절이 더 중요하다고 생각합니다. 왜냐하면 다이어트를 하는 동안 예를 들어 많이 먹고 칼로리가 높은 음식을 자주 먹는 원래의 식습관을 여전히 유지한다면, 설령 운동량이 많다고 하더라도 살을 뺄 수 없기 때문입니다. 그래서 살을 빼기 위해서는 우선 적게 먹고 다음으로는 되도록 기름진 음식을 먹지 말아야 합니다.

我不这么想。我觉得为了减肥，运动比调整饮食更重要。因为运动量比饮食摄入量高的话，不用调整饮食也可以达到减肥的目的。肥胖的原因在于摄入高于体内需要的热量。如果通过运动，消除这些多余的卡路里，达到体内热量平衡，就不会肥胖。所以我认为只要充分地运动，不调整饮食也可以减肥。

Wǒ bú zhème xiǎng. Wǒ juéde wèile jiǎnféi, yùndòng bǐ tiáozhěng yǐnshí gèng zhòngyào. Yīnwèi yùndòngliàng bǐ yǐnshí shèrùliàng gāo dehuà, búyòng tiáozhěng yǐnshí yě kěyǐ dádào jiǎnféi de mùdì. Féipàng de yuányīn zàiyú shèrù gāo yú tǐnèi xūyào de rèliàng. Rúguǒ tōngguò yùndòng, xiāochú zhèxiē duōyú de kǎlùlǐ, dádào tǐnèi rèliàng pínghéng, jiù búhuì féipàng. Suǒyǐ wǒ rènwéi zhǐyào chōngfèn de yùndòng, bù tiáozhěng yǐnshí yě kěyǐ jiǎnféi.

저는 그렇게 생각하지 않는데 체중 감량을 위해서는 운동이 식이조절보다 더 중요하다고 생각합니다. 왜냐하면 운동량이 식사량보다 많다면 식이조절을 할 필요 없이도 다이어트의 목적을 실현할 수 있기 때문입니다. 비만의 이유는 체내에서 필요로 하는 것보다 많은 칼로리를 섭취하기 때문입니다. 만약 운동을 함으로써 이러한 여분의 에너지를 없애고 체내 칼로리 균형을 맞추면 비만이 되지 않을 것입니다. 그래서 저는 운동을 충분히 하기만 하면 식이조절을 하지 않아도 살이 빠질 거라고 생각합니다.

10

Q

你觉得有很多钱就会很幸福吗?
请说说你的看法。

Nǐ juéde yǒu hěn duō qián jiù huì hěn xìngfú ma?
Qǐng shuōshuo nǐ de kànfǎ.

당신은 돈이 많으면 행복할 수 있다고 생각하나요? 당신의 의견을 말해 보세요.

A

我觉得有很多钱当然会很幸福。如果有很多钱，就可以做自己想做的事情，想旅游就去旅游，想买什么就可以买什么。不用为了钱去做自己不喜欢的工作，也不用为没钱而担心，每天都吃得好，穿得好，心情愉快。能过上想要的生活，这不就是幸福吗?

Wǒ juéde yǒu hěn duō qián dāngrán huì hěn xìngfú. Rúguǒ yǒu hěn duō qián, jiù kěyǐ zuò zìjǐ xiǎng zuò de shìqing, xiǎng lǚyóu jiù qù lǚyóu, xiǎng mǎi shénme jiù kěyǐ mǎi shénme. Búyòng wèile qián qù zuò zìjǐ bù xǐhuan de gōngzuò, yě búyòng wèi méi qián ér dānxīn, měitiān dōu chī de hǎo, chuān de hǎo, xīnqíng yúkuài. Néng guòshàng xiǎng yào de shēnghuó, zhè bú jiùshì xìngfú ma?

저는 돈이 많으면 당연히 행복할 수 있다고 생각합니다. 만약 돈이 많으면 자기가 하고 싶은 일을 할 수 있고, 여행을 가고 싶으면 여행을 가고, 뭔가가 사고 싶으면 살 수 있습니다. 돈 때문에 싫어하는 일을 하지 않아도 되며, 돈이 없어서 걱정할 필요도 없으니, 매일 잘 먹고, 잘 입고, 즐겁습니다. 원하는 삶을 살 수 있는데, 이게 행복 아닐까요?

我觉得有很多钱未必就会很幸福。虽然有钱的话生活质量比较高，物质生活比较丰富，但是让人真正感到幸福的还是精神上的满足。精神上的满足是钱换不来的。比如有的人虽然钱不多，但是有自己的爱好和幸福的家庭，每天心情愉快，精神愉悦，那他就会感到很幸福。相反，有的人很有钱却因为精神得不到满足而整天闷闷不乐，这样怎么能感受到幸福呢? 所以我认为钱跟幸福没关系。

Wǒ juéde yǒu hěn duō qián wèibì jiù huì hěn xìngfú. Suīrán yǒu qián dehuà shēnghuó zhìliàng bǐjiào gāo, wùzhì shēnghuó bǐjiào fēngfù, dànshì ràng rén zhēnzhèng gǎndào xìngfú de háishi jīngshén shàng de mǎnzú. Jīngshén shàng de mǎnzú shì qián huàn bu lái de. Bǐrú yǒu de rén suīrán qián bù duō, dànshì yǒu zìjǐ de àihào hé xìngfú de jiātíng, měitiān xīnqíng yúkuài, jīngshén yúyuè, nà tā jiù huì gǎndào hěn xìngfú. Xiāngfǎn, yǒu de rén hěn yǒu qián què yīnwèi jīngshén dé bú dào mǎnzú ér zhěngtiān mènmènbúlè, zhèyàng zěnme néng gǎnshòu dào xìngfú ne? Suǒyǐ wǒ rènwéi qián gēn xìngfú méi guānxi.

저는 돈이 많다고 반드시 행복한 것은 아니라고 생각합니다. 비록 돈이 많으면 삶이 질이 비교적 높고 물질적으로 비교적 풍부할 수는 있지만, 사람을 진정으로 행복하다고 느끼게 해 주는 것은 정신적 만족입니다. 정신적인 만족은 돈으로는 바꿀 수 없습니다. 예를 들어 어떤 사람이 비록 돈은 많지 않지만, 자신의 취미와 행복한 가정이 있어 매일 즐겁고 기쁘다면 행복하다고 느낄 것입니다. 이와는 반대로, 어떤 사람은 돈은 많지만 정신적으로 만족스럽지 못해 온종일 우울하다면 어떻게 행복하다고 느낄 수 있을까요? 그래서 저는 돈과 행복은 관계가 없다고 생각합니다.

외모

11

Q

有些人说外貌也是一种实力。
你同意这种看法吗?

Yǒuxiē rén shuō wàimào yěshì yì zhǒng shílì.
Nǐ tóngyì zhè zhǒng kànfǎ ma?

몇몇 사람들은 외모도 실력의 하나라고 말합니다. 당신은 이런 의견에 동의하나요?

A

是的，我同意“外貌也是一种实力”这样的看法。韩语中有这么一句话：“在其他条件都相同的情况下，人们会选择外表出众的那一个”。比如面试的时候，在应聘者学历和经历都差不多的情况下，长得帅一点儿、漂亮一点儿的人往往被聘用的可能性更大。所以我认为外貌也是一种很重要的实力。

Shìde, wǒ tóngyì “wàimào yě shì yì zhǒng shílì” zhèyàng de kànfǎ. Hányǔ zhōng yǒu zhème yí jù huà: “zài qítā tiáojiàn dōu xiāngtóng de qíngkuàng xià, rénmen huì xuǎnzé wàibiǎo chūzhòng de nà yí ge”. Bǐrú miànshì de shíhou, zài yìngpìnzhě xuélì hé jīnglì dōu chàbuduō de qíngkuàng xià, zhǎng de shuài yìdiǎnr、piàoliang yìdiǎnr de rén wǎngwǎng bèi pìnyòng de kěnéngxìng gèng dà. Suǒyǐ wǒ rènwéi wàimào yě shì yì zhǒng hěn zhòngyào de shílì.

네. 저는 '외모도 실력의 하나다'라는 이러한 견해에 동의합니다. 한국어에는 '다른 조건이 같으면, 사람들은 외모가 뛰어난 쪽을 택한다'라는 말이 있습니다. 예를 들어, 면접을 볼 때 지원자의 학력과 경력이 비슷한 상황에서 얼굴이 좀 더 잘생기고 예쁜 사람이 종종 채용될 가능성이 더 큽니다. 그래서 저는 외모도 하나의 중요한 실력이라고 생각합니다.

我不同意这种看法。我觉得外貌只不过是一个人的长相而已，是天生的，而不是通过努力和学习得到的，所以不能被认为是一种实力。虽然出众的外貌在人际交往或找工作时会带来一些优势，但这些都是暂时的。要想以后取得好的业绩和保持良好的人际关系，靠的还是人品和素质。所以我认为良好的人品和较高的素质才是真正的实力。

Wǒ bù tóngyì zhè zhǒng kànfǎ. Wǒ juéde wàimào zhǐbúguò shì yí ge rén de zhǎngxiàng éryǐ, shì tiānshēng de, ér búshì tōngguò nǔlì hé xuéxí dédào de, suǒyǐ bùnéng bèi rènwéi shì yì zhǒng shílì. Suīrán chūzhòng de wàimào zài rénjì jiāowǎng huò zhǎo gōngzuò shí huì dàilái yìxiē yōushì, dàn zhèxiē dōu shì zhànshí de. Yào xiǎng yǐhòu qǔdé hǎo de yèjì hé bǎochí liánghǎo de rénjì guānxi, kào de háishi rénpǐn hé sùzhì. Suǒyǐ wǒ rènwéi liánghǎo de rénpǐn hé jiào gāo de sùzhì cái shì zhēnzhèng de shílì.

저는 이러한 견해에 동의하지 않습니다. 외모는 단지 한 사람의 생김새에 불과하고 타고나는 것이지 노력과 학습을 통해 얻어지는 게 아니기 때문에 실력으로 볼 수 없습니다. 비록 빼어난 외모는 대인 관계나 일자리를 구할 때 약간의 혜택을 줄 수는 있지만, 이것은 모두 일시적입니다. 앞으로 좋은 업무 성과를 얻고 원활한 인간관계를 유지하려면, 인품과 소양이 뒷받침되어야 합니다. 그래서 저는 좋은 인품과 높은 소양이 진짜 실력이라고 생각합니다.

결혼

12

Q

最近有些人提倡简化婚礼，对此你有什么看法？请说说你的意见。

Zuìjìn yǒuxiē rén tíchàng jiǎnhuà hūnlǐ, duì cǐ nǐ yǒu shénme kànfǎ? Qǐng shuōshuo nǐ de yìjiàn.

최근 일부 사람들은 스몰웨딩을 추구하고 있는데, 이것을 어떻게 생각하나요? 당신의 생각을 말해 보세요.

A

我赞成简化婚礼。我觉得举办婚礼的目的就是祝福新人，希望他们以后过上美好的生活，而不是向别人炫耀自己的经济能力。婚礼只是两个人爱情的见证，没必要花很多钱摆很大的排场。所以我觉得请双方亲戚和好友，举行简单而朴素的婚礼最好。

Wǒ zànchéng jiǎnhuà hūnlǐ. Wǒ juéde jǔbàn hūnlǐ de mùdì jiùshì zhùfú xīnrén, xīwàng tāmen yǐhòu guòshàng měihǎo de shēnghuó, ér búshì xiàng biéren xuànyào zìjǐ de jīngjì nénglì. Hūnlǐ zhǐshì liǎng ge rén àiqíng de jiànzhèng, méi bìyào huā hěn duō qián bǎi hěn dà de páichǎng. Suǒyǐ wǒ juéde qǐng shuāngfāng qīnqi hé hǎoyǒu, jǔxíng jiǎndān ér pǔsù de hūnlǐ zuìhǎo.

저는 스몰웨딩을 찬성합니다. 결혼식을 하는 목적은 신랑 신부를 축복하고 그들이 앞으로 행복하게 잘 살기를 바라는 것이지 다른 사람에게 자신의 경제력을 뽐내는 것이 아닙니다. 결혼식은 두 사람의 사랑의 증거일 뿐이니, 겉치레에 많은 돈을 들일 필요는 없습니다. 그래서 저는 양가 친척과 친구들을 초대해 간단하고 소박한 결혼식을 하는 게 가장 좋다고 생각합니다.

我反对简化婚礼。因为我觉得结婚不但对两个新人来说是人生中最重要的事，而且对双方父母、对两个家庭来说也都是一件大事。所以举办婚礼时不能只考虑自己的立场，还要考虑双方父母的面子。而且婚礼毕竟只有一次，所以应该举办一场热热闹闹的大规模的婚礼，这样人生才不会有遗憾。

Wǒ fǎnduì jiǎnhuà hūnlǐ. Yīnwèi wǒ juéde jiéhūn búdàn duì liǎng ge xīnrén láishuō shì rénshēng zhōng zuì zhòngyào de shì, érqiě duì shuāngfāng fùmǔ、duì liǎng ge jiātíng láishuō yě dōu shì yí jiàn dà shì. Suǒyǐ jǔbàn hūnlǐ shí bùnéng zhǐ kǎolǜ zìjǐ de lìchǎng, hái yào kǎolǜ shuāngfāng fùmǔ de miànzi. Érqiě hūnlǐ bìjìng zhǐyǒu yí cì, suǒyǐ yīnggāi jǔbàn yì chǎng rèrenāonāo de dà guīmó de hūnlǐ, zhèyàng rénshēng cái búhuì yǒu yíhàn.

저는 스몰웨딩에 반대합니다. 왜냐하면 결혼식은 신랑 신부 두 사람의 인생에서 가장 중요한 일일 뿐만 아니라 양가 부모와 가족에게도 큰일이기 때문입니다. 그래서 결혼식을 할 때는 자신의 입장만을 생각해서는 안 되고, 양가 부모님의 체면도 고려해야 합니다. 게다가 결혼식은 한 번뿐이므로, 시끌벅적한 대규모 결혼식을 올려야 인생에서 후회가 남지 않습니다.

환경

13

Q

跟过去相比，你觉得你们国家人们的环保意识提高了吗？请说说你的看法。

Gēn guòqù xiāngbǐ, nǐ juéde nǐmen guójiā rénmen de huánbǎo yìshí tígāo le ma? Qǐng shuōshuo nǐ de kànfǎ.

과거에 비해 당신 나라 사람들의 환경 보호 의식은 높아졌나요? 당신의 의견을 말해 보세요.

A

跟过去相比，我觉得我们国家人们的环保意识大大地提高了。为了保护环境，人们在日常生活中，都很注意节约用电、用水，而且都尽量不使用一次性用品，还积极地进行垃圾分类等。这些行为都证明人们的环保意识提高了。

Gēn guòqù xiāngbǐ, wǒ juéde wǒmen guójiā rénmen de huánbǎo yìshí dàdà de tígāo le. Wèile bǎohù huánjìng, rénmen zài rìcháng shēnghuó zhōng, dōu hěn zhùyì jiéyuē yòngdiàn、yòngshuǐ, érqiě dōu jǐnliàng bù shǐyòng yícìxìng yòngpǐn, hái jījí de jìnxíng lājī fēnlèi děng. Zhèxiē xíngwéi dōu zhèngmíng rénmen de huánbǎo yìshí tígāo le.

저는 과거에 비해 우리나라 사람들의 환경 보호 의식이 크게 높아졌다고 생각합니다. 환경 보호를 위해 사람들은 일상생활에서 전기나 물을 절약하는 것에 주의하고, 되도록 일회용품을 되도록 사용하지 않으며 적극적으로 쓰레기 분리수거 등을 합니다. 이러한 행동들이 사람들의 환경 보호 의식이 높아졌다는 것을 증명합니다.

我觉得跟过去相比，我们国家人们的环保意识没有提高。很多人还是乱扔垃圾，路上常常可以看到被人随便丢弃的烟头、瓶子等。而且人们还是在大量地使用一次性用品，特别是塑料袋、塑料杯子等处处可见。还有的人为了省事，垃圾不分类就扔掉。这些行为说明，我们国家人们的环保意识还不高。为了保护环境，我们应该努力提高环保意识。

Wǒ juéde gēn guòqù xiāngbǐ, wǒmen guójiā rénmen de huánbǎo yìshí méiyǒu tígāo. Hěn duō rén háishi luàn rēng lājī, lùshang chángcháng kěyǐ kàndào bèi rén suíbiàn diūqì de yāntóu、píngzi děng. Érqiě rénmen háishi zài dàliàng de shǐyòng yícìxìng yòngpǐn, tèbié shì sùliàodài、sùliào bēizi děng chùchù kějiàn. Háiyǒu de rén wèile shěngshì, lājī bù fēnlèi jiù rēngdiào. Zhèxiē xíngwéi shuōmíng, wǒmen guójiā rénmen de huánbǎo yìshí hái bù gāo. Wèile bǎohù huánjìng, wǒmen yīnggāi nǔlì tígāo huánbǎo yìshí.

저는 과거에 비해 우리나라 사람들의 환경 보호 의식이 높아지지 않았다고 생각합니다. 여전히 많은 사람들이 아무 데나 쓰레기를 버리며, 길에서는 함부로 버린 담배꽁초, 병 등을 자주 볼 수 있습니다. 게다가 사람들은 아직도 일회용품을 많이 사용하고 있는데, 특히 비닐봉지와 플라스틱 등은 곳곳에서 볼 수 있습니다. 편하려고 쓰레기를 분류하지 않고 마구 버리는 사람도 있습니다. 이러한 행동들은 우리나라 사람들의 환경 보호 의식이 아직 높지 않다는 것을 말해 줍니다. 환경을 보호하기 위해 우리는 환경 보호 의식을 향상시키도록 노력해야 합니다.

전자기기 영향

14

Q 你认为照相机的普遍使用给人们的生活带来了什么影响？请说说你的意见。

Nǐ rènwéi zhàoxiàngjī de pǔbiàn shǐyòng gěi rénmen de shēnghuó dàiláile shénme yǐngxiǎng? Qǐng shuōshuo nǐ de yìjiàn.

당신은 사진기의 보편적인 사용이 사람들의 생활에 어떤 영향을 가져왔다고 생각하나요? 당신의 의견을 말해 보세요.

A 我认为带来的影响是多方面的。首先，使用照相机可以随时随地记录生活，留住美好时刻。其次，照相机让人们的生活变得丰富多彩，摄影成了很多人的业余爱好。第三，照相机的普及还给生活带来了很多改变，例如新闻变得“有图有真相”。可见，照相机的普遍使用给人们的生活带来的影响是巨大的。

Wǒ rènwéi dàilái de yǐngxiǎng shì duōfāngmiàn de. Shǒuxiān, shǐyòng zhàoxiàngjī kěyǐ suíshísuídì jìlù shēnghuó, liúzhù měihǎo shíkè. Qícì, zhàoxiàngjī ràng rénmen de shēnghuó biàn de fēngfùduōcǎi, shèyǐng chéngle hěn duō rén de yèyú'àihào. Dì-sān, zhàoxiàngjī de pǔjí hái gěi shēnghuó dàilái le hěnduō gǎibiàn, lìrú xīnwén biàn de “yǒu tú yǒu zhēnxiàng”. Kějiàn, zhàoxiàngjī de pǔbiàn shǐyòng gěi rénmen de shēnghuó dàilái de yǐngxiǎng shì jùdà de.

저는 다방면에 영향을 주었다고 생각합니다. 우선, 사진기를 사용해 언제 어디서나 삶을 기록하고, 아름다운 순간을 남길 수 있습니다. 다음은, 사진기는 사람들의 삶을 더 다채롭게 하였고, 촬영은 많은 사람들의 여가 취미가 되었습니다. 세 번째는, 사진기의 대중화는 삶의 많은 변화를 가져왔습니다. 예를 들어 뉴스는 '사진이 있어야 믿을 만하다'로 되었습니다. 알 수 있듯이, 사진기의 보편적인 사용이 사람들의 삶에 가져온 영향은 막대합니다.

생명 연장

15

Q 近来人类的平均寿命不断延长。你认为这种情况给我们的生活带来了什么变化？请谈谈你的看法。

Jìnlái rénlèi de píngjūn shòumìng búduàn yáncháng. Nǐ rènwéi zhè zhǒng qíngkuàng gěi wǒmen de shēnghuó dàiláile shénme biànhuà? Qǐng tántan nǐ de kànfǎ.

근래에 들어 인간의 평균 수명이 계속 연장되고 있습니다. 당신은 이러한 상황이 우리의 삶에 어떤 변화를 가져왔다고 생각하나요? 당신의 의견을 말해 주세요.

A 我认为有很多变化。首先是“老年”这个词的概念不一样了，以前大家觉得五十多岁就是老人了，但现在人们觉得七十岁以上才算老，所以现在不少五、六十岁的人还在工作。再有就是寿命延长了，人们的养老意识也增强了。很多人从年轻时就开始存钱、买养老保险等。这些都是寿命的延长给我们生活带来的变化。

Wǒ rènwéi yǒu hěnduō biànhuà. Shǒuxiān shì “lǎonián” zhège cí de gàiniàn bù yíyàng le, yǐqián dàjiā juéde wǔshí duō suì jiùshì lǎorén le, dàn xiànzài rénmen juéde qīshí suì yǐshàng cái suàn lǎo, suǒyǐ xiànzài bù shǎo wǔ、liùshí suì de rén hái zài gōngzuò. Zài yǒu jiùshì shòumìng yáncháng le, rénmen de yǎnglǎo yìshí yě zēngqiáng le. Hěn duō rén cóng niánqīng shí jiù kāishǐ cúnqián、mǎi yǎnglǎo bǎoxiǎn děng. Zhèxiē dōu shì shòumìng de yáncháng gěi wǒmen shēnghuó dàilái de biànhuà.

저는 많은 변화를 가져왔다고 생각합니다. 우선 "노인"이라는 단어의 개념이 달라졌습니다. 예전에는 50대가 노인이라고 생각했지만, 오늘날에는 70세 이상이 되어야 '노인'이라고 부릅니다. 그래서 지금은 50-60대가 여전히 일을 합니다. 또한 수명이 길어지면서, 사람들의 노후 의식도 강해졌습니다. 많은 사람은 젊을 때부터 저금을 하고 양로 보험 등을 구입합니다. 이러한 모든 것들은 수명연장이 우리 삶에 가져온 변화입니다.

인터넷 발전

16

Q

你认为网上买东西有哪些好处?
请说说你的看法。
Nǐ rènwéi wǎngshàng mǎi dōngxi yǒu nǎxiē hǎochù?
Qǐng shuōshuo nǐ de kànfǎ.

당신은 인터넷 쇼핑에 어떤 장점이 있다고 생각하나요? 당신의 의견을 말해 보세요.

A

我认为网上购物有很多好处。首先无论在哪里，只要能上网就可以随时买到自己喜欢的东西，方便快捷。其次不用花很长时间去排队结账，而且商家还提供送货上门服务，既省时又省力。再次网上有很多优惠，比去店铺买要便宜得多。总之网上买东西有很多好处，网购越来越受到人们的欢迎。
Wǒ rènwéi wǎngshàng gòuwù yǒu hěn duō hǎochù. Shǒuxiān wúlùn zài nǎli, zhǐyào néng shàngwǎng jiù kěyǐ suíshí mǎidào zìjǐ xǐhuan de dōngxi, fāngbiàn kuàijié. Qícì búyòng huā hěn cháng shíjiān qù páiduì jiézhàng, érqiě shāngjiā hái tígōng sònghuòshàngmén fúwù, jì shěngshí yòu shěnglì. Zàicì wǎngshàng yǒu hěn duō yōuhuì, bǐ qù diànpù mǎi yào piányi de duō. Zǒngzhī wǎngshàng mǎi dōngxi yǒu hěn duō hǎochù, wǎnggòu yuè lái yuè shòudào rénmen de huānyíng.

저는 인터넷 쇼핑은 장점이 많다고 생각합니다. 우선 어디서든 인터넷만 할 수 있다면 언제든지 자신이 좋아하는 물건을 살 수 있어 편리하고 빠릅니다. 다음으로 계산을 하려고 오랜 시간 줄을 서지 않아도 되는 데다 업체가 집까지 배송해 주는 서비스도 제공하고 있어, 시간도 절약할 수 있고 수고도 덜 수 있습니다. 그다음으로 온라인상에는 혜택이 많아서 상점에 가서 사는 것보다 많이 저렴합니다. 한마디로 말하자면, 인터넷 쇼핑은 장점이 많고, 점점 더 사람들의 환영을 받고 있다고 할 수 있습니다.

휴대전화 중독

17

Q

最近很多人使用手机上瘾，离开手机就会非常紧张。对此你有什么看法?
Zuìjìn hěn duō rén shǐyòng shǒujī shàngyǐn, líkāi shǒujī jiù huì fēicháng jǐnzhāng. Duì cǐ nǐ yǒu shénme kànfǎ?

요즘 많은 사람이 휴대전화 중독이라, 휴대전화가 없으면 불안해 하는데요. 이에 대해 어떻게 생각하나요?

A

我觉得这种现象很不正常，这是人们过度依赖手机造成的。长期这样下去的话，人的生活和健康都会受到很大的影响，所以我们要努力改变这种现象。我觉得我们应该放下手机，多去外边走走，多和朋友聊聊天沟通感情，好好儿感受生活而不是整天盯着手机成为手机的奴隶。
Wǒ juéde zhè zhǒng xiànxiàng hěn bú zhèngcháng, zhè shì rénmen guòdù yīlài shǒujī zàochéng de. Chángqí zhèyàng xiàqù dehuà, rén de shēnghuó hé jiànkāng dōu huì shòudào hěn dà de yǐngxiǎng, suǒyǐ wǒmen yào nǔlì gǎibiàn zhè zhǒng xiànxiàng. Wǒ juéde wǒmen yīnggāi fàngxià shǒujī, duō qù wàibian zǒuzou, duō hé péngyou liáoliaotiān gōutōng gǎnqíng, hǎohāor gǎnshòu shēnghuó ér búshì zhěngtiān dīngzhe shǒujī chéngwéi shǒujī de núlì.

저는 이런 현상이 매우 비정상적이며, 사람들이 휴대전화에 지나치게 의존함으로써 생긴 것이라고 생각합니다. 이런 현상이 오랜 기간 계속된다면 사람의 생활과 건강에 큰 영향을 받기 때문에 우리는 이런 현상을 바꾸려고 노력해야 합니다. 저는 우리가 하루 종일 휴대전화만 쳐다 보며 휴대전화의 노예가 되는 게 아니라, 휴대전화를 놓고 밖으로 나가 산책을 하고 친구와 더 많은 이야기와 감정을 나누고 삶을 풍부하게 느껴야 한다고 생각합니다.

제안

1

Q

你跟朋友约好明天去郊区玩儿，但天气预报说天气会不好。
请你给朋友打电话说明情况，并提出别的建议。

Nǐ gēn péngyou yuēhǎo míngtiān qù jiāoqū wánr, dàn tiānqì yùbào shuō tiānqì huì bùhǎo.
Qǐng nǐ gěi péngyou dǎ diànhuà shuōmíng qíngkuàng, bìng tíchū biéde jiànyì.

당신은 친구와 내일 교외로 놀러 가기로 약속했는데, 일기 예보에서 날씨가 나쁠 거라고 합니다.
친구에게 전화를 걸어 상황을 설명하고, 다른 제안을 해 보세요.

A

喂，小美，是我。是这样，咱们不是约好明天去郊区玩儿吗？可我刚才听天气预报说明天天气不好，又刮风又下雨。怎么办？我觉得这样的天气不适合出去玩儿，太危险了。要不我们改天吧。下星期去怎么样啊？反正咱俩下星期也没什么事，你觉得呢？

Wéi, Xiǎo Měi, shì wǒ. Shì zhèyàng, zánmen búshì yuēhǎo míngtiān qù jiāoqū wánr ma? Kě wǒ gāngcái tīng tiānqì yùbào shuō míngtiān tiānqì bù hǎo, yòu guāfēng yòu xiàyǔ. Zěnme bàn? Wǒ juéde zhèyàng de tiānqì bú shìhé chūqù wánr, tài wēixiǎn le. Yàobù wǒmen gǎitiān ba. Xià xīngqī qù zěnmeyàng a? Fǎnzhèng zán liǎ xià xīngqī yě méi shénme shì, nǐ juéde ne.

여보세요, 샤오메이. 나야. 우리 내일 교외로 놀러 가기로 약속했잖아? 그런데 내가 방금 일기예보를 들었는데, 내일 날씨가 안 좋대. 바람도 불고, 비도 오고. 어떡하지? 내 생각에 이런 날씨에 놀러 가는 건 아닌 듯해. 너무 위험해. 아니면 우리 날짜를 바꾸자. 다음 주에 가면 어때? 어차피 우리 둘은 다음 주에도 별다른 일이 없잖아. 네 생각은?

제안 거절

2

Q

朋友邀你周末一起去逛街，但那天你得参加亲戚的婚礼。请你向朋友说明情况，并委婉地拒绝她。

Péngyou yāo nǐ zhōumò yìqǐ qù guàngjiē, dàn nàtiān nǐ děi cānjiā qīnqi de hūnlǐ. Qǐng nǐ xiàng péngyou shuōmíng qíngkuàng, bìng wěiwǎn de jùjué tā.

친구가 당신에게 주말에 함께 쇼핑을 가자고 하지만 그날 당신은 친척 결혼식에 참석해야 합니다. 친구에게 상황을 설명하고, 완곡하게 거절해 보세요.

A

小丽，不好意思，我这个周末恐怕没有时间，因为我得参加一个亲戚的婚礼。我已经答应他要参加他的婚礼了。如果你下星期没有什么事的话，咱们下个周末去逛街怎么样？那天我们逛完街，再一起去吃好吃的吧。

Xiǎo Lì, bù hǎoyìsi, wǒ zhège zhōumò kǒngpà méiyǒu shíjiān, yīnwèi wǒ děi cānjiā yí ge qīnqi de hūnlǐ. Wǒ yǐjing dāying tā yào cānjiā tā de hūnlǐ le. Rúguǒ nǐ xià xīngqī méiyǒu shénme shì dehuà, zánmen xià ge zhōumò qù guàngjiē zěnmeyàng? Nàtiān wǒmen guàng wán jiē, zài yìqǐ qù chī hǎochī de ba.

샤오리, 미안해. 내가 이번 주말에 시간이 안 될 거 같아. 왜냐하면 친척 결혼식에 참석해야 하거든. 이미 결혼식에 참석하겠다고 약속했어. 만약 네가 다음 주에 다른 일이 없다면 우리 다음 주 주말에 쇼핑을 가는 게 어때? 그날 우리 쇼핑 다 한 다음에, 같이 맛있는 거 먹으러 가자.

부탁 거절

3

Q

朋友托你在她旅游期间照顾她的小狗，但你的公寓规定不能养宠物。
请你向她说明情况，并委婉地拒绝她。
Péngyou tuō nǐ zài tā lǚyóu qījiān zhàogù tā de xiǎogǒu, dàn nǐ de gōngyù guīdìng bùnéng yǎng chǒngwù.
Qǐng nǐ xiàng tā shuōmíng qíngkuàng, bìng wěiwǎn de jùjué tā.

친구는 당신에게 여행하는 동안 자신의 강아지를 돌봐 달라고 부탁하지만, 당신의 아파트는 반려동물을 기르지 못하도록 규정하고 있습니다. 친구에게 상황을 설명하고 완곡하게 거절하세요.

A

小夏，真不好意思。我真的想帮你照顾你家的小狗，但我的公寓规定不让在家里养宠物，要是被发现的话会罚款的。你看这样行吗，我家对面有一家宠物医院好像可以提供寄养服务，你把你家的小狗寄养在那儿吧。这样你也放心，我也可以每天去看看，你说怎么样？
Xiǎo Xià, zhēn bù hǎoyìsi. Wǒ zhēnde xiǎng bāng nǐ zhàogù nǐ jiā de xiǎogǒu, dàn wǒ de gōngyù guīdìng bú ràng zài jiā lǐ yǎng chǒngwù, yàoshi bèi fàxiàn dehuà huì fákuǎn de. Nǐ kàn zhèyàng xíng ma, wǒ jiā duìmiàn yǒu yì jiā chǒngwù yīyuàn hǎoxiàng kěyǐ tígōng jìyǎng fúwù, nǐ bǎ nǐ jiā de xiǎogǒu jìyǎng zài nàr ba. Zhèyàng nǐ yě fàngxīn, wǒ yě kěyǐ měitiān qù kànkan, nǐ shuō zěnmeyàng?

샤오샤, 정말 미안해. 내가 너 대신 너희 강아지를 돌봐 주고 싶은데, 우리 아파트는 집에서 반려동물을 기르지 못하도록 규정하고 있어. 만약 걸리면 벌금을 물어야 해. 이렇게 하면 어떨까? 우리 집 건너편 동물병원에서 돌봄 서비스를 제공하는 것 같은데, 너희 강아지를 거기에 위탁해. 그러면 너도 안심이 되고 나도 매일 보러 갈 수 있잖아. 어때?

추천

4

Q

下周是你妈妈的生日，你打算买件衣服送给她。
请你去商店跟店员说明情况，并请她推荐给你。
Xiàzhōu shì nǐ māma de shēngrì, nǐ dǎsuan mǎi jiàn yīfu sòng gěi tā. Qǐng nǐ qù shāngdiàn gēn diànyuán shuōmíng qíngkuàng, bìng qǐng tā tuījiàn gěi nǐ.

다음 주는 어머니의 생신이라서, 당신은 옷을 한 벌 사서 선물하려고 합니다.
상점에 가서 점원에게 상황을 설명하고, 추천해 달라고 하세요.

A

您好，能不能给我推荐一下最新款的适合妈妈这个年龄穿的衣服？我想买一件当作我妈妈的生日礼物。价格没关系，我想要一件质量好的、深色的、中号的衣服，麻烦您给推荐一下吧。在这儿买衣服能给包装吗？买了以后，如果我妈妈不喜欢，可以退换吗？
Nín hǎo, néng bu néng gěi wǒ tuījiàn yíxià zuì xīn kuǎn de shìhé māma zhège niánlíng chuān de yīfu? Wǒ xiǎng mǎi yí jiàn dàngzuò wǒ māma de shēngrì lǐwù. Jiàgé méi guānxi, wǒ xiǎng yào yí jiàn zhìliàng hǎo de、shēn sè de、zhōnghào de yīfu, máfan nín gěi tuījiàn yíxià ba. Zài zhèr mǎi yīfu néng gěi bāozhuāng ma? Mǎile yǐhòu, rúguǒ wǒ māma bù xǐhuan, kěyǐ tuìhuàn ma?

안녕하세요. 최신 스타일로 어머니 연령대에서 입으시기에 적당한 옷을 추천해 주시겠어요? 어머니 생신 선물로 한 벌 사 드리려고요. 가격은 상관없고, 품질이 좋고, 진한 색상으로 M사이즈 옷을 사고 싶은데 번거로우시겠지만 추천 좀 해 주세요. 여기서 옷을 사면 포장해 주실 수 있나요? 사고 나서 만약 어머니가 마음에 안 들어 하시면 반품이 되나요?

초대

5

Q

周末有你喜欢的棒球队的比赛。请你给喜欢棒球的朋友打电话说明情况，并邀请她一起去。
Zhōumò yǒu nǐ xǐhuan de bàngqiú duì de bǐsài. Qǐng nǐ gěi xǐhuan bàngqiú de péngyou dǎ diànhuà shuōmíng qíngkuàng, bìng yāoqǐng tā yìqǐ qù.

주말에 당신이 좋아하는 야구팀의 경기가 있습니다. 야구를 좋아하는 친구에게 상황을 설명하고, 함께 가자고 이야기해 보세요.

A

喂，丽丽，我告诉你一个好消息。我朋友给了我两张我们喜欢的棒球队比赛的门票。你不是早就想看这场比赛吗？听说这场比赛的门票都卖完了，现在已经买不到了。怎么样？开心吧？时间是这个星期六下午两点，跟我一起去怎么样？
Wéi, Lìlì, wǒ gàosu nǐ yí ge hǎo xiāoxi. Wǒ péngyou gěile wǒ liǎng zhāng wǒmen xǐhuan de bàngqiú duì bǐsài de ménpiào. Nǐ búshì zǎojiù xiǎng kàn zhè chǎng bǐsài ma? Tīngshuō zhè chǎng bǐsài de ménpiào dōu màiwán le, xiànzài yǐjing mǎi bú dào le. Zěnmeyàng? Kāixīn ba? Shíjiān shì zhège xīngqīliù xiàwǔ liǎng diǎn, gēn wǒ yìqǐ qù zěnmeyàng?

여보세요, 리리. 너한테 좋은 소식을 하나 알려 줄게. 내 친구가 우리가 좋아하는 야구팀 경기 입장권을 두 장 줬어. 너 진작부터 이 경기 보고 싶어 하지 않았어? 듣자하니 이 경기 입장권은 매진이라 지금은 이미 살 수 없대. 어때? 신나지? 시간은 이번 주 토요일 오후 두 시야. 나와 함께 갈래?

계산 실수

6

Q

你在超市买了打折的水果，但回家看了发票后才发现钱收错了。请你去超市说明情况，并要求解决问题。
Nǐ zài chāoshì mǎile dǎzhé de shuǐguǒ, dàn huíjiā kànle fāpiào hòu cái fāxiàn qián shōucuò le. Qǐng nǐ qù chāoshì shuōmíng qíngkuàng, bìng yāoqiú jiějué wèntí.

당신이 마트에서 할인하는 과일을 샀는데, 집에 와서 영수증을 보고 돈을 잘못 받았다는 것을 알게 되었습니다. 마트에 가서 상황을 설명하고, 문제 해결을 요구하세요.

A

你好，我刚才在这里买了打折的水果，但我回家后才发现，你们是按原价收的钱，没给我打折。我把水果和发票都带过来了，请核对一下，然后把多收的钱退给我吧。我刚才付的是现金，要是你们不能直接退现金的话，那就用信用卡重新结账吧。
Nǐ hǎo, wǒ gāngcái zài zhèlǐ mǎile dǎzhé de shuǐguǒ, dàn wǒ huíjiā hòu cái fāxiàn, nǐmen shì àn yuánjià shōu de qián, méi gěi wǒ dǎzhé. Wǒ bǎ shuǐguǒ hé fāpiào dōu dài guòlái le, qǐng héduì yíxià, ránhòu bǎ duō shōu de qián tuì gěi wǒ ba. Wǒ gāngcái fù de shì xiànjīn, yàoshi nǐmen bùnéng zhíjiē tuì xiànjīn dehuà, nà jiù yòng xìnyòngkǎ chóngxīn jiézhàng ba.

안녕하세요. 제가 방금 여기서 할인하는 과일을 샀는데, 집에 가서 보니 원가대로 돈을 받고 할인을 해 주지 않았다는 것을 알게 되었습니다. 과일과 영수증을 모두 가져왔으니, 확인해 보시고 더 받은 돈은 돌려주세요. 방금 낸 것은 현금이지만, 만약 직접 현금으로 환불이 불가능하다면 신용 카드로 다시 계산할게요.

상품 문제 발생

7

Q

你新买的一双鞋穿了还不到一周，鞋上的装饰就掉了。请你给商店打电话说明情况，并要求解决问题。

Nǐ xīn mǎi de yì shuāng xié chuānle hái bú dào yì zhōu, xié shàng de zhuāngshì jiù diào le. Qǐng nǐ gěi shāngdiàn dǎ diànhuà shuōmíng qíngkuàng, bìng yāoqiú jiějué wèntí.

새로 산 신발이 신은 지 일주일도 안 되었는데, 신발에 있던 장식이 떨어졌습니다. 상점에 전화를 걸어 상황을 설명하고, 문제 해결을 요구하세요.

A

喂！你好，我前几天在你们商店里买了一双鞋，但没穿几次，鞋上的蝴蝶装饰就掉下来了。这质量也太差了吧！你看看能不能退货，我有发票。如果不能退的话，请你们尽快帮我把鞋修好。如果再发生这样的情况，我就要投诉了。

Wéi! Nǐ hǎo, wǒ qián jǐ tiān zài nǐmen shāngdiàn lǐ mǎile yì shuāng xié, dàn méi chuān jǐ cì, xié shàng de húdié zhuāngshì jiù diào xiàlái le. Zhè zhìliàng yě tài chà le ba! Nǐ kànkan néng bu néng tuìhuò, wǒ yǒu fāpiào. Rúguǒ bùnéng tuì dehuà, qǐng nǐmen jǐnkuài bāng wǒ bǎ xié xiūhǎo. Rúguǒ zài fāshēng zhèyàng de qíngkuàng, wǒ jiù yào tóusù le.

여보세요! 안녕하세요. 제가 며칠 전에 그쪽 상점에서 신발을 한 켤레 샀습니다. 그런데 몇 번 신지도 않았는데, 신발의 나비 장식이 떨어졌습니다. 이건 품질이 너무 나쁜 거 아닌가요! 반품할 수 있는지 좀 봐 주세요. 영수증을 가지고 있습니다. 만약 반품이 안 된다면, 되도록 빨리 신발을 수리해 주세요. 만약에 또 이런 상황이 발생한다면, 민원을 넣겠습니다.

예약 변경

8

Q

为了给朋友举办欢送会，你预订了一家餐厅，后来发现人数算错了。请你给餐厅打电话说明情况，并要求解决问题。

Wèile gěi péngyou jǔbàn huānsònghuì, nǐ yùdìngle yì jiā cāntīng, hòulái fāxiàn rénshù suàncuò le. Qǐng nǐ gěi cāntīng dǎ diànhuà shuōmíng qíngkuàng, bìng yāoqiú jiějué wèntí.

당신은 친구에게 송별회를 열어 주기 위해 식당을 예약했는데, 나중에 인원수를 잘못 계산했다는 것을 알게 되었습니다. 식당에 전화를 걸어 상황을 설명하고, 문제 해결을 요청하세요.

A

喂，您好，我昨天给你们打电话预订了一个包间，那时候说是一共十个人。但我今天才发现要参加的人是十五个，看来得换大一点儿的包间。如果昨天给我订的包间十五个人坐得下的话，不用换也行。但如果坐不下，可以帮我换一个大一点儿的吗？如果没有大包间的话，那就麻烦您把我的预订取消吧。

Wéi, nín hǎo, wǒ zuótiān gěi nǐmen dǎ diànhuà yùdìngle yí ge bāojiān, nà shíhou shuō shì yígòng shí ge rén. Dàn wǒ jīntiān cái fāxiàn yào cānjiā de rén shì shíwǔ ge, kànlái děi huàn dà yìdiǎnr de bāojiān. Rúguǒ zuótiān gěi wǒ dìng de bāojiān shíwǔ ge rén zuò de xià dehuà, búyòng huàn yě xíng. Dàn rúguǒ zuò bu xià, kěyǐ bāng wǒ huàn yí ge dà yìdiǎnr de ma? Rúguǒ méiyǒu dà bāojiān dehuà, nà jiù máfan nín bǎ wǒ de yùdìng qǔxiāo ba.

여보세요, 안녕하세요. 제가 어제 전화로 방을 하나 예약했는데, 그때는 총 열 명이라고 말씀드렸습니다. 그런데 오늘에서야 참가 인원이 열다섯 명이라는 것을 알게 되었어요. 조금 큰 방으로 바꿔야 할 듯합니다. 만약 어제 예약된 방이 열다섯 명이 앉을 수 있다면 안 바꿔 주셔도 됩니다. 하지만 앉을 수 없다면, 조금 더 큰 방으로 바꿔 주시겠어요? 큰 방이 없다면, 죄송하지만 예약을 취소해주세요.

항의

9

Q

你订房时确认过那里可以上网，但到了之后却发现无法使用。请你给服务台打电话表示不满，并要求解决问题。

Nǐ dìng fáng shí quèrènguo nàli kěyǐ shàngwǎng, dàn dàole zhīhòu què fāxiàn wúfǎ shǐyòng. Qǐng nǐ gěi fúwùtái dǎ diànhuà biǎoshì bùmǎn, bìng yāoqiú jiějué wèntí.

당신은 호텔 방을 예약할 때 인터넷이 되는지 확인을 하였지만, 도착한 후 사용할 수 없다는 것을 알게 되었습니다. 프런트에 전화를 걸어 불만을 토로하고, 문제 해결을 요구하세요.

A

喂，你好，这里是三零二房间。我入住以后发现这个房间上不了网，可我预订房间时跟你们确认过这里能不能上网，你们明明说酒店内所有的房间都可以上网。我就是因为可以上网才选择了你们这家酒店的。怎么办？你们给我换个房间或派人过来解决这个问题吧。

Wéi, Nǐ hǎo, zhèli shì sān líng èr fángjiān. Wǒ rùzhù yǐhòu fāxiàn zhège fángjiān shàng buliǎo wǎng, kě wǒ yùdìng fángjiān shí gēn nǐmen quèrènguo zhèli néng bu néng shàngwǎng, nǐmen míngmíng shuō jiǔdiàn nèi suǒyǒu de fángjiān dōu kěyǐ shàngwǎng. Wǒ jiùshì yīnwèi kěyǐ shàngwǎng cái xuǎnzéle nǐmen zhè jiā jiǔdiàn de. Zěnme bàn? Nǐmen gěi wǒ huàn ge fángjiān huò pài rén guòlái jiějué zhège wèntí ba.

여보세요, 안녕하세요. 여기는 302호입니다. 체크인 후 이 방에서 인터넷이 안 되는 걸 알았습니다. 그런데 제가 방을 예약할 때 당신들에게 호텔에서 인터넷을 할 수 있는지 확인을 했었고, 그쪽에서는 분명히 호텔 내 모든 방에서 인터넷이 된다고 했었습니다. 인터넷이 되기 때문에 제가 바로 당신들의 이 호텔을 선택한 것입니다. 어떻게 하실 건가요? 방을 바꿔 주시거나 사람을 불러 이 문제를 해결해 주세요.

배송 누락

10

Q

你收到在超市买的东西后发现水果没送来。请你给超市打电话说明情况，并要求解决问题。

Nǐ shōudào zài chāoshì mǎi de dōngxi hòu fāxiàn shuǐguǒ méi sònglái. Qǐng nǐ gěi chāoshì dǎ diànhuà shuōmíng qíngkuàng, bìng yāoqiú jiějué wèntí.

당신은 마트에서 산 물건을 받은 후 과일이 배달되지 않았다는 것을 알게 되었습니다. 마트에 전화를 걸어 상황을 설명하고, 문제 해결을 요구하세요.

A

喂，您好，我刚收到了你们超市送来的东西。别的东西都对，可是怎么少了我买的水果呀？请你们再看看订单，好好儿确认一下。如果没问题的话，请尽快把水果给我送来好吗？如果你们确认后有问题，请再跟我联系。

Wéi, nín hǎo, wǒ gāng shōudàole nǐmen chāoshì sònglái de dōngxi. Biéde dōngxi dōu duì, kěshì zěnme shǎole wǒ mǎi de shuǐguǒ ya? Qǐng nǐmen zài kànkan dìngdān, hǎohāor quèrèn yíxià. Rúguǒ méi wèntí dehuà, qǐng jǐnkuài bǎ shuǐguǒ gěi wǒ sònglái hǎo ma? Rúguǒ nǐmen quèrèn hòu yǒu wèntí, qǐng zài gēn wǒ liánxì.

여보세요, 안녕하세요. 제가 방금 그쪽 마트에서 보낸 물건을 받았습니다. 다른 물건은 다 맞는데, 어떻게 제가 산 과일만 없는 거죠? 주문서를 다시 좀 보신 후, 잘 확인해 보세요. 만약 문제가 없다면, 되도록 빨리 과일을 배송해 주시겠어요? 만약에 확인 후 문제가 있다면, 다시 제게 연락 주세요.

약속 정하기

11

Q

你想跟朋友一起去准备考试。请你给朋友打电话约定时间和地点。

Nǐ xiǎng gēn péngyou yìqǐ qù zhǔnbèi kǎoshì. Qǐng nǐ gěi péngyou dǎ diànhuà yuēdìng shíjiān hé dìdiǎn.

당신은 친구와 함께 시험 준비를 하러 가고 싶어 합니다. 친구에게 전화를 걸어 시간과 장소를 정해보세요.

A

小李，明天一起准备考试怎么样？明天上午十点，在学校门口见吧。我觉得图书馆太安静，气氛有点压抑，所以去学校前边的咖啡厅学习怎么样？那里人比较少，而且可以出声背书。午饭在那里简单吃吧。那明天见！

Xiǎo Lǐ, míngtiān yìqǐ zhǔnbèi kǎoshì zěnmeyàng? Míngtiān shàngwǔ shí diǎn, zài xuéxiào ménkǒu jiàn ba. Wǒ juéde túshūguǎn tài ānjìng, qìfēn yǒudiǎn yāyì, suǒyǐ qù xuéxiào qiánbiān de kāfēitīng xuéxí zěnmeyàng? Nàli rén bǐjiào shǎo, érqiě kěyǐ chūshēng bèishū. Wǔfàn zài nàli jiǎndān chī ba. Nà míngtiān jiàn!

샤오리, 내일 같이 시험 준비하는 거 어때? 내일 오전 10시에 학교 입구에서 만나자. 내 생각에는 도서관이 너무 조용하고 분위기가 답답한 것 같아. 그러니 학교 앞 커피숍에 가는 건 어때? 거기는 사람이 비교적 적고 게다가 소리 내면서 외울 수도 있어. 점심은 거기에서 간단히 먹자. 그럼 내일 봐!

약속 시간 변경

12

Q

你跟朋友约好下周去美术馆，但后来发现那天不开馆。请你向朋友说明情况并改约时间。

Nǐ gēn péngyou yuēhǎo xiàzhōu qù měishùguǎn, dàn hòulái fāxiàn nàtiān bù kāiguǎn. Qǐng nǐ xiàng péngyou shuōmíng qíngkuàng bìng gǎi yuē shíjiān.

친구와 다음 주에 미술관에 가기로 약속했는데, 뒤늦게 그날 미술관이 휴관이라는 것을 알게 되었습니다. 친구에게 상황을 설명하고, 약속 시간을 변경하세요.

A

小李，我有件事要跟你商量。我们不是约好下周去美术馆嘛，但我刚才上网看了一下，没想到那天美术馆休息，不开馆。怎么办？你看这样行吗？如果你这周有时间的话，我们就这周去，如果没有时间的话，我们就再找别的时间去。你看怎么样？

Xiǎo Lǐ, wǒ yǒu jiàn shì yào gēn nǐ shāngliang. Wǒmen búshì yuēhǎo xiàzhōu qù měishùguǎn ma, dàn wǒ gāngcái shàngwǎng kànle yíxià, méi xiǎngdào nàtiān měishùguǎn xiūxi, bù kāiguǎn. Zěnme bàn? Nǐ kàn zhèyàng xíng ma? Rúguǒ nǐ zhè zhōu yǒu shíjiān dehuà, wǒmen jiù zhè zhōu qù, rúguǒ méiyǒu shíjiān dehuà, wǒmen jiù zài zhǎo biéde shíjiān qù. Nǐ kàn zěnmeyàng?

샤오리, 나 너랑 상의할 게 있어. 우리 다음 주에 미술관에 가기로 했잖아. 그런데 내가 방금 인터넷을 보니, 생각지도 못했는데 미술관이 휴관이래. 어떡하지? 이러면 어떨까? 네가 이번 주에 시간이 있다면 우리 이번 주에 가고, 시간이 없다면 우리 다시 다른 시간을 찾아보고 가자. 네 생각은 어때?

위로

13

Q

你的同事升职落选了，请你安慰并鼓励他。

Nǐ de tóngshì shēngzhí luòxuǎn le, Qǐng nǐ ānwèi bìng gǔlì tā.

당신의 동료가 승진에서 누락되었습니다. 그를 위로하고 격려해 주세요.

A

小李，我听说你的事了。这次只是运气不好而已，你这么优秀，下次肯定还有机会的。人们不是说金子总会发光的嘛！我相信凭你的能力一定会飞黄腾达，所以不要这么郁闷了。你调整心态，继续努力下去吧。来，今天我请你喝杯酒，走吧。

Xiǎo Lǐ, wǒ tīngshuō nǐ de shì le. Zhècì zhǐshì yùnqì bùhǎo éryǐ, nǐ zhème yōuxiù, xiàcì kěndìng hái yǒu jīhuì de. Rénmen búshì shuō jīnzi zǒng huì fā guāng de ma! Wǒ xiāngxìn píng nǐ de nénglì yídìng huì fēihuángténgdá, suǒyǐ búyào zhème yùmèn le. Nǐ tiáozhěng xīntài, jìxù nǔlì xiàqù ba. Lái, jīntiān wǒ qǐng nǐ hē bēi jiǔ, zǒu ba.

샤오리, 네 일에 대해 들었어. 이번에는 그저 운이 안 좋았던 것뿐이야. 너는 우수한 사람이니 다음번에 분명 기회가 또 있을 거야. 사람들이 능력 있는 사람들은 두각을 나타낸다고 하잖아! 나는 네 능력으로 반드시 승진하는 날이 올 거라 믿어. 그러니 너무 이렇게 답답해하지 마. 마음을 가다듬고 계속 노력하자. 자, 오늘은 내가 술 한 잔 살게, 가자.

학원 등록

14

Q

你想利用周末的时间学舞蹈。请你去培训班说明自己的水平，并询问时间、学费等相关事宜。

Nǐ xiǎng lìyòng zhōumò de shíjiān xué wǔdǎo. Qǐng nǐ qù péixùnbān shuōmíng zìjǐ de shuǐpíng, bìng xúnwèn shíjiān、xuéfèi děng xiāngguān shìyí.

당신은 주말 시간을 활용해 춤을 배우려고 합니다. 학원에 가서 당신의 수준을 설명하고, 시간, 수강료 등 관련 사항을 문의하세요.

A

你好，我想学舞蹈。因为我是上班族，所以只有周末才有时间学，你们这儿有没有周末班啊？有的话几点上课？我两年前学过大概三个月的舞蹈，但现在已经全都忘了。对了，学费是多少？有没有什么优惠啊？

Nǐ hǎo, wǒ xiǎng xué wǔdǎo. Yīnwèi wǒ shì shàngbānzú, suǒyǐ zhǐyǒu zhōumò cái yǒu shíjiān xué, nǐmen zhèr yǒu mei yǒu zhōumòbān a? Yǒu de huà jǐ diǎn shàngkè? Wǒ liǎng nián qián xuéguo dàgài sān ge yuè de wǔdǎo, dàn xiànzài yǐjing quán dōu wàng le. Duìle, xuéfèi shì duōshao? Yǒu mei yǒu shénme yōuhuì a?

안녕하세요. 춤을 배우려고 합니다. 제가 직장인이라서 주말에만 배울 시간이 나는데, 여기 주말반이 있나요? 있다면 몇 시 수업인가요? 제가 2년 전에 대략 세 달쯤 춤을 배운 적이 있기는 하지만, 지금은 이미 다 까먹었어요. 참, 수강료는 얼마예요? 무슨 할인 혜택이 있나요?

동아리 가입

15

Q

你同屋参加了吉他社团，你也想加入。请你对朋友说明你的想法，并询问活动时间、加入条件等相关事宜。

Nǐ tóngwū cānjiāle jítā shètuán, nǐ yě xiǎng jiārù. Qǐng nǐ duì péngyou shuōmíng nǐ de xiǎngfǎ, bìng xúnwèn huódòng shíjiān、jiārù tiáojiàn děng xiāngguān shìyí.

당신의 룸메이트가 기타 동아리에 참가했는데, 당신도 가입하고 싶어 합니다. 친구에게 당신의 생각을 설명하고,
활동 시간, 가입 조건 등 관련 사항을 물어보세요.

A

我听说前几天你参加了吉他社团。怎么加入的？有什么条件吗？我也想加入你们的社团。其实我对弹吉他一直很感兴趣，只不过不知道去哪儿学习。我没学过吉他，也能加入吗？还有，能告诉我活动时间吗？如果没什么特殊要求的话，我想马上报名。你能帮我吗？

Wǒ tīngshuō qián jǐ tiān nǐ cānjiāle jítā shètuán. Zěnme jiārù de? Yǒu shénme tiáojiàn ma? Wǒ yě xiǎng jiārù nǐmen de shètuán. Qíshí wǒ duì tán jítā yìzhí hěn gǎn xìngqù, zhǐ búguò bù zhīdào qù nǎr xuéxí. Wǒ méi xuéguo jítā, yě néng jiārù ma? Háiyǒu, néng gàosu wǒ huódòng shíjiān ma? Rúguǒ méi shénme tèshū yāoqiú dehuà, wǒ xiǎng mǎshàng bàomíng. Nǐ néng bāng wǒ ma?

며칠 전에 네가 기타 동아리에 참가한다는 걸 들었어. 어떻게 가입한 거야? 무슨 조건이 있어? 나도 너희 동아리에 가입하고 싶어. 사실 기타 연주에 줄곧 관심은 있었는데, 다만 어디에 가서 배워야 하는지 몰랐어. 기타를 배운 적이 없어도 가입할 수 있을까? 그리고 활동 시간을 알려 줄 수 있어? 만약 특별한 요구 조건이 없다면 바로 신청하고 싶어. 나 좀 도와줄 수 있겠니?

예약

16

Q

你打算订一个生日蛋糕庆祝妈妈的生日。请你去面包店说明情况，并定好时间、祝福语、蛋糕大小等有关事项。

Nǐ dǎsuan dìng yí ge shēngrì dàngāo qìngzhù māma de shēngrì. Qǐng nǐ qù miànbāodiàn shuōmíng qíngkuàng, bìng dìnghǎo shíjiān、zhùfúyǔ、dàngāo dàxiǎo děng yǒuguān shìxiàng.

당신은 엄마의 생신을 축하드리기 위해 생일 케이크를 하나 주문하려고 합니다. 빵집에 가서 상황을 설명하고, 시간, 축하 메시지, 케이크 크기 등 관련 사항을 정하세요.

A

你好，明天是我妈妈的生日，所以我想订一个蛋糕。你们明天晚上六点前能不能帮我做好一个中号的芝士蛋糕？还有请帮我在蛋糕上面写上"妈妈生日快乐"这几个字吧。如果准备好了，请给我发一个短信我过来取。我的电话号码是010-234-5678，谢谢。

Nǐ hǎo, míngtiān shì wǒ māma de shēngrì, suǒyǐ wǒ xiǎng dìng yí ge dàngāo. Nǐmen míngtiān wǎnshang liù diǎn qián néng bu néng bāng wǒ zuòhǎo yí ge zhōnghào de zhīshì dàngāo? Háiyǒu qǐng bāng wǒ zài dàngāo shàngmian xiěshàng "māma shēngrì kuàilè" zhè jǐ ge zì ba. Rúguǒ zhǔnbèi hǎo le, qǐng gěi wǒ fā yí ge duǎnxìn wǒ guòlái qǔ. Wǒ de diànhuà hàomǎ shì líng yāo líng èr sān sì wǔ liù qī bā, xièxie.

안녕하세요. 내일이 엄마 생신이라서, 케이크를 하나 주문하려고 합니다. 내일 저녁 여섯 시 전에 중간 사이즈의 치즈 케이크를 하나 준비해 주실 수 있나요? 그리고 케이크 위쪽에 "엄마 생신 축하드려요" 이 몇 글자를 써 주세요. 준비가 다 되면 저한테 문자를 보내 주세요. 제가 찾으러 올게요. 제 전화번호는 010-234-5678입니다. 고맙습니다.

수리 완료 문의

17

Q

你把笔记本电脑送去修理，但过了好几天还没消息。请你给修理店打电话说明情况，并询问什么时候能修好。

Nǐ bǎ bǐjìběn diànnǎo sòngqù xiūlǐ, dàn guòle hǎo jǐ tiān hái méi xiāoxi. Qǐng nǐ gěi xiūlǐdiàn dǎ diànhuà shuōmíng qíngkuàng, bìng xúnwèn shénme shíhou néng xiūhǎo.

당신이 노트북 컴퓨터 수리를 보낸 지 며칠이 지났는데 아직 연락이 없습니다. 수리점에 전화를 걸어 상황을 설명하고, 언제 수리가 완료되는지 문의하세요.

A

喂，你好，是这样，上个星期我把笔记本电脑送到你们那儿修理了，但已经过了一个星期还没有消息。是我的电脑有很大的问题呢，还是你们到现在都没给我修啊？可以告诉我你们到底什么时候能修好吗？我着急用电脑。还有如果修好后寄过来需要几天的话，我直接去你们那儿取吧。

Wéi, Nǐ hǎo, shì zhèyàng, shàng ge xīngqī wǒ bǎ bǐjìběn diànnǎo sòngdào nǐmen nàr xiūlǐ le, dàn yǐjing guòle yí ge xīngqī hái méiyǒu xiāoxi. Shì wǒ de diànnǎo yǒu hěn dà de wèntí ne, háishi nǐmen dào xiànzài dōu méi gěi wǒ xiū a? Kěyǐ gàosu wǒ nǐmen dàodǐ shénme shíhou néng xiūhǎo ma? Wǒ zháojí yòng diànnǎo. Háiyǒu rúguǒ xiūhǎo hòu jì guòlái xūyào jǐ tiān dehuà, wǒ zhíjiē qù nǐmen nàr qǔ ba.

여보세요, 안녕하세요. 다름이 아니라, 지난주에 제가 노트북 컴퓨터를 그쪽에 수리하려고 보냈는데, 벌써 일주일이 지났는데도 아직 소식이 없습니다. 제 컴퓨터에 큰 문제가 있는 건가요, 아니면 지금까지 고치지 않은 건가요? 도대체 언제 수리가 끝나는지 알려 주시겠어요? 급하게 컴퓨터를 사용해야 합니다. 그리고 만약 수리 후 배송이 며칠 걸린다면, 제가 직접 그쪽으로 찾으러 갈게요.

황당

1

Q

A

小金要坐火车去旅游，他要坐357次列车。他看到一列火车上写着“57”这个数字，就上去了。小金上车后拿着车票找到了自己的座位，却发现座位上已经有人了，是一位女士。小金对那位女士说，这是他的座位。那位女士觉得很奇怪，也拿出了自己的票。小金的票上写着357次列车5号座位，女士的票上却写着857次列车5号座位。正在他们说话的时候，火车出发了。原来，小金上错车了。他应该坐357次列车，结果没看清楚，上了857次列车。他急急忙忙地要下车，却发现火车已经开了。他看着窗外的357次列车，急得不知如何是好。

Xiǎo Jīn yào zuò huǒchē qù lǚyóu, tā yào zuò sān wǔ qī cì lièchē. Tā kàndào yí liè huǒchē shàng xiězhe “wǔ qī” zhège shùzì, jiù shàngqù le. Xiǎo Jīn shàngchē hòu názhe chē piào zhǎodàole zìjǐ de zuòwèi, què fāxiàn zuòwèi shàng yǐjing yǒu rén le, shì yí wèi nǚshì. Xiǎo Jīn duì nà wèi nǚshì shuō, zhè shì tā de zuòwèi. Nà wèi nǚshì juéde hěn qíguài, yě náchūle zìjǐ de piào. Xiǎo Jīn de piào shàng xiězhe sān wǔ qī cì lièchē wǔ hào zuòwèi, nǚshì de piào shàng què xiězhe bā wǔ qī cì lièchē wǔ hào zuòwèi. Zhèngzài tāmen shuōhuà de shíhou, huǒchē chūfā le. Yuánlái, Xiǎo Jīn shàngcuò chē le. Tā yīnggāi zuò sān wǔ qī cì lièchē, jiéguǒ méi kàn qīngchu, shàngle bā wǔ qī cì lièchē. Tā jíjímángmáng de yào xiàchē, què fāxiàn huǒchē yǐjing kāi le. Tā kànzhe chuāngwài de sān wǔ qī cì lièchē, jí de bùzhī rúhé shì hǎo.

샤오진은 기차를 타고 여행을 가려고 하고, 그가 타야 할 열차는 357호 열차입니다. 그는 한 열차에 '57'이라는 숫자가 쓰여 있는 것을 보자마자 바로 올라탔습니다. 샤오진은 기차에 탄 후, 기차표를 가지고 자신의 자리를 찾았는데, 자리에 이미 누군가 앉아 있는 것을 발견했는데, 한 여성이었습니다. 샤오진은 그 여자에게 여기는 자신의 자리라고 말하였습니다. 그 여자는 의아해하며 자신의 표를 꺼냈습니다. 샤오진의 표에는 357호 열차 5번 좌석이라고 쓰여 있었고, 여자의 표에는 857호 열차 5번 좌석이라고 쓰여 있었습니다. 그들이 이야기하고 있을 때 기차는 출발했습니다. 알고 보니 샤오진이 기차를 잘못 탄 것이었습니다. 그는 357호 열차를 타야 했는데, 잘 보지 않아 857호 열차를 탔습니다. 서둘러 기차에서 내리려고 했지만, 기차가 이미 출발했다는 것을 알아차려서, 그는 창 밖의 357호 열차를 보며 초조해서 어떻게 해야 할지 모르고 있습니다.

화

2

Q

A

有一对夫妻带着孩子来饭馆儿吃饭。孩子乱扔着水杯，非常吵闹，但孩子的父母却没阻止孩子，周围的客人都皱着眉头看着他们。其中有一个男人实在忍不住了，请孩子的父母让孩子保持安静，不要影响别人。不料孩子的父母不但一句道歉的话也没说，反而向男人发火儿，说自己的孩子没有错。结果他们吵在一起，越吵越凶，周围的客人们都很扫兴地离开了饭馆儿。

Yǒu yí duì fūqī dàizhe háizi lái fànguǎnr chīfàn. Háizi luàn rēngzhe shuǐbēi, fēicháng chǎonào, dàn háizi de fùmǔ què méi zǔzhǐ háizi, zhōuwéi de kèrén dōu zhòuzhe méitóu kànzhe tāmen. Qízhōng yǒu yí ge nánrén shízài rěnbúzhù le, qǐng háizi de fùmǔ ràng háizi bǎochí ānjìng, búyào yǐngxiǎng biéren. Búliào háizi de fùmǔ búdàn yí jù dàoqiàn de huà yě méi shuō, fǎn'ér xiàng nánrén fāhuǒr, shuō zìjǐ de háizi méiyǒu cuò. Jiéguǒ tāmen chǎo zài yìqǐ, yuè chǎo yuè xiōng, zhōuwéi de kèrénmen dōu hěn sǎoxìng de líkāi le fànguǎnr.

한 부부가 아이를 데리고 식당에 왔습니다. 아이가 물컵을 마구 던지면서 매우 시끄럽게 하고 있지만 아이의 부모는 아이를 말리지 않아 주변의 손님들은 모두 인상을 찌푸리며 그들을 보고 있습니다. 그중 한 남자가 참지 못하고 아이의 부모에게 아이를 조용히 해달라고 하며 다른 사람에게 영향을 주지 말라고 하였습니다. 생각지도 못하게 아이의 부모는 한 마디 사과의 말도 없이 오히려 남자에게 화를 내며 자신의 아이가 잘못이 없다고 하였습니다. 결국 그들은 같이 다투기 시작했고 싸울수록 더욱 심해졌습니다. 주변의 손님들은 기분을 망친 채 식당을 떠났습니다.

놀람

3

Q

A

自行车比赛开始前，一个戴着白色头盔的选手做着热身运动。他身体健壮，满脸自信。在他旁边站着一个身材瘦小的选手。比赛开始了，身体健壮的选手冲在最前面。那个瘦小的选手紧跟在他身后。骑到一半的时候，身体健壮的男选手感觉特别累，慢了下来，那个瘦小的选手慢慢儿超过了他。颁奖典礼时，身体健壮的选手发现，冠军就是那个瘦小的选手，而且他竟然是一位白发老人！身体健壮的选手很吃惊，不由自主地为老人鼓起了掌。

Zìxíngchē bǐsài kāishǐ qián, yí ge dàizhe báisè tóukuī de xuǎnshǒu zuòzhe rèshēn yùndòng. Tā shēntǐ jiànzhuàng, mǎn liǎn zìxìn. Zài tā pángbiān zhànzhe yí ge shēncái shòuxiǎo de xuǎnshǒu. Bǐsài kāishǐ le, shēntǐ jiànzhuàng de xuǎnshǒu chōng zài zuì qiánmiàn. Nàge shòuxiǎo de xuǎnshǒu jǐngēn zài tā shēnhòu. Qí dào yíbàn de shíhou, shēntǐ jiànzhuàng de nán xuǎnshǒu gǎnjué tèbié lèi, màn le xiàlái, nàge shòuxiǎo de xuǎnshǒu mànmànr chāoguò le tā. Bānjiǎng diǎnlǐ shí, shēntǐ jiànzhuàng de xuǎnshǒu fāxiàn, guànjūn jiùshì nàge shòuxiǎo de xuǎnshǒu, érqiě tā jìngrán shì yí wèi báifàl ǎorén! Shēntǐ jiànzhuàng de xuǎnshǒu hěn chījīng, bùyóuzìzhǔ de wèi lǎorén gǔqǐ le zhǎng.

자전거 경기 시작 전, 흰색 헬멧을 쓴 선수가 준비 운동을 하고 있는데 몸이 건장하고 자신감이 넘쳐 보입니다. 그의 옆에는 왜소한 체격의 선수가 서 있습니다. 경기가 시작되었고 건장한 체격의 선수가 가장 선두에 섰습니다. 그의 뒤에는 그 왜소한 선수가 따라오고 있습니다. 절반을 달리니, 건장한 체격의 남자 선수는 너무 지쳐서 느려졌고, 줄곧 그의 뒤를 따르던 그 왜소한 선수는 천천히 그를 앞질렀습니다. 시상식 때, 건장한 체격의 선수는 우승을 차지한 사람이 바로 그 왜소한 선수라는 것을 발견하게 되었고, 뜻밖에도 백발의 노인이라는 것을 알게 되었습니다! 건장한 체격의 선수는 너무 놀라 눈이 휘둥그래져서 자신도 모르게 노인을 위해 박수를 쳤습니다.

감동

4

Q

A

爸爸和女儿正在看手表店橱窗里的手表。爸爸一边看手表一边自言自语地说："这表太漂亮了！"女儿觉得爸爸很喜欢那块儿手表。女儿回到家后，为了给爸爸买那块儿漂亮的手表，打破了自己的储蓄罐。但数了一下里面的钱，发现钱不够，不能给爸爸买那块儿手表。趁着爸爸在沙发上睡觉，女儿悄悄地靠近爸爸，用画笔在他的手腕上认真地画着什么东西。爸爸睡醒后发现自己的手腕上画着一块儿手表。原来女儿为了让爸爸高兴，在爸爸手腕上画了一块儿手表。爸爸很感动，女儿高兴地笑了起来。

Bàba hé nǚ'ér zhèngzài kàn shǒubiǎodiàn chúchuāng lǐ de shǒubiǎo. Bàba yìbiān kàn shǒubiǎo yìbiān zìyán-zìyǔ de shuō: "Zhè biǎo tài piàoliang le!" Nǚ'ér juéde bàba hěn xǐhuan nà kuàir shǒubiǎo. Nǚ'ér huídào jiā hòu, wèile gěi bàba mǎi nà kuàir piàoliang de shǒubiǎo, dǎpòle zìjǐ de chǔxùguàn. Dàn shǔle yíxià lǐmian de qián, fāxiàn qián búgòu, bùnéng gěi bàba mǎi nà kuàir shǒubiǎo. Chènzhe bàba zài shāfā shàng shuìjiào, nǚ'ér qiāoqiāo de kàojìn bàba, yòng huàbǐ zài tā de shǒuwàn shàng rènzhēn de huàzhe shénme dōngxi. Bàba shuìxǐng hòu fāxiàn zìjǐ de shǒuwàn shàng huàzhe yí kuàir shǒubiǎo. Yuánlái nǚ'ér wèile ràng bàba gāoxìng, zài bàba shǒuwàn shàng huàle yí kuàir shǒubiǎo. Bàba hěn gǎndòng, nǚ'ér gāoxìng de xiàole qǐlái.

아빠와 딸이 시계 가게 쇼윈도 안의 시계를 보고 있습니다. 아빠는 시계를 보면서 혼잣말로 "이 시계 정말 예쁘네!"라고 중얼거렸습니다. 딸은 아빠가 그 시계를 마음에 들어 한다고 생각했습니다. 딸은 집으로 돌아와서, 아빠에게 그 예쁜 시계를 사주기 위해 자신의 저금통을 깼습니다. 하지만 안에 들어 있는 돈을 세어 보니, 돈이 모자라서 아빠에게 그 시계를 사줄 수가 없다는 것을 알게 되었습니다. 아빠가 소파에서 잠을 자는 틈을 타서, 딸은 조용히 아빠에게 다가가서 색연필로 아빠의 손목에 열심히 무언가를 그렸습니다. 아빠는 잠에서 깨어 나서, 자신의 손목에 시계가 그려져 있는 것을 알아차렸다. 알고 보니 딸이 아빠를 기쁘게 해 주려고 아빠의 손목에 시계를 그린 것이었습니다. 아빠는 감동받았고, 딸은 즐겁게 웃기 시작했습니다.

기쁨

5

Q

有一天，我带着小狗出来玩时，正好看到了妈妈把家里整理出来的旧衣服扔到回收箱里。这时我脑子里有了好的想法，就跟妈妈说不要扔这件衣服，自己要用。妈妈听了我的话，一头雾水，却也没说什么。我把衣服拿回房间以后，用剪刀剪着妈妈刚才要扔的旧衣服。过了一会儿，我用这件旧衣服给家里的小狗做了一件可爱的小衣服。小狗穿上这件衣服又合身又漂亮。妈妈对我说完全没想到我竟然有这种想法，便称赞我做得真好。

A

Yǒu yìtiān, wǒ dàizhe xiǎogǒu chūlái wán shí, zhènghǎo kàndào le māma bǎ jiā lǐ zhěnglǐ chūlái de jiù yīfu rēngdào huíshōuxiāng lǐ. Zhè shí wǒ nǎozi lǐ yǒule hǎo de xiǎngfǎ, jiù gēn māma shuō búyào rēngle zhè jiàn yīfu, zìjǐ yào yòng. Māma tīngle wǒ de huà yìtóuwùshuǐ, què yě méi shuō shénme. Wǒ bǎ yīfu náhuí fángjiān, yǐhòu yòng jiǎndāo jiǎnzhe māma gāngcái yào rēng de jiù yīfu. Guòle yíhuìr, wǒ yòng zhè jiàn jiù yīfu gěi jiā lǐ de xiǎogǒu zuò le yí jiàn kě'ài de xiǎo yīfu. Xiǎogǒu chuānshàng zhè jiàn yīfu yòu héshēn yòu piàoliang. Māma duì wǒ shuō wánquán méi xiǎngdào wǒ jìngrán yǒu zhè zhǒng xiǎngfǎ, biàn chēngzàn wǒ zuò de zhēn hǎo.

어느 날, 제가 강아지를 데리고 놀러 가다가 마침 엄마가 집에서 정리하다 나온 낡은 옷을 수거함에 버리는 것을 보았습니다. 이때 제 머릿속에 좋은 생각이 떠올라 바로 엄마에게 엄마에게 이 옷을 버리지 말라고 하며 제가 필요하다고 하였습니다. 엄마는 제 말을 듣고 영문을 모르겠다는 듯 보였지만 아무 말씀도 하지 않으셨습니다. 저는 옷을 방으로 가지고 돌아와, 엄마가 방금 버리려던 낡은 옷을 가위로 잘랐습니다. 잠시 후 저는 이 낡은 옷으로 집에 있는 강아지에게 귀여운 작은 옷을 만들어 주었습니다. 강아지가 이 옷을 입으니 몸에 딱 맞고 예뻐 보였습니다. 엄마는 저에게 제가 이런 생각이 있을 줄 전혀 몰랐다고 하시면서 매우 잘했다고 칭찬해 주셨습니다.

후회

6

Q

A

早上七点，妈妈叫女儿起来，让她准备去上学。可怎么叫她都不愿意起来。过了好久，女儿也没起床。妈妈告诉她已经快八点半了。女儿听到之后才知道要迟到了，就慌忙起来了。女儿急急忙忙地穿好衣服，看也没看，拿起两个袋子中的一个就走了。这时妈妈在旁边给弟弟穿衣服，没看到她拿的是哪个袋子。到了上体育课的时间，女儿才发现自己拿错了袋子，她拿了装着弟弟运动服的袋子。同学们看了都觉得很好笑，女儿一面觉得很尴尬，一面很后悔，她下决心以后再也不睡懒觉了。

Zǎoshang qī diǎn, māma jiào nǚ'ér qǐlái, ràng tā zhǔnbèi qù shàngxué. Kě zěnme jiào tā dōu bú yuànyì qǐlái. Guòle hǎojiǔ, nǚ'ér yě méi qǐchuáng. Māma gàosu tā yǐjing kuài bā diǎn bàn le. Nǚ'ér tīng dào zhīhòu cái zhīdào yào chídào le, jiù huāngmáng qǐlái le. Nǚ'ér jíjímángmáng de chuānhǎo yīfu, kàn yě méi kàn, náqǐ liǎng ge dàizi zhōng de yí ge jiù zǒu le. Zhè shí māma zài pángbiān gěi dìdi chuān yīfu, méi kàndào tā ná de shì nǎge dàizi. Dàole shàng tǐyù kè de shíjiān, nǚ'ér cái fāxiàn zìjǐ nácuòle dàizi, tā nále zhuāngzhe dìdi yùndòngfú de dàizi. Tóngxuémen kànle dōu juéde hěn hǎoxiào, nǚ'ér yímiàn juéde hěn gāngà, yímiàn hěn hòuhuǐ, tā xià juéxīn yǐhòu zài yě bú shuì lǎnjiào le.

오전 7시, 엄마는 딸을 깨우며 학교 갈 준비를 하라고 합니다. 그러나 어떻게 깨워도 딸은 일어나려고 하지 않았습니다. 한참 후에도 딸이 일어나지 않자 엄마는 딸에게 벌써 8시 반이 되어 간다고 알려 주었습니다. 딸은 듣고서야 곧 지각이라는 것을 알고 허둥지둥 일어나 서둘러 옷을 챙겨 입고는 쳐다보지도 않고 봉투 두 개 중 하나를 들고나갔습니다. 그때 엄마는 옆에서 남동생에게 옷을 입혀 주고 있어서 딸이 어떤 봉투를 들고 가는지 보지 못했습니다. 체육 수업 시간이 되어, 딸은 자신이 봉투를 잘못 들고 왔고 남동생의 운동복이 든 봉투를 가져왔다는 것을 알게 되었습니다. 반 구들은 모두 보고 웃었고, 딸은 난감해 하면서 후회하였고, 앞으로 다시는 늦잠을 자지 않으리라고 결심했습니다.

第2题

这次暑假你想去中国旅游。请你给你的中国朋友打电话说明情况，并请她推荐旅游景点。

Zhè cì shǔjià nǐ xiǎng qù Zhōngguó lǚyóu. Qǐng nǐ gěi nǐ de Zhōngguó péngyou dǎ diànhuà shuōmíng qíngkuàng, bìng qǐng tā tuījiàn lǚyóu jǐngdiǎn.

이번 여름 휴가때 당신은 중국 여행을 가려고 합니다. 당신의 중국 친구에게 전화를 걸어 상황을 설명하고, 그녀에게 관광 명소를 추천받아 보세요.

Lv. 4

喂，小明，你好，最近挺好的吧？我这次暑假打算去南京旅游，不过我这是第一次去南京，不知道那里有什么值得去的旅游景点，你能不能给我推荐一下？我喜欢拍照，所以最好是风景好的地方。

Wéi, Xiǎo Míng, nǐ hǎo, zuìjìn tǐng hǎo de ba? Wǒ zhè cì shǔjià dǎsuan qù Nánjīng lǚyóu, búguò wǒ zhè shì dì-yī cì qù Nánjīng, bù zhīdào nàli yǒu shénme zhíde qù de lǚyóu jǐngdiǎn, nǐ néng bu néng gěi wǒ tuījiàn yíxià? Wǒ xǐhuan pāizhào, suǒyǐ zuìhǎo shì fēngjǐng hǎo de dìfang.

여보세요? 샤오밍, 안녕. 요즘 잘 지내지? 내가 이번 여름휴가 때 난징으로 여행을 가려고 하는데, 이번에 처음 난징에 가는 거라 그곳에 어떤 볼 만한 관광 명소가 있는지 모르겠어. 나한테 추천해 줄 수 있어? 나는 사진 찍는 걸 좋아하니, 경치가 좋은 곳이면 좋을 거 같아.

Lv. 5~6

喂，小明，你好，我有点儿事情想麻烦你。这次暑假，我打算和家人一起去中国旅游。我们除了北京、上海，别的地方都没去过。所以你能不能给我推荐一下哪些城市的旅游景点比较多？因为暑假嘛，所以最好给我推荐一下可以避暑的地方。麻烦你帮我看看什么地方比较好呢？

Wéi, Xiǎo Míng, nǐ hǎo, wǒ yǒudiǎnr shìqing xiǎng máfan nǐ. Zhè cì shǔjià, wǒ dǎsuan hé jiārén yìqǐ qù Zhōngguó lǚyóu. Wǒmen chúle Běijīng、Shànghǎi, biéde dìfang dōu méi qùguo. Suǒyǐ nǐ néng bu néng gěi wǒ tuījiàn yíxià nǎxiē chéngshì de lǚyóu jǐngdiǎn bǐjiào duō? Yīnwèi shǔjià ma, suǒyǐ zuìhǎo gěi wǒ tuījiàn yíxià kěyǐ bìshǔ de dìfang. Máfan nǐ bāng wǒ kànkan shénme dìfang bǐjiào hǎo ne?

여보세요? 샤오밍, 안녕. 너한테 귀찮게 할 일이 좀 있어. 이번 여름휴가 때, 가족들과 함께 중국 여행을 가려고 해. 우리는 베이징, 상하이를 빼고 다른 곳은 다 안 가 봤어. 그래서, 네가 나한테 어느 도시에 관광 명소가 많은지 추천해 줄 수 있니? 여름휴가니까 더위를 피할 수 있는 곳을 추천해 주면 좋을 거 같아. 번거롭겠지만, 나 대신 어느 곳이 좋은지 봐 줄 수 있겠어?

暑假 shǔjià 명 여름 방학, 여름휴가 **旅游** lǚyóu 명동 여행(하다)
说明 shuōmíng 동 설명하다 **情况** qíngkuàng 명 상황 **并推荐** tuījiàn 동 추천하다
景点 jǐngdiǎn 명 명소 **喂** wéi 여보세요 **挺** tǐng 부 아주
南京 Nánjīng 명 난징(중국의 도시명) **不过** búguò 접 그러나
值得 zhíde ~할 만한 가치가 있다 **拍照** pāizhào 동 사진을 찍다
风景 fēngjǐng 명 경치 **麻烦** máfan 형 귀찮다 **城市** chéngshì 명 도시
避暑 bìshǔ 동 더위를 피하다

第3题

你的同屋总是睡懒觉，上课也常迟到。你觉得这个习惯不太好。请你给他适当的劝告。

Nǐ de tóngwū zǒngshì shuì lǎnjiào, shàngkè yě cháng chídào. Nǐ juéde zhège xíguàn bú tài hǎo. Qǐng nǐ gěi tā shìdàng de quàngào.

당신의 룸메이트는 늘 늦잠을 자고, 수업에도 자주 지각을 합니다. 당신은 이 습관이 그다지 좋지 않다고 생각하는데요. 룸메이트에게 적절한 충고를 해 주세요.

Lv. 4

小王，我觉得你这样天天睡懒觉，上课总是迟到很不好。这样不仅会影响到你的学习，别人也会对你有看法。你尽量改改这个坏习惯吧！

Xiǎo Wáng, wǒ juéde nǐ zhèyàng tiāntiān shuì lǎnjiào, shàngkè zǒngshì chídào hěn bù hǎo. Zhèyàng bùjǐn huì yǐngxiǎng dào nǐ de xuéxí, biéren yě huì duì nǐ yǒu kànfǎ. Nǐ jǐnliàng gǎigai zhège huài xíguàn ba!

샤오왕, 나는 네가 이렇게 날마다 늦잠을 자고, 수업에도 늘 늦는 건 아주 나쁘다고 생각해. 이러면 너의 학업에 영향을 줄 뿐만 아니라, 다른 사람들도 너를 좋게 보지 않을 거야. 되도록 이런 나쁜 습관은 고치도록 해!

Lv. 5~6

小王，我有些话早就想跟你说了。你总是睡懒觉，还常常上课迟到，我觉得这是个非常不好的习惯。长期这样下去的话，不仅对你的学习有影响，而且同学们也会觉得你是个懒惰的人，不愿意跟你交朋友，这样对你很不好。从今天开始，你试着早睡早起，改掉这个坏习惯怎么样？

Xiǎo Wáng, wǒ yǒuxiē huà zǎo jiù xiǎng gēn nǐ shuō le. Nǐ zǒngshì shuì lǎnjiào, hái chángcháng shàngkè chídào, wǒ juéde zhè shì ge fēicháng bù hǎo de xíguàn. Chángqī zhèyàng xiàqù dehuà, bùjǐn duì nǐ de xuéxí yǒu yǐngxiǎng, érqiě tóngxuémen yě huì juéde nǐ shì ge lǎnduò de rén, bú yuànyì gēn nǐ jiāo péngyou, zhèyàng duì nǐ hěn bù hǎo. Cóng jīntiān kāishǐ, nǐ shìzhe zǎoshuìzǎoqǐ, gǎidiào zhège huài xíguàn zěnmeyàng?

샤오왕, 너에게 진작부터 하고 싶은 말이 있어. 너는 늘 늦잠을 자고 종종 수업에 늦는데, 나는 이게 아주 나쁜 습관이라고 생각해. 장기간 이렇다면, 네 학업에 영향이 있을 뿐만 아니라, 반 친구들도 너를 게으른 사람이라고 생각해 너와 친구하기 싫어할 거야. 이러는 건 너에게 좋지 않아. 오늘부터 일찍 자고 일찍 일어나도록 시도하면서, 이런 나쁜 습관을 고쳐 보는 건 어때?

同屋 tóngwū 명 룸메이트 **总是** zǒngshì 부 늘 **睡懒觉** shuì lǎnjiào 늦잠을 자다
适当 shìdàng 형 적당하다 **劝告** quàngào 명동 충고(하다)
不仅…也… bùjǐn…yě… ~일 뿐만 아니라 ~이다
对…看法 duì…kànfǎ ~에 불만이 있다 **早就** zǎo jiù 부 진작에
长期 chángqī 명 긴 시간 **下去** xiàqù 동 계속하다 **懒惰** lǎnduò 형 게으르다
愿意 yuànyì 동 ~하기를 바라다 **交** jiāo 동 사귀다
从…开始 cóng…kāishǐ ~로부터 시작하다 **试** shì 동 시도하다
早睡早起 zǎoshuìzǎoqǐ 일찍 자고 일찍 일어나다

第七部分

第1题

Lv. 4

今天姐姐买了一双新皮鞋，妹妹买了一个新皮包，两个人都很高兴。第二天早上，妹妹趁姐姐在房间里学习的时候，拿走了姐姐的新皮鞋。妹妹穿上姐姐的新皮鞋去上班，可是走着走着，鞋上的装饰突然掉下来了。回家的路上，妹妹遇见了姐姐。妹妹手里拿着鞋上掉下来的装饰，不好意思地看着姐姐。姐姐背着妹妹新买的包，包被弄脏了，姐姐也不好意思地看着妹妹。

Jīntiān jiějie mǎile yì shuāng xīn píxié, mèimei mǎile yí ge xīn píbāo, liǎng ge rén dōu hěn gāoxìng. Dì-èr tiān zǎoshang, mèimei chèn jiějie zài fángjiān lǐ xuéxí de shíhou, ná zǒu le jiějie de xīn píxié. Mèimei chuānshàng jiějie de xīn píxié qù shàngbān, kěshì zǒuzhe zǒuzhe, xié shàng de zhuāngshì tūrán diào xiàlái le. Huíjiā de lùshang, mèimei yùjiànle jiějie. Mèimei shǒu lǐ názhe xié shàng diào xiàlái de zhuāngshì, bù hǎoyìsi de kànzhe jiějie. Jiějie bèizhe mèimei xīn mǎi de bāo, bāo bèi nòng zāng le, jiějie yě bù hǎoyìsi de kànzhe mèimei.

오늘 언니는 구두 한 쌍을 샀고 여동생은 새 가죽 가방을 하나 사서, 둘은 아주 기뻤습니다. 이튿날 아침, 여동생은 언니가 방 안에서 공부하는 틈을타, 언니의 새 구두를 가져갔습니다. 여동생은 언니의 새 구두를 신고 출근을 했는데, 걷다 보니 신발의 장식이 갑자기 떨어졌습니다. 집으로 돌아오는 길에, 여동생은 언니를 마주쳤습니다. 여동생의 손에는 신발에서 떨어진 장식이 들려 있었고 미안한 듯 언니를 바라보고 있습니다. 언니도 여동생의 가방을 메고 있는데 가방이 더러워져 있습니다. 언니도 미안한 듯 동생을 바라보고 있습니다.

Lv. 5~6

今天姐妹俩都很高兴。因为姐姐买了一双很漂亮的皮鞋，妹妹也买了一个很时髦的皮包。第二天早上，妹妹觉得姐姐的新皮鞋很好看，所以趁姐姐在房间里学习的时候，偷偷地拿走了姐姐的皮鞋。妹妹穿着姐姐的新皮鞋开心地走在路上，可是走着走着，鞋上的装饰突然掉下来了。回家的路上，妹妹遇见了姐姐。妹妹觉得弄坏了姐姐新买的皮鞋很不好意思。可没想到，她看到姐姐背的包是她昨天新买的那个包，而且包被弄脏了。气氛一时变得很尴尬，姐妹俩都不知道说什么好。

Jīntiān jiěmèi liǎ dōu hěn gāoxìng. Yīnwèi jiějie mǎile yì shuāng hěn piàoliang de píxié, mèimei yě mǎile yí ge hěn shímáo de píbāo. Dì-èr tiān zǎoshang, mèimei juéde jiějie de xīn píxié hěn hǎokàn, suǒyǐ chèn jiějie zài fángjiān lǐ xuéxí de shíhou, tōutōu de ná zǒu le jiějie de píxié. Mèimei chuānzhe jiějie de xīn píxié kāixīn de zǒu zài lùshang, kěshì zǒuzhe zǒuzhe, xié shàng de zhuāngshì tūrán diào xiàlái le. Huíjiā de lùshang, mèimei yùjiànle jiějie. Mèimei juéde nònghuài le jiějie xīn mǎi de píxié hěn bù hǎoyìsi. Kě méi xiǎngdào, tā kàndào jiějie bēi de bāo shì tā zuótiān xīn mǎi dì nàge bāo, érqiě bāo bèi nòng zāng le. Qìfen yìshí biàn de hěn gāngà, jiěmèi liǎ dōu bù zhīdào shuō shénme hǎo.

오늘 두 자매는 아주 기뻤습니다. 왜냐하면, 언니는 예쁜 구두 한 쌍을 샀고, 여동생도 세련된 가죽 가방을 샀기 때문입니다. 이튿날 아침, 여동생은 언니의 구두가 예쁘다고 생각해서, 언니가 방 안에서 공부하는 틈을타, 몰래 언니의 구두를 가져갔습니다. 여동생은 언니의 새 구두를 신고 즐겁게 길을 걸어가는데, 걷다 보니 신발의 장식이 갑자기 떨어졌습니다. 집으로 돌아오는 길에, 여동생은 언니를 마주쳤습니다. 여동생은 언니의 새 구두를 망가뜨린 게 너무 미안했습니다. 그런데 생각지도 못하게, 그녀는 언니가 메고 있는 가방이 어제 자기가 새로 산 그 가방일 뿐만 아니라, 가방이 더러워진 걸 보게 되었습니다. 분위기가 잠시 어색해졌고, 자매 두 사람 모두 무슨 말을 해야 좋을지 몰랐습니다.

双 shuāng 양 쌍(짝으로 된 물건을 셀 때 쓰임) **皮鞋** píxié 구두
皮包 píbāo 명 가죽 가방 **趁** chèn 전 ~을 틈타 **房间** fángjiān 명 방
拿 ná 동 가지다 **上班** shàngbān 동 출근하다 **走着走着** zǒuzhe zǒuzhe 걷다 보니
装饰 zhuāngshì 명 장식 **突然** tūrán 부 갑자기 **掉** diào 동 떨어지다
路上 lùshang 명 길 위 **遇见** yùjiàn 동 만나다 **背** bēi 동 메다 **弄** nòng 동 ~하다
脏 zāng 형 더럽다 **俩** liǎ 수량 두 사람 **时髦** shímáo 형 유행이다
偷偷 tōutōu 부 몰래 **没想到** 생각지도 못하다 **气氛** qìfen 명 분위기
一时 yìshí 명 잠시 **尴尬** gāngà 형 어색하다